中國國家圖書館編

# 國家圖書館藏敦煌遺書

第六十三冊　北敦〇四六九八號——北敦〇四七八一號

北京圖書館出版社

**圖書在版編目(CIP)數據**

國家圖書館藏敦煌遺書·第六十三册/中國國家圖書館編;任繼愈主編.—北京:北京圖書館出版社,2007.9

ISBN 978-7-5013-3215-1

Ⅰ.國… Ⅱ.①中…②任… Ⅲ.敦煌學—文獻 Ⅳ.K870.6

中國版本圖書館CIP數據核字(2007)第117631號

**書　　名**　國家圖書館藏敦煌遺書·第六十三册
**著　　者**　中國國家圖書館編　任繼愈主編
**責任編輯**　徐　蜀　孫　彦
**封面設計**　李　璀

---

**出　　版**　北京圖書館出版社　(100034　北京西城區文津街7號)
**發　　行**　010-66139745　66151313　66175620　66126153
66174391(傳真)　66126156(門市部)
**E-mail**　cbs@nlc.gov.cn(投稿)　btsfxb@nlc.gov.cn(郵購)
**Website**　www.nlcpress.com
**經　　銷**　新華書店
**印　　刷**　北京文津閣印務有限責任公司

---

**開　　本**　八開
**印　　張**　52.75
**版　　次**　2007年9月第1版第1次印刷
**印　　數**　1-250册(套)

---

**書　　號**　ISBN 978-7-5013-3215-1/K·1442
**定　　價**　990.00圓

# 目錄

无復鄣礙其心泰然歡喜踊躍時諸子等各
父言父先所許玩好之具羊車鹿車牛車
利弗尒時長者各賜諸子等一
大車其車高廣衆寶庄校周帀欄楯四面懸
鈴又於其上張設軒蓋亦以珎奇雜寶而嚴
飾之寶繩絞絡垂諸華纓重敷綩綖安置丹
枕駕以白牛膚色充潔形體姝好有大筋力
行步平正其疾如風又多僕從而侍衛之所
以者何是大長者財富无量種種諸藏悉皆
充溢而作是念我財物无極不應以下劣小
車與諸子等今此幼童皆是吾子愛无偏黨
我有如是七寶大車其數无量應當等心各
各與之不宜差別所以者何以我此物周給一
國猶尚不匱何況諸子是時諸子各乘大
車得未曾有非本所望舍利弗於汝意云何
是長者等與諸子珎寶大車寧有虛妄不
舍利弗言不也世尊是長者但令諸子得免
命非為虛妄何以故若全身命
便為已得玩好之具況復方便於彼火宅而
拔濟之世尊若是長者乃至不與最小一車猶
不虛妄何以故是長者先作是意我以方便

BD04698號　妙法蓮華經卷二

舍利弗言不也世尊是長者但令諸子得免
火難全其軀命非為虛妄何以故若全身命
便為已得玩好之具況復方便於彼火宅而
拔濟之世尊若是長者乃至不與最小一車猶
不虛妄何以故是長者先作是意我以方便
令子得出以是因緣无虛妄也何況長者自
知財富无量欲饒益諸子等與大車佛告舍
利弗善哉善哉如汝所言舍利弗如來亦復
如是則為一切世間之父於諸怖畏衰惱憂
患无明闇蔽永盡无餘而悉成就无量知見
力无所畏有大神力及智慧力具足方便智
慧波羅蜜大慈大悲常无懈惓恒求善利事
益一切而生三界朽故火宅為度衆生生老病
死憂悲苦惱愚癡闇蔽三毒之火教化令得
阿耨多羅三藐三菩提見諸衆生為生老病
死憂悲苦惱之所燒煮亦以五欲財利故受
種種苦又以貪著追求故現受衆苦後受地
獄畜生餓鬼之苦若生天上及在人間貧窮
困苦愛別離苦怨憎會苦如是等種種諸
苦衆生沒在其中歡喜遊戲不覺不知不驚
不怖亦不生厭不求解脫於此三界火宅東
西馳走雖遭大苦不以為患舍利弗佛見此
已便作是念我為衆生之父應拔其苦難與
无量无邊佛智慧樂令其遊戲舍利弗如來
復作是念若我但以神力及智慧力捨於方
便為諸衆生讚如來知見力无所畏者衆生

西馳走雖遭大苦不以為患舍利弗佛見此
已便作是念我為眾生之父應拔其苦難與
无[illegible]智慧樂令其遊戲舍利弗如來
復作是念若我但以神力及智慧力捨於方
便為諸眾生讚如來知見力无所畏者眾生
不能以是得度所以者何是諸眾生未免生
老病死憂悲苦惱而為三界火宅所燒何由
能解佛之智慧舍利弗如彼長者雖復身手
有力而不用之但以殷勤方便免濟諸子火
宅[illegible]各與珎寶大車如來亦復如是
雖有力无所畏而不用之但以智慧方便於
三界火宅拔濟眾生為三乘聲聞辟支佛
佛乘而作是言汝等莫得樂住三界火宅勿
貪麁弊色聲香味觸也若貪著生愛則為所
燒汝速出三界當得三乘聲聞辟支佛佛乘
我今為汝保任此事終不虛也汝等但當勤
修[illegible]以是方便誘進眾生復作是言
汝等當[illegible]此三乘法皆是聖所稱歎自在无
繫无所依求乘是三乘以无漏根力覺道禪
定解脫三昧等而自娛樂便得无量安隱快
樂舍利弗若有眾生內有智性從佛世尊聞
法信受殷勤精進欲速出三界自求涅槃是
名聲聞乘如彼諸子為求羊車出於火宅若
有[illegible]尊聞法信受殷勤精進求自
然慧樂獨善寂深知諸法因緣是名辟支佛
乘如彼諸子為求鹿車出於火宅若有眾生

BD04698號　妙法蓮華經卷二

（23–3）

法信受殷勤精進欲速出三界自求涅槃是
名聲聞乘如彼諸子為求羊車出於火宅若
有[illegible]世尊聞法信受殷勤精進求自
然慧樂獨善寂深知諸法因緣是名辟支佛
乘如彼諸子為求鹿車出於火宅若有衆生
從佛世尊聞法信受勤脩精進求一切智佛智
自然智无師智如來知見力无所畏愍念安
樂无量衆生利益天人度脫一切是名大乘
菩薩求此乘故名為摩訶薩如彼諸子為
求[illegible]火宅舍利弗如彼長者見諸子
等安隱得出火宅到无畏處自惟財富无量
等以大車而賜諸子如來亦復如是為一切
衆生之父若見无量億千衆生以佛教門出
三界苦怖畏險道得涅槃樂如來尒時便作
是念我有无量无邊智慧力无畏等諸佛法
藏是諸衆生皆是我子等與大乘不令有人
獨[illegible]以如來滅度而滅度之是諸衆
生脫三界者悉與諸佛禪定解脫等娛樂之
具皆是一相一種聖所稱歎能生淨妙第一
之樂舍利弗如彼長者初以三車誘引諸子
然後但與大車寶物莊嚴安隱第一然彼長
者无虛妄之咎如來亦復如是无有虛妄初
說三乘引導衆生然後但以大乘而度脫之
何以[illegible]有无量智慧力无所畏諸法之
藏能與一切衆生大乘之法但不盡能受舍

然後但與大車寶物莊嚴安隱第一然彼長
者无虛妄之咎如來亦復如是无有虛妄初
說三乘引導衆生然後但以大乘而度脫之
何以故如來有无量智慧力无所畏諸法之
藏能與一切衆生大乘之法但不盡能受舍
利弗以是因緣當知諸佛方便力故於一佛
乘分別說三佛欲重宣此義而說偈言

辟如長者　有一大宅　其宅久故　而復頓弊
堂舍高危　柱根摧朽　梁棟傾斜　基陛頹毀
墻壁圮坼　泥塗褫落　覆苫亂墜　椽梠差脫
周障屈曲　雜穢充遍　有五百人　止住其中
鵄梟鵰鷲　烏鵲鳩鴿　蚖蛇蝮蝎　蜈蚣蚰蜒
守宮百足　狖狸鼷鼠　諸惡虫輩　交橫馳走
屎尿臭處　不淨流溢　蜣蜋諸虫　而集其上
狐狼野干　咀嚼踐蹋　嚌齧死屍　骨肉狼藉
由是羣狗　競來搏撮　飢羸慞惶　處處求食
鬪爭𪄱掣　啀喍嘷吠　其舍恐怖　變狀如是
處處皆有　魑魅魍魎　夜叉惡鬼　食噉人肉
毒虫之屬　諸惡禽獸　孚乳產生　各自藏護
夜叉競來　爭取食之　食之既飽　惡心轉熾
鬪爭之聲　甚可怖畏　鳩槃荼鬼　蹲踞土埵
或時離地　一尺二尺　往反遊行　縱逸嬉戲
捉狗兩足　撲令失聲　以脚加頸　怖狗自樂
復有諸鬼　其身長大　裸形黑瘦　常住其中
發大惡聲　叫呼求食　復有諸鬼　其咽如針
復有諸鬼　首如牛頭　或食人肉　或復噉狗

或時離地 一尺二尺 往返遊行 縱逸嬉戲
捉狗兩足 撲令失聲 以脚加頸 怖狗自樂
復有諸鬼 其身長大 裸形黑瘦 常住其中
發大惡聲 叫呼求食 復有諸鬼 其咽如針
復有諸鬼 首如牛頭 或食人肉 或復噉狗
頭髮蓬亂 殘害凶險 飢渴所逼 叫喚馳走
夜叉餓鬼 諸惡鳥獸 飢急四向 窺看窓牖
如是諸難 恐畏无量 是朽故宅 屬于一人
其人近出 未久之間 於後宅舍 欻然火起
四面一時 其焰俱熾 棟梁椽柱 爆聲振裂
摧折墮落 墻壁崩倒 諸鬼神等 揚聲大叫
鵰鷲諸鳥 鳩槃茶等 周慞惶怖 不能自出
惡獸毒虫 藏竄孔穴 毗舍闍鬼 亦住其中
薄福德故 為火所逼 共相殘害 飲血噉肉
野干之屬 並已前死 諸大惡獸 競來食噉
臭烟熢㶿 四面充塞 蜈蚣蚰蜒 毒蛇之類
為火所燒 爭走出穴 鳩槃茶鬼 隨取而食
又諸餓鬼 頭上火然 飢渴熱惱 周慞悶走
其宅如是 甚可怖畏 毒害火災 衆難非一
是時宅主 在門外立 聞有人言 汝諸子等
先因遊戲 來入此宅 稚小无知 歡娛樂着
長者聞已 驚入火宅 方宜救濟 令无燒害
告喻諸子 說衆患難 惡鬼毒虫 災火蔓莚
衆苦次第 相續不絕 毒蛇蚖蝮 及諸夜叉
鳩槃茶鬼 野干狐狗 鵰鷲鵄梟 百足之屬

先因遊戲　來入此宅　稚小无知　歡娛樂著
長者[illegible]入火宅　方宜救濟　令无燒害
告喻諸子　説衆患難　惡鬼毒虫　灾火蔓莚
衆苦次第　相續不絶　毒蛇蚖蝮　及諸夜叉
鳩槃荼鬼　野干狐狗　鵰鷲鵄梟　百足之屬
飢渴惱急　甚可怖畏　此苦難處　況復大火
諸子无知　雖聞父誨　猶故樂著　嬉戲不已
是時[illegible]作是念　諸子如此　益我愁惱
今此舍宅　无一可樂　而諸子等　耽湎嬉戲
不受我教　將為火害　即便思惟　設諸方便
告諸子等　我有種種　珎玩之具　妙寶好車
羊車鹿車　大牛之車　今在門外　汝等出來
吾為汝等　造作此車　隨意所樂　可以遊戲
諸子聞説　如此諸車　即時奔競　馳走而出
到於空地　離諸苦難　長者見子　得出火宅
住於四衢　坐師子座　而自慶言　我今快樂
此諸子等　生育甚難　愚小无知　而入險宅
多諸毒虫　魑魅可畏　大火猛焰　四面俱起
而此諸子　貪樂嬉戲　我已救之　令得脫難
是故諸人　我今快樂
尒時諸子　知父安坐　皆詣父所　而白父言
願賜我等　三種寶車　如前所許　諸子出來
當以三車　隨汝所欲　今正是時　唯垂給與
長者大富　庫藏衆多　金銀瑠璃　車𤦲馬瑙
以衆寶物　造諸大車　莊校嚴飾　周帀欄楯
四面懸鈴　金繩交絡　真珠羅網　張施其上

爾時諸[illegible]
願賜我等　三種寶車　如前所許　諸子出來
當以三車　隨汝所欲　今正是時　唯垂給與
長者大富　庫藏衆多　金銀瑠璃　車𤦲馬瑙
以衆寶物　造諸大車　裝挍嚴飾　周帀欄楯
四面懸鈴　金繩交絡　真珠羅網　張施其上
金華諸瓔　處處垂下　衆綵雜飾　周帀圍繞
柔耎繒纊　以為裀褥　上妙細疊　價直千億
鮮白淨潔　以覆其上　有大白牛　肥壯多力
形體姝好　以駕寶車　多諸儐從　而侍衛之
以是妙車　等賜諸子　諸子是時　歡喜踊躍
乘是寶車　遊於四方　嬉戲快樂　自在无礙
告舍利弗　我亦如是　衆聖中尊　世間之父
一切衆生　皆是吾子　深著世樂　无有慧心
三界无安　猶如火宅　衆苦充滿　甚可怖畏
常有生老　病死憂患　如是等火　熾然不息
如來已離　三界火宅　寂然閑居　安處林野
今此三界　皆是我有　其中衆生　悉是吾子
而今此處　多諸患難　唯我一人　能為救護
雖復教詔　而不信受　於諸欲染　貪著深故
是以方便　為說三乘　令諸衆生　知三界苦
開示演說　出世間道　是諸子等　若心決定
具足三明　及六神通　有得緣覺　不退菩薩
汝舍利弗　我為衆生　以此譬喻　說一佛乘
汝等若能　信受是語　一切皆當　得成佛道
是乘微妙　清淨第一　於諸世間　為无有上

開示演說　出世間道　是諸子等　若心決定
具足三明　及六神通　有得緣覺　不退菩薩
汝舍利弗　我為衆生　以此譬喻　說一佛乘
汝等若能　信受是語　一切皆當　得成佛道
是乘微妙　清淨第一　於諸世間　為无有上
佛所悅可　一切衆生　所應稱讚　供養禮拜
无量億千　諸力解脫　禪定智慧　及佛餘法
得如是乘　令諸子等　日夜劫數　常得遊戲
與諸菩薩　及聲聞衆　乘此寶乘　直至道場
以是因緣　十方諦求　更无餘乘　除佛方便
告舍利弗　汝諸人等　皆是吾子　我則是父
汝等累劫　衆苦所燒　我皆濟拔　令出三界
我雖先說　汝等滅度　但盡生死　而實不滅
今所應作　唯佛智慧
若有菩薩　於是衆中　能一心聽　諸佛實法
諸佛世尊　雖以方便　所化衆生　皆是菩薩
若人小智　深著愛欲　為此等故　說於苦諦
衆生心喜　得未曾有　佛說苦諦　真實无異
若有衆生　不知苦本　深著苦因　不能暫捨
為是等故　方便說道　諸苦所因　貪欲為本
若滅貪欲　无所依止　滅盡諸苦　名第三諦
為滅諦故　脩行於道　離諸苦縛　名得解脫
是人於何　而得解脫　但離虛妄　名為解脫
其實未得　一切解脫　佛說是人　未實滅度
斯人未得　无上道故　我意不欲　令至滅度

為滅諦故　脩行於道　離諸苦縛　名得解脫
是人於何　而得解脫　但離虛妄　名為解脫
其實未得　一切解脫　佛說是人　未實滅度
斯人未得　无上道故　我意不欲　令至滅度
我為法王　於法自在　安隱衆生　故現於世
汝舍利弗　我此法印　為欲利益　世間故說
在所遊方　勿妄宣傳
若有聞者　隨喜頂受　當知是人　阿鞞跋致
若有信受　此經法者　是人已曾　見過去佛
恭敬供養　亦聞是法　若人有能　信汝所說
則為見我　亦見於汝　及比丘僧　并諸菩薩
斯法華經　為深智說　淺識聞之　迷惑不解
一切聲聞　及辟支佛　於此經中　力所不及
汝舍利弗　尚於此經　以信得入　況餘聲聞
其餘聲聞　信佛語故　隨順此經　非己智分
又舍利弗　憍慢懈怠　計我見者　莫說此經
凡夫淺識　深著五欲　聞不能解　亦勿為說
若人不信　毀謗此經　則斷一切　世間佛種
或復頻蹙　而懷疑惑　汝當聽說　此人罪報
若佛在世　若滅度後　其有誹謗　如斯經典
見有讀誦　書持經者　輕賤憎嫉　而懷結恨
此人罪報　汝今復聽
其人命終　入阿鼻獄　具足一劫　劫盡更生
如是展轉　至无數劫　從地獄出　當墮畜生
若狗野干　其形頓瘦　黧黮疥癩　人所觸嬈

見有讀誦　書持經者　輕賤憎嫉　而懷結恨
此人罪報　汝今復聽
其人命終　入阿鼻獄　具足一劫　劫盡更生
如是展轉　至无數劫　從地獄出　當墮畜生
若狗野干　其形頓瘦　梨黮疥癩　人所觸嬈
又復為人　之所惡賤　常困飢渴　骨肉枯竭
生受楚毒　死被瓦石　斷佛種故　受斯罪報
若作駱駝　或生驢中　身常負重　加諸杖捶
但念水草　餘无所知　謗斯經故　獲罪如是
有作野干　來入聚落　身體疥癩　又无一目
為諸童子　之所打擲　受諸苦痛　或時致死
於此死已　更受蟒身　其形長大　五百由旬
聾騃无足　宛轉腹行　為諸小虫　之所唼食
晝夜受苦　无有休息　謗斯經故　獲罪如是
若得為人　諸根闇鈍　矬陋攣躄　盲聾背傴
有所言說　人不信受　口氣常臭　鬼魅所著
貧窮下賤　為人所使　多病痟瘦　无所依怙
雖親附人　人不在意　若有所得　尋復忘失
若脩醫道　順方治病　更增他疾　或復致死
若自有病　无人救療　設服良藥　而復增劇
若他反逆　抄劫竊盜　如是等罪　橫羅其殃
如斯罪人　永不見佛　衆聖中王　說法教化
如斯罪人　常生難處　狂聾心亂　永不聞法
於无數劫　如恒河沙　生輒聾瘂　諸根不具
常處地獄　如遊園觀　在餘惡道　如己舍宅

若自有病　无人救療　設服良藥　而復增劇
若他反逆　抄劫竊盜　如是等罪　橫羅其殃
如斯罪人　永不見佛　衆聖中王　説法教化
如斯罪人　常生難處　狂聾心亂　永不聞法
於无數劫　如恒河沙　生輒聾啞　諸根不具
常處地獄　如遊園觀　在餘惡道　如己舍宅
駝驢猪狗　是其行處　謗斯經故　獲罪如是
若得為人　聾盲瘖瘂　貧窮諸衰　以自莊嚴
水腫乾消　疥癩癰疽　如是等病　以為衣服
身常臭處　垢穢不淨　深著我見　增益瞋恚
婬欲熾盛　不擇禽獸　謗斯經故　獲罪如是
告舍利弗　謗斯經者　若説其罪　窮劫不盡
以是因緣　我故語汝　无智人中　莫説此經
若有利根　智慧明了　多聞强識　求佛道者
如是之人　乃可為説
若人曾見　億百千佛　殖諸善本　深心堅固
如是之人　乃可為説
若人精進　常脩慈心　不惜身命　乃可為説
若人恭敬　无有異心　離諸凡愚　獨處山澤
如是之人　乃可為説
又舍利弗　若見有人　捨惡知識　親近善友
如是之人　乃可為説
若見佛子　持戒清潔　如淨明珠　求大乘經
如是之人　乃可為説
若人无瞋　質直柔軟　常愍一切　恭敬諸佛

BD04698號　妙法蓮華經卷二　（23–12）

又舍利弗　若見有人　捨惡知識　親近善友
如是之人　乃可為說
若見佛子　持戒清潔　如淨明珠　求大乘經
如是之人　乃可為說
若人无瞋　質直柔耎　常愍一切　恭敬諸佛
如是之人　乃可為說
復有佛子　於大衆中　以清淨心　種種因緣
譬喻言辭　說法无礙　如是之人　乃可為說
若有比丘　為一切智　四方求法　合掌頂受
但樂受持　大乘經典　乃至不受　餘經一偈
如是之人　乃可為說
如人至心　求佛舍利　如是求經　得已頂受
其人不復　志求餘經　亦未曾念　外道典籍
如是之人　乃可為說
告舍利弗　我說是相　求佛道者　窮劫不盡
如是等人　則能信解　汝當為說　妙法華經

妙法蓮華經信解品第四

尒時慧命須菩提摩訶迦栴延摩訶迦葉摩
訶目揵連從佛所聞未曾有法世尊授舍利
弗阿耨多羅三藐三菩提記發希有心歡喜
踊躍即從座起整衣服偏袒右肩右膝著地
一心合掌曲躬恭敬瞻仰尊顏而白佛言我
等居僧之首年並朽邁自謂已得涅槃无所
堪任不復進求阿耨多羅三藐三菩提世尊
往昔說法既久我時在座身體疲懈但念空

一心合掌曲躬恭敬瞻仰尊顏而白佛言我
等居僧之首年並朽邁自謂已得涅槃无所
堪任不復進求阿耨多羅三藐三菩提世尊
往昔說法既久我時在座身體疲懈但念空
无相无作於菩薩法遊戲神通淨佛國土成
就衆生心不憙樂所以者何世尊令我等出
於三界得涅槃證又今我等年已朽邁於佛
教化菩薩阿耨多羅三藐三菩提不生一念
好樂之心我等今於佛前聞授聲聞阿耨多
羅三藐三菩提記心甚歡喜得未曾有不謂
於今忽然得聞希有之法深自慶幸獲大善
利无量珎寶不求自得世尊我等今者樂說
譬喻以明斯義譬若有人年既幼稚捨父逃
逝久住他國或十二十至五十歲年既長大
加復窮困馳騁四方以求衣食漸漸遊行遇
向本國其父先來求子不得中止一城其家
大富財寶无量金銀瑠璃珊瑚虎珀頗梨珠
等其諸倉庫悉皆盈溢多有僮僕臣佐吏民
象馬車乘牛羊无數出入息利乃遍他國商
估賈客亦甚衆多時貧窮子遊諸聚落經歷
國邑遂到其父所止之城父每念子與子離
別五十餘年而未曾向人說如此事但自思
惟心懷悔恨自念老朽多有財物金銀珎寶
倉庫盈溢无有子息一旦終沒財物散失无
所委付是以慇懃每憶其子復作是念我若

國邑遂到其父所止之城父每念子與子離
别五十餘年而未曾向人說如此事但自思
惟心懷悔恨自念老朽多有財物金銀珎寶
倉庫盈溢无有子息一旦終沒財物散失无
所委付是以慇勤每憶其子復作是念我若
得子委付財物坦然快樂无復憂慮世尊尒
時窮子傭賃展轉遇到父舍住立門側遥見
其父踞師子牀寶机承足諸婆羅門刹利居
士皆恭敬圍繞以真珠瓔珞價直千万莊嚴
其身吏民僮僕手執白拂侍立左右覆以寶
帳垂諸華幡香水灑地散衆名華羅列寶物
出内取與有如是等種種嚴飾威德特尊窮
子見父有大勢力即懷恐怖悔來至此竊作
是念此或是王或是王等非我傭力得物之
處不如往至貧里肆力有地衣食易得若久
住此或見逼迫强使我作作是念已疾走而
去時富長者於師子座見子便識心大歡喜
即作是念我財物庫藏今有所付我常思念
此子無由見之而忽自來甚適我願我雖年
朽猶故貪惜即遣傍人急追將還尒時使者
疾走往捉窮子驚愕稱怨大喚我不相犯何
為見捉使者執之逾急强牽將還于時窮子
自念無罪而被囚執此必定死轉更惶怖悶絶
躃地父遥見之而語使言不須此人勿强將
來以冷水灑面令得醒悟莫復與語所以者
何父知其子志意下劣自知豪貴為子所難

[illegible]
為見捉使者執之逾急強牽將還于時窮子
自念無罪而被囚執此必定死轉更惶怖悶絕
躄地父遥見之而語使言不須此人勿強將
來以冷水灑面令得醒悟莫復與語所以者
何父知其子志意下劣自知豪貴為子所難
審知是子而以方便不語他人云是我子使者
語之我今放汝隨意所趣窮子歡喜得未
曾有從地而起往至貧里以求衣食尒時
長者將欲誘引其子而設方便密遣二人形
色顦顇無威德者汝可詣彼徐語窮子此有
作處倍與汝直窮子若許將來使作若言欲
何所作便可語之雇汝除糞我等二人亦共
汝作時二使人即求窮子既已得之具陳上
事尒時窮子先取其價尋與除糞其父見
子愍而恠之又以他日於窓牖中遥見子身
羸瘦顦顇糞土塵坌汙穢不淨即脫瓔珞細
耎上服嚴飾之具更著麁弊垢膩之衣塵土
坌身右手執持除糞之器狀有所畏語諸作人
汝等勤作勿得懈息以方便故得近其子後
復告言咄男子汝常此作勿復餘去當加汝
價諸有所須盆器米麵鹽酢之屬莫自疑難
亦有老弊使人須者相給好自安意我如汝
父勿復憂慮所以者何我年老大而汝少壯
汝常作時無有欺怠瞋恨怨言都不見汝有
此諸惡如餘作人自今已後如所生子即時長

復告言咄男子汝常此作勿復餘去當加汝
價諸有所須盆器米麵鹽醋之屬莫自疑難
亦有老弊使人須者相給好自安意我如汝
父勿復憂慮所以者何我年老大而汝少壯
汝常作時無有欺怠瞋恨怨言都不見汝有
此諸惡如餘作人自今已後如所生子即時長
者更與作字名之為兒尒時窮子雖欣此遇猶
故自謂客作賤人由是之故於二十年中常
令除糞過是已後心相體信入出無難然其
所止猶在本處世尊尒時長者有疾自知
將死不久語窮子言我今多有金銀珎寶
倉庫盈溢其中多少所應取與汝悉知之我
心如是當體此意所以者何今我與汝便為
不異宜加用心無令漏失尒時窮子即受教
勑領知眾物金銀珎寶及諸庫藏而無希取
一飡之意然其所止故在本處下劣之心亦
未能捨復經少時父知子意漸以通泰成就
大志自鄙先心臨欲終時而命其子并會親
族國王大臣剎利居士皆悉已集即自宣言
諸君當知此是我子我之所生於某城中捨
吾逃走跉跰辛苦五十餘年其本字某我名
某甲昔在本城懷憂推覓忽於此間遇會得
之此實我子我實其父今我所有一切財物皆
是子有先所出內是子所知世尊是時窮子
聞父此言即大歡喜得未曾有而作是念我
本無心有所希求今此寶藏自然而至世尊

其父昔在本城懷憂推覓忽於此間遇會得
之此實我子我實其父今我所有一切財物皆
是子有先所出内是子所知世尊是時窮子
聞父此言即大歡喜得未曾有而作是念我
本無心有所希求今此寶藏自然而至世尊
大富長者則是如來我等皆似佛子如來
常說我等為子世尊我等以三苦故於生死
中受諸熱惱迷惑無知樂着小法今日世尊
令我等思惟蠲除諸法戲論之糞我等於中
勤加精進得至涅槃一日之價既得此已心大
歡喜自以為足便自謂言於佛法中勤精進
故所得弘多然世尊先知我等心着弊欲
樂於小法便見縱捨不為分別汝等當有如
來知見寶藏之分世尊以方便力說如來智
慧我等從佛得涅槃一日之價以為大得於此
大乘無有志求我等又因如來智慧為諸菩
薩開示演說而自於此無有志願所以者何
佛知我等心樂小法以方便力隨我等說而
我等不知真是佛子今我等方知世尊於佛
智慧無所悋惜所以者何我等昔來真是
佛子而但樂小法若我等有樂大之心佛則
為我說大乘法於此經中唯說一乘而昔於
菩薩前毀呰聲聞樂小法者然佛實以大乘
教化是故我等說本無心有所希求今法王
大寶自然而至如佛子所應得者皆已得之
爾時摩訶迦葉欲重宣此義而說偈言

為我說大乘法於此經中唯說一乘而昔於
菩薩前毀呰聲聞樂小法者然佛實以大乘
教化是故我等說本無心有所希求今法王
大寶自然而至如佛子所應得者皆已得之
尒時摩訶迦葉欲重宣此義而說偈言
我等今日 聞佛音教 歡喜踊躍 得未曾有
佛說聲聞 當得作佛 無上寶聚 不求自得
譬如童子 幼稚無識 捨父逃逝 遠到他土
周流諸國 五十餘年 其父憂念 四方推求
求之既疲 頓止一城 造立舍宅 五欲自娛
其家巨富 多諸金銀 硨磲碼碯 真珠瑠璃
象馬牛羊 輦輿車乘 田業僮僕 人民眾多
出入息利 乃遍他國 商估賈人 無處不有
千萬億眾 圍繞恭敬 常為王者 之所愛念
群臣豪族 皆共宗重 以諸緣故 往來者眾
豪富如是 有大力勢 而年朽邁 益憂念子
夙夜惟念 死時將至 癡子捨我 五十餘年
庫藏諸物 當如之何 尒時窮子 求索衣食
從邑至邑 從國至國 或有所得 或無所得
飢餓羸瘦 體生瘡癬 漸次經歷 到父住城
傭賃展轉 遂至父舍 尒時長者 於其門內
施大寶帳 處師子座 眷屬圍繞 諸人侍衛
或有計算 金銀寶物 出內財產 注記券疏
窮子見父 豪貴尊嚴 謂是國王 若國王等
驚怖自怪 何故至此 覆自念言 我若久住
或見逼迫 強驅使作 思惟是已 馳走而去

BD04698號　妙法蓮華經卷二

(23–19)

施大寶帳　處師子座　眷屬圍繞　諸人侍衛
或有計筭　金銀寶物　出內財產　注記券疏
窮子見父　豪貴尊嚴　謂是國王　若國王等
驚怖自怪　何故至此　覆自念言　我若久住
或見逼迫　強驅使作　思惟是已　馳走而去
借問貧里　欲往傭作　長者是時　在師子座
遥見其子　默而識之　即勑使者　追捉將來
窮子驚喚　迷悶躃地　是人執我　必當見殺
何用衣食　使我至此　長者知子　愚癡狹劣
不信我言　不信是父　即以方便　更遣餘人
眇目矬陋　無威德者　汝可語之　云當相雇
除諸糞穢　倍與汝價　窮子聞之　歡喜隨來
為除糞穢　淨諸房舍　長者於牖　常見其子
念子愚劣　樂為鄙事　於是長者　著弊垢衣
執除糞器　往到子所　方便附近　語令勤作
既益汝價　并塗足油　飲食充足　薦席厚暖
如是苦言　汝當勤作　又以軟語　若如我子
長者有智　漸令入出　經二十年　執作家事
示其金銀　真珠頗梨　諸物出入　皆使令知
猶處門外　止宿草庵　自念貧事　我無此物
父知子心　漸已曠大　欲與財物　即聚親族
國王大臣　剎利居士　於此大眾　說是我子
捨我他行　經五十歲　自見子來　已二十年
昔於某城　而失是子　周行求索　遂來至此
凡我所有　舍宅人民　悉以付之　恣其所用

國王大臣　刹利居士　於此大衆　說是我子
捨我他行　經五十歲　自見子來　已二十年
昔於某城　而失是子　周行求索　遂來至此
凡我所有　舍宅人民　悉以付之　恣其所用
子念昔貧　志意下劣　今於父所　大獲珎寶
并及舍宅　一切財物　甚大歡喜　得未曾有
佛亦如是　知我樂小　未曾說言　汝等作佛
而說我等　得諸無漏　成就小乘　聲聞弟子
佛勑我等　說最上道　修習此者　當得成佛
我承佛教　為大菩薩　以諸因緣　種種譬喻
若干言辭　說無上道　諸佛子等　從我聞法
日夜思惟　精勤修習　是時諸佛　即授其記
汝於來世　當得作佛　一切諸佛　秘藏之法
但為菩薩　演其實事　而不為我　說斯真要
如彼窮子　得近其父　雖知諸物　心不希取
我等雖說　佛法寶藏　自無志願　亦復如是
我等內滅　自謂為足　唯了此事　更無餘事
我等若聞　淨佛國土　教化衆生　都無欣樂
所以者何　一切諸法　皆悉空寂　無生無滅
無大無小　無漏無為　如是思惟　不生喜樂
我等長夜　於佛智慧　無貪無著　無復志願
而自於法　謂是究竟　我等長夜　脩習空法
得脫三界　苦惱之患　住最後身　有餘涅槃
佛所教化　得道不虛　則為已得　報佛之恩
我等雖為　諸佛子等　說菩薩法　以求佛道

我等長夜　於佛智慧　無貪無著　無復志願
而自於法　謂是究竟　我等長夜　脩習空法
得脫三界　苦惱之患　住最後身　有餘涅槃
佛所教化　得道不虛　則為已得　報佛之恩
我等雖為　諸佛子等　說菩薩法　以求佛道
而於是法　永無願樂　導師見捨　觀我心故
初不勸進　說有實利　如富長者　知子志劣
以方便力　柔伏其心　然後乃付　一切財物
佛亦如是　現希有事　知樂小者　以方便力
調伏其心　乃教大智　我等今日　得未曾有
非先所望　而今自得　如彼窮子　得無量寶
世尊我今　得道得果　於無漏法　得清淨眼
我等長夜　持佛淨戒　始於今日　得其果報
法王法中　久脩梵行　今得無漏　無上大果
我等今者　真是聲聞　以佛道聲　令一切聞
我等今者　真阿羅漢　於諸世間　天人魔梵
普於其中　應受供養　世尊大恩　以希有事
憐愍教化　利益我等　無量億劫　誰能報者
手足供給　頭頂禮敬　一切供養　皆不能報
若以頂戴　兩肩荷負　於恒沙劫　盡心恭敬
又以美饍　無量寶衣　及諸臥具　種種湯藥
牛頭栴檀　及諸珍寶　以起塔廟　寶衣布地
如斯等事　以用供養　於恒沙劫　亦不能報
諸佛希有　無量無邊　不可思議　大神通力
無漏無為　諸法之王　能為下劣　忍于斯事
取相凡夫　隨宜而說　諸佛於法　得最自在

又以美饍　無量寶衣　及諸卧具　種種湯藥
牛頭栴檀　及諸珎寶　以起塔廟　寶衣布地
如斯等事　以用供養　於恒沙劫　亦不能報
諸佛希有　無量無邊　不可思議　大神通力
無漏無為　諸法之王　能為下劣　忍于斯事
取相凡夫　隨宜而說　諸佛於法　得最自在
知諸衆生　種種欲樂　及其志力　隨所堪任
以無量喻　而為說法　隨諸衆生　宿世善根
又知成熟　未成熟者　種種籌量　分別知已
於一乘道　隨宜說三

妙法蓮華經卷第二

（23–23）

BD04698號　妙法蓮華經卷二

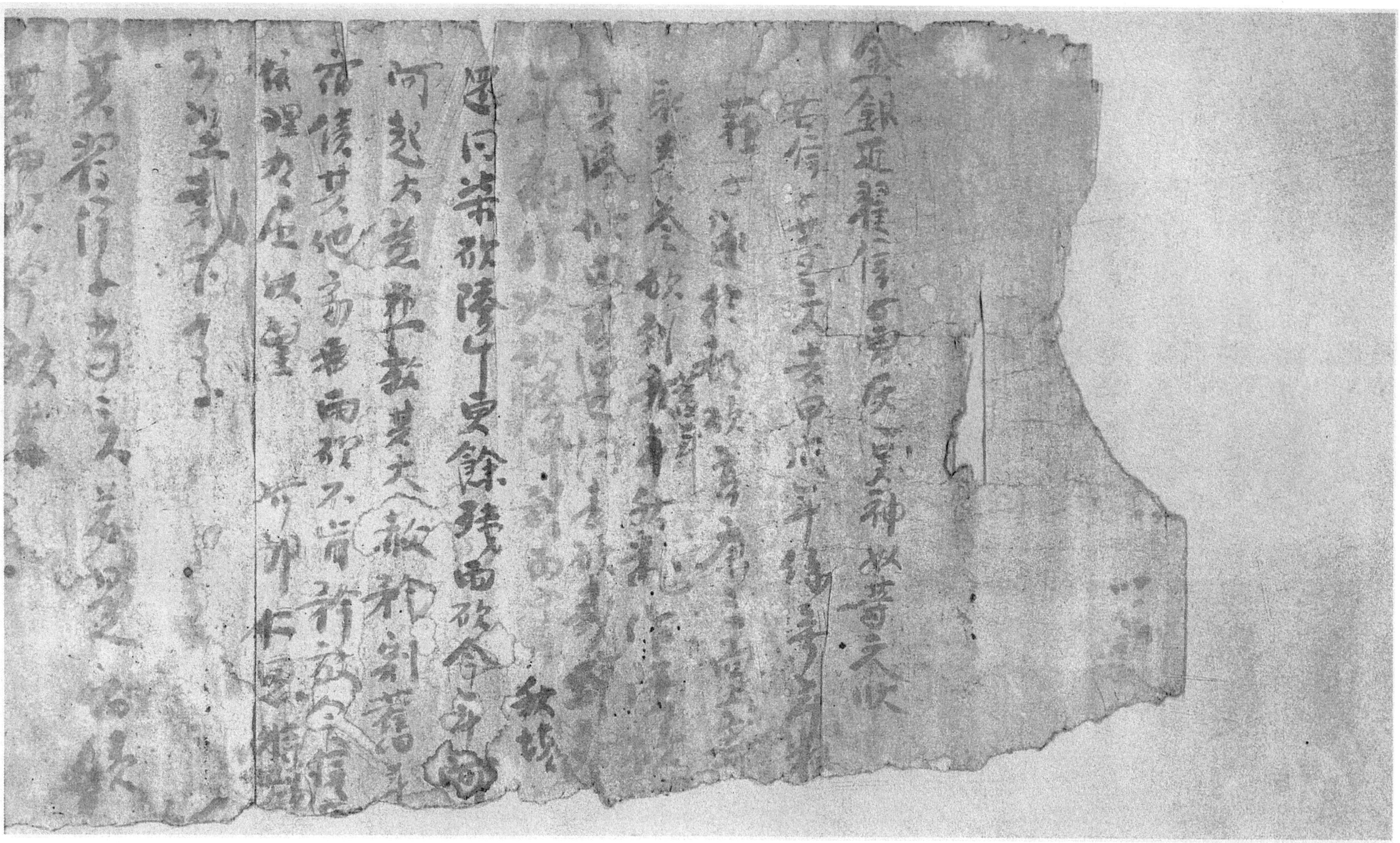

BD04698號背　翟信子等爲矜放舊年宿債狀及判詞（擬）　（2–1）

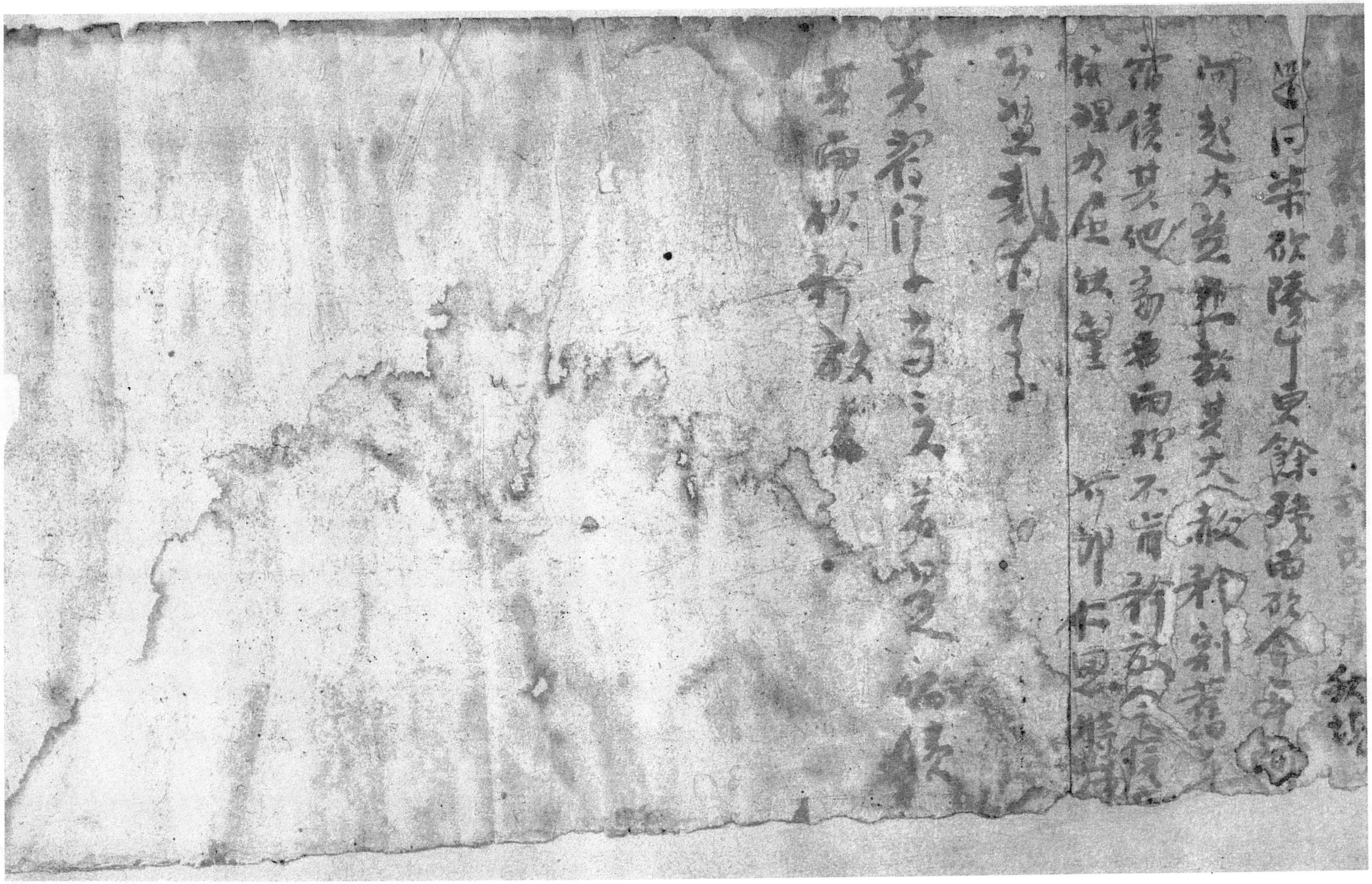

BD04698號背　翟信子等爲矜放舊年宿債狀及判詞（擬）　（2–2）

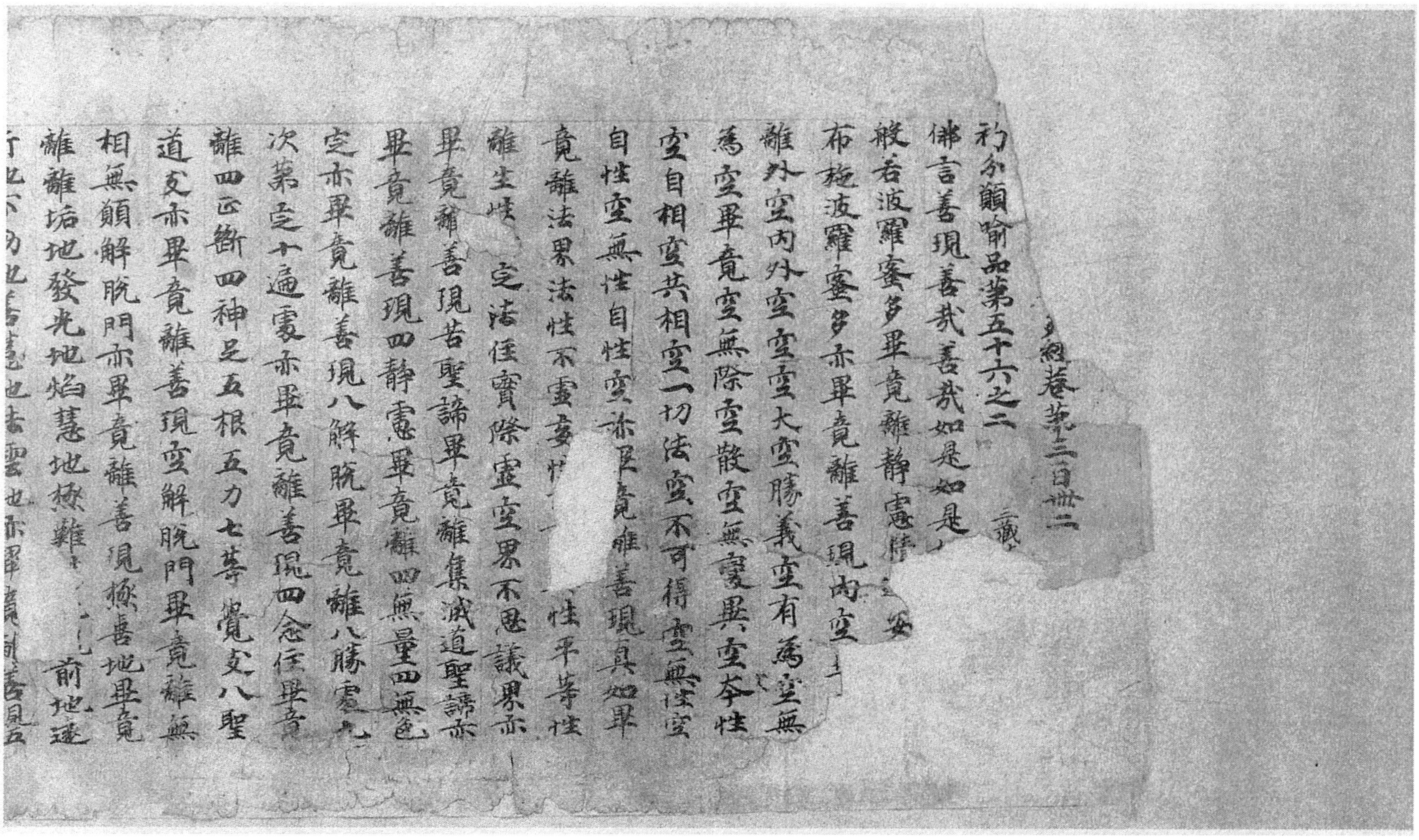
…多經卷第三百卌二　藏
初分願喻品第五十六之二
佛言善現善哉善哉如是如是[illegible]
般若波羅蜜多畢竟離靜慮精[illegible]安
布施波羅蜜多亦畢竟離善現內空[illegible]
離外空內外空空空大空勝義空有為空無
為空畢竟空無際空散空無變異空本性
空自相空共相空一切法空不可得空無性空
自性空無性自性空亦畢竟離善現真如畢
竟離法界法性不虛妄性[illegible]性平等性
離生性法定法住實際虛空界不思議界亦
畢竟離善現苦聖諦畢竟離集滅道聖諦亦
畢竟離善現四靜慮畢竟離四無量四無色
定亦畢竟離善現八解脫畢竟離八勝處九
次第定十遍處亦畢竟離善現四念住畢竟
離四正斷四神足五根五力七等覺支八聖
道支亦畢竟離善現空解脫門畢竟離無
相無願解脫門亦畢竟離善現極喜地畢竟
離離垢地發光地焰慧地極難[illegible]前地遠
行地不動地善慧地法雲地亦畢竟離善現五

BD04699 號　大般若波羅蜜多經卷三四二　（5–1）

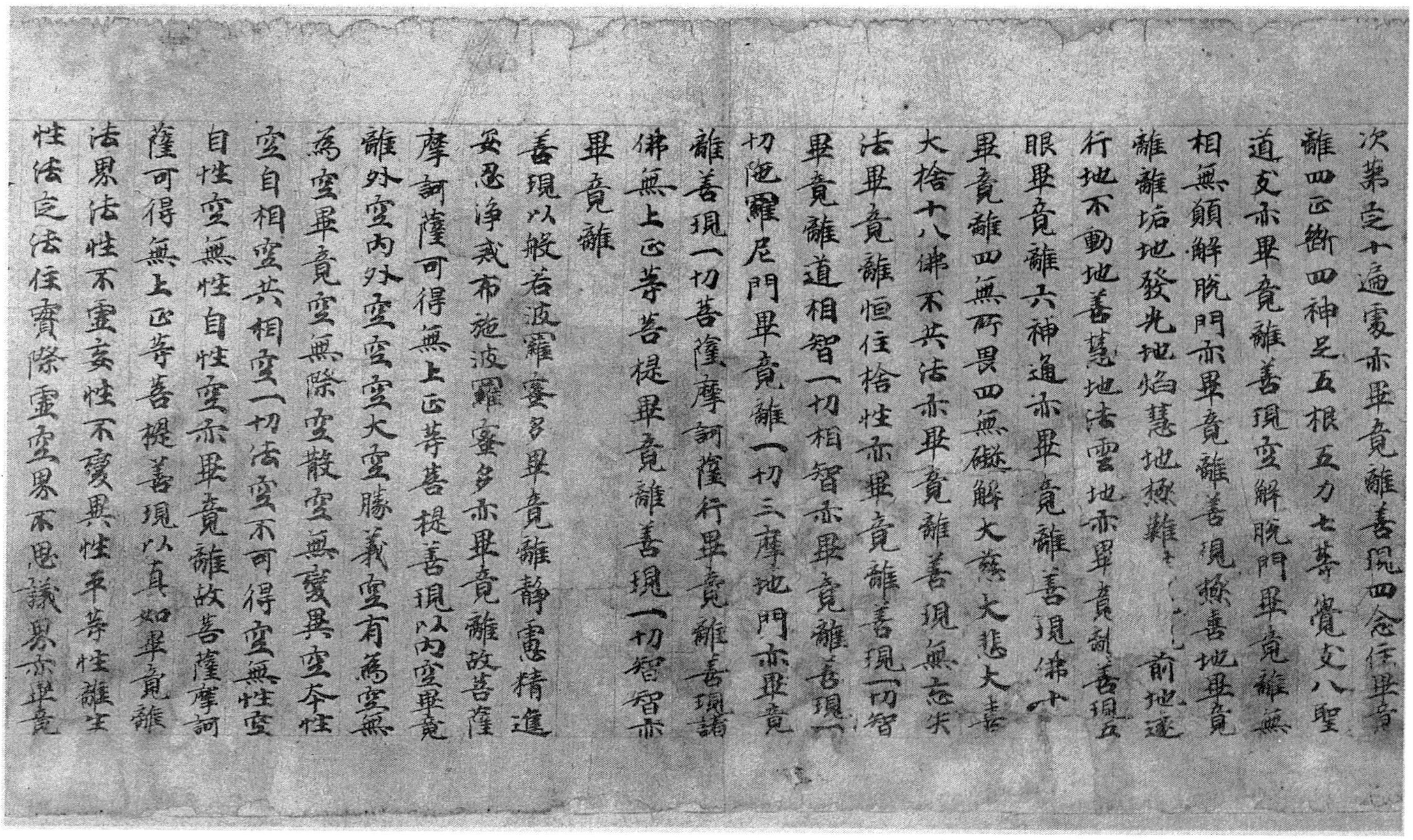
次第定十遍處亦畢竟離善現四念住畢竟
離四正斷四神足五根五力七等覺支八聖
道支亦畢竟離善現空解脫門畢竟離無
相無願解脫門亦畢竟離善現極喜地畢竟
離離垢地發光地焰慧地極難勝地　前地遠
行地不動地善慧地法雲地亦畢竟離善現五
眼畢竟離六神通亦畢竟離善現佛十
力畢竟離四無所畏四無礙解大慈大悲大喜
大捨十八佛不共法亦畢竟離善現無忘失
法畢竟離恒住捨性亦畢竟離善現一切智
畢竟離道相智一切相智亦畢竟離善現一
切陀羅尼門畢竟離一切三摩地門亦畢竟
離善現一切菩薩摩訶薩行畢竟離善現諸
佛無上正等菩提畢竟離善現一切智智亦
畢竟離
善現以般若波羅蜜多畢竟離靜慮精進
安忍淨戒布施波羅蜜多亦畢竟離故菩薩
摩訶薩可得無上正等菩提善現以內空畢竟
離外空內外空空空大空勝義空有為空無
為空畢竟空無際空散空無變異空本性
空自相空共相空一切法空不可得空無性空
自性空無性自性空亦畢竟離故菩薩摩訶
薩可得無上正等菩提善現以真如畢竟離
法界法性不虛妄性不變異性平等性離生
性法定法住實際虛空界不思議界亦畢竟

BD04699 號　大般若波羅蜜多經卷三四二　（5–2）

自性空無性自性空亦畢竟離故菩薩摩訶
薩可得無上正等菩提善現以真如畢竟離
法界法性不虛妄性不變異性平等性離生
性法定法住實際虛空界不思議界亦畢竟
離故菩薩摩訶薩可得無上正等菩提善現
以苦聖諦畢竟離集滅道聖諦亦畢竟離故
菩薩摩訶薩可得無上正等菩提善現以四
靜慮畢竟離四無量四無色定亦畢竟離故
菩薩摩訶薩可得無上正等菩提善現以八
解脫畢竟離八勝處九次第定十遍處亦畢
竟離故菩薩摩訶薩可得無上正等菩提善
現以四念住畢竟離四正斷四神足五根五力七
等覺支八聖道支亦畢竟離故菩薩摩訶
薩可得無上正等菩提善現以空解脫門
畢竟離無相無願解脫門亦畢竟離故菩薩
摩訶薩可得無上正等菩提善現以極喜地
畢竟離離垢地發光地焰慧地極難勝地現前地
遠行地不動地善慧地法雲地亦畢竟離故
菩薩摩訶薩可得無上正等菩提善現
以五眼畢竟離六神通亦畢竟離故菩薩摩
訶薩可得無上正等菩提善現以佛十力畢
竟離四無所畏四無礙解大慈大悲大喜大
捨十八佛不共法亦畢竟離故菩薩摩訶薩
可得無上正等菩提善現以無忘失法畢竟
離恒住捨性亦畢竟離故菩薩摩訶薩可得

BD04699 號　大般若波羅蜜多經卷三四二　（5–3）

竟離四無所畏四無礙解大慈大悲大喜大
捨十八佛不共法亦畢竟離故菩薩摩訶薩
可得無上正等菩提善現以無忘失法畢竟
離恒住捨性亦畢竟離故菩薩摩訶薩可得
無上正等菩提善現以一切智畢竟離道相
智一切相智亦畢竟離故菩薩摩訶薩可得
無上正等菩提善現以一切陀羅尼門畢竟
離一切三摩地門亦畢竟離故菩薩摩訶薩
可得無上正等菩提善現以一切菩薩摩訶
薩行畢竟離故菩薩摩訶薩可得無上正等
菩提善現以諸佛無上正等菩提畢竟離故
菩薩摩訶薩可得無上正等菩提善現以一
切智智畢竟離故菩薩摩訶薩可得無上正
等菩提
復次善現若般若波羅蜜多非畢竟離應非
般若波羅蜜多若靜慮精進安忍淨戒布施波
羅蜜多非畢竟離應非靜慮精進安忍淨戒
布施波羅蜜多善現若內空非畢竟離應非
內空若外空內外空空空大空勝義空有為
空無為空畢竟空無際空散空無變異空本
性空自相空共相空一切法空不可得空無性
空自性空無性自性空非畢竟離應非外
空乃至無性自性空善現若真如非畢竟離
應非真如若法界法性不虛妄性不變異性
平等性離生性法定法住實際虛空界不

BD04699 號　大般若波羅蜜多經卷三四二　（5–4）

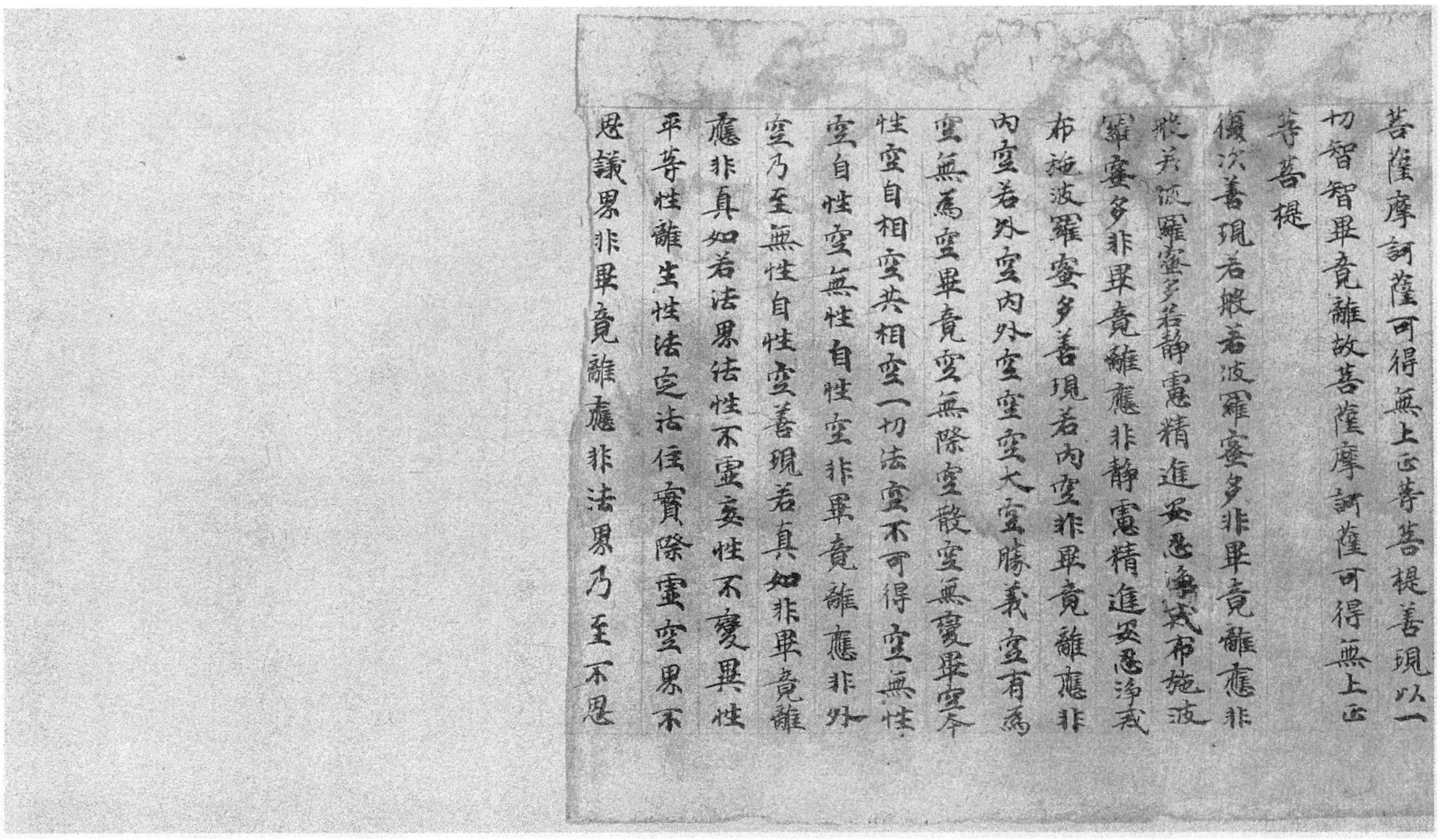
菩薩摩訶薩可得無上正等菩提善現以一
切智智畢竟離故菩薩摩訶薩可得無上正
等菩提
復次善現若般若波羅蜜多非畢竟離應非
般若波羅蜜多若靜慮精進安忍淨戒布施波
羅蜜多非畢竟離應非靜慮精進安忍淨戒
布施波羅蜜多善現若內空非畢竟離應非
內空若外空內外空空空大空勝義空有為
空無為空畢竟空無際空散空無變異空本
性空自相空共相空一切法空不可得空無性
空自性空無性自性空非畢竟離應非外
空乃至無性自性空善現若真如非畢竟離
應非真如若法界法性不虛妄性不變異性
平等性離生性法定法住實際虛空界不
思議界非畢竟離應非法界乃至不思

BD04699 號　大般若波羅蜜多經卷三四二　　　　（5–5）

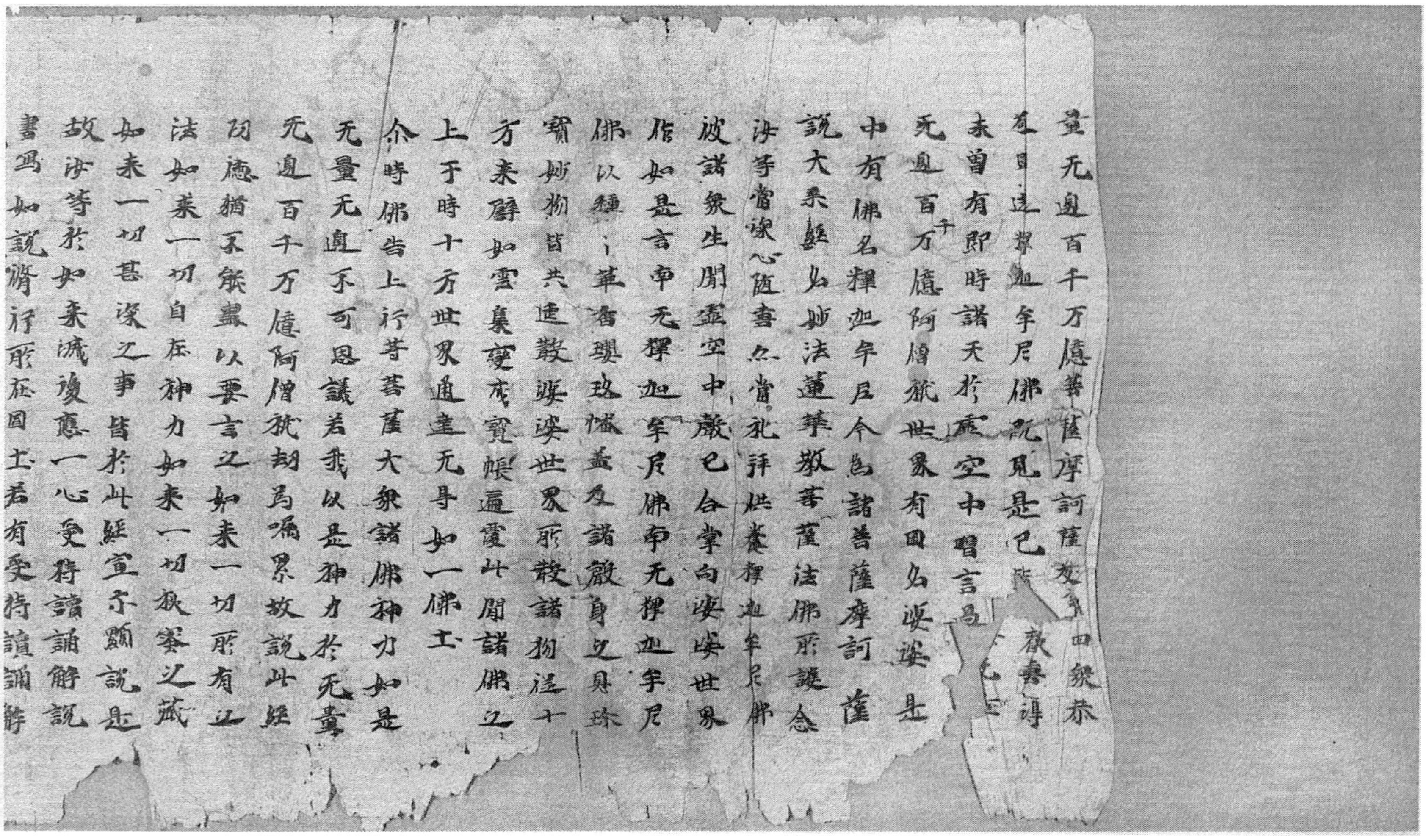
量无邊百千万億菩薩摩訶薩及諸四衆恭
敬圍遶釋迦牟尼佛既見是已皆大歡喜得
未曾有即時諸天於虛空中唱言過此
无邊百千万億阿僧祇世界有國名娑婆是
中有佛名釋迦牟尼今為諸菩薩摩訶薩
說大乘經名妙法蓮華教菩薩法佛所護念
汝等當深心隨喜亦當禮拜供養釋迦牟尼佛
彼諸衆生聞虛空中聲已合掌向娑婆世界
作如是言南无釋迦牟尼佛南无釋迦牟尼
佛以種種華香瓔珞幡蓋及諸嚴身之具珍
寶妙物皆共遙散娑婆世界所散諸物從十
方來譬如雲集變成寶帳遍覆此間諸佛之
上于時十方世界通達无㝵如一佛土
尒時佛告上行等菩薩大衆諸佛神力如是
无量无邊不可思議若我以是神力於无量
无邊百千万億阿僧祇劫為囑累故說此經
功德猶不能盡以要言之如來一切所有之
法如來一切自在神力如來一切祕要之藏
如來一切甚深之事皆於此經宣示顯說是
故汝等於如來滅後應一心受持讀誦解說
書寫如說脩行所在國土若有受持讀誦解

BD04700 號　妙法蓮華經（八卷本）卷七　　　　（16–1）

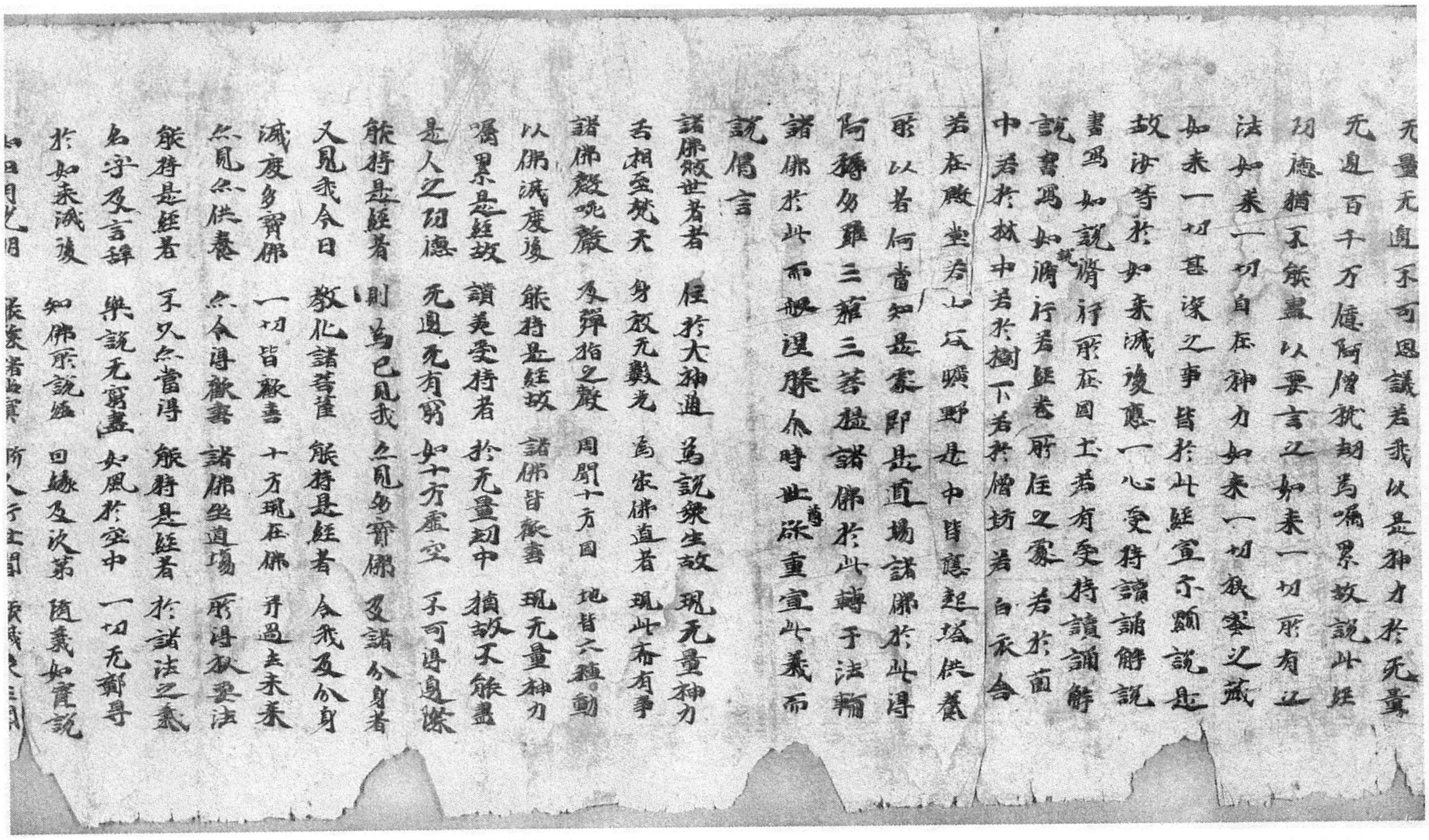

无量无邊不可思議若我以是神力於无量
无邊百千万億阿僧祇劫為囑累故說此經
功德猶不能盡以要言之如來一切所有之
法如來一切自在神力如來一切祕要之藏
如來一切甚深之事皆於此經宣示顯說是
故汝等於如來滅後應一心受持讀誦解說
書寫如說脩行所在國土若有受持讀誦解
說書寫如說脩行若經卷所住之處若於園
中若於林中若於樹下若於僧坊若白衣舍
若在殿堂若山谷曠野是中皆應起塔供養
所以者何當知是處即是道場諸佛於此得
阿耨多羅三藐三菩提諸佛於此轉于法輪
諸佛於此而般涅槃尒時世尊欲重宣此義而
說偈言
諸佛救世者　住於大神通　為悅衆生故　現无量神力
舌相至梵天　身放无數光　為求佛道者　現此希有事
諸佛謦欬聲　及彈指之聲　周聞十方國　地皆六種動
以佛滅度後　能持是經故　諸佛皆歡喜　現无量神力
囑累是經故　讚美受持者　於无量劫中　猶故不能盡
是人之功德　无邊无有窮　如十方虚空　不可得邊際
能持是經者　則為已見我　亦見多寶佛　及諸分身者
又見我今日　教化諸菩薩　能持是經者　令我及分身
滅度多寶佛　一切皆歡喜　十方現在佛　并過去未來
亦見亦供養　亦令得歡喜　諸佛坐道場　所得祕要法
能持是經者　不久亦當得　能持是經者　於諸法之義
名字及言辭　樂說无窮盡　如風於空中　一切无鄣㝵
於如來滅後　知佛所說經　因緣及次第　隨義如實說
如日月光明　能除諸幽冥　斯人行世間　能滅衆生闇

BD04700號　妙法蓮華經（八卷本）卷七　（16–2）

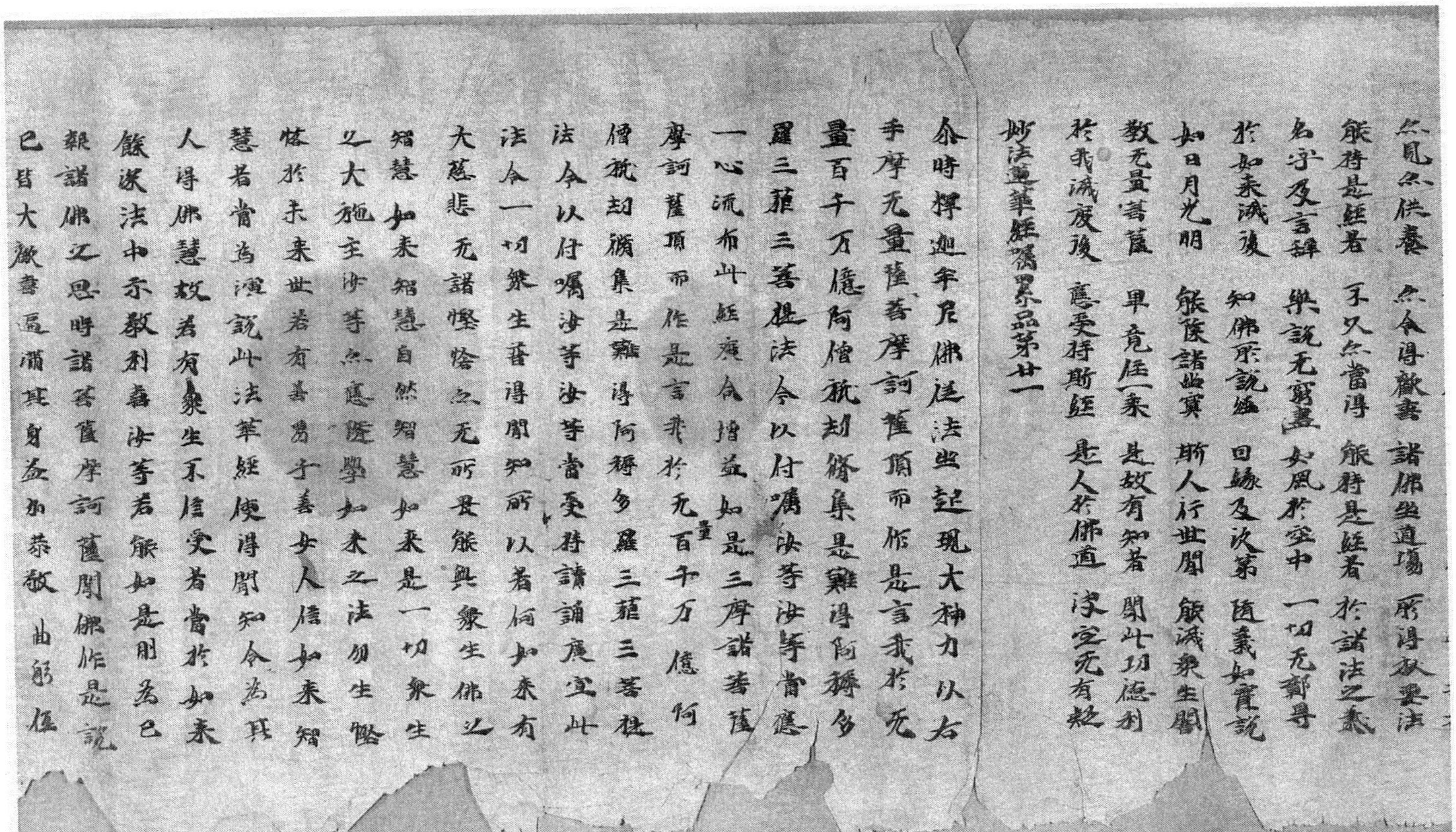

亦見亦供養　亦令得歡喜　諸佛坐道場　所得祕要法
能持是經者　不久亦當得　能持是經者　於諸法之義
名字及言辭　樂說无窮盡　如風於空中　一切无鄣㝵
於如來滅後　知佛所說經　因緣及次第　隨義如實說
如日月光明　能除諸幽冥　斯人行世間　能滅衆生闇
教无量菩薩　畢竟住一乘　是故有智者　聞此功德利
於我滅度後　應受持斯經　是人於佛道　決定无有疑
妙法蓮華經囑累品第廿一
尒時釋迦牟尼佛從法座起現大神力以右
手摩无量菩薩摩訶薩頂而作是言我於无
量百千万億阿僧祇劫脩集是難得阿耨多
羅三藐三菩提法今以付囑汝等汝等當應
一心流布此法廣令增益如是三摩諸菩薩
摩訶薩頂而作是言我於无量百千万億阿
僧祇劫脩集是難得阿耨多羅三藐三菩提
法今以付囑汝等汝等當受持讀誦廣宣此
法令一切衆生普得聞知所以者何如來有
大慈悲无諸慳悋亦无所畏能與衆生佛之
智慧如來智慧自然智慧如來是一切衆生
之大施主汝等亦應隨學如來之法勿生慳
悋於未來世若有善男子善女人信如來智
慧者當為演說此法華經使得聞知令其
人得佛慧故若有衆生不信受者當於如來
餘深法中示教利喜汝等若能如是則為已
報諸佛之恩時諸菩薩摩訶薩聞佛作是說
已皆大歡喜遍滿其身益加恭敬曲躬低

BD04700號　妙法蓮華經（八卷本）卷七　（16–3）

慧者當為演說此法華經使得聞知令為其
人得佛慧故若有衆生不信受者當於如來
餘深法中示教利喜汝等若能如是則為已
報諸佛之恩時諸菩薩摩訶薩聞佛作是說
已皆大歡喜遍滿其身益加恭敬曲躬低
頭合掌向佛俱發聲言如世尊勅當具奉行
唯然世尊願不有慮諸菩薩摩訶薩衆如是
三反俱發聲言如世尊勅當具奉行唯然世
尊願不有慮尒時釋迦牟尼佛令十方來諸
分身佛各還本土而作是言諸佛各隨所安
多寶佛塔還可如故說是語時十方无量分
身諸佛坐寶樹下師子座上者及多寶佛并上
行等无邊阿僧祇菩薩大衆舍利弗等聲
聞四衆及一切世間天人阿脩羅等聞佛所
說皆大歡喜

妙法蓮華經藥王本事品第廿三

尒時宿王華菩薩白佛言世尊藥王菩薩云
何於遊娑婆世界世尊是藥王菩薩有若干
百千万億那由他難行苦行善哉世尊願少
解說諸天龍神夜叉乾闥婆阿脩羅迦樓羅緊
那羅摩睺羅伽人非人等又他國土諸來菩
薩及此聲聞衆聞皆歡喜尒時佛告宿王
華菩薩乃往過去无量恒河沙劫有佛号日
月淨明德如來應供正遍知明行足善逝世
間解无上士調御丈夫天人師佛世尊其佛
有八十億大菩薩摩訶薩七十二恒河沙大

BD04700 號　妙法蓮華經（八卷本）卷七　（16–4）

薩及此聲聞衆聞皆歡喜尒時佛告宿王
華菩薩乃往過去无量恒河沙劫有佛号日
月淨明德如來應供正遍知明行足善逝世
間解无上士調御丈夫天人師佛世尊其佛
有八十億大菩薩摩訶薩七十二恒河沙大
聲聞衆佛壽四万二千劫菩薩壽命亦等彼
國无有女人地獄餓鬼畜生阿脩羅等及以
諸難地平如掌琉璃所成寶樹莊嚴寶帳覆
上垂寶華幡寶瓶香爐周遍國界七寶為臺
一樹一臺其樹去臺盡一箭道此諸寶樹皆
有菩薩聲聞而坐其下諸寶臺上各有百億
諸天作天伎樂歌歎於佛以為供養尒時彼
佛為一切衆生喜見菩薩及衆菩薩諸聲聞
衆說法華經是一切衆生喜見菩薩樂集苦
行於日月淨明德佛法中精進經行一心求
佛滿万二千歲已得現一切色身三昧得此
三昧已心大歡喜即作念言我得現一切色
身三昧皆是得聞法華經力我今當供養日
月淨明德佛及法華經即時入是三昧於虛
空中雨曼陁羅華摩訶曼陁羅華細末堅黑
栴檀滿虛空中如雲而下又雨海此岸栴檀
之香此香六銖價直娑婆世界以供養佛作
是供養已從三昧起而自念言我雖以神力
供養於佛不如以身供養即服諸香栴檀薰
陸兜樓婆畢力迦沈水膠香又飲瞻蔔諸華
香油滿千百二歲已香油塗身於日月淨明

BD04700 號　妙法蓮華經（八卷本）卷七　（16–5）

之香此香六銖價直娑婆世界以供養佛作
是供養已從三昧起而自念言我雖以神力
供養於佛不如以身供養即服諸香栴檀薰
陸兜樓婆畢力迦沉水膠香又飲瞻蔔諸華
香油滿千二百歲已香油塗身於日月淨明
德佛前以天寶衣而自纏身灌諸香油以神
通力願而自然身光明遍照八十億恒河沙
世界其中諸佛同時讚言善哉善哉善男子
是真精進是名真法供養如來若以華香瓔
珞燒香末香天繒幡蓋及海此岸栴檀之香
如是等種種諸物供養所不能及假使國城
妻子布施亦所不及善男子是名第一之施
於諸施中最尊最上以法供養諸如來故作
是語已而各嘿然其身火燃千二百歲過是已
後其身乃盡一切眾生憙見菩薩作如是
法供養已命終之後復生日月淨明德佛國
中於淨德王家結加趺坐忽然化生即為其
父而說偈言
大王今當知　我經行彼處　即時得一切　現諸身三昧
懃行精進　捨所愛之身
說是偈已而白父言日月淨明德佛今故現
在我先供養佛已得解一切眾生語言陀羅
尼復聞是法華經八百千万億那由他甄迦
羅頻婆羅阿閦婆等偈大王我今當還供養
此佛白已即坐七寶之臺上昇虛空高七多
羅樹往到佛所頭面禮足合十指爪以偈讚佛
容顏甚奇妙　光明照十方　我適曾供養　今復還親覲



在我先供養佛已得解一切眾生語言陀羅
尼復聞是法華經八百千万億那由他甄迦
羅頻婆羅阿閦婆等偈大王我今當還供養
此佛白已即坐七寶之臺上昇虛空高七多
羅樹往到佛所頭面禮足合十指爪以偈讚佛
容顏甚奇妙　光明照十方　我適曾供養　今復還親覲
爾時一切眾生憙見菩薩說是偈已而白佛
言世尊世尊猶故在世爾時日月淨明德佛
告一切眾生憙見菩薩善男子我涅槃時到
滅盡時至汝可安施牀座我於今夜當般涅
槃又勑一切眾生憙見菩薩善男子我以佛
法囑累於汝及諸菩薩大弟子并阿耨多羅
三藐三菩提法亦以三千大千七寶世界諸
寶樹寶臺及給侍諸天悉付於汝我滅度後
所有舍利亦付囑汝當令流布廣設供養應
起若干千塔如是日月淨明德佛勑一切眾
生憙見菩薩已於夜後分入於涅槃爾時一切
眾生憙見菩薩見佛滅度悲感懊惱戀慕於
佛即以海此岸栴檀為積供養佛身而以燒
之火滅已後收取舍利作八万四千寶瓶以
起八万四千塔高三世界表剎莊嚴垂諸幡
蓋懸眾寶鈴爾時一切眾生憙見菩薩復自
念言我雖作是供養心猶未足我今當更供
養舍利便語諸菩薩大弟子及天龍夜叉等
一切大眾汝等當一心念我今供養日月淨
明德佛舍利作是語已即於八万四千塔前
然百福莊嚴臂七万二千歲而以供養令無
數求聲聞眾無量阿僧祇人發阿耨多羅三

念言我[illegible]
養舍利便語諸菩薩大弟子及天龍夜叉等
一切大衆汝等當一心念我今供養日月淨
明德佛舍利作是語已即於八万四千塔前
然百福莊嚴臂七万二千歲而以供養令無
數求聲聞衆無量阿僧祇人發阿耨多羅三
藐三菩提心皆使得住現一切色身三昧尒時
諸菩薩天人阿修羅等見其無臂憂惱悲哀
而作是言此一切衆生憙見菩薩是我等師
教化我者而今燒臂身不具足于時一切衆
生憙見菩薩於大衆中立此誓言我捨兩臂
必當得佛金色之身若實不虛令我兩臂還
復如故作是誓已自然還復由斯菩薩福德
智慧淳厚所致當尒之時三千大千世界六
種震動天雨寶華一切天人得未曾有佛告
宿王華菩薩於汝意云何一切衆生憙見菩
薩豈異人乎今藥王菩薩是也其所捨身布
施如是無量百千万億那由他數宿王華若
有發心欲得阿耨多羅三藐三菩提者能然
手指乃至足一指供養佛塔勝以國城妻子
及三千大千國土山林河池諸珍寶物而供
養者若復有人以七寶滿三千大千世界供
養於佛及大菩薩辟支佛阿羅漢是人所得
功德不如受持此法華經乃至一四句偈其
福最多宿王華譬如一切川流江河諸水之
中海為第一此法華經亦復如是於諸如來
所說經中最為深大又如土山黑山小鐵圍
山大鐵圍山及十寶山衆山之中須弥山為

BD04700號　妙法蓮華經（八卷本）卷七　（16–8）

福最多宿王華譬如一切川流江河諸水之
中海為第一此法華經亦復如是於諸如來
所說經中最為深大又如土山黑山小鐵圍
山大鐵圍山及十寶山衆山之中須弥山為
第一此法華經亦復如是於諸經中最為其上
又如衆星之中月天子最為第一此法華
經亦復如是於千万億種諸經法中最為照
明又如日天子能除諸闇此經亦復如是能
破一切不善之闇又如諸小王中轉輪聖王
最為第一此經亦復如是於衆經中最為其
尊又如帝釋於三十三天中王此經亦復如
是諸經中王又如大梵天王一切衆生之父
此經亦復如是一切賢聖學無學及發菩薩
心者之父又如一切凡夫人中須陁洹斯陁
含阿那含阿羅漢辟支佛為第一此經亦復
如是一切如來所說若菩薩所說若聲聞所
說諸經法中最為第一有能受持是經典者
亦復如是於一切衆生中亦為第一一切聲
聞辟支佛中菩薩為第一此經亦復如是於
一切諸法中最為第一如佛為諸法王此經
亦復如是諸經中王宿王華此經能救一切
衆生者此經能令一切衆生離諸苦惱此經
能大饒益一切衆生充滿其願如清涼池能
滿一切諸渴乏者如寒者得火如裸者得衣
如商人得主如子得母如度得船如病得醫
如闇得燈如貧得寶如民得王如賈客得海
如炬除闇此法華經亦復如是能令衆生離

BD04700號　妙法蓮華經（八卷本）卷七　（16–9）

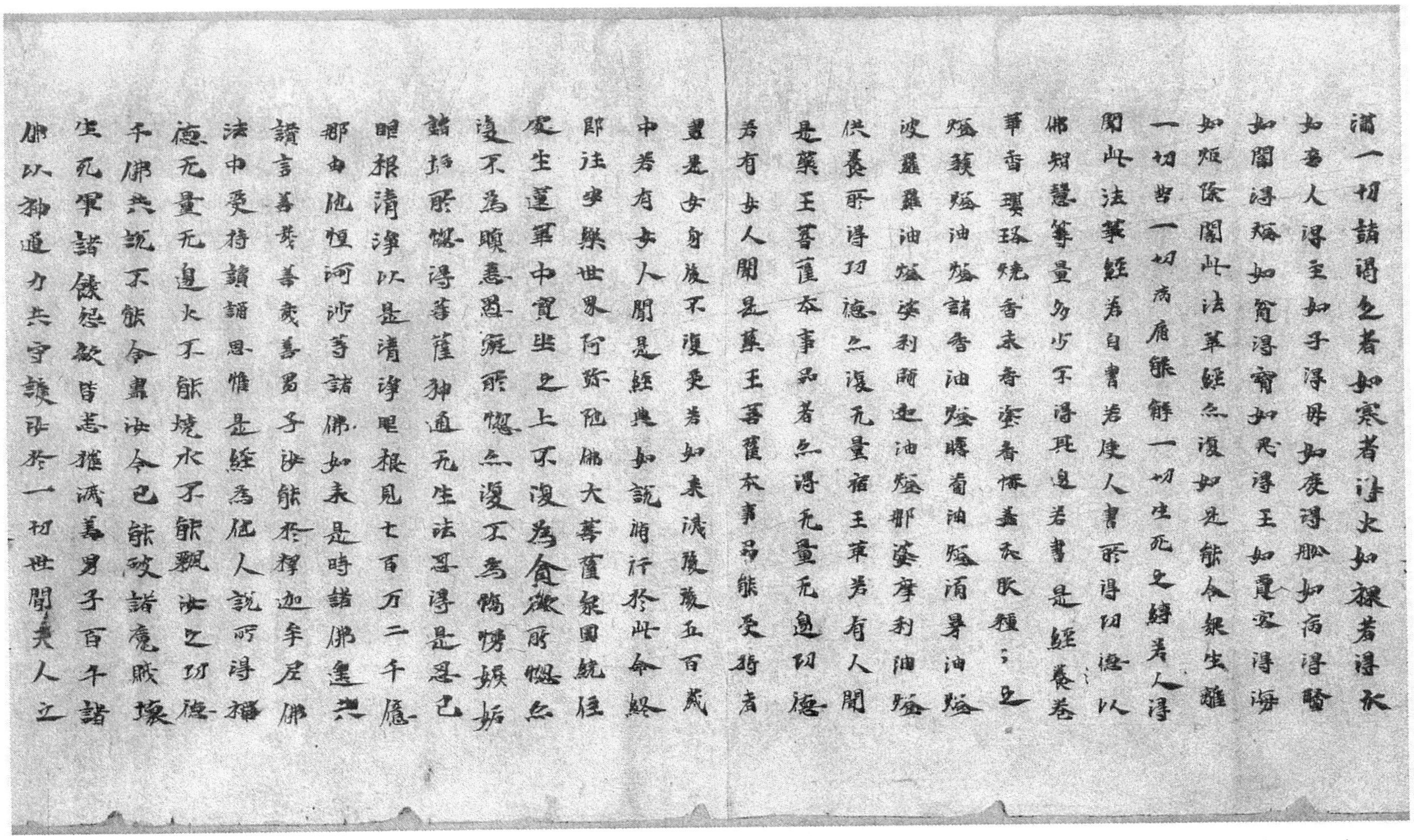
滿一切諸渴乏者，如寒者得火，如裸者得衣
如商人得主，如子得母，如度得船，如病得醫
如闇得燈，如貧得寶，如民得王，如賈客得海
如炬除闇，此法華經亦復如是，能令衆生離
一切苦、一切病痛，能解一切生死之縛。若人得
聞此法華經，若自書、若使人書，所得功德，以
佛智慧籌量多少，不得其邊。若書是經卷，
華香、瓔珞、燒香、末香、塗香、幡蓋、衣服，種種之
燈，蘇燈、油燈、諸香油燈、瞻蔔油燈、須曼那油燈、
波羅羅油燈、婆利師迦油燈、那婆摩利油燈
供養，所得功德亦復无量。宿王華，若有人聞
是藥王菩薩本事品者，亦得无量无邊功德。
若有女人聞是藥王菩薩本事品，能受持者，
盡是女身，後不復受。若如來滅後後五百歲
中，若有女人聞是經典，如說修行，於此命終，
即往安樂世界阿彌陀佛大菩薩衆圍繞住
處，生蓮華中寶座之上，不復為貪欲所惱，亦
復不為瞋恚愚癡所惱，亦復不為憍慢嫉妒
諸垢所惱，得菩薩神通、无生法忍。得是忍已，
眼根清淨。以是清淨眼根，見七百万二千億
那由他恒河沙等諸佛如來。是時諸佛遙共
讚言：善哉善哉！善男子，汝能於釋迦牟尼佛
法中受持讀誦思惟是經，為他人說，所得福
德无量无邊，火不能燒，水不能漂，汝之功德，
千佛共說不能令盡。汝今已能破諸魔賊，壞
生死軍，諸餘怨敵皆悉摧滅。善男子，百千諸
佛以神通力共守護汝，於一切世間天人之

BD04700號　妙法蓮華經（八卷本）卷七　（16–10）

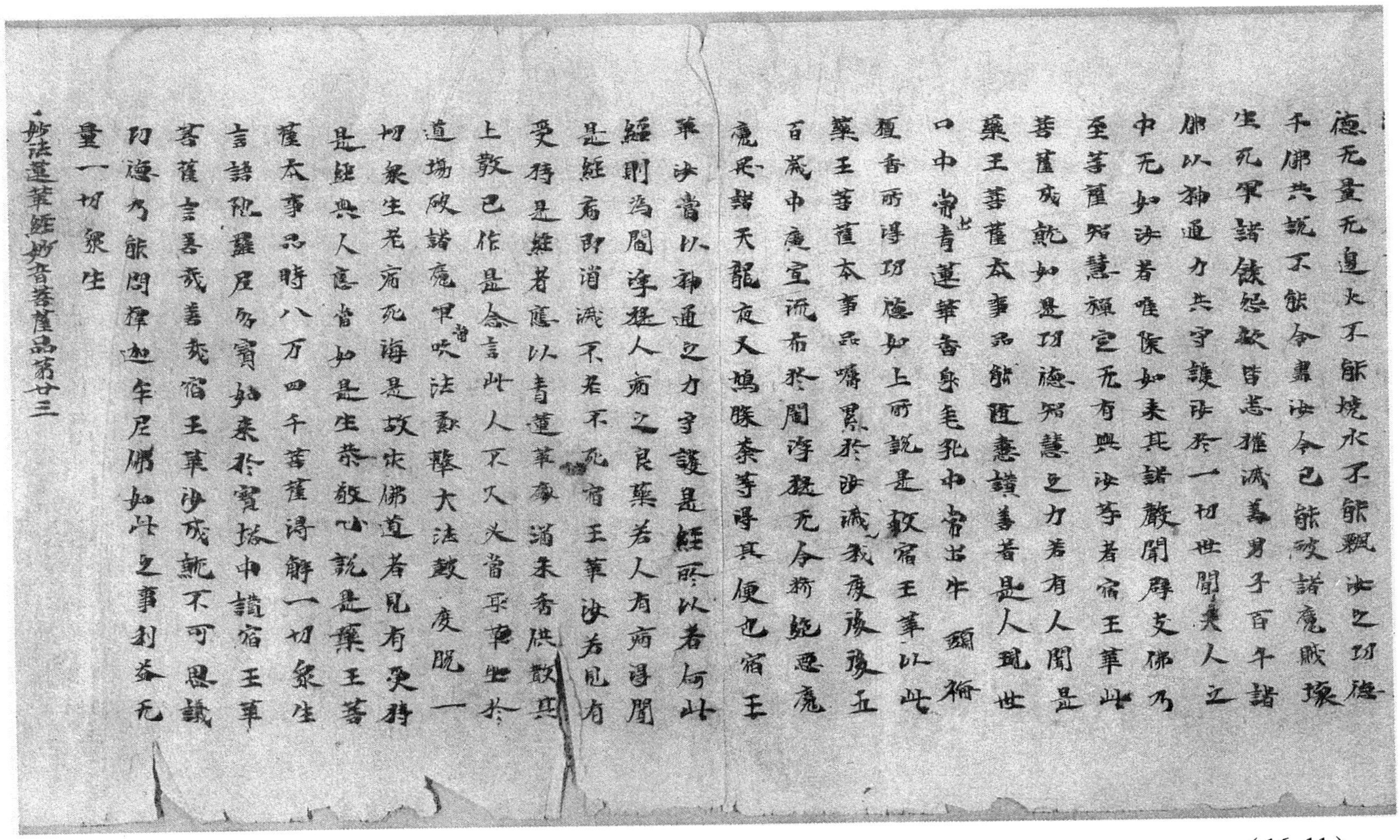
德无量无邊，火不能燒，水不能漂，汝之功德，
千佛共說不能令盡。汝今已能破諸魔賊，壞
生死軍，諸餘怨敵皆悉摧滅。善男子，百千諸
佛以神通力共守護汝，於一切世間天人之
中无如汝者，唯除如來。其諸聲聞、辟支佛乃
至菩薩智慧禪定，无有與汝等者。宿王華，此
菩薩成就如是功德智慧之力。若有人聞是
藥王菩薩本事品，能隨喜讚善者，是人現世
口中常出青蓮華香，身毛孔中常出牛頭栴
檀香，所得功德如上所說。是故宿王華，以此
藥王菩薩本事品囑累於汝。我滅度後後五
百歲中，廣宣流布於閻浮提，无令斷絕。惡魔
魔民、諸天、龍、夜叉、鳩槃荼等得其便也。宿王
華，汝當以神通之力守護是經。所以者何？此
經則為閻浮提人病之良藥。若人有病，得聞
是經，病即消滅，不老不死。宿王華，汝若見有
受持是經者，應以青蓮華盛滿末香供散其
上。散已作是念言：此人不久必當取草坐於
道場，破諸魔軍，當吹法螺，擊大法鼓，度脫一
切衆生老病死海。是故求佛道者見有受持
是經典人，應當如是生恭敬心。說是藥王菩
薩本事品時，八万四千菩薩得解一切衆生
言語陀羅尼。多寶如來於寶塔中讚宿王華
菩薩言：善哉善哉！宿王華，汝成就不可思議
功德，乃能問釋迦牟尼佛如此之事，利益无
量一切衆生。
妙法蓮華經妙音菩薩品第廿三

BD04700號　妙法蓮華經（八卷本）卷七　（16–11）

言語陀羅尼多寶如來於寶塔中讚宿王華
菩薩言善哉善哉宿王華汝成就不可思議
功德乃能問釋迦牟尼佛如此之事利益无
量一切衆生

妙法蓮華經妙音菩薩品第廿三

尒時釋迦牟尼佛放大人相肉髻光明及放
眉間白毫相光遍照東方百八万億那由他
恒河沙等諸佛世界過是數已有世界名淨
光莊嚴其國有佛號淨華宿王智如來應供正
遍知明行足善逝世間解无上士調御丈
夫天人師佛世尊為无量无邊菩薩大衆恭
敬圍遶而為說法釋迦牟尼佛白毫光明遍
照其國尒時一切淨光莊嚴國中有一菩薩
名曰妙音久已殖衆德本供養親近无量百
千万億諸佛而悉成就甚深智慧得妙幢相
三昧法華三昧淨德三昧宿王戲三昧无緣
三昧智印三昧解一切衆生語言三昧集一
切功德三昧清淨三昧神通遊戲三昧慧炬
三昧莊嚴王三昧淨光明三昧淨藏三昧不
共三昧日旋三昧得如是等百千万億恒河
沙等諸大三昧釋迦牟尼佛光照其身即白
淨華宿王智佛言世尊我當往詣娑婆世界
礼拜親近供養釋迦牟尼佛及見文殊師利
法王子菩薩藥王菩薩勇施菩薩宿王華菩
薩上行意菩薩莊嚴王菩薩藥上菩薩尒時
淨華宿王智佛告妙音菩薩汝莫輕彼國生
下劣想善男子彼娑婆世界高下不平土石

BD04700 號　妙法蓮華經（八卷本）卷七　（16–12）

淨華宿王智佛告妙音菩薩汝莫輕彼國生
下劣想善男子彼娑婆世界高下不平土石
諸山穢惡充滿佛身卑小諸菩薩衆其形亦
小而汝身四万二千由旬我身六百八十万
由旬汝身第一端正百千万福光明殊妙是
故汝往莫輕彼國若佛菩薩及國土生下劣
想妙音菩薩白其佛言世尊我今詣娑婆世界
皆是如來之力如來神通遊戲如來功德智
慧莊嚴於是妙音菩薩不起于坐身不動
搖而入三昧以三昧力於耆闍崛山去法坐
不遠化作八万四千衆寶蓮華閻浮檀金為
莖白銀為葉金剛為鬚甄叔迦寶以為其臺
尒時文殊師利法王子見是蓮華而白佛言
世尊是何因緣先現此瑞有若干千万蓮華
閻浮檀金為莖白銀為葉金剛為鬚甄叔迦
寶以為其臺尒時釋迦牟尼佛告文殊師利
是妙音菩薩摩訶薩欲從淨華宿王智佛國
與八万四千菩薩圍繞而來至此娑婆世界
供養親近礼拜於我亦欲供養聽法華經文
殊師利白佛言世尊是菩薩種何善本脩何
功德而能有是大神通力行何三昧願為我
等說是三昧名字我等亦欲勤脩行之行此
三昧乃能見是菩薩色相大小威儀進止唯
願世尊以神通力彼菩薩來令我得見尒時
釋迦牟尼佛告文殊師利此久滅度多寶如來
當為汝等而現其相時多寶佛告彼菩薩善
男子來文殊師利法王子欲見汝身于時妙

BD04700 號　妙法蓮華經（八卷本）卷七　（16–13）

禮世尊以神通力彼菩薩來令我得見尒時
釋迦牟尼佛告文殊師利此久滅度多寶如來
當為汝等而現其相時多寶佛告彼菩薩善
男子來文殊師利法王子欲見汝身于時妙
音菩薩於彼國沒與八万四千菩薩俱共發來
所經諸國六種震動皆悉雨於七寶蓮華
百千天樂不鼓自鳴是菩薩目如廣大青蓮
華葉正使和合百千万月其面貌端正復過
於此身真金色无量百千功德莊嚴威德熾
盛光明照曜諸相具足如那羅延堅固之身
入七寶臺上昇虛空去地七多羅樹諸菩薩
眾恭敬圍遶而來詣此娑婆世界耆闍崛山
到已下七寶臺以價直百千瓔珞持至釋迦
牟尼佛所頭面禮足奉上瓔珞而白佛言世
尊淨華宿王智佛問訊世尊少病少惱起居
輕利安樂行不四大調和不世事可忍不眾
生易度不无多貪欲瞋恚愚癡嫉妬慳慢不
无不孝父母不敬沙門邪見不善心不攝五
情不世尊眾生能降伏魔怨不久滅度多
寶如來在七寶塔中來聽法不又問訊多寶
如來安隱少惱堪忍久住不世尊我今欲見
多寶佛身唯願世尊示我令見尒時釋迦牟
尼佛語多寶佛是妙音菩薩欲得相見時多
寶佛告妙音言善哉善哉汝能為供養釋迦
牟尼佛及聽法華經并見問訊文殊師利等故來
至此尒時華德菩薩白佛言世尊是妙音菩
薩種何善根脩何功德有是神力佛告華德

BD04700號　妙法蓮華經（八卷本）卷七　（16–14）

尼佛語多寶佛是妙音菩薩欲得相見時多
寶佛告妙音言善哉善哉汝能為供養釋迦
牟尼佛及聽法華經并見問訊文殊師利等故來
至此尒時華德菩薩白佛言世尊是妙音菩
薩種何善根脩何功德有是神力佛告華德
菩薩過去有佛名雲雷音王多陀阿伽度阿
羅訶三藐三佛陀國名現一切世間劫名憙
見妙音菩薩於万二千歲以十万種伎樂供
養雲雷音王佛并奉上八万四千七寶鉢以
是因緣果報今生淨華宿王智佛國有是神
力華德於汝意云何尒時雲雷音王佛所妙
音菩薩伎樂供養奉上寶器者豈異人乎今
此妙音菩薩摩訶薩是華德是妙音菩薩已
曾供養親近无量諸佛久殖德本又值恒河沙
等百千万億那由他佛華德汝但見妙音
菩薩其身在此而是菩薩現種種身處處
為諸眾生說是經典或現梵王身或現帝釋
身或現自在天身或現大自在天身或現天大將
軍身或現毗沙門天王身或現轉輪聖王身或現
諸小王身或現長者身或現居士身或現宰
官身或現婆羅門身或現比丘比丘尼優
婆塞優婆夷身或現長者居士婦女身或現
宰官婦女身或現婆羅門婦女身或現童男
童女身或現天龍夜叉乾闥婆阿脩羅迦樓
羅緊那羅摩睺羅伽人非人等身而說是經
諸有地獄餓鬼畜生及眾難處皆能救濟乃
至於王後宮變為女身而說是經華德是妙

BD04700號　妙法蓮華經（八卷本）卷七　（16–15）

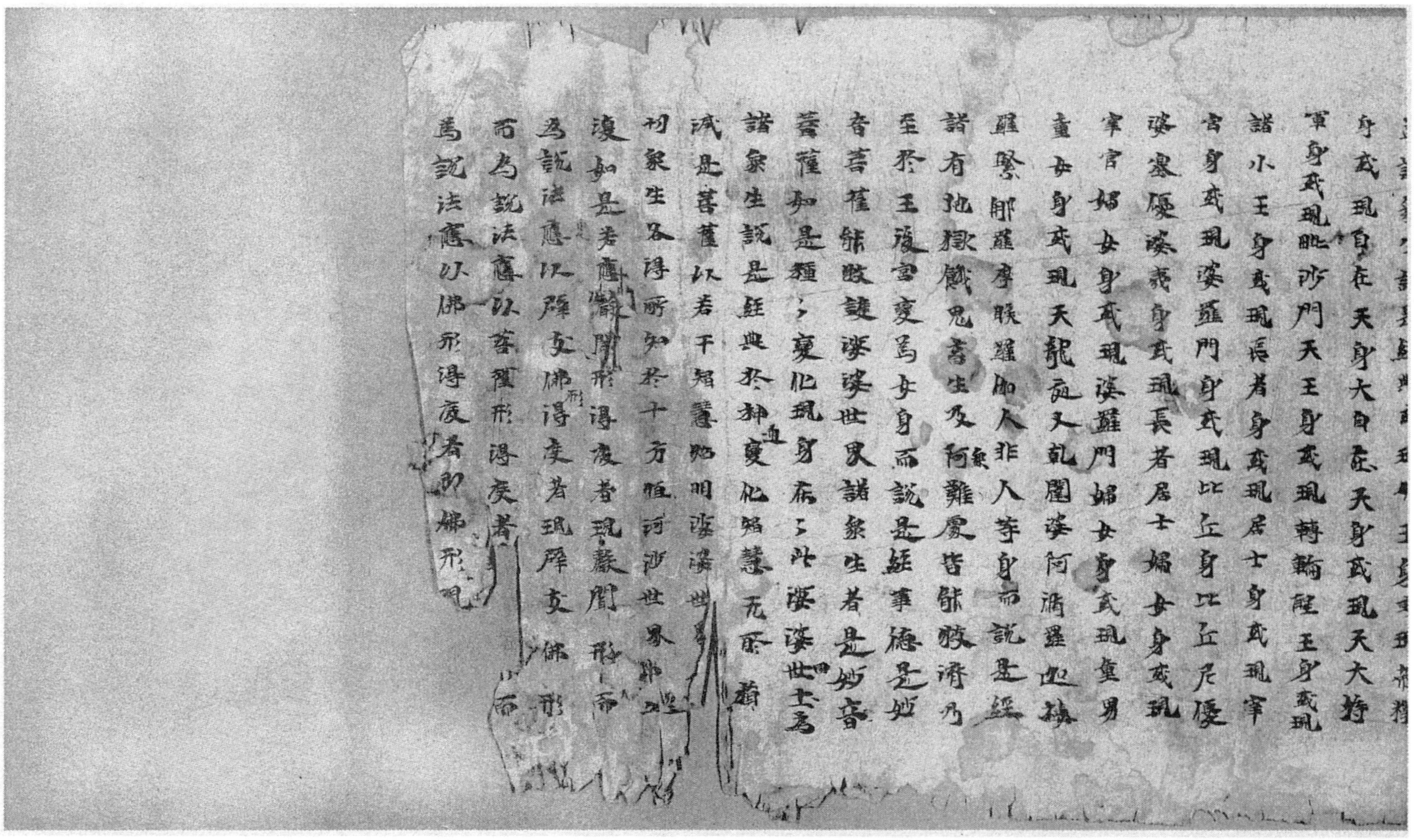
身或現自在天身大自在天身或現天大將
軍身或現毗沙門天王身或現轉輪聖王身或現
諸小王身或現長者身或現居士身或現宰
官身或現婆羅門身或現比丘比丘尼優
婆塞優婆夷身或現長者居士婦女身或現
宰官婦女身或現婆羅門婦女身或現童男
童女身或現天龍夜叉乾闥婆阿脩羅迦樓
羅緊那羅摩睺羅伽人非人等身而說是經
諸有地獄餓鬼畜生及眾難處皆能救濟乃
至於王後宮變為女身而說是經華德是妙
音菩薩能救護娑婆世界諸眾生者是妙音
菩薩如是種種變化現身在此娑婆國土為
諸眾生說是經典於神通變化智慧無所損
減是菩薩以若干智慧明照娑婆世界令一
切眾生各得所知於十方恒河沙世界中亦
復如是若應以聲聞形得度者現聲聞形而
為說法應以辟支佛形得度者現辟支佛形
而為說法應以菩薩形得度者現菩薩形而
為說法應以佛形得度者即現佛形

BD04700 號　妙法蓮華經（八卷本）卷七　　（16–16）

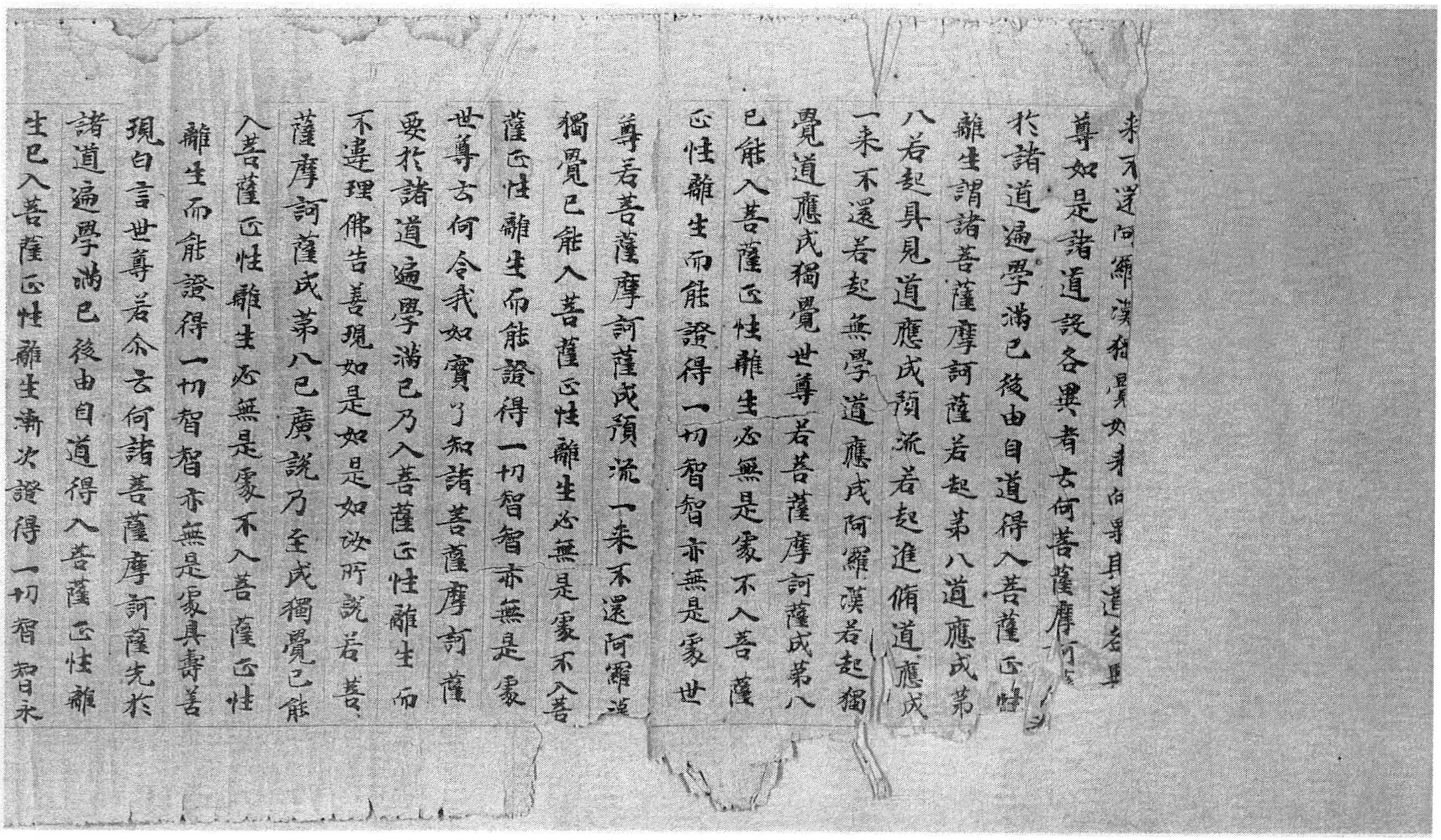
來不還阿羅漢獨覺如來由異道名異
尊如是諸道設各異者云何菩薩摩訶
於諸道遍學滿已後由自道得入菩薩正性
離生謂諸菩薩摩訶薩若起第八道應成第
八若起具見道應成預流若起修道應成
一來不還若起無學道應成阿羅漢若起獨
覺道應成獨覺世尊若菩薩摩訶薩成第八
已能入菩薩正性離生必無是處不入菩薩
正性離生而能證得一切智智亦無是處世
尊若菩薩摩訶薩成預流一來不還阿羅漢
獨覺已能入菩薩正性離生必無是處不入菩
薩正性離生而能證得一切智智亦無是處
世尊云何令我如實了知諸菩薩摩訶薩
要於諸道遍學滿已乃入菩薩正性離生而
不違理佛告善現如是如是如汝所說若菩
薩摩訶薩成第八已廣說乃至成獨覺已能
入菩薩正性離生必無是處不入菩薩正性
離生而能證得一切智智亦無是處具壽善
現白言世尊若尒云何諸菩薩摩訶薩先於
諸道遍學滿已後由自道得入菩薩正性離
生已入菩薩正性離生漸次證得一切智智永

BD04701 號　大般若波羅蜜多經卷四六五　　（2–1）

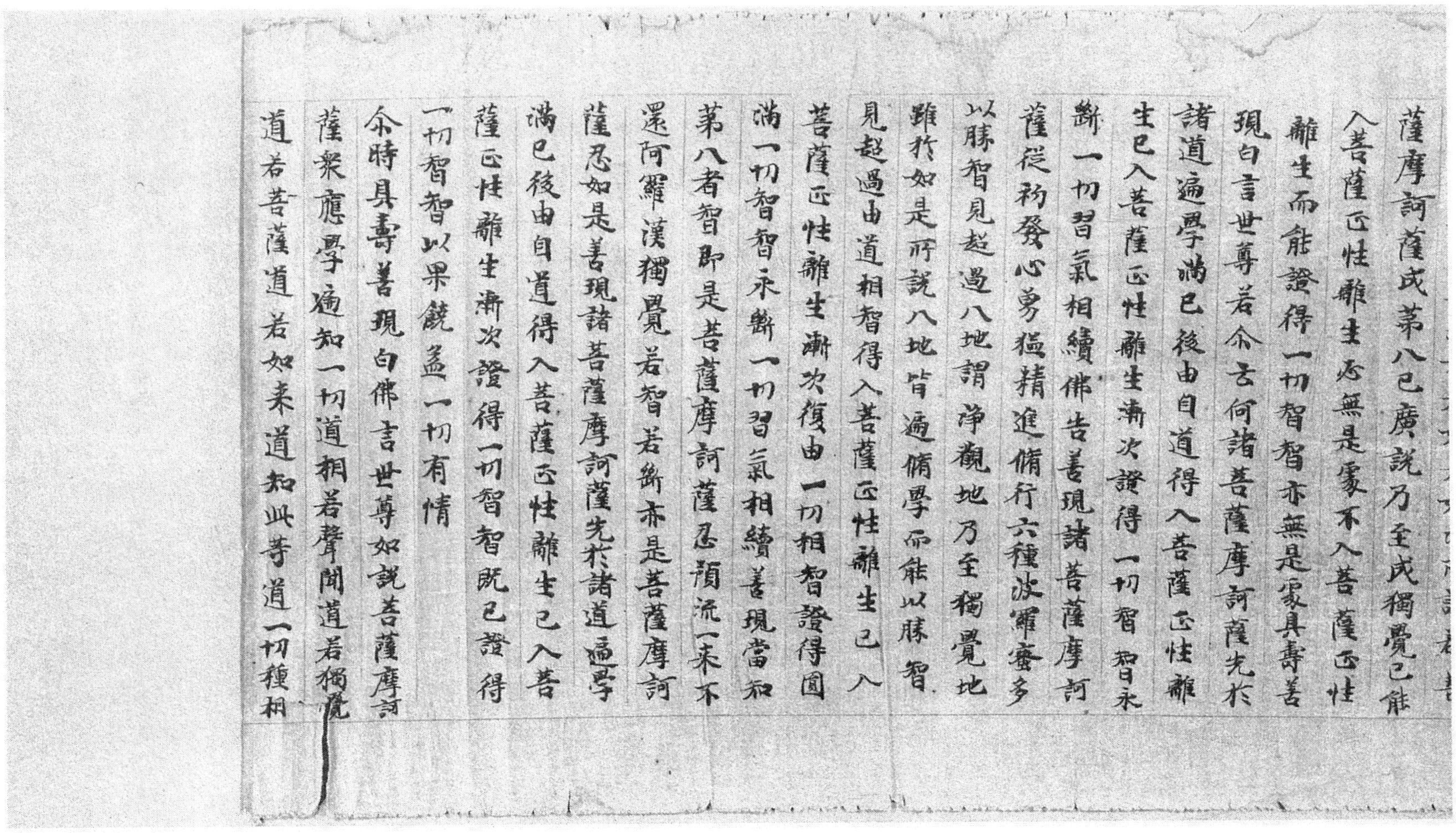

薩摩訶薩戒第八已廣說乃至戒獨覺已能
入菩薩正性離生亦無是處不入菩薩正性
離生而能證得一切智智亦無是處具壽善
現白言世尊若尒云何諸菩薩摩訶薩先於
諸道遍學滿已後由自道得入菩薩正性離
生已入菩薩正性離生漸次證得一切智智永
斷一切習氣相續佛告善現諸菩薩摩訶
薩從初發心勇猛精進脩行六種波羅蜜多
以勝智見超過八地謂淨觀地乃至獨覺地
雖於如是所說八地皆遍脩學而能以勝智
見超過由道相智得入菩薩正性離生已入
菩薩正性離生漸次復由一切相智證得圓
滿一切智智永斷一切習氣相續善現當知
第八者智即是菩薩摩訶薩忍預流一來不
還阿羅漢獨覺若智若斷亦是菩薩摩訶
薩忍如是善現諸菩薩摩訶薩先於諸道遍學
滿已後由自道得入菩薩正性離生已入菩
薩正性離生漸次證得一切智智既已證得
一切智智以果饒益一切有情
尒時具壽善現白佛言世尊如說菩薩摩訶
薩衆應學遍知一切道相若聲聞道若獨覺
道若菩薩道若如來道知此等道一切種相

BD04701 號　大般若波羅蜜多經卷四六五　（2–2）

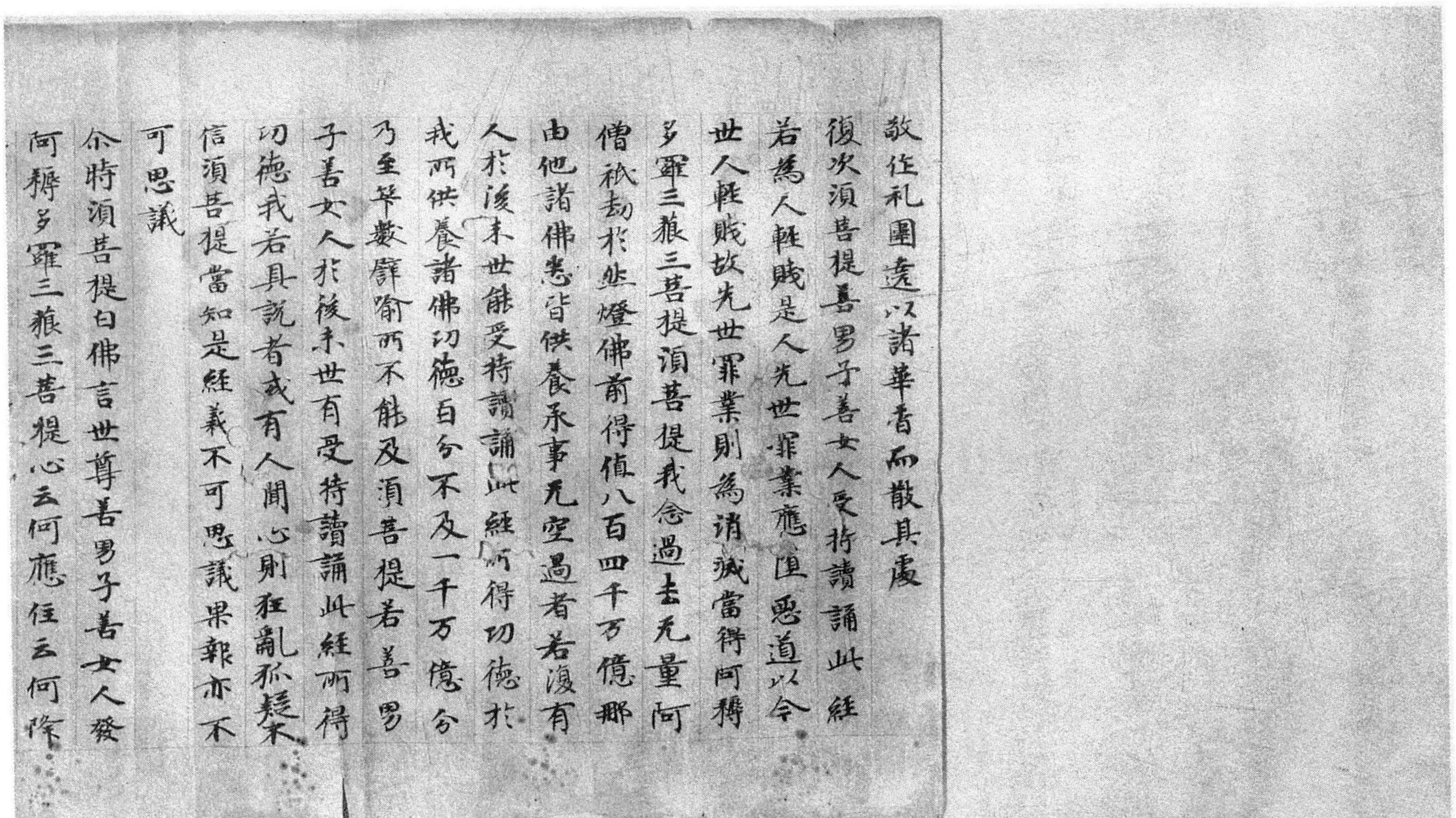

敬作礼圍遶以諸華香而散其處
復次須菩提善男子善女人受持讀誦此經
若為人輕賤是人先世罪業應墮惡道以今
世人輕賤故先世罪業則為消滅當得阿耨
多羅三藐三菩提須菩提我念過去无量阿
僧祇劫於然燈佛前得值八百四千万億那
由他諸佛悉皆供養承事无空過者若復有
人於後末世能受持讀誦此經所得功德於
我所供養諸佛功德百分不及一千万億分
乃至筭數譬喻所不能及須菩提若善男
子善女人於後末世有受持讀誦此經所得
功德我若具說者或有人聞心則狂亂狐疑不
信須菩提當知是經義不可思議果報亦不
可思議
尒時須菩提白佛言世尊善男子善女人發
阿耨多羅三藐三菩提心云何應住云何降

BD04702 號　金剛般若波羅蜜經　（8–1）

功德我若具說者或有人聞心則狂亂狐疑不
信須菩提當知是經義不可思議果報亦不
可思議
尒時須菩提白佛言世尊善男子善女人發
阿耨多羅三藐三菩提心云何應住云何降
伏其心佛告須菩提善男子善女人發阿耨
多羅三藐三菩提者當生如是心我應滅度
一切衆生滅度一切衆生已而无有一衆生
實滅度者何以故若菩薩有我相人相衆生
相壽者相則非菩薩所以者何須菩提實
无有法發阿耨多羅三藐三菩提者
須菩提於意云何如来於然燈佛所有法得
阿耨多羅三藐三菩提不不也世尊如我解
佛所說義佛於然燈佛所无有法得阿耨
多羅三藐三菩提佛言如是如是須菩提實
无有法如来得阿耨多羅三藐三菩提須菩
提若有法如来得阿耨多羅三藐三菩提然
燈佛則不與我受記汝於来世當得作佛号
釋迦牟尼以實无有法得阿耨多羅三藐三菩
提是故然燈佛與我受記作是言汝於来世
當得作佛号釋迦牟尼何以故如来者即
諸法如義若有人言如来得阿耨多羅三藐三
菩提須菩提實无有法佛得阿耨多羅三藐
三菩提須菩提如来所得阿耨多羅三藐三
菩提於是中无實无虛是故如来說一切法

BD04702號　金剛般若波羅蜜經　（8–2）

當得作佛号釋迦牟尼何以故如来者即
諸法如義若有人言如来得阿耨多羅三藐三
菩提須菩提實无有法佛得阿耨多羅三藐
三菩提須菩提如来所得阿耨多羅三藐三
菩提於是中无實无虛是故如来說一切法
皆是佛法須菩提所言一切法者即非一切
法是故名一切法須菩提譬如人身長大須
菩提言世尊如来說人身長大則為非大身
是名大身須菩提菩薩亦如是若作是言
我當滅度无量衆生則不名菩薩何以故須
菩提實无有法名為菩薩是故佛說一切法
无我无人无衆生无壽者須菩提若菩薩作
是言我當莊嚴佛土是不名菩薩何以故如来
說莊嚴佛土者即非莊嚴是名莊嚴須菩
提若菩薩通達无我法者如来說名真是
菩薩須菩提於意云何如来有肉眼不如是世
尊如来有肉眼須菩提於意云何如来有天
眼不如是世尊如来有天眼須菩提於意云何
如来有慧眼不如是世尊如来有慧眼須菩
提於意云何如来有法眼不如是世尊如来
有法眼須菩提於意云何如来有佛眼不如
是世尊如来有佛眼須菩提於意云何恒河
中所有沙佛說是沙不如是世尊如来說是
沙須菩提於意云何如一恒河中所有沙有
如是等恒河是諸恒河所有沙數佛世界如

BD04702號　金剛般若波羅蜜經　（8–3）

提於意云何如来有法眼不如是世尊如来
有法眼須菩提於意云何如来有佛眼不如
是世尊如来有佛眼須菩提於意云何恒河
中所有沙佛說是沙不如是世尊如来說是
沙須菩提於意云何如一恒河中所有沙有
如是等恒河是諸恒河所有沙數佛世界如
是寧為多不甚多世尊佛告須菩提介所國
土中所有衆生若干種心如来悉知何以故如
来說諸心皆為非心是名為心所以者何須
菩提過去心不可得現在心不可得未来心
不可得須菩提於意云何若有人滿三千
大千世界七寶以用布施是人以是因緣得
福多不如是世尊此人以是因緣得福甚多
須菩提若福德有實如来不說得福德多以
福德无故如来說得福德多

須菩提於意云何佛可以具足色身見不不
也世尊如来不應以具足色身見何以故如
来說具足色身即非具足色身是名具足
色身須菩提於意云何如来可以具足諸相
見不不也世尊如来不應以具足諸相見何
以故如来說諸相具足即非具足是名諸
相具足須菩提汝勿謂如来作是念我當
有所說法即為謗佛不能解我所說故須菩
提說法者无法可說是名說法

BD04702 號　金剛般若波羅蜜經　（8–4）

見不不也世尊如来不應以具足諸相見何
以故如来說諸相具足即非具足是名諸
相具足須菩提汝勿謂如来作是念我當
有所說法即為謗佛不能解我所說故須菩
提說法者无法可說是名說法
須菩提白佛言世尊佛得阿耨多羅三藐
三菩提為无所得耶如是如是須菩提我
於阿耨多羅三藐三菩提乃至无有少法可
得是名阿耨多羅三藐三菩提復次須菩提
是法平等无有高下是名阿耨多羅三藐三
菩提以无我无人无衆生无壽者脩一切善法
則得阿耨多羅三藐三菩提須菩提所言善
法者如来說非善法是名善法
須菩提若三千大千世界中所有諸須弥山
王如是等七寶聚有人持用布施若人以此
般若波羅蜜經乃至四句偈等受持為他人
說於前福德百分不及一千万億分乃至
筭數譬喻所不能及
須菩提於意云何汝等勿謂如来作是念
我當度衆生須菩提莫作是念何以故實无
有衆生如来度者若有衆生如来度者如来則
有我人衆生壽者須菩提如来說有我者
則非有我而凡夫之人以為有我須菩提凡夫
者如来說則非凡夫須菩提於意云何可以
三十二相觀如来不須菩提言如是如是以三

BD04702 號　金剛般若波羅蜜經　（8–5）

有衆生如来度者若有衆生如来度者如来則
有我人衆生壽者須菩提如来說有我者
則非有我而凡夫之人以為有我須菩提凡夫
者如来說則非凡夫須菩提於意云何可以
三十二相觀如来不須菩提言如是如是以三
十二相觀如来佛言須菩提若以三十二
相觀如来者轉輪聖王則是如来須菩提白
佛言世尊如我解佛所說義不應以三十二
相觀如来尒時世尊而說偈言
若以色見我　以音聲求我　是人行邪道　不能見如来
須菩提汝若作是念如来不以具足相故得
阿耨多羅三藐三菩提須菩提莫作是念如
来不以具足相故得阿耨多羅三藐三菩提
須菩提汝若作是念發阿耨多羅三藐三菩
提者說諸法斷滅相莫作是念何以故發阿
耨多羅三藐三菩提者於法不說斷滅相須
菩提若菩薩以滿恒河沙等世界七寶布施
若復有人知一切法无我得成於忍此菩薩
勝前菩薩所得功德須菩提以諸菩薩不受
福德故須菩提白佛言世尊云何菩薩不受
福德須菩提菩薩所作福德不應貪著是故
說不受福德須菩提若有人言如来若来若
去若坐若卧是人不解如来所說義何以故
如来者无所從来亦无所去故名如来須菩
提若善男子善女人以三千大千世界碎為
微塵於意云何是微塵衆寧為多不甚多

BD04702號　金剛般若波羅蜜經　（8–6）

說不受福德須菩提若有人言如来若来若
去若坐若卧是人不解如来所說義何以故
如来者无所從来亦无所去故名如来須菩
提若善男子善女人以三千大千世界碎為
微塵於意云何是微塵衆寧為多不甚多
世尊何以故若是微塵衆實有者佛則不說
是微塵衆所以者何佛說微塵衆則非微塵
衆是名微塵衆世尊如来所說三千大千世
界則非世界是名世界何以故若世界實有
者則是一合相如来說一合相則非一合相是
名一合相須菩提一合相者則是不可說但
凡夫之人貪著其事須菩提若人言佛說
我見人見衆生見壽者見須菩提於意云何
是人解我所說義不世尊是人不解如来所
說義何以故世尊說我見人見衆生見壽者
見即非我見人見衆生見壽者見是名我見人
見衆生見壽者見須菩提發阿耨多羅三藐
三菩提心者於一切法應如是知如是見如
是信解不生法相須菩提所言法相者如来
說即非法相是名法相須菩提若有人以滿
无量阿僧祇世界七寶持用布施若有善男
子善女人發菩薩心者持於此經乃至四句
偈等受持讀誦為人演說其福勝彼云何
為人演說不取於相如如不動何以故
一切有為法　如夢幻泡影　如露亦如電　應作如是觀

BD04702號　金剛般若波羅蜜經　（8–7）

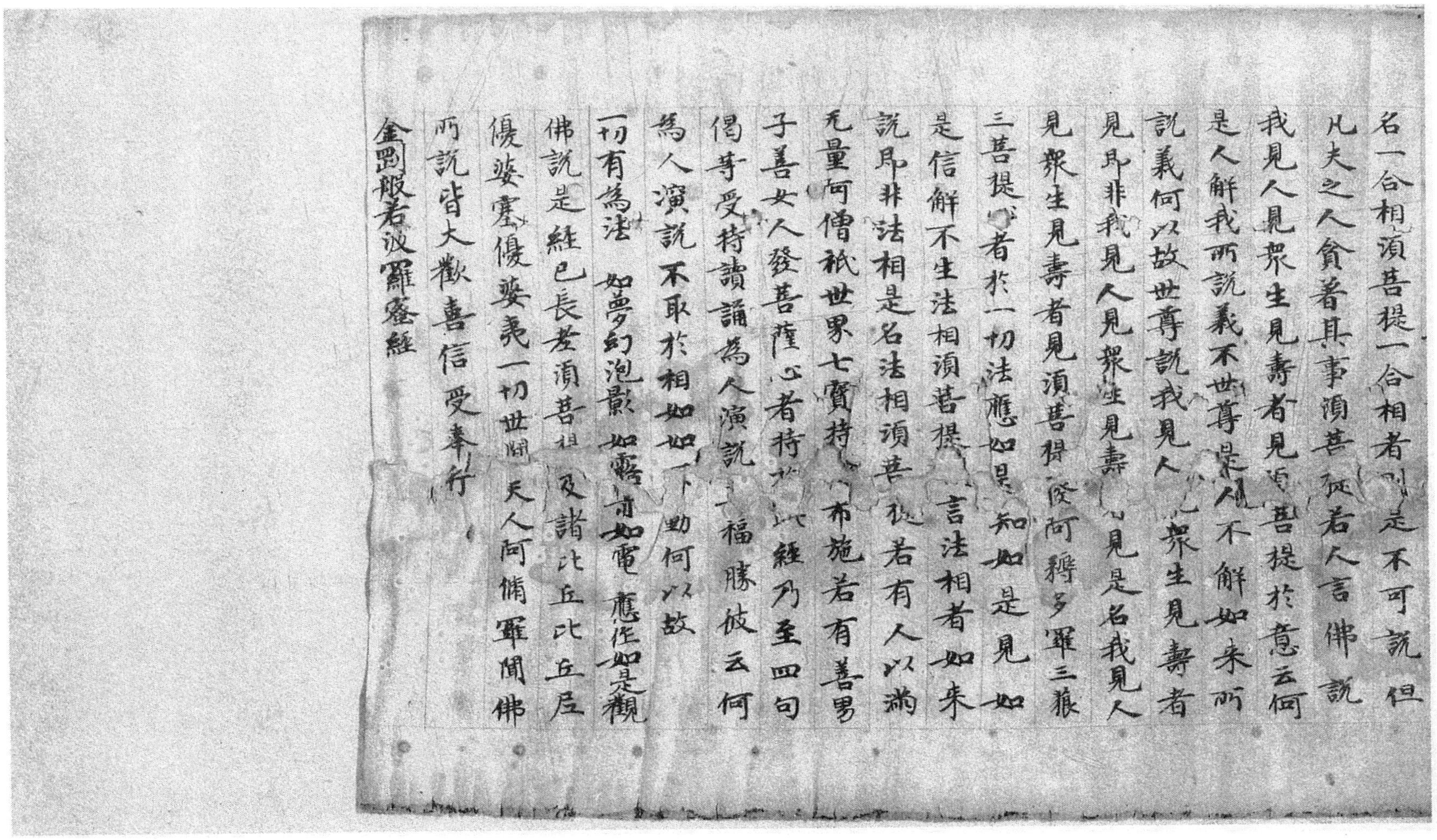
名一合相須菩提一合相者則是不可說但
凡夫之人貪著其事須菩提若人言佛說
我見人見衆生見壽者見須菩提於意云何
是人解我所說義不世尊是人不解如來所
說義何以故世尊說我見人見衆生見壽者
見即非我見人見衆生見壽者見是名我見人
見衆生見壽者見須菩提發阿耨多羅三藐
三菩提心者於一切法應如是知如是見如
是信解不生法相須菩提所言法相者如來
說即非法相是名法相須菩提若有人以滿
无量阿僧祇世界七寶持用布施若有善男
子善女人發菩薩心者持於此經乃至四句
偈等受持讀誦為人演說其福勝彼云何
為人演說不取於相如如不動何以故
一切有為法　如夢幻泡影　如露亦如電　應作如是觀
佛說是經已長老須菩提及諸比丘比丘尼
優婆塞優婆夷一切世間天人阿脩羅聞佛
所說皆大歡喜信受奉行
金剛般若波羅蜜經

BD04702 號　金剛般若波羅蜜經　（8–8）

大般若波羅蜜多經卷第五百八十五
五十九

BD04703 號背　護首　（1–1）

羅蜜多經卷第五百八十五
第十一淨戒波羅蜜多分之二　三藏法師玄奘奉　詔譯
時舍利子復告具壽滿慈子言若諸菩薩脩
行淨戒波羅蜜多見有少法名為作者當知
雖住菩薩法中而名棄捨諸菩薩法是為菩
薩非理作意若起如是非理作意應知名為

BD04703號　大般若波羅蜜多經卷五八五　（2–1）

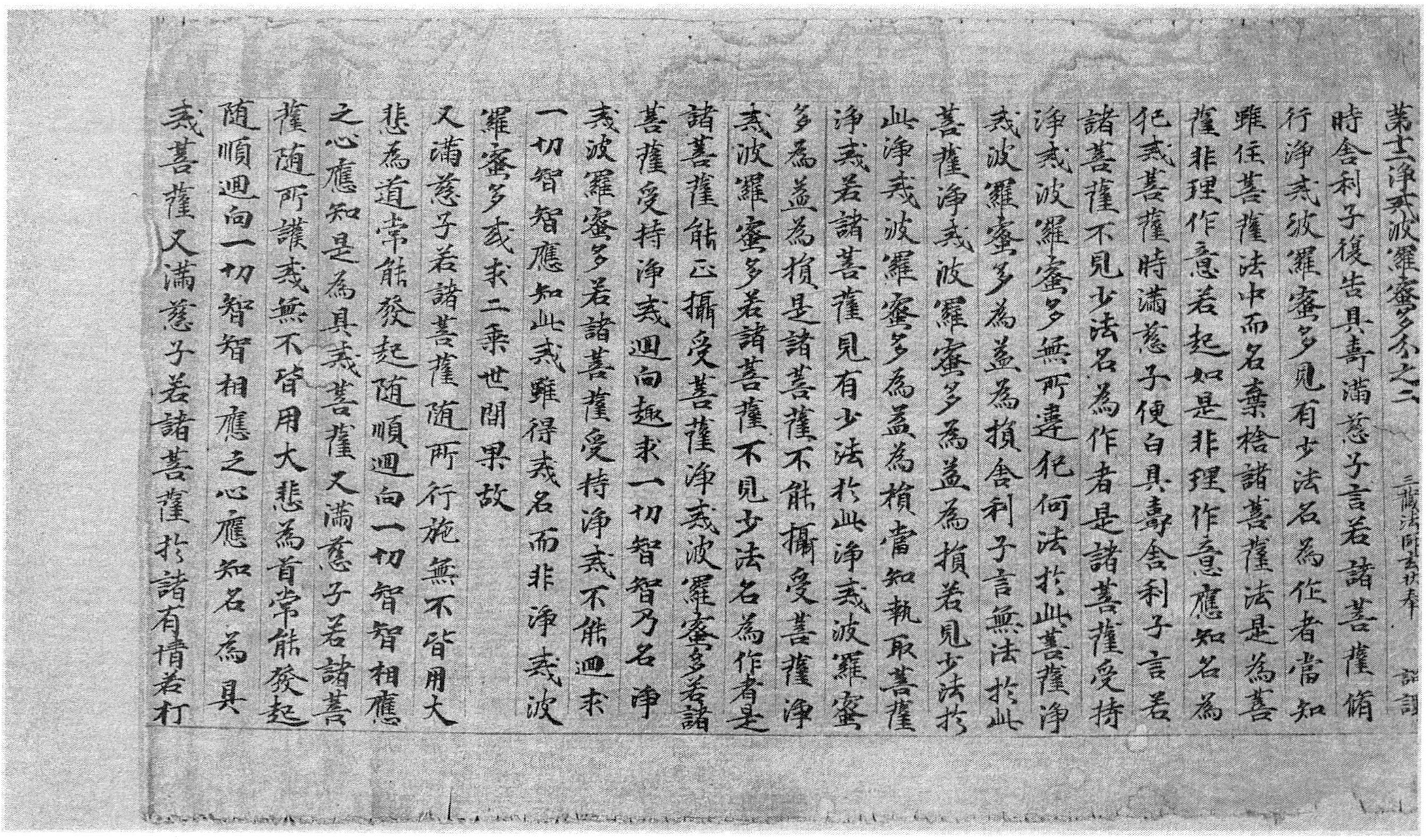
第十一淨戒波羅蜜多分之二　三藏法師玄奘奉　詔譯
時舍利子復告具壽滿慈子言若諸菩薩脩
行淨戒波羅蜜多見有少法名為作者當知
雖住菩薩法中而名棄捨諸菩薩法是為菩
薩非理作意若起如是非理作意應知名為
犯戒菩薩時滿慈子便白具壽舍利子言若
諸菩薩不見少法名為作者是諸菩薩受持
淨戒波羅蜜多無所違犯何法於此菩薩淨
戒波羅蜜多為益為損舍利子言無法於此
菩薩淨戒波羅蜜多為益為損若見少法於
此淨戒波羅蜜多為益為損當知執取菩薩
淨戒若諸菩薩見有少法於此淨戒波羅蜜
多為益為損是諸菩薩不能攝受菩薩淨
戒波羅蜜多若諸菩薩不見少法名為作者是
諸菩薩能正攝受菩薩淨戒波羅蜜多若諸
菩薩受持淨戒迴向趣求一切智智乃名淨
戒波羅蜜多若諸菩薩受持淨戒不能迴求
一切智智應知此戒雖得戒名而非淨戒波
羅蜜多或求二乘世間果故
又滿慈子若諸菩薩隨所行施無不皆用大
悲為道常能發起隨順迴向一切智智相應
之心應知是為具戒菩薩又滿慈子若諸菩
薩隨所護戒無不皆用大悲為首常能發起
隨順迴向一切智智相應之心應知名為具
戒菩薩又滿慈子若諸菩薩於諸有情若打

BD04703號　大般若波羅蜜多經卷五八五　（2–2）

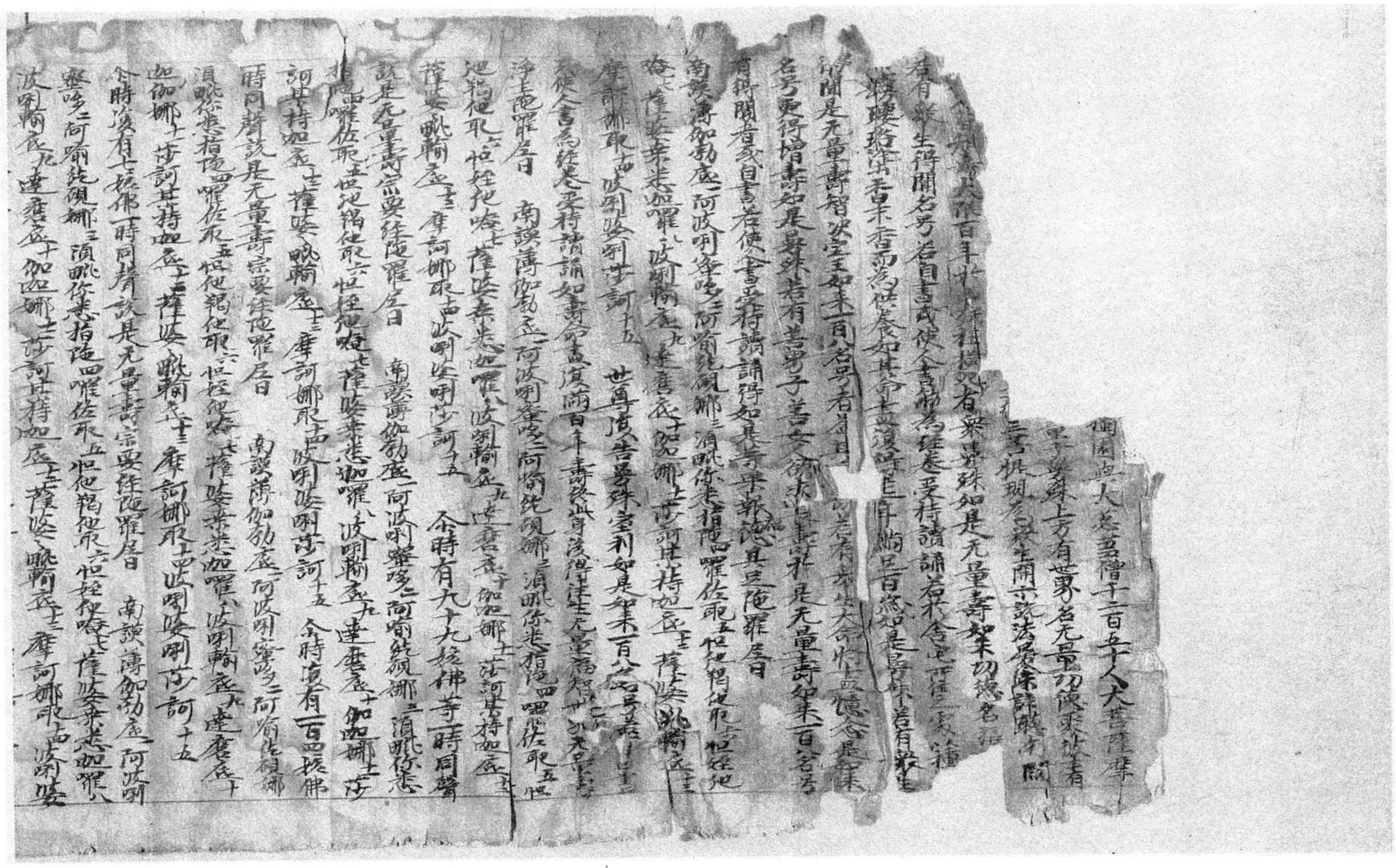

BD04704 號　無量壽宗要經　（5–1）

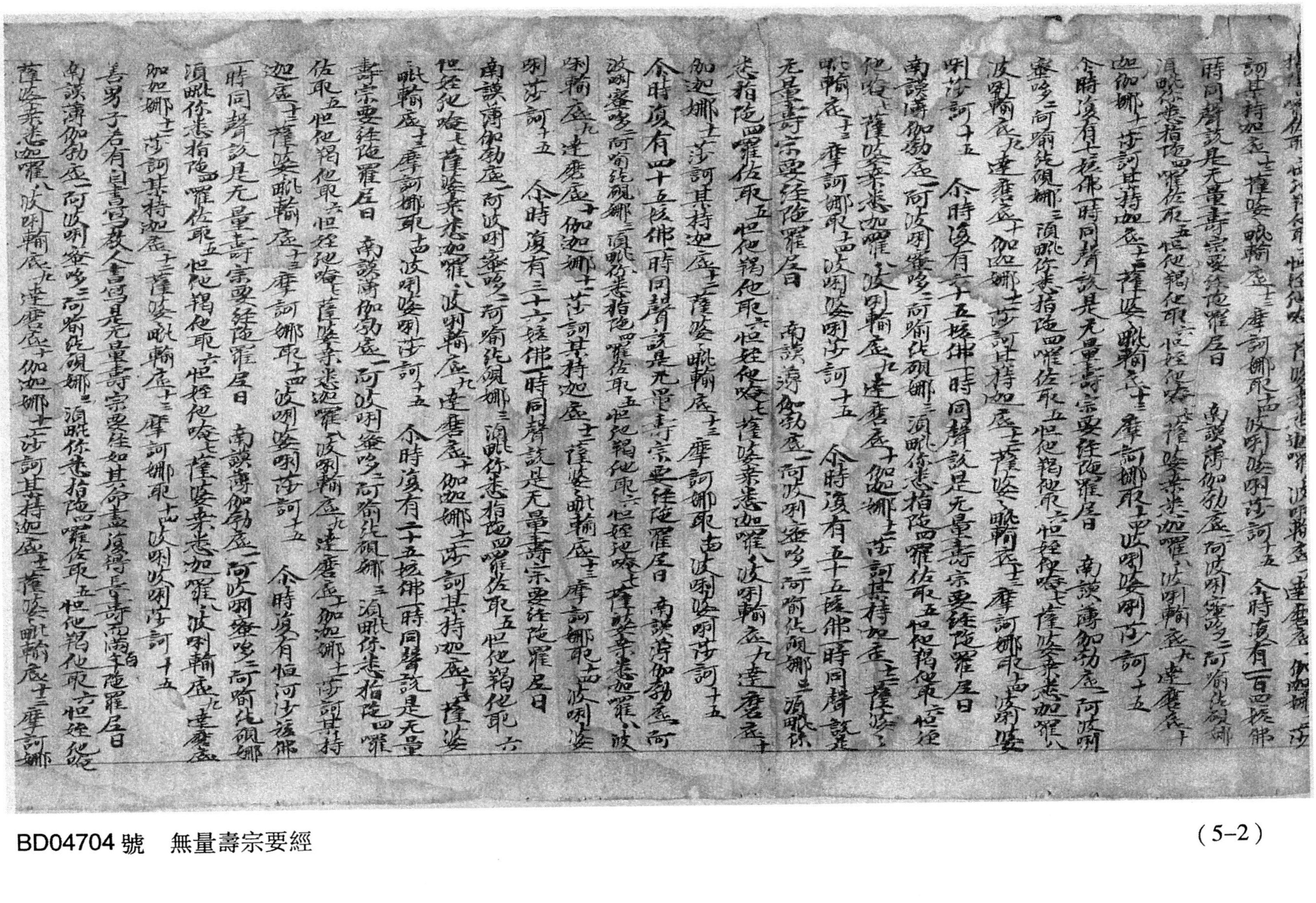

BD04704 號　無量壽宗要經　（5–2）

迦底十二薩婆毗輸底十三摩訶娜耶十四波唎婆唎莎訶十五　爾時復有恒河沙諸佛
一時同聲說是无量壽宗要經陀羅尼曰　南謨薄伽勃底一阿波唎蜜哆二阿喻紇硯娜
須毗你悉指陀四囉佐耶五怛他羯他耶六怛姪他唵七薩婆桑悉迦囉八波唎輸底九達磨底
伽伽娜十一莎訶其持迦底十二薩婆毗輸底十三摩訶娜耶十四波唎婆唎莎訶十五
善男子若有自書寫教人書寫是无量壽宗要經如其命盡復得長壽滿百年
南謨薄伽勃底一阿波唎蜜哆二阿喻紇硯娜三須毗你悉指陀四囉佐耶五怛他羯他耶六怛姪他
薩婆桑悉迦囉八波唎輸底九達磨底十伽伽娜十一莎訶其持迦底十二薩婆毗輸底十三摩訶娜
耶十四波唎婆唎莎訶十五　若有自書寫教人書寫是无量壽宗要經讀誦受持畢竟不墮
地獄在在所生得宿命智陀羅尼曰　南謨薄伽勃底一阿波唎蜜哆二阿喻紇硯娜三須毗你悉指
陀四囉佐耶五怛他羯他耶六怛姪他唵七薩婆桑悉迦囉八波唎輸底九達磨底十伽伽娜十一莎訶
其持迦底十二薩婆毗輸底十三摩訶娜耶十四波唎婆唎莎訶十五　若有自書寫教人書寫是
无量壽宗要經讀誦如同書寫八万四千一切經典陀羅尼曰　南謨薄伽勃底一阿波唎蜜哆二
阿喻紇硯娜三須毗你悉指陀四囉佐耶五怛他羯他耶六怛姪他唵七薩婆桑悉迦囉八波唎輸底九達
磨底十伽伽娜十一莎訶其持迦底十二薩婆毗輸底十三摩訶娜耶十四波唎婆唎莎訶十五
若有自書寫教人書寫是无量壽宗要經即是書寫八万四千部建立塔廟陀羅尼曰
南謨薄伽勃底一阿波唎蜜哆二阿喻紇硯娜三須毗你悉指陀四囉佐耶五怛他羯他耶六怛姪他唵七薩
婆桑悉迦囉八波唎輸底九達磨底十伽伽娜十一莎訶其持迦底十二薩婆毗輸底十三摩訶娜
耶十四波唎婆唎莎訶十五　若有自書寫教人書寫是无量壽宗要經能消五无間等一切重
罪陀羅尼曰　南謨薄伽勃底一阿波唎蜜哆二阿喻紇硯娜三須毗你悉指陀四囉佐耶五怛他羯
他耶六怛姪他唵七薩婆桑悉迦囉八波唎輸底九達磨底十伽伽娜十一莎訶其持迦底十二薩婆毗
輸底十三摩訶娜耶十四波唎婆唎莎訶十五　若有自書寫教人書寫是无量壽宗要經受持讀誦
設有重罪猶如須彌盡能除滅陀羅尼曰　南謨薄伽勃底一阿波唎蜜哆二阿喻紇硯娜三須毗你
悉指陀四囉佐耶五怛他羯他耶六怛姪他唵七薩婆桑悉迦囉八波唎輸底九達磨底十伽伽娜十一莎訶其持
迦底十二薩婆毗輸底十三摩訶娜耶十四波唎婆唎莎訶十五　若有自書寫教人書寫是无量壽
宗要經受持讀誦若魔魔之眷屬夜叉羅剎不得其便終无枉死陀羅尼曰　南謨薄伽勃底一
阿波唎蜜哆二阿喻紇硯娜三須毗你悉指陀四囉佐耶五怛他羯他耶六怛姪他唵七薩婆桑悉迦囉八
波唎輸底九達磨底十伽伽娜十一莎訶其持迦底十二薩婆毗輸底十三摩訶娜耶十四波唎婆唎莎訶十五
若有自書寫教人書寫是无量壽宗要經受持讀誦當命終時有九十九殑佛現其人前來手非
往一切佛剎莫於此經生於疑惑陀羅尼曰　南謨薄伽勃底一阿波唎蜜哆二阿喻紇硯娜三須毗
你悉指陀四囉佐耶五怛他羯他耶六怛姪他唵七薩婆桑悉迦囉八波唎輸底九達磨底十伽伽娜十一
莎訶其持迦底十二薩婆毗輸底十三摩訶娜耶十四波唎婆唎莎訶十五　若有自書寫教人

BD04704號　無量壽宗要經　（5–3）

宗要經受持讀誦若魔魔之眷屬夜叉羅剎不得其便終无枉死陀羅尼曰　南謨薄伽勃底一
阿波唎蜜哆二阿喻紇硯娜三須毗你悉指陀四囉佐耶五怛他羯他耶六怛姪他唵七薩婆桑悉迦囉
波唎輸底九達磨底十伽伽娜十一莎訶其持迦底十二薩婆毗輸底十三摩訶娜耶十四波唎婆唎莎訶十五
若有自書寫教人書寫是无量壽宗要經受持讀誦當命終時有九十九殑佛現其人前來手非
往一切佛剎莫於此經生於疑惑陀羅尼曰　南謨薄伽勃底一阿波唎蜜哆二阿喻紇硯娜三須毗
你悉指陀四囉佐耶五怛他羯他耶六怛姪他唵七薩婆桑悉迦囉八波唎輸底九達磨底十伽伽娜十一
莎訶其持迦底十二薩婆毗輸底十三摩訶娜耶十四波唎婆唎莎訶十五　若有自書寫教人
書寫是无量壽宗要經受持讀誦常得四天大王隨其衛護陀羅尼曰　南謨薄伽勃底一
阿波唎蜜哆二阿喻紇硯娜三須毗你悉指陀四囉佐耶五怛他羯他耶六怛姪他唵七薩婆桑悉迦
囉八波唎輸底九達磨底十伽伽娜十一莎訶其持迦底十二薩婆毗輸底十三摩訶娜耶十四波唎婆唎莎
訶十五　若有自書寫教人書寫是无量壽宗要經受持讀誦當得往生西方極樂世界阿彌陀淨土
陀羅尼曰　南謨薄伽勃底一阿波唎蜜哆二阿喻紇硯娜三須毗你悉指陀四囉佐耶五怛他羯他耶六怛
他唵七薩婆桑悉迦囉八波唎輸底九達磨底十伽伽娜十一莎訶其持迦底十二薩婆毗輸底十三
摩訶娜耶十四波唎婆唎莎訶十五　若有方所自書寫使人書寫是无量壽經典之處則為是
塔皆應恭敬作禮若是畜生或為鳥獸得聞是經如是等類皆當不久得成一切種智陀羅尼曰
南謨薄伽勃底一阿波唎蜜哆二阿喻紇硯娜三須毗你悉指陀四囉佐耶五怛他羯他耶六怛姪他唵七薩婆
桑悉迦囉八波唎輸底九達磨底十伽伽娜十一莎訶其持迦底十二薩婆毗輸底十三摩訶娜耶十四
波唎婆唎莎訶十五　若有於是无量壽經自書寫若使人書畢竟不受女人之身陀羅尼曰
南謨薄伽勃底一阿波唎蜜哆二阿喻紇硯娜三須毗你悉指陀四囉佐耶五怛他羯他耶六怛姪他唵七
桑悉迦囉八波唎輸底九達磨底十伽伽娜十一莎訶其持迦底十二薩婆毗輸底十三摩訶娜耶十四波唎
婆唎莎訶十五　若有能於是經少分能施者持三千大千世界滿中七寶布施陀羅尼曰
南謨薄伽勃底一阿波唎蜜哆二阿喻紇硯娜三須毗你悉指陀四囉佐耶五怛他羯他耶六怛姪他唵七
薩婆桑悉迦囉八波唎輸底九達磨底十伽伽娜十一莎訶其持迦底十二薩婆毗輸底十三摩訶娜耶
波唎婆唎莎訶十五　若有能供養是經者則是供養一切諸經等无有異陀羅尼曰
南謨薄伽勃底一阿波唎蜜哆二阿喻紇硯娜三須毗你悉指陀四囉佐耶五怛他羯他耶六怛姪他
唵七薩婆桑悉迦囉八波唎輸底九達磨底十伽伽娜十一莎訶其持迦底十二薩婆毗輸底十三
摩訶娜耶十四波唎婆唎莎訶十五　如是毗婆尸佛　尸棄佛　毗舍浮佛　俱留孫佛
俱那含牟尼佛　迦葉佛　釋迦牟尼佛　若有人以七寶供養如是七佛其福有
限書寫受持是无量壽經典所有功德不可限量陀羅尼曰　南謨薄伽勃底一阿波唎
蜜哆二阿喻紇硯娜三須毗你悉指陀四囉佐耶五怛他羯他耶六怛姪他唵七薩婆桑悉迦囉八波唎
輸底九達磨底十伽伽娜十一莎訶其持迦底十二薩婆毗輸底十三摩訶娜耶十四波唎婆唎莎訶

BD04704號　無量壽宗要經　（5–4）

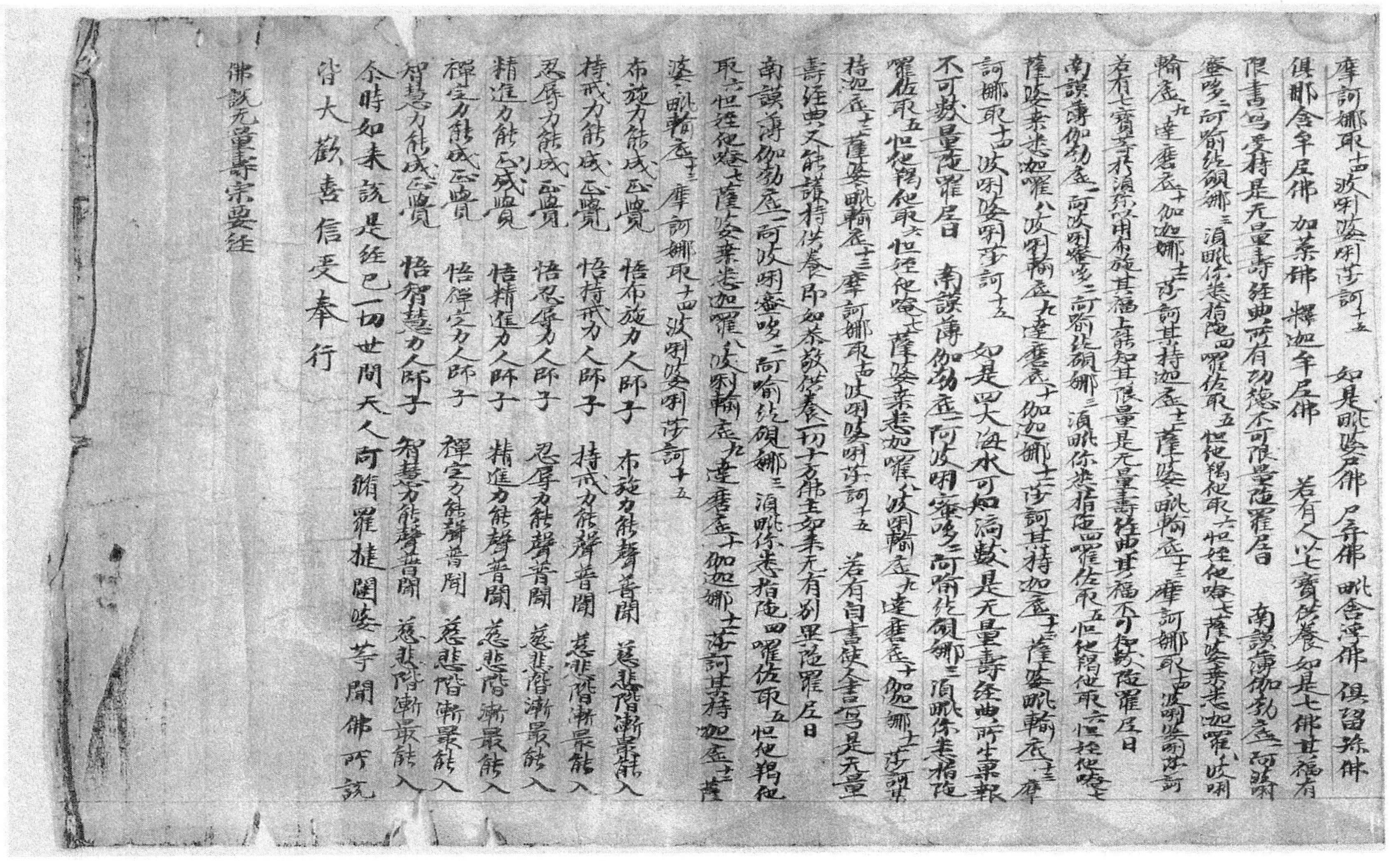

摩訶娜耶十四 波唎婆唎莎訶十五 如是毗婆尸佛 尸弃佛 毗舍浮佛 俱留孫佛
俱那含牟尼佛 迦葉佛 釋迦牟尼佛 若有人以七寶供養如是七佛其福有
限 書寫受持是无量壽經典所有功德不可限量 陁羅尼曰 南謨薄伽勃底一 阿波唎
蜜哆二 阿喻紇硯娜三 須毗你悉指陁四 囉佐耶五 怛他羯他耶六 怛姪他唵七 薩婆桑悉迦囉八 波唎
輸底九 達磨底十 伽迦娜十一 莎訶其持迦底十二 薩婆毗輸底十三 摩訶娜耶十四 波唎婆唎莎訶
若有七寶等於須弥山用布施其福上能知其限量 是无量壽經典其福不可知數 陁羅尼曰
南謨薄伽勃底一 阿波唎蜜哆二 阿喻紇硯娜三 須毗你悉指陁四 囉佐耶五 怛他羯他耶六 怛姪他唵七
薩婆桑悉迦囉八 波唎輸底九 達磨底十 伽迦娜十一 莎訶其持迦底十二 薩婆毗輸底十三 摩
訶娜耶十四 波唎婆唎莎訶十五 如是四大海水可知滴數 是无量壽經典所生果報
不可數量 陁羅尼曰 南謨薄伽勃底一 阿波唎蜜哆二 阿喻紇硯娜三 須毗你悉指陁
囉佐耶五 怛他羯他耶六 怛姪他唵七 薩婆桑悉迦囉八 波唎輸底九 達磨底十 伽迦娜十一 莎訶其
持迦底十二 薩婆毗輸底十三 摩訶娜耶十四 波唎婆唎莎訶十五 若有自書使人書寫是无量
壽經典又能讀誦供養即如恭敬供養一切十方佛土如来无有别異 陁羅尼曰
南謨薄伽勃底一 阿波唎蜜哆二 阿喻紇硯娜三 須毗你悉指陁四 囉佐耶五 怛他羯他
耶六 怛姪他唵七 薩婆桑悉迦囉八 波唎輸底九 達磨底十 伽迦娜十一 莎訶其持迦底十二 薩
婆毗輸底十三 摩訶娜耶十四 波唎婆唎莎訶十五
布施力能成正覺 悟布施力人師子 布施力能聲普聞 慈悲階漸最能入
持戒力能成正覺 悟持戒力人師子 持戒力能聲普聞 慈悲階漸最能入
忍辱力能成正覺 悟忍辱力人師子 忍辱力能聲普聞 慈悲階漸最能入
精進力能成正覺 悟精進力人師子 精進力能聲普聞 慈悲階漸最能入
禪定力能成正覺 悟禪定力人師子 禪定力能聲普聞 慈悲階漸最能入
智慧力能成正覺 悟智慧力人師子 智慧力能聲普聞 慈悲階漸最能入
尒時如来說是經已一切世間天人阿脩羅揵闥婆等聞佛所說
皆大歡喜信受奉行

佛說无量壽宗要經

BD04704 號　無量壽宗要經　（5–5）

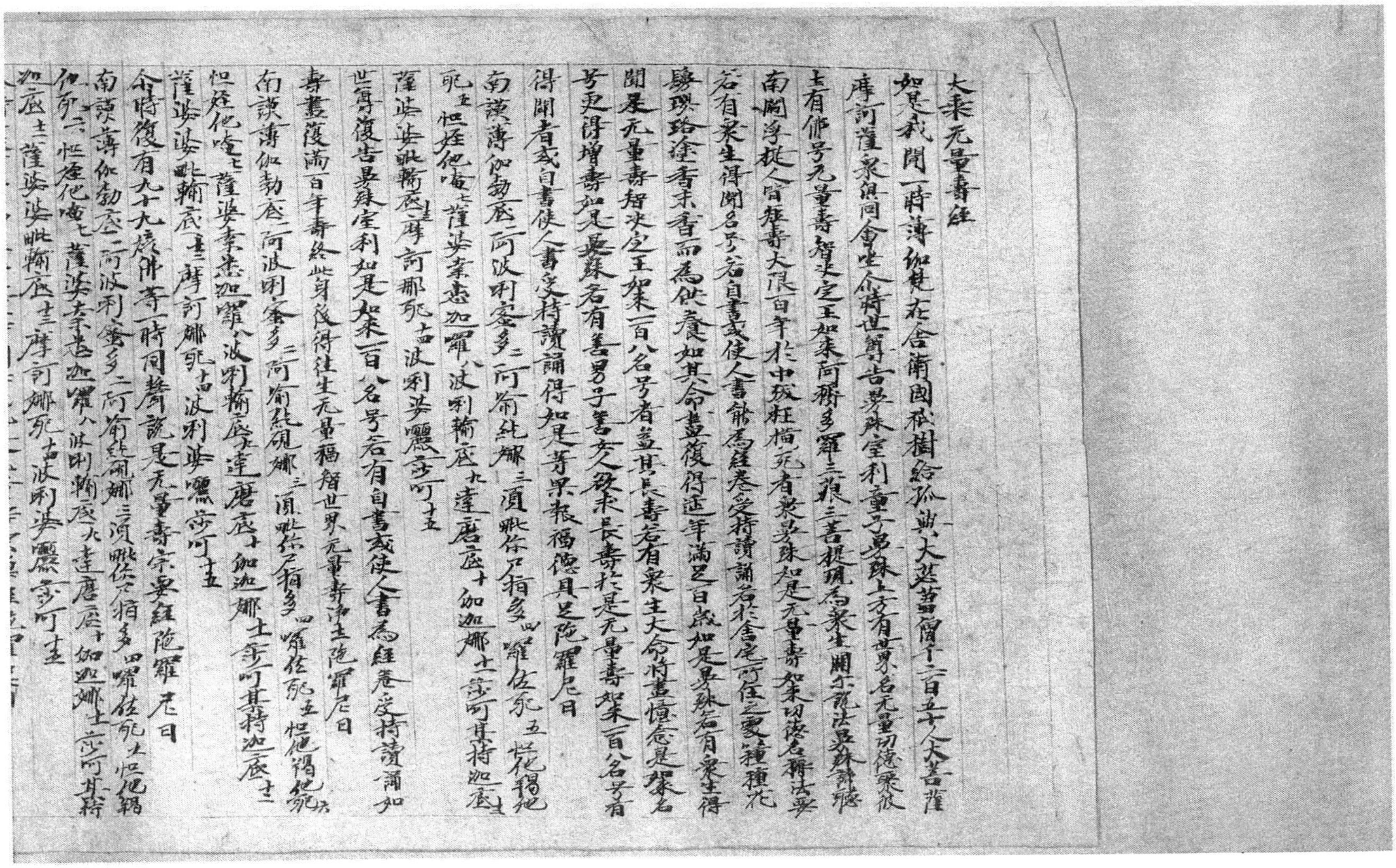

大乘无量壽經
如是我聞一時薄伽梵在舍衛國祇樹給孤獨園與大苾芻僧千二百五十人大菩薩
摩訶薩衆俱 尒時世尊告曼殊室利童子 曼殊上方有世界名无量功德聚彼
土有佛号无量壽智決定王如来阿羅呵三藐三菩提 現為衆生開示說法 曼殊室利聽
南閻浮提人皆短壽大限百年 於中夭枉横死者衆 曼殊 若有衆生得見是无量壽如来功德名稱法要
若有衆生得聞名号 若自書或使人書 能為經卷受持讀誦 若於舍宅所住之處以種種花
鬘瓔珞塗香末香而為供養 如其命盡復得延年滿足百歲 如是曼殊 若有衆生得
聞是无量壽智決定王如来一百八名号者 益其長壽 若有衆生大命將盡 憶念是如来名
号 更得增壽 如是曼殊 若有善男子善女人欲求長壽 於是无量壽如来一百八名号有
得聞者 或自書使人書 受持讀誦 得如是等果報福德具足 陁羅尼曰
南謨薄伽勃底一 阿波唎蜜多二 阿喻紇硯娜三 須毗你悉指陁四 囉佐耶五 怛他羯他
耶六 怛姪他唵七 薩婆桑悉迦囉八 波唎輸底九 達磨底十 伽迦娜十一 莎訶其持迦底十二
薩婆娑毗輸底十三 摩訶娜耶十四 波唎婆唎莎訶十五
世尊復告曼殊室利 如是如来一百八名号 若有自書或使人書為經卷受持讀誦 如
壽盡復滿百年 壽終此身後得往生无量福智世界无量壽淨土 陁羅尼曰
南謨薄伽勃底一 阿波唎蜜多二 阿喻紇硯娜三 須毗你悉指陁四 囉佐耶五 怛他羯他耶六
怛姪他唵七 薩婆桑悉迦囉八 波唎輸底九 達磨底十 伽迦娜十一 莎訶其持迦底十二
薩婆娑毗輸底十三 摩訶娜耶十四 波唎婆唎莎訶十五
尒時復有九十九俱胝佛等一時同聲說是无量壽宗要經 陁羅尼曰
南謨薄伽勃底一 阿波唎蜜多二 阿喻紇硯娜三 須毗你悉指陁四 囉佐耶五 怛他羯
他耶六 怛姪他唵七 薩婆桑悉迦囉八 波唎輸底九 達磨底十 伽迦娜十一 莎訶其持
迦底十二 薩婆娑毗輸底十三 摩訶娜耶十四 波唎婆唎莎訶十五

BD04705 號　無量壽宗要經　（7–1）

壽書復滿百年壽終此身後得往生无量福智世界无量壽淨土陀羅尼曰
南謨薄伽勃底一阿波唎蜜多二阿喻紇硯娜三須毗你失指多四囉佐耶五怛他羯他耶六
怛姪他唵七薩婆桑悉迦囉八波唎輸底九達磨底十伽伽娜十一莎訶其持迦底十二
薩婆婆毗輸底十三摩訶娜耶十四波唎婆嚟莎訶十五
尒時復有九十九殑佛等一時同聲說是无量壽宗要經陀羅尼曰
南謨薄伽勃底一阿波唎蜜多二阿喻紇硯娜三須毗你失指多四囉佐耶五怛他羯
他耶六怛姪他唵七薩婆桑悉迦囉八波唎輸底九達磨底十伽伽娜十一莎訶其持
迦底十二薩婆婆毗輸底十三摩訶娜耶十四波唎婆嚟莎訶十五
尒時復有一百四殑佛等一時同聲說是无量壽宗要經陀羅尼曰
南謨薄伽勃底一阿波唎蜜多二阿喻紇硯娜三須毗你失指多四囉佐耶五怛他
羯他耶六怛姪他唵七薩婆桑悉迦囉八波唎輸底九達磨底十伽伽娜十一莎
訶其持迦底十二薩婆婆毗輸底十三摩訶娜耶十四波唎婆嚟莎訶十五
尒時復有七殑佛等一時同聲說是无量壽宗要經陀羅尼曰
南謨薄伽勃底一阿波唎蜜多二阿喻紇硯娜三須毗你失指多四囉佐耶五怛他
羯他耶六怛姪他唵七薩婆桑悉迦囉八波唎輸底九達磨底十伽伽娜十一莎訶其
持迦底十二薩婆婆毗輸底十三摩訶娜耶十四波唎婆嚟莎訶十五
尒時復有六十五殑佛一時同聲說是无量壽宗要經陀羅尼曰
南謨薄伽勃底一阿波唎蜜多二阿喻紇硯娜三須毗你失指多四囉佐耶五怛他
羯他耶六怛姪他唵七薩婆桑悉迦囉八波唎輸底九達磨底十伽伽娜十一莎訶其
持迦底十二薩婆婆毗輸底十三摩訶娜耶十四波唎婆嚟莎訶十五
尒時復有五十五殑佛一時同聲說是无量壽宗要經陀羅尼曰
南謨薄伽勃底一阿波唎蜜多二阿喻紇硯娜三須毗你失指多四囉佐耶五
怛他羯他耶六怛姪他唵七薩婆桑悉迦囉八波唎輸底九達磨底十伽伽娜十一莎
訶其持迦底十二薩婆婆毗輸底十三摩訶娜耶十四波唎婆嚟莎訶十五
尒時復有四十五殑佛一時同聲說是无量壽宗要經陀羅尼曰
南謨薄伽勃底一阿波唎蜜多二阿喻紇硯娜三須毗你失指多四囉佐耶五怛他
羯他耶六怛姪他唵七薩婆桑悉迦囉八波唎輸底九達磨底十伽伽娜十一莎訶
其持迦底十二薩婆婆毗輸底十三摩訶娜耶十四波唎婆嚟莎訶十五
尒時復有三十六殑佛一時同聲說是无量壽宗要經陀羅尼曰
南謨薄伽勃底一阿波唎蜜多二阿喻紇硯娜三須毗你失指多四囉佐耶五怛
他羯他耶六怛姪他唵七薩婆桑悉迦囉八波唎輸底九達磨底十伽伽娜十一莎

BD04705 號　無量壽宗要經　（7–2）

羯他耶六怛姪他唵七薩婆桑悉迦囉八波唎輸底九達磨底十伽伽娜十一莎訶
其持迦底十二薩婆婆毗輸底十三摩訶娜耶十四波唎婆嚟莎訶十五
尒時復有三十六殑佛一時同聲說是无量壽宗要經陀羅尼曰
南謨薄伽勃底一阿波唎蜜多二阿喻紇硯娜三須毗你失指多四囉佐耶五怛
他羯他耶六怛姪他唵七薩婆桑悉迦囉八波唎輸底九達磨底十伽伽娜十一莎
訶其持迦底十二薩婆婆毗輸底十三摩訶娜耶十四波唎婆嚟莎訶十五
尒時復有二十五殑佛一時同聲說是无量壽宗要經陀羅尼曰
南謨薄伽勃底一阿波唎蜜多二阿喻紇硯娜三須毗你失指多四囉佐耶五怛他
羯他耶六怛姪他唵七薩婆桑悉迦囉八波唎輸底九達磨底十伽伽娜十一莎訶其持
迦底十二薩婆婆毗輸底十三摩訶娜耶十四波唎婆囉莎訶十五
尒時復有恒河沙殑佛一時同聲說是无量壽宗要經陀羅尼曰
南謨薄伽勃底一阿波唎蜜多二阿喻紇硯娜三須毗你失指多四囉佐耶五怛
他羯他耶六怛姪他唵七薩婆桑悉迦囉八波唎輸底九達磨底十伽伽娜十一莎
訶其持迦底十二薩婆婆毗輸底十三摩訶娜耶十四波唎婆嚟莎訶十五
善男子若有自書寫教人書寫是无量壽宗要經如其命盡復得長壽滿年陀羅尼曰
南謨薄伽勃底一阿唎波蜜多二阿喻紇硯娜三須毗你失指多四囉佐耶五怛他羯
他耶六怛姪他唵七薩婆桑悉迦囉八波唎輸底九達磨底十伽伽娜十一莎訶其持迦
底十二薩婆婆毗輸底十三摩訶娜耶十四波唎婆嚟莎訶十五
若有自書寫教人書寫是无量壽宗要經讀誦受持畢竟不墮地獄在在所生得宿命智陀
羅尼曰　南謨薄伽勃底一阿波唎蜜多二阿喻紇硯娜三須毗你失指多四囉佐耶五
怛他羯他耶六怛姪他唵七薩婆桑悉迦囉八波唎輸底九達磨底十伽伽娜十一莎訶其
持迦底十二薩婆婆毗輸底十三摩訶娜耶十四波唎婆嚟莎訶十五
若有自書寫教人書寫是无量壽宗要經受持讀誦如同書寫八萬四千一切經典陀羅尼曰
南謨薄伽勃底一阿波唎蜜多二阿喻紇硯娜三須毗你失指多四囉佐耶五怛他羯他耶六
怛姪他唵七薩婆桑悉迦囉八波唎輸底九達磨底十伽伽娜十一莎訶其持迦底十二
薩婆婆毗輸底十三摩訶娜耶十四波唎婆囉莎訶十五
若有自書寫教人書寫是无量壽宗要經受持讀誦即是書寫八萬四千部建立塔廟陀羅尼曰
南謨薄伽勃底一阿波唎蜜多二阿喻紇硯娜三須毗你失指多四囉佐耶五怛他羯他
耶六怛姪他唵七薩婆桑悉迦囉八波唎輸底九達磨底十伽伽娜十一莎訶其持迦底

BD04705 號　無量壽宗要經　（7–3）

怛姪他唵七薩婆桑悉迦羅八波唎輸底九達磨底十伽迦娜十一莎呵其持迦底十二
薩婆婆毗輸底十三摩訶娜耶十四波唎婆囇莎呵十五
若有自書寫教人書寫是无量壽宗要經受持讀誦即是書寫八萬四千部建立塔廟陀羅尼曰
南謨薄伽勃底一阿波唎蜜多二阿喻紇硯娜三須毗你只指多四羅佐耶五怛他羯他
耶六怛姪他唵七薩婆桑悉迦羅八波唎輸底九達磨底十伽迦娜十一莎呵其持迦底
十二薩婆婆毗輸底十三摩訶娜耶十四波唎婆囇莎呵十五
若有自書寫教人書寫是无量壽宗要經能消五无間等一切重罪陀羅尼曰
南謨薄伽勃底一阿波唎蜜多二阿喻紇硯娜三須毗你只指多四羅佐耶五怛他羯
他耶六怛姪他唵七薩婆桑悉迦羅八波唎輸底九達磨底十伽迦娜十一莎呵其
持迦底十二薩婆婆毗輸底十三摩訶娜耶十四波唎婆囇莎呵十五
若有自書寫教人書寫是无量壽宗要經受持讀誦設有重罪猶如須彌盡能除滅陀羅尼曰
南謨薄伽勃底一阿波唎蜜多二阿喻紇硯娜三須毗你只指多四羅佐耶五怛他羯他
耶六怛姪他唵七薩婆桑悉迦羅八波唎輸底九達磨底十伽迦娜十一莎呵其持迦底
薩婆婆毗輸底十三摩訶娜耶十四波唎婆囇莎呵十五
若有自書寫教人書寫是无量壽宗要經受持讀誦若魔魔之眷屬夜叉羅剎不得其便
終無枉死陀羅尼曰　南謨薄伽勃底一阿波唎蜜多二阿喻紇硯娜三須毗你只
指多四羅佐耶五怛他羯他耶六怛姪他唵七薩婆桑悉迦羅八波唎輸底九達磨底十
伽迦娜十一莎呵其持迦底十二薩婆婆毗輸底十三摩訶娜耶十四波唎婆囇莎呵十五
若有自書寫教人書寫是无量壽宗要經受持讀誦當命終時有九十九俱胝佛現其人前來
千佛授手能遊一切佛剎莫於此經生疑惑陀羅尼曰
南謨薄伽勃底一阿波唎蜜多二阿喻紇硯娜三須毗你只指多四羅佐耶五怛他羯
他耶六怛姪他唵七薩婆桑悉迦羅八波唎輸底九達磨底十伽迦娜十一莎呵其持迦底十二
薩婆婆毗輸底十三摩訶娜耶十四波唎婆囇莎呵十五
若有自書寫教人書寫是无量壽宗要經受持讀誦常得四天大王隨其衛護陀羅尼曰
南謨薄伽勃底一阿波唎蜜多二阿喻紇硯娜三須毗你只指多四羅佐耶五怛他羯他
耶六怛姪他唵七薩婆桑悉迦羅八波唎輸底九達磨底十伽迦娜十一莎呵其持迦底
薩婆婆毗輸底十三摩訶娜耶十四波唎婆囇莎呵十五
若有自書寫教人書寫是无量壽宗要經受持讀誦當得往生西方極樂世界阿彌陀淨土
陀羅尼曰　南謨薄伽勃底一阿波唎蜜多二阿喻紇硯娜三須毗你只指多四羅佐

BD04705號　無量壽宗要經　（7–4）

南謨薄伽勃底一阿波唎蜜多二阿喻紇硯娜三須毗你只指多四羅佐耶五怛他羯他
耶六怛姪他唵七薩婆桑悉迦羅八波唎輸底九達磨底十伽迦娜十一莎呵其持迦底
薩婆婆毗輸底十三摩訶娜耶十四波唎婆囇莎呵十五
若有自書寫教人書寫是无量壽宗要經受持讀誦當得往生西方極樂世界阿彌陀淨土
陀羅尼曰　南謨薄伽勃底一阿波唎蜜多二阿喻紇硯娜三須毗你只指多四羅佐
耶五怛他羯他耶六怛姪他唵七薩婆桑悉迦羅八波唎輸底九達磨底十伽迦娜十一莎
呵其持迦底十二薩婆婆毗輸底十三摩訶娜耶十四波唎婆囇莎呵十五
若有方所自書寫使人書寫是无量壽經典之處則為是塔皆應恭敬作禮若是畜
生或為鳥獸得聞是經如是等類皆當不久得成一切種智陀羅尼曰
南謨薄伽勃底一阿波唎蜜多二阿喻紇硯娜三須毗你只指多四羅佐耶五怛他羯他耶六
怛姪他唵七薩婆桑悉迦羅八波唎輸底九達磨底十伽迦娜十一莎呵其持迦底十二薩
婆婆毗輸底十三摩訶娜耶十四波唎婆囇莎呵十五
若有於是无量壽經自書寫使人書寫竟不受女人之身陀羅尼曰
南謨薄伽勃底一阿波唎蜜多二阿喻紇硯娜三須毗你只指多四羅佐耶五怛他羯他耶六
怛姪他唵七薩婆桑悉迦羅八波唎輸底九達磨底十伽迦娜十一莎呵其持迦底十二
薩婆婆毗輸底十三摩訶娜耶十四波唎婆囇莎呵十五
若有能於是經少分能惠施者等於三千大千世界滿中七寶布施陀羅尼曰
南謨薄伽勃底一阿波唎蜜多二阿喻紇硯娜三須毗你只指多四羅佐耶五怛他羯他耶六
怛姪他唵七薩婆桑悉迦羅八波唎輸底九達磨底十伽迦娜十一莎呵其持迦底十二
薩婆婆毗輸底十三摩訶娜耶十四波唎婆囇莎呵十五
若有能供養是經者則是供養一切諸經等无有異陀羅尼曰
南謨薄伽勃底一阿波唎蜜多二阿喻紇硯娜三須毗你只指多四羅佐耶五怛他羯他耶六
怛姪他唵七薩婆桑悉迦羅八波唎輸底九達磨底十伽迦娜十一莎呵其持迦底十二
薩婆婆毗輸底十三摩訶娜耶十四波唎婆囇莎呵十五
如是毗婆尸佛　尸棄佛　毗舍浮佛　俱留孫佛　俱那含牟尼佛　迦葉佛　釋迦牟尼佛
若有人以七寶供養如是七佛其福有限書寫受持是无量壽經典所有功德不可數量陀羅尼曰
南謨薄伽勃底一阿波唎蜜多二阿喻紇硯娜三須毗你只指多四羅佐耶五怛他羯他
耶六怛姪他唵七薩婆桑悉迦羅八波唎輸底九達磨底十伽迦娜十一莎呵其持迦底十二
薩婆婆毗輸底十三摩訶娜耶十四波唎婆囇莎呵十五

BD04705號　無量壽宗要經　（7–5）

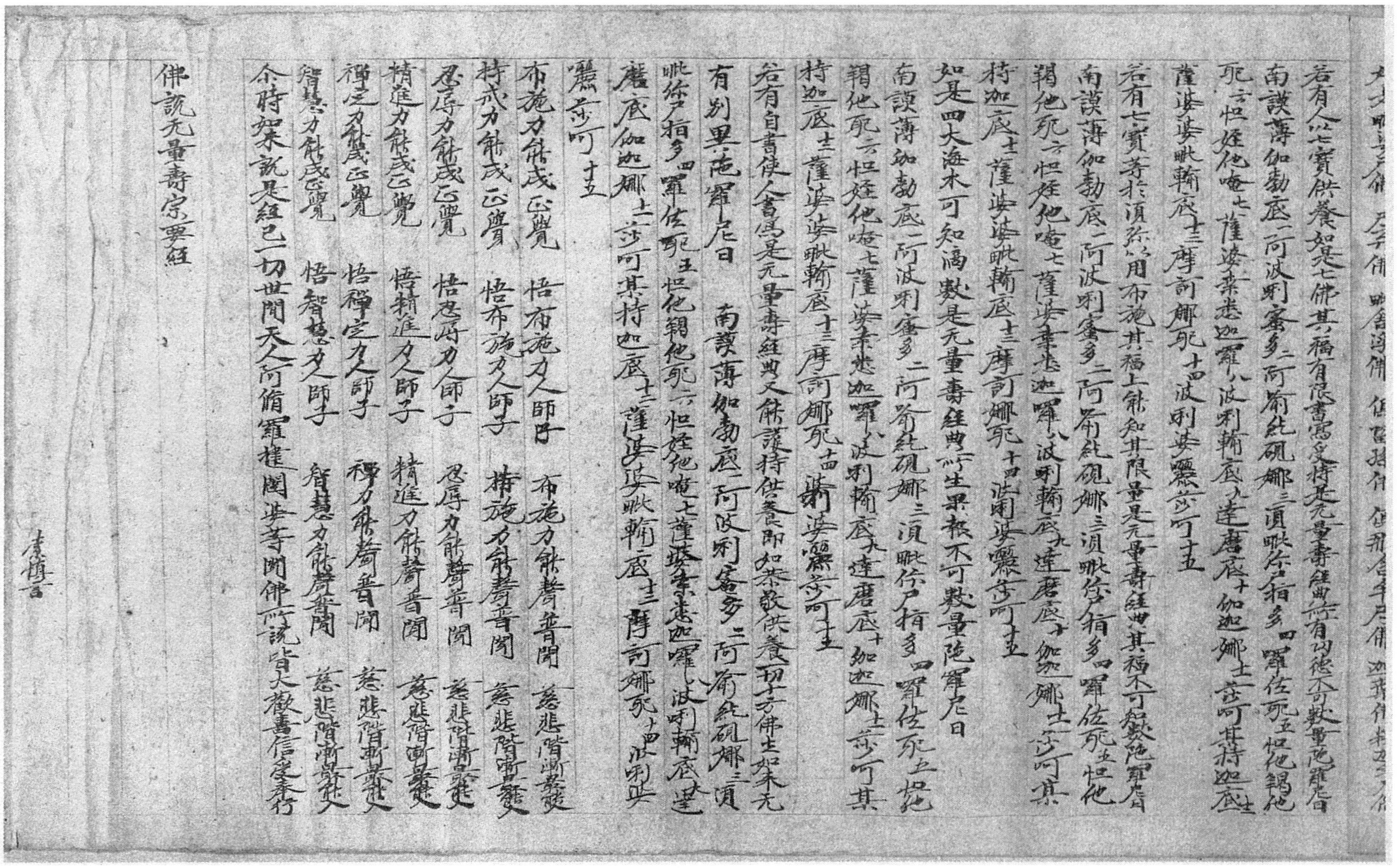
若有人以七寶供養如是七佛其福有限書寫受持是无量壽經典所有功德不可數量陁羅尼曰
南謨薄伽勃底一阿波唎蜜多二阿喻紇硯娜三須毗你失指多四囉佐耶五怛他羯他
耶六怛姪他唵七薩婆桒悉迦囉八波利輸底九達磨底十伽迦娜十一莎訶其持迦底
十二薩婆婆毗輸底十三摩訶娜耶十四波唎婆囉莎訶十五
若有七寶等於須彌以用布施其福上能知其限量是无量壽經典其福不可知數陁羅尼曰
南謨薄伽勃底一阿波唎蜜多二阿喻紇硯娜三須毗你失指多四囉佐耶五怛他
羯他耶六怛姪他唵七薩婆桒悉迦囉八波利輸底九達磨底十伽迦娜十一莎訶其
持迦底十二薩婆婆毗輸底十三摩訶娜耶十四波唎婆囉莎訶十五
如是四大海水可知滴數是无量壽經典所生果報不可數量陁羅尼曰
南謨薄伽勃底一阿波唎蜜多二阿喻紇硯娜三須毗你失指多四囉佐耶五怛他
羯他耶六怛姪他唵七薩婆桒悉迦囉八波利輸底九達磨底十伽迦娜十一莎訶其
持迦底十二薩婆婆毗輸底十三摩訶娜耶十四波唎婆囉莎訶十五
若有自書使人書寫是无量壽經典之能護持供養即如禮敬供養一切十方佛土如來无
有别異陁羅尼曰　南謨薄伽勃底一阿波唎蜜多二阿喻紇硯娜三須
毗你失指多四囉佐耶五怛他羯他耶六怛姪他唵七薩婆桒悉迦囉八波唎輸底九達
磨底十伽迦娜十一莎訶其持迦底十二薩婆婆毗輸底十三摩訶娜耶十四波唎婆
囉莎訶十五
布施力能成正覺　悟布施力人師子　布施力能聲普聞　慈悲階漸聲趣入
持戒力能成正覺　悟持戒力人師子　持戒力能聲普聞　慈悲階漸聲趣入
忍辱力能成正覺　悟忍辱力人師子　忍辱力能聲普聞　慈悲階漸聲趣入
精進力能成正覺　悟精進力人師子　精進力能聲普聞　慈悲階漸聲趣入
禪定力能成正覺　悟禪定力人師子　禪力能聲普聞　慈悲階漸聲趣入
智慧力能成正覺　悟智慧力人師子　智慧力能聲普聞　慈悲階漸聲趣入
尒時如來説是經已一切世間天人阿脩羅揵闥婆等聞佛所説皆大歡喜信受奉行
佛説无量壽宗要經
李慎言

BD04705號　無量壽宗要經　（7–6）

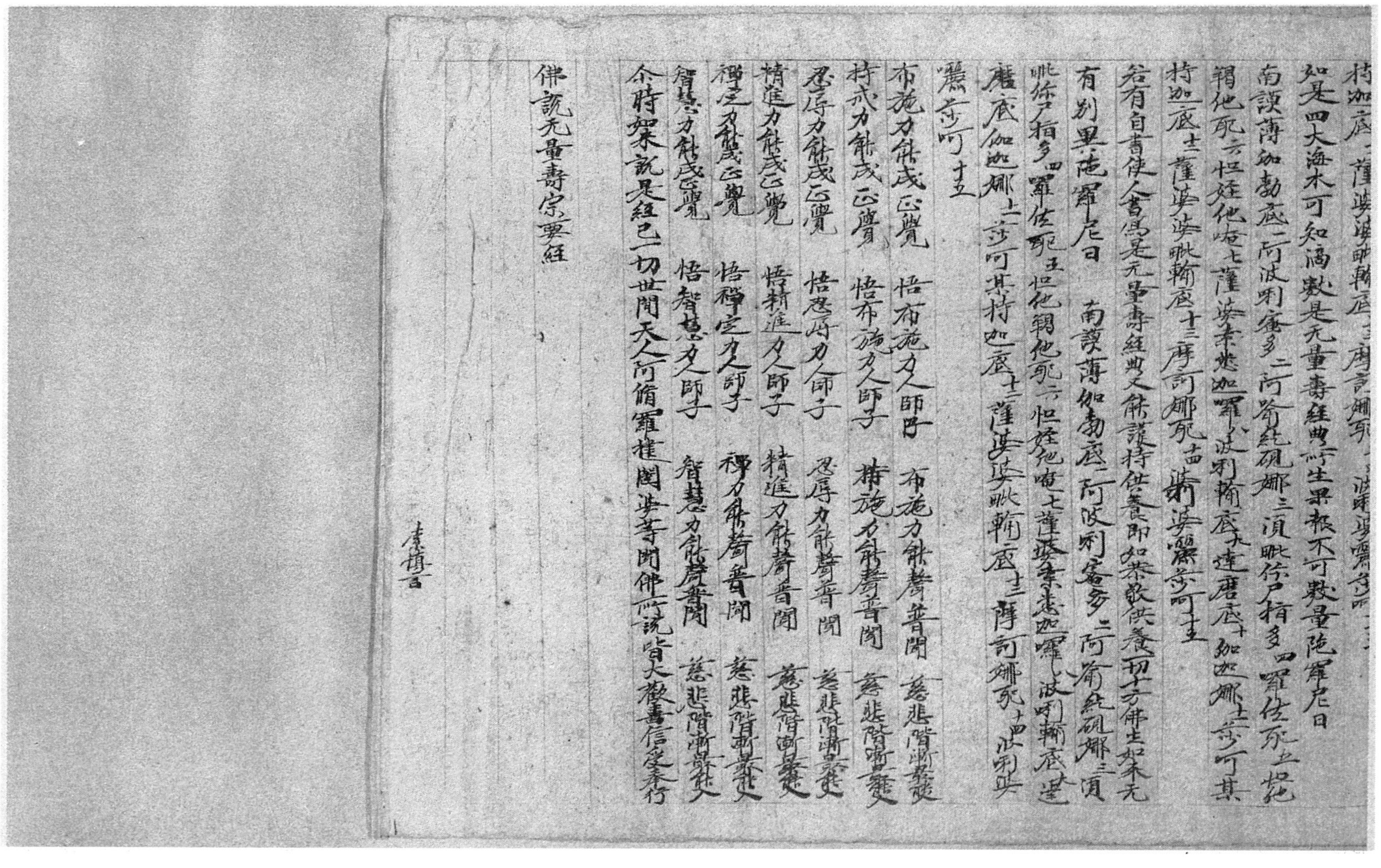
持迦底十二薩婆婆毗輸底十三摩訶娜耶十四波唎婆囉莎訶十五
如是四大海水可知滴數是无量壽經典所生果報不可數量陁羅尼曰
南謨薄伽勃底一阿波唎蜜多二阿喻紇硯娜三須毗你失指多四囉佐耶五怛他
羯他耶六怛姪他唵七薩婆桒悉迦囉八波利輸底九達磨底十伽迦娜十一莎訶其
持迦底十二薩婆婆毗輸底十三摩訶娜耶十四波唎婆囉莎訶十五
若有自書使人書寫是无量壽經典之能護持供養即如禮敬供養一切十方佛土如來无
有别異陁羅尼曰　南謨薄伽勃底一阿波唎蜜多二阿喻紇硯娜三須
毗你失指多四囉佐耶五怛他羯他耶六怛姪他唵七薩婆桒悉迦囉八波唎輸底九達
磨底十伽迦娜十一莎訶其持迦底十二薩婆婆毗輸底十三摩訶娜耶十四波唎婆
囉莎訶十五
布施力能成正覺　悟布施力人師子　布施力能聲普聞　慈悲階漸聲趣入
持戒力能成正覺　悟持戒力人師子　持戒力能聲普聞　慈悲階漸聲趣入
忍辱力能成正覺　悟忍辱力人師子　忍辱力能聲普聞　慈悲階漸聲趣入
精進力能成正覺　悟精進力人師子　精進力能聲普聞　慈悲階漸聲趣入
禪定力能成正覺　悟禪定力人師子　禪力能聲普聞　慈悲階漸聲趣入
智慧力能成正覺　悟智慧力人師子　智慧力能聲普聞　慈悲階漸聲趣入
尒時如來説是經已一切世間天人阿脩羅揵闥婆等聞佛所説皆大歡喜信受奉行
佛説无量壽宗要經
李慎言

BD04705號　無量壽宗要經　（7–7）

大般若波羅蜜多經卷第一百八十三
初分難信解品第三十四之二　三藏法師玄奘奉　詔譯
布施波羅蜜多中際非縛非解何以故布施
波羅蜜多中際无所有性為布施波羅蜜多
中際自性故淨戒安忍精進靜慮般若波羅
蜜多中際非縛非解何以故淨戒乃至般若
波羅蜜多中際无所有性為淨戒乃至般若
波羅蜜多中際自性故內空中際非縛非解
何以故內空中際无所有性為內空中際自
性故外空內外空空空大空勝義空有為空
无為空畢竟空无際空散空无變異空本性
空自相空共相空一切法空不可得空无性
空自性空无性自性空中際非縛非解何以
故外空乃至无性自性空中際无所有性為
外空乃至无性自性空中際自性故真如中
際非縛非解何以故真如中際无所有性為
真如中際自性故法界法性不虛妄性不變
異性平等性離生性法定法住實際虛空界

BD04706號　大般若波羅蜜多經卷一八三　（2–1）

波羅蜜多中際无所有性為淨戒乃至般若
波羅蜜多中際自性故內空中際非縛非解
何以故內空中際无所有性為內空中際自
性故外空內外空空空大空勝義空有為空
无為空畢竟空无際空散空无變異空本性
空自相空共相空一切法空不可得空无性
空自性空无性自性空中際非縛非解何以
故外空乃至无性自性空中際无所有性為
外空乃至无性自性空中際自性故真如中
際非縛非解何以故真如中際无所有性為
真如中際自性故法界法性不虛妄性不變
異性平等性離生性法定法住實際虛空界
不思議界中際非縛非解何以故法界乃至
不思議界中際无所有性為法界乃至不思
議界中際自性故苦聖諦中際非縛非解何
以故苦聖諦中際无所有性為苦聖諦中際
自性故集滅道聖諦中際非縛非解何以故
集滅道聖諦中際无所有性為集滅道聖諦
中際自性故四靜慮中際非縛非解何以故四
靜慮中際无所有性為四靜慮中際自性故

BD04706號　大般若波羅蜜多經卷一八三　（2–2）

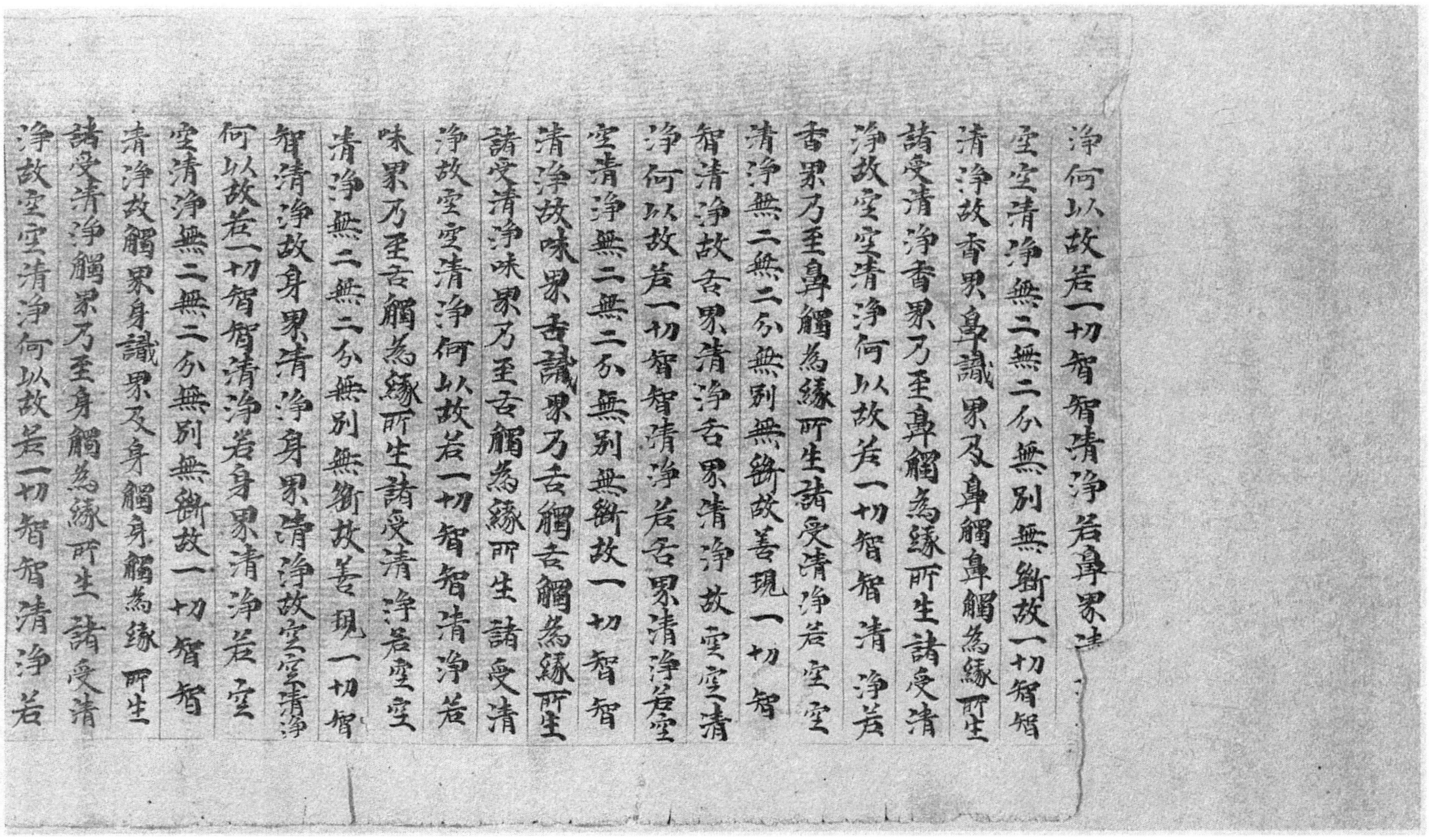
淨何以故若一切智智清淨若鼻界清
空空清淨無二無二分無別無斷故一切智智
清淨故香界鼻識界及鼻觸鼻觸為緣所生
諸受清淨香界乃至鼻觸為緣所生諸受清
淨故空空清淨何以故若一切智智清淨若
香界乃至鼻觸為緣所生諸受清淨若空空
清淨無二無二分無別無斷故善現一切智
智清淨故舌界清淨舌界清淨故空空清
淨何以故若一切智智清淨若舌界清淨若空
空清淨無二無二分無別無斷故一切智智
清淨故味界舌識界及舌觸舌觸為緣所生
諸受清淨味界乃至舌觸為緣所生諸受清
淨故空空清淨何以故若一切智智清淨若
味界乃至舌觸為緣所生諸受清淨若空空
清淨無二無二分無別無斷故善現一切智
智清淨故身界清淨身界清淨故空空清淨
何以故若一切智智清淨若身界清淨若空
空清淨無二無二分無別無斷故一切智智
清淨故觸界身識界及身觸身觸為緣所生
諸受清淨觸界乃至身觸為緣所生諸受清
淨故空空清淨何以故若一切智智清淨若

BD04707 號　大般若波羅蜜多經卷二四九　（11–1）

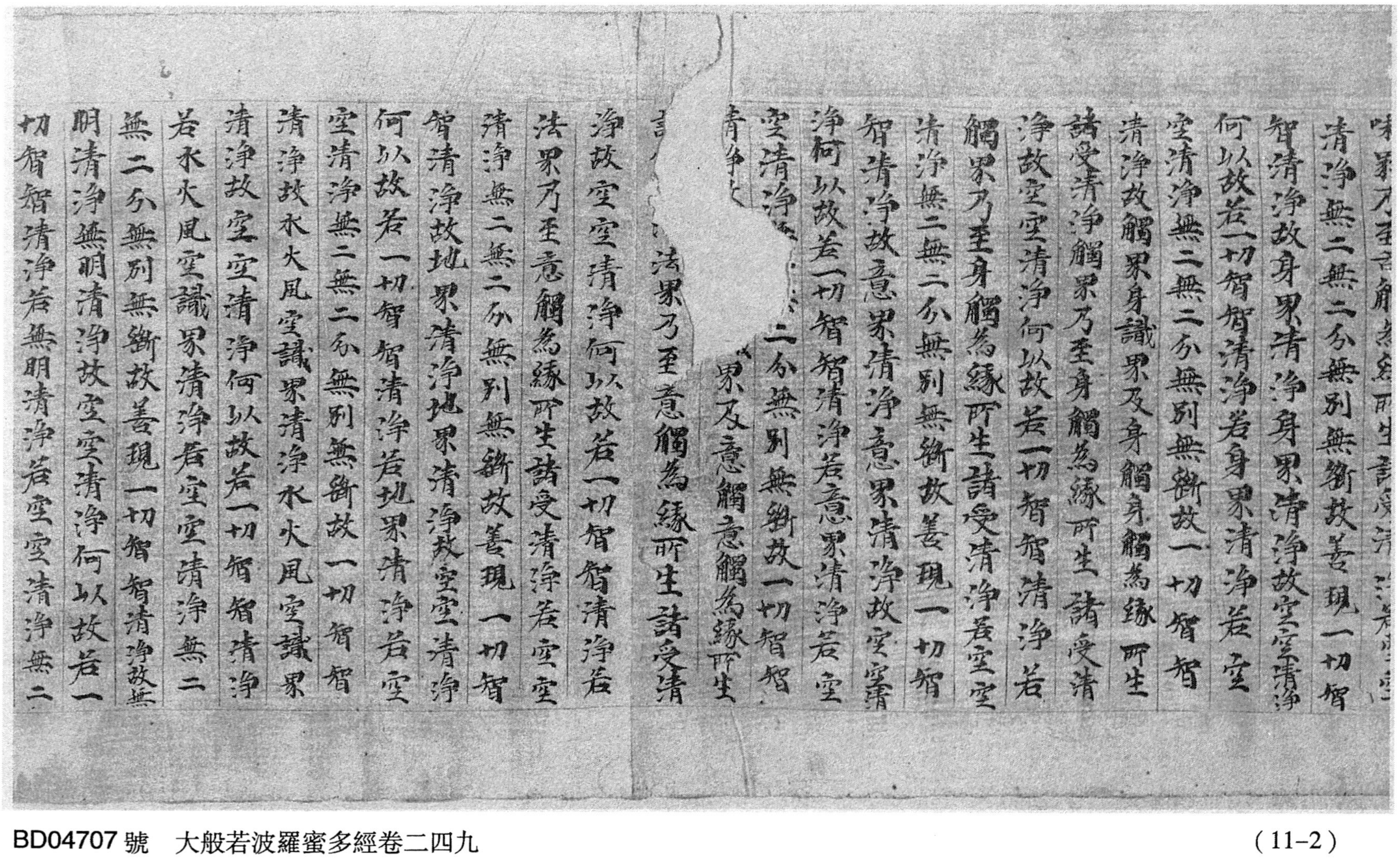
味界乃至舌觸為緣所生諸受清淨若空空
清淨無二無二分無別無斷故善現一切智
智清淨故身界清淨身界清淨故空空清淨
何以故若一切智智清淨若身界清淨若空
空清淨無二無二分無別無斷故一切智智
清淨故觸界身識界及身觸身觸為緣所生
諸受清淨觸界乃至身觸為緣所生諸受清
淨故空空清淨何以故若一切智智清淨若
觸界乃至身觸為緣所生諸受清淨若空空
清淨無二無二分無別無斷故善現一切智
智清淨故意界清淨意界清淨故空空清
淨何以故若一切智智清淨若意界清淨若空
空清淨[illegible]二分無別無斷故一切智智
清淨[illegible]界及意觸意觸為緣所生
諸[illegible]法界乃至意觸為緣所生諸受清
淨故空空清淨何以故若一切智智清淨若
法界乃至意觸為緣所生諸受清淨若空空
清淨無二無二分無別無斷故善現一切智
智清淨故地界清淨地界清淨故空空清淨
何以故若一切智智清淨若地界清淨若空
空清淨無二無二分無別無斷故一切智智
清淨故水火風空識界清淨水火風空識界
清淨故空空清淨何以故若一切智智清淨
若水火風空識界清淨若空空清淨無二
無二分無別無斷故善現一切智智清淨故無
明清淨無明清淨故空空清淨何以故若一
切智智清淨若無明清淨若空空清淨無二

BD04707 號　大般若波羅蜜多經卷二四九　（11–2）

清淨故水火風空識界清淨水火風空識界
清淨故空空清淨何以故若一切智智清淨
若水火風空識界清淨若空空清淨無二
無二分無別無斷故善現一切智智清淨故無
明清淨無明清淨故空空清淨何以故若一
切智智清淨若無明清淨若空空清淨無二
無二分無別無斷故一切智智清淨故行識
名色六處觸受愛取有生老死愁歎苦憂惱
清淨行乃至老死愁歎苦憂惱清淨故空空
清淨何以故若一切智智清淨若行乃至老
死愁歎苦憂惱清淨若空空清淨無二無二
分無別無斷故
善現一切智智清淨故布施波羅蜜多清淨
布施波羅蜜多清淨故空空清淨何以故若
一切智智清淨若布施波羅蜜多清淨若空
空清淨無二無二分無別無斷故一切智智
清淨故淨戒安忍精進靜慮般若波羅蜜多
清淨淨戒乃至般若波羅蜜多清淨故空空
清淨何以故若一切智智清淨若淨戒乃至
般若波羅蜜多清淨若空空清淨無二無二
分無別無斷故善現一切智智清淨故內空
清淨內空清淨故空空清淨何以故若一切
智智清淨若內空清淨若空空清淨無二無
二分無別無斷故一切智智清淨故外空內
外空大空勝義空有為空无為空畢竟空無
際空散空無變異空本性空自相空共相空

BD04707 號　大般若波羅蜜多經卷二四九　（11–3）

清淨內空清淨故空空清淨何以故若一切
智智清淨若內空清淨若空空清淨無二無
二分無別無斷故一切智智清淨故外空內
外空大空勝義空有為空无為空畢竟空無
際空散空無變異空本性空自相空共相空
一切法空不可得空無性空自性空無性自
性空清淨外空乃至無性自性空清淨故空
空清淨何以故若一切智智清淨若外空乃
至無性自性空清淨若空空清淨無二無二
分無別無斷故善現一切智智清淨故真如
清淨真如清淨故空空清淨何以故若一切
智智清淨若真如清淨若空空清淨無二無
二分無別無斷故一切智智清淨故法界法
性不虛妄性不變異性平等性離生性法定
法住實際虛空界不思議界清淨法界乃至
不思議界清淨故空空清淨何以故若一切
智智清淨若法界乃至不思議界清淨若空
空清淨無二無二分無別無斷故善現一切
智智清淨故苦聖諦清淨苦聖諦清淨故空
空清淨何以故若一切智智清淨若苦聖諦
清淨若空空清淨無二無二分無別無斷故
一切智智清淨故集滅道聖諦清淨集滅道
聖諦清淨故空空清淨何以故若一切智智
清淨若集滅道聖諦清淨若空空清淨無二
無二分無別無斷故善現一切智智清淨故
四靜慮清淨四靜慮清淨故空空清淨何以
故若一切智智清淨若四靜慮清淨若空空

BD04707 號　大般若波羅蜜多經卷二四九　（11–4）

聖諦清淨故空空清淨何以故若一切智智
清淨若集滅道聖諦清淨若空空清淨無二
無二分無別無斷故善現一切智智清淨故
四靜慮清淨四靜慮清淨故空空清淨何以
故若一切智智清淨若四靜慮清淨若空空
清淨無二無二分無別無斷故一切智智清
淨故四無量四無色定清淨四無量四無色
定清淨故空空清淨何以故若一切智智清
淨若四無量四無色定清淨若空空清淨無
二無二分無別無斷故善現一切智智清淨
故八解脫清淨八解脫清淨故空空清淨何
以故若一切智智清淨若八解脫清淨若空
空清淨無二無二分無別無斷故一切智智
清淨故八勝處九次第定十遍處清淨八勝
處九次第定十遍處清淨故空空清淨何以
故若一切智智清淨若八勝處九次第定十
遍處清淨若空空清淨無二無二分無別無
斷故善現一切智智清淨故四念住清淨四
念住清淨故空空清淨何以故若一切智智
清淨若四念住清淨若空空清淨無二無二
分無別無斷故一切智智清淨故四正斷四
神足五根五力七等覺支八聖道支清淨四
正斷乃至八聖道支清淨故空空清淨何以
故若一切智智清淨若四正斷乃至八聖道
支清淨若空空清淨無二無二分無別無斷
故善現一切智智清淨故空解脫門清淨空

BD04707 號　大般若波羅蜜多經卷二四九　（11–5）

神足五根五力七等覺支八聖道支清淨四
正斷乃至八聖道支清淨故空空清淨何以
故若一切智智清淨若四正斷乃至八聖道
支清淨若空空清淨無二無二分無別無斷
故善現一切智智清淨故空解脫門清淨空
解脫門清淨故空空清淨何以故若一切智
智清淨若空解脫門清淨若空空清淨無二
無二分無別無斷故一切智智清淨故無相
無願解脫門清淨無相無願解脫門清淨故
空空清淨何以故若一切智智清淨若無相
無願解脫門清淨若空空清淨無二無二分
無別無斷故善現一切智智清淨故菩薩十
地清淨菩薩十地清淨故空空清淨何以故
若一切智智清淨若菩薩十地清淨若空空
清淨無二無二分無別無斷故
善現一切智智清淨故五眼清淨五眼清淨
故空空清淨何以故若一切智智清淨若五
眼清淨若空空清淨無二無二分無別無斷
故一切智智清淨故六神通清淨六神通清
淨故空空清淨何以故若一切智智清淨若
六神通清淨若空空清淨無二無二分無別
無斷故善現一切智智清淨故佛十力清淨
佛十力清淨故空空清淨何以故若一切智
智清淨若佛十力清淨若空空清淨無二無
二分無別無斷故一切智智清淨故四無所
畏四無礙解大慈大悲大喜大捨十八佛不

BD04707 號　大般若波羅蜜多經卷二四九　（11–6）

無斷故善現一切智智清淨故佛十力清淨
佛十力清淨故空空清淨何以故若一切智
智清淨若佛十力清淨若空空清淨無二無
二分無別無斷故一切智智清淨故四無所
畏四無礙解大慈大悲大喜大捨十八佛不
共法清淨四無所畏乃至十八佛不共法清
淨故空空清淨何以故若一切智智清淨若
四無所畏乃至十八佛不共法清淨若空空
清淨無二無二分無別無斷故善現一切智
智清淨故無忘失法清淨無忘失法清淨故
空空清淨何以故若一切智智清淨若無忘
失法清淨若空空清淨無二無二分無別無
斷故一切智智清淨故恒住捨性清淨恒住
捨性清淨故空空清淨何以故若一切智智
清淨若恒住捨性清淨若空空清淨無二無
二分無別無斷故善現一切智智清淨故一
切智清淨一切智清淨故空空清淨何以故
若一切智智清淨若一切智清淨若空空清
淨無二無二分無別無斷故一切智智清淨
故道相智一切相智清淨道相智一切相智
清淨故空空清淨何以故若一切智智清淨
若道相智一切相智清淨若空空清淨無二
無二分無別無斷故善現一切智智清淨故
一切陀羅尼門清淨一切陀羅尼門清淨故
空空清淨何以故若一切智智清淨若一切
陀羅尼門清淨若空空清淨無二無二分無
別無斷故一切智智清淨故一切三摩地門

BD04707 號　大般若波羅蜜多經卷二四九　（11–7）

無二分無別無斷故善現一切智智清淨故
一切陀羅尼門清淨一切陀羅尼門清淨故
空空清淨何以故若一切智智清淨若一切
陀羅尼門清淨若空空清淨無二無二分無
別無斷故一切智智清淨故一切三摩地門
清淨一切三摩地門清淨故空空清淨何以
故若一切智智清淨若一切三摩地門清淨
若空空清淨無二無二分無別無斷故
善現一切智智清淨故預流果清淨預流果
清淨故空空清淨何以故若一切智智清淨
若預流果清淨若空空清淨無二無二分無
別無斷故一切智智清淨故一來不還阿羅
漢果清淨一來不還阿羅漢果清淨故空空
清淨何以故若一切智智清淨若一來不還
阿羅漢果清淨若空空清淨無二無二分無
別無斷故善現一切智智清淨故獨覺菩提
清淨獨覺菩提清淨故空空清淨何以故若
一切智智清淨若獨覺菩提清淨若空空清
淨無二無二分無別無斷故善現一切智智
清淨故一切菩薩摩訶薩行清淨一切菩薩
摩訶薩行清淨故空空清淨何以故若一切
智智清淨若一切菩薩摩訶薩行清淨若空
空清淨無二無二分無別無斷故善現一切
智智清淨故諸佛無上正等菩提清淨諸佛
無上正等菩提清淨故空空清淨何以故若
一切智智清淨若諸佛無上正等菩提清淨
若空空清淨無二無二分無別無斷故

BD04707 號　大般若波羅蜜多經卷二四九　（11–8）

智智清淨若一切菩薩摩訶薩行清淨若空
空清淨無二無二分無別無斷故善現一切
智智清淨故諸佛無上正等菩提清淨諸佛
無上正等菩提清淨故空空清淨何以故若
一切智智清淨若諸佛無上正等菩提清淨
若空空清淨無二無二分無別無斷故
復次善現一切智智清淨故色清淨色清淨
故大空清淨何以故若一切智智清淨若色
清淨若大空清淨無二無二分無別無斷故
一切智智清淨故受想行識清淨受想行識
清淨故大空清淨何以故若一切智智清淨
若受想行識清淨若大空清淨無二無二分
無別無斷故善現一切智智清淨故眼處清
淨眼處清淨故大空清淨何以故若一切智
智清淨若眼處清淨若大空清淨無二無二
分無別無斷故一切智智清淨故耳鼻舌身
意處清淨耳鼻舌身意處清淨故大空清淨
何以故若一切智智清淨若耳鼻舌身意處
清淨若大空清淨無二無二分無別無斷故
善現一切智智清淨故色處清淨色處清淨
故大空清淨何以故若一切智智清淨若色
處清淨若大空清淨無二無二分無別無斷
故一切智智清淨故聲香味觸法處清淨聲
香味觸法處清淨故大空清淨何以故若一
切智智清淨若聲香味觸法處清淨若大空
清淨無二無二分無別無斷故善現一切智
智清淨故眼界清淨眼界清淨故大空清淨

BD04707號　大般若波羅蜜多經卷二四九　（11–9）

處清淨若大空清淨無二無二分無別無斷
故一切智智清淨故聲香味觸法處清淨聲
香味觸法處清淨故大空清淨何以故若一
切智智清淨若聲香味觸法處清淨若大空
清淨無二無二分無別無斷故善現一切智
智清淨故眼界清淨眼界清淨故大空清淨
何以故若一切智智清淨若眼界清淨若大
空清淨無二無二分無別無斷故一切智智
清淨故色界眼識界及眼觸眼觸為緣所生
諸受清淨色界乃至眼觸為緣所生諸受清
淨故大空清淨何以故若一切智智清淨若
色界乃至眼觸為緣所生諸受清淨若大空
清淨無二无二分无別无斷故善現一切智
清淨故耳界清淨耳界清淨故大空清淨何
以故若一切智智清淨若耳界清淨若大空
清淨无二无二分无別无斷故一切智智清
淨故聲界耳識界及耳觸耳觸為緣所生
諸受清淨聲界乃至耳觸為緣所生諸受清
淨故大空清淨何以故若一切智智清淨若
聲界乃至耳觸為緣所生諸受清淨若大空
清淨無二無二分無別無斷故善現一切智
智清淨故鼻界清淨鼻界清淨故大空清淨
何以故若一切智智清淨若鼻界清　淨　若
大空清淨無二無二分無別無斷故一　切　智
智清淨故香界鼻識界及鼻觸鼻觸為緣
所生諸受清淨香界乃至鼻觸為緣所生諸受

BD04707號　大般若波羅蜜多經卷二四九　（11–10）

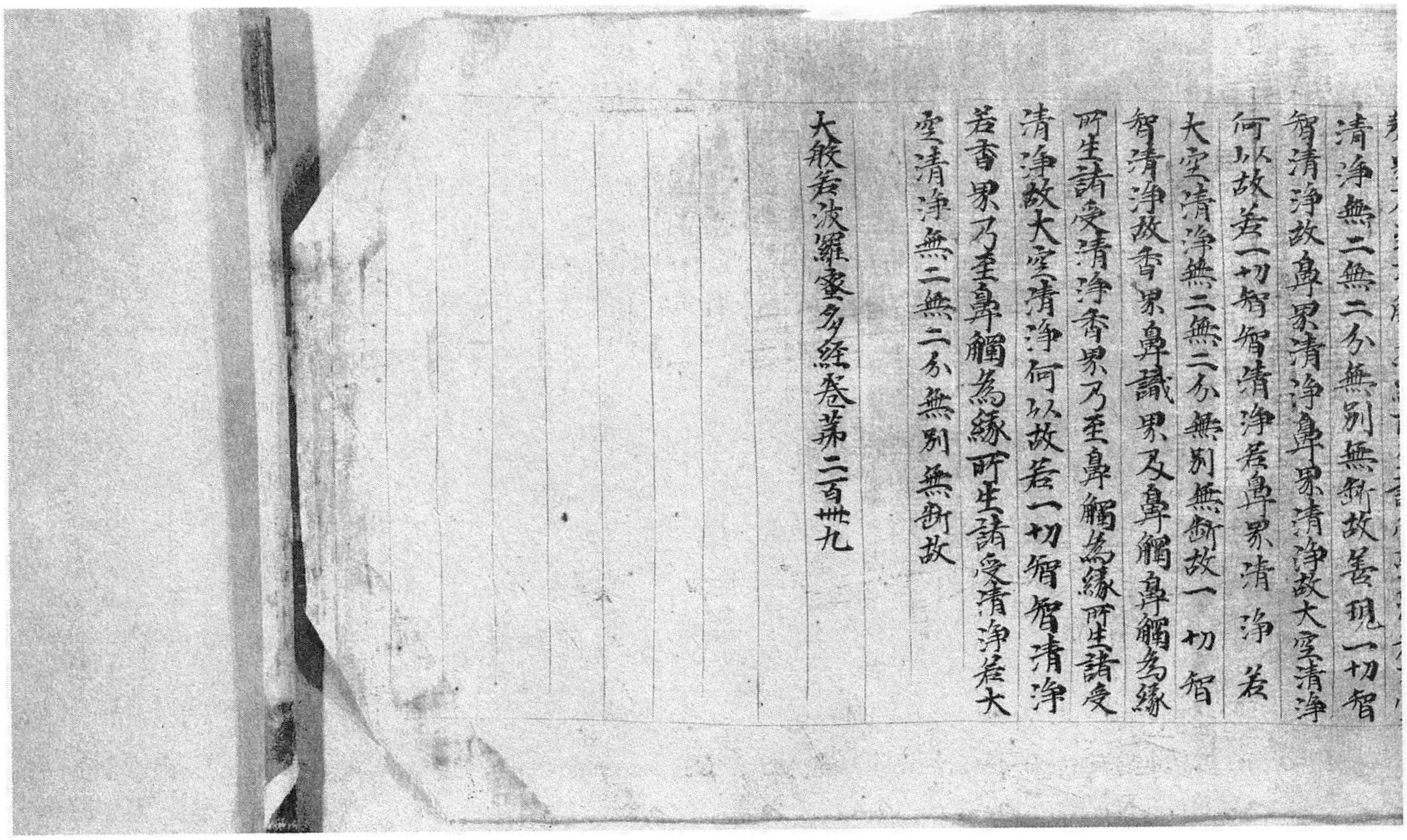


BD04707 號　大般若波羅蜜多經卷二四九　　（11–11）

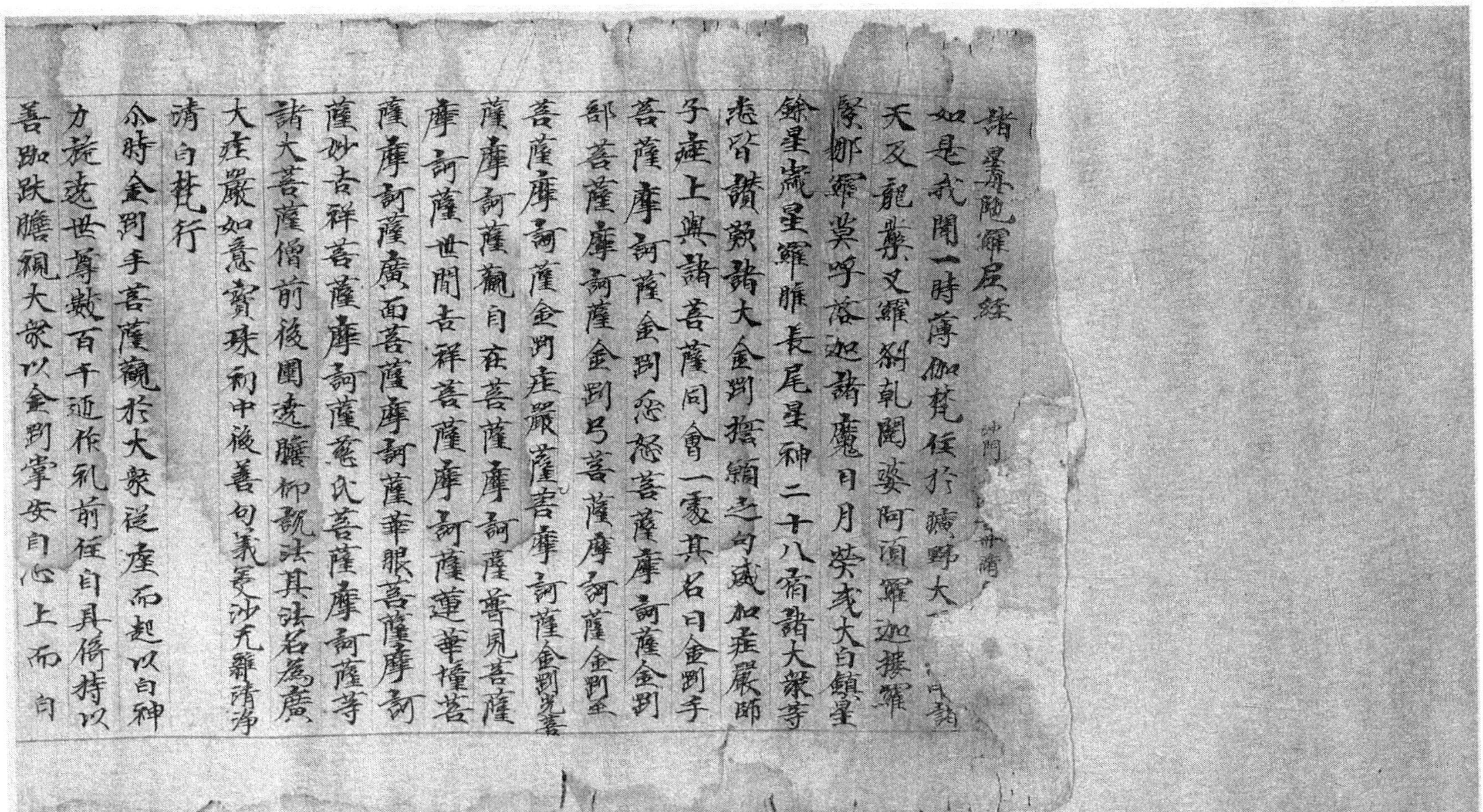

如是我聞一時薄伽梵住於擁野大
天及龍藥叉羅刹乾闥婆阿修羅迦樓羅
緊那羅莫呼洛迦諸魔日月熒惑太白鎮星
餘星歲星羅睺長尾星神二十八宿諸大眾等
悉皆讚歎諸大金剛攝縛之句咸加莊嚴師
子座上與諸菩薩同會一處其名曰金剛手
菩薩摩訶薩金剛忿怒菩薩摩訶薩金剛
部菩薩摩訶薩金剛弓菩薩摩訶薩金剛王
菩薩摩訶薩金剛莊嚴菩薩摩訶薩金剛光菩
薩摩訶薩觀自在菩薩摩訶薩普見菩薩
摩訶薩世間吉祥菩薩摩訶薩蓮華幢菩
薩摩訶薩廣面菩薩摩訶薩華眼菩薩摩訶
薩妙吉祥菩薩摩訶薩慈氏菩薩摩訶薩等
諸大菩薩僧前後圍遶瞻仰說法其法名為廣
大莊嚴如意寶珠剎中後善句義冥沙无羅清淨
清白梵行
爾時金剛手菩薩觀於大眾從座而起以白神
力旋遶世尊數百千匝作禮前住自具儀持以
善跏趺瞻視大眾以金剛掌安自心上而白

BD04708 號　諸星母陀羅尼經　　（5–1）

…妙吉祥菩薩摩訶薩慈氏菩薩摩訶薩等
諸大菩薩僧前後圍遶瞻仰說法其法名為廣
大莊嚴如意寶珠初中後善句義美妙无雜清淨
清白梵行
尒時金剛手菩薩觀於大衆從座而起以自神
力旋遶世尊數百千匝作礼前住自具倚持以
善跏趺瞻覩大衆以金剛掌安自心上而白
佛言世尊有其惡星色形極惡具極利心
色形忿怒攪亂有情奪其精氣或奪財物或
奪於命長壽有情令作短壽如是攪亂一切
有情為是等故唯願世尊開顯法門宗護一
切有情之類世尊告曰善哉善哉汝興大悲
為利一切諸有情故問於如來甚深密義汝
今諦聽善思念之我當說其惡星瞋怒破
壞之法及說供養行苑念誦秘密之義
若行供養當供養　若作其惡當作惡
如是諸星形色等　云何而今生歡喜
諸天及與諸非天　緊那羅等及諸龍
諸藥叉等并羅刹　人及迦多冨多那
猛利威德諸大神　瞋怒云何而殄滅
秘密言辭供養法　今當次第而宣說
尒時釋迦如來從自心上而放慈心遊戲光
明入於諸星頂髻之中尋時日月一切星神從
座而起以諸天供即以供養釋迦如來縢輪
着地合掌作礼而白佛言世尊如來應供
正真等覺利益我等唯願世尊宣說法門
令於我等而聚集已守衛防護說法之師
令得吉慶遠離力杖消滅毒藥及作結界
尒時釋迦如來即便為說供養星法及以密



座而起以諸天供即以供養釋迦如來縢輪
着地合掌作礼而白佛言世尊如來應供
正真等覺利益我等唯願世尊宣說法門
令於我等而聚集已守衛防護說法之師
令得吉慶遠離力杖消滅毒藥及作結界
尒時釋迦如來即便為說供養星法及以密
言陀羅尼曰
唵䜽呼羅迦耶莎訶　唵尸儅奢薩莎訶　唵落路
當伽俱麼囉也莎訶　唵報頞也報頞也莎訶
唵報伽阿惹婆頞也莎訶　唵阿頂囉薩多麼也莎訶
唵吒哩棗惹皺囉那也莎訶　唵阿密多畢哩耶
莎訶　唵藉底羯多薩莎訶
金剛手此則是彼九星秘密心呪讀便成辦
當作十二指一色香壇中安供養式凡式銅
金銀等器奉獻供養一一供養當誦一百八遍
金剛手然後誦此諸星母陀羅尼秘密言
辭滿足七遍一切諸星而作守護所有貧窮
悉得解脫命將欲盡而得長壽金剛手若苾
芻苾芻尼烏波索迦烏波斯迦及餘有情之
類若歷耳根而不中夭金剛手諸星壇中說
供養已每日而讀誦者彼說法師一切諸星如
彼所願悉令滿足與彼同類貨賣諸事皆
得消滅
尒時釋迦如來即便為說諸星母陀羅尼即
說呪曰
南謨佛陀耶　南謨婆捘囉駄囉耶　南麼斛麼達
囉耶　南麼薩婆迦囉訶　南麼薩婆奇奢波囉
…伽南　南謨諾奢多羅南　南謨堙蒭奢囉

彼四曜者令滅之與彼同類資責諸事皆
得消滅
尒時揭迦如来即便爲説諸星母陁羅尼即
説呪曰
南謨佛陁耶　南謨婆揭囉馱囉耶　南麼鉢麼達
囉耶　南麼薩婆迦囉訶　南麼薩婆蔚奢波囉
南迦喃　南謨諾奢多囉喃　南謨娑多奢囉
尸喃　怛也他　没底没底　難室囉難室囉　鉢明鉢
明娑囉娑囉　鉢娑囉鉢娑囉　三娑囉　三娑
囉　甚多耶　甚多耶　摩囉摩囉　摩訖陁
摩訖陁　伽頻耶　薩婆頻達　俱嚕俱嚕　晉
那晉那　乞舍波耶乞舍波耶　扇胝　旦伝
頻摩耶頻摩电　哩嚕多祢　達奢耶揭摩喃
薄伽薄伽帝　落叉耶薄叉耶　摩那婆
波哩波霆　婆囉波薩都毛慈柰　薩婆吒訶
那乞奢多囉　陂多摩難祢　難囉祢　難
囉薄伽薄底　摩訶摩电　薩馱耶
咄慈柰摩奢耶　波波祢　摩賛底賛底都
嚕都嚕　賛底諜揄諜揄　資諜資諜訶
婆訶薮　屋吒哩屋吒訶　㚢迷甫囉耶迷
末努多藍　薩婆怛他迦多　阿伍慈伍
娑摩耶莎訶　唵莎訶　吽莎訶　紇哩莎訶
吽莎訶　怛轆莎訶　鉢摩頻囉莎訶　阿
室哆耶莎訶　藴摩耶莎訶　頻囉祢須多
耶莎訶　没他耶莎訶　勃多慈波伝曳莎訶
餅伽囉耶莎訶　吒奢那跋那耶莎訶
囉訶薮莎訶　雞多薮莎訶　没他耶莎訶
難揆囉達囉耶莎訶　鉢摩頻囉莎訶　拘摩
囉耶莎訶　諾乞少多羅難莎訶　薩婆烏鉢

BD04708號　諸星母陀羅尼經　（5–4）

室哆耶莎訶　藴摩耶莎訶　頻囉祢須多
耶莎訶　没他耶莎訶　勃多慈波伝曳莎訶
餅伽囉耶莎訶　吒奢那跋那耶莎訶
囉訶薮莎訶　雞多薮莎訶　没他耶莎訶
難揆囉達囉耶莎訶　鉢摩頻囉莎訶　拘摩
囉耶莎訶　諾乞沙多羅難莎訶　薩婆烏鉢
多囉難難莎訶　唵薩婆難比底叭叭莎訶
金剛手此是諸星母陁羅尼秘密呪句成辦
一切諸事根本金剛手此陁羅尼秘密呪句
從於九月白月七日而起於首具足長誦至
十四日供養諸星而受持之月十五日若能
晝夜而讃誦者至満九年无其死畏亦无星
流隨落怖畏亦无月宿作悪怖畏而憶宿命
亦能供養一切諸星一切諸星隨其所願而授
與之尒時諸星禮世尊已讃言善哉怨哉不
現
諸星母陁羅尼經一卷　揆文姉妹　紇文胡吉　哆文　揭文得者許葛
翟文智

BD04708號　諸星母陀羅尼經　（5–5）

大佛頂如來密因脩證了義

一之 擣經

阿難彼善男子脩三摩
寤夢想銷滅寤寐恒一覺
无復麁重前塵影事觀諸世間
鏡鑒明來無所粘過无蹤跡虛受
陳習唯一精真生滅根元從此披露見諸十
方十二衆生畢殫其類雖未通其各命由緒
見同生基猶如野馬熠熠清擾為浮根塵究
竟樞穴此則名為行陰區宇若此清擾熠熠
元性性入元澄一澄元習如波瀾滅化為澄
水名行陰盡是人則能超衆生濁觀其所由
幽隱妄想以為其本
阿難當知是得正知奢摩他中諸善男子凝
明正心十類天魔不得其便方得精研窮生
類本於本類中生元露者觀彼幽清圓擾動
元於圓元中起計度者是人墜入二无因論
一者是人見本无因何以故是人既得生機
全破乘于明根八百功德見八万劫所有衆
生業流灣環死此生彼秪見衆生輪迴其處

BD04709號　大佛頂如來密因修證了義諸菩薩萬行首楞嚴經卷一〇　（8–1）

明正心十類天魔不得其便方得精研窮生
類本於本類中生元露者觀彼幽清圓擾動
元於圓元中起計度者是人墜入二无因論
一者是人見本无因何以故是人既得生機
全破乘于明根八百功德見八万劫所有衆
生業流灣環死此生彼秪見衆生輪迴其處
八万劫外冥无所觀便作是解此等世間十
方衆生八万劫來无因自有由此計度亡正
遍知墮落外道惑菩提性二者是人見末无
因何以故是人於生既見其根知人生人悟
鳥生鳥烏從來黑鵠從來白人天本竪畜生
本橫白非洗成黑非染造從八万劫无復改
移今盡此形亦復如是而我本來不見菩提
云何更有成菩提事當知今日一切物象皆
本无因由此計度亡正遍知墮落外道惑菩
提性是則名為第一外道立无因論
阿難是三摩地中諸善男子凝明正心魔不
得便窮生類本觀彼幽清常擾擾元於圓常
中起計度者是人墜入四遍常論一者是人
窮心境性二處无因脩習能知二万劫中十
方衆生所有生滅咸皆循環不曾散失計以
為常二者是人窮四大元四性常住脩習能
知四万劫中十方衆生所有生滅咸皆 體
恒不曾散失計以為常三者是人窮盡六根
末那執受心意識中本元由處性常恒故脩
習能知八万劫中一切衆生循環不失本來
常住窮不失性計以為常四者是人既盡想
元生理更无流心運轉生滅想心今已永滅

BD04709號　大佛頂如來密因修證了義諸菩薩萬行首楞嚴經卷一〇　（8–2）

恒不曾散失計以為常三者是人窮盡六根
末那執受心意識中本元由處性常恒故脩
習能知八万劫中一切衆生循環不失本来
常住窮不失性計以為常四者是人既盡想
元生理更无流止運轉生滅想心今已永滅
理中自然成不生滅因心所度計以為常由
此計常亡正遍知墮落外道惑菩提性是則
名為第二外道立圓常論
又三摩地中諸善男子堅凝正心魔不得便
窮生類本觀彼幽清常擾動元於自他中起
計度者是人墜入四顛倒見一分无常一分
常論一者是人觀妙明心遍十方界湛然以
為究竟神我從是則計我遍十方凝明不動
一切衆生於我心中自生自死則我心性名
之為常彼生滅者真无常性二者是人不觀
其心遍觀十方恒沙國土見劫壞處名為究
竟无常種性劫不壞處名究竟常三者是人
別觀我心精細微密猶如微塵流轉十方性
无移改能令此身即生即滅其不壞性名我性
常一切死生從我流出名无常性四者是人
知想陰盡見行陰流行陰常流計為常性色
受想等今已滅盡名為无常由此計度一分
无常一分常故墮落外道惑菩提性是則名
為第三外道一分常論
又三摩地中諸善男子堅凝正心魔不得便
窮生類本觀彼幽清常擾動元於分位中生
計度者是人墜入四有邊論一者是人心計

BD04709號　大佛頂如來密因修證了義諸菩薩萬行首楞嚴經卷一〇　（8–3）

无常一分常故墮落外道惑菩提性是則名
為第三外道一分常論
又三摩地中諸善男子堅凝正心魔不得便
窮生類本觀彼幽清常擾動元於分位中生
計度者是人墜入四有邊論一者是人心計
生元流用不息計過未者名為有邊計相續
心名為无邊二者是人觀八万劫則見衆生
八万劫前寂无聞見无聞見處名為无邊有
衆生處名為有邊三者是人計我遍知得无
邊性彼一切人現我知中我曾不知彼之知
性名彼不得无邊之心但有邊性四者是人
窮行陰空以其所見心路籌度一切衆生一
身之中計其咸皆半生半滅明其世界一切
所有一半有邊一半无邊由此計度有邊无
邊墮落外道惑菩提性是則名為第四外道
立有邊論
又三摩地中諸善男子堅凝正心魔不得便
窮生類本觀彼幽清常擾動元於知見中生
計度者是人墜入四種顛倒不死矯亂遍計
虛論一者是人觀變化元見遷流處名之為
變見相續處名之為恒見所見處名之為生
不見處名之為滅相續之因性不斷處名
之為增正相續中中所離處名之為減各各生
處名之為有互互亡處名之為无以理都觀
用心別見有求法人来問其義荅言我今亦
生亦滅亦有亦无亦增亦減於一切時皆亂
其語令彼前人遺失章句二者是諦觀其

BD04709號　大佛頂如來密因修證了義諸菩薩萬行首楞嚴經卷一〇　（8–4）

之為增正相續中中所離處名之為滅各各生
處名之為有互互亡處名之為无以理都觀
用心別見有求法人來問其義荅言我今亦
生亦滅亦有亦无亦增亦減於一切時皆亂
其語令彼前人遺失章句二者是諦觀其
心互互无處因无得證有人來問唯荅一字
但言其无除无之餘无所言說三者是人諦
觀其心各各有處因有得證有人來問唯荅
一字但言其是除是之餘无所言說四者是
人有无俱見其境枝故其心亦亂有人來問
荅言亦有即是亦无亦无之中不是亦有一
切矯亂无容窮詰由此計度矯亂虛无墮落
外道惑菩提性是則名為第五外道四顛倒
性不死矯乱遍計虛論
又三摩地中諸善男子堅凝正心魔不得便
窮生類本觀彼幽清常擾之元於无盡流生計
度者是人墜入死後有相發心顛倒或自固
身云色是我或見我圓含遍國土云我有色
或彼前緣隨我迴復云色屬我或復我依行
中相續云我在色皆計度言死後有相如是
循環有十六相從此或計畢竟煩惱畢竟菩
提兩性並驅各不相觸由此計度死後有故
墮落外道惑菩提性是則名為第六外道立
五陰中死後有相心顛倒論
又三摩地中諸善男子堅凝正心魔不得便
窮生類本觀彼幽清常擾動元於先除滅色
受想中生計度者是人墜入死後无相發心

BD04709 號　大佛頂如來密因修證了義諸菩薩萬行首楞嚴經卷一〇　（8–5）

提兩性並驅各不相觸由此計度死後有故
墮落外道惑菩提性是則名為第六外道立
五陰中死後有相心顛倒論
又三摩地中諸善男子堅凝正心魔不得便
窮生類本觀彼幽清常擾動元於先除滅色
受想中生計度者是人墜入死後无相發心
顛倒見其色滅形无所因觀其想滅心无所
繫知其受滅无復連綴陰性銷散縱有生理
而无受想與草木同此質現前猶不可得死
後云何更有諸相因之勘校死後相无如是
循環有八无相從此或計涅槃因果一切皆
空徒有名字究竟斷滅由此計度死後无故
墮落外道惑菩提性是則名為第七外道立
五陰中死无相心顛倒論
又三摩地中諸善男子堅凝正心魔不得便
窮生類本觀彼幽清常擾動元於行存中兼
受想滅雙計有无自體相破是人墜入死後
俱非起顛倒論色受想中見有非有行遷流
內觀无不无如是循環窮盡陰界八俱非相
隨得一緣皆言死後有相无相又計諸行性
遷訛故心發通悟有无俱非虛實失措由此
計度死後俱非後除昏瞢无可道故墮落外
道惑菩提性是則名為第八外道立五陰中
死後俱非心顛倒論
又三摩地中諸善男子堅凝正心魔不得便
窮生類本觀彼幽清常擾動元於後後无生
計度者是人墜入七斷滅論或計身滅或欲
盡滅或苦盡滅或極樂滅或極捨滅如是循

BD04709 號　大佛頂如來密因修證了義諸菩薩萬行首楞嚴經卷一〇　（8–6）

道惑菩提性是則名為第八外道立五陰中
死後俱非心顛倒論
又三摩地中諸善男子堅凝正心魔不得便
窮生類本觀彼幽清常擾動元於後後无生
計度者是人墜入七斷滅論或計身滅或欲
盡滅或苦盡滅或極樂滅或極捨滅如是循
環窮盡七際現前銷滅已无復由此計度死
後斷滅墮落外道惑菩提性是則名為第
九外道立五陰中死後斷滅顛倒論
又三摩地中諸善男子堅凝正心魔不得便
窮生類本觀彼幽清常擾動元於後後有生
計度者是人墜入五涅槃論或以欲界為正
轉依觀見圓明生愛慕故或以初禪性无憂
故或以二禪心无苦故或以三禪極悅隨故
或以四禪苦樂二亡不受輪迴生滅性故迷
有漏天作无為解五處安隱為勝淨依如是
循環五處究竟由此計度五現涅槃墮落外
道惑菩提性是則名為第十外道立五陰中
五現涅槃心顛倒論
阿難如是十種禪那狂解皆是行陰用心交
互故現斯悟眾生頑迷不自忖量逢此現前
以迷為解自言登聖大妄語成墮无間獄汝
等必須將如來心於我滅後傳示末法遍令
眾生覺了斯義无令心魔自起沉孽保持覆
護消息邪見教其身心開覺真義於无上道
不遺枝岐勿令心祈得少為足作大覺王清
淨標指
阿難彼善男子修三摩提行陰盡者諸世間

BD04709號　大佛頂如來密因修證了義諸菩薩萬行首楞嚴經卷一〇　（8–7）

等必須將如來心於我滅後傳示末法遍令
眾生覺了斯義无令心魔自起沉孽保持覆
護消息邪見教其身心開覺真義於无上道
不遺枝岐勿令心祈得少為足作大覺王清
淨標指
阿難彼善男子修三摩提行陰盡者諸世間
性幽清擾動同分生機倏然隳裂沉細綱紐
補特伽羅酬業深脈感應懸絕於涅槃天將
大明悟如雞後鳴瞻顧東方已有精色六根
虛靜无復馳逸內內湛明入无所入深達十
方十二種類受命元由觀由執元諸類不召
於十方界已獲其同精色不流發現幽秘此
則名為識陰區宇若於群召已獲同中銷磨
六門合開成就見聞通隣互用清淨十方世
界及與身心如吠瑠璃內外明徹名識陰盡
是人則能超越命濁觀其所由罔象虛无顛
倒妄想以為其本
阿難當知是善男子窮諸行空於識還元已
滅生滅而於寂滅精妙未圓能令己身根隔
合開亦與十方諸類通覺覺知通溍能入圓

BD04709號　大佛頂如來密因修證了義諸菩薩萬行首楞嚴經卷一〇　（8–8）

[illegible]
處如水无邊際聲香味觸法處如水[illegible]
眼界如水无邊際耳鼻舌身意界如水无邊
際色界如水无邊際聲香味觸法界如水无
邊際眼識界如水无邊際耳鼻舌身意識界
如水无邊際眼觸如水无邊際耳鼻舌身意
觸如水无邊際眼觸爲緣所生諸受如水无
邊際耳鼻舌身意觸爲緣所生諸受如水无
邊際地界如水无邊際水火風空識界如水无
邊際因緣如水无邊際等无間緣所緣緣增
上緣如水无邊際无明如水无邊際行識名
色六處觸受愛取有生老死愁歎苦憂惱
如水无邊際復次善現色蘊如火无邊際受
想行識蘊如火无邊際眼處如火无邊際耳
鼻舌身意處如火无邊際色處如火无邊際
聲香味觸法處如火无邊際眼界如水无邊
際耳鼻舌身意界如火无邊際色界如火无
邊際聲香味觸法界如火无邊際眼識界如
火无邊際耳鼻舌身意識界如火无邊際眼
觸如火无邊際耳鼻舌身意觸如火无邊際
眼觸爲緣所生諸受如火无邊際耳鼻舌身

BD04710號　大般若波羅蜜多經卷五五五　（4–1）

聲香味觸法處如[illegible]
際耳鼻舌身意界如火无邊際色界如火无
邊際聲香味觸法界如火无邊際眼識界如
火无邊際耳鼻舌身意識界如火无邊際眼
觸如火无邊際耳鼻舌身意觸如火无邊際
眼觸爲緣所生諸受如火无邊際耳鼻舌身
意觸爲緣所生諸受如火无邊際地界如火
无邊際水火風空識界如火无邊際因緣如
火無邊際等无間緣所緣緣增上緣如火无
邊際无明如火无邊際行識名色六處觸受
愛取有生老死愁歎苦憂惱如火无邊際復
次善現色蘊如風无邊際受想行識蘊如風
无邊際眼處如風无邊際耳鼻舌身意處如
風无邊際色處如風无邊際聲香味觸法處
如風无邊際眼界如風无邊際耳鼻舌身意
界如風无邊際色界如風无邊際聲香味觸
法界如風无邊際眼識界如風无邊際耳鼻
舌身意識界如風无邊際眼觸如風无邊際
耳鼻舌身意觸如風无邊際眼觸爲緣所生
諸受如風无邊際耳鼻舌身意觸爲緣所生
諸受如風无邊際地界如風无邊際水火風
空識界如風无邊際因緣如風无邊際等无
間緣所緣緣增上緣如風无邊際无明如風
无邊際行識名色六處觸受愛取有生老死
愁歎苦憂惱如風无邊際復次善現色蘊如
虛空无邊際受想行識蘊如虛空无邊際眼
處如虛空无邊際耳鼻舌身意處如虛空无
邊際色處如虛空无邊際聲香味觸法處
如虛空无邊際眼界如虛空无邊際耳鼻舌身

BD04710號　大般若波羅蜜多經卷五五五　（4–2）

无邊際行
愁歎苦憂惱如風无邊際復次善現色蘊
虛空无邊際受想行識蘊如虛空无邊際眼
處如虛空无邊際耳鼻舌身意處如虛空无
邊際色處如虛空无邊際聲香味觸法處
如虛空无邊際眼界如虛空无邊際耳鼻舌身
意界如虛空无邊際色界如虛空无邊際聲
香味觸法界如虛空无邊際眼識界如虛空
无邊際耳鼻舌身意識界如虛空无邊際眼
觸如虛空无邊際耳鼻舌身意觸如虛空无
邊際眼觸爲緣所生諸受如虛空无邊際耳
邊舌身意觸爲緣所生諸受如虛空无邊際
地界如虛空无邊際水火風空識界如虛空无
邊際因緣如虛空无邊際等无間緣所緣緣
增上緣如虛空无邊際无明如虛空无邊際
際行識名色六處觸受愛取有生老死愁歎
苦憂惱如虛空无邊際復次善現色蘊離集
善相受想行識蘊離集善相眼處離集善相
耳鼻舌身意處離集善相色處離集善相聲
香味觸法處離集善相眼界離集善相耳鼻
舌身意界離集善相色界離集善相聲香
味觸法界離集善相眼識界離集善相耳鼻
舌身意識界離集善相眼觸離集善相耳鼻
舌身意觸離集善相眼觸爲緣所生諸受離集
善相耳鼻舌身意觸爲緣所生諸受離集善
相地界離集善相水火風空識界離集善相
因緣離集善相等无間緣所緣緣增上緣離
集善相无明離集善相行識名色六處觸受
愛取有生老死愁歎苦憂惱離集善相復次

BD04710號　大般若波羅蜜多經卷五五五　（4–3）

相地界離集善相水火風空識界離集善相
因緣離集善相等无間緣所緣緣增上緣離
集善相无明離集善相行識名色六處觸受
愛取有生老死愁歎苦憂惱離集善相復次
善現色蘊離集法相受想行識蘊離集法相
眼處離集法相耳鼻舌身意處離集法相色
處離集法相聲香味觸法處離集法相眼界
離集法相耳鼻舌身意界離集法相色界離
集法相聲香味觸法界離集法相眼識界離
集法相耳鼻舌身意識界離集法相眼觸離
集法相耳鼻舌身意觸離集法相眼觸爲緣
所生諸受離集法相耳鼻舌身意觸爲緣所
生諸受離集法相地界離集法相水火風空
識界離集法相因緣離集法相等无間緣所
緣緣增上緣離集法相无明離集法相行識
名色六處觸受愛取有生老死愁歎苦憂惱
離集法相復次善現色蘊如空无邊際受
想行識蘊如空无邊際眼處如空无邊際耳鼻
舌身意處如空无邊際色處如空无邊際聲
香味觸法處如空无邊際眼界如空无邊際耳
鼻舌身意界如空无邊際色界如空无邊際
聲香味觸法界如空无邊際眼識界如空无
邊際耳鼻舌身意識界如空无邊際眼觸如
空无邊際耳鼻舌身意觸如空无邊際眼觸
爲緣所生諸受如空无邊際耳鼻舌身意
觸爲緣所生諸受如空无邊際地界如空无

BD04710號　大般若波羅蜜多經卷五五五　（4–4）

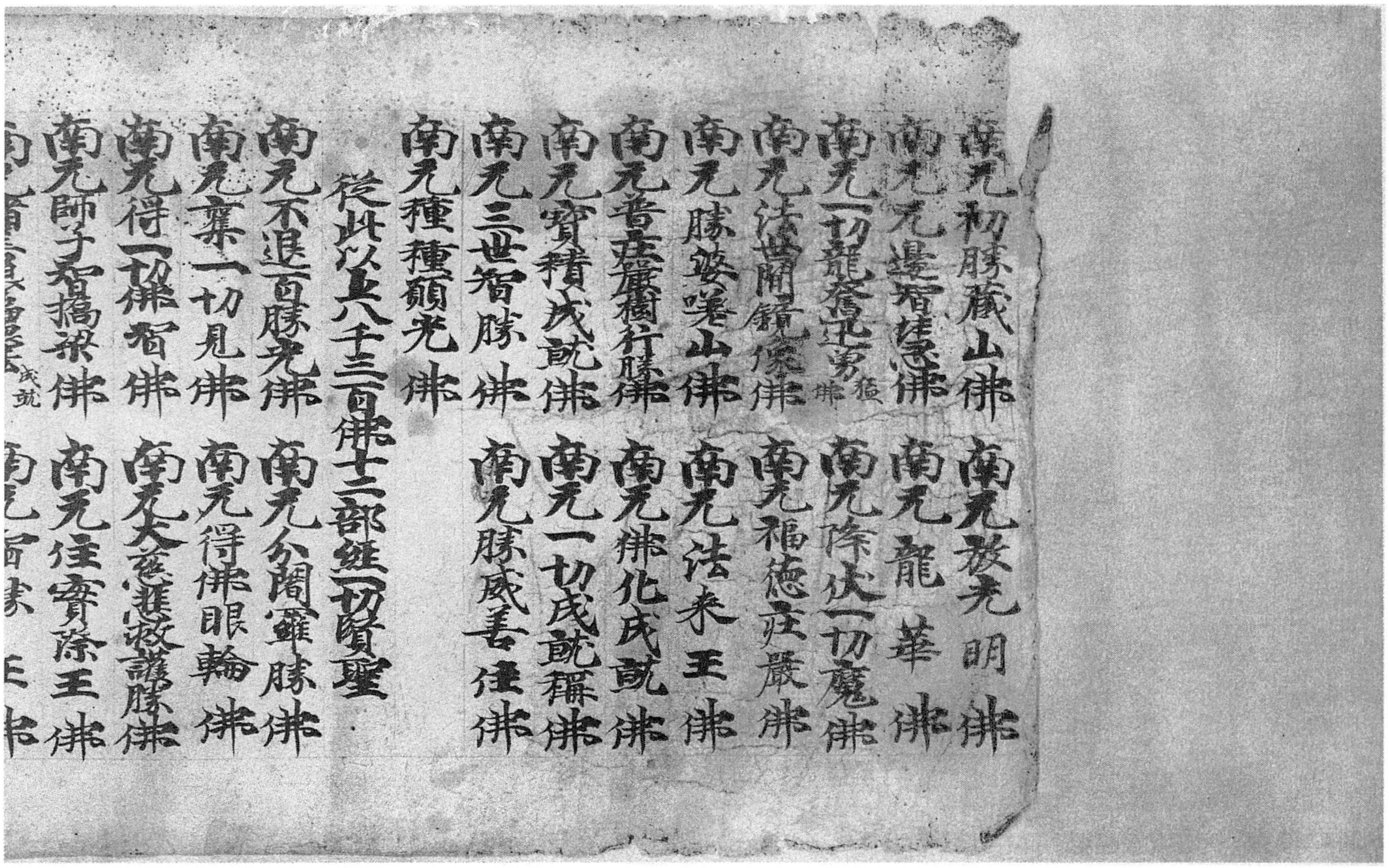
南无初勝藏山佛　南无放光明佛
南无无邊智[illegible]佛　南无龍華佛
南无一切龍奮迅勇猛佛　南无除伏一切魔佛
南无法世間鏡像佛　南无福德莊嚴佛
南无勝婆嗟山佛　南无法來王佛
南无普在嚴樹行勝佛　南无佛化成就佛
南无寶積成就佛　南无一切成就稱佛
南无三世智勝佛　南无勝威善住佛
南无種種願光佛
從此以上八千三百佛十二部經一切賢聖
南无不退百勝光佛　南无分陁羅勝佛
南无棄一切見佛　南无得佛眼輪佛
南无得一切佛智佛　南无大慈悲救護勝佛
南无師子智擣[illegible]佛　南无住寶際王佛
南无首[illegible]成就　南无[illegible]王佛

BD04711 號　佛名經（十六卷本）卷一〇　（8–1）

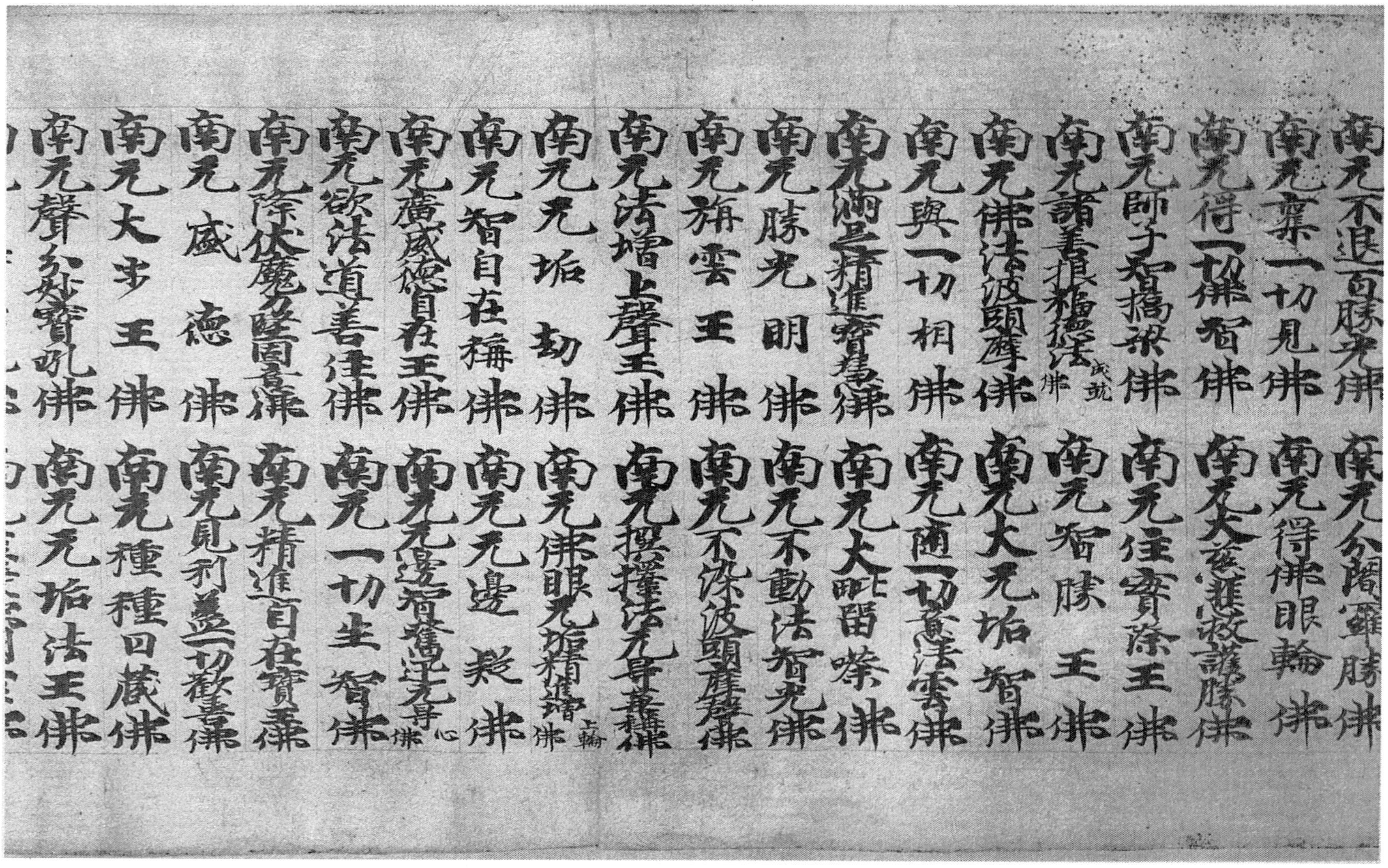
南无不退百勝光佛　南无分陁羅勝佛
南无棄一切見佛　南无得佛眼輪佛
南无得一切佛智佛　南无大慈悲救護勝佛
南无師子智擣[illegible]佛　南无住寶際王佛
南无諸善根稱德法成就佛　南无智勝王佛
南无佛法波頭摩佛　南无大无垢智佛
南无與一切相佛　南无隨一切意法雲佛
南无湖上精進寶幢佛　南无大毗留嗏佛
南无勝光明佛　南无不動法智光佛
南无旃雲王佛　南无不深波頭摩藏佛
南无清增上聲王佛　南无攝擇法无畏善稱佛
南无无垢劫佛　南无佛眼无垢精進增上輪佛
南无智自在稱佛　南无无邊疑佛
南无廣威德自在王佛　南无无邊智奮迅无畏心佛
南无欲法道善住佛　南无一切生智佛
南无除伏魔怨隨意佛　南无精進自在寶藏佛
南无威德佛　南无見利益一切衆生佛
南无大步王佛　南无種種回藏佛
南无聲分別寶吼佛　南无无垢法王佛

BD04711 號　佛名經（十六卷本）卷一〇　（8–2）

南无威德佛　南无[illegible]
南无大步王佛　南无種種回藏佛
南无聲分妙寶吼佛　南无无垢法王佛
南无不退精進示現佛　南无莊嚴佛國土王佛
南无智根本華佛　南无不稱涅槃佛
南无一切龍摩尼藏佛　南无藥法自在佛
南无得法自在佛　南无无邊寶功德藏佛
南无清淨華山佛　南无大法王稱稱聲勝佛
南无一切盡不盡藏佛　南无華弥留善佛
南无虛空智山佛　南无智力王佛
南无无量聲智佛　南无无邊佛聲藏佛
南无智王不盡稱佛　南无心慧稱涅王佛
南无自性清淨智佛　南无智自在法王佛
南无正見佛　南无語見佛
南无滿足法香見佛　南无龍月佛
南无日陀羅山无量王佛　南无寶自在娑羅王佛
南无見一切衆生佛　南无不住持光明王佛
南无學一切法佛　南无智寶法勝佛
南无精進自在意法藏佛　南无无量山佛
南无无諸佛　南无弥留力自在藏佛

BD04711號　佛名經（十六卷本）卷一〇　（8–3）

南无見一切衆生佛　南无不住持光明王佛
南无學一切法佛　南无智寶法勝佛
南无精進自在意法藏佛　南无无量山佛
南无无諸佛　南无弥留力自在藏佛
南无炎自在藏佛　南无精進自在弥留聚自在佛
南无堅无畏功德佛　南无堅勇猛寶佛
南无堅猛寂靜王佛　南无降伏閻弥留王佛
南无勝丈夫芬陁梨佛　南无聖聲藏他佛
南无普賢芬陁利佛　南无法平等法身佛
南无難勝佛　南无難可意佛
南无不動佛　南无妙聲佛
南无勝聲佛　南无娑羅喬迦佛
南无寶聲佛　南无愛見佛
南无然燈佛　南无須弥劫佛
南无月光佛　南无日佛
南无　佛　南无藥樹王佛
南无星宿佛
從此以上八千四百佛十二部經一切賢聖
南无覺佛　南无受記佛
南无[illegible]

BD04711號　佛名經（十六卷本）卷一〇　（8–4）

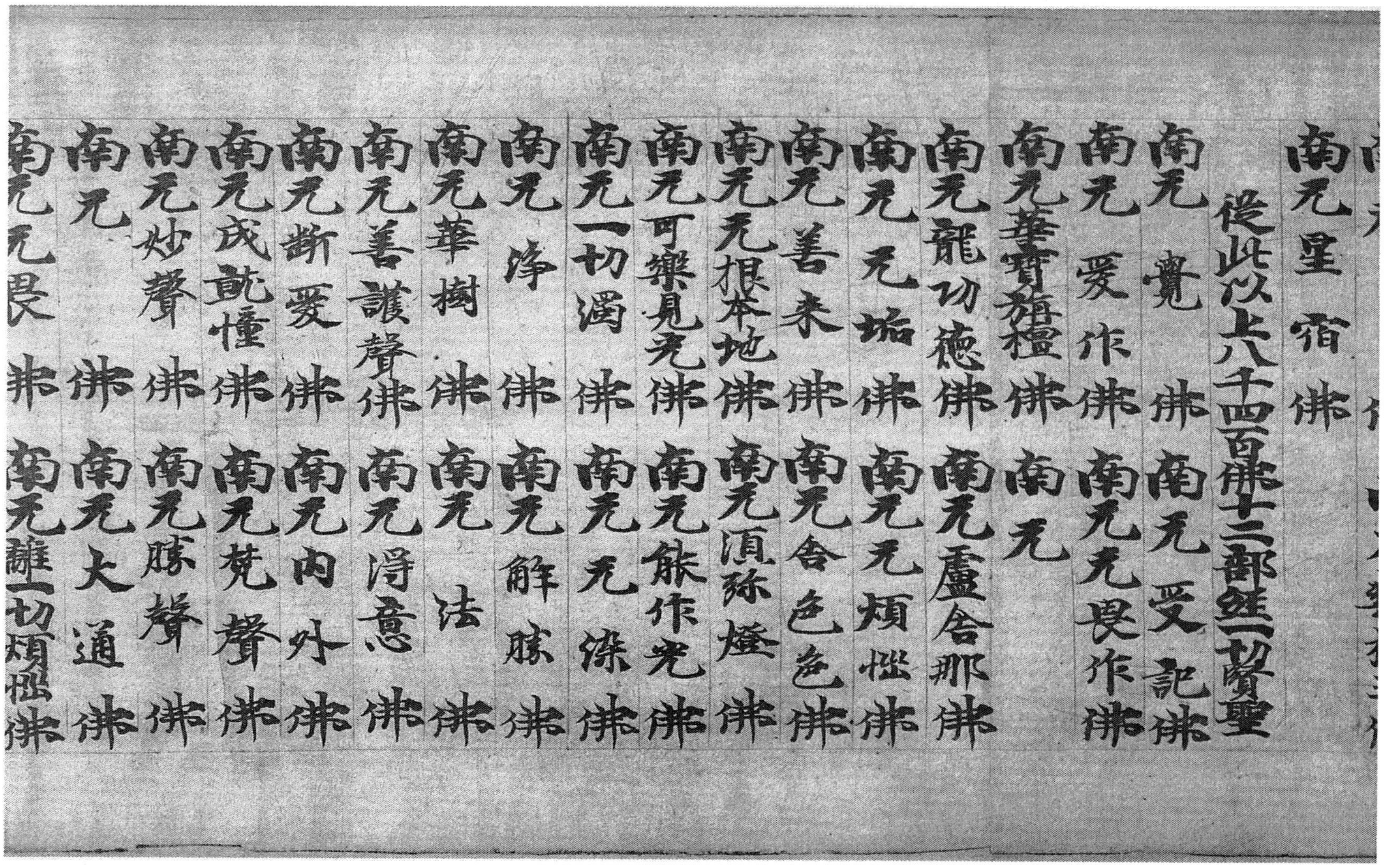
南无星宿佛
從此以上八千四百佛十二部經一切賢聖
南无覺佛　南无受記佛
南无愛作佛　南无无畏作佛
南无華寶旛檀佛　南无
南无龍功德佛　南无盧舍那佛
南无无垢佛　南无无煩惱佛
南无善來佛　南无含色色佛
南无无根本地佛　南无須弥燈佛
南无可樂見光佛　南无能作光佛
南无一切濁佛　南无无滌佛
南无淨佛　南无解勝佛
南无華樹佛　南无法佛
南无善護聲佛　南无淨意佛
南无斷愛佛　南无内外佛
南无成就幢佛　南无梵聲佛
南无妙聲佛　南无勝聲佛
南无佛　南无大通佛
南无无畏佛　南无離一切煩惱佛

BD04711號　佛名經（十六卷本）卷一〇　（8–5）

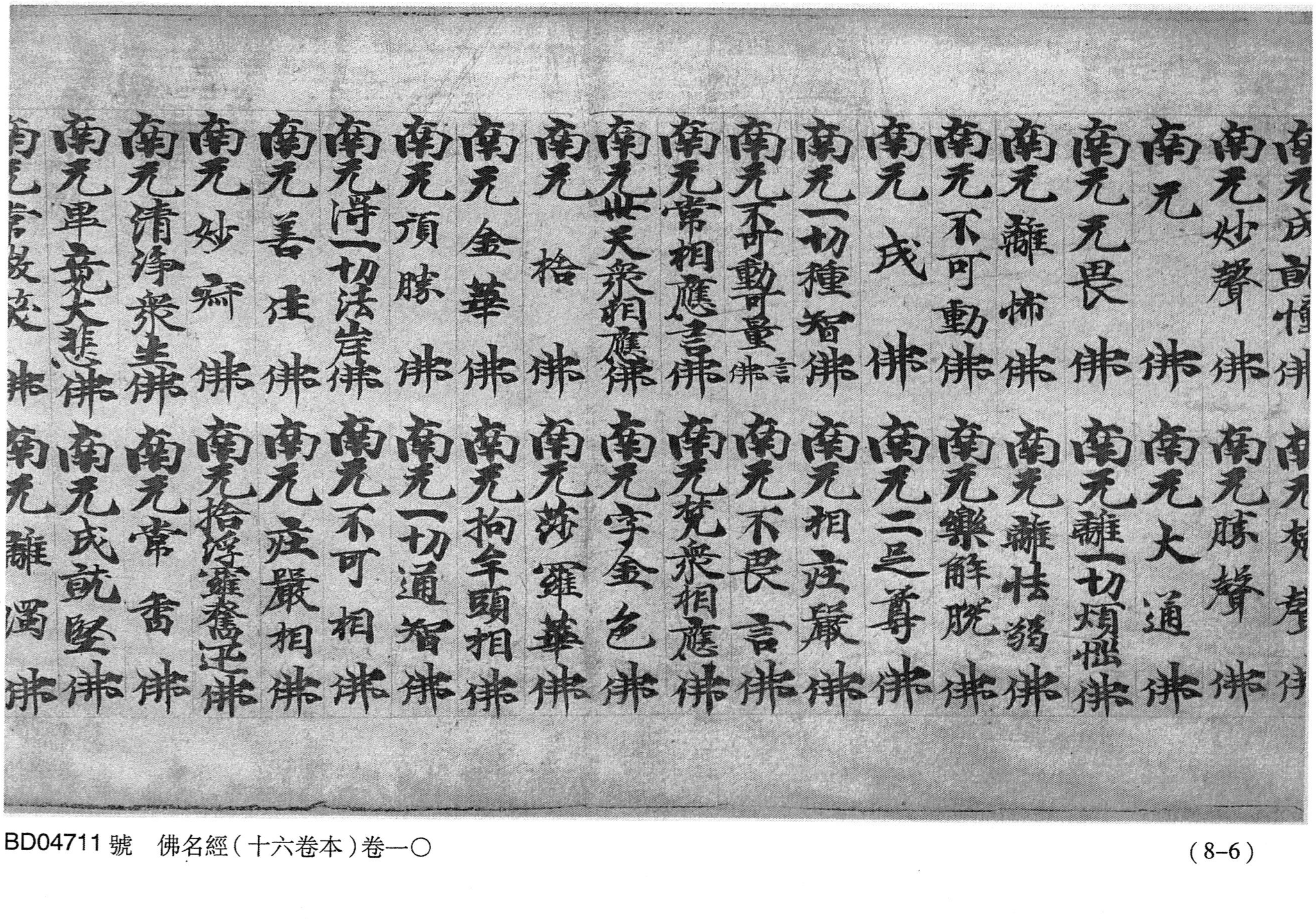
南无成就幢佛　南无梵聲佛
南无妙聲佛　南无勝聲佛
南无佛　南无大通佛
南无无畏佛　南无離一切煩惱佛
南无離怖佛　南无離怯弱佛
南无不可動佛　南无樂解脫佛
南无成佛　南无三足尊佛
南无一切種智佛　南无相莊嚴佛
南无不可動可量佛言　南无不畏言佛
南无常相應言佛　南无梵衆相應佛
南无世天衆相應佛　南无字金色佛
南无捨佛　南无娑羅華佛
南无金華佛　南无拘牟頭相佛
南无須勝佛　南无一切通智佛
南无淨一切法岸佛　南无不可相佛
南无善住佛　南无莊嚴相佛
南无妙齋佛　南无捨浮羅奢迦佛
南无清淨衆生佛　南无常香佛
南无畢竟大悲佛　南无成就堅佛
南无常放光佛　南无離濁佛

BD04711號　佛名經（十六卷本）卷一〇　（8–6）

南无妙□佛　南无□□□□佛
南无清淨衆生王佛　南无常香佛
南无畢竟大悲佛　南无成就堅佛
南无常微笑佛　南无離濁佛
南无百相功德佛　南无随順佛
南无勝藏佛　南无般若幢佛
南无般若畢竟佛　南无滿足意佛
南无觀世自在王佛　南无火夫聚佛
南无勝功德威德佛　南无梵勝天佛
南无内寶佛　南无三菩提幢佛
南无勝燈佛　南无善攝頼智勝娑羅王佛
南无无垢光明佛　南无照佛
南无无長觀佛　南无樂說莊嚴佛
南无无垢月雞覺佛　南无華莊嚴光明作佛
南无火奮迅佛　南无寶上佛
南无无畏智觀佛　南无師子奮迅力佛
南无遠離一切驚怖毛竪等稱光佛
南无伽耶迦王光明威德佛　南无觀世音佛
南无尼弥佛　南无寶火佛
南无□□佛　南无自在佛

BD04711號　佛名經（十六卷本）卷一〇　（8–7）

南无伽耶迦王光明威德佛　南无觀世音佛
南无尼弥佛　南无寶火佛
南无山佛　南无自在佛
南无寶精進日月光明莊嚴威德聲王佛
南无初發心念觀一切疑所斷煩惱佛
南无斷三昧勝王佛　南无寶炎佛
南无火聚佛
從此以上八千五百佛十二部經一切賢聖
南无旃檀香佛　南无虛空平等佛
南无礼拜增上佛　南无不動作佛
南无歡喜佛　南无離畏佛
南无善清淨勝佛　南无光明王佛
南无不可降伏幢佛　南无勝一切佛
南无聞聲勝佛　南无善辟佛
南无寶高佛　南无善解佛
南无月高佛　南无善見佛
南无照髻首勝佛　南无得聖佛

BD04711號　佛名經（十六卷本）卷一〇　（8–8）

也世尊須菩提菩薩
如是不可思量須菩
須菩提於意云何可以
世尊不可以身相得
說身相即非身
是虛妄若見諸
須菩提白佛言世尊
說章句生實信不佛告
來滅後後五百歲有
能生信心以此為實當
佛三四五佛而種善根
種諸善根聞是
菩提如來悉知
福德何以故是諸衆
相壽者相无法相亦
衆生若心取相則為著
我人衆

BD04712 號　金剛般若波羅蜜經　（15–1）

種諸善根聞是
菩提如來悉知
福德何以故是諸衆
相壽者相无法相亦
衆生若心取相則為著我人衆
法相即著我人衆生壽者何以
相即著我人衆生壽者是故不
取非法以是義故如來常說以
說法如筏喻者法尚應捨何
須菩提於意云
菩提取如來有所說法耶須菩
佛所說義无有定法名阿耨多
提亦无有定法如來可說何以
法皆不可取不可說非法非非
一切賢聖皆以无為法而有
須菩提於意云何若人滿三
以用布施是人所得福德寧為
言甚多世尊何以故是福德即非
是故如來說福德多若復有人
持乃至四句偈等為他人說其福
故須菩提一切諸佛及諸佛
三菩提法皆從此經出須
即非佛法
須菩提於意云何須陀洹能作是
陀洹果不須菩提言不也世尊何以

BD04712 號　金剛般若波羅蜜經　（15–2）

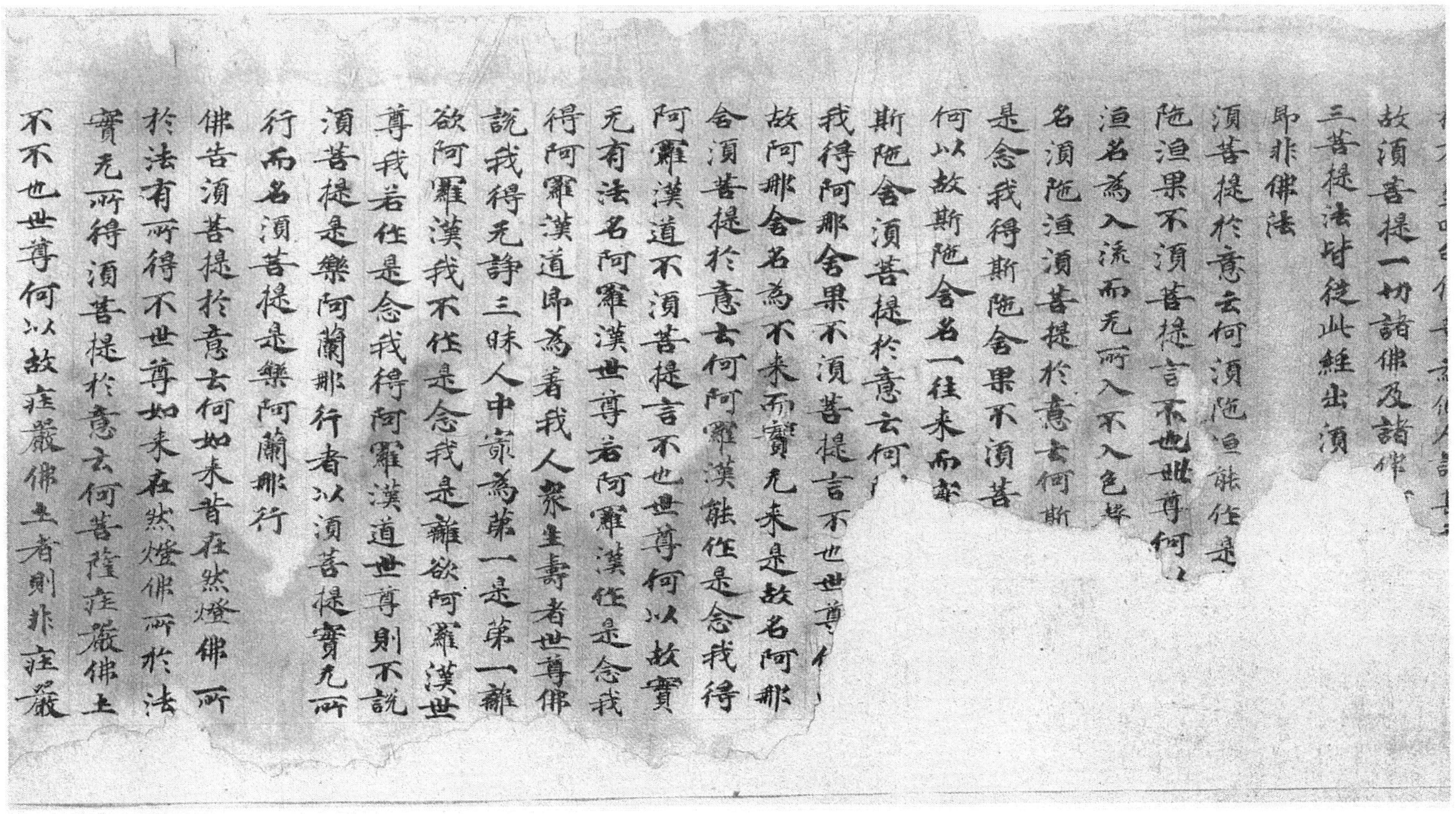
故須菩提一切諸佛及諸佛
三菩提法皆從此經出須
即非佛法
須菩提於意云何須陁洹能作是
陁洹果不須菩提言不也世尊何以
洹名為入流而无所入不入色聲
名須陁洹須菩提於意云何斯
是念我得斯陁含果不須菩
何以故斯陁含名一往來而實
斯陁含須菩提於意云何
我得阿那含果不須菩提言不也世尊
故阿那含名為不來而實无來是故名阿那
含須菩提於意云何阿羅漢能作是念我得
阿羅漢道不須菩提言不也世尊何以故實
无有法名阿羅漢世尊若阿羅漢作是念我
得阿羅漢道即為著我人衆生壽者世尊佛
說我得无諍三昧人中最為第一是第一離
欲阿羅漢我不作是念我是離欲阿羅漢世
尊我若作是念我得阿羅漢道世尊則不說
須菩提是樂阿蘭那行者以須菩提實无所
行而名須菩提是樂阿蘭那行
佛告須菩提於意云何如來昔在然燈佛所
於法有所得不世尊如來在然燈佛所於法
實无所得須菩提於意云何菩薩莊嚴佛土
不不也世尊何以故莊嚴佛土者則非莊嚴

BD04712號　金剛般若波羅蜜經　（15–3）

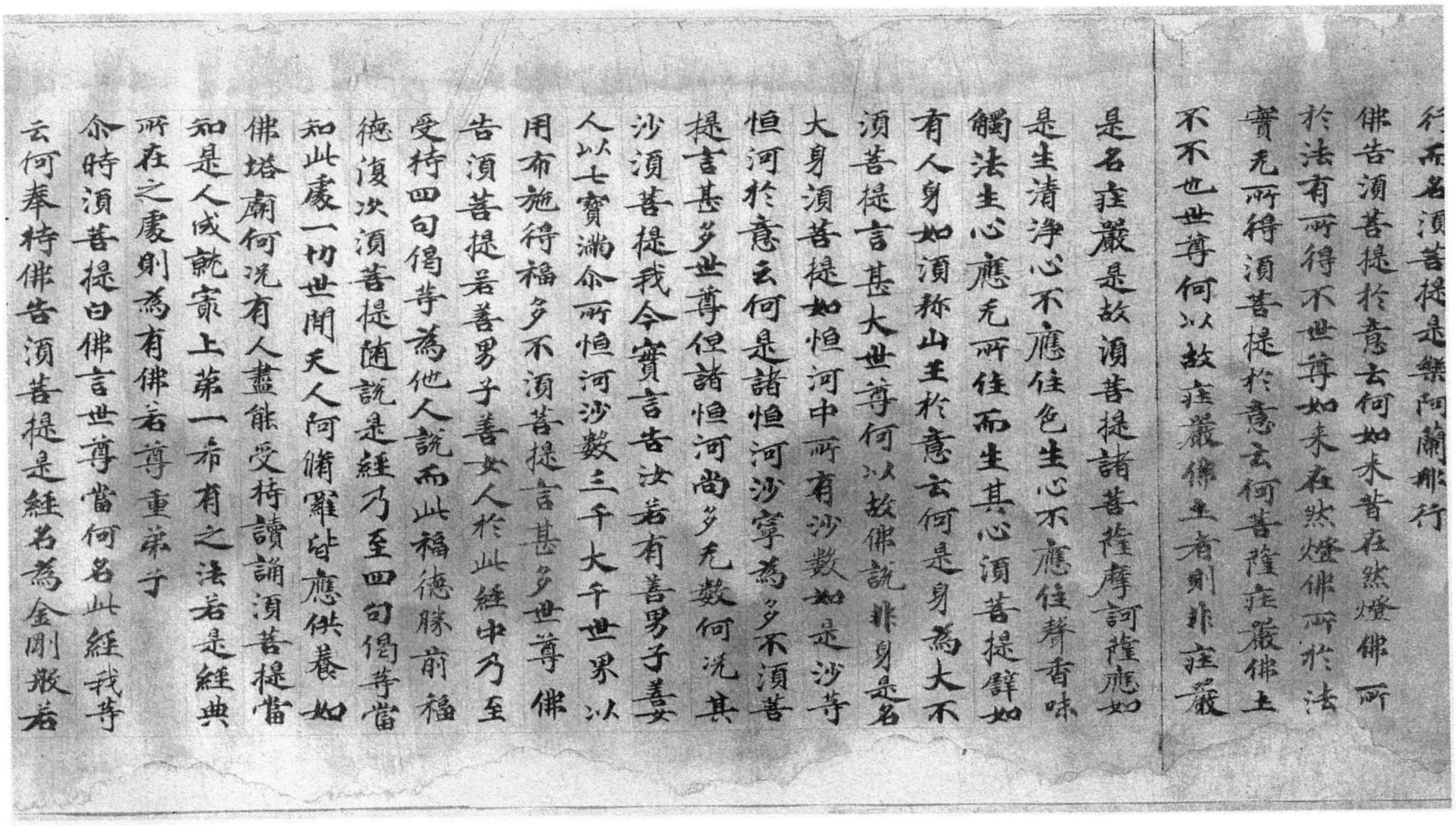
行而名須菩提是樂阿蘭那行
佛告須菩提於意云何如來昔在然燈佛所
於法有所得不世尊如來在然燈佛所於法
實无所得須菩提於意云何菩薩莊嚴佛土
不不也世尊何以故莊嚴佛土者則非莊嚴
是名莊嚴是故須菩提諸菩薩摩訶薩應如
是生清淨心不應住色生心不應住聲香味
觸法生心應无所住而生其心須菩提譬如
有人身如須彌山王於意云何是身為大不
須菩提言甚大世尊何以故佛說非身是名
大身須菩提如恒河中所有沙數如是沙等
恒河於意云何是諸恒河沙寧為多不須菩
提言甚多世尊但諸恒河尚多无數何況其
沙須菩提我今實言告汝若有善男子善女
人以七寶滿尒所恒河沙數三千大千世界以
用布施得福多不須菩提言甚多世尊佛
告須菩提若善男子善女人於此經中乃至
受持四句偈等為他人說而此福德勝前福
德復次須菩提隨說是經乃至四句偈等當
知此處一切世間天人阿脩羅皆應供養如
佛塔廟何況有人盡能受持讀誦須菩提當
知是人成就最上第一希有之法若是經典
所在之處則為有佛若尊重弟子
尒時須菩提白佛言世尊當何名此經我等
云何奉持佛告須菩提是經名為金剛般若

BD04712號　金剛般若波羅蜜經　（15–4）

佛塔廟何况有人盡能受持讀誦須菩提當
知是人成就最上第一希有之法若是經典
所在之處則為有佛若尊重弟子
尒時須菩提白佛言世尊當何名此經我等
云何奉持佛告須菩提是經名為金剛般若
波羅蜜以是名字汝當奉持所以者何須
菩提佛說般若波羅蜜則非般若波羅蜜須菩
提於意云何如來有所說法不須菩提白佛言
世尊如來无所說須菩提於意云何三千
大千世界所有微塵是為多不須菩提言甚
多世尊須菩提諸微塵如來說非微塵是
名微塵如來說世界非世界是名世界須菩提
於意云何可以三十二相見如來不不也世尊
不可以三十二相得見如來何以故如來說三十二
相即是非相是名三十二相須菩提若有善
男子善女人以恒河沙等身命布施若復有
人於此經中乃至受持四句偈等為他人說
其福甚多
尒時須菩提聞說是經深解義趣涕淚悲泣
而白佛言希有世尊佛說如是甚深經典我從
昔來所得慧眼未曾得聞如是之經世尊
若復有人得聞是經信心清淨則生實相當
知是人成就第一希有功德世尊是實相者
則是非相是故如來說名實相世尊我今得
聞如是經典信解受持不足為難若當來世

BD04712號　金剛般若波羅蜜經　（15–5）

昔來所得慧眼未曾得聞如是之經世尊
若復有人得聞是經信心清淨則生實相當
知是人成就第一希有功德世尊是實相者
則是非相是故如來說名實相世尊我今得
聞如是經典信解受持不足為難若當來世
後五百歲其有眾生得聞是經信解受持是
人則為第一希有何以故此人无我相人相
眾生相壽者相所以者何我相即是非相人
相眾生相壽者相即是非相何以故離一切
諸相則名諸佛
佛告須菩提如是如是若復有人得聞是經
不驚不怖不畏當知是人甚為希有何以故
須菩提如來說第一波羅蜜非第一波羅蜜
是名第一波羅蜜
須菩提忍辱波羅蜜如來說非忍辱波羅蜜
何以故須菩提如我昔為歌利王割截身體
我於尒時无我相无人相无眾生相无壽者
相何以故我於往昔節節支解時若有我相
人相眾生相壽者相應生瞋恨須菩提又念
過去於五百世作忍辱仙人於尒所世无我
相无人相无眾生相无壽者相是故須菩提
菩薩應離一切相發阿耨多羅三藐三菩提
心不應住色生心不應住聲香味觸法生心
應生无所住心若心有住則為非住是故佛

BD04712號　金剛般若波羅蜜經　（15–6）

相无人相无衆生相无壽者相是故須菩提
菩薩應離一切相發阿耨多羅三藐三菩提
心不應住色生心不應住聲香味觸法生心
應生无所住心若心有住則為非住是故佛
說菩薩心不應住色布施須菩提菩薩為利
益一切衆生應如是布施如來說一切諸相
即是非相又說一切衆生則非衆生須菩提
如來是真語者實語者如語者不誑語者不
異語者須菩提如來所得法此法无實无虛
須菩提若菩薩心住於法而行布施如人入
闇則无所見若菩薩心不住法而行布施如
人有目日光明照見種種色須菩提當來之
世若有善男子善女人能於此經受持讀誦
則為如來以佛智慧悉知是人悉見是人皆
得成就无量无邊功德
須菩提若有善男子善女人初日分以恒河
沙等身布施中日分復以恒河沙等身布施
後日分亦以恒河沙等身布施如是无量百
千萬億劫以身布施若復有人聞此經典信
心不逆其福勝彼何況書寫受持讀誦為人
解說須菩提以要言之是經有不可思議不
可稱量无邊功德如來為發大乘者說為發
最上乘者說若有人能受持讀誦廣為人說
如來悉知是人悉見是人皆得成就不可量
不可稱无有邊不可思議功德如是人等則

BD04712 號　金剛般若波羅蜜經　（15–7）

最上乘者說若有人能受持讀誦廣為人說
如來悉知是人悉見是人皆得成就不可量
不可稱无有邊不可思議功德如是人等則
為荷擔如來阿耨多羅三藐三菩提何以故
須菩提若樂小法者著我見人見衆生見
壽者見則於此經不能聽受讀誦為人解說須
菩提在在處處若有此經一切世間天人阿
脩羅所應供養當知此處則為是塔皆應
恭敬作礼圍繞以諸華香而散其處
復次須菩提善男子善女人受持讀誦此經
若為人輕賤是人先世罪業應墮惡道以今
世人輕賤故先世罪業則為消滅當得阿耨
多羅三藐三菩提須菩提我念過去无量阿
僧祇劫於然燈佛前得值八百四千萬億那
由他諸佛悉皆供養承事无空過者若復有
人於後末世能受持讀誦此經所得功德於
我所供養諸佛功德百分不及一千萬億分
乃至筭數譬喻所不能及須菩提若善男
子善女人於後末世有受持讀誦此經所得功
德我若具說者或有人聞心則狂亂狐疑不
信須菩提當知是經義不可思議果報亦不
可思議
尒時須菩提白佛言世尊善男子善女人發
阿耨多羅三藐三菩提心云何應住云何降
伏其心佛告須菩提善男子善女人發阿耨

BD04712 號　金剛般若波羅蜜經　（15–8）

信須菩提當知是經義不可思議果報亦不
可思議
尒時須菩提白佛言世尊善男子善女人發
阿耨多羅三藐三菩提心云何應住云何降
伏其心佛告須菩提善男子善女人發阿耨
多羅三藐三菩提者當生如是心我應滅度
一切衆生滅度一切衆生已而无有一衆生
實滅度者何以故若菩薩有我相人相衆生
相壽者相則非菩薩所以者何須菩提實
无有法發阿耨多羅三藐三菩提者須菩提於
意云何如來於然燈佛所有法得阿耨多羅
三藐三菩提不不也世尊如我解佛所說義
佛於然燈佛所无有法得阿耨多羅三藐三
菩提佛言如是如是須菩提實无有法如來
得阿耨多羅三藐三菩提須菩提若有法
如來得阿耨多羅三藐三菩提者然燈佛則不
與我受記汝於來世當得作佛号釋迦牟尼
以實无有法得阿耨多羅三藐三菩提是故
然燈佛與我受記作是言汝於來世當得作
佛号釋迦牟尼何以故如來者即諸法如義
若有人言如來得阿耨多羅三藐三菩提須
菩提實无有法佛得阿耨多羅三藐三菩提
須菩提如來所得阿耨多羅三藐三菩提於
是中无實无虛是故如來說一切法皆是佛
法須菩提所言一切法者即非一切法是故

BD04712號　金剛般若波羅蜜經　（15–9）

菩提實无有法佛得阿耨多羅三藐三菩提
須菩提如來所得阿耨多羅三藐三菩提於
是中无實无虛是故如來說一切法皆是佛
法須菩提所言一切法者即非一切法是故
名一切法須菩提譬如人身長大須菩提言
世尊如來說人身長大則為非大身是名大
身須菩提菩薩亦如是若作是言我當滅度
无量衆生則不名菩薩何以故須菩提實无
有法名為菩薩是故佛說一切法无我无人
无衆生无壽者須菩提若菩薩作是言我當
莊嚴佛土是不名菩薩何以故如來說莊嚴
佛土者即非莊嚴是名莊嚴須菩提若菩薩
通達无我法者如來說名真是菩薩
須菩提於意云何如來有肉眼不如是世尊
如來有肉眼須菩提於意云何如來有天眼
不如是世尊如來有天眼須菩提於意云何
如來有慧眼不如是世尊如來有慧眼須菩
提於意云何如來有法眼不如是世尊如來
有法眼須菩提於意云何如來有佛眼不如
是世尊如來有佛眼須菩提於意云何恒河
中所有沙佛說是沙不如是世尊如來說是
沙須菩提於意云何如一恒河中所有沙有
如是等恒河是諸恒河所有沙數佛世界如
是寧為多不甚多世尊佛告須菩提尒所國
土中所有衆生若干種心如來悉知何以故

BD04712號　金剛般若波羅蜜經　（15–10）

如是等恒河是諸恒河所有沙数佛世界如
是寧為多不甚多世尊佛告須菩提尒所國
土中所有衆生若干種心如来悉知何以故
如來說諸心皆為非心是名為心所以者何
須菩提過去心不可得現在心不可得未来
心不可得須菩提於意云何若有人滿三千
大千世界七寶以用布施是人以是因緣得福
多不如是世尊此人以是因緣得福甚多
須菩提若福德有實如来不說得福德多
以福德无故如来說得福德多
須菩提於意云何佛可以具足色身見不不
也世尊如来不應以具足色身見何以故如来說
具足色身即非具足色身是名具足色身須
菩提於意云何如来可以具足諸相見不不
也世尊如来不應以具足諸相見何以故如来
說諸相具足即非具足是名諸相具足須
菩提汝勿謂如来作是念我當有所說法莫
作是念何以故若人言如来有所說法即為
謗佛不能解我所說故須菩提說法者无法
可說是名說法須菩提白佛言世尊佛得阿
耨多羅三藐三菩提為无所得耶如是如是
須菩提我於阿耨多羅三藐三菩提乃至无
有少法可得是名阿耨多羅三藐三菩提復
次須菩提是法平等无有高下是名阿耨多

BD04712 號　金剛般若波羅蜜經　（15–11）

耨多羅三藐三菩提為无所得耶如是如是
須菩提我於阿耨多羅三藐三菩提乃至无
有少法可得是名阿耨多羅三藐三菩提復
次須菩提是法平等无有高下是名阿耨多
羅三藐三菩提以无我无人无衆生无壽者
脩一切善法則得阿耨多羅三藐三菩提須
菩提所言善法者如来說非善法是名善法
須菩提若三千大千世界中所有諸須弥山
王如是等七寶聚有人持用布施若人以此般
若波羅蜜經乃至四句偈等受持讀誦為他
人說於前福德百分不及一百千萬億分乃
至筭數譬喻所不能及
須菩提於意云何汝等勿謂如来作是念我
當度衆生須菩提莫作是念何以故實无有
衆生如来度者若有衆生如来度者如来則
有我人衆生壽者須菩提如来說有我者則
非有我而凡夫之人以為有我須菩提凡夫
者如来說則非凡夫須菩提於意云何可以
三十二相觀如来不須菩提言如是如是以
三十二相觀如来佛言須菩提若以三十二
相觀如来者轉輪聖王則是如来須菩提白
佛言世尊如我解佛所說義不應以三十二
相觀如来尒時世尊而說偈言
若以色見我　以音聲求我　是人行邪道　不能見如来

BD04712 號　金剛般若波羅蜜經　（15–12）

三十二相觀如來佛言須菩提若以三十二
相觀如來者轉輪聖王則是如來須菩提白
佛言世尊如我解佛所說義不應以三十二
相觀如來尒時世尊而說偈言
若以色見我　以音聲求我　是人行邪道　不能見如來
須菩提汝若作是念如來不以具足相故得
阿耨多羅三藐三菩提須菩提莫作是念如
來不以具足相故得阿耨多羅三藐三菩提
須菩提汝若作是念發阿耨多羅三藐三菩
提者說諸法斷滅相莫作是念何以故發阿
耨多羅三藐三菩提者於法不說斷滅相須
菩提若菩薩以滿恒河沙等世界七寶持用布施
若復有人知一切法无我得成於忍此菩薩
勝前菩薩所得功德須菩提以諸菩薩不受
福德故須菩提白佛言世尊云何菩薩不受
福德須菩提菩薩所作福德不應貪著是
故佛說不受福德須菩提若有人言如來若來
若去若坐若卧是人不解我所說義何以故如
來者无所從來亦无所去故名如來
須菩提若善男子善女人以三千大千世界
碎為微塵於意云何是微塵衆寧為多不甚
多世尊何以故若是微塵衆實有者佛則不
說是微塵衆所以者何佛說微塵衆則非微
塵衆是名微塵衆世尊如來所說三千大千
世界則非世界是名世界何以故若世界實

BD04712號　金剛般若波羅蜜經　（15–13）

須菩提若善男子善女人以三千大千世界
碎為微塵於意云何是微塵衆寧為多不甚
多世尊何以故若是微塵衆實有者佛則不
說是微塵衆所以者何佛說微塵衆則非微
塵衆是名微塵衆世尊如來所說三千大千
世界則非世界是名世界何以故若世界實
有者則是一合相如來說一合相則非一合
相是名一合相須菩提一合相者則是不可
說但凡夫之人貪著其事須菩提若人言佛
說我見人見衆生見壽者見須菩提於意云
何是人解我所說義不世尊是人不解如來
所說義何以故世尊說我見人見衆生見壽
者見即非我見人見衆生見壽者見是名我
見人見衆生見壽者見須菩提發阿耨多羅
三藐三菩提心者於一切法應如是知如是
見如是信解不生法相須菩提所言法相者
如來說即非法相是名法相須菩提若有人
以滿无量阿僧祇世界七寶持用布施若有
善男子善女人發菩薩心者持於此經乃至
四句偈等受持讀誦為人演說其福勝彼云
何為人演說不取於相如如不動何以故
一切有為法　如夢幻泡影　如露亦如電　應作如是觀
佛說是經已長老須菩提及諸比丘比丘尼
優婆塞優婆夷一切世間天人阿脩羅聞佛
所說皆大歡喜信受奉行

BD04712號　金剛般若波羅蜜經　（15–14）

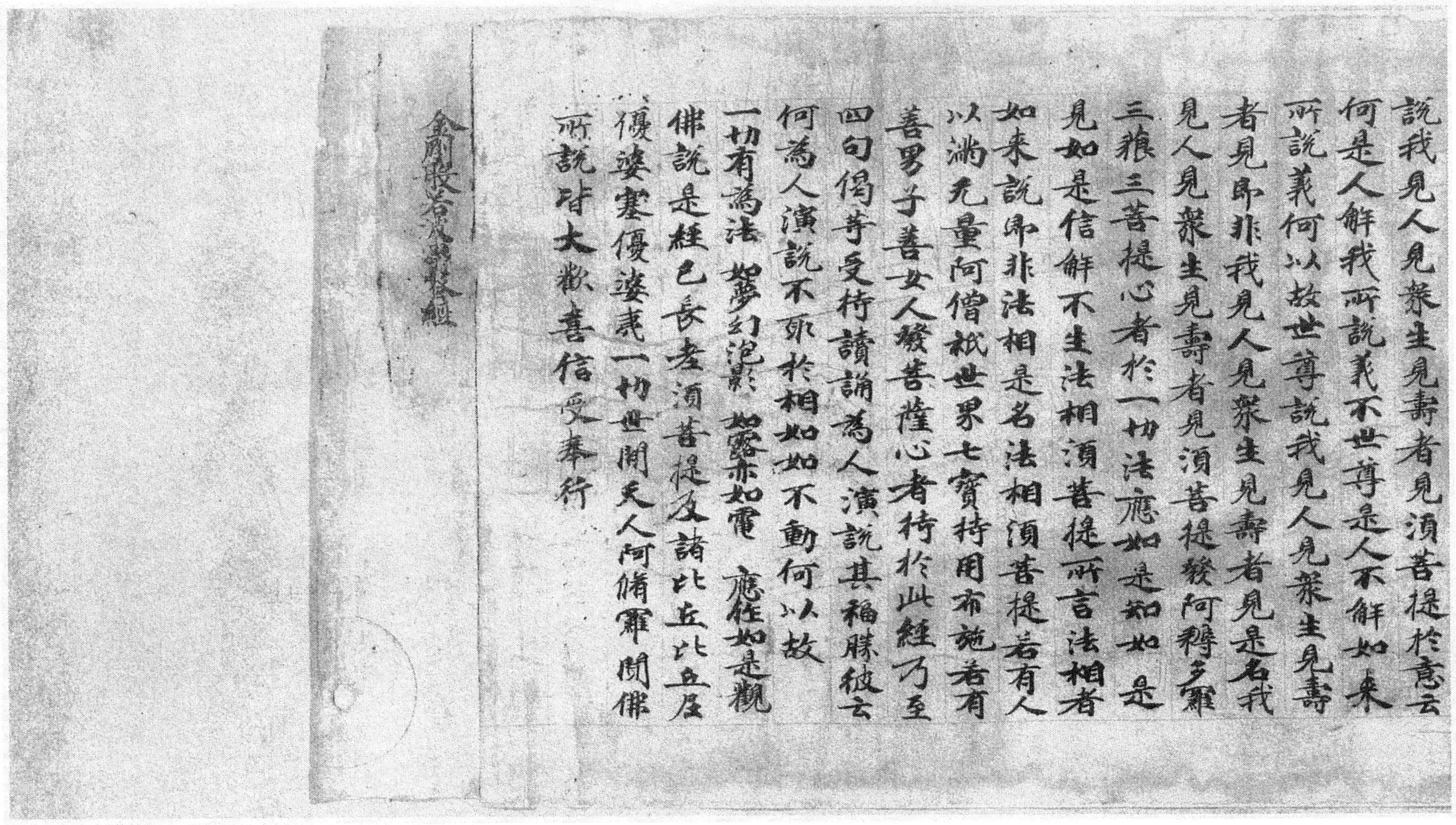

說我見人見衆生見壽者見須菩提於意云
何是人解我所說義不世尊是人不解如來
所說義何以故世尊說我見人見衆生見壽
者見即非我見人見衆生見壽者見是名我
見人見衆生見壽者見須菩提發阿耨多羅
三藐三菩提心者於一切法應如是知如是
見如是信解不生法相須菩提所言法相者
如來說即非法相是名法相須菩提若有人
以滿无量阿僧祇世界七寶持用布施若有
善男子善女人發菩薩心者持於此經乃至
四句偈等受持讀誦爲人演說其福勝彼云
何爲人演說不取於相如如不動何以故
一切有爲法　如夢幻泡影　如露亦如電　應作如是觀
佛說是經已長老須菩提及諸比丘比丘尼
優婆塞優婆夷一切世間天人阿脩羅聞佛
所說皆大歡喜信受奉行

金剛般若波羅蜜經

BD04712號　金剛般若波羅蜜經　（15–15）

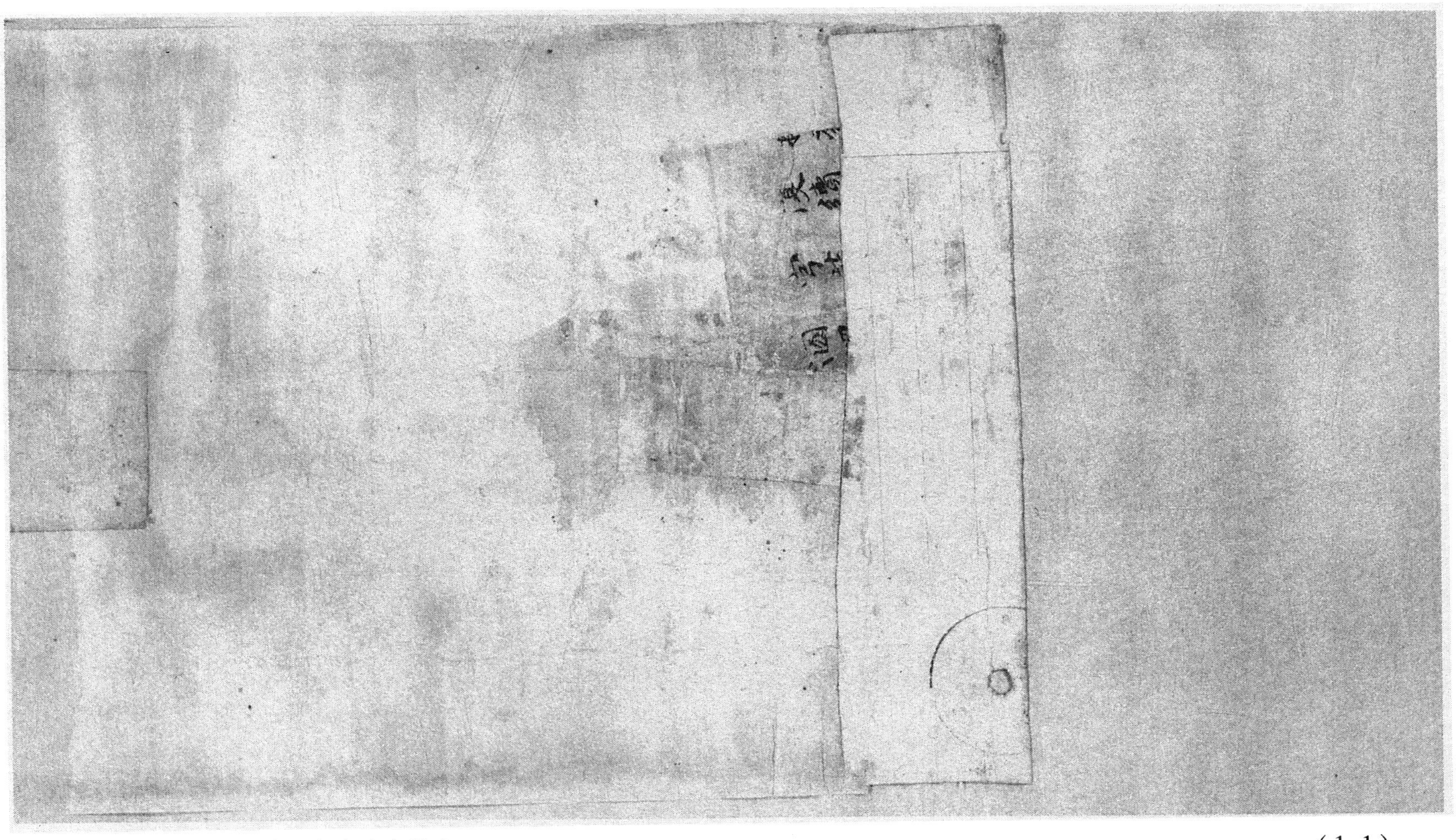

BD04712號背　文選（三十卷本）卷九　（1–1）

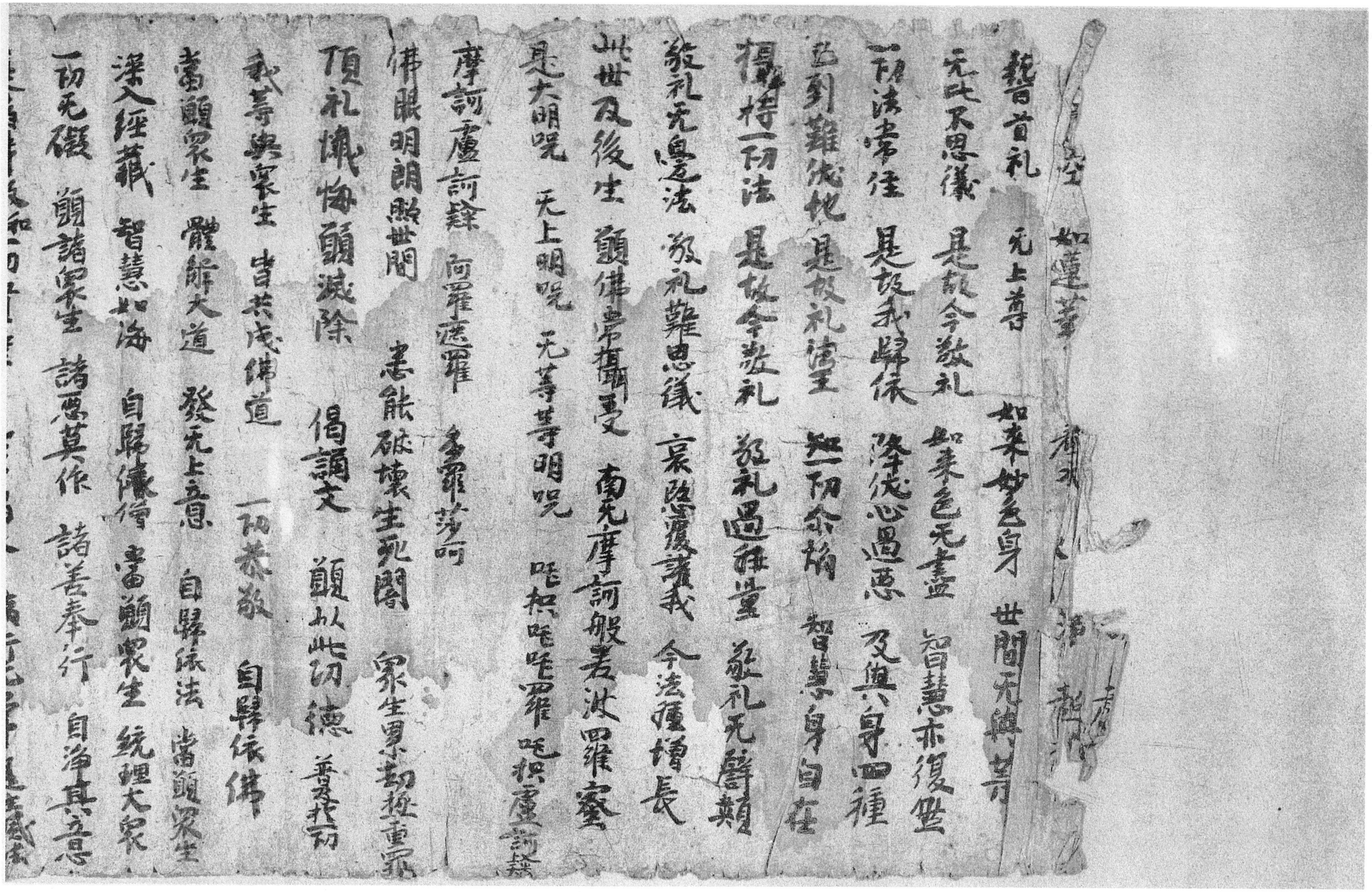

空　如蓮華　不著水　心淨超於彼
稽首禮　无上尊　如來妙色身　世間无與等
无比不思議　是故今敬礼　如來色无盡　智慧亦復然
一切法常住　是故我歸依　降伏心過惡　及與身四種
到難伏地　是故礼法王　知一切众生　智慧身自在
攝持一切法　是故今敬礼　敬礼過稱量　敬礼无譬類
敬礼无邊法　敬礼難思議　哀愍覆護我　令法種增長
此世及後生　願佛常攝受　南无摩訶般若波羅蜜
是大明呪　无上明呪　无等等明呪　吒枳吒吒羅　吒枳盧訶緣
摩訶盧訶緣　向羅遮羅　多羅莎呵
佛眼明朗照世間　悉能破壞生死闇　衆生累劫極重罪
頂礼懺悔願滅除　偈誦文　願以此功德　普及於一切
我等與衆生　皆共成佛道　一切恭敬　自歸依佛
當願衆生　體解大道　發无上意　自歸依法　當願衆生
深入經藏　智慧如海　自歸依僧　當願衆生　統理大衆
一切无礙　願諸衆生　諸惡莫作　諸善奉行　自淨其意
[illegible]

BD04713號　七階佛名經　（4–1）

了□懺悔願滅除　偈讚文　願以此功德　普及於一切
我等與衆生　皆共成佛道　一切恭敬　自歸依佛
當願衆生　體解大道　發无上意　自歸依法　當願衆生
深入經藏　智慧如海　自歸依僧　當願衆生　統理大衆
一切无礙　願諸衆生　諸惡莫作　諸善奉行　自淨其意
是諸佛教和南一切賢聖　无常偈文　諸行无常　是生滅法
生滅滅已　寂滅爲樂　晝夜六時發願法
十方三世諸佛當證知弟子某甲等爲一切衆生　觀一切三寶爲
一切衆生礼一切三寶爲一切衆生供養一切三寶爲一切衆生於一切
三寶前行道爲一切衆生於一切三寶懺悔爲一切衆生作佛
像轉經供養衆僧供養一切衆生行六波羅蜜四攝
四无量等一切行已集當集現集一切善根以此善根願
令一切三塗衆生一切貧窮衆生一切生老病死衆生一切獄
囚繫閉衆生一切破亡流徙衆生一切不自在衆生一切邪見
顛倒衆生等悉得離苦解脫捨邪歸正發菩提心永除
三障常見一切諸佛菩薩及善知識恒聞正法福智
具足一時作佛　又以此善根願令一切衆生皆悉上品往
生一切淨土先證无生法忍然後度衆生　又以此善根願
令一切三寶一切國土常得安隱不破不壞四方寧靜兵甲休
息龍王歡喜風調雨順五穀熟成萬民安樂

BD04713號　七階佛名經

（4–2）

三[illegible]常[illegible]言[illegible]善[illegible]言[illegible]諸階[illegible]
具足一時作佛　又以此善根願令一切衆生皆悉上品往
生一切淨土先證无生法忍然後廣度衆生　又以此善根願
令一切三寶一切國主常得安隱不破不壞四方寧靜兵甲休
息龍王歡喜風調雨順五穀熟成萬民安樂
六時礼拜佛法大綱晝三夜三各嚴香華入塔觀像供
養行道礼佛平旦及與午時並別唱五十三佛餘皆總
唱日暮初夜並別唱三十五佛餘皆總唱半夜後
夜並別唱二十五佛餘階總唱觀此七階佛如在目前
思惟如來所有功德應作如是清淨懺悔

七階佛名一卷

平旦无常偈　欲求寂滅樂　當學沙門法
衣食支身命　精麁隨衆等　午時无常偈　採花置日中
能得幾時鮮　人命亦如是　无常須臾間　日暮无常偈
是日已過　命則隨減　如少水魚　斯有何樂　初夜无常偈
煩惱深无底　生死海无邊　度苦船未立　安可樂睡眠
半夜无常偈　汝起勿抱臭屍臥　種種不淨假名人
如得重病箭入體　衆苦痛集安可眠　後夜无常偈
時光遷流轉　忽至五更初　无常念念至　恒與死王俱
勸諸行道衆　脩道至无餘
南无清淨法身毗盧遮那佛　南无圓滿寶身盧舍那佛

BD04713號　七階佛名經　（4–3）

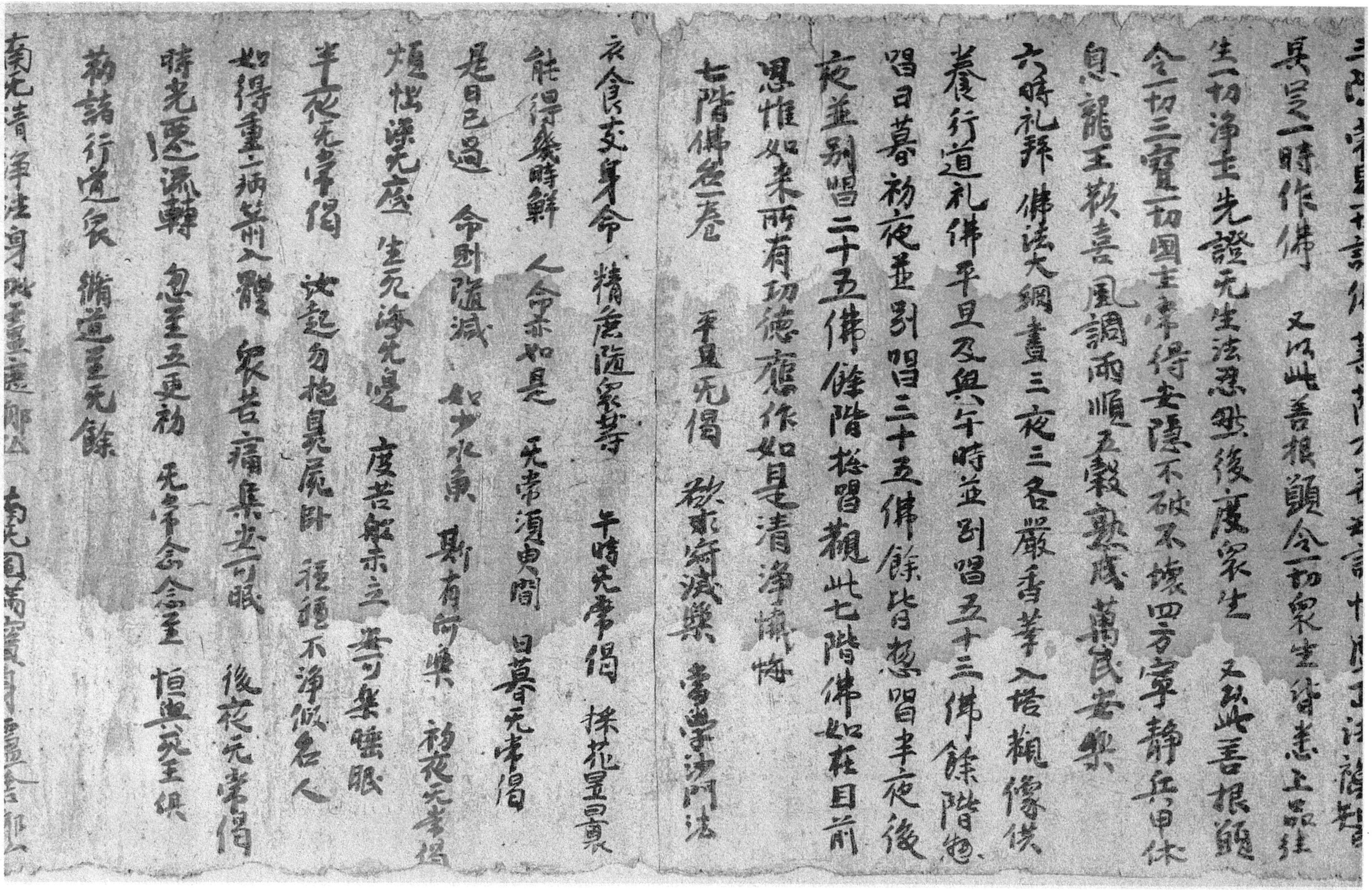

煩惱深无底 生死海无邊 度苦船未立 安可樂睡眠
半夜无常偈 汝起勿抱臭屍卧 種種不淨假名人
如得重病箭入體 衆苦痛集安可眠 後夜无常偈
時光遷流轉 忽至五更初 无常念念至 恒與死王俱
勸諸行道衆 勤修至无餘
南无清淨法身毗盧遮那仏 南无圓滿寶身盧舍那仏
南无千百億化身同名釋迦牟尼仏 南无東方阿閦仏
南无東南方持地仏 南无南方普滿仏 南无西南方那羅延仏
南无西方无量壽仏 南无西北方月光面仏 南无北方難勝仏
南无東北方寂諸根仏 南无上方无量勝仏 南无下方寶行仏
南无當來下生彌勒尊仏 南无十二上願藥師瑠璃光仏
南无虛空功德清淨微塵等目端正功德相光明花波頭摩
瑠璃光寶體香最上香供養訖種種莊嚴頂髻无量
无邊日月光明願力莊嚴變化莊嚴法界出生无鄣礙王如來

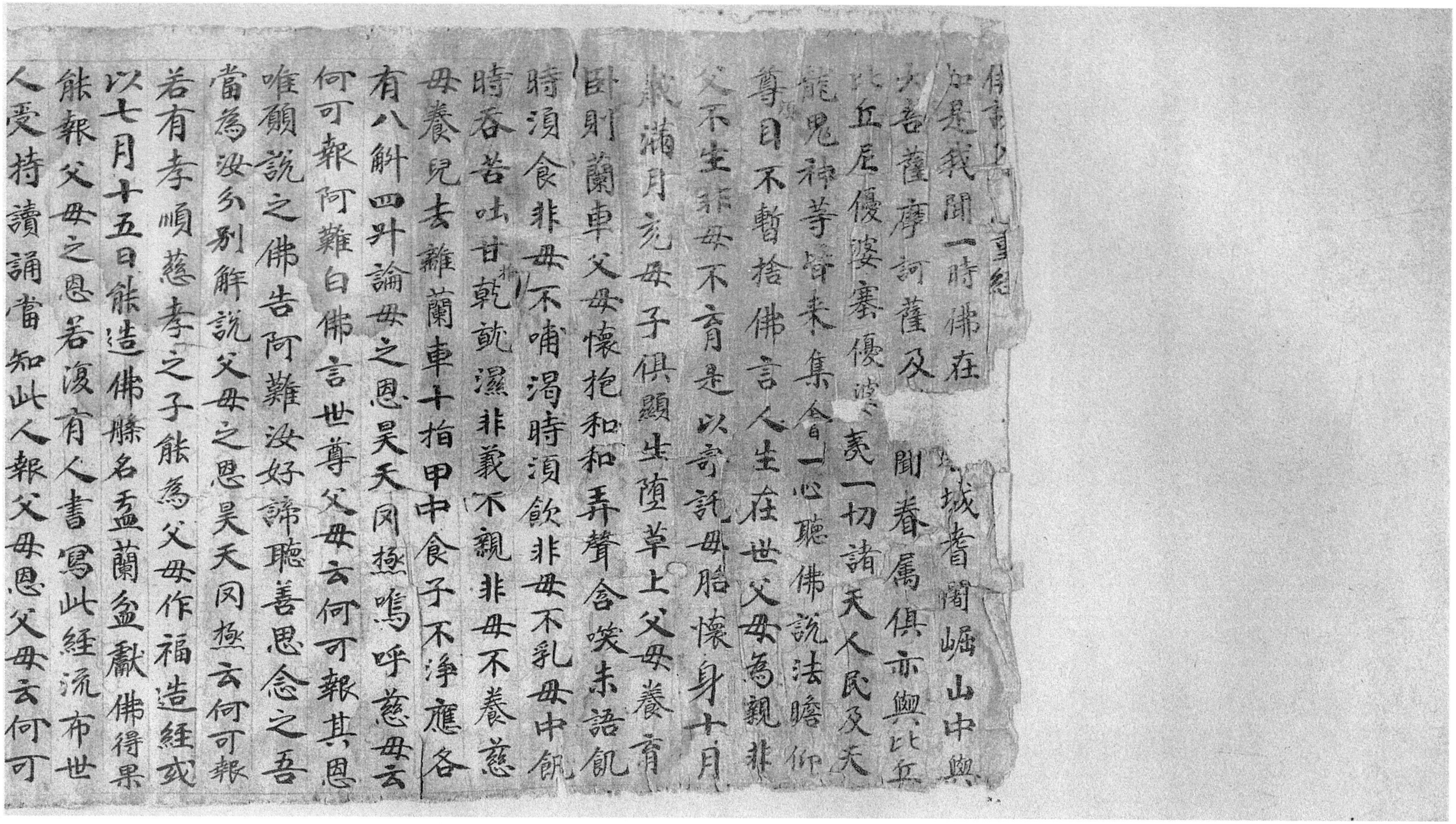
佛說父母恩重經
如是我聞一時佛在　城耆闍崛山中與
大菩薩摩訶薩及　聲聞眷屬俱亦與比丘
比丘尼優婆塞優婆　夷一切諸天人民及天
龍鬼神等皆來集會一心聽佛說法瞻仰
尊目不暫捨佛言人生在世父母為親非
父不生非母不育是以寄託母胎懷身十月
歲滿月充母子俱顯生墮草上父母養育
臥則蘭車父母懷抱和和弄聲含笑未語飢
時須食非母不哺渴時須飲非母不乳母中飢
時吞苦吐甘乾就濕非義不親非母不養慈
母養兒去離蘭車十指甲中食子不淨應各
有八斛四斗論母之恩昊天罔極嗚呼慈母云
何可報阿難白佛言世尊父母云何可報其恩
唯願說之佛告阿難汝好諦聽善思念之吾
當為汝分別解說父母之恩昊天罔極云何可報
若有孝順慈孝之子能為父母作福造經或
以七月十五日能造佛槃名盂蘭盆獻佛得果
能報父母之恩若復有人書寫此經流布世
人受持讀誦當知此人報父母恩父母云何可

BD04714號　父母恩重經

（4–1）

何可報阿難白佛言世尊父母云何可報其恩
唯願說之佛告阿難汝好諦聽善思念之吾
當為汝分別解說父母之恩昊天罔極云何可報
若有孝順慈孝之子能為父母作福造經或
以七月十五日能造佛槃名盂蘭盆獻佛得果
能報父母之恩若復有人書寫此經流布世
人受持讀誦當知此人報父母恩父母云何可
報但父母至於行來東西隣里井竈碓磨不
時還家我兒家中啼哭憶母母即心驚兩乳
汁出即知家中我兒憶我即得還家兒遥見
母來或在蘭車搖頭弄腦或復曳腹隨行
嗚呼向母母為憍子曲身下就長舒兩手拂拭
塵土嗚和其口開懷出乳以乳與之母見兒歡
兒見母喜二情恩悲親愛慈重莫復過是
二歲三歲弄意始行於其食時非母不知父
母行來值他坐席或得餅肉不噉輟味懷挾
來歸向其子十來九得恒常歡喜一過不
得憍啼佯哭憍子不孝又必五擿孝子憍不
必有慈順遂至長大朋友交遊跪頭摩鬢得
好衣覆蓋身體弊衣破故父母自著新好
綿帛先與其子至於行來官私急疾傾心南
北逐子東西撗簪上頭既索妻婦得他子女父
母轉踈私房屋室共相語樂父母年高氣力
衰老終朝至暮不來借問或復父孤母寡獨守
空房猶如客人寄他舍常无恩愛復无濡
被寒苦辛厄難遭之甚年老色衰多饒虮虱
宵夜不卧長吟歎息何罪宿愆生此不孝之子

BD04714號　父母恩重經

（4–2）

北遂子東西橫簪上頭既索妻婦得他子女父
母轉踈私房屋室共相語樂父母年高氣力
衰老終朝至暮不來借問或復父孤母寡獨守
空房猶如客人寄止他舍常无恩愛復无濡
被寒苦辛厄難遭之甚年老色衰多饒虮虱
宿夜不卧長吟歎息何罪宿愆生此不孝之子
或時喚呼瞋目驚怒婦兒罵詈低頭含咲妻
復不孝子復五擿夫妻和合同作五逆彼時喚
呼急疾取使十喚九違盡不從順罵詈瞋恚
不如早死強在地上父母聞之悲哭懊惱流淚
雙下啼哭目腫汝初小時非吾不長但吾生
汝不如本无昔丁蘭木母川靈感應孝順董
黳生義之報德郭巨至孝天賜黃金迦夷國
王入山射獵挽弓射鹿悟傷閃匈二父母仰天
悲嗥由是至孝諸天下藥塗創閃子還活父
母眼開明覩日月不慈不孝天不感應閃子更
生父母開目人之孝順百行為本外書內經明文成
記
佛告阿難若善男子善女人能為父母受持讀
誦書寫父母恩重大乘摩訶般若波羅蜜經一
句一偈逕耳目者所有五逆重罪悉得消滅
永盡无餘常得見佛聞法速得解脫阿難
從座而起偏袒右肩長跪合掌前白佛言
世尊此經當何名之云何奉持佛告阿難此經
名父母恩重經若有一切眾生能為父母作福
造經燒香請佛礼拜供養三寶或飲食眾僧

永盡沉淪常得見佛聞法速得解脫阿難
從座而起偏袒右肩長跪合掌前白佛言
世尊此經當何名之云何奉持佛告阿難此經
名父母恩重經若有一切衆生能為父母作福
造經燒香請佛礼拜供養三寶或飯食衆僧
當依是人能報父母其恩帝釋梵王諸天人
民一切衆生聞經歡喜發菩提心嘷哭動地
淚下如雨五體投地信受頂礼佛足歡喜奉行

佛說父母恩重經一卷

佛面猶如淨滿月亦如千日　淨土寺沙彌保勝誦過

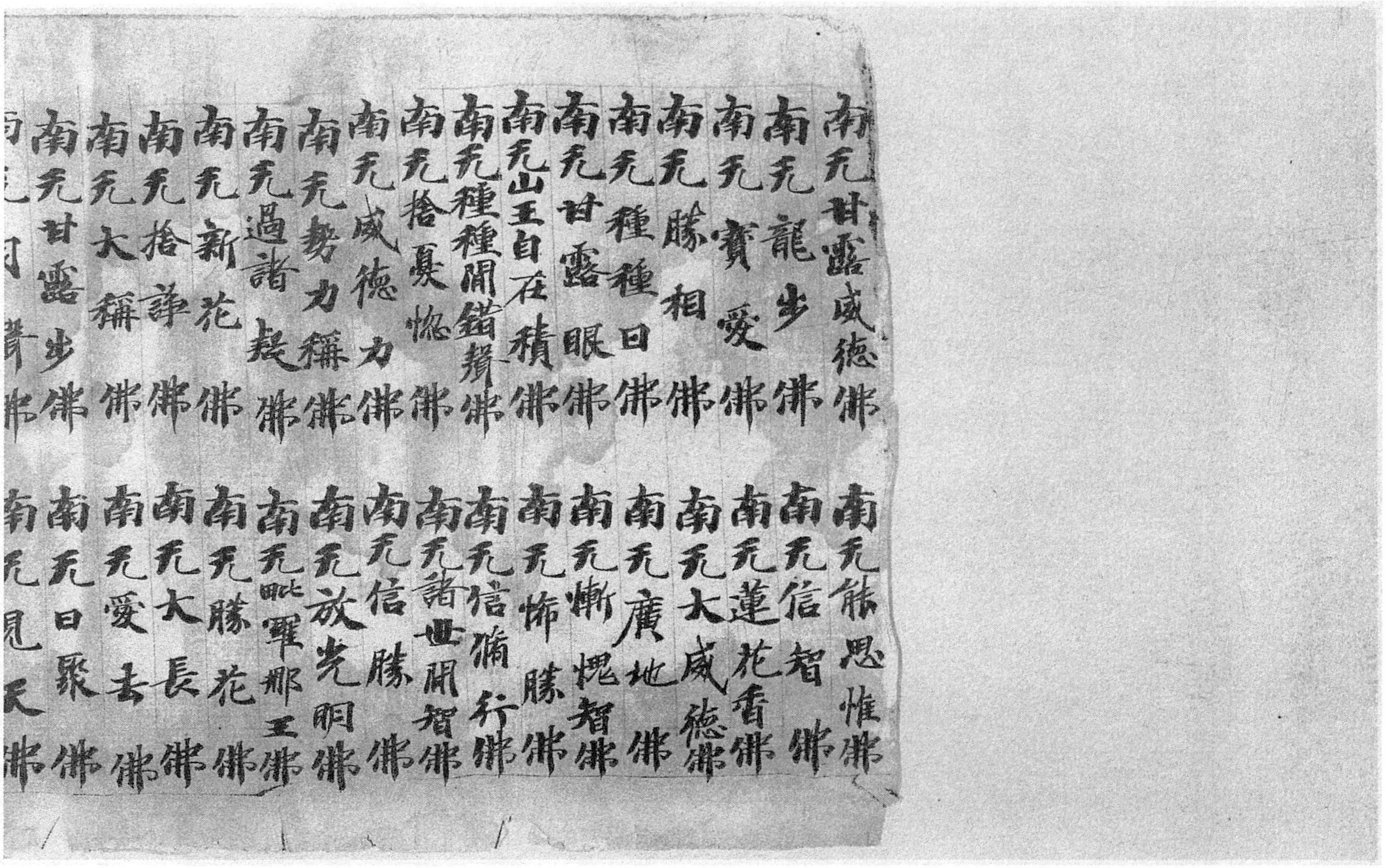
南无甘露威德佛　南无能思惟佛
南无龍步佛　南无信智佛
南无寶愛佛　南无蓮花香佛
南无勝相佛　南无大威德佛
南无種種日佛　南无廣地佛
南无甘露眼佛　南无慚愧智佛
南无山王自在積佛　南无怖勝佛
南无種種開鍇聲佛　南无信脩行佛
南无捨憂惱佛　南无諸世間智佛
南无威德力佛　南无信勝佛
南无勢力稱佛　南无放光明佛
南无過諸疑佛　南无毗羅那王佛
南无新花佛　南无勝花佛
南无捨諍佛　南无大長佛
南无大稱佛　南无愛去佛
南无甘露步佛　南无日聚佛
南无……聲佛　南无見天佛

BD04715 號　佛名經（十六卷本）卷一四　（3–1）

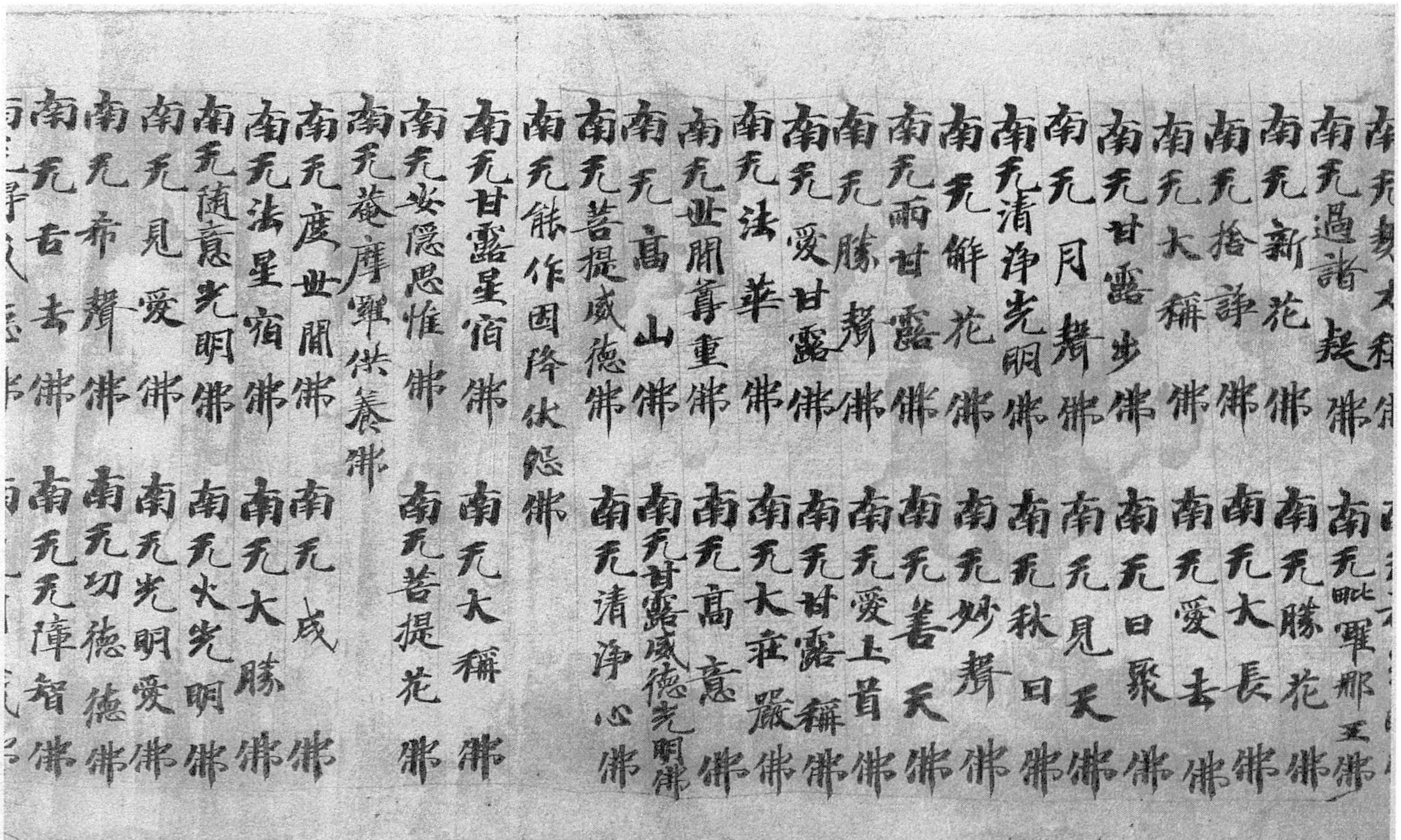
南无勢力稱佛　南无……
南无過諸疑佛　南无毗羅那王佛
南无新花佛　南无勝花佛
南无捨諍佛　南无大長佛
南无大稱佛　南无愛去佛
南无甘露步佛　南无日聚佛
南无月聲佛　南无見天佛
南无清淨光明佛　南无秋日佛
南无雜花佛　南无妙聲佛
南无雨甘露佛　南无善天佛
南无勝聲佛　南无愛上首佛
南无愛甘露佛　南无甘露稱佛
南无法華佛　南无大莊嚴佛
南无世間尊重佛　南无高意佛
南无高山佛　南无甘露威德光明佛
南无菩提威德佛　南无清淨心佛
南无能作國降伏怨佛
南无甘露星宿佛　南无大稱佛
南无安隱思惟佛　南无菩提花佛
南无菴摩羅供養佛
南无度世間佛　南无成……佛
南无法星宿佛　南无大勝佛
南无隨意光明佛　南无火光明佛
南无見愛佛　南无光明愛佛
南无希聲佛　南无功德佛
南无古去佛　南无无障智佛

BD04715 號　佛名經（十六卷本）卷一四　（3–2）

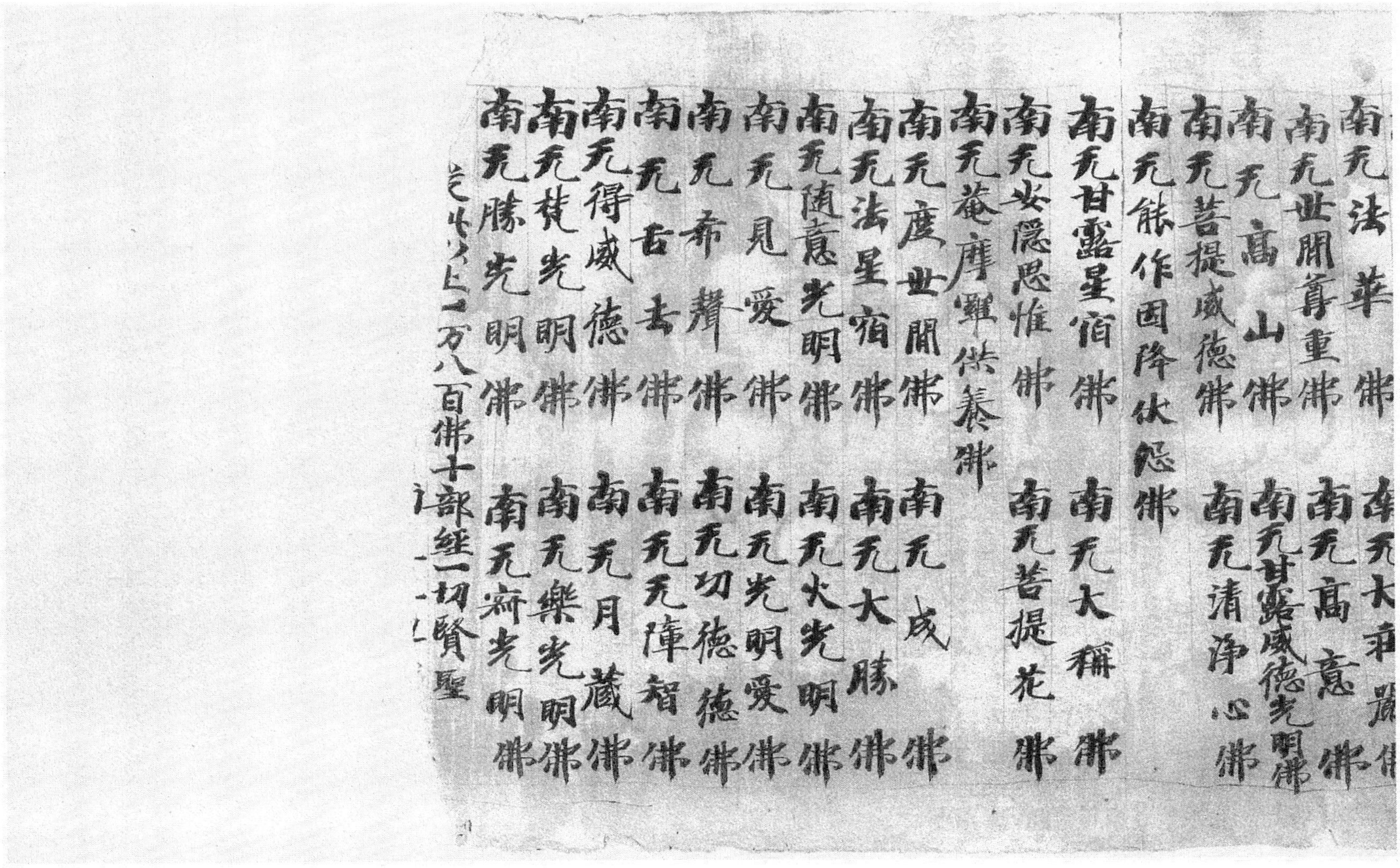
南无法華佛　南无大乘嚴佛
南无世間尊重佛　南无高意佛
南无高山佛　南无甘露威德光明佛
南无菩提威德佛　南无清淨心佛
南无能作國降伏怨佛
南无甘露星宿佛　南无大稱佛
南无安隱思惟佛　南无菩提花佛
南无菴摩羅供養佛
南无度世間佛　南无成佛
南无法星宿佛　南无大勝佛
南无隨意光明佛　南无火光明佛
南无見愛佛　南无光明愛佛
南无希聲佛　南无切德德佛
南无去去佛　南无无障智佛
南无得威德佛　南无月藏佛
南无梵光明佛　南无樂光明佛
南无勝光明佛　南无齊光明佛
[illegible]一万八百佛十二部經一切賢聖

BD04715號　佛名經（十六卷本）卷一四　　（3–3）

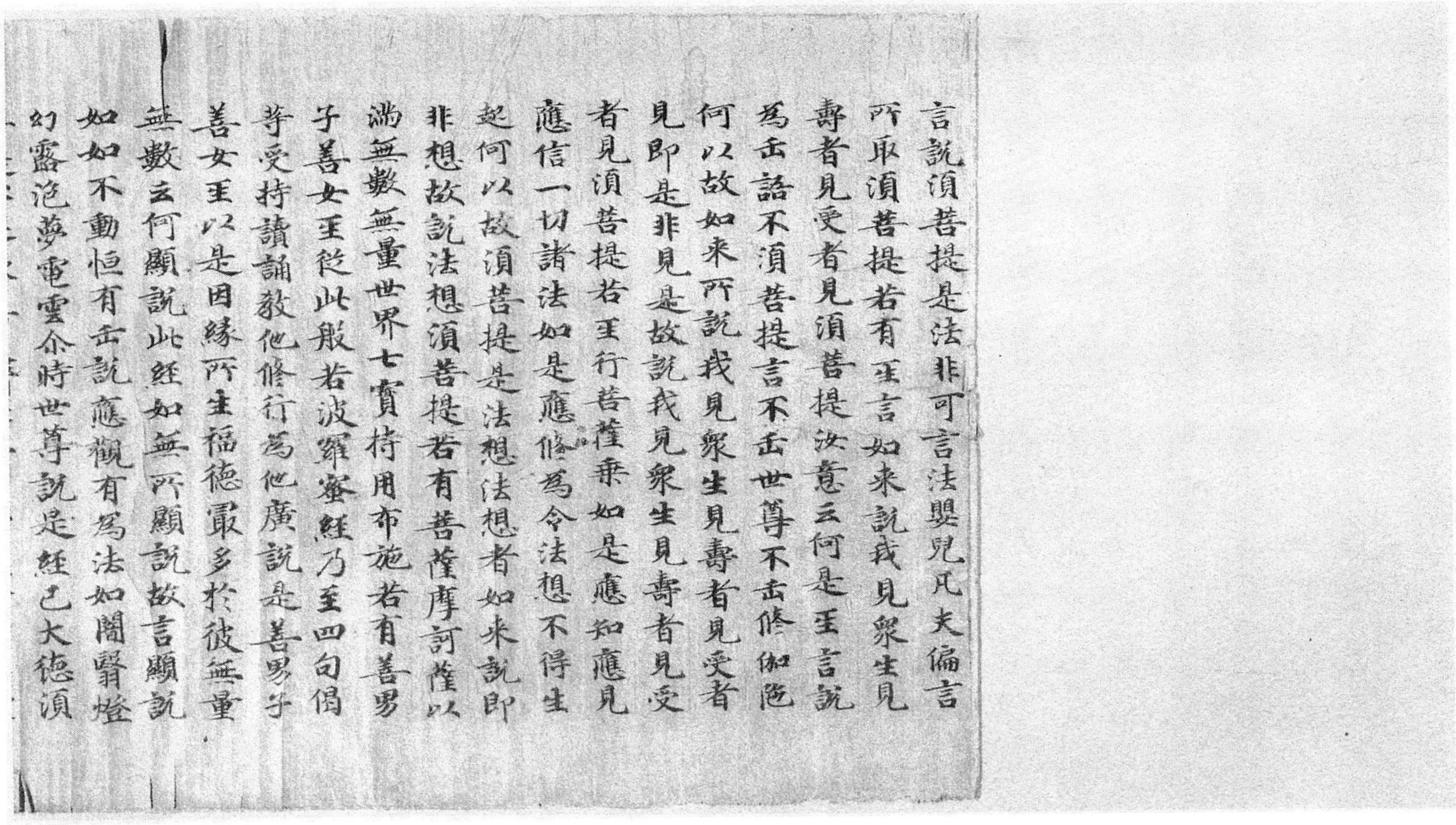
言說須菩提是法非可言法嬰兒凡夫偏言
所取須菩提若有人言如來說我見衆生見
壽者見受者見須菩提汝意云何是人言說
為正語不須菩提言不正世尊不正修伽陀
何以故如來所說我見衆生見壽者見受者
見即是非見是故說我見衆生見壽者見受
者見須菩提若人行菩薩乘如是應知應見
應信一切諸法如是應修為令法想不得生
起何以故須菩提是法想法想者如來說即
非想故說法想須菩提若有菩薩摩訶薩以
滿無數無量世界七寶持用布施若有善男
子善女人從此般若波羅蜜經乃至四句偈
等受持讀誦教他修行為他廣說是善男子
善女人以是因緣所生福德最多於彼無量
無數云何顯說此經如無所顯說故言顯說
如如不動恒有正說應觀有為法如闇翳燈
幻露泡夢電雲尒時世尊說是經已大德須

BD04716號　金剛般若波羅蜜經（真諦本）　　（2–1）

見即是非見是故說我見衆生見壽者見受
者見須菩提若王行菩薩乘如是應知應見
應信一切諸法如是應修為令法想不得生
起何以故須菩提是法想法想者如來說即
非想故說法想須菩提若有菩薩摩訶薩以
滿無數無量世界七寶持用布施若有善男
子善女人從此般若波羅蜜經乃至四句偈
等受持讀誦教他修行為他廣說是善男子
善女人以是因緣所生福德最多於彼無量
無數云何顯說此經如無所顯說故言顯說
如如不動恒有正說應觀有為法如闇翳燈
幻露泡夢電雲尒時世尊說是經已大德須
菩提心進歡喜及諸比丘比丘尼優婆塞優
婆夷衆人阿脩羅等一切世間踊躍歡喜
信受奉行

金剛般若波羅蜜經

BD04716 號　金剛般若波羅蜜經（真諦本）　（2–2）

南无降伏怨佛　南无過香佛
南无過諸煩惱佛　南无无量光佛
南无无垢心佛　南无和合聲佛
南无不可量眼佛　南无勢力佛
南无妙光明佛　南无集功德佛
南无可聞聲佛　南无大思惟佛
南无信天佛　南无思惟甘露佛
南无寸意佛　南无勝燈佛
南无堅意佛　南无力勢佛
南无花眼佛　南无菩提光明佛
南无寂勝聲佛　南无六通聲佛
南无威德力佛　南无人稱佛
南无勝花集佛　南无大踏佛
南无不隨他佛　南无不畏行佛
南无離一切憂闇佛　南无月光明佛
南无心勇猛佛　南无儕勝慧佛
南无離惡道佛　南无閻浮燈佛
南无勝供養佛　南无善思惟佛
南无勝威德色佛　南无信衆生佛
南无快恭敬佛　南无波頭摩清淨佛
南无人波頭摩佛　南无善香佛
南无勝供養佛　南无種種色花佛
南无虛空劫佛

BD04717 號　佛名經（十六卷本）卷一四　（1–1）

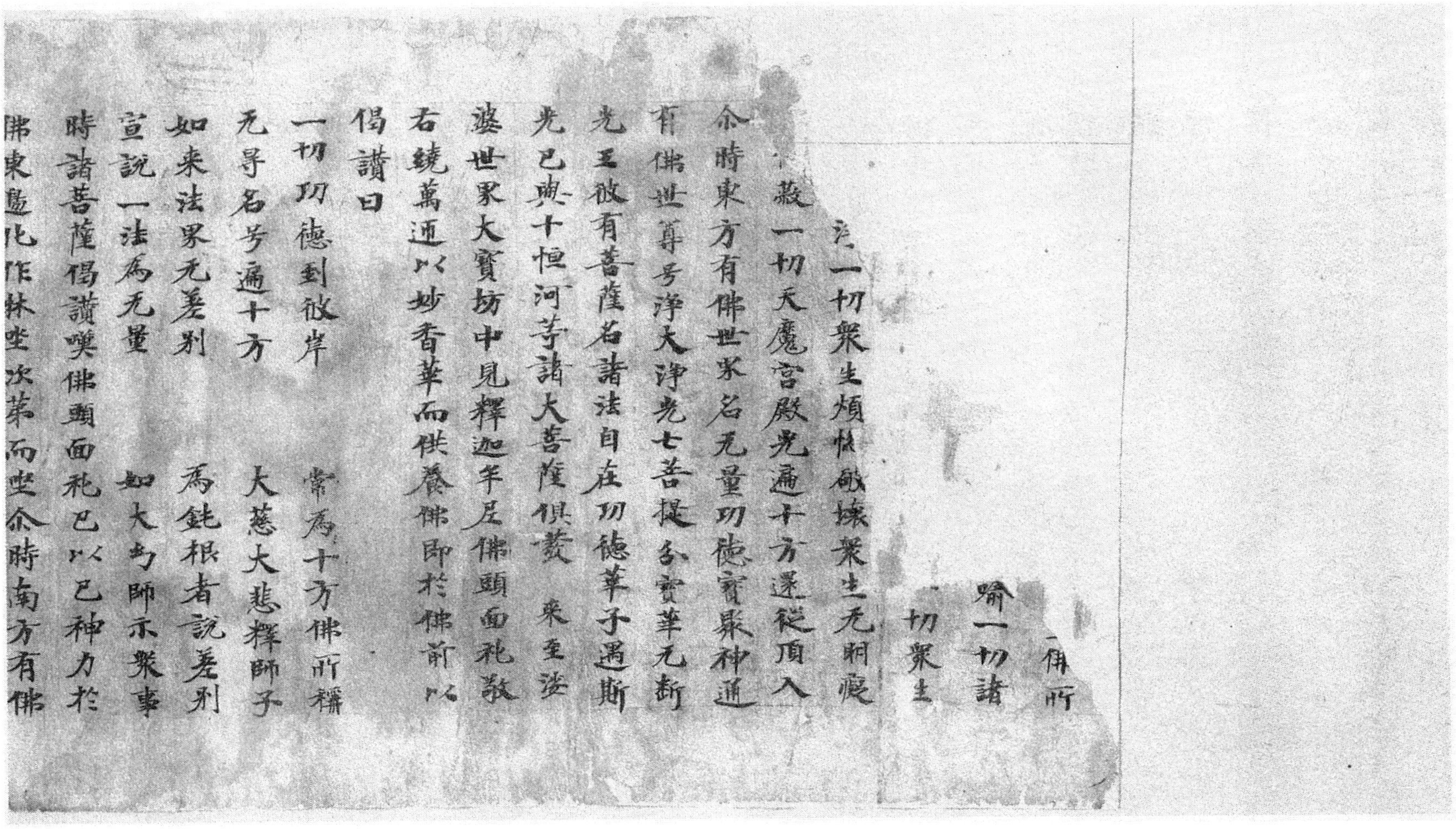

佛所
喻一切諸
切衆生
之一切衆生煩惱破壞衆生无明癡
蔽一切天魔宮殿光遍十方還從頂入
尒時東方有佛世界名无量功德寶聚神通
有佛世尊号淨大淨光七菩提分寶華无斷
光王彼有菩薩名諸法自在功德華子遇斯
光已與十恒河等諸大菩薩俱𤼵來至娑
婆世界大寶坊中見釋迦牟尼佛頭面礼敬
右繞萬匝以妙香華而供養佛即於佛前以
偈讚曰
一切功德到彼岸　常為十方佛所稱
无导名号遍十方　大慈大悲釋師子
如来法界无差別　為鈍根者說差別
宣說一法為无量　如大导師示衆事
時諸菩薩偈讚嘆佛頭面礼已以已神力於
佛東邊化作林坐次第而坐尒時南方有佛

BD04718 號　大方等大集經卷一　（17–1）

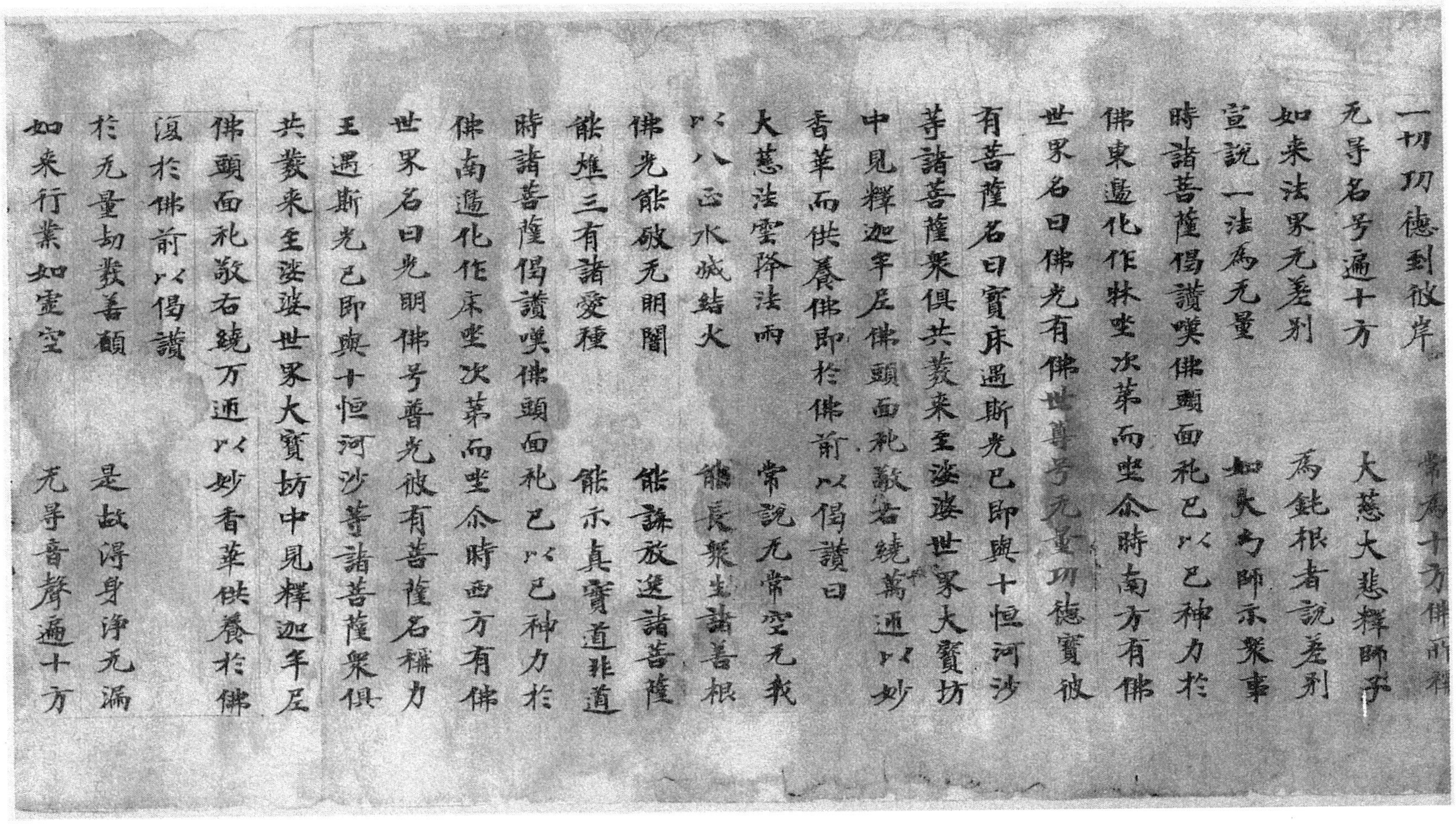

一切功德到彼岸　常為十方佛所稱
无导名号遍十方　大慈大悲釋師子
如来法界无差別　為鈍根者說差別
宣說一法為无量　如大导師示衆事
時諸菩薩偈讚嘆佛頭面礼已以已神力於
佛東邊化作林坐次第而坐尒時南方有佛
世界名曰佛光有佛世尊号无量功德寶彼
有菩薩名曰寶床遇斯光已即與十恒河沙
等諸菩薩衆俱共𤼵来至娑婆世界大寶坊
中見釋迦牟尼佛頭面礼敬右繞萬匝以妙
香華而供養佛即於佛前以偈讚曰
大慈法雲降法雨　常說无常空无我
以八正水滅結火　能長衆生諸善根
佛光能破无明闇　能除放逸諸菩薩
能摧三有諸愛種　能示真寶道非道
時諸菩薩偈讚嘆佛頭面礼已以已神力於
佛南邊化作床坐次第而坐尒時西方有佛
世界名曰光明佛号普光彼有菩薩名稱力
王遇斯光已即與十恒河沙等諸菩薩衆俱
共𤼵来至娑婆世界大寶坊中見釋迦牟尼
佛頭面礼敬右繞万匝以妙香華供養於佛
復於佛前以偈讚
於无量劫数善願　是故得身淨无漏
如来行業如虛空　无导音聲遍十方

BD04718 號　大方等大集經卷一　（17–2）

共發来至娑婆世界大寶坊中見釋迦牟尼
佛頭面礼敬右繞万迊以妙香華供養於佛
復於佛前以偈讚
於无量劫數善願　是故淨身无漏
如来行業如虛空　无量音聲遍十方
如来梵聲如雷音　此聲无業非因出
无聽无受无衆生　大悲何故音聲說
時諸菩薩偈讚嘆佛頭面礼已以己神力於
佛西邊化作床坐次第而坐尒時北方有佛
世界名寶莊嚴佛号无量功德莊嚴彼有菩
薩名大海智遇斯光已即與十恒河沙等諸
菩薩衆俱共發来至娑婆世界大寶坊中見
釋迦牟尼佛頭面礼敬右繞萬迊以妙香華
供養於佛復於佛前以偈嘆曰
如来无上金光明　能壞一切世間闇
若有衆生遇斯光　遇者悉能壞煩惱
設身高出大千界　神通道力无邊際
是人不能見頂相　大悲曠世造何業
時諸菩薩偈讚嘆佛頭面礼已以己神力於
佛北邊化作牀坐次第而坐尒時東南方有
佛世界名曰无憂佛号能壞一切闇彼有菩
薩名无勝光遇斯光已即與十恒河沙等諸
菩薩衆俱共發来至娑婆世界大寶坊中見
釋迦牟尼佛頭面礼敬右繞萬迊以妙香華
共養於佛復於佛前以偈讚曰

BD04718 號　大方等大集經卷一　（17–3）

佛世界名曰无憂佛号能壞一切闇彼有菩
薩名无勝光遇斯光已即與十恒河沙等諸
菩薩衆俱共發来至娑婆世界大寶坊中見
釋迦牟尼佛頭面礼敬右繞萬迊以妙香華
供養於佛復於佛前以偈讚曰
无量界入一毛孔　〻不嬈害諸衆生
如来境界无知者　是故神通難思議
能令一身作无量　而其真身无增減
雖為衆生現神變　然其內心无憍慢
時諸菩薩偈讚嘆佛頭面礼已以己神力於
佛東南方化作牀坐次第而坐尒時西南方
有佛世界名曰善見佛号心平等彼有菩薩
名大悲心遇斯光已即與十恒河沙等諸菩
薩衆俱共發来至娑婆世界大寶坊中見釋
迦牟尼佛頭面礼敬右繞萬迊以妙香華供
養於佛復於佛前以偈讚曰
无量世中護禁戒　猶如猶牛愛其尾
見有毀戒生悲心　〻不憍慢讚己身
如来之心如須弥　十方耶見不能動
智慧深甚无淂底　猶如大海難思議
佛自解脫一切有　〻令苦縛淂解脫
所淂解脫實无差　隨道行時有發異
時諸菩薩偈讚嘆佛頭面礼已以己神力於
佛西南化作牀坐次第而坐尒時西北方有

BD04718 號　大方等大集經卷一　（17–4）

智慧深甚无浮底　猶如大海難思議
佛自解脫一切有　〻令苦轉浮解脫
所浮解脫實无差　随道行時有發異
時諸菩薩偈讚嘆佛頭面礼已以己神力於
佛西南化作牀坐次第而坐尒時西北方有
佛世界名曰據閣佛号大神通王彼有菩薩
名曰寶鋼遇斯光已即與十恒河沙等諸菩
薩衆俱共發來至娑婆世界大寶坊中見釋
迦牟尼佛頭面礼敬右繞萬通以妙香華供
養於佛復於佛前以偈讚佛
如来世尊猶如幻　而為衆生說幻事
實无真物故名幻　若有衆生說衆生
如人夢中見諸色　寤已真實无色相
為度衆生示世　如来真實无世行
時諸菩薩偈讚嘆佛頭面礼已以己神力於
佛西北方化作床坐次第而坐尒時東北方
有佛世界名曰淨住佛号心同虛空彼有菩
薩名无邊淨意遇斯光已即與十恒河沙等
諸菩薩衆俱共發來至娑婆世界見釋迦牟
尼佛頭面作礼右繞万通以妙香華供養於
佛復於佛前以偈讚曰
佛知甚深諸法界　常樂旁靜脩无想
乃知衆生諸心想　〻說諸法如虛空
住一心中知三世　〻復能知種種業
不生心想衆生想　无量世脩无相想



佛復於佛前以偈讚曰
佛知甚深諸法界　常樂旁靜脩无想
乃知衆生諸心想　〻說諸法如虛空
住一心中知三世　〻復能知種種業
不生心想衆生想　无量世脩无相想
時諸菩薩偈讚嘆佛頭面礼已以己神力於
佛東北化作牀坐次第而坐尒時下方有佛
世界名曰樂光佛号寶優鉢華彼有菩薩名
莊嚴樂說遇斯光已即與十恒河沙等諸大
菩薩俱共發來至娑婆世界見釋迦牟尼佛
頭面礼敬右繞萬通以妙香華而供養佛復
於佛前以偈讚曰
无量智者佛真子　數如十方微塵等
於无量劫諮問佛　不盡如来一字義
是故如来知无邊　功德摠持〻如是
名稱力勢无邊際　猶如大海十方界
時諸菩薩偈讚嘆佛頭面礼已以己神力於
如来下化作牀坐次第而坐尒時上方有佛
世界名瓔珞莊嚴佛号大名稱彼有菩薩名
一法神通王遇斯光已即與十恒河沙等諸
菩薩衆俱共發來至娑婆世界見釋迦牟尼
佛頭面礼敬右繞萬通以妙香華而供養佛
即於佛前以偈讚曰
佛身身業无邊際　心口及業〻如是
唯佛能知佛三業　餘不知如虛空邊

一法神通王過斯光已即與十恒河沙等諸
菩薩衆俱共發來至娑婆世界見釋迦牟尼
佛頭面礼敬右繞萬匝以妙香華而供養佛
即於佛前以偈讚曰
佛身身業无邊際　心口及業々如是
唯佛能知佛三業　餘不知如虛空遍
如來无師无教者　是故衆生稱大師
諸佛法界叵思議　菩提法輪入涅槃
時諸菩薩偈讚佛頭面礼已以己神力於佛
上方化作牀坐次第而坐尒時會中閒十方
无量諸大菩薩一時雲集大寶坊中尒時世
尊即從三昧安詳而坐謦咳之聲徹于十方
一切衆生悉得聞之已即於佛法僧寶生信
敬心十方世界所有比丘比丘尼優婆塞優
婆夷若人非人聞佛聲已身心寂靜以佛功
德威神力故悉得覩見寶階梯橙於一念頃
悉登寶階至寶坊中各隨其位次第而坐諸
梵天人々聞其音梵天大梵天梵師天梵衆
天光天少光天无量光天少淨天无量淨天
无雲天福德天廣果天无狂天无熱天善見
天樂見天阿迦尼吒天々一念頃俱至寶坊
見佛世尊頭面礼已次第而坐无作牀坐
尒時世尊見諸大衆皆已集會放眉閒光其
光名曰示菩薩力繞諸菩薩七匝已於諸菩
薩頂髻而入尒時會中有一菩薩名諸法自

BD04718號　大方等大集經卷一　（17–7）

天樂見天阿迦尼吒天々一念頃俱至寶坊
見佛世尊頭面礼已次第而坐无作牀坐
尒時世尊見諸大衆皆已集會放眉閒光其
光名曰示菩薩力繞諸菩薩七匝已於諸菩
薩頂髻而入尒時會中有一菩薩名諸法自
在功德華子即入三昧其三昧名瓔珞莊嚴
以三昧力故於其寶坊中出師子坐々高八
万億多羅樹七寶莊嚴散種々華為諸衆生
之所樂見能淨一切衆生之心尒時諸法自
在功德華子菩薩摩訶薩化作如是師子坐
已從其三昧安詳而起合掌恭敬頭面作礼
即於佛前以偈讚佛
日月光明蔽現寔　佛光能蔽三世闇
如來具足神通力　勝於一切諸天光
佛了法界无覺知　如幻水月无去來
无主无受无作者　真實知已為衆說
知色心中无色心　方便為衆說色心
如來神通猶如幻　知諸法界々復然
一切衆生心常淨　或時為客煩惱汙
諸佛如來淨解脫　示現神通等如幻
虛空无地无住處　如來之心々如是
為衆故昇師子坐　如先諸佛說甘露
一切大衆无去來　々无聽說无樂者
諸法悉皆如虛空　唯願開闡真實果

BD04718號　大方等大集經卷一　（17–8）

諸佛如來洞解脫　示現神通
虛空无地无住處　如來之心亦如是
爲衆故昇師子坐　如先諸佛說甘露
一切大衆无去來　亦无聽說无樂者
諸法悉皆如虛空　唯願開闡真實界
世尊受我師子坐　願爲衆生師子吼
愍衆故演梵音聲　熾然智燈破癡闇
十方諸來聽法衆　悉來集會此寶坊
願佛當施大法施　破无量世貧窮際
尒時世尊以大慈悲憐愍諸法自在功德華
子菩薩摩訶薩昇其所奉師子寶坐欲說一
切諸菩薩行无㝵法門具足一切佛法十力
四无所畏入一切法自在陁羅尼法門入四
无㝵智法門入大神通門不退轉輪不退住
處攝一切乘真一法界无分別法界善知一
切衆生心根法界真實堅固難沮能壞一切
四魔怨讎調伏一切怨見煩惱獲得不共善
權方便得大平等心无二故一切諸佛等入
之處无罣㝵處說一切法悉真實故演說諸
法非覺非非覺故十二因緣平等相故觀具
之智慧大莊嚴故莊嚴佛音聲故无盡念意
行智慧故演說真實四聖諦故能令聲聞身
心淨故令辟支佛坐諂位林故大乘菩薩得
法自在故廣宣諸佛所有功德故解說宣示
一色法故說諸菩薩大功德故裂諸衆生長

BD04718 號　大方等大集經卷一　（17–9）

之智慧大莊嚴故莊嚴佛音聲故无盡念意
行智慧故演說真實四聖諦故能令聲聞身
心淨故令辟支佛坐諂位林故大乘菩薩得
法自在故廣宣諸佛所有功德故解說宣示
一色法故說諸菩薩大功德故裂諸衆生長
綱心故摧滅一切怨耶論故增長如來能忍
法故顯示衆生佛神力故以如是等諸因緣
故如來昇於師子寶坐尒時寶杖菩薩承佛
神力入佛瓔珞莊嚴三昧以三昧力故能令
大衆悉得種種瓔珞莊嚴時攝力王菩薩復
承佛神力入蓮華三昧以三昧力故悉令大
衆皆得妙華供養於佛及諸菩薩時大海慧
智菩薩亦承佛神力入妙香三昧以三昧力
故能令大衆皆得妙香供養於佛及諸菩薩
時寶綱菩薩亦承佛神力入光明三昧以力
故悉令大衆身得光明時悲心菩薩亦承佛
神力入无瞬三昧以三昧力悉令大衆仰瞻
如來目未曾瞬時无邊淨意菩薩亦承佛神
力入喜三昧以三昧力悉令大衆喜樂聽法
時莊嚴樂說菩薩亦承佛神力入寂靜意三
昧以三昧力悉令大衆遠離五蓋時一切法
神足王菩薩亦承佛神力入不忘三昧以三
昧力悉令大衆專念菩提心不忘失時健菩
薩亦承佛神力入无勝三昧以三昧力悉令
大衆摧伏諸魔時破魔菩薩亦承佛神力入

BD04718 號　大方等大集經卷一　（17–10）

眛以三眛力悉令大衆遠離五蓋時一切法
神足王菩薩亦承佛神力入不忘三眛以三
眛力悉令大衆專念菩提心不忘失時健菩
薩亦承佛神力入无勝三眛以三眛力悉令
大衆摧伏諸魔時破魔菩薩亦承佛神力入
壞魔三眛以三眛力当此三千大千世界一
億魔王來集寶坊至於佛所頭面作礼合掌
恭敬咸作是言唯願如來廣為衆生開甘露
門我等皆因破魔菩薩威神力故當得遠離
一切魔業於諸大衆心无妬㝵佛言善哉善
哉善男子汝等今已得離魔業以是因緣於
未來世復當得離一切魔業善男子辟如一
處百年闇室一燈能破汝等亦尒无量世中
无明黑闇今日能破如日月寶光住信戒施
慧禪定亦尒善男子汝等今者請佛說法以
是因緣汝等當得破无明闇為諸衆生作智
慧明
尒時衆中有一菩薩名法自在王白佛言世
尊如來境界不可思議何以故如來發心將
欲說法能令一切大衆運集為菩提故作大
莊嚴大法神通无量世間得大名稱身心寂
靜獲得解脫及得不可思議法界十方諸佛
之所讚嘆具足一切十波羅蜜成就通達善
權方便能裂一切諸魔疑網能滅衆生怨耶

BD04718號　大方等大集經卷一　（17–11）

欲說法能令一切大衆運集為菩提故作大
莊嚴大法神通无量世間得大名稱身心寂
靜獲得解脫及得不可思議法界十方諸佛
之所讚嘆具足一切十波羅蜜成就通達善
權方便能裂一切諸魔疑網能滅衆生怨耶
諸論能善分別一切法界逮得具足无㝵智
慧具念意行智慧勇健具足獲得四无㝵智
善知衆生諸根利鈍知衆生界隨意說法常
能宣說清淨法界善解一切方俗之言能得
一切清淨梵音具足成就慈悲之心諸耶異
見不能令動不可破壞如金剛山具脩三相
達立法幢已度甚深十二因緣河斷斷常見
能調大衆无量劫中得不可思議法聚能療
衆病如大醫王聞深法已不生怖畏三十二
相八十種好莊嚴其身具足成就三十七品
及八解脫身口意業純善无雜能令衆生悉
來聽法世間之法所不能汙常受安樂常脩
法界慧施法寶於法无厭於諸有法心不染
著猶如蓮華處水不染勝諸光智深如海詔
三寶之性調衆生界能開佛藏護持佛法具
足无量功德智慧无量劫中脩集莊嚴无量
功德常欲獲得一行之心一色一處具如是
等功德菩薩悉來集會唯願如來說菩薩行
无㝵法門利益過去未來現在諸菩薩等今

BD04718號　大方等大集經卷一　（17–12）

三寶之性調衆生界能開佛藏護持佛法具
足无量功德智慧无量劫中脩集莊嚴无量
功德常欲獲得一行之心一色一處具如是
等功德菩薩悉來集會唯願如來說菩薩行
无导法門利益過去未來現在諸菩薩等今
初發心得不退故久發心者得增長故行菩
提道得淨意故不退菩薩學佛法故一生菩
薩瓔珞莊嚴故後身菩薩得阿耨多羅三藐
三菩提定性衆生增長因緣故未定性者教
佛法故樂三乘者說一乘故施世間人天樂
故世尊如來出世有如是等不可思議事世
尊今此大衆一一菩薩悉能示現諸大神通
是故諸佛及諸菩薩不可思議世尊云何衆
生无明憂重欲見菩薩如是神通而故生於
聲聞緣覺畢下之心世尊菩薩初發菩提心
時已勝一切聲聞緣覺世尊譬如有人捨諸
流離取於水精一切衆生亦復如是捨於大
乘喜樂聲聞辟支佛乘若有衆生已發欲發
阿耨多羅三藐三菩提心者如是之人悉當
獲得如是功德尒時會中有三十億那由他
百千万億衆生天與人發阿耨多羅三藐三
菩提心
大方等大集經陁羅尼自在王菩薩品第二
尒時世尊知諸菩薩悉已大集作是思惟今

BD04718 號　大方等大集經卷一　（17–13）

阿耨多羅三藐三菩提心者如是之人悉當
獲得如是功德尒時會中有三十億那由他
百千万億衆生天與人發阿耨多羅三藐三
菩提心
大方等大集經陁羅尼自在王菩薩品第二
尒時世尊知諸菩薩悉已大集作是思惟今
日如是善丈夫等咸欲得知諸法寶義能持
如來甚深法藏欲得聞受諸菩薩行无导法
門尋放眉間白豪光明名无所畏繞諸大衆
滿七匝已於陁羅尼自在王菩薩頂上而入
尒時陁羅尼自在王菩薩承佛神力化作寶
蓋猶如三千大千世界七寶莊嚴以覆如來
寶坐之上頭面作礼合掌長跪說偈嘆佛
如來於法得自在　其光能破世間闇
世尊佛眼无罣导　能見諸法真實義
具足无量諸功德　无師獨寤諸法界
如來放光為衆生　今入我身何因緣
我本所知念不明　陁羅尼根亦如是
此光今來入我身　了了得知諸法界
身心獲得大清淨　受樂无上无有邊
我今已知佛境界　亦得樂說无导辯
十方諸佛親近難　遇者不能師事之
今我承佛神力故　欲少發問利衆生
何因緣發菩提心　復以何義佛出世
何緣放光遍十方　復以何因示神通

BD04718 號　大方等大集經卷一　（17–14）

十方諸佛親近難　遇者不能師事之
今我承佛神力故　欲少發問利衆生
何因緣發菩提心　復以何義佛出世
何緣放光遍十方　復以何因示神通
何緣佛為衆受記　願為大衆分別說
今此大衆勝无上　悉能受持佛法界
此衆无魔及魔業　唯有聞示佛法藏
我智淺近有邊崖　何能諮請无上尊
今問如来无邊智　云何得知諸方便
願今教誨諸弟子　我學已得法自在
得已能施大法雨　當報十方諸佛恩
世尊諸佛如来不可思議菩薩所行无有邊
際是故我今欲問如来无上法王大慈悲衆
為利衆生問甚深義云何名為菩薩之行以
何瓔珞莊嚴菩薩能令菩薩所行清淨云何
能壞愚癡諸闇云何能斷疑網之心云何菩
薩為諸衆生脩慈悲心云何菩薩擁護衆生
云何菩薩真實能脩菩薩之業善業不悔業
唯願如来哀愍宣說入此大衆利根智慧能
解佛語能知法界能達菩薩所行无导法門
能壞一切魔及魔業破大疑心能解諸佛甚
深境界知衆生界衆生心性能見无量諸佛
世界能護如来无上正法能於諸法得大自
在尒時佛讚陁羅尼自在王菩薩言善哉善



解佛語能知法界能達菩薩所行无导法門
能壞一切魔及魔業破大疑心能解諸佛甚
深境界知衆生界衆生心性能見无量諸佛
世界能護如来无上正法能於諸法得大自
在尒時佛讚陁羅尼自在王菩薩言善哉善
哉善男子能問如来甚深之義能善行佛无
量行者乃能如汝發斯深問汝今至心當為
汝說菩薩若能成就具足如是功德當於諸
法得大自在世尊今正是時唯垂宣說佛言
善男子菩薩有四瓔珞莊嚴一者戒瓔珞莊
嚴二者三昧瓔珞莊嚴三者智慧瓔珞莊嚴
四者陁羅尼瓔珞莊嚴戒瓔珞莊嚴有一種
謂於衆生无有害心菩薩若无有惡害之心
一切衆生常所樂見復有二種一者閇塞惡
道二者能開善門復有三種一者身淨二者
口淨三者意淨復有四種一者所求悉得二
者所願具足三者所願成就四者所欲能作
復有五種一者信二者戒三者定四者念五
者慧復有六種一不破戒二不漏戒三不雜
戒四不悔戒五自在戒六无屬戒復有七種
所謂七淨一者施淨二者忍淨三者精進淨
四者禪定淨五者智慧淨六者方便淨七者
善方便淨復有八種謂八具足一者无作具

復有五種一者信二者戒三者定四者念五
者慧復有六種一不破戒二不漏戒三不雜
戒四不悔戒五自在戒六无屬戒復有七種
所謂七淨一者施淨二者忍淨三者精進淨
四者禪定淨五者智慧淨六者方便淨七者
善方便淨復有八種謂八具足一者无作具
足二者地具足三者不忘心具足四者不緩
具足五者諸根具足六者佛世
難具足八者善友具足復有九種一者不動
二者不畏三者定智四者穷静五者至心六
者清涼七者結縷八者調心九者住調伏地
復有十種一者淨身為三十二相故二者淨
口為言无二故三者淨意為解脫故四者淨
田為令衆生福德增故五者淨心為調衆生
故六者淨有為為化衆生故七者菩薩名淨
為得如来諸功德故八者淨慧為大神通故
九者淨方便破諸魔衆故十者　下共
法故善男子如是等事名戒瓔珞莊嚴三昧
瓔珞莊嚴有一種所謂為諸衆生脩集慈心
種一者質直

BD04718 號　大方等大集經卷一　（17–17）

音
无邊世
界以三十二大丈夫　嚴其身令
一切有情如我无異
第二大願願我来世得菩提時身如瑠璃內
外明徹淨无瑕穢光明廣大功德巍巍身善
安住燄網莊嚴過於日月幽冥衆生悉蒙開
曉隨意所趣作諸善業
第三大願願我来　无量无邊智
慧方便令諸有情　受用物莫令
衆生有所乏少
第四大願願我来世得菩提時若諸有情行
邪道者悉令安住菩提道中若行聲聞獨覺
乘者皆以大乘而安立之
第五大願我来世得菩提時若有无量无

BD04719 號　藥師琉璃光如來本願功德經　（15–1）

[illegible]
第四大願願我来世得菩提時若諸有情行
邪道者悉令安住菩提道中若行聲聞獨覺
乘者皆以大乘而安立之
第五大願願我来世得菩提時若有无量无
邊有情於我法[illegible]行一切皆令得不
缺戒具三聚戒設[illegible]我名已還得清
淨不墮惡趣
第六大願願我来世得菩提時若諸有情其
身下劣諸根不具醜陋頑愚盲聾瘖瘂攣
躄背僂白癩癲狂種種病苦聞我名已一切皆
得端政黠慧諸根完具无諸疾苦
第七大願願我来世[illegible]菩提時若諸有情衆
病逼切无救无歸[illegible]无親无家貧
窮多苦我之名号一經其耳衆病悉除身心
安樂家屬資具悉皆豐足乃至證得无上菩
提
第八大願願我来世得菩提時若有女人為女
百惡之所逼惱極生厭離願捨女身聞我名
已一切皆得轉女成男具丈夫相乃至證得无
上菩提
第九大願願我来世得菩提時令諸有情出
魔羂網解脫一切外道纏縛若墮種種惡見
稠林皆當引攝置於正見漸令脩習諸菩薩
行速證无上正等菩提

BD04719號　藥師琉璃光如來本願功德經　（15–2）

上菩提
第九大願願我来世得菩提時令諸有情出
魔羂網解脫一切外道纏縛若墮種種惡見
稠林皆當引攝置於正見漸令脩習諸菩薩
行速證无上正等菩提
第十大願願我来世得菩提時若諸有情王法
所縲縛録鞭撻繫[illegible]閉或當刑戮及餘
无量灾難凌辱悲愁煎迫身心受苦若聞我
名以我福德威神力故皆得解脫一切憂苦
第十一大願願我来世得菩提時若諸有情
飢渴所惱為求食故造諸惡業得聞我名專
念受持我當先以上妙飲食飽足其身後以
法味畢竟安樂而建立之
第十二大願願我来[illegible]提時若諸有情
貧无衣服蚊虻寒熱晝夜逼惱若聞我名專
念受持如其所好即得種種上妙衣服亦得
一切寶莊嚴具華鬘塗香鼓樂衆伎隨心所
[illegible]皆令滿足
[illegible]室利是為彼世尊藥師瑠璃光如来應
正等覺行菩薩道時所發十二微妙上願
復次曼殊室利彼世[illegible]藥師瑠璃光如来行
菩薩道時所發大願及彼佛土功德莊嚴我
若一劫若一劫餘說不能盡然彼佛土一向清
淨无有女人亦无惡趣及苦音聲瑠璃為
地金繩界道城闕宮閣軒窓羅網皆七寶成

BD04719號　藥師琉璃光如來本願功德經　（15–3）

復次曼殊室利彼世[illegible]藥師瑠璃光如來行
菩薩道時所發大願及彼佛土功德莊嚴我
若一劫若一劫餘說不能盡然彼佛土一向清
淨无有女人亦无惡趣及苦音聲瑠璃為
地金繩界道城闕宮閣軒窓羅網皆七寶成
亦如西方極樂世界功德莊嚴等无差別於
其國中有二菩薩摩訶薩一名日光遍照二名
月光遍照是彼无量无數菩薩眾之上首悉能
持彼世尊藥師瑠璃光如來正法寶藏是故
曼殊室利諸有信心善男子善女人等應當
願生彼佛世界
爾時世尊復告曼殊室利童子言曼殊室利
有諸眾生不識善惡唯懷貪悋不知布施及施
果報愚癡无智闕於信根多聚財寶勤加守
護見乞者來其心不喜設不獲已而行施時如
割身肉深生痛惜復有无量慳貪有情積
集資財於其自身尚不受用何況能與父母
妻子奴婢作使及來乞者彼諸有情從此命
終生餓鬼界或傍生趣由昔人間曾得暫聞
藥師瑠璃光如來名故今在惡趣暫得憶念
彼如來名即於念時從彼處沒還生人中得
宿命念畏惡趣苦不樂欲樂好行惠施讚歎
施者一切所有悉无貪惜漸次尚能以頭目手
足血肉身分施來求者況餘財物

BD04719 號　藥師琉璃光如來本願功德經　（15–4）

藥師瑠璃光如來名故今在惡趣暫得憶念
彼如來名即於念時從彼處沒還生人中得
宿命念畏惡趣苦不樂欲樂好行惠施讚歎
施者一切所有悉无貪惜漸次尚能以頭目手
足血肉身分施來求者況餘財物
復次曼殊室利若諸有情雖於如來受諸學
處而破尸羅有雖不破尸羅而破軌則有於
尸羅軌則雖得不壞然毀正見有雖不毀正見
而棄多聞於佛所說契經深義不能解了
有雖多聞而增上慢由增上慢覆蔽心故自
是非他嫌謗正法為魔伴黨如是愚人自行
邪見復令无量俱胝有情墮大險坑此諸有情
應於地獄傍生鬼趣流轉无窮若得聞此藥
師瑠璃光如來名号便捨惡行修諸善法不
墮惡趣設有不能捨諸惡行修行善法墮惡
趣者以彼如來本願威力令其現前暫聞名
号從彼命終還生人趣得正見精進善調意
樂便能捨家趣於非家如來法中受持學處
无有毀犯正見多聞解甚深義離增上慢不
謗正法不為魔伴漸次修行諸菩薩行速得
圓滿
復次曼殊室利若諸有情慳貪嫉妬自讚毀
他當墮三惡趣中无量千歲受諸劇苦受劇
苦已從彼命終來生人間作牛馬駝驢恒被鞭
撻飢渴逼惱又常負重隨路而行或得為

BD04719 號　藥師琉璃光如來本願功德經　（15–5）

圓滿
復次曼殊室利若諸有情慳貪嫉妬自讃毀
他當墮三惡趣中无量千歲受諸劇苦受劇
苦已從彼命終來生人間作牛馬駝驢恒被鞭
撻飢渴逼惱又常負重隨路而行或得為
人生居下賤作人奴婢受他驅役恒不自在
若昔人中曾聞世尊藥師瑠璃光如來名号
由此善因今復憶念至心歸依以佛神力衆苦
解脫諸根聰利智慧多聞恒求勝法常遇
善友永斷魔羂破无明㲉竭煩惱河解脫
一切生老病死憂悲苦惱
復次曼殊室利若諸有情好喜乖離更相鬪
訟惱亂自他以身語意造作增長種種惡業
展轉常為不饒益事互相謀害告召山林樹
塚等神殺諸衆生取其血宍祭祀藥叉羅
刹娑等書怨人名作其形像以惡呪術而呪咀之
厭媚蠱道呪起屍鬼令斷彼命及壞其身是諸
有情若得聞此藥師瑠璃光如來名号彼諸惡
事悉不能害一切展轉皆起慈心利益安樂无
損惱意及嫌恨心各各歡悅於自所受生於
喜足不相侵淩互為饒益
復次曼殊室利若有四衆苾芻苾芻尼鄔波
索迦鄔波斯迦及餘淨信善男子善女人等
有能受持八分齋戒或經一年或復三月受持

BD04719號　藥師琉璃光如來本願功德經　（15–6）

喜足不相侵淩互為饒益
復次曼殊室利若有四衆苾芻苾芻尼鄔波
索迦鄔波斯迦及餘淨信善男子善女人等
有能受持八分齋戒或經一年或復三月受持
學處以此善根願生西方極樂世界无量壽
佛所聽聞正法而未定者若聞世尊藥師瑠
璃光如來名号臨命終時有八菩薩乘神通
來示其道路即於彼界種種雜色衆寶華
中自然化生或有因此生於天上雖生天中而
本善根亦未窮盡不復更生諸餘惡趣天
上壽盡還生人間或為輪王統攝四洲威德
自在安立无量百千有情於十善道或生刹
帝利婆羅門居士大家多饒財寶倉庫盈溢
形相端嚴眷屬具足聰明智慧勇健威猛如
大力士若是女人得聞世尊藥師瑠璃光如來名号
至心受持於後不復更受女身尒時曼殊室
利童子白佛言世尊我當誓於像法轉時以
種種方便令諸淨信善男子善女人等得聞
世尊藥師瑠璃光如來名号乃至睡中亦以
佛名覺悟其耳世尊若於此經受持讀誦或復
為他演說開示若自書若教人書恭敬尊重
以種種華香塗香末香燒香花鬘瓔珞幡蓋
伎樂而為供養以五色綵作囊盛之掃灑淨
處敷設高座而用安處尒時四大天王與其
眷屬及餘无量百千天衆皆詣其所供養守

BD04719號　藥師琉璃光如來本願功德經　（15–7）

[illegible]
為他演說開示若自書若教人書恭敬尊重
以種種華香塗香末香燒香花鬘瓔珞幡蓋
伎樂而為供養以五色綵作囊盛之掃灑淨
處敷設高座而用安處尒時四大天王與其
眷屬及餘无量百千天衆皆詣其所供養守
護世尊若此經寶流行之處有能受持以彼
世尊藥師瑠璃光如来本願功德及聞名号
當知是處无復横死亦復不為諸惡鬼神奪
其精氣設已奪者還得如故身心安樂佛告
曼殊室利如是如是如汝所說曼殊室利若
有淨信善男子善女人等欲供養彼世尊藥
師瑠璃光如来者應先造立彼佛形像敷清
淨座而安處之散種種花燒種種香以種種
幢幡莊嚴其處七日七夜受八分齋戒食清
淨食澡浴香潔著新淨衣應生无垢濁心无
怒害心於一切有情起利益安樂慈悲喜捨
平等之心鼓樂歌讚右遶佛像復應念彼如
来本願功德讀誦此經思惟其義演說開示
隨所樂願一切皆遂求長壽得長壽求富饒
得富饒求官位得官位求男女得男女若復
有人忽得惡夢見諸惡相或恠鳥来集或於
住處百恠出現此人若以衆妙資具恭敬供
養彼世尊藥師瑠璃光如来者惡夢惡相諸
不吉祥皆悉隱沒不能為患或有水火刀毒

BD04719號　藥師琉璃光如來本願功德經　（15–8）

[illegible]
有人忽得惡夢見諸惡相或恠鳥来集或於
住處百恠出現此人若以衆妙資具恭敬供
養彼世尊藥師瑠璃光如来者惡夢惡相諸
不吉祥皆悉隱沒不能為患或有水火刀毒
懸嶮惡象師子虎狼熊羆毒蛇惡蠍蜈蚣
蚰蜒蚊虻等怖若能至心憶念彼佛恭敬供養
一切怖畏皆得解脫若他國侵擾盜賊反亂
憶念恭敬彼如来者亦皆解脫
復次曼殊室利若有淨信善男子善女人等
乃至盡形不事餘天唯當一心歸佛法僧受
持禁戒若五戒十戒菩薩四百戒苾芻二百
五十戒苾芻尼五百戒於所受中或有毀犯
怖墮惡趣若能專念彼佛名号恭敬供養者
必定不受三惡趣生或有女人臨當產時受
於極苦若能至心稱名礼讚恭敬供養彼如
来者衆苦皆除所生之子身分具足形色端
正見者歡喜利根聰明安隱少病无有非人
奪其精氣
尒時世尊告阿難言如我稱揚彼佛世尊藥
師瑠璃光如来所有功德此是諸佛甚深行
處難可解了汝為信不阿難白言大德世尊
我於如来所說契經不生疑惑所以者何一
切如来身語意業无不清淨世尊此日月輪
可令墮落妙高山王可使傾動諸佛所言无
[illegible]

BD04719號　藥師琉璃光如來本願功德經　（15–9）

處難可解了汝為信不阿難白言大德世尊
我於如來所說契經不生疑惑所以者何一
切如來身語意業无不清淨世尊此日月輪
可令墮落妙高山王可使傾動諸佛所言无
有異也世尊有諸衆生信根不具聞說諸佛
甚深行處作是思惟云何但念藥師瑠璃光
如來一佛名號便獲尒所功德勝利由此不信
返生誹謗彼於長夜失大利樂墮諸惡趣
流轉无窮佛告阿難是諸有情若聞世尊藥
師瑠璃光如來名號至心受持不生疑惑墮惡
趣者无有是處阿難此是諸佛甚深所行難
可信解汝今能受當知皆是如來威力阿難
一切聲聞獨覺及未登地諸菩薩等皆悉
不能如實信解唯除一生所繫菩薩阿難人
身難得於三寶中信敬尊重亦難可得得聞
世尊藥師瑠璃光如來名號復難於是阿難
彼藥師瑠璃光如來无量菩薩行无量巧方
便无量廣大願我若一劫若一劫餘而廣說
者劫可速盡彼佛行願善巧方便无有盡也
尒時衆中有一菩薩摩訶薩名曰救脫即從
座起偏袒一肩右膝著地曲躬合掌而白佛
言大德世尊像法轉時有諸衆生為種種患
之所困厄長病羸瘦不能飲食喉脣乾燥見
諸方暗死相現前父母親屬朋友知識啼泣



尒時衆中有一菩薩摩訶薩名曰救脫即從
座起偏袒一肩右膝著地曲躬合掌而白佛
言大德世尊像法轉時有諸衆生為種種患
之所困厄長病羸瘦不能飲食喉脣乾燥見
諸方暗死相現前父母親屬朋友知識啼泣
圍遶然彼自身卧在本處見琰魔使引其神
識至于琰魔法王之前然諸有情有俱生神
隨其所作若罪若福皆具書之盡持授與琰
魔法王尒時彼王推問其人筭計所作隨其
罪福而處斷之時彼病人親屬知識若能為
彼歸依世尊藥師瑠璃光如來請諸衆僧轉
讀此經然七層之燈懸五色續命神幡或有
是處彼識得還如在夢中明了自見或經七
日或二十一日或三十五日或四十九日彼識還
時如從夢覺皆自憶知善不善業所得果
報由自證見業果報故乃至命難亦不造作
諸惡之業是故淨信善男子善女人等皆應
受持藥師瑠璃光如來名號隨力所能恭敬
供養
尒時阿難問救脫菩薩曰善男子應云何恭
敬供養彼世尊藥師瑠璃光如來續命幡燈
復云何造救脫菩薩言大德若有病人欲脫
病苦當為其人七日七夜受持八分齋戒應
以飲食及餘資具隨力所辦供養苾芻僧晝
夜六時礼拜供養彼世尊藥師瑠璃光如來

敬供養彼世尊藥師瑠璃光如来續命幡燈
復云何造救脫菩薩言大德若有病人欲脫
病苦當為其人七日七夜受持八分齋戒應
以飲食及餘資具隨力所辦供養苾芻僧晝
夜六時礼拜供養彼世尊藥師瑠璃光如来
讀誦此經四十九遍燃四十九燈造彼如来形
像七軀一一像前各置七燈一一燈量大如
車輪乃至四十九日光明不絕造五色綵
幡長四十九搩手應放雜類衆生至四十九
可得過度危厄之難不為諸橫惡鬼所持
復次阿難若刹帝利灌頂王等災難起時所
謂衆疾疫難他國侵逼難自界叛逆難星
宿變恠難日月薄蝕難非時風雨難過時不
雨難彼刹帝利灌頂王等尒時應於一切有
情起慈悲心赦諸繫閉依前所說供養之法
供養彼世尊藥師瑠璃光如来由此善根及
彼如来本願功德令其國界即得安隱風雨
順時穀稼成熟一切有情无病歡樂於其國
中无有暴惡藥叉等神惱有情者一切惡相
皆即隱沒而刹帝利灌頂王等壽命色力无
病自在皆得增益阿難若帝后妃主儲君王
子大臣輔相中宮綵女百官黎庶為病所苦
及餘厄難亦應造立五色神幡燃燈續明放
諸生命散雜色花燒衆名香病得除愈衆難



病自在皆得增益阿難若帝后妃主儲君王
子大臣輔相中宮綵女百官黎庶為病所苦
及餘厄難亦應造立五色神幡燃燈續明放
諸生命散雜色花燒衆名香病得除愈衆難
解脫
尒時阿難問救脫菩薩言善男子云何已盡
之命而可增益救脫菩薩言大德汝豈不聞
如來說有九橫死耶是故勸造續命幡燈脩
諸福德以脩福故盡其壽命不經苦患阿難
問言九橫云何救脫菩薩言有諸有情得病
雖輕然无醫藥及看病者設復遇醫授以
非藥實不應死而便橫死又信世間邪魔外
道妖孽之師妄說禍福便生恐動心不自正卜
問覓禍殺種種衆生解奏神明呼諸魍魎
請乞福祐欲冀延年終不能得愚癡迷惑信
邪倒見遂令橫死入於地獄无有出期是名初
橫二者橫被王法之所誅戮三者畋獵嬉戲
耽婬嗜酒放逸无度橫為非人奪其精氣四
者橫為火焚五者橫為水溺六者橫為種種
惡獸所噉七者橫墮山崖八者橫為毒藥厭禱
呪咀起屍鬼等之所中害九者飢渴所困不
得飲食而便橫死是為如來略說橫死有此
九種其餘復有无量諸橫難可具說
復次阿難彼琰魔王主領世間名籍之記若

惡獸所噉七者横墮山崖八者横為毒藥厭禱
呪咀起屍鬼等之所中害九者飢渴所困不
得飲食而便横死是為如來略說横死有此
九種其餘復有无量諸横難可具說
復次阿難彼琰魔王主領世間名籍之記若
諸有情不孝五逆破辱三寶壞君臣法毀於
信戒琰魔法王隨罪輕重考而罰之是故我
今勸諸有情燃燈造幡放生脩福令度苦厄
不遭衆難
尒時衆中有十二藥叉大將俱在會坐所謂
宫毗羅大將　代折羅大將　迷企羅大將　安底羅大將
頞你羅大將　珊底羅大將　因達羅大將　波夷羅大將
摩虎羅大將　真達羅大將　招杜羅大將　毗羯羅大將
此十二藥叉大將一一各有七千藥叉以為眷
屬同時舉聲白佛言世尊我等今者蒙佛
威力得聞世尊藥師瑠璃光如來名号不復
更有惡趣之怖我等相率皆同一心乃至盡
形歸依佛法僧誓當荷負一切有情為作義
利饒益安樂隨於何等村城國邑空閑林中若
有流布此經或復受持藥師瑠璃光如來名
号恭敬供養者我等眷屬衛護是人皆使解
脫一切苦難諸有願求悉令滿足或有疾厄
求度脫者亦應讀誦此經以五色縷結我名
字得如願已然後解結
尒時世尊讚諸藥叉大將言善哉善哉大藥

BD04719 號　藥師琉璃光如來本願功德經　（15–14）

有流布此經或復受持藥師瑠璃光如來名
号恭敬供養者我等眷屬衛護是人皆使解
脫一切苦難諸有願求悉令滿足或有疾厄
求度脫者亦應讀誦此經以五色縷結我名
字得如願已然後解結
尒時世尊讚諸藥叉大將言善哉善哉大藥
叉將汝等念報世尊藥師瑠璃光如來恩德
者常應如是利益安樂一切有情
尒時阿難白佛言世尊當何名此法門我等
云何奉持佛告阿難此法門名說藥師瑠璃
光如來本願功德亦名說十二神將饒益有
情結願神呪亦名拔除一切業鄣應如是持
時薄伽梵說是語已諸菩薩摩訶薩及大聲
聞國王大臣婆羅門居士天龍藥叉健達縛
阿素洛揭路荼緊捺洛莫呼洛伽人非人等
一切大衆聞佛所說皆大歡喜信受奉行
藥師瑠璃光如來本願功德經

BD04719 號　藥師琉璃光如來本願功德經　（15–15）

須菩提若有人言如来若来若去若坐若
卧是人不解我所説義何以故如来者无所從
来亦无所去故名如来
須菩提若善男子善女人以三千大千世界碎
為微塵於意云何是微塵衆寧為多不甚
多世尊何以故若是微塵衆實有者佛則
不説是微塵衆所以者何佛説微塵衆則非
微塵衆是名微塵衆世尊如来所説三千大千
世界則非世界是名世界何以故若世界實
有者則是一合相如来説一合相則非一合相
是名一合相須菩提一合相者則是不可
説但凡夫之人貪著其事
須菩提若人言佛説我見人見衆生見壽
者見須菩提於意云何是人解我所説義不
世尊是人不解如来所説義何以故世尊説我

BD04720 號　金剛般若波羅蜜經

（2–1）

是名一合相須菩提一合相者則是不可
説但凡夫之人貪著其事
須菩提若人言佛説我見人見衆生見壽
者見須菩提於意云何是人解我所説義不
世尊是人不解如来所説義何以故世尊説我
見人見衆生見壽者見即非我見人見衆生
見壽者見是名我見人見衆生見壽者見須
菩提發阿耨多羅三藐三菩提心者於一切
法應如是知如是見如是信解不生法相須
菩提所言法相者如来説即非法相是名法
相須菩提若有人以滿无量阿僧祇世界七
寶持用布施若有善男子善女人發菩薩心
者持於此經乃至四句偈等受持讀誦為人
演説其福勝彼云何為人演説不取於相如
如不動何以故
一切有為法　如夢幻泡影　如露亦如電　應作如是觀
佛説是經已長老須菩提及諸比丘比丘尼
優婆塞優婆夷一切世間天人阿脩羅聞佛

BD04720 號　金剛般若波羅蜜經

（2–2）

……薩
……稱大勢菩薩
南无慧閻世界勝幢菩薩
南无寂靜世界持月光明菩薩
南无寂靜世界无垢寶花菩薩
南无一切勝觀世界香炎平等菩薩
次礼聲聞緣覺一切賢聖
南无憍慢辟支佛　南无勖多辟支佛
南无斷愛辟支佛　南无耳辟支佛
南无心得解脫辟支佛　南无優波耳辟支佛
南无吉辟支佛　南无差摩辟支佛
南无遮羅辟支佛　南无優波遮羅辟支佛
南无梨沙婆辟支佛　南无菩薩他淨辟支佛
南无善香擔辟支佛　南无何沙羅辟支佛
礼三寶已次復懺悔
夫論懺悔者本是改往修來滅惡興善人之居世
誰能无過學人失念尚起煩惱羅漢結習動身口業
豈況凡夫而當無過但智者先覺便能改悔愚者覆藏
遂使滋長所以積習長夜曉悟无期若能慚愧發露懺
悔者豈唯正是滅罪而已亦復增長无量功德樹立如
來涅槃妙果若欲行此法者先當外肅形儀瞻奉尊

BD04721號　佛名經（十六卷本）卷一四　（2–1）

南无遮羅辟支佛　南无優波遮羅辟支佛
南无梨沙婆辟支佛　南无菩薩他淨辟支佛
南无善香擔辟支佛　南无何沙羅辟支佛
礼三寶已次復懺悔
夫論懺悔者本是改往修來滅惡興善人之居世
誰能无過學人失念尚起煩惱羅漢結習動身口業
豈況凡夫而當無過但智者先覺便能改悔愚者覆藏
遂使滋長所以積習長夜曉悟无期若能慚愧發露懺
悔者豈唯正是滅罪而已亦復增長无量功德樹立如
來涅槃妙果若欲行此法者先當外肅形儀瞻奉尊
像內起敬意懷切至到生二種心何等為二一者自念我
此形命難可常保一朝散壞不知此身何時可復若復
不值諸佛賢聖忽遭逢惡友造衆罪業復應墮落深坑
嶮趣二者自念我此生中雖得值遇如來正法為佛弟子弟
子之法紹繼聖種淨身口意善法自居而今我等公自作惡
而復覆藏言他不知謂彼不見隱匿在心傲然无愧此實
天下愚惑之甚即今現有十方諸佛諸大地菩薩諸天
神仙何曾不以清淨天眼見於我等所作罪惡又復幽顯
靈祇注記罪福纖豪无差夫論作罪之人命終之後牛頭獄
卒錄其精神在閻羅王所辯覈是非當爾之時一切怨對皆
來證據各言汝先屠裂我身炮煮蒸炙或言汝先剝奪於
[illegible]

BD04721號　佛名經（十六卷本）卷一四　（2–2）

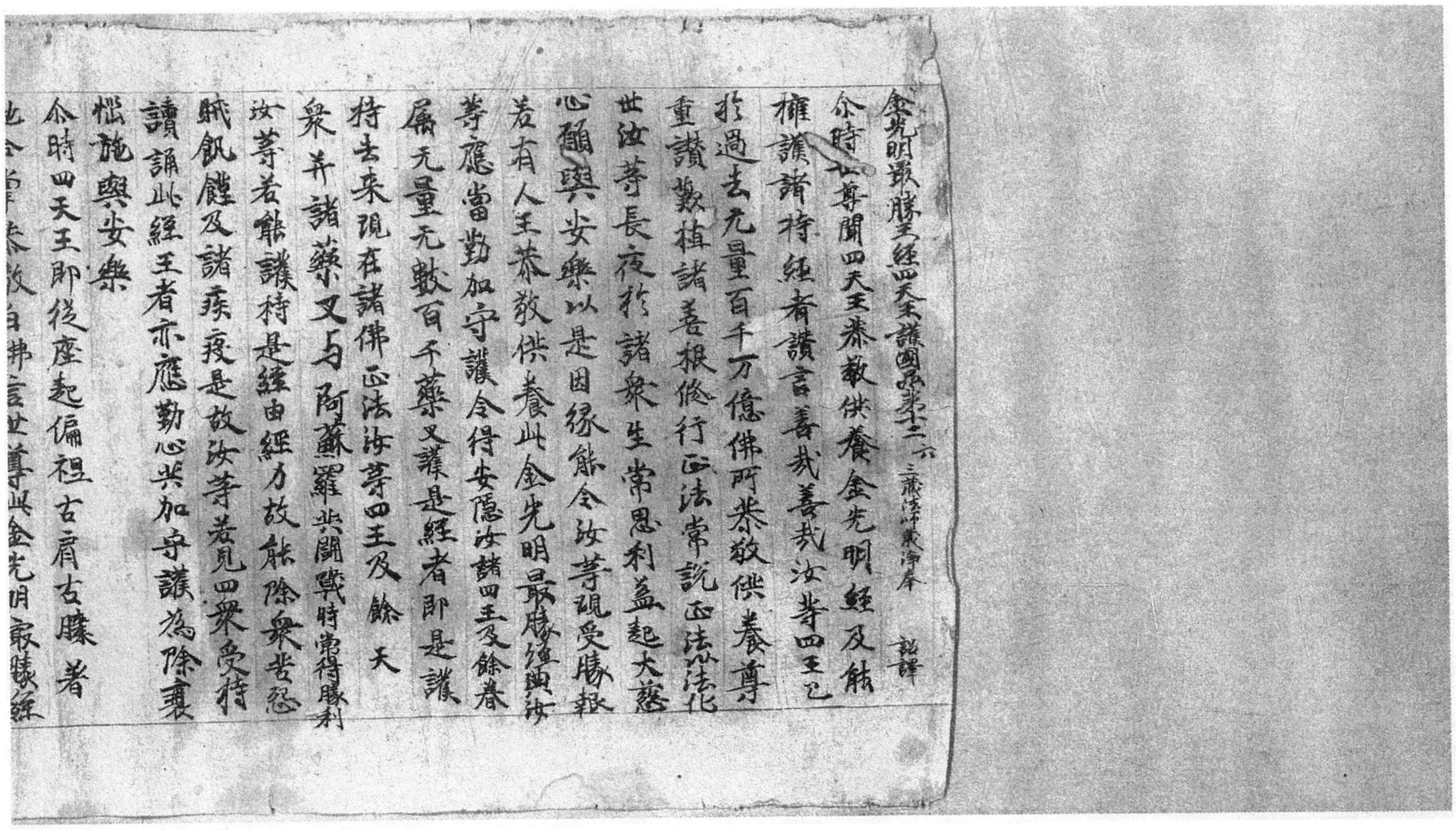

金光明最勝王經四天王護國品第十二　六　三藏法師義淨奉　制譯
尒時世尊聞四天王恭敬供養金光明經及能
擁護諸持經者讚言善哉善哉汝等四王已
於過去无量百千万億佛所恭敬供養尊
重讚歎植諸善根修行正法常説正法〻化
世汝等長夜於諸衆生常思利益起大慈
心願與安樂以是因緣能令汝等現受勝報
若有人王恭敬供養此金光明最勝經典汝
等應當勤加守護令得安隱汝諸四王及餘眷
屬无量无數百千藥叉護是經者即是護
持去來現在諸佛正法汝等四王及餘天
衆并諸藥叉与阿蘇羅共鬪戰時常得勝利
汝等若能護持是經由經力故能除衆苦怨
賊飢饉及諸疾疫是故汝等若見四衆受持
讀誦此經王者亦應勤心共加守護為除衰
惱施與安樂
尒時四天王即從座起偏袒右肩右膝著
地合掌恭敬白佛言世尊此金光明最勝經

BD04722號　金光明最勝王經卷六　（3–1）

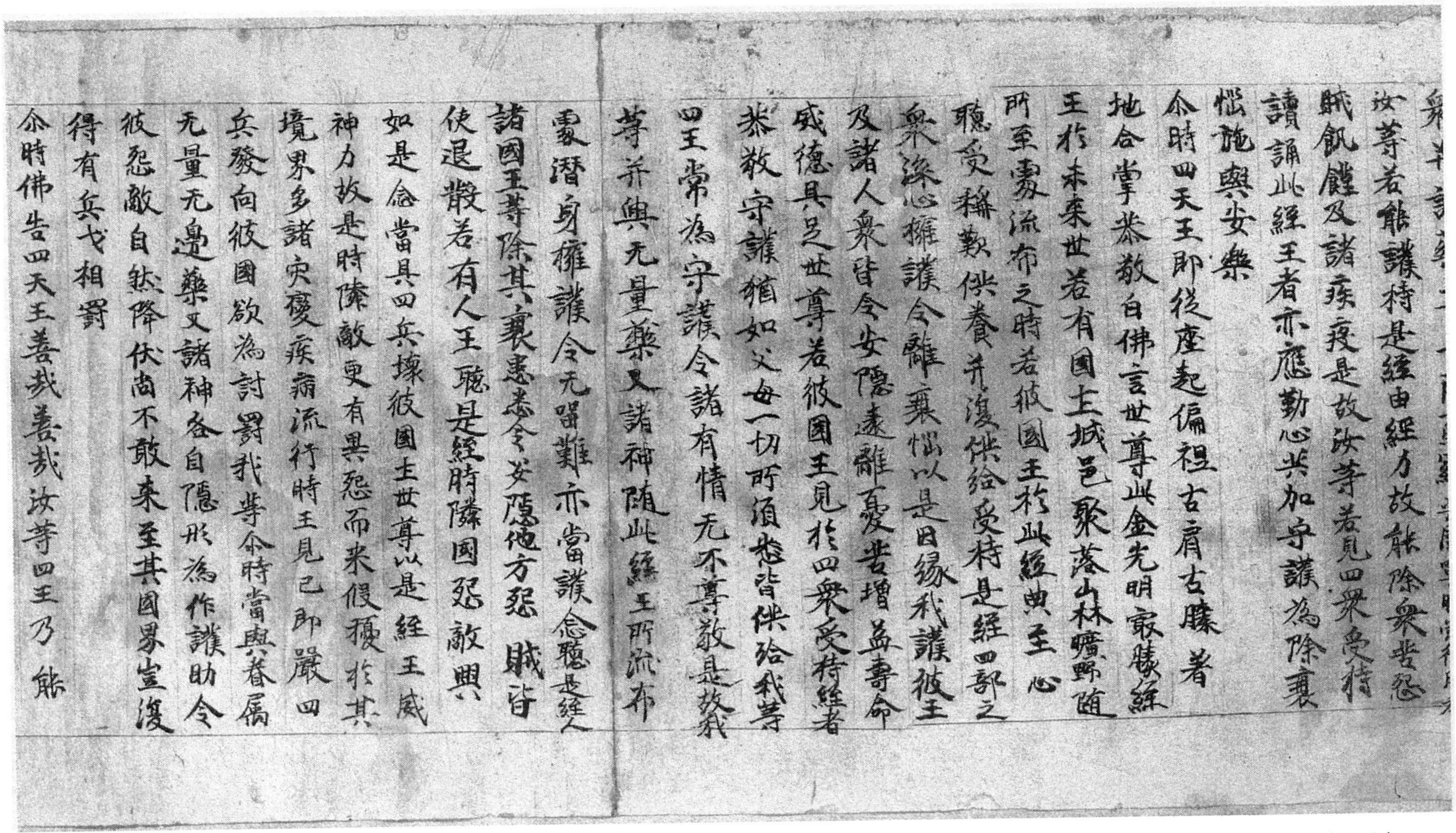

[illegible]
汝等若能護持是經由經力故能除衆苦怨
賊飢饉及諸疾疫是故汝等若見四衆受持
讀誦此經王者亦應勤心共加守護為除衰
惱施與安樂
尒時四天王即從座起偏袒右肩右膝著
地合掌恭敬白佛言世尊此金光明最勝經
王於未來世若有國土城邑聚落山林曠野隨
所至處流布之時若彼國王於此經典至心
聽受稱歎供養并復供給受持是經四部之
衆深心擁護令離衰惱以是因緣我護彼王
及諸人衆皆令安隱遠離憂苦增益壽命
威德具足世尊若彼國王見於四衆受持經者
恭敬守護猶如父母一切所須悉皆供給我等
四王常為守護令諸有情无不尊敬是故我
等并與无量藥叉諸神隨此經王所流布
處潛身擁護令无留難亦當護念聽是經人
諸國王等除其衰患悉令安隱他方怨賊皆
使退散若有人王聽是經時鄰國怨敵興
如是念當具四兵壞彼國土世尊以是經王威
神力故是時鄰敵更有異怨而來侵擾於其
境界多諸災變疫病流行時王見已即嚴四
兵發向彼國欲為討罰我等尒時當與眷屬
无量无邊藥叉諸神各自隱形為作護助令
彼怨敵自然降伏尚不敢來至其國界豈復
得有兵戈相罰
尒時佛告四天王善哉善哉汝等四王乃能

BD04722號　金光明最勝王經卷六　（3–2）

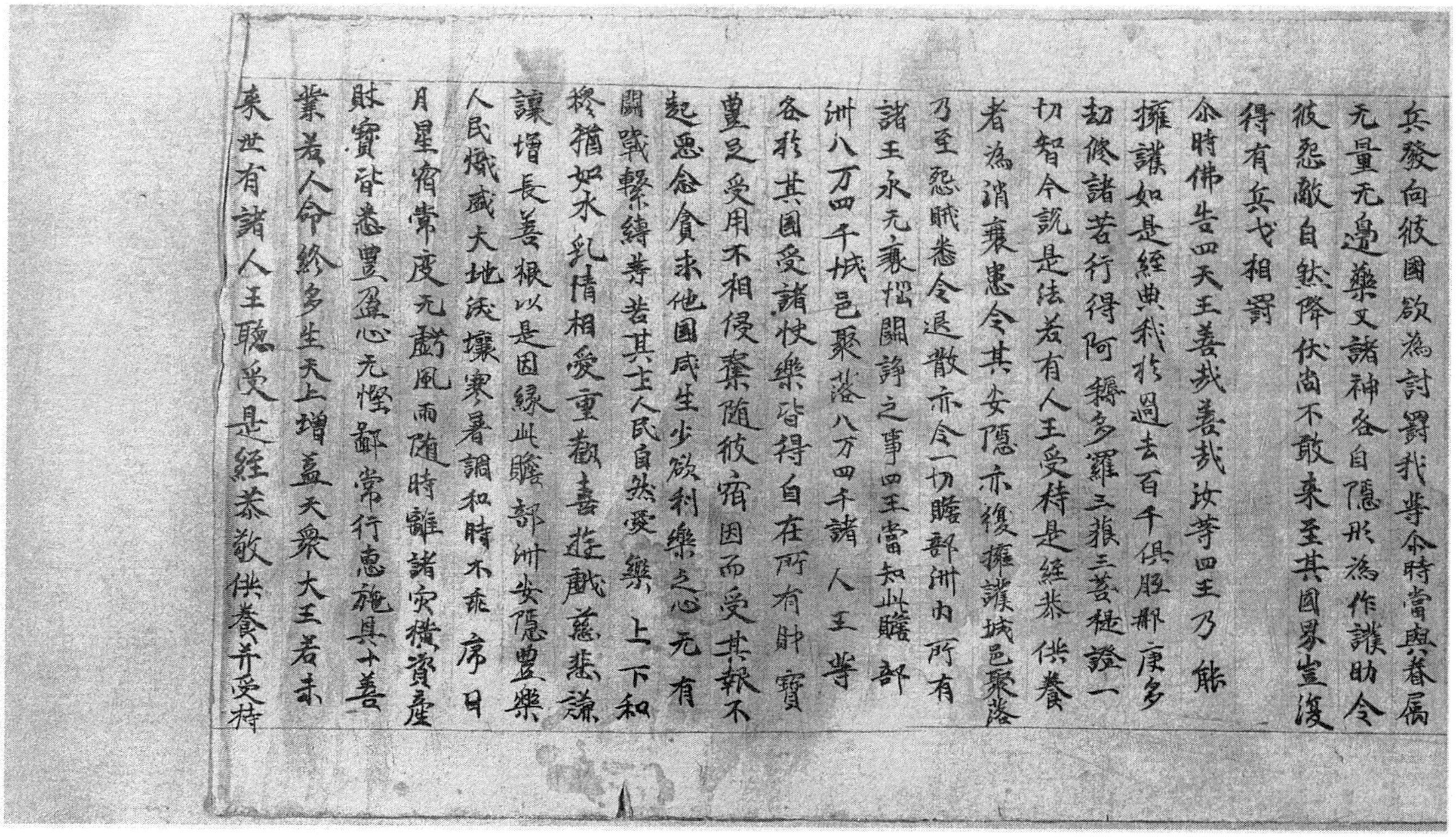

兵發向彼國欲為討罰我等尒時當與眷屬
无量无邊藥叉諸神各自隱形為作護助令
彼怨敵自然降伏尚不敢來至其國界豈復
得有兵戈相罰
尒時佛告四天王善哉善哉汝等四王乃能
擁護如是經典我於過去百千俱胝那庾多
劫修諸苦行得阿耨多羅三藐三菩提證一
切智今說是法若有人王受持是經恭敬供養
者為消衰患令其安隱亦復擁護城邑聚落
乃至怨賊悉令退散亦令一切贍部洲內所有
諸王永无衰惱闘諍之事四王當知此贍部
洲八万四千城邑聚落八万四千諸人王等
各於其國受諸快樂皆得自在所有財寶
豐足受用不相侵奪隨彼宿因而受其報不
起惡念貪求他國咸生少欲利樂之心无有
闘戰繫縛等苦其土人民自然受樂上下和
睦猶如水乳情相愛重歡喜遊戲慈悲謙
讓增長善根以是因緣此贍部洲安隱豐樂
人民熾盛大地沃壤寒暑調和時不乖序日
月星宿常度无虧風雨隨時離諸災橫資產
財寶皆悉豐盈心无慳鄙常行惠施具十善
業若人命終多生天上增益天衆大王若未
來世有諸人王聽受是經恭敬供養并受持

BD04722號　金光明最勝王經卷六　（3–3）

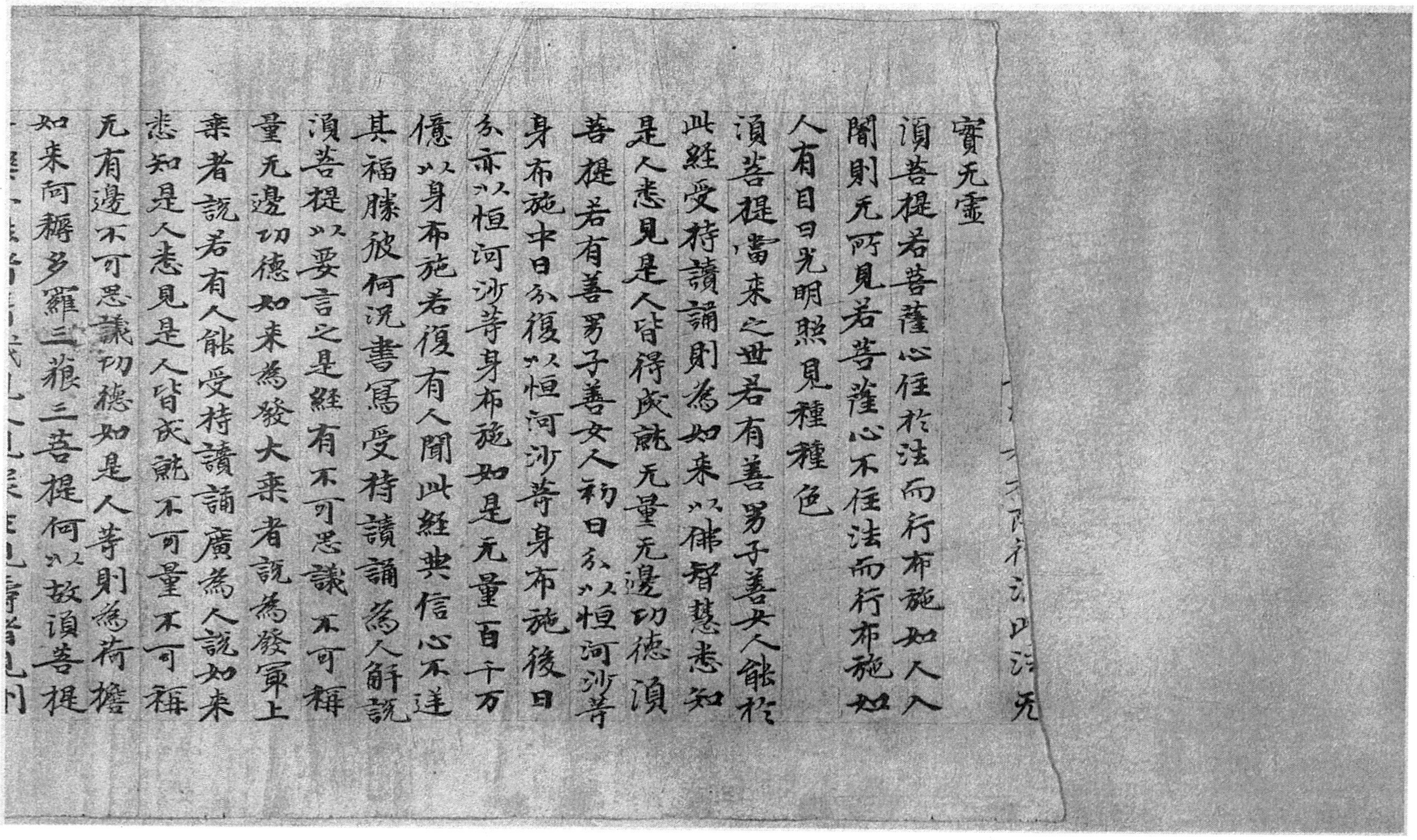

實无虛
須菩提若菩薩心住於法而行布施如人入
闇則无所見若菩薩心不住法而行布施如
人有目日光明照見種種色
須菩提當來之世若有善男子善女人能於
此經受持讀誦則為如來以佛智慧悉知
是人悉見是人皆得成就无量无邊功德須
菩提若有善男子善女人初日分以恒河沙等
身布施中日分復以恒河沙等身布施後日
分亦以恒河沙等身布施如是无量百千万
億以身布施若復有人聞此經典信心不逆
其福勝彼何況書寫受持讀誦為人解說
須菩提以要言之是經有不可思議不可稱
量无邊功德如來為發大乘者說為發最上
乘者說若有人能受持讀誦廣為人說如來
悉知是人悉見是人皆成就不可量不可稱
无有邊不可思議功德如是人等則為荷擔
如來阿耨多羅三藐三菩提何以故須菩提

BD04723號　金剛般若波羅蜜經　（2–1）

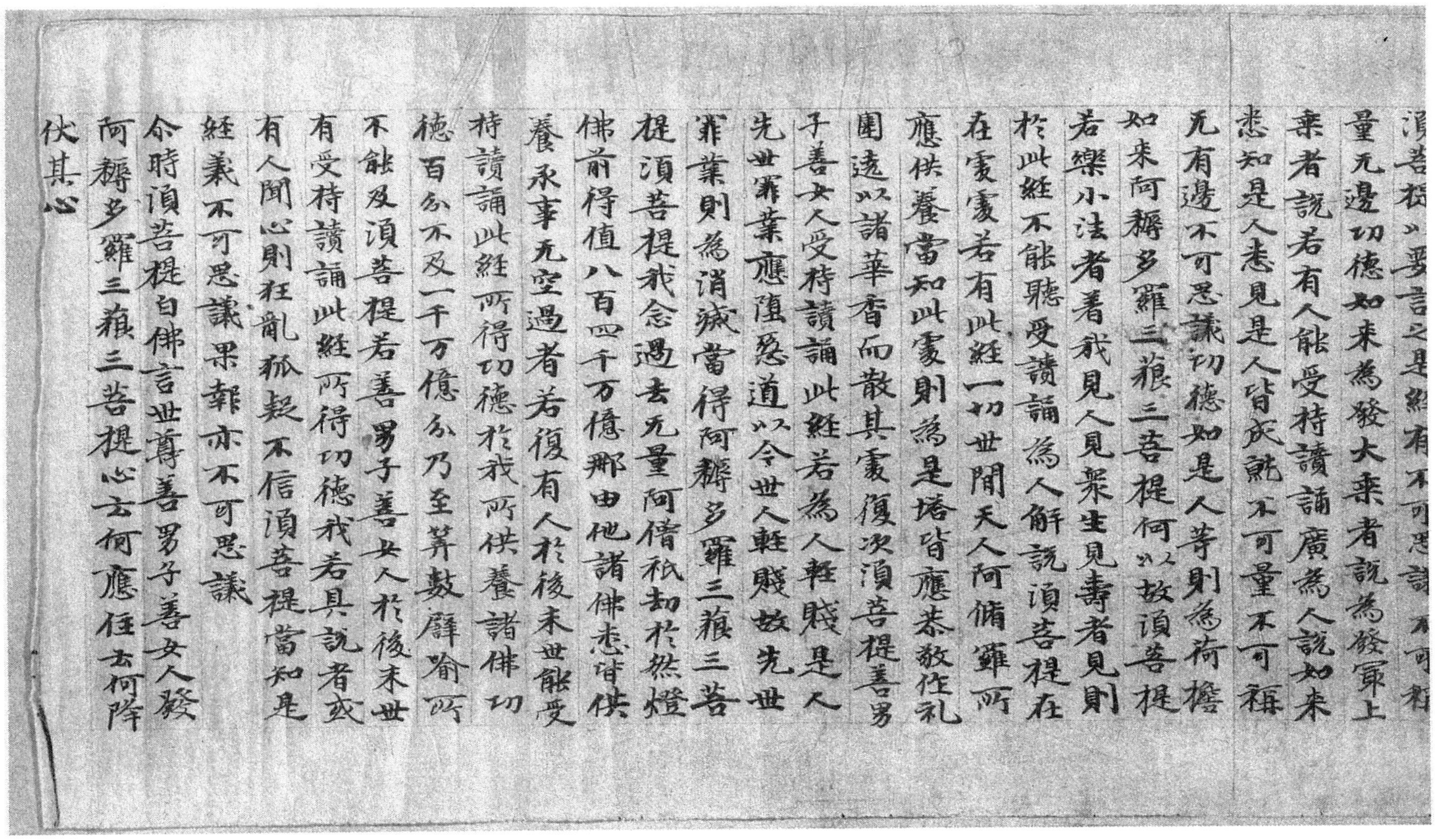

須菩提以要言之是經有不可思議不可稱
量无邊功德如来為發大乘者說為發冣上
乘者說若有人能受持讀誦廣為人說如来
悉知是人悉見是人皆得成就不可量不可稱
无有邊不可思議功德如是人等則為荷擔
如来阿耨多羅三藐三菩提何以故須菩提
若樂小法者著我見人見衆生見壽者見則
於此經不能聽受讀誦為人解說須菩提在
在處處若有此經一切世間天人阿脩羅所
應供養當知此處則為是塔皆應恭敬作礼
圍遶以諸華香而散其處復次須菩提善男
子善女人受持讀誦此經若為人輕賤是人
先世罪業應墮惡道以今世人輕賤故先世
罪業則為消滅當得阿耨多羅三藐三菩
提須菩提我念過去无量阿僧祇劫於然燈
佛前得值八百四千万億那由他諸佛悉皆供
養承事无空過者若復有人於後末世能受
持讀誦此經所得功德於我所供養諸佛功
德百分不及一千万億分乃至筭數譬喻所
不能及須菩提若善男子善女人於後末世
有受持讀誦此經所得功德我若具說者或
有人聞心則狂亂狐疑不信須菩提當知是
經義不可思議果報亦不可思議
尒時須菩提白佛言世尊善男子善女人發
阿耨多羅三藐三菩提心云何應住云何降
伏其心

BD04723號　金剛般若波羅蜜經　（2–2）

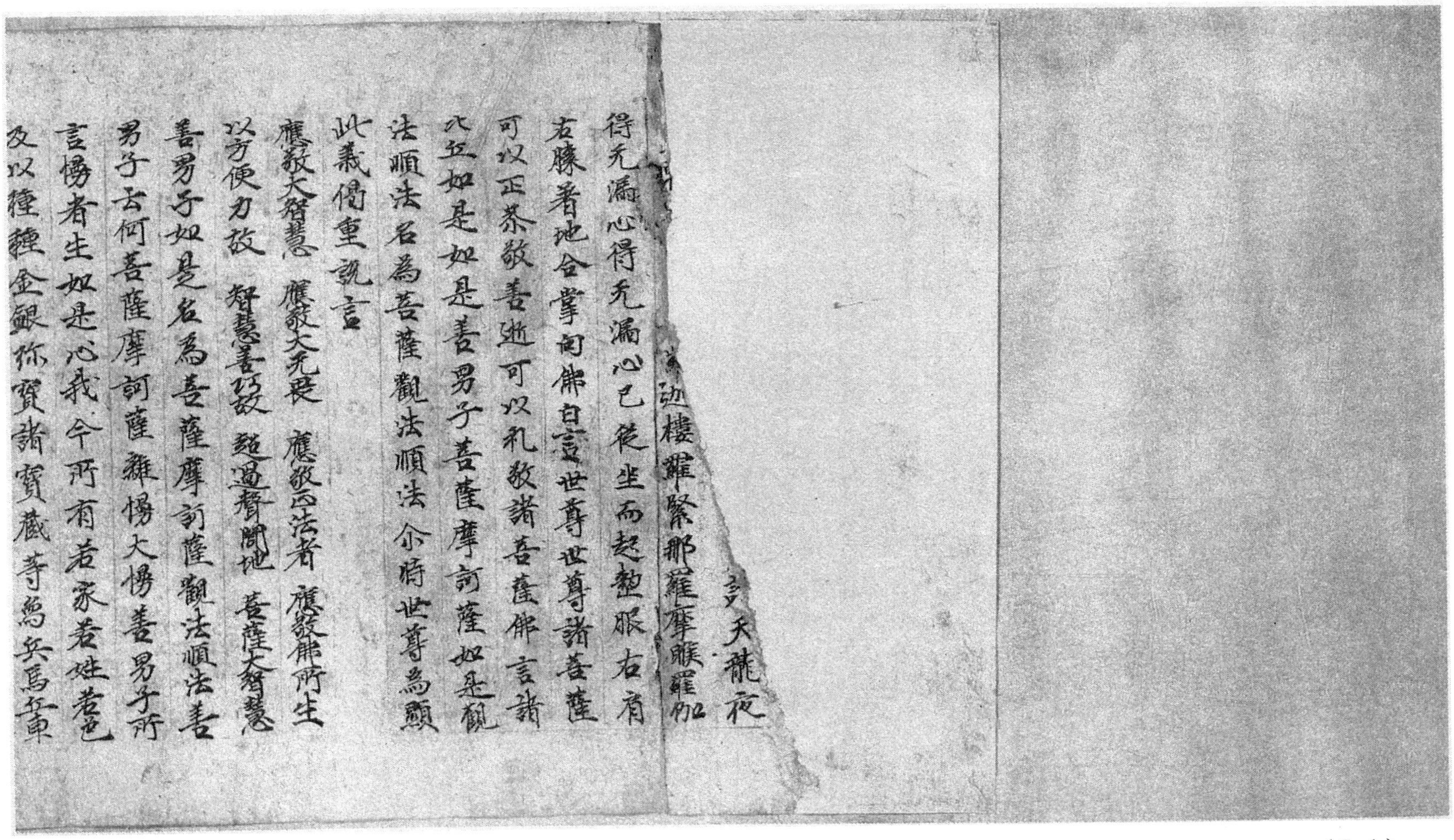

天龍夜
迦樓羅緊那羅摩睺羅伽
得无漏心得无漏心已從坐而起整服右肩
右膝著地合掌向佛白言世尊世尊諸菩薩
可以正恭敬善逝可以礼敬諸菩薩佛言諸
八五如是如是善男子菩薩摩訶薩如是觀
法順法名為菩薩觀法順法尒時世尊為顯
此義偈重說言
應敬大智慧　應敬大无畏　應敬正法者　應敬佛所生
以方便力故　智慧善巧故　超過聲聞地　菩薩大智慧
善男子如是名為菩薩摩訶薩觀法順法善
男子云何菩薩摩訶薩雜慯大慯善男子所
言慯者生如是心我今所有若家若姓若色
及以種種金銀珎寶諸寶藏等為兵馬车乘

BD04724號　大寶積經廢稿綴卷（擬）　（8–1）

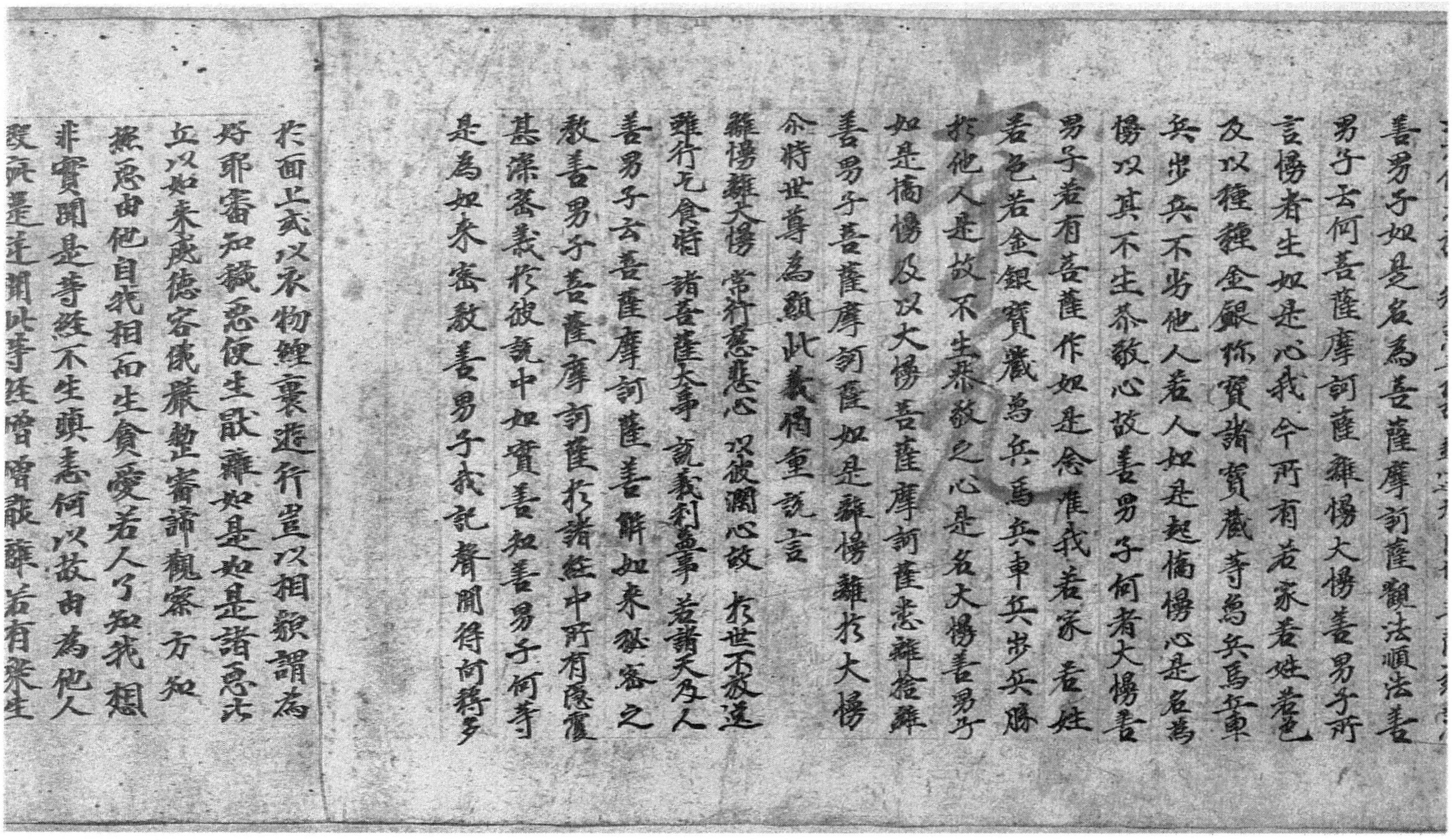

善男子如是名為菩薩摩訶薩觀法順法善
男子云何菩薩摩訶薩離慢大慢善男子所
言慢者生如是心我今所有若家若姓若色
及以種種金銀珎寶諸寶藏等爲兵馬象車
兵步兵不與他人若人如是起憍慢心是名爲
慢以其不生恭敬心故善男子何者大慢善
男子若有菩薩作如是念唯我若家若姓
若色若金銀寶藏爲兵馬兵車兵步兵勝
於他人是故不生恭敬之心是名大慢善男子
如是憍慢及以大慢菩薩摩訶薩悉離捨離
善男子菩薩摩訶薩如是離慢離於大慢
尒時世尊爲顯此義偈重說言
離慢離大慢 常行慈悲心 以彼潤心故 於世不放逸
雖行无食時 諸菩薩大事 說義利益事 若諸天及人
善男子云菩薩摩訶薩善解如來祕密之
教善男子菩薩摩訶薩於諸經中所有隱覆
甚深密義於彼說中如實善知善男子何等
是為如來密教善男子我說聲聞得何等多
於面上或以衣物纏裹遮行豈以相貌謂為
好邪審知識惡便生猒離如是如是諸惡比
丘以如來威德容儀嚴整審諦觀察方知
撥惡由他自我相而生貪愛若人了知我想
非實聞是等經不生瞋恚何以故由為他人
毀呰還逆聞此等經增增嚴離若有衆生

BD04724 號　大寶積經廢稿綴卷（擬）　（8–2）

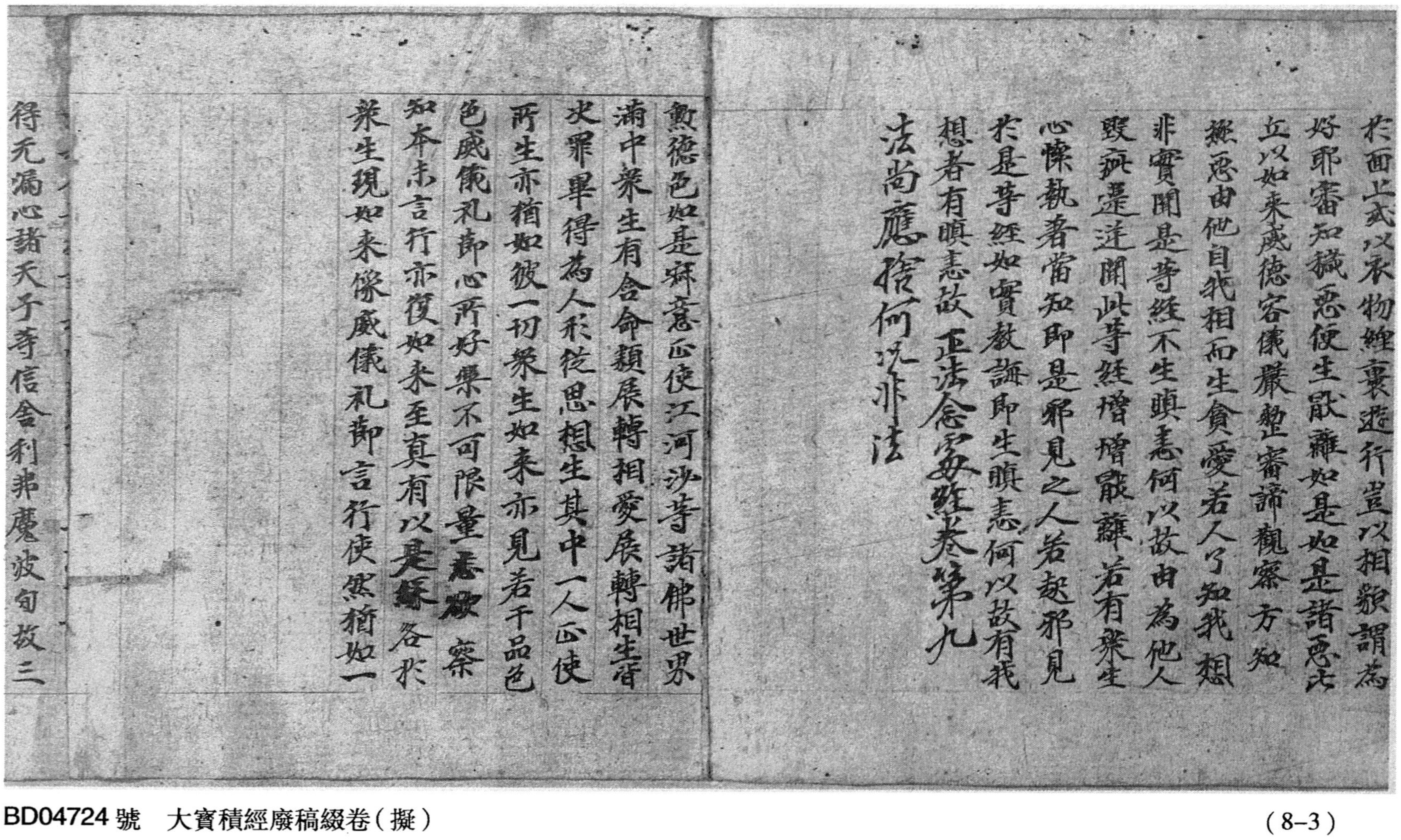

於面上或以衣物纏裹遮行豈以相貌謂為
好邪審知識惡便生猒離如是如是諸惡比
丘以如來威德容儀嚴整審諦觀察方知
撥惡由他自我相而生貪愛若人了知我想
非實聞是等經不生瞋恚何以故由為他人
毀呰還逆聞此等經增增嚴離若有衆生
心懷執著當知即是邪見之人若起邪見
於是等經如實教誨即生瞋恚何以故有我
想者有瞋恚故 正法念處經卷第九
法尚應捨何況非法
歎德色如是稱意正使江河沙等諸佛世界
滿中衆生有含命類展轉相愛展轉相生胥
火罪畢得為人形從思想生其中一人正使
所生亦猶如彼一切衆生如來亦見若干品色
色威儀禮節心所好樂不可限量悉觀察
知本末言行亦復如來至真有以是緣各於
衆生現如來像威儀禮節言行使然猶如一
得无漏心諸天子等信舍利弗慶彼句故三

BD04724 號　大寶積經廢稿綴卷（擬）　（8–3）

得无漏心諸天子等信舍利弗魔波旬故三
万二千諸天子等發阿耨多羅三藐三菩提
心爲欲調伏諸天子故文殊師利童子令魔波
旬及大德舍利弗作如來身身相具足文殊
師利還攝神力大德舍利弗及魔波旬身服
本相尒時四方出千菩薩從諸佛土乘空而
來至於佛所頂礼佛足右遶如來住一面已
白佛言世尊我等聞說法界體性无分别
經聞已來此守護正法世尊我等受持守護
此經讀誦通利爲他廣說攝正法尒時大
德阿難白佛言世尊是諸菩薩從何處來佛
告阿難是諸菩薩各各集在諸佛國土此等

大寶積經被甲莊嚴會第七之二　卷廿二　大唐三藏菩提流志奉　詔譯
須汝无邊慧我念往昔修菩薩行時被如是甲
胄乘如是大乘超過諸際能斷黑闇能除怖
所聞此菩薩摩訶薩甲胄在嚴大乘莊嚴踊
躍歡喜觀此法時於佛世尊恭敬尊重不作
是念我被[illegible]是甲胄我[illegible]

BD04724 號　大寶積經廢稿綴卷（擬）　（8–4）

大寶積經被甲莊嚴會第七之二　卷廿二　大唐三藏菩提流志奉　詔譯
須汝无邊慧我念往昔修菩薩行時被如是甲
胄乘如是大乘超過諸際能斷黑闇能除怖
所聞此菩薩摩訶薩甲胄在嚴大乘莊嚴踊
躍歡喜觀此法時於佛世尊恭敬尊重不作
是念我被是甲胄我有如是甲胄我得
如是法我有如是法我有如是種類之法我
於[illegible]有我想遠離我見遠離我慢心无
高下亦无分别爲欲攝受一切衆生護持諸
佛如來法藏成熟无量百千俱胝那由他衆
生曾无一念勞倦之心我於尒時不捨甲胄
乘无邊乘世世生中能破魔軍魔[illegible]之隔
[illegible]
違立无住无起
无邊莊嚴汝今當觀一切諸法无住无起无
所違立本性清淨云何衆生於中迷惑此由
世間乘虛空輪爲虛妄輪之所迷惑所言乘
者亦无有乘亦无无乘而不世間乘虛空輪
爲虛空輪之所繫縛然虛空輪亦无所有
此諸衆生爲大愚癡之所迷惑而於其中无
有愚癡亦无迷惑无邊莊嚴汝觀衆生以愚
愚癡於此法中不能了知住於諍論无邊莊
嚴住諍論者即爲非住然諸世間以迷惑故
不能了知彼即清淨若不住者即名爲住是則
不住清淨善根无邊莊嚴如是如來秘密
法門難解難入唯除汝等能於長夜脩行善
法石得了知无邊莊嚴如來常說住諍論者

BD04724 號　大寶積經廢稿綴卷（擬）　（8–5）

[illegible]
惡處於此法中不能了知住於諍論无邊莊
嚴住諍論者即為非住然諸世間以迷惑故
不能了知彼即清淨若不住者即名為住是則
不住清淨善根无邊莊嚴如是如來秘密
法門難解難入唯除汝等能於長夜脩行善
法而得了知无邊莊嚴如來常說住諍論者
則為非住云何為住所謂不善然不善者是
无所有若有於此无所有中不能了知住與
不住无有別異是則名為住於諍論若復
有住清淨善根則不名住若不住者无有過
失无過失故則能了知如是法門若不清淨
无有是處若諸衆生无有智慧為大煩惱
之所覆蔽无智慧故假使少有明了順說尚
不能解何況秘密非隨順說若不住者是則清
淨云何不住謂不住善法及出離界何以故无
出離界此涅槃名但假施設如是涅槃无有所

大寶積經无邊莊嚴會第二之一　大唐三藏菩提流志奉　詔譯　四
无上陀羅尼品第一之一
如是我聞一時佛在王舍城迦蘭陀竹林與大
比丘衆及无量菩薩摩訶薩

BD04724 號　大寶積經廢稿綴卷（擬）　（8–6）

大寶積經无邊莊嚴會第二之一　大唐三藏菩提流志奉　詔譯　四
无上陀羅尼品第一之一
如是我聞一時佛在王舍城迦蘭陀竹林與大
比丘衆及无量菩薩摩訶薩

婆達多比丘（唐言天授）騫荼達羅比丘（唐言缺時）迦盧底
輸比丘（唐言鬼宿）毋達羅多比丘（唐言柳宿）蘇弗恒羅比
丘（唐言善星）是我給侍親對我前聞我說法見我
經行見我端坐見我神足遊處虛空見我
降伏多千外道於大衆中摧彼邪法如是
等少尚於我所不生信樂於步步間恒欲
毀我由是步步漸增其惡復次善說能名
信為實者應持上器如須弥山盛旃檀末
而散其上應作繒蓋猶如三千大千世界
持在空中而覆其中何以故為信佛故何況
信已捨欲出家无所依倚脩諸靜慮迦葉
如是衆生於中忍可擬為希有能善護
持佛所制戒則能了知彼甘露法如大衆
中以其皮革及餘聚獄共與人像或如種種
者雖面目皆畫生命令樂歸蒙有人持[illegible]
諸天人衆皆得成滿安住三乘舍利子是依
法菩薩摩訶薩於彼寶藏如來法中化衆生
已命終還來於此世界亦蓮華勝佛土贍
部洲中生天王家當初生時彼所教化六十
八拘胝天人大衆皆成熟者於彼命終亦隨
菩薩生此佛土與是菩薩而為眷屬舍利

BD04724 號　大寶積經廢稿綴卷（擬）　（8–7）

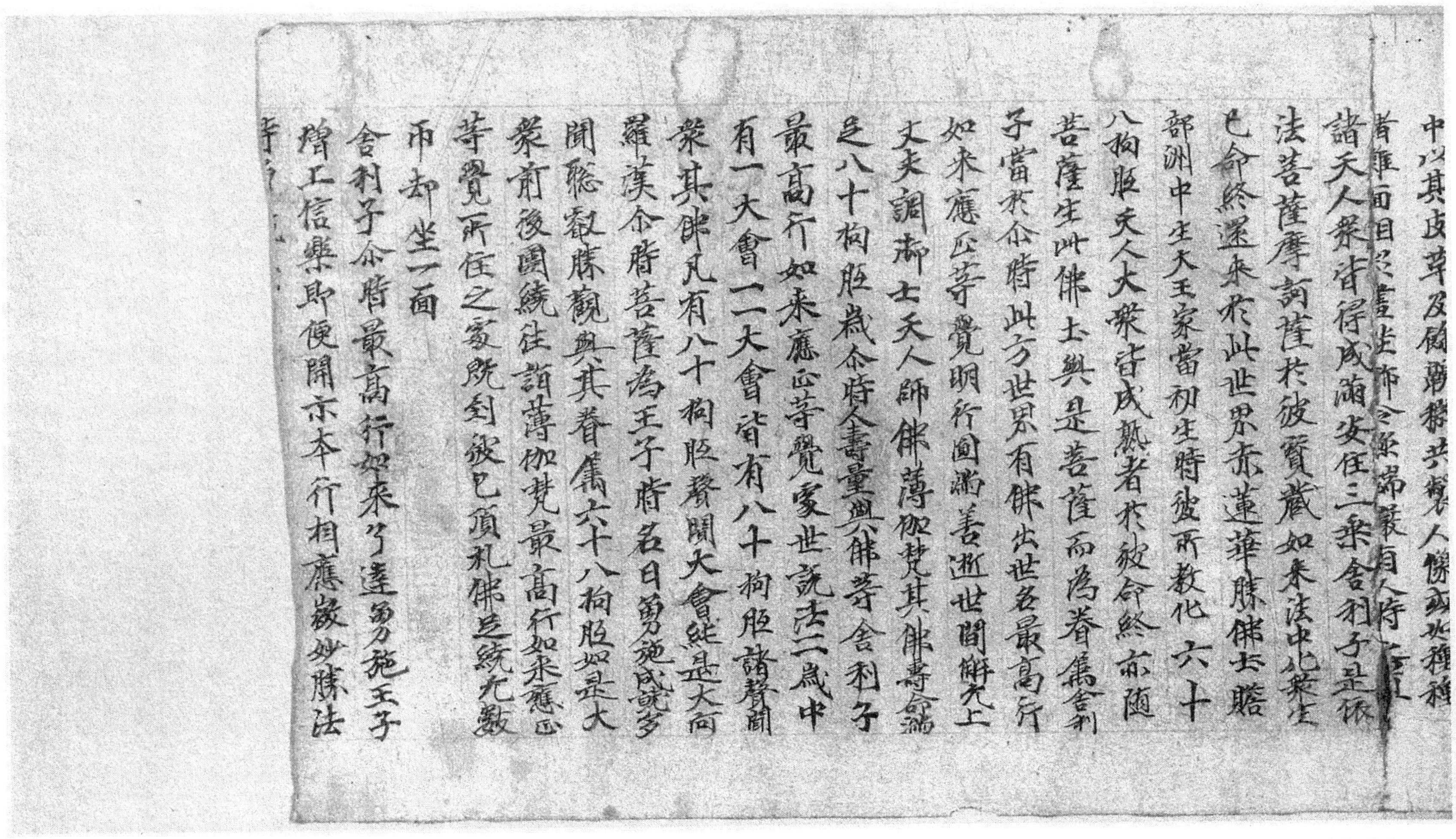
中以其皮革及髓骨共衆人隨或以種種
者雖面目不盡生佈令衆端嚴有人得
諸天人衆皆得成滿安住三乘舍利子是依
法菩薩摩訶薩於彼寶藏如來法中化衆生
已命終還來於此世界赤蓮華勝佛土贍
部洲中生大王家當初生時彼所教化六十
八俱胝天人大衆皆成熟者於彼命終亦隨
菩薩生此佛土與是菩薩而為眷屬舍利
子當於尒時此方世界有佛出世名最高行
如來應正等覺明行圓滿善逝世間解無上
丈夫調御士天人師佛薄伽梵其佛壽命滿
足八十俱胝歲尒時人壽量與佛等舍利子
最高行如來應正等覺處世說法二歲中
有一大會一一大會皆有八十俱胝諸聲聞
衆其佛凡有八十俱胝聲聞大會純是大阿
羅漢尒時菩薩為王子時名曰勇施成就多
聞聰叡勝觀與其眷屬六十八俱胝如是大
衆前後圍繞往詣薄伽梵最高行如來應正
等覺所住之處既到彼已頂禮佛足遶無數
帀却坐一面
舍利子尒時最高行如來知勇施王子
增上信樂即便開示本行相應嚴妙勝法
[illegible]

BD04724 號　大寶積經廢稿綴卷（擬）

（8–8）

BD04724 號背　雜寫

（2–1）

**BD04724 號背　雜寫**　　(2–2)

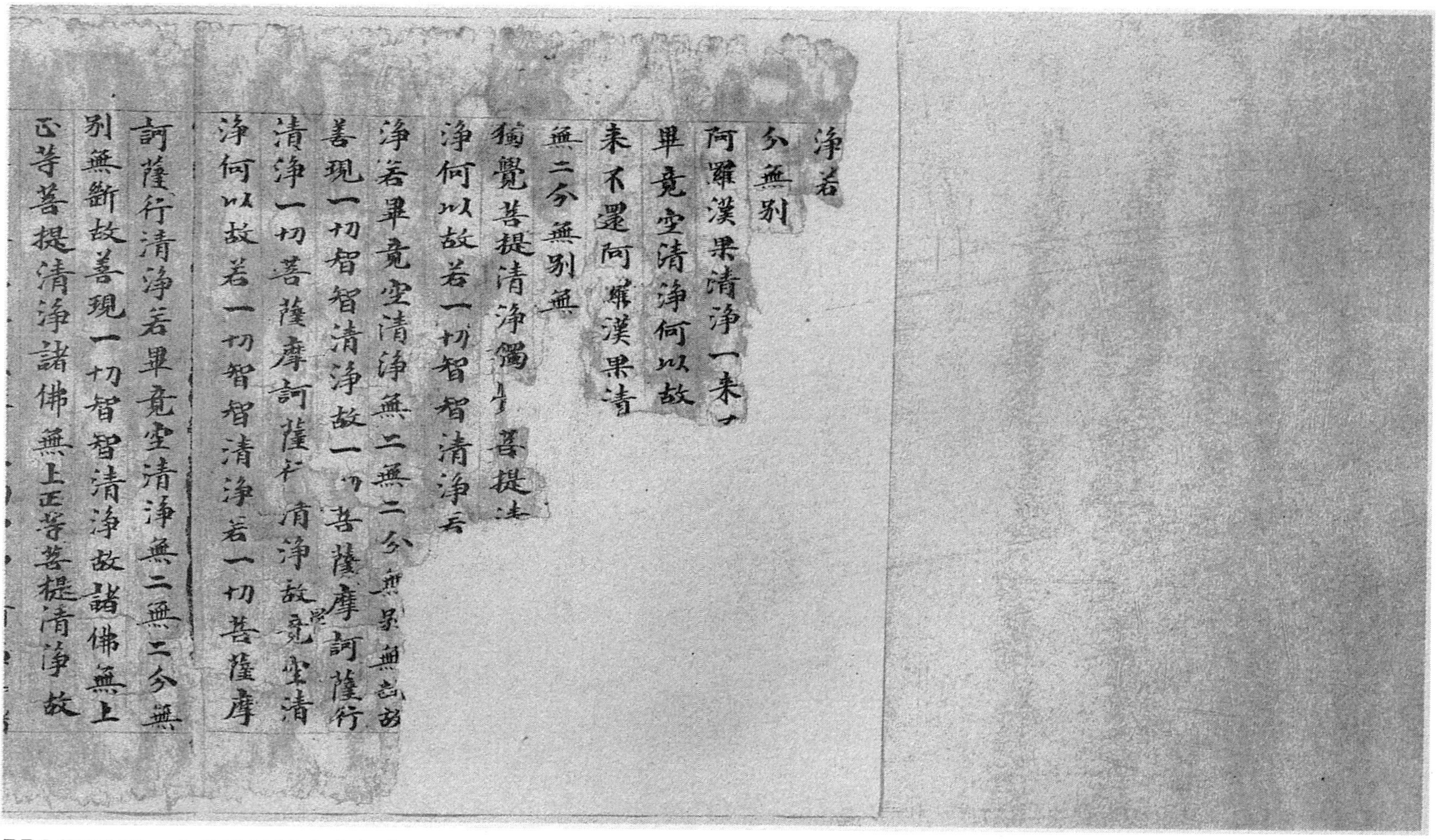


**BD04725 號**　大般若波羅蜜多經卷二五二　　(3–1)

清淨一切菩薩摩訶薩行……
淨何以故若一切智智清淨若一切菩薩摩
訶薩行清淨若畢竟空清淨無二無二分無
別無斷故善現一切智智清淨故諸佛無上
正等菩提清淨諸佛無上正等菩提清淨故
畢竟空清淨何以故若一切智智清淨若諸
佛無上正等菩提清淨若畢竟空清淨無二
無二分無別無斷故
復次善現一切智智清淨故色清淨色清淨
故無際空清淨何以故若一切智智清淨若
色清淨若無際空清淨無二無二分無別無
斷故一切智智清淨故受想行識清淨受想
行識清淨故無際空清淨何以故若一切智
智清淨若受想行識清淨若無際空清淨
無二無二分無別無斷故善現一切智智清淨
故眼處清淨眼處清淨故無際空清淨何以
故若一切智智清淨若眼處清淨若無際空
清淨無二無二分無別無斷故一切智智清
淨故耳鼻舌身意處清淨耳鼻舌身意處清
淨故無際空清淨何以故若一切智智清淨
若耳鼻舌身意處清淨若無際空清淨無二
無二分無別無斷故善現一切智智清淨故
色處清淨色處清淨故無際空清淨何以故
若一切智智清淨若色處清淨若無際空清
淨無二無二分無別無斷故一切智智清淨
故聲香味觸法處清淨聲香味觸法處清淨

BD04725號　大般若波羅蜜多經卷二五二　（3–2）

智清淨若受想行識清淨若無際空清淨
無二無二分無別無斷故善現一切智智清淨
故眼處清淨眼處清淨故無際空清淨何以
故若一切智智清淨若眼處清淨若無際空
清淨無二無二分無別無斷故一切智智清
淨故耳鼻舌身意處清淨耳鼻舌身意處清
淨故無際空清淨何以故若一切智智清淨
若耳鼻舌身意處清淨若無際空清淨無二
無二分無別無斷故善現一切智智清淨故
色處清淨色處清淨故無際空清淨何以故
若一切智智清淨若色處清淨若無際空清
淨無二無二分無別無斷故一切智智清淨
故聲香味觸法處清淨聲香味觸法處清淨
故無際空清淨何以故若一切智智清淨若
聲香味觸法處清淨若無際空清淨無二無
二分無別無斷故善現一切智智清淨故眼
界清淨眼界清淨故無際空清淨何以故若

BD04725號　大般若波羅蜜多經卷二五二　（3–3）

白佛言世尊觀自身體解
之上有其地大何以然者以
地大一大不調百一病生地大
如是解脫用
导菩薩摩訶薩曰世間大地荷負四
一者諸山二者江河三者草木四者衆
穢俱載无心簡擇是名地之功能外地如
內地亦然病本者謂不自融乖地之用用
局於地即病解
无导菩薩摩訶薩白佛言世尊地大可尒水
大病本亦有百一云何而言說為解脫
佛告无导菩薩摩訶薩曰汝言地大可尒水
大病本亦有百一者此事不然何以故世間水
者能浣能洗能潤能漬如无簡擇无簡擇故
不選是擇非无選是擇非故垢穢同歸同歸
真淨故名水用外水如是內水亦然以順水
故混融真淨垢淨同如即病解脫若不順水
違水之用內外皆違名為病本
无导菩薩摩訶薩白佛言世尊地水可然火
大病本亦有百一云何如說為解脫用
佛告无导菩薩摩訶薩曰世間火者香臭俱
燒而无簡擇為死是一味无有別外火如此

眞淨故名水用外水如是内水亦然以順水
故混融眞淨垢淨同如即病解脫若不順水
違水之用内外皆違名為病本
无㝵菩薩摩訶薩白佛言世尊地水可然火
大病本亦有百一云何如説為解脫用
佛告无㝵菩薩摩訶薩曰世間火者香臭俱
燒而无簡擇為厌是一味无有別外火如此
内火亦然順火消融名解脫用若乖如違之
即是病本
无㝵菩薩摩訶薩白佛言世尊地水火可令
風大病本亦有百一云何世尊説為解脫用
佛告无㝵菩薩摩訶薩曰世間風者香臭
氣鼓擊普收歸於空理外風如此内風
順風普收歸空理一即解脫用違風
為病元
无㝵菩薩摩訶薩白佛言世尊
一違用違乖四用名為病元
願慈哀愍此會衆及未來衆
令衆得聞案教脩學
佛告无㝵菩薩摩訶薩曰地水火風四大尊
重順是非雙融違招禍患万端何以故世間
地者順便增長果實以頭阜之喪命損身受
苦万端水大亦然順便除去垢穢隨人轉用
投身於中没溺而死火大亦然順便温
中吹生作熟濟養弥寛投身於中喪
風大亦然順則鼓擊飄動生長万
風絶氣而死比校内外其
[illegible]

苦万端水大亦然順便除去垢穢隨人轉用
投身於中沒溺而死火大大亦然順便溫[illegible]
中吹生作熟濟養孫寬投身於中喪
風大亦然順則鼓擊飄動生長万
風絶氣而死比校內外其唯
違名外求
无㝵菩薩摩訶薩白
外其唯不別不解自身違順
囑當指授
佛告无㝵菩薩摩訶薩曰一切衆生形質爲
地大血脉爲水大溫暖爲火大出入氣
大違於地大則无身違於水大脉川壅塞
於火大不能消融違於風大絶於氣
順爲體解違爲繼結順爲體解名解脫[illegible]違
爲繼結名爲病本四百四病由違如起无量解
脫從順如生
无㝵菩薩摩訶薩白佛言世尊四大體解名
爲真極色受想行識未蒙大師指授囑當
唯願大師慈哀愍念指授分明解衆生縛
佛告无㝵菩薩摩訶薩曰色同四大受想行
識今爲汝等更說　受无簡擇无簡擇故得
失是非一異俱受俱受名順即受解脫長辯
得失是非名爲繼縛亦名病本　想者想緣
諸境好惡得失香臭俱緣无所簡擇以无簡
擇故如能遍緣緣如无簡故曰解脫妄爲分
別名爲惡无　行者是非二境得失俱遊不
背非存是故曰解脫違而從之名爲病无

得失是非名為繼縛亦名病本　想者想緣
諸境好惡得失香臭俱緣无所簡擇以无簡
擇故如能遍緣緣如无簡故曰解脫妄為分
別名為患无　行者是非二境得失俱遣不
背非存是故曰解脫違而從之名為病无
識者遍緣根門不簡垢淨垢淨不簡任根使
用名為解脫若違一根即為病无　何以故
順而无逆名為體解體解无縛隨自性流隨
自性流故一切身相貪欲恚癡皆解脫用
无㝵菩薩摩訶薩白佛言世尊言順者以何
等順順於順復言隨自性流以何等隨隨自
性流聖說精微不能了故唯願指授歸伏體
解
佛告无㝵菩薩摩訶薩曰汝所問者甚大利
益吾今為汝分明敷演汝問順者以何順順
於順以自性順順於自性故知順性為聖達
性為凡以性順順性无順无性懷違名順違
没順亡是即解脫達名繼業順名業縛繼縛
既没解脫亦无
復言隨自性流以何等隨隨自性流者以自性
隨隨自性流故影現根門普遍身內以隨隨
隨隨无不周无所不周故性隨性流无隨无
流
尒時世尊說是法時上至頂天下盡六欲宮
殿振動无量大衆不覺喜勇投身佛前
於時衆中有一无垢大士名曰靈真奮迅哮
吼猛无畏力而白佛言如此體解之人當生

流
尒時世尊說是法時上至頂天下盡六欲宮
殿振動无量大衆不覺喜勇投身佛前
於時衆中有一无垢大士名曰靈真奮迅哮
吼猛无畏力而白佛言如此體解之人當生
何處
佛告靈真曰如此體解者別教所不攝當生
兜頭未城弥勒佛國化城之內見滄靈嚮出
沒隨佛
顯一切衆生身內有佛父母品第六
復次无㝵菩薩摩訶薩白佛言世尊如上所
說體解歸真一切身相皆解脫用一切衆生
分段以下依因父母而有身相身相既顯名
身為解脫用若一切衆生身相悉解脫者此
解脫依因父母而便有之故知應佛緣佛報
佛亦有父母所以然者應佛緣佛報佛有出
生故以有出生必有父母若佛有父母者唯
願說之
佛告无㝵菩薩摩訶薩曰汝言問道一切衆
生依因父母而得增長名為解脫者以此類
之比挍置問吾今為汝廣開顯示真處雖一
立名无量名雖无量皆從感基如赴今為感
開通名為父母所以者何一切衆生身內佛父
母者太陽真撫以為父无㝵神性以為母家
照以為父照家以為母天真以為父靈宅以
以為母如此父母出生應佛緣佛報佛真一
无名為引未悟以名名之名趣不足名滅有
除

母者太陽真撫以為父无㝵神性以為母家
照以為父照家以為母天真以為父靈宅以
以為母如此父母出生應佛緣佛報佛真一
无名為引未悟以名名之名起不是名滅有
餘
无㝵菩薩摩訶薩白佛言世尊如來雖說太
陽真撫以為父无㝵神性以為母家照以為
父照家以為母天真以為父靈宅以為母出
生之由未蒙指授
佛告无㝵菩薩摩訶薩曰太陽真撫者衆生
根本善惡主无群識靈宅法界混沌降注歸
下名之為父无邊感應由感影現稱之為母
從此父母出生應佛緣佛報佛感受太陽真
撫勇現神通通根不住照用千差千差用家
即是照真真明內朗名為真照真照照真混
融太家家如常覺謂之生應即覺恢虛謂之
生緣恢虛苞容謂之生報報緣應等皆是家
用用家歸家即家无家无家不家體消相融
一異俱亡欲言其有不見其形欲言其无空
理吐經不有不无万相由生
无㝵菩薩摩訶薩聞法歡喜已偈歎曰
渾渾常不濁　澄澄復不清　清濁合不合　皷号生无生
太一真无縫　漾頑混沌流　是非无別用　一一不獨夯
二一无量　无量二一　滂流遍法界　帝滿如不溢
一一一普容　普容於一一　國中歸理轍　无氣无形質
苞羅无內外　內外即苞羅　是非无異同　信忠清流河

大一真[illegible] [illegible] 是非无另用 一一不獨分
一一无量 无量一一 滂流遍法界 常滿如不溢
一一普容 普容於一一 國中歸理轍 无氣无形質
芭羅无內外 內外即芭羅 是非无異同 信心清流河
佛告无㝵菩薩摩訶薩曰汝今諦聽重說偈
言
身相容受等虛空 納受是非无他我
愛是背非是狂亂 歷劫增長於殃禍
於時无㝵菩薩摩訶薩聞法歡喜願共法界
衆生常聞深法體解歸真
對治服藥治病品第七
復次无㝵菩薩摩訶薩白佛言世尊一切衆
生保重身命起无量顛倒雖聞深法不能究
竟徹解其无譬如有人性命為本雖有性命
要假飲食衣服如有存立雖蒙世尊指授解
要重玄真路身剛意鑛慮動心浮不能就路
蹬真國中天真妙性為法身要解重玄以為
慧命唯願世尊為說折伏剛鑛之法以嚴法
身慧命
佛告无㝵菩薩摩訶薩曰汝今快問是義相
須之法譬如有人居貧日久无方取濟嘿念
思惟我今貧病自不得金无以可除有主之
金取之難得无主之金隨我取用復聞世有
金山金雖无量仍在鑛中其鑛剛麁不任鎚
打看其鑛色與金无別鑛雖是金不任金用
何以故未折伏未入爐治故其貧人復作是
念我欲見金除去貧病闕於方便眼看叵得
得金之來要須取金之具取金具者爐治斫

思惟我今貧窮自不得金无以可除有主之
金取之難得无主之金隨我取用復聞世有
金山金雖无量仍在鑛中其鑛剛鞕不任鎚
打看其鑛色與金无別鑛雖是金不任金用
何以故未折伏未入爐冶故其貧人復作是
念我欲見金除去貧病闕於方便眼看叵得
得金之來要須取金之具取金具者爐冶薪
炭甘堝斵杖擔及人功粮食資儲雖得是具
不得金師闕於方便亦不得金復作是念
何處有好金師我當求之空中有聲如語之
曰汝心精專求金除貧不能得師我教汝處
安在太山府中紫微官裏與諸仙賢同共義
論我今具教汝處不知求此金法可得以不
貧人聞已心大歡喜遂便膝下前進逕由三百
里達至其所兩膝穿破不覺種失膝蓋於是
長跪師前如求出金之法專精處重不覺瘡
痛金師語曰此法甚重不得輕然相與觀
汝來心志在究徹已得為限終不相違汝自
摧伏我慢結齋百日清禁自居立盟敬重吾
當授與即奉師教摧伏我慢結齋百。清禁自
自居要期立盟如至師所師知其意泣如語
之日若逢良賢途中授與若不逢賢父子不
傳觀汝精專聞畢領解來吾授汝真金之法
真金之法不過寸素汝持將去順如用之貧
人得之生大歡喜勇武還家如法造作遂豐
金用自供除貧恵及親族以此類之慧命法
身如實真金在自恃剛鞕意𢙣浮鑛之中自
不折伏无由可現
无导菩薩摩訶薩白佛言世尊今觀大聖卯

傳觀汝精專聞畢領解来吾授汝真金之法
真金之法不過寸素汝持將去順如用之貧
人得之生大歡喜勇武還家如法造作遂豐
金用自供除貧恵及親族以此類之慧命法
身如實真金在自恃剛彊意憲浮鑛之中自
不折伏无由可現
无㝵菩薩摩訶薩白佛言世尊今覩大聖即
是出一切衆生身内慧命法身真金无上大
師唯願指授出之方軌
佛告无㝵菩薩摩訶薩曰成如所言快問出
一切衆生身内慧命法身佛性真金吾今為
汝敷演出之方軌
於是衆中有一菩薩摩訶薩名曰遍敬歡喜
无量而白佛言唯願世尊為説一切衆生身
内佛性真金去鑛具度取之要教
佛告遍敬菩薩摩訶薩曰一切衆生我慢自
居是非盈懐增減二見貢高自恃好勝欺人
陵蔑所愛冐陌師長輕突父母打斫衆生自
在加害嚭鄣佛性真金以為鑛用汝今請問
出之方軌吾今與汝栢當要切分班事用何
以故上盡龍烏下盡蜫蟻於中一切衆生欲
之如佛所有音聲愛之如法於善於惡不生
分別頂戴如僧以為取炭敬一切衆生如佛
除其我慢貢高敬一切音聲愛之如法除其
是非增減二見於善於惡不生分別敬之如
僧除其好勝欺人陵蔑所愛冐陌師長輕突
父母打斫衆生自在加害以此三業去前三
毒病名之為得炭常居下下進他自退念除
已過不説人短以為𥫣大説火未盡以偈頌

是非增減二見於善於惡不生分別敬之如
僧除其好勝欺人陵奪所愛男陌師長輕実
父母打斫衆生自在加害以此三業去前三
毒病名之為得炭常居下下進他自退念除
已過不說人短以為福大說火未盡以偈頌
曰
高原水不亭　取宗衆流歸　摧慯學卑下　法流自然依
法流常熾盛　要先隨下去　信器宗渠裏　決定在中住
守死蕩諍訟　家之泯外緣　怨憎同一撥　圓明顯法身
捨身常居賤　存心作奴婢　供給一切衆　畢竟无休止
一切衆生感形有命悲皆諍其上而不諍下
悲諍其勝而不諍不如悲皆諍前而不諍後
是故上盡六欲下盡識海於中一切衆生不
見有諍下諍不如諍後諍賤諍卑諍无知是
故學人常處无諍之中怨憎自滅禍无由生
畢願受持而說偈曰
棄衆人所取　取衆人所棄　任縱隨塵轉　无求樂自至
衆人所棄我獨存　衆人所存我便捨
不與一切人諍愛　无諍逍遙飯法社
遍敬菩薩摩訶薩而白佛言世尊炭火已鄣
自餘未備願大慈愍重說圓具
佛告遍敬菩薩摩訶薩曰万相俱融名為甘
過泯歸大家名為爐治真際隨感以為攏扇
鼓擊消融去礦金現若人能得如法奉脩蕩
除堅鑛慈命法身光輝顯曜虛通无导周圓
自在又復辟如蜂王將領徒衆入空樹中如
作居宅蜂王語蜂子曰要須勤力可得蜜成
是諸蜂子受勅加功蜜乃方成蜜既成已甘

鼓擊消融去㸦金現若人能得如法奉脩蕩
除堅鑛慧命法身光輝顯曜虛通无㝵周圓
自在又復譬如蜂王將領徒衆入空樹中如
作居宅蜂王誥蜂子曰要須勤力可得蜜成
是諸蜂子受勑加功蜜乃方成蜜既成已有
人遇見即便生念蜜者世間上味方便定取
取蜜之來栰樹去蜂然後取蜜既取得蜜自
供已用惠及親族是故慧命法身在我見樹
中為貢高嫉妬得失是非憍誑自所顯已濁
他我慢陵欺謗毀賢良衆蜂守護先栰其樹
然後去蜂乃得佛性天真慧命法身不生不
滅不噵不壞真如上蜜自供已用同塵不染
惠及无量教人方軌以是因緣對治服藥
遍敬菩薩摩訶薩白佛言世尊栰樹由斧去
蜂由人不知用何法得栰我見樹用何法得
除貢高嫉妬得失是非憍誑自所顯已濁他
我慢陵欺謗毀良賢衆蜂丈出慈尊哀愍顧
畢為說
佛告无㝵菩薩摩訶薩曰隨塵不染同他物
一故名栰我見樹覺過尋改一切相泯塵勞
歸家故言除蜂說是法時无量大衆生大歡
喜頂戴奉行
除一切衆生脩道作佛病品第八
无㝵菩薩摩訶薩白佛言世尊往古來今十
賢万聖從漸至頓脩道作佛何故如來今日
說道去心滅意止章斷句凡佛兩融玄果俱
喪佛无佛果凡无人聖凡聖是一何用如來
說真法乎

无㝵菩薩摩訶薩白佛言世尊往古來今千
賢万聖從漸至頓脩道作佛何故如來今日
説道亡心滅意止章斷句凡佛兩融玄果俱
喪佛无佛果凡无人聖凡聖是一何用如來
説真法乎
佛告无㝵菩薩摩訶薩曰為汝未悟如有言
説若其體解言説則无故知未悟之徒㝵教
歸真是故心是貪根意是瞋本緣動分別是
其癡无若不除毒害无由滅是故亡心息意
緣動俱竭心滅意亡緣動俱寂名拔毒根若
不然者從心意緣慮中脩道作善行諸忍諸
度諸波羅蜜八万四千諸度法等皆是貪瞋癡
三毒中脩何以故心意緣慮是三毒根
本故知斷河斷上原栰樹先栰根若不亡心
息意即緣動家者皆雜毒作善曰中雜毒果
亦雜毒辟如乳蜜置毒於中若有人飲乳蜜
美味不變如能死人乳蜜雖甜中有害毒但
嗜其甜如不顧毒當時口美久後便害然先
去其毒如不除乳蜜
无㝵菩薩摩訶薩白佛言世尊若貪瞋癡以
為毒者貪世間美色財錢寶物剋利權已廣
起諸非造作顛倒五逆不善可以為毒貪法
愛道順善脩行讓利先人自居不足何妨之
有如言從心意緣慮如脩道者皆言雜毒
佛告无㝵菩薩摩訶薩曰從心意緣慮中貪
法愛道順善脩行讓利先人自居不足者是
名毒心中善如似毒中乳蜜飲如食之非不
得美當時解之㝵後如害從心意緣慮中脩
道愛善非不㝵樂樂中有[illegible]

有如言從心意緣處如脩道者皆言雜毒
佛告无㝵菩薩摩訶薩曰從心意緣處中貪
法愛道順善脩行讓利先人自居不足者是
名毒心中善如似毒中乳蜜飲如食之非不
得義當時解之尋後加害從心意緣慮中脩
道愛善非不得樂樂中有苦譬如從心意緣
處中脩治善法招天王果報果報精微世望
絶伴衣則寶餝食則百味宮殿佳麗穀糴餘
振遠肴似矣迷若飛來雖受此樂中有苦
何以然者其中亦有迫怖驚芒衆壊死難諸
此難毒善資狀天王果既居上位自在處寬
不依理路横加煞戮煞戮滋多造過无量曰
此過起墜落三塗苦惱脩受衆苦无暫時息
豈不依曰心意緣處雜毒善中如指重剠故
知貪法愛道毒乳相和非不得樂緣樂自在
樂盡苦至无量苦逼故知三毒中脩善故名
毒脩善毒脩善法還受毒善之果曰果善果
中起自在業煞戮无道縱意造作无所畏憚
墜落三塗受苦万端故知此苦善毒中苦何
以故有貪瞋癡故貪佛一毒憎惡二毒不識
惡與佛體一名異名為三毒云何名為真行
故知真行无行无行无不行以此驗知脩道
要期斷惡從善甘三塗苦歸佛果樂如此之
徒名為脩道作佛病聲聞二乘小行菩薩都
不能斷何以故非不能斷但以封是心彊偏
枯著淨去惡情重歸善處甚繼結成病不能
得捨是故保病為是謂以為真无内覺力故
不識病是病愛病如不捨自有覺力識病是
病即病解脱

徒名為脩道作佛病聲聞二乘小行菩薩都
不能斷何以故非不能斷但以封是心强偏
枯著淨去惡情重歸善處甚繼結成病不能
得捨是故保病為是謂以為真无內覺力故
不識病是病愛病如不捨自有覺力識病是
病即病解脫
无㝵菩薩摩訶薩白佛言世尊雖聞此說大
衆迷悶殞絶不甦猶如病人欲趣死門精神
倒錯无方取濟唯願大聖乘慈重為分明解
說令此大衆還得惺悟也
尒時世尊一一毛端出大音聲皆師子吼其
聲遍滿无量世界烏王遊步從衆生一一毛
孔直入佛性山中本際无生大寂道場天真
聖種如如子上霙還垂降注法藥本願鼓擊
一時惺悟
於時衆中有一大士名曰靈真歡喜无量踊
身佛前舉目一眄四方所有丘墟塚垠山陵
堆埠皆作微塵一一塵中各有化佛異口同
音而說偈言
同塵隨物轉　事用常不忒　寧神泯是非　現居安樂國
无㝵菩薩摩訶薩白佛言世尊今此大衆蒙
聖覺力皆得惺悟雖得惺悟於㳂法中不能
具解以不解故不識乳蜜及與毒合願大悲
尊重為拔析令此會衆及未來世一切諸衆
生具細解了
佛告无㝵菩薩摩訶薩曰心存真處已為乳
蜜貪佛聖果是名一毒既貪佛果即便棄凡
棄凡憎惡名為瞋毒貪瞋交覽不覩及本不
知佛凡无殊性相通照名為癡毒如此三毒

尊重為披析令此會衆及未來世一切諸衆
生具細解了
佛告无㝵菩薩摩訶薩曰心存真蒙已為乳
蜜貪佛聖果是名一毒既貪佛果即便棄凡
棄凡憎惡名為瞋毒貪瞋交竟不覩及本不
知佛凡无殊性相通照名為癡毒如此三毒
置於乳蜜之中害損无量何以故貪瞋癡三
毒不亡比校如言定非消融既非消融生滅
所攝名為毒乳相和
說是法時一切大衆生希有心願常聞如是
真實法音
一切賢聖心海發作扣振渾合品第九
復次勇猛菩薩摩訶薩白佛言世尊聞上所
說真實无過令成欣踊无量大衆騰擲勇武
一時發作皆是法力覺悟使之然也唯願慈
尊聖許大衆各各說證得摧扣扚振神通
之用
佛告勇猛菩薩摩訶薩曰成如所言恣聽汝
說譬如水行天中蓮華臺內化生天子其華
開敷天子出現自試神通堪能出遊飛行以
不自試成就得大自在遊騰虛空遍歷十方
如无滯㝵令汝自說證得大力任從說之
勇猛菩薩摩訶薩白佛言世尊唯願慈尊聽
許弟子自說所得法神力之所由也
佛告勇猛菩薩摩訶薩曰恣聽汝說
勇猛菩薩摩訶白佛言世尊垂慈聽許令
當以偈歎曰
嘷㗶无㝵智　銖湛自在力　握攬天地根　𡁏吒龍王聽
業業嵬巍大乎　賑納扣山海　塡遂丘墟平　積重得自在

佛告勇猛菩薩摩訶薩曰　恣聽汝說
勇猛菩薩摩訶白佛言世尊垂慈聽許令
當以偈歎曰
哼喋无㝵智　秝湛自在力　握攬天地根　𠌶吒龍王聽
業業嶷大千　㧞納枉山海　塡遂丘墟平　膭重得自在
勇猛菩薩摩訶薩白佛言世尊從心性本際海
藏涌動沸亂出生无量諸佛无量菩薩无量
賢聖无量仙賢隱士无量經藏无量經教无
量法音无量智慧无量神通无量轉變无量
巧便无量辯才无量宮殿无量華蓋莊嚴
之具是故上盡頂天下盡水際於中一切聖
眾皆從心性本際如使有之說如不足以偈
歎曰
无㝵自在佛性王　安坐轉變蓮華臺
業雜礚礡心性王（无量佛見於中現）　霙磊嘯謔決之吼（平竟卯識无去來）
是非碎爛作微塵　混融大家一如口
神性智王无量力　駈使諸根順九流
拂攞遠順情繼結　據搭𠪚粄寘太幽
扣擬五陰諸見脈　貪善棄惡作微塵
三毒羅刹真佛智　一切身相寶法跡
真性發作諸根家　无㝵振吼音聲泯
一切得失即體融　三寶於是現世間
趯趡趍動不乏　遍緣諸境不動家
往來任縱法使然　性照會通遍不感
无郭无㝵神性王　无邊離類智慧炬
體解歸真菩法性　肆辯應機共人語
心王自在喑呢瞋　忿怒作悵伏諸魔
破諸分別是非心　耆梟俱融共同波

趣趣趣動不走　遍緣諸境不動家
往来任縱法使然　性照合通遍不底
无郭无㝵神性王　无邊雜類智慧炬
體解歸真菩法性　肆辨應機共人語
心王自在喑呃瞋　忿怒作悵伏諸魔
破諸分別是非心　香皃俱融共同波
无㝵法力力中力　和合四大作一體
轉用陰陽為天地　一一身相无无底
衆生轉動混沌流　虛无一氣理豪狀
推尋縱緒无頭尾　合惚異類周不周
四龍是力負天地　恍轉動身嚴法界
山陵樵爛七日現　作悵初首識一解
大力神亂　要先除嘶嗟　是非作微塵　安得更有嘶
正士作神力　降注劍霜雹　當頭即擬穴　野叉尋後剎
十六一種人　分布齊歷歷　治掃六魔賊　往往无當敵
如是无量偈　推應出一身　方便心海涌　法界是一人
佛告勇猛菩薩摩訶薩曰快說偈教汝等大
衆寧神沖家吾今重頌
心性本際真金山　阿梨耶龍引出雲
霙霪垂布遍十方　降注洗浣五陰村
阿梨耶龍雲中遊　伊難流淪雹霈色
延長促短遍十方　皆是无㝵大心力
阿梨耶龍无㝵力　遊於四大五陰空
往来无諍和九流　任縱自韻神无叨
梨耶奮迅振六合　雷電鼓聲光輝耀
不動真際如遍過　黑闇根中間明照
梨耶神通性无㝵　山河石壁於中過
无量賢㝵不能遮　何昔能牽入鼎鑊
勇猛菩薩摩訶薩白佛言世尊大聖垂慈開

阿弃耶龍无畏力　遊於四大五陰空
往來无諍和九流　任縱自韻神无仞
梨耶奮迅振六合　雷電鼓擊光輝耀
不動真際如遍過　黑闇根中開明照
梨耶神通性无畏　山河石壁於中過
无量質畏不能遮　何皆能牽入鼎鑊
勇猛菩薩摩訶薩白佛言世尊大聖垂慈開
教悉圓不審此說為從心出為從心性而出
為无從而出唯願慈尊分明顯示令迷教之
徒知根所由
佛告勇猛菩薩摩訶薩曰上盡頂天下盡水
際於中一切衆生種種形質无量善惡皆從
心性而出何以故但心性无出无出之出是
名真出是以得知上盡諸佛下盡識海從心
性而有心性有故一切皆心用心用无邊際
即用名為心心用用心无用无心
復次實識菩薩摩訶薩白佛言世尊大聖所
說一切皆心心一切心无別心无別心故一
切皆心用若如是者云何有清涼心云何有
熱惱心云何得不清涼不熱惱等一心性熱
則常熱涼則常涼不涼不熱常應不涼不熱
何以故心性之理常无別故
佛告實識菩薩摩訶薩曰一切皆心心一切
神遊法界无郭畏心一切一切一心法界遊
究竟无所愛无所不无所形聲影響皆无別
實識菩薩摩訶薩白佛言世尊不解為是心
用性性用心唯願大慈尊拔折令衆得開解
佛告實識菩薩摩訶薩曰心用性緣憲是真
淨性用心不可毀壞照真金是故心不用性

神遊法界无郭㝵心一切一切一心法界遊
宅愛无所愛无所不无所形聲影響皆无別
實識菩薩摩訶薩白佛言世尊不解為是心
用性性用心唯願大慈尊拔折令衆得開解
佛告實識菩薩摩訶薩曰心用性緣處是真
淨性用心不可毀壞照真金是故心不用性
无纖淨性不用心无混融无混融无始復无
終无始復无終心用性用心
說是法時无量大衆乘寶智駕性龍還本淨
止緣切

一切諸法即相解脫品第十

復次天真菩薩摩訶薩白佛言世尊一切衆
聖莫不皆說順情之法何故今日世尊所說
之法皆是遠情遠情則皆是患无故知情者
以貪為體若无有貪无所依恃有依恃故
一切果報由情貪如有何以故若不貪善无
以息惡若不息惡无以歸真以此類之云何
今日如來說言泯非喪是福禍同流同流歸
真歸真太無太無之理本无是非是非既喪
一切混融混融之中則无凡无佛何用教為
佛告天真菩薩摩訶薩曰貪者以情為體情
者以貪為本由有情起即有遠順遠順既興
隨虛妄流是故順情稱善遠情稱惡若情既
息貪亦隨亡情貪既无善惡自謝是以得知
貪善棄惡是繼縛業本非解脫是故據此情
貪之中立為與奪顯四種解脫何等為四一者
无願解脫二者无作解脫三者无想解脫四
者无學解脫何以故有願為願所繼後繼
業受生一作解脫有作為作業所繼後繼業

隨處癡流是故順情離善遠情離惡若情既
息貪亦隨亡情貪既无善惡自謝是以得知
貪善棄惡是繼縛業本非解脫是故據此情
貪之中立為與奪顯四種解脫何等為四一者
无願解脫二者无作解脫三者无想解脫四
者无學解脫何以故有願為願所繼從繼
業受生一非解脫有作為作業所繼從繼業
牽生二非解脫有想緣慮為想業所繼從繼
業牽生三非解脫有學有想念為想念繼學所
繼從繼業牽生四非解脫
天真菩薩摩訶薩白佛言世尊如來說四解脫
問復顯四種非解脫四種解脫名章解脫之義
猶自未顯唯願世尊哀慜救護願畢解脫
佛告天真菩薩摩訶薩曰四種解脫者无願
為初何以故无願稱為解脫有願之來為願
所繼凡有願者有心要期要期滿願滿願之
由良由妄起妄起望滿為願滿所繼繼業招
生故知以妄集妄妄還繼妄繼繼相繼故
非解脫无願无累无累无妄累妄俱馳无滿
无稱名真解脫无作解脫者一切皆无作何
以故无作无為无為則无利功德无利无功
德不為利益功德所繼名為无作解脫无
想解脫者若无想念則无繼結何以故想念
波動境風飄浮從外緣想牽想牽繼業繼業
招生不名解脫是故无想則无念无想繼結
不為業牽名為无想解脫无學解脫者无學
无憂有學有憂何以故學從心意而起是故
學者勞心役慮增長我見是非得失分別好
惡貢高自恃以有如是見故名繼縛无學无

波動境風飄浮從外緣想孛想孛繼業繼業
招生不名解脫是故无想則无念无想繼結
不為業孛名為无想解脫无學解脫者无學
无憂有學有憂何以故學後心意而起是故
學者勞心役慮增長我見是非得失分別好
惡貢高自恃以有如是見故名繼縛无學无
憂何以故万相自融圓流海藏藏冢用穷藏
用體泯名為无學解脫
天真菩薩摩訶薩白佛言世尊心性是一解
脫應一何故如來今日說四解脫門心性是
一應說一解脫門
佛告天真菩薩摩訶薩曰一切衆生心性是
一如說四解脫者良由群生繼結之與不過
有四是以且據繼結說四解脫理如言之四
繼既沒一上猶无何容有四但以四收繼
无不盡故且舉四名標其義屬所以然者體
泯相沒解亦无解安得有脫以此類之捨惡
從善脩道作佛皆是繼縛善及作佛猶是繼
縛況復誕縱諸非寧非繼縛故知繼縛是封
封善封惡以封結招生故非解脫
天真菩薩摩訶薩白佛言世尊解脫之曰何
者為是解脫之果何者為是唯大慈愍願為
解說
佛告天真菩薩摩訶薩曰有心脩善名天人
之曰心存是非樂行惡行是三塗之曰善惡
雙泯體融大穷名為佛曰亦名解脫曰設名
名之佛曰如實佛曰不可名目何以故佛曰
者无曰可曰有曰之曰曰果相待相待之因
名為繼縛曰非解脫曰

BD04726號　究竟大悲經（三卷本）卷三　（22–21）

有四是以且據繫結說四解脫理如言之四
繫脫沒一上猶无何容有四但以四收繫收
无不盡故且舉四名標其義屬所以然者體
泯相沒解亦无解安得有脫以此類之捨惡
從善脩道作佛皆是繫縛善反作佛猶是繫
縛況復詮綖諸非寧非繫縛故知繫縛是封
封善封惡以封結招生故非解脫
天真菩薩摩訶薩白佛言世尊解脫之因何
者為是解脫之果何者為是唯大慈悲頗為
解說
佛告天真菩薩摩訶薩曰有心脩善名天人
之因心存是非藥行惡行是三塗之因善惡
雙泯體融大空名為佛因亦名解脫因設名
名之佛因如實佛因不可名目何以故佛因
者无因可因有因之因因果相待相待之因
名為繫縛因非解脫因
天真菩薩摩訶薩白佛言世尊因說竟□猶
未說唯願世尊重為顯示解脫之果
佛告天真菩薩摩訶薩曰解脫果者金剛心
謝大明種智以為解脫果理口言之解脫之
□因无果无果之果名所脫果
□无量大衆寘會不起為因无得為
□□

應生无所住心若心有住則爲非住是故佛說
菩薩心不應住色布施須菩提菩薩爲利
益一切衆生應如是布施如來說一切諸相
即是非相又說一切衆生則非衆生須菩提
如來是真語者實語者如語者不誑語者不
異語者須菩提如來所得法此法无實无虛
須菩提若菩薩心住於法而行布施如人入
闇則无所見若菩薩心不住法而行布施如
人有目日光明照見種種色須菩提當來之
世若有善男子善女人能於此經受持讀誦
則爲如來以佛智慧悉知是人悉見是人皆
得成就无量无邊功德
須菩提若有善男子善女人初日分以恒河
沙等身布施中日分復以恒河沙等身布
施後日分亦以恒河沙等身布施如是无量百
千万億劫以身布施若復有人聞此經典信心
不逆其福勝彼何况書寫受持讀誦爲人
解說須菩提以要言之是經有不可思議不
可稱量无邊功德如來爲發大乘者說爲
發最上乘者說若有人能受持讀誦廣爲人
說如來悉知是人悉見是人皆成就不可量不
可稱无有邊不可思議功德如是人等則爲

BD04727 號　金剛般若波羅蜜經　（2–1）

人有目日光明照見種種色須菩提當來之
世若有善男子善女人能於此經受持讀誦
則爲如來以佛智慧悉知是人悉見是人皆
得成就无量无邊功德
須菩提若有善男子善女人初日分以恒河
沙等身布施中日分復以恒河沙等身布
施後日分亦以恒河沙等身布施如是无量百
千万億劫以身布施若復有人聞此經典信心
不逆其福勝彼何况書寫受持讀誦爲人
解說須菩提以要言之是經有不可思議不
可稱量无邊功德如來爲發大乘者說爲
發最上乘者說若有人能受持讀誦廣爲人
說如來悉知是人悉見是人皆成就不可量不
可稱无有邊不可思議功德如是人等則爲
荷擔如來阿耨多羅三藐三菩提何以故須
菩提若樂小法者著我見人見衆生見壽者
見則於此經不能聽受讀誦爲人解說須菩
提在在處處若有此經一切世間天人阿脩
羅所應供養當知此處則爲是塔皆應恭敬
作禮圍遶以諸華香而散其處

BD04727 號　金剛般若波羅蜜經　（2–2）

…何住云…

尒時佛告須菩提善哉

說如來善護念諸菩薩

諦聽當為汝說如菩薩

三藐三菩提心應如是住

伏其心須菩提白佛言

佛告須菩提諸菩薩生如是心所有一切

生衆生所攝若卵生若胎生若濕生若化生

若有色若无色若有想若无想若非有想若

非无想所有衆生界衆生所攝我皆令入无

餘涅槃而滅度之如是滅度无量无邊衆生

實无衆生得滅度者何以故須菩提若菩薩

有衆生相即非菩薩何以故非須菩提若菩

薩起衆生相人相壽者相則不名菩薩

脩行分明脩道第四

復次須菩提菩薩不住於事行於布施无所

住行於布施不住色布施不住聲香味觸法

布施須菩提菩薩應如是布施不住於相想

何以故若菩薩不住相布施其福德聚不可

思量須菩提於汝意云何東方虛空可思量

BD04728號　金剛般若波羅蜜經（菩提留支十二分本）　（20–1）

脩行分明脩道第四

復次須菩提菩薩不住於事行於布施无所

住行於布施不住色布施不住聲香味觸法

布施須菩提菩薩應如是布施不住於相想

何以故若菩薩不住相布施其福德聚不可

思量須菩提於汝意云何東方虛空可思量

不須菩提言不也世尊佛言如是須菩提南

西北方四維上下虛空可思量不須菩提言

不也世尊佛言如是如是須菩提菩薩无住

相布施福德聚亦復如是不可思量佛復告

須菩提菩薩但應如是行於布施

非有為相分第五

須菩提於意云何可以相成就見如來不須

菩提言不也世尊不可以相成就得見如來

何以故如來所說相即非相佛告須菩提凡

所有相皆是妄語若見諸相非相則非妄語

如是諸相非相則見如來

信者分亦名我空法空分第六

須菩提白佛言世尊頗有衆生於未來世末

世得聞如是脩多羅章句生實相不佛告須

菩提莫作是說頗有衆生於未來世末世得

聞如是脩多羅章句生實相不佛復告須菩

提有未來世末世有菩薩摩訶薩法欲滅時

有持戒脩福德智慧者於此脩多羅章句能

生信心以此為實佛復告須菩提當知彼菩

薩摩訶薩非於一佛二佛三四五佛所脩行

BD04728號　金剛般若波羅蜜經（菩提留支十二分本）　（20–2）

聞如是脩多羅章句生實相不佛復告須菩
提有未來世末世有菩薩摩訶薩法欲滅時
有持戒脩福德智慧者於此脩多羅章句能
生信心以此為實佛復告須菩提當知彼菩
薩摩訶薩非於一佛二佛三四五佛所脩行
供養非於一佛二佛三四五佛所而種善根
佛復告須菩提已於无量百千万諸佛所脩
行供養无量百千万諸佛所種諸善根聞是
脩多羅乃至一念能生淨信須菩提如來悉
知是諸衆生如來悉見是諸衆生須菩提是
諸菩薩生如是无量福德衆取如是无量福
德何以故須菩提是諸菩薩无復我相衆生
相人相壽者相須菩提是諸菩薩无法相亦
非无法相无相亦非无相何以故須菩提是
諸菩薩若取法相則為著我人衆生壽者須
菩提若是菩薩有法相即著我相人相衆生
相壽者相何以故須菩提不應取法非不取
法以是義故如來常說栰喻法門是法應捨
非捨法故
復次佛告慧命須菩提須菩提於意云何如
來得阿耨多羅三藐三菩提耶如來有所說
法耶須菩提言如我解佛所說義无有定法
如來得阿耨多羅三藐三菩提亦无有定法
如來可說何以故如來所說法皆不可取不
可說非法非非法何以故一切聖人皆以无
為法得名

BD04728號　金剛般若波羅蜜經（菩提留支十二分本）　（20–3）

來得阿耨多羅三藐三菩提耶如來有所說
法耶須菩提言如我解佛所說義无有定法
如來得阿耨多羅三藐三菩提亦无有定法
如來可說何以故如來所說法皆不可取不
可說非法非非法何以故一切聖人皆以无
為法得名
校量勝分第七
須菩提於意云何若滿三千大千世界七寶
以用布施須菩提於意云何是善男子善女
人所得福德寧為多不須菩提言甚多婆伽
婆甚多脩伽陁彼善男子善女人得福甚多
何以故世尊是福德衆即非福德衆是故如
來說福德衆福德衆佛言須菩提若善男子
善女人以滿三千大千世界七寶持用布施
若復有人於此經中受持乃至四句偈等為
他人說其福勝彼无量不可數何以故須菩
提一切諸佛阿耨多羅三藐三菩提法皆從
此經出一切諸佛如來皆從此經生須菩提
所謂佛法佛法者即非佛法是名佛法
須菩提於意云何須陁洹能作是念我得須
陁洹果不須菩提言不也世尊何以故實无
有法名須陁洹不入色聲香味觸法是名須
陁洹佛言須菩提於意云何斯陁含能作是
念我得斯陁含果不須菩提言不也世尊何
以故實无有法名斯陁含是名斯陁含須菩
提於意云何阿那含能作是念我得阿那含

BD04728號　金剛般若波羅蜜經（菩提留支十二分本）　（20–4）

陁洹果不須菩提言不也世尊何以故實无
有法名須陁洹不入色聲香味觸法是名須
陁洹佛言須菩提於意云何斯陁含能作是
念我得斯陁含果不須菩提言不也世尊何
以故實无有法名斯陁含是名斯陁含須菩
提於意云何阿那含能作是念我得阿那含
果不須菩提言不也世尊何以故實无有法
名阿那含是名阿那含須菩提於意云何阿
羅漢能作是念我得阿羅漢果不須菩提
言不也世尊何以故實无有法名阿羅漢世尊
若阿羅漢作是念我得阿羅漢即爲著我人
衆生壽者世尊佛說我得无諍三昧最爲第
一世尊說我是離欲阿羅漢世尊我不作是
念我是離欲阿羅漢世尊我若作是念我得
阿羅漢世尊則不說我无諍行第一以須菩
提實无所行而名須菩提无諍无諍行
佛告須菩提於意云何如來昔在然燈佛所
得阿耨多羅三藐三菩提法不須菩提言不
也世尊如來在然燈佛所於法實无所得阿
耨多羅三藐三菩提
佛告須菩提若菩薩作是言我莊嚴佛國土
彼菩薩不實語何以故須菩提如來所說莊
嚴佛土者則非莊嚴是名莊嚴佛土是故須
菩提諸菩薩摩訶薩應如是生清淨心而无
所住不住色生心不住聲香味觸法生心應
无所住而生其心須菩提譬如有人身如須

BD04728號　金剛般若波羅蜜經（菩提留支十二分本）　（20–5）

佛告須菩提若菩薩作是言我莊嚴佛國土
彼菩薩不實語何以故須菩提如來所說莊
嚴佛土者則非莊嚴是名莊嚴佛土是故須
菩提諸菩薩摩訶薩應如是生清淨心而无
所住不住色生心不住聲香味觸法生心應
无所住而生其心須菩提譬如有人身如須
彌山王須菩提於意云何是身爲大不須菩
提言甚大世尊何以故佛說非身是名大身
彼身非身是名大身
佛言須菩提如恒河中所有沙數如是沙等
恒河於意云何是諸恒河沙寧爲多不須菩
提言甚多世尊但諸恒河尚多无數何況其
沙佛言須菩提我今實言告汝若有善男子
善女人以七寶滿尒所恒河沙數世界以施諸
佛如來須菩提於意云何彼善男子善女人
得福多不須菩提言甚多世尊彼善男子善
女人得福甚多佛言須菩提以七寶滿尒數
恒河沙世界持用布施若善男子善女人於
此法門乃至受持四句偈等爲他人說而此
福德勝前福德无量阿僧祇
復次須菩提隨所有處說是法門乃至四句
偈等當知此處一切世間天人阿脩羅皆應
供養如佛塔廟何況有人盡能受持讀誦此
經須菩提當知是人成就最上第一希有之
法若是經典所在之處則爲有佛若尊重似
佛尒時須菩提白佛言世尊當何名此法門

BD04728號　金剛般若波羅蜜經（菩提留支十二分本）　（20–6）

偈等當知此處一切世間天人阿修羅皆應
供養如佛塔廟何況有人盡能受持讀誦此
經須菩提當知是人成就㝡上第一希有之
法若是經典所在之處則為有佛若尊重似
佛尒時須菩提白佛言世尊當何名此法門
我等云何奉持佛告須菩提是法門名為金
剛般若波羅蜜以是名字汝當奉持何以故
須菩提佛說般若波羅蜜則非般若波羅蜜
須菩提於意云何如來有所說法不須菩提
言世尊如來无所說法須菩提於意云何三
千大千世界所有微塵是為多不須菩提言
彼微塵甚多世尊須菩提是諸微塵如來說
非微塵是名微塵如來說世界非世界是名
世界佛言須菩提於意云何可以三十二大
人相見如來不須菩提言不也世尊何以故
如來說三十二大人相即是非相是名三十
二大人相
佛言須菩提若有善男子善女人以恒河沙
等身命布施若復有人於此法門中乃至受
持四句偈等為他人說其福甚多无量阿僧
祇尒時須菩提聞說是經深解義趣涕淚悲
泣抆淚而白佛言希有婆伽婆希有脩伽陁
佛說如是甚深法門我從昔來所得慧眼未
曾得聞如是法門何以故須菩提佛說般若
波羅蜜即非般若波羅蜜世尊若復有人得
聞是經信心清淨則生實相當知是人成就

BD04728 號　金剛般若波羅蜜經（菩提留支十二分本）　（20–7）

祇尒時須菩提聞說是經深解義趣涕淚悲
泣抆淚而白佛言希有婆伽婆希有脩伽陁
佛說如是甚深法門我從昔來所得慧眼未
曾得聞如是法門何以故須菩提佛說般若
波羅蜜即非般若波羅蜜世尊若復有人得
聞是經信心清淨則生實相當知是人成就
第一希有功德世尊是實相者則是非相是
故如來說名實相實相世尊我今得聞如是
法門信解受持不足為難若當來世其有衆
生得聞是法門信解受持是人則為第一希
有何以故此人无我相人相衆生相壽者相
何以故我相即是非相人相衆生相壽者相
即是非相何以故離一切諸相則名諸佛佛
告須菩提如是如是若復有人得聞是經不
驚不怖不畏當知是人甚為希有何以故須
菩提如來說第一波羅蜜非第一波羅蜜如
來說第一波羅蜜者彼无量諸佛亦說波羅
蜜是名第一波羅蜜
須菩提如來說忍辱波羅蜜即非忍辱波羅
蜜何以故須菩提如我昔為歌利王割截身
體我於尒時无我相无衆生相无人相无壽
者相无相亦非无相何以故須菩提我於往
昔節節支解時若有我相衆生相人相壽者
相應生瞋恨須菩提又念過去於五百世作
忍辱仙人於尒所世无我相无衆生相无人
相无壽者相是故須菩提菩薩應離一切相

BD04728 號　金剛般若波羅蜜經（菩提留支十二分本）　（20–8）

者相无相亦非无相何以故須菩提我於往
昔節節支解時若有我相衆生相人相壽者
相應生瞋恨須菩提又念過去於五百世作
忍辱仙人於尒所世无我相无衆生相无人
相无壽者相是故須菩提菩薩應離一切相
發阿耨多羅三藐三菩提心何以故若心有
住則為非住不應住色生心不應住聲香味
觸法生心應生无所住心是故佛說菩薩心
不住色布施須菩提菩薩為利益一切衆生
應如是布施須菩提言世尊一切衆生相即
是非相何以故如來說一切衆生即非衆生
須菩提如來是真語者實語者如語者不
異語者須菩提如來所得法所說法无實无
妄語
真如分第八
須菩提譬如有人入闇則无所見若菩薩心
住於事而行布施亦復如是須菩提譬如人
有目夜分已盡日光明照見種種色若菩薩
不住於事行於布施亦復如是
復次須菩提若有善男子善女人能於此法
門受持讀誦脩行則為如來以佛智慧悉知
是人悉見是人悉覺是人皆得成就无量无
邊功德聚須菩提若有善男子善女人初日
分以恒河沙等身布施中日分復以恒河沙
等身布施後日分復以恒河沙等身布施如
是捨恒河沙等无量身如是百千万億那由

BD04728號　金剛般若波羅蜜經（菩提留支十二分本）　（20–9）

是人悉見是人悉覺是人皆得成就无量无
邊功德聚須菩提若有善男子善女人初日
分以恒河沙等身布施中日分復以恒河沙
等身布施後日分復以恒河沙等身布施如
是捨恒河沙等无量身如是百千万億那由
他劫以身布施若復有人聞此法門信心不
謗其福勝彼无量阿僧祇何況書寫受持讀
誦脩行為人廣說
利益分第九
須菩提以要言之是經有不可思議不可稱
量无邊功德此法門如來為發大乘者說為
發冣上乘者說若有人能受持讀誦脩行此
經廣為人說如來悉知是人悉見是人皆成
就不可思議不可稱无有邊无量功德聚如
是人等則為荷擔如來阿耨多羅三藐三菩
提何以故須菩提若樂小法者則於此經不
能受持讀誦脩行為人解說若有我見衆生
見人見壽者見於此法門能受持讀誦脩行
為人解說者无有是處須菩提在在處處若
有此經一切世間天人阿脩羅所應供養當
知此處則為是塔皆應恭敬作禮圍遶以諸
華香而散其處復次須菩提若善男子善女
人受持讀誦此經為人輕賤何以故是人先
世罪業應墮惡道以今世人輕賤故先世罪
業則為消滅當得阿耨多羅三藐三菩提須
菩提我念過去无量阿僧祇阿僧祇劫於然

BD04728號　金剛般若波羅蜜經（菩提留支十二分本）　（20–10）

華香而散其處復次須菩提若善男子善女
人受持讀誦此經為人輕賤何以故是人先
世罪業應墮惡道以今世人輕賤故先世罪
業則為消滅當得阿耨多羅三藐三菩提須
菩提我念過去无量阿僧祇阿僧祇劫於然
燈佛前得值八十四億那由他百千万諸佛
我皆親承供養无空過者須菩提如是无量
諸佛我皆親承供養无空過者若復有人於
後世末世能受持讀誦脩行此經所得功德
我所供養諸佛功德於彼百分不及一千万
億分乃至筭數譬喻所不能及須菩提若有
善男子善女人於後世末世有受持讀誦脩
行此經所得功德若我具說者或有人聞心
則狂乱疑惑不信須菩提當知是法門不可
思議果報亦不可思議

斷疑分明无功用道第十

尒時須菩提白佛言世尊云何菩薩發阿耨
多羅三藐三菩提心云何住云何脩行云何
降伏其心佛告須菩提菩薩發阿耨多羅三
藐三菩提心者當生如是心我應滅度一切
衆生令入无餘涅槃界如是滅度一切衆生
已而无一衆生實滅度者何以故須菩提若
菩薩有衆生相人相壽者相則非菩薩何以
故須菩提實无有法名為菩薩發阿耨多羅
三藐三菩提心者
須菩提於意云何如來於然燈佛所有法得

BD04728號　金剛般若波羅蜜經（菩提留支十二分本）　（20–11）

衆生令入无餘涅槃界如是滅度一切衆生
已而无一衆生實滅度者何以故須菩提若
菩薩有衆生相人相壽者相則非菩薩何以
故須菩提實无有法名為菩薩發阿耨多羅
三藐三菩提心者
須菩提於意云何如來於然燈佛所有法得
阿耨多羅三藐三菩提不須菩提白佛言不
也世尊如我解佛所說義佛於然燈佛所无
有法得阿耨多羅三藐三菩提佛言如是如
是須菩提實无有法如來於然燈佛所得阿
耨多羅三藐三菩提須菩提若有法如來得
阿耨多羅三藐三菩提者然燈佛則不與我
受記汝於來世當得作佛号釋迦牟尼以實
无有法得阿耨多羅三藐三菩提是故然燈
佛與我受記作如是言摩那婆汝於來世當
得作佛号釋迦牟尼何以故須菩提言如來
者即實真如須菩提若有人言如來得阿耨
多羅三藐三菩提者是人不實語須菩提實
无有法佛得阿耨多羅三藐三菩提須菩提
如來所得阿耨多羅三藐三菩提於是中不
實不妄語是故如來說一切法皆是佛法須
菩提所言一切法一切法者即非一切法是
故名一切法
須菩提譬如有人其身妙大須菩提言世尊
如來說人身妙大則非大身是故如來說名
大身

BD04728號　金剛般若波羅蜜經（菩提留支十二分本）　（20–12）

菩提所言一切法一切法者即非一切法是
故名一切法
須菩提譬如有人其身妙大須菩提言世尊
如來説人身妙大則非大身是故如來説名
大身
佛言須菩提菩薩亦如是若作是言我當滅
度无量衆生則非菩薩佛言須菩提於意云
何頗有實法名爲菩薩不須菩提言不也世
尊實无有法名爲菩薩是故佛説一切法无
衆生无人无壽者須菩提若菩薩作是言我
莊嚴佛國土是不名菩薩何以故如來説莊
嚴佛土莊嚴佛土者即非莊嚴是名莊嚴佛
國土須菩提若菩薩通達无我无我法者如
來説名真是菩薩菩薩
須菩提於意云何如來有肉眼不須菩提言
如是世尊如來有肉眼佛言須菩提於意云
何如來有天眼不須菩提言如是世尊如來
有天眼佛言須菩提於意云何如來有慧眼
不須菩提言如是世尊如來有慧眼佛言須
菩提於意云何如來有法眼不須菩提言如
是世尊如來有法眼佛言須菩提於意云何
如來有佛眼不須菩提言如是世尊如來有
佛眼佛言須菩提於意云何如恒河中所有
沙佛説是沙不須菩提言如是世尊如來説
是沙佛言須菩提於意云何如一恒河中所

BD04728 號　金剛般若波羅蜜經（菩提留支十二分本）　（20–13）

如來有佛眼不須菩提言如是世尊如來有
佛眼佛言須菩提於意云何如恒河中所有
沙佛説是沙不須菩提言如是世尊如來説
是沙佛言須菩提於意云何如一恒河中所
有沙有如是等恒河是諸恒河所有沙數佛
世界如是世界寧爲多不須菩提言彼世界
甚多世尊佛告須菩提尒所世界中所有衆
生若干種心住如來悉知何以故如來説諸
心住皆爲非心住是名爲心住何以故須菩
提過去心不可得現在心不可得未來心不
可得須菩提於意云何若有人以滿三千大
千世界七寶持用布施是善男子善女人以
是因緣得福多不須菩提言如是世尊此人
以是因緣得福甚多佛言如是如是須菩提
彼善男子善女人以是因緣得福德聚多須
菩提若福德聚有實如來則不説福德聚福
德聚
須菩提於意云何佛可以具足色身見不須
菩提言不也世尊如來不應以色身見何以
故如來説具足色身即非具足色身是故如
來説名具足色身
佛言須菩提於意云何如來可以具足諸相
見不須菩提言不也世尊如來不應以具足
諸相見何以故如來説諸相具足即非具足
是故如來説名諸相具足
佛言須菩提於意云何汝勿謂如來作是念

BD04728 號　金剛般若波羅蜜經（菩提留支十二分本）　（20–14）

來說名具足色身

佛言須菩提於意云何如來可以具足諸相
見不須菩提言不也世尊如來不應以具足
諸相見何以故如來說諸相具足即非具足
是故如來說名諸相具足
佛言須菩提於意云何汝勿謂如來作是念
我當有所說法耶須菩提莫作是念何以故若
人言如來有所說法即為謗佛不能解我所
說故何以故須菩提如來說法說法者无法
可說是名說法
尒時慧命須菩提白佛言世尊頗有衆生於
未來世聞說是法生信心不佛言須菩提彼
非衆生非不衆生何以故須菩提衆生衆生
者如來說非衆生是名衆生
佛言須菩提於意云何如來得阿耨多羅三
藐三菩提耶須菩提言不也世尊世尊无有
少法如來得阿耨多羅三藐三菩提佛言如
是如是須菩提我於阿耨多羅三藐三菩提
乃至无有少法可得是名阿耨多羅三藐三
菩提復次須菩提是法平等无有高下是名
阿耨多羅三藐三菩提以无衆生无人无壽
者得平等阿耨多羅三藐三菩提一切善法
得阿耨多羅三藐三菩提須菩提所言善法
善法者如來說非善法是名善法
須菩提三千大千世界中所有諸須弥山王
如是等七寶聚有人持用布施若人以此般

BD04728號　金剛般若波羅蜜經（菩提留支十二分本）　（20–15）

者得平等阿耨多羅三藐三菩提一切善法
得阿耨多羅三藐三菩提須菩提所言善法
善法者如來說非善法是名善法
須菩提三千大千世界中所有諸須弥山王
如是等七寶聚有人持用布施若人以此般
若波羅蜜經乃至四句偈等受持讀誦為他
人說於前福德百分不及一千分不及一百
千万分不及一歌羅分不及一數分不及一
優波尼沙陁分不及一乃至筭數譬喻所不
能及
須菩提於意云何汝謂如來作是念我度衆
生耶須菩提莫作是見何以故實无有衆生
如來度者佛言須菩提若有實衆生如來度
者如來則有我人衆生壽者相須菩提如來
說有我者則非有我而毛道凡夫生者以為
有我須菩提毛道凡夫生者如來說名非生
是故言毛道凡夫生
須菩提於意云何可以相成就得見如來不
須菩提言如我解如來所說義不以相成就
得見如來佛言如是如是須菩提不以相成
就得見如來佛言須菩提若以相成就觀如
來者轉輪聖王應是如來是故非以相成就
得見如來尒時世尊而說偈言
若以色見我　以音聲求我　是人行耶道　不能見如來
彼如來妙體　即法身諸佛　法體不可見　彼識不能知

BD04728號　金剛般若波羅蜜經（菩提留支十二分本）　（20–16）

得見如來佛言如是如是須菩提不以相成
就得見如來佛言須菩提若以相成就觀如
來者轉輪聖王應是如來是故非以相成就
得見如來尒時世尊而說偈言
若以色見我 以音聲求我 是人行耶道 不能見如來
彼如來妙體 即法身諸佛 法體不可見 彼識不能知
須菩提於意云何如來可以相成就得阿耨
多羅三藐三菩提耶須菩提莫作是念如來
以相成就得阿耨多羅三藐三菩提須菩提
汝若作是念菩薩發阿耨多羅三藐三菩提
心者說諸法斷滅相須菩提莫作是念菩薩
發阿耨多羅三藐三菩提心說諸法斷滅相
何以故菩薩發阿耨多羅三藐三菩提心者
於法不說斷滅相故須菩提若善男子善女
人以滿恒河沙等世界七寶持用布施若有
菩薩知一切法无我得无生法忍此功德勝
前所得福德須菩提以諸菩薩不取福德故
須菩提白佛言世尊菩薩不取福德佛言須
菩提菩薩受福德不取福德是故菩薩取福
德
須菩提若有人言如來若去若來若住若坐
若卧是人不解我所說義何以故如來者无
所至去无所從來故名如來
須菩提若善男子善女人以三千大千世界
微塵復以尒許微塵世界碎為微塵阿僧祇
須菩提於意云何是微塵衆寧為多不須菩
提言彼微塵衆甚多世尊何以故若是微塵

BD04728號　金剛般若波羅蜜經（菩提留支十二分本）　（20–17）

所至去无所從來故名如來
須菩提若善男子善女人以三千大千世界
微塵復以尒許微塵世界碎為微塵阿僧祇
須菩提於意云何是微塵衆寧為多不須菩
提言彼微塵衆甚多世尊何以故若是微塵
衆實有者佛則不說是微塵衆何以故佛說
微塵衆則非微塵衆是故佛說微塵衆世尊
如來所說三千大千世界則非世界是故佛說
三千大千世界何以故若世界實有者則是
一合相如來說一合相則非一合相是故佛
說一合相佛言須菩提一合相者則是不可
說但凡夫之人貪著其事何以故須菩提若
人如是言佛說我見人見衆生見壽者見須
菩提於意云何是人所說為正語不須菩提
言不也世尊何以故世尊如來說我見人見
衆生見壽者見即非我見人見衆生見壽者
見是名我見人見衆生見壽者見須菩提
菩薩發阿耨多羅三藐三菩提心者於一切
法應如是知如是見如是信如是不住法相
何以故須菩提所言法相法相者如來說即
非法相是名法相須菩提若有菩薩摩訶薩
以滿无量阿僧祇世界七寶持用布施若有
善男子善女人發菩薩心者於此般若波羅
蜜經乃至四句偈等受持讀誦為他人說其
福勝彼无量阿僧祇云何為人演說而不名
[illegible]

BD04728號　金剛般若波羅蜜經（菩提留支十二分本）　（20–18）

何以故須菩提所言法相法相者如来說即
非法相是名法相須菩提若有菩薩摩訶薩
以滿无量阿僧祇世界七寶持用布施若有
善男子善女人發菩薩心者於此般若波羅
蜜經乃至四句偈等受持讀誦為他人說其
福勝彼无量阿僧祇云何為人演說而不名
說是名為說尒時世尊而說偈言

不住道分第十一

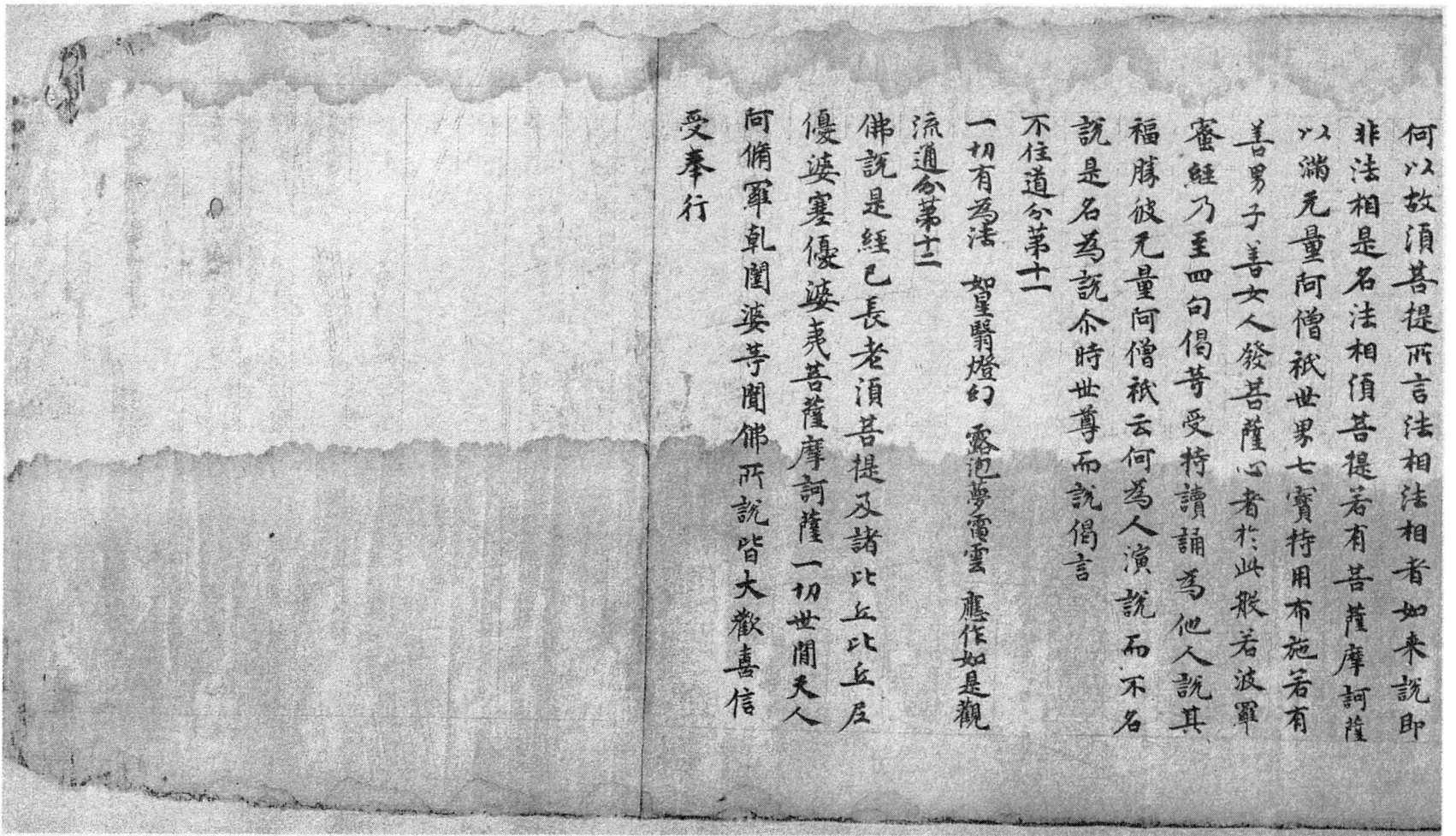

一切有為法　如星翳燈幻　露泡夢電雲　應作如是觀

流通分第十二

佛說是經已長老須菩提及諸比丘比丘尼
優婆塞優婆夷菩薩摩訶薩一切世間天人
阿脩羅乾闥婆等聞佛所說皆大歡喜信
受奉行

BD04728 號　金剛般若波羅蜜經（菩提留支十二分本）　（20–19）

流通分第十二

佛說是經已長老須菩提及諸比丘比丘尼
優婆塞優婆夷菩薩摩訶薩一切世間天人
阿脩羅乾闥婆等聞佛所說皆大歡喜信
受奉行

BD04728 號　金剛般若波羅蜜經（菩提留支十二分本）　（20–20）

第二親近處尒時世尊
心欲說是經
王 及國王子
外道梵志
貪著小乘 三藏學者
比丘尼 好戲咲者
優婆夷 皆勿親近
菩薩所 為聞佛道
不懷悕望 而為說法
不男 皆勿親近 以為親厚
亦莫親近 屠兒魁膾 田獵魚捕 為利殺害
販肉自活 衒賣女色 如是之人 皆勿親近
兇險相撲 種種嬉戲 諸婬女等 盡勿親近
莫獨屏處 為女說法 若說法時 无得戲咲
入里乞食 將一比丘 若无比丘 一心念佛
是則名為 行處近處 以此二處 能安樂說
又復不行 上中下法 有為无為 實不實法
亦不分別 是男是女 不得諸法 不知不見
是則名為 菩薩行處 一切諸法 空无所有
无有常住 亦无起滅 是名智者 所親近處
顛倒分別 諸法有无 是實非實 是生非生

BD04729號　妙法蓮華經卷五　（6–1）

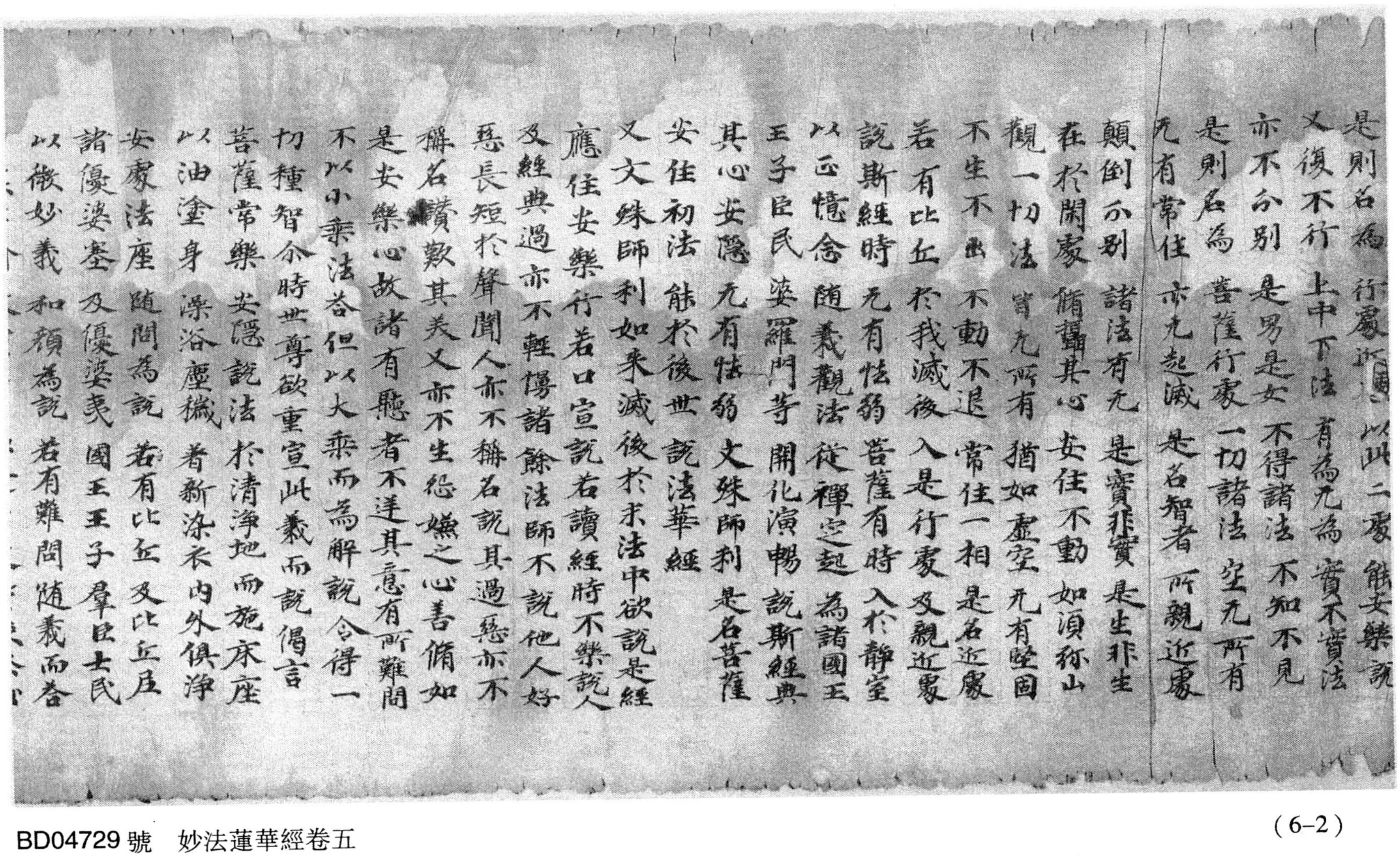

是則名為 行處近處 以此二處 能安樂說
又復不行 上中下法 有為无為 實不實法
亦不分別 是男是女 不得諸法 不知不見
是則名為 菩薩行處 一切諸法 空无所有
无有常住 亦无起滅 是名智者 所親近處
顛倒分別 諸法有无 是實非實 是生非生
在於閑處 脩攝其心 安住不動 如須弥山
觀一切法 皆无所有 猶如虛空 无有堅固
不生不出 不動不退 常住一相 是名近處
若有比丘 於我滅後 入是行處 及親近處
說斯經時 无有怯弱 菩薩有時 入於靜室
以正憶念 隨義觀法 從禪定起 為諸國王
王子臣民 婆羅門等 開化演暢 說斯經典
其心安隱 无有怯弱 文殊師利 是名菩薩
安住初法 能於後世 說法華經
又文殊師利 如來滅後 於末法中 欲說是經
應住安樂行 若口宣說 若讀經時 不樂說人
及經典過 亦不輕慢 諸餘法師 不說他人好
惡長短 於聲聞人 亦不稱名 說其過惡 亦不
稱名讚歎其美 又亦不生怨嫌之心 善脩如
是安樂心故 諸有聽者 不逆其意 有所難問
不以小乘法荅 但以大乘而為解說 令得一
切種智 尒時世尊 欲重宣此義 而說偈言
菩薩常樂 安隱說法 於清淨地 而施床座
以油塗身 澡浴塵穢 著新淨衣 內外俱淨
安處法座 隨問為說 若有比丘 及比丘尼
諸優婆塞 及優婆夷 國王王子 群臣士民
以微妙義 和顏為說 若有難問 隨義而荅

BD04729號　妙法蓮華經卷五　（6–2）

菩薩常樂　安隱說法　於清淨地　而施床座
以油塗身　澡浴塵穢　著新淨衣　内外俱淨
安處法座　隨問為說　若有比丘　及比丘尼
諸優婆塞　及優婆夷　國王王子　群臣士民
以微妙義　和顏為說　若有難問　隨義而荅
因緣譬喻　敷演分別　以是方便　皆使發心
漸漸增益　入於佛道　除嬾惰意　及懈怠想
離諸憂惱　慈心說法　晝夜常說　无上道教
以諸因緣　无量譬喻　開示衆生　咸令歡喜
衣服卧具　飲食醫藥　而於其中　无所悕望
但一心念　說法因緣　願成佛道　令衆亦尒
是則大利　安樂供養　我滅度後　若有比丘
能演說斯　妙法華經　心无嫉恚　諸惱障礙
亦无憂愁　及罵詈者　又无怖畏　加刀杖等
亦无擯出　安住忍故　智者如是　善脩其心
能住安樂　如我上說　其人功德　千万億劫
筭數譬喻　說不能盡
又文殊師利菩薩摩訶薩於後末世法欲滅
時受持讀誦斯經典者无懷嫉妬諂誑之心
亦勿輕罵學佛道者求其長短若比丘比丘
尼優婆塞優婆夷求聲聞者求辟支佛者求
菩薩道者无得惱之令其疑悔語其人言汝
等去道甚遠終不能得一切種智所以者何
汝是放逸之人於道懈怠故又亦不應戲論
諸法有所諍競當於一切衆生起大悲想於
諸如來起慈父想於諸菩薩起大師想於十
方諸大菩薩常應深心恭敬礼拜於一切衆
生平等說法以順法故不多不少乃至深愛

BD04729 號　妙法蓮華經卷五　　（6–3）

等去道甚遠終不能得一切種智所以者何
汝是放逸之人於道懈怠故又亦不應戲論
諸法有所諍競當於一切衆生起大悲想於
諸如來起慈父想於諸菩薩起大師想於十
方諸大菩薩常應深心恭敬礼拜於一切衆
生平等說法以順法故不多不少乃至深愛
法者亦不為多說文殊師利是菩薩摩訶薩
於後末世法欲滅時有成就是第三安樂行
者說是法時无能惱亂得好同學共讀誦是
經亦得大衆而來聽受聽已能持持已能誦
誦已能說說已能書若使人書供養經卷恭
敬尊重讚歎尒時世尊欲重宣此義而說偈
言
若欲說是經　當捨嫉恚慢　諂誑耶偽心　當脩質直行
不輕蔑於人　亦不戲論法　不令他疑悔　云汝不得佛
是佛子說法　常柔和能忍　慈悲於一切　不生懈怠
十方大菩薩　愍衆故行道　應生恭敬心　是則我大師
於諸佛世尊　生无上父想　破於憍慢心　說法无障礙
第三法如是　智者應守護　一心安樂行　无量衆所敬
又文殊師利菩薩摩訶薩於後末世法欲滅
時有持法華經者於在家出家人中生大慈
心於非菩薩人中生大悲心應作是念如是
之人則為大失如來方便隨宜說法不聞不
知不覺不問不信不解其人雖不問不信不
解是經我得阿耨多羅三藐三菩提時隨在
何地以神通力智慧力引之令得住是法中
文殊師利是菩薩摩訶薩於如來滅後有成
就此第四法者說是法時无有過失常為比

BD04729 號　妙法蓮華經卷五　　（6–4）

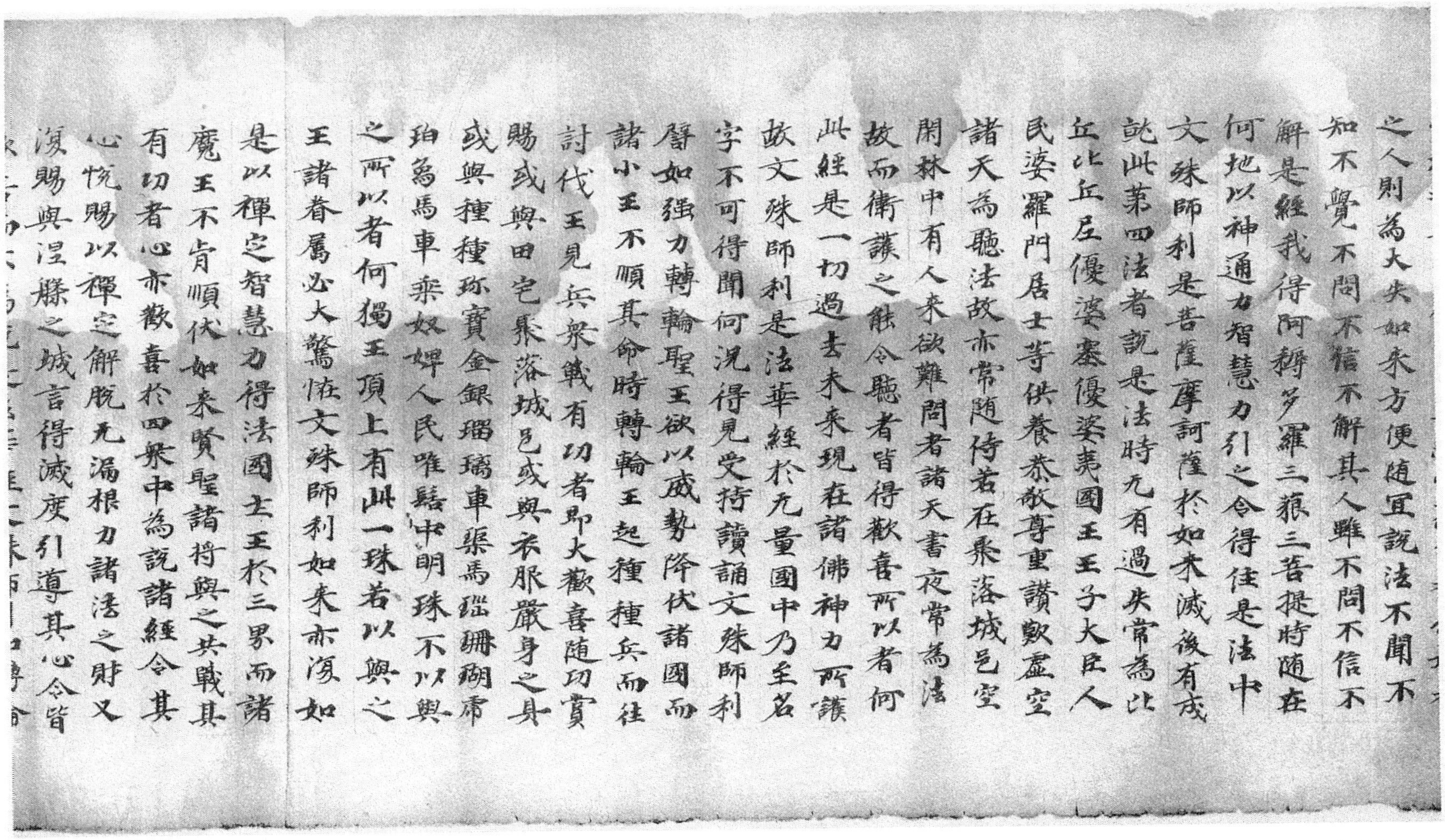

之人則為大失如來方便隨宜說法不聞不
知不覺不問不信不解其人雖不問不信不
解是經我得阿耨多羅三藐三菩提時隨在
何地以神通力智慧力引之令得住是法中
文殊師利是菩薩摩訶薩於如來滅後有成
就此第四法者說是法時无有過失常為比
丘比丘尼優婆塞優婆夷國王王子大臣人
民婆羅門居士等供養恭敬尊重讚歎虛空
諸天為聽法故亦常隨侍若在聚落城邑空
閑林中有人來欲難問者諸天晝夜常為法
故而衛護之能令聽者皆得歡喜所以者何
此經是一切過去未來現在諸佛神力所護
故文殊師利是法華經於无量國中乃至名
字不可得聞何況得見受持讀誦文殊師利
譬如強力轉輪聖王欲以威勢降伏諸國而
諸小王不順其命時轉輪王起種種兵而往
討伐王見兵眾戰有功者即大歡喜隨功賞
賜或與田宅聚落城邑或與衣服嚴身之具
或與種種珍寶金銀瑠璃車𤦲馬瑙珊瑚虎
珀象馬車乘奴婢人民唯髻中明珠不以與
之所以者何獨王頂上有此一珠若以與之
王諸眷屬必大驚怪文殊師利如來亦復如
是以禪定智慧力得法國土王於三界而諸
魔王不肯順伏如來賢聖諸將與之共戰其
有功者心亦歡喜於四眾中為說諸經令其
心悅賜以禪定解脫无漏根力諸法之財又
復賜與涅槃之城言得滅度引導其心令皆

BD04729號　妙法蓮華經卷五　（6–5）

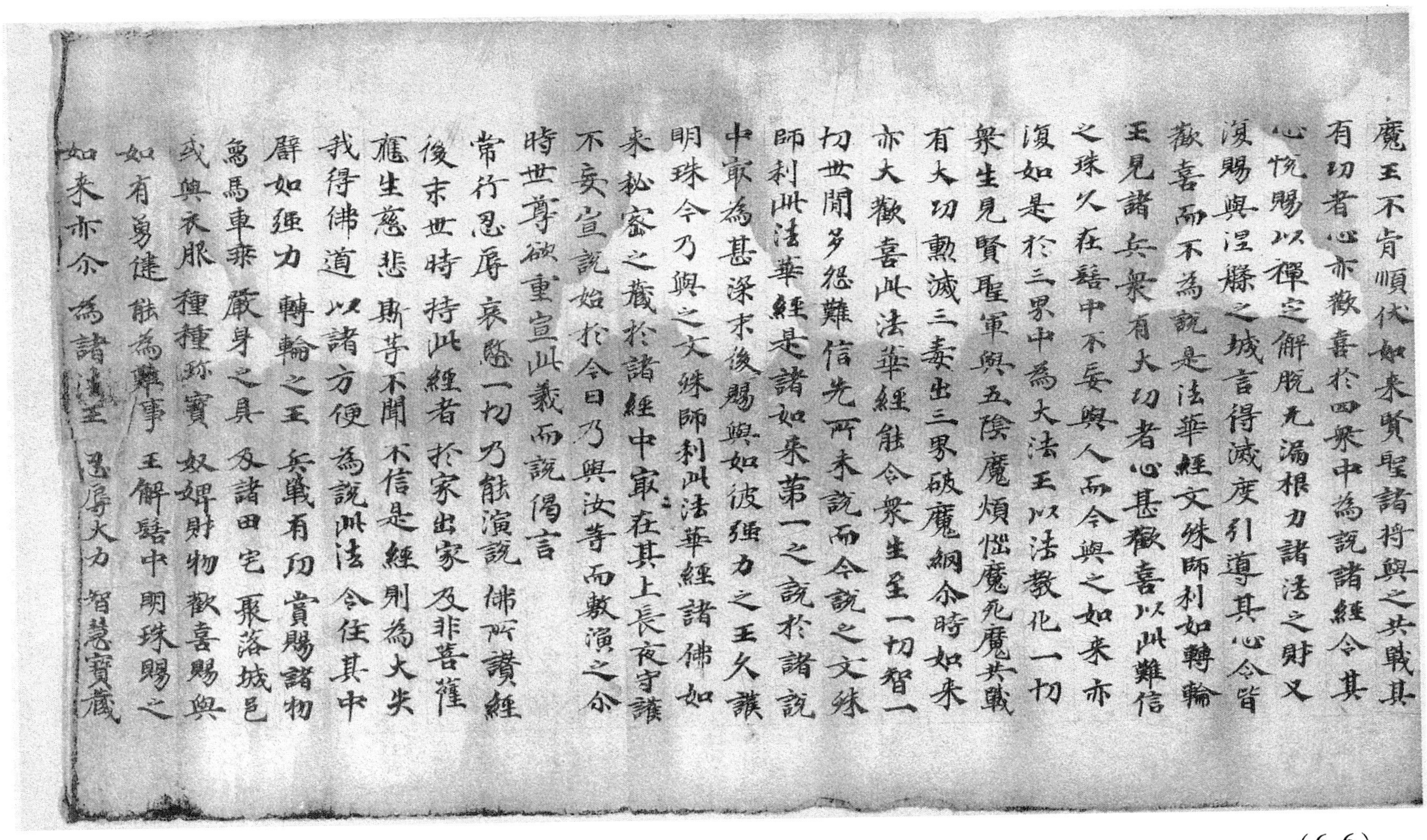

魔王不肯順伏如來賢聖諸將與之共戰其
有功者心亦歡喜於四眾中為說諸經令其
心悅賜以禪定解脫无漏根力諸法之財又
復賜與涅槃之城言得滅度引導其心令皆
歡喜而不為說是法華經文殊師利如轉輪
王見諸兵眾有大功者心甚歡喜以此難信
之珠久在髻中不妄與人而今與之如來亦
復如是於三界中為大法王以法教化一切
眾生見賢聖軍與五陰魔煩惱魔死魔共戰
有大功勳滅三毒出三界破魔網尒時如來
亦大歡喜此法華經能令眾生至一切智一
切世間多怨難信先所未說而今說之文殊
師利此法華經是諸如來第一之說於諸說
中最為甚深末後賜與如彼強力之王久護
明珠今乃與之文殊師利此法華經諸佛如
來秘密之藏於諸經中最在其上長夜守護
不妄宣說始於今日乃與汝等而敷演之尒
時世尊欲重宣此義而說偈言
常行忍辱　哀愍一切　乃能演說　佛所讚經
後末世時　持此經者　於家出家　及非菩薩
應生慈悲　斯等不聞　不信是經　則為大失
我得佛道　以諸方便　為說此法　令住其中
譬如強力　轉輪之王　兵戰有功　賞賜諸物
象馬車乘　嚴身之具　及諸田宅　聚落城邑
或與衣服　種種珍寶　奴婢財物　歡喜賜與
如有勇健　能為難事　王解髻中　明珠賜之
如來亦尒　為諸法王　忍辱大力　智慧寶藏

BD04729號　妙法蓮華經卷五　（6–6）

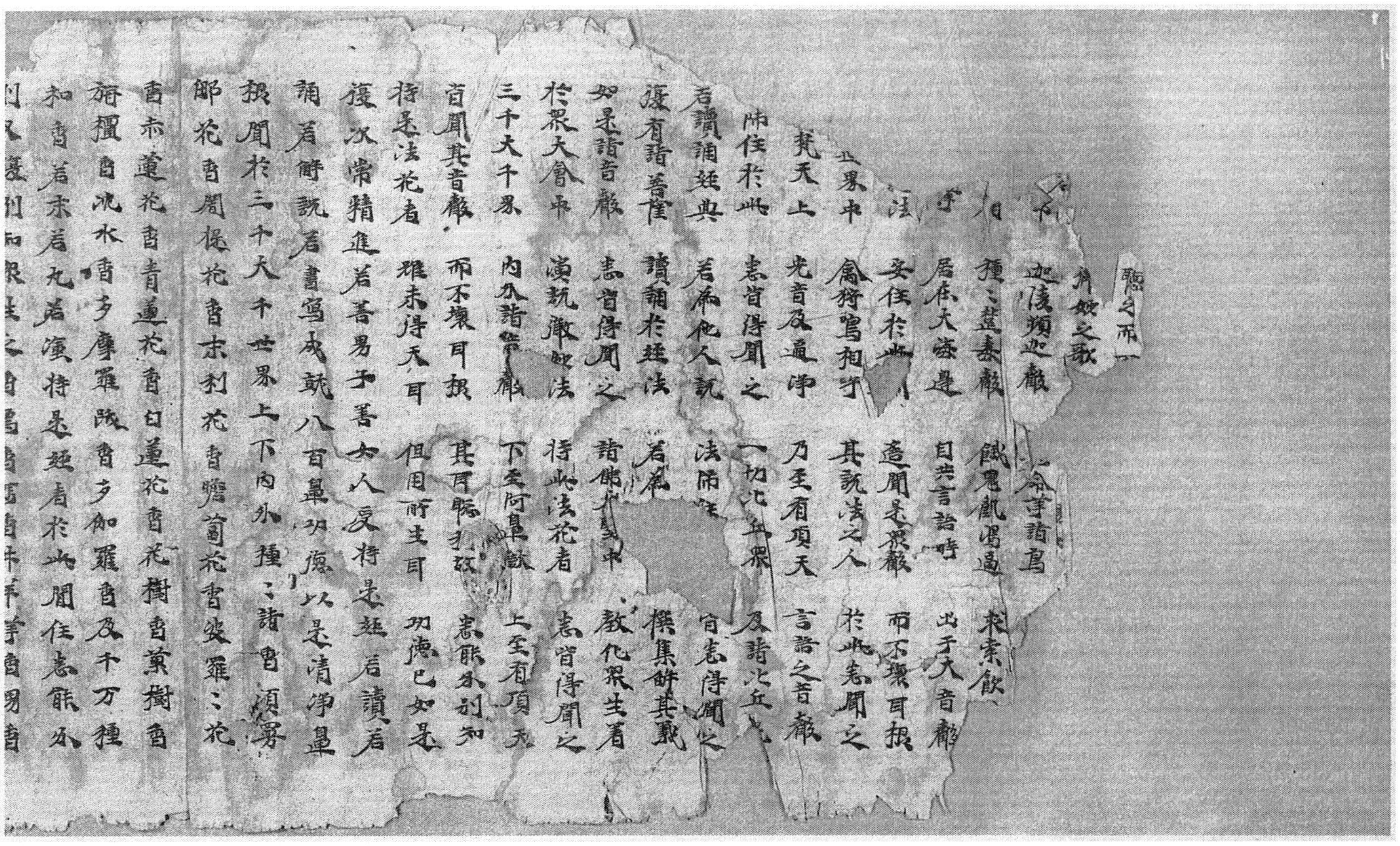
聽之而
妙之歌
迦陵頻迦聲　命命等諸鳥
種種楚毒聲　餓鬼飢渴逼　求索飲
居在大海邊　自共言語時　出于大音聲
法　安住於此　遙聞是衆聲　而不壞耳根
界中　禽獸鳴相呼　其說法之人　於此悉聞之
梵天上　光音及遍淨　乃至有頂天　言語之音聲
師住於此　悉皆得聞之　一切比丘衆　及諸比丘
若讀誦經典　若爲他人說　法師住　皆悉得聞之
復有諸菩薩　讀誦於經法　若爲　撰集解其義
如是諸音聲　悉皆得聞之　諸佛　教化衆生者
於衆大會中　演說微妙法　持此法花者　悉皆得聞之
三千大千界　内外諸音聲　下至阿鼻獄　上至有頂天
皆聞其音聲　而不壞耳根　其耳聰利故　悉能分別知
持是法花者　雖未得天耳　但用所生耳　功德已如是
復次常精進　若善男子善女人受持是經　若讀若
誦若解說若書寫　成就八百鼻功德　以是清淨鼻
根聞於三千大千世界上下内外種種諸香須曼
那花香闍提花香末利花香瞻蔔花香波羅羅花
香赤蓮花香青蓮花香白蓮花香花樹香菓樹香
旃檀香沉水香多摩羅跋香多伽羅香及千万種
和香若末若丸若塗香持是經者於此間住悉能分
別又復別知衆生之香象香馬香牛羊等香男香

BD04730號　妙法蓮華經（十卷本）卷八　（11–1）

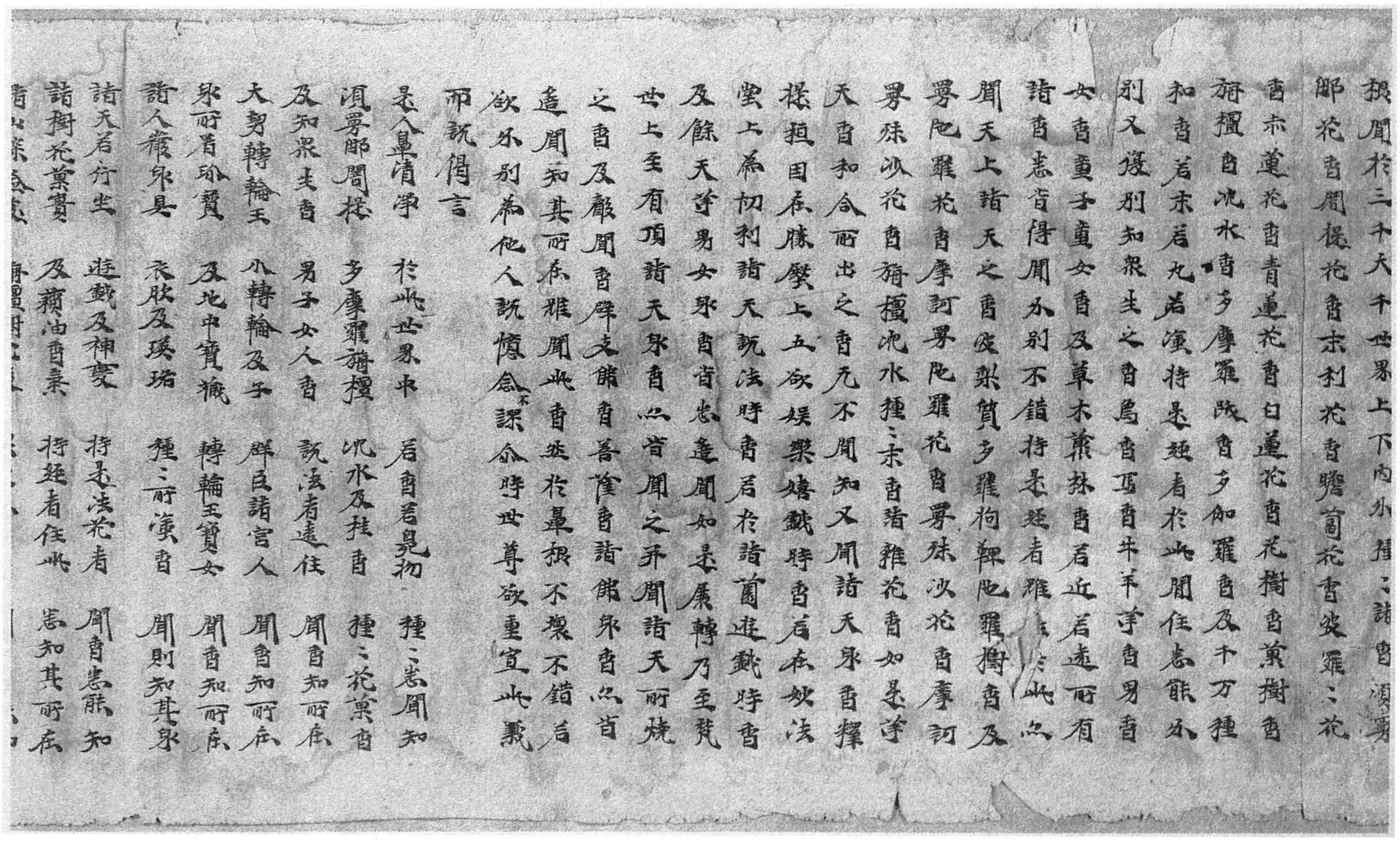
根聞於三千大千世界上下内外種種諸香須曼
那花香闍提花香末利花香瞻蔔花香波羅羅花
香赤蓮花香青蓮花香白蓮花香花樹香菓樹香
旃檀香沉水香多摩羅跋香多伽羅香及千万種
和香若末若丸若塗香持是經者於此間住悉能分
別又復別知衆生之香象香馬香牛羊等香男香
女香童子香童女香及草木叢林香若近若遠所有
諸香悉皆得聞分別不錯持是經者雖住於此亦
聞天上諸天之香波利質多羅拘鞞陀羅樹香及
曼陀羅花香摩訶曼陀羅花香曼殊沙花香摩訶
曼殊沙花香栴檀沉水種種末香諸雜花香如是等
天香和合所出之香无不聞知又聞諸天身香釋
提桓因在勝殿上五欲娛樂嬉戲時香若在妙法
堂上爲忉利諸天說法時香若於諸園遊戲時香
及餘天等男女身香皆悉遙聞如是展轉乃至梵
世上至有頂諸天身香亦皆聞之并聞諸天所燒
之香及聲聞香辟支佛香菩薩香諸佛身香亦皆
遙聞知其所在雖聞此香然於鼻根不壞不錯若
欲分別爲他人說憶念不謬爾時世尊欲重宣此義
而說偈言
是人鼻清淨　於此世界中　若香若臭物　種種悉聞知
須曼那闍提　多摩羅栴檀　沉水及桂香　種種花菓香
及知衆生香　男子女人香　說法者遠住　聞香知所在
大勢轉輪王　小轉輪及子　群臣諸宮人　聞香知所在
身所著珍寶　及地中寶藏　轉輪王寶女　聞香知所在
諸人嚴身具　衣服及瓔珞　種種所塗香　聞則知其身
諸天若行坐　遊戲及神變　持是法花者　聞香悉能知
諸樹花菓實　及穌油香氣　持經者住此　悉知其所在
[illegible]

BD04730號　妙法蓮華經（十卷本）卷八　（11–2）

大勢轉輪王 小轉輪及子 群臣諸宮人 聞香知所在
身所著珎寶 及地中寶藏 轉輪王寶女 聞香知所在
諸人嚴身具 衣服及瓔珞 種種所塗香 聞則知其身
諸天若行坐 遊戲及神變 持是法花者 聞香悉能知
諸樹花菓實 及蘇油香氣 持經者住此 悉知其所在
諸山深嶮處 栴檀樹花敷 衆生在中者 聞香皆能知
鐵圍山大海 地中諸衆生 持經者聞香 悉知其所在
阿脩羅男女 及其諸眷屬 鬪諍遊戲時 聞香皆能知
曠野嶮隘處 師子象虎狼 野牛水牛等 聞香知所在
若有懷任者 未辯其男女 无根及非人 聞香悉能知
以聞香力故 知其初懷任 成就不成就 安樂生福子
以聞香力故 知男女所念 染欲癡恚心 亦知脩善者
地中衆伏藏 金銀諸珎寶 銅器之所盛 聞香悉能知
種種諸瓔珞 无能識其價 聞香知貴賤 出處及所在
天上諸花等 曼陀曼殊沙 波利質多樹 聞香悉能知
天上諸宮殿 上中下差別 衆寶花莊嚴 聞香悉能知
天薗林勝殿 諸觀妙法堂 在中而娛樂 聞香悉能知
諸天若聽法 或受五欲時 來往行坐臥 聞香悉能知
天女所著衣 好花香莊嚴 周旋遊戲時 聞香悉能知
如是展轉上 乃至於梵世 入禪出禪者 聞香悉能知
光音遍淨天 乃至于有頂 初生及退沒 聞香悉能知
諸比丘衆等 於法常精進 若坐若經行 及讀誦經典
或在林樹下 專精而坐禪 持經者聞香 悉知其所在
菩薩志堅固 坐禪若讀經 或為人說法 聞香悉能知
在在方世尊 一切所恭敬 愍衆而說法 聞香悉能知
衆生在佛前 聞經皆歡喜 如法而脩行 聞香悉能知
雖未得菩薩 无漏法生鼻 而是持經者 先得此鼻相
復次常精進 若善男子善女人受持是經若讀若

BD04730號　妙法蓮華經（十卷本）卷八　（11–3）

在在方世尊 一切所恭敬 愍衆而說法 聞香悉能知
衆生在佛前 聞經皆歡喜 如法而脩行 聞香悉能知
雖未得菩薩 无漏法生鼻 而是持經者 先得此鼻相
復次常精進 若善男子善女人受持是經若讀若
誦若解說若書寫 得千二百舌功德 若好若醜若
美不美及諸苦澀物 在其舌根 皆變成上味 如天
甘露 无不美者 若以舌根於大衆中有所演說 出
深妙聲 能入其心 皆令歡喜快樂 又諸天子天女
釋梵諸天 聞是深妙音聲 有所演說言論次第 皆
悉來聽 及諸龍龍女 夜叉夜叉女 乾闥婆乾闥婆女 阿
脩羅阿脩羅女 迦樓羅迦樓羅女 緊那羅緊那羅女 摩睺羅伽摩睺
羅伽女 為聽法故 皆來親近恭敬供養 及比丘比丘
尼優婆塞優婆夷 國王王子群臣眷屬 小轉輪聖
王七寶千子內外眷屬 乘其宮殿 俱來聽法 以是
菩薩善說法故 婆羅門居士國內人民 盡其形壽
隨侍供養 又諸聲聞辟支佛菩薩諸佛 常樂見之
是人所在方面 諸佛皆向其處說法 悉能受持一
切佛法 又能出於深妙法音 爾時世尊欲重宣此
義而說偈言
是人舌根淨 終不受惡味 其所有食噉 悉皆成甘露
以深淨妙聲 於大衆說法 以諸因緣喻 引導衆生心
聞者皆歡喜 設諸上供養 諸天龍夜叉 及阿脩羅等
皆以恭敬心 而共來聽法 是說法之人 若欲以妙音
遍滿三千界 隨意即能至 大小轉輪王 及千子眷屬
合掌恭敬心 常來聽受法 諸天龍夜叉 羅刹毗舍闍
亦以歡喜心 常樂來供養 梵天王魔王 自在大自在
如是諸天衆 常來至其所 諸佛及弟子 聞其說法音

BD04730號　妙法蓮華經（十卷本）卷八　（11–4）

皆以恭敬心　而共來聽經　是說法之人　若欲以妙音
遍滿三千界　隨意即能至　大小轉輪王　及千子眷屬
合掌恭敬心　常來聽受法　諸天龍夜叉　羅刹毗舍闍
亦以歡喜心　常樂來供養　梵天王魔王　自在大自在
如是諸天眾　常來至其所　諸佛及弟子　聞其說法音
常念而守護　或時為現身
復次常精進若善男子善女人受持是經若讀若
誦若解說若書寫得八百身功德得清淨身如淨
琉離眾生憙見其身淨故三千大千世界眾生生
時死時上下好醜生善處惡處悉於其中現及鐵
圍大鐵圍彌樓山摩訶彌樓山等諸山及其中眾
生悉於中現下至阿鼻地獄上至有頂所有眾生
悉於中現若聲聞辟支佛菩薩諸佛說法皆於身
中現其色像尒時世尊欲重宣此義而說偈言
若持法花者　其身甚清淨　如彼淨琉離　眾生皆憙見
又如淨明鏡　悉見諸色像　菩薩於淨身　皆見世所有
唯獨自明了　餘人所不見　三千世界中　一切諸群萌
天人阿脩羅　地獄鬼畜生　如是諸色像　皆於身中現
諸天等宮殿　乃至於有頂　鐵圍及彌樓　摩訶彌樓山
諸大海水等　皆於身中現　諸佛及聲聞　佛子菩薩等
若獨若在眾　說法悉皆現　唯未得无漏　之性法妙身
以清淨常體　一切於中現
復次常精進若善男子善女人如來滅後受持是
經若讀若誦若解說若書寫得千二百意功德以
是清淨意根乃至聞一偈一句通達无量无邊之
義解是義已能演說一句一偈至於一月四月乃
至一歲諸所說法隨其義趣皆與實相不相違背若說
俗間經書治世語言資生業等皆順正法三千大

BD04730號　妙法蓮華經（十卷本）卷八　（11-5）

經若讀若誦若解說若書寫得千二百意功德以
是清淨意根乃至聞一偈一句通達无量无邊之
義解是義已能演說一句一偈至於一月四月乃
至一歲諸所說法隨其義趣皆與實相不相違背若說
俗間經書治世語言資生業等皆順正法三千大
千世界六趣眾生心之所行心所動作心所戲論
皆悉知之雖未得无漏智慧而其意根清淨如此
是人有所思惟籌量言說皆是佛法无不真實亦
是先佛經中所說尒時世尊欲重宣此義而說偈言
是人意清淨　明利无穢濁　以此妙意根　知上中下法
乃至聞一偈　通達无量義　次第如法說　月四月至歲
是世界內外　一切諸眾生　若天龍及人　夜叉鬼神等
其在六趣中　所念若干種　持法花之報　一時皆悉知
十方无數佛　百福莊嚴相　為眾生說法　悉聞能受持
思惟无量義　說法亦无量　終始不忘錯　以持法花故
悉知諸法相　隨義識次第　達名字言語　如所知演說
此人有所說　皆是先佛法　以演此法故　於眾无所畏
持此法花者　意根淨若斯　雖未得无漏　先有如是相
是人持此經　安住希有地　為一切眾生　歡喜而愛敬
能以千万種　善巧之語言　分別而說法　持法花經故
妙法蓮花經常不輕菩薩品第九
尒時佛告得大勢菩薩摩訶薩汝今當知若比丘比丘
尼優婆塞優婆夷持法花經者若有惡口罵詈誹
謗獲大罪報如前所說其所得功德如向所說眼
耳鼻舌身意清淨得大勢乃往古昔過无量无邊
不可思議阿僧祇劫有佛名威音王如來應供正
遍知明行足善逝世間解无上士調御丈夫天人

BD04730號　妙法蓮華經（十卷本）卷八　（11-6）

尒時佛告得大勢菩薩摩訶薩汝今當知若比丘
尼優婆塞優婆夷持法花經者若有惡口罵詈誹
謗獲大罪報如前所說其所得功德如向所說眼
耳鼻舌身意清淨得大勢乃往古昔過无量无邊
不可思議阿僧祇劫有佛名威音王如來應供正
遍知明行足善逝世間解无上士調御丈夫天人
師佛世尊劫名離衰國名大成其威音王佛於彼
世中為天人阿修羅說法為求聲聞者說應四諦
法度生老病死究竟涅槃為求辟支佛者說應十
二因緣法為諸菩薩因阿耨多羅三藐三菩提說
應六波羅蜜法究竟佛惠得大勢是威音王佛壽
卌万億那由他恒河沙劫正法住世劫數如一閻
浮提微塵像法住世劫數如四天下微塵其佛饒
益衆生已然後滅度正法像法滅盡之後於此國
土復有佛出亦号威音王如來應供正遍知明行
足善逝世間解无上士調御丈夫天人師佛世尊
如是次第有二万億佛皆同一号最初威音王如
來既已滅度正法滅後於像法中增上慢比丘有
大勢力尒時有一菩薩名常不輕得大勢何以因
緣名常不輕是比丘凡有所見若比丘比丘尼優婆
塞優婆夷皆悉禮拜讚歎而作是言我深敬汝等
不敢輕慢所以者何汝等皆行菩薩道當得作佛
而是比丘不專讀誦經典但行禮拜乃至遠見四
衆亦復故往禮拜讚歎而作是言我不敢輕於汝
等〻皆當作佛四衆之中有瞋恚心不淨者惡口
罵詈言是无智比丘從何所來自言我不輕汝而
与我等受記當得作佛我等不用如是虛妄受記
如此經歷多年常被罵詈不生瞋恚常作是言汝

BD04730號　妙法蓮華經（十卷本）卷八　（11–7）

不敢輕慢所以者何汝等皆行菩薩道當得作佛
而是比丘不專讀誦經典但行禮拜乃至遠見四
衆亦復故往禮拜讚歎而作是言我不敢輕於汝
等〻皆當作佛四衆之中有瞋恚心不淨者惡口
罵詈言是无智比丘從何所來自言我不輕汝而
与我等受記當得作佛我等不用如是虛妄受記
如此經歷多年常被罵詈不生瞋恚常作是言汝
當作佛說是語時衆人或以杖木瓦石而打擲
之避走遠住猶高聲唱言我不敢輕汝〻等〻皆當
作佛以其常作是語故增上慢比〻丘〻尼優婆塞
優婆夷号之為常不輕是比丘臨欲終時於虛空
中具聞威音王佛先所說法花經廿千万億偈悉
能受持即得如上眼根清淨耳鼻舌意根清淨得
是六根清淨已更增壽命二百万億那由他歲廣
為人說是法花經於時增上慢四衆比〻丘〻尼優
婆塞優婆夷輕賤是人為作不輕名者見其得大
神通力樂說辯力大善寂力聞其所說皆信伏隨
從是菩薩復化千万億衆生住阿耨多羅三藐三
菩提命終之後得值二千億佛皆号日月燈明於
其法中說是法花經以是因緣復值二千億佛同
号雲自在燈王於此諸佛法中受持讀誦為諸四
衆說此經典故得是常眼清淨耳鼻舌身意諸根
清淨於四衆中說法心无所畏得大勢是常不輕
菩薩摩訶薩供養如是若干諸佛恭敬尊重讚歎
種諸善根於後復值千万億佛亦於諸佛法中說
是經典功德成就當得作佛得大勢於意云何尒
時常不輕菩薩豈異人乎則我身是若我於宿世不
受持讀誦此經為他人說者不能疾得阿耨多羅三

BD04730號　妙法蓮華經（十卷本）卷八　（11–8）

善薩摩訶薩供養如是若干諸佛恭敬尊重讚嘆
種諸善根於後復值千万億佛亦於諸佛法中說
是經典功德成就當得作佛得大勢於意云何尒
時常不輕菩薩豈異人乎則我身是若我於宿世不
受持讀誦此經為他人說者不能疾得阿耨多羅三
藐三菩提我於先佛所受持讀誦此經為人說故
疾得阿耨多羅三藐三菩提得大勢彼時四衆比丘
丘尼優婆塞優婆夷以瞋恚意輕賤我故二百億
劫常不值佛不聞法不見僧千劫於阿鼻地獄受
大苦惱畢是罪已復遇常不輕菩薩教化阿耨
多羅三藐三菩提得大勢於汝意云何尒時四衆
常不輕菩薩者豈異人乎今此會中䟦陁婆羅等
五百菩薩師子月等五百比丘尼思佛等五百優
婆塞皆於阿耨多羅三藐三菩提不退轉者是得
大勢當知是法花經大饒益諸菩薩摩訶薩能令
至於阿耨多羅三藐三菩提是故諸菩薩摩訶薩
於如来滅後常應受持讀誦解說書寫是經尒時
世尊欲重宣此義而說偈言

過去有佛　号威音王　神智无量　將導一切
天人神龍　所共供養　是佛滅後　法欲盡時
有一菩薩　名常不輕　時諸四衆　計著於法
不輕菩薩　往到其所　而語之言　我不輕汝
汝等行道　皆當作佛　諸人聞已　輕毀罵詈
不輕菩薩　能忍受之　其罪畢已　臨命終時
得聞此經　六根清淨　神通力故　增益壽命
復為諸人　廣說是經　諸著法者　皆蒙菩薩
教化成就　令住佛道　不輕命終　值无數佛
說是經故　得无量福　漸具功德　疾成佛道

BD04730 號　妙法蓮華經（十卷本）卷八　（11–9）

汝等行道　皆當作佛　諸人聞已　輕毀罵詈
不輕菩薩　能忍受之　其罪畢已　臨命終時
得聞此經　六根清淨　神通力故　增益壽命
復為諸人　廣說是經　諸著法者　皆蒙菩薩
教化成就　令住佛道　不輕命終　值无數佛
說是經故　得无量福　漸具功德　疾成佛道
彼時不輕　則我身是　時四部衆　著法之者
聞不輕言　汝當作佛　以是因緣　值无數佛
此會菩薩　五百之衆　并及四部　清信士女
今於我前　聽法者是　我於前世　勸是諸人
聽受斯經　第一之法　開示教人　令住涅槃
世世受持　如是經典　億億万劫　至不可議
時乃得聞　是法花經　億億万數　至不可議
諸佛世尊　時說是經　是故行者　於佛滅後
聞如是經　勿生疑惑　應當一心　廣說此經
世世值佛　疾成佛道

妙法蓮花經卷第八

BD04730 號　妙法蓮華經（十卷本）卷八　（11–10）

聞如是經　勿生疑惑　應當一心　廣說此經
世世值佛　疾成佛道
妙法蓮花經卷第八

BD04730 號　妙法蓮華經（十卷本）卷八　　（11–11）

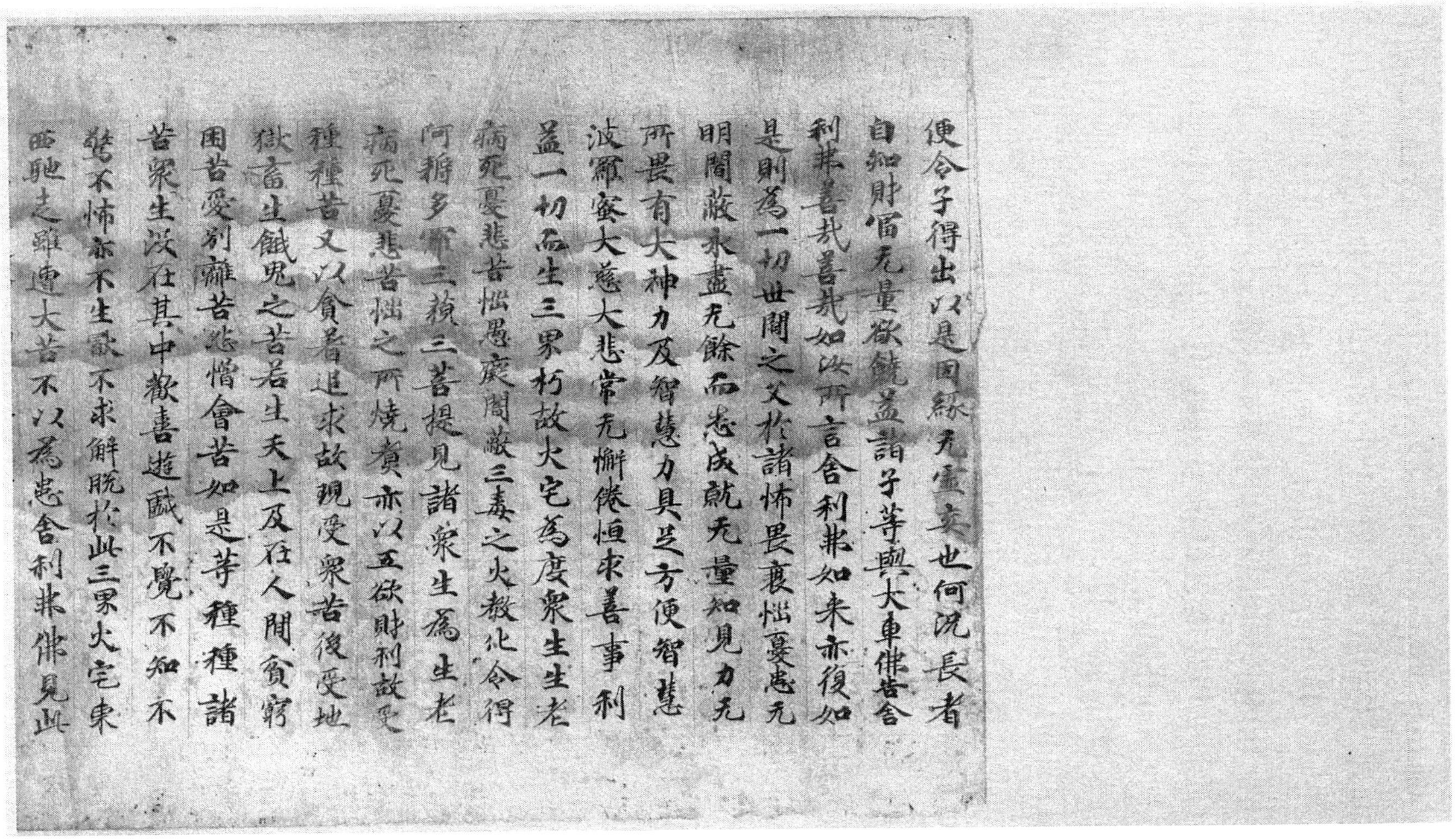

便令子得出以是因緣无虛妄也何況長者
自知財富无量欲饒益諸子等與大車佛告舍
利弗善哉善哉如汝所言舍利弗如來亦復如
是則爲一切世間之父於諸怖畏衰惱憂患无
明闇蔽永盡无餘而悉成就无量知見力无
所畏有大神力及智慧力具足方便智慧
波羅蜜大慈大悲常无懈惓恒求善事利
益一切而生三界朽故火宅爲度衆生生老
病死憂悲苦惱愚癡闇蔽三毒之火教化令得
阿耨多羅三藐三菩提見諸衆生爲生老
病死憂悲苦惱之所燒煑亦以五欲財利故受
種種苦又以貪著追求故現受衆苦後受地
獄畜生餓鬼之苦若生天上及在人間貧窮
困苦愛別離苦怨憎會苦如是等種種諸
苦衆生沒在其中歡喜遊戲不覺不知不
驚不怖亦不生猒不求解脫於此三界火宅東
西馳走雖遭大苦不以爲患舍利弗佛見此

BD04731 號 A　妙法蓮華經卷二　　（4–1）

種種苦又以貪著追求故現受衆苦後受地
獄畜生餓鬼之苦若生天上及在人間貧窮
困苦愛別離苦怨憎會苦如是等種種諸
苦衆生没在其中歡喜遊戲不覺不知不
驚不怖亦不生猒不求解脱於此三界火宅東
西馳走雖遭大苦不以為患舍利弗佛見此
已便作是念我為衆生之父應拔其苦難與无
量无邊佛智慧樂令其遊戲舍利弗如來復作
是念若我但以神力及智慧力捨於方便為
諸衆生讃如來知見力无所畏者衆生不能以是
得度所以者何是諸衆生未免生老病死憂
悲苦惱而為三界火宅所燒何由能解佛
之智慧舍利弗如彼長者雖復身手有力
而不用之但以慇懃方便免濟諸子火宅之
難然後各與珎寶大車如來亦復如是雖有
力无所畏而不用之但以智慧方便於三界火
宅拔濟衆生為說三乘聲聞辟支佛佛乘而
作是言汝等莫得樂住三界火宅勿貪麁弊
色聲香味觸也若貪著生愛則為所燒汝速
出三界當得三乘聲聞辟支佛佛乘我今
為汝保任此事終不虛也汝等但當勤脩
精進如來以是方便誘進衆生復作是言汝
等當知此三乘法皆是聖所稱歎自在无繫
无所依求乘是乘以无漏根力覺道禪定
解脱三昧等而自娛樂便得无量安隱快樂
舍利弗若有衆生內有智性從佛世尊聞法

BD04731號A　妙法蓮華經卷二　（4–2）

汝保任此事終不虛也汝等但當勤脩
精進如來以是方便誘進衆生復作是言汝
等當知此三乘法皆是聖所稱歎自在无繫
无所依求乘是乘以无漏根力覺道禪定
解脱三昧等而自娛樂便得无量安隱快樂
舍利弗若有衆生內有智性從佛世尊聞法
信受慇懃精進欲速出三界自求涅槃是名
聲聞乘如彼諸子為求羊車出於火宅若有
衆生從佛世尊聞法信受慇懃精進求自然慧
樂獨善寂深知諸法因緣是名辟支佛乘如彼
諸子為求鹿車出於火宅若有衆生從佛世
尊聞法信受勤脩精進求一切智佛智自
然智无師智如來知見力无所畏愍念安樂
无量衆生利益天人度脱一切是名大乘菩薩
求此乘故名為摩訶薩如彼諸子為求牛車出
於火宅舍利弗如彼長者見諸子等安隱
得出火宅到无畏處自惟財富无量等以大
車而賜諸子如來亦復如是為一切衆生之父
若見无量億千衆生以佛教門出三界苦怖
畏險道得涅槃樂如來尒時便作是念我有
无量无邊智慧力无畏等諸佛法藏是諸衆
生皆是我子等與大乘不令有人獨得滅
度皆以如來滅度而滅度之是諸衆生脫三
界者悉與諸佛禪定解脫等娛樂之具皆
是一相一種聖所稱歎能生淨妙第一之樂舍
利弗如彼長者初以三車誘引諸子然後但

BD04731號A　妙法蓮華經卷二　（4–3）

車而賜諸子如來亦復如是為一切衆生之父
若見无量億千衆生以佛教門出三界苦怖
畏險道得涅槃樂如來尒時便作是念我有
无量无邊智慧力无畏等諸佛法藏是諸衆
生皆是我子等與大乘不令有人獨得滅
度皆以如來滅度而滅度之是諸衆生脫三
界者悉與諸佛禪定解脫等娛樂之具皆
是一相一種聖所稱歎能生淨妙第一之樂舍
利弗如彼長者初以三車誘引諸子然後但
與大車寶物莊嚴安隱第一然後長者无
虛妄之咎如來亦復如是无有虛妄初說
三乘引導衆生然後但以大乘而度脫之
何以故如來有无量智慧力无所畏諸法之
藏能與一切衆生大乘之法但不盡能受舍
利弗以是因緣當知諸佛方便力故於一佛
乘分別說三佛欲重宣此義而說偈言
譬如長者 有一大宅 其宅久故 而復頓弊
堂舍高危 柱根摧朽 梁棟傾斜 基陛頹毀
墻壁圮坼 泥塗褫落 覆苫亂墜 椽梠差脫
周障屈曲 雜穢充遍 有五百人
鵄梟雕鷲

BD04731 號 A　妙法蓮華經卷二　（4–4）

共相殘害
諸大惡獸 競
蜈蚣蚰蜒 毒虵
鳩槃荼鬼 隨取　火然
飢渴熱惱 周章悶走　可怖畏
毒害火災 衆難非一 是時宅 在門外立
聞有人言 汝諸子等 先因遊戲 來入此宅
稚小无知 歡娛樂著 長者聞已 驚入火宅
方宜救濟 令无燒害 告喻諸子 說衆患難
惡鬼毒虫 災火蔓莚 衆苦次第 相續不絕
毒虵蚖蝮 及諸夜叉 鳩槃荼鬼 野干狐狗
鵰鷲鵄梟 百足之屬 飢渴惱急 甚可怖畏
此苦難處 況復大火 諸子无知 雖聞父誨
猶故樂著 嬉戲不已 是時長者 而作是念
諸子如此 益我愁惱 今此舍宅 无一可樂

BD04731 號 B　妙法蓮華經卷二　（3–1）

毒蛇蚖蝮　及諸夜叉　鳩槃荼鬼　野干狐狗
鵰鷲鵄梟　百足之屬　飢渴惱急　甚可怖畏
此苦難處　況復大火　諸子无知　雖聞父誨
猶故樂著　嬉戲不已　是時長者　而作是念
諸子如此　益我愁惱　今此舍宅　无一可樂
而諸子等　耽湎嬉戲　不受我教　將為火害
即便思惟　設諸方便　告諸子等　我有種種
珍玩之具　妙寶好車　羊車鹿車　大牛之車
今在門外　汝等出來　吾為汝等　造作此車
隨意所樂　可以遊戲　諸子聞說　如此諸車
即時奔競　馳走而出　到於空地　離諸苦難
長者見子　得出火宅　住於四衢　坐師子座
而自慶言　我今快樂　此諸子等　生育甚難
愚小无知　而入險宅　多諸毒虫　魑魅可畏
大火猛焰　四面俱起　而此諸子　貪樂嬉戲
我已救之　令得脫難　是故諸人　我今快樂
爾時諸子　知父安坐　皆詣父所　而白父言
願賜我等　三種寶車　如前所許　諸子出來
當以三車　隨汝所欲　今正是時　唯垂給與
長者大富　庫藏眾多　金銀琉璃　車𤦲馬瑙
以眾寶物　造諸大車　莊校嚴飾　周帀欄楯
四面懸鈴　金繩交絡　真珠羅網　張施其上
金華諸瓔　處處垂下　眾綵雜飾　周帀圍繞
柔軟繒纊　以為茵蓐　上妙細氎　價直千億
鮮白淨潔　以覆其上　有大白牛　肥壯多力

BD04731 號 B　妙法蓮華經卷二　（3–2）

當以三車　隨汝所欲　今正是時　唯垂給與
長者大富　庫藏眾多　金銀琉璃　車𤦲馬瑙
以眾寶物　造諸大車　莊校嚴飾　周帀欄楯
四面懸鈴　金繩交絡　真珠羅網　張施其上
金華諸瓔　處處垂下　眾綵雜飾　周帀圍繞
柔軟繒纊　以為茵蓐　上妙細氎　價直千億
鮮白淨潔　以覆其上　有大白牛　肥壯多力
形體姝好　以駕寶車　多諸儐從　而侍衛之
以是妙車　等賜諸子　諸子是時　歡喜踊躍
乘是寶車　遊於四方　嬉戲快樂　自在无礙
告舍利弗　我亦如是　眾聖中尊　世間之父
一切眾生　皆是吾子　深著世樂　无有慧心
三界无安　猶如火宅　眾苦充滿　甚可怖畏
常有生老　病死憂患　如是等火　熾然不息
如來已離　三界火宅　寂然閑居　安處林野
今此三界　皆是我有　其中眾生　悉是吾子
而今此處　多諸患難　唯我一人　能為救護
雖復教詔　而不信受　於諸欲染　貪著深故
以是方便　為說三乘　令諸眾生　知三界苦
開示演說　出世間道　是諸子等　若心決定

BD04731 號 B　妙法蓮華經卷二　（3–3）

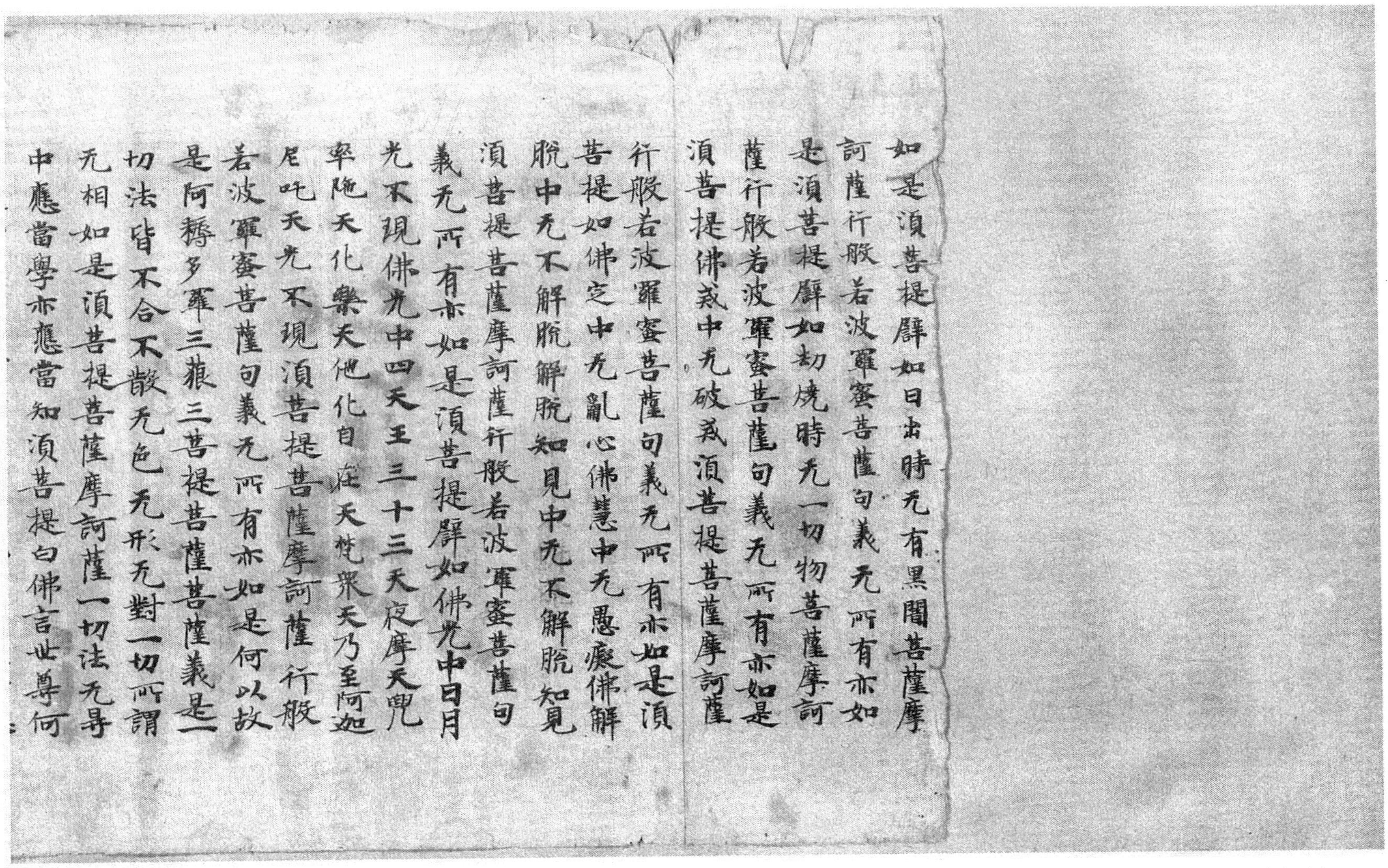

如是須菩提譬如日出時无有黑闇菩薩摩
訶薩行般若波羅蜜菩薩句義无所有亦如
是須菩提譬如劫燒時无一切物菩薩摩訶
薩行般若波羅蜜菩薩句義无所有亦如是
須菩提佛戒中无破戒須菩提菩薩摩訶薩
行般若波羅蜜菩薩句義无所有亦如是須
菩提如佛定中无亂心佛慧中无愚癡佛解
脫中无不解脫解脫知見中无不解脫知見
須菩提菩薩摩訶薩行般若波羅蜜菩薩句
義无所有亦如是須菩提譬如佛光中日月
光不現佛光中四天王三十三天夜摩天兜
率陁天化樂天他化自在天梵衆天乃至阿迦
尼吒天光不現須菩提菩薩摩訶薩行般
若波羅蜜菩薩句義无所有亦如是何以故
是阿耨多羅三藐三菩提菩薩菩薩義是一
切法皆不合不散无色无形无對一切所謂
无相如是須菩提菩薩摩訶薩一切法无㝵
中應當學亦應當知須菩提白佛言世尊何

BD04732 號　摩訶般若波羅蜜經卷四　（4–1）

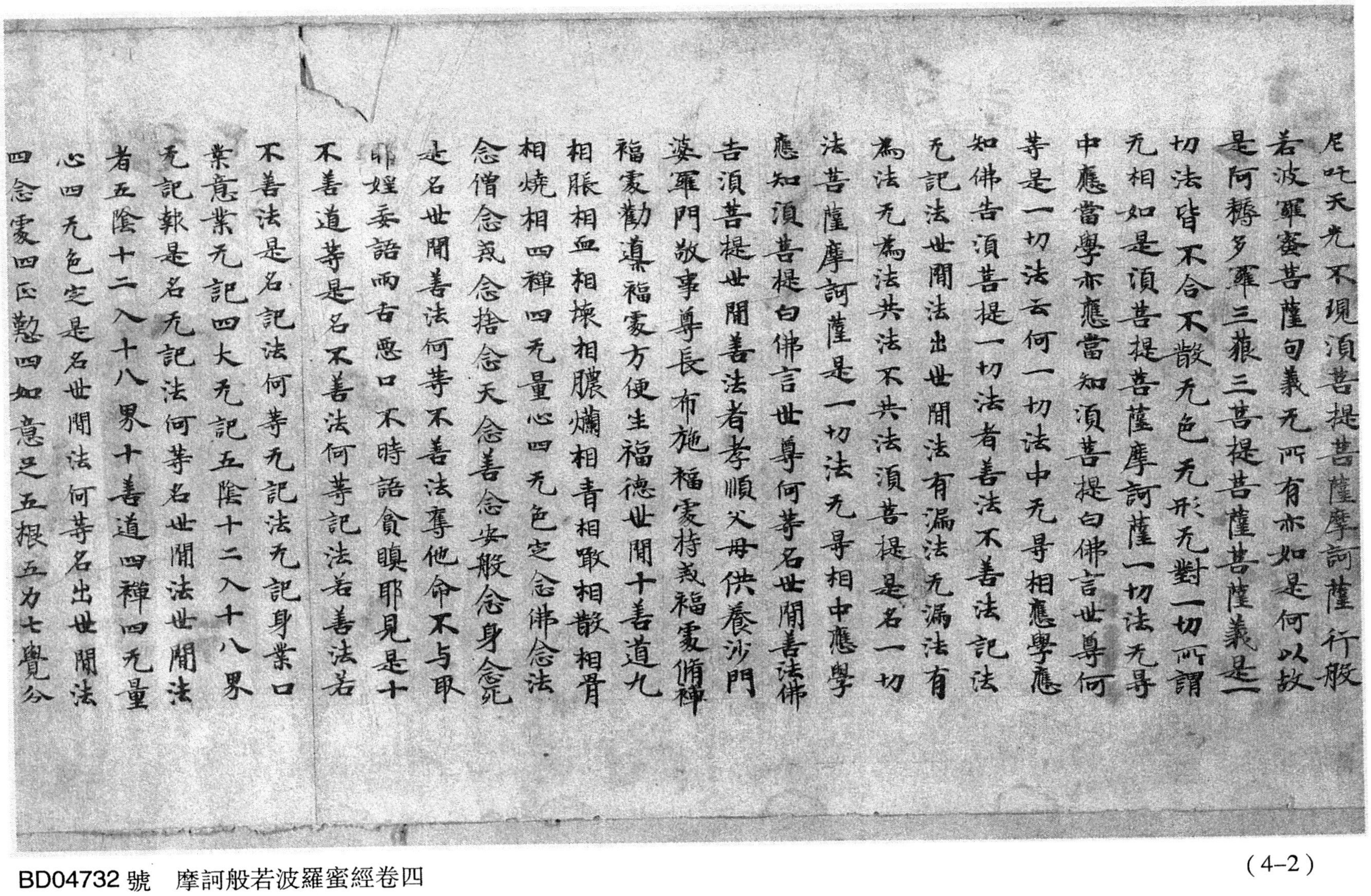

尼吒天光不現須菩提菩薩摩訶薩行般
若波羅蜜菩薩句義无所有亦如是何以故
是阿耨多羅三藐三菩提菩薩菩薩義是一
切法皆不合不散无色无形无對一切所謂
无相如是須菩提菩薩摩訶薩一切法无㝵
中應當學亦應當知須菩提白佛言世尊何
等是一切法云何一切法中无㝵相應學應
知佛告須菩提一切法者善法不善法記法
无記法世間法出世間法有漏法无漏法有
為法无為法共法不共法須菩提是名一切
法菩薩摩訶薩是一切法无㝵相中應學
應知須菩提白佛言世尊何等名世間善法佛
告須菩提世間善法者孝順父母供養沙門
婆羅門敬事尊長布施福處持戒福處脩禪
福處勸導福處方便生福德世間十善道九
相脹相血相壞相膿爛相青相噉相散相骨
相燒相四禪四无量心四无色定念佛念法
念僧念戒念捨念天念善念安般念身念死
是名世間善法何等不善法奪他命不与取
邪婬妄語兩舌惡口不時語貪瞋邪見是十
不善道等是名不善法何等記法若善法若
不善法是名記法何等无記法无記身業口
業意業无記四大无記五陰十二入十八界
无記報是名无記法何等名世間法世間法
者五陰十二入十八界十善道四禪四无量
心四无色定是名世間法何等名出世間法
四念處四正懃四如意足五根五力七覺分

BD04732 號　摩訶般若波羅蜜經卷四　（4–2）

不善法名无記法何等无記身業口
業意業无記四大无記五陰十二入十八界
无記報是名无記法何等名世間法世間法
者五陰十二入十八界十善道四禪四无量
心四无色定是名世間法何等名出世間法
四念處四正懃四如意足五根五力七覺分
八聖道分空解脫門无相解脫門无作解脫
門三无漏根未知欲知根知根知已根三三
昧有覺有觀三昧无覺有觀三昧无覺无觀
三昧明解脫念慧正意八背捨何等八色觀
色是初背捨內无色相外觀色是二背捨淨
背捨身作證是三背捨過一切色相故滅有
對相故一切異相不念故入无邊空處是四
背捨過一切无邊空處入一切无邊識處是
五背捨過一切无邊識處入无所有處是六
背捨過一切无所有處入非有想非无想處
是七背捨過一切非有想非无想處入滅受
想定是八背捨九次第定何等九離欲離惡
不善法有覺有觀離生喜樂入初禪滅諸覺
觀內信清淨故一切无覺无觀定生喜樂入
二禪離喜故行捨受身樂聖人能說捨念行
樂入第三禪斷苦樂故先滅憂喜故不苦不
樂捨念淨入第四禪過一切色相故滅有對
相故一切異相不念故入无邊空處過一切
无邊空處入无邊識處過一切无邊識處入
无所有處過一切无所有處入非有想非无
相處過一切非有想非无想處入滅受想定
復有出世間法內空乃至无法有法空佛十

BD04732號　摩訶般若波羅蜜經卷四　（4–3）

樂入第三禪斷苦樂故先滅憂喜故不苦不
樂捨念淨入第四禪過一切色相故滅有對
相故一切異相不念故入无邊空處過一切
无邊空處入无邊識處過一切无邊識處入
无所有處過一切无所有處入非有想非无
相處過一切非有想非无想處入滅受想定
復有出世間法內空乃至无法有法空佛十
力四无所畏四无㝵智十八不共法一切智
是名出世間法何等有漏法五受陰十二
入十八界六種六觸六受四禪乃至四无色
定是名有漏法何等為无漏法四念處乃至
十八不共法及一切智是名无漏法何等為
有為法若法生住滅欲界色界无色界五陰
乃至意識因緣生受四念處乃至十八不共
法及一切智是名有為法何等為无為法不
生不住不滅若染盡瞋盡癡盡如不異法相
法性法住實際是名无為法何等為共法四
禪四无量心四无色定如是等是名共法何
……至十八不共法是名

BD04732號　摩訶般若波羅蜜經卷四　（4–4）

南謨薄伽勃底 阿波唎蜜多 阿喻紇硯娜 須毗你悉指陁 囉佐耶 怛他羯他耶 怛姪他唵 薩
婆桑悉迦囉 波唎輸底 達磨底 伽伽娜 莎訶其特迦底 薩婆婆毗輸底 摩訶娜耶
波唎婆唎莎訶 若有自書寫教人書寫是无量壽宗要經受持讀誦設有重罪
猶如須弥盡能除滅陁羅尼曰 南謨薄伽勃底 阿波唎蜜多 阿喻紇硯娜 須毗你悉
指陁 囉佐耶 怛他羯他耶 怛姪他唵 薩婆桑悉迦囉 波唎輸底 達磨底 伽伽娜
莎訶其特迦底 薩婆婆毗輸底 摩訶娜耶 波唎婆唎莎訶 若有自書寫教人書
寫是无量壽宗要經受持讀誦若魔魔之眷屬夜叉羅刹不得其便終无横死陁
羅尼曰 南謨薄伽勃底 阿波唎蜜多 阿喻紇硯娜 須毗你悉指陁 囉佐耶 怛他羯他
耶 怛姪他唵 薩婆桑悉迦囉 波唎輸底 達磨底 伽伽娜 莎訶其特迦底 薩婆婆毗
輸底 摩訶娜耶 波唎婆唎莎訶 若有自書寫教人書寫是无量壽宗要經受持
讀誦當命終時有九十九億佛現其人前來佛授手能遊一切佛刹莫於此經生於疑
惑陁羅尼曰 南謨薄伽勃底 阿波唎蜜多 阿喻紇硯娜 須毗你悉指陁 囉佐耶 怛他
羯他耶 怛姪他唵 薩婆桑悉迦囉 波唎輸底 達磨底 伽伽娜 莎訶其特迦底 薩
婆婆毗輸底 摩訶娜耶 波唎婆唎莎訶 若有自書寫教人書寫是无量壽宗要經
受持讀誦常得四天王隨其衛護陁羅尼曰 南謨薄伽勃底 阿波唎蜜多 阿喻紇
硯娜 須毗你悉指陁 囉佐耶 怛他羯他耶 怛姪他唵 薩婆桑悉迦囉 波唎輸底 達磨
底 伽伽娜 莎訶其特迦底 薩婆婆毗輸底 摩訶娜耶 波唎婆唎莎訶
若有自書寫教人書寫是无量壽宗要經如其讀誦當得往生西方極樂世界阿弥陁淨
土陁羅尼曰 南謨薄伽勃底 阿波唎蜜多 阿喻紇硯娜 須毗你悉指陁 囉佐耶 怛他羯他
耶 怛姪他唵 薩婆桑悉迦囉 波唎輸底 達磨底 伽伽娜 莎訶其特迦底 薩婆婆毗
[illegible]

BD04733 號　無量壽宗要經　　（3–1）

婆毗輸底 摩訶娜耶 波唎婆唎莎訶 若有自書寫教人書寫是无量壽宗要經
受持讀誦常得四天王隨其衛護陁羅尼曰 南謨薄伽勃底 阿波唎蜜多 阿喻紇
硯娜 須毗你悉指陁 囉佐耶 怛他羯他耶 怛姪他唵 薩婆桑悉迦囉 波唎輸底 達磨
底 伽伽娜 莎訶其特迦底 薩婆婆毗輸底 摩訶娜耶 波唎婆唎莎訶
若有自書寫教人書寫是无量壽宗要經如其讀誦當得往生西方極樂世界阿弥陁淨
土陁羅尼曰 南謨薄伽勃底 阿波唎蜜多 阿喻紇硯娜 須毗你悉指陁 囉佐耶 怛他羯他
耶 怛姪他唵 薩婆桑悉迦囉 波唎輸底 達磨底 伽伽娜 莎訶其特迦底 薩婆婆毗
輸底 摩訶娜耶 波唎婆唎莎訶 若有自書寫教人書寫是无量壽宗要經典之處則
爲是塔皆應恭敬作礼若是畜生或爲鳥獸得聞是經如是等類皆當不久得成一切
種智陁羅尼曰 南謨薄伽勃底 阿波唎蜜多 阿喻紇硯娜 須毗你悉指陁 囉佐耶 怛他
羯他耶 怛姪他唵 薩婆桑悉迦囉 波唎輸底 達磨底 伽伽娜 莎訶其特迦底 薩婆婆
毗輸底 摩訶娜耶 波唎婆唎莎訶 若有於是无量壽經若自書寫若使人書寫畢
竟不受女人之身陁羅尼曰 南謨薄伽勃底 阿波唎蜜多 阿喻紇硯娜 須毗你悉指
陁 囉佐耶 怛他羯他耶 怛姪他唵 薩婆桑悉迦囉 波唎輸底 達磨底 伽伽娜 莎訶
其特迦底 薩婆婆毗輸底 摩訶娜耶 波唎婆唎莎訶 若有能於是經少分布施
施者等於三千大千世界滿中七寶布施陁羅尼曰 南謨薄伽勃底 阿波唎蜜多
阿喻紇硯娜 須毗你悉指陁 囉佐耶 怛他羯他耶 怛姪他唵 薩婆桑悉迦囉 波唎
輸底 達磨底 伽伽娜 莎訶其特迦底 薩婆婆毗輸底 摩訶娜耶 波唎婆唎莎訶
若有能供養是經者則是供養一切經等无有異陁羅尼曰 南謨薄伽勃底 阿波唎
蜜多 阿喻紇硯娜 須毗你悉指陁 囉佐耶 怛他羯他耶 怛姪他唵 薩婆桑悉迦囉
波唎輸底 達磨底 伽伽娜 莎訶其特迦底 薩婆婆毗輸底 摩訶娜耶 波唎婆唎莎
訶 如毗婆尸佛 尸棄佛 毗舍浮佛 俱留孫佛 俱那含牟尼佛 迦葉佛 釋迦牟尼佛
若有人以七寶供養如是七佛其福有限書寫受持是无量壽經典所有功德不可限量
陁羅尼曰 南謨薄伽勃底 阿波唎蜜多 阿喻紇硯娜 須毗你悉指陁 囉佐耶 怛他羯
他耶 怛姪他唵 薩婆桑悉迦囉 波唎輸底 達磨底 伽伽娜 莎訶其特迦底 薩婆
婆毗輸底 摩訶娜耶 波唎婆唎莎訶 若有七寶等於須弥以用布施其福尚能算
限量是无量壽經典其福不可數陁羅尼曰 南謨薄伽勃底 阿波唎蜜多 阿喻
紇硯娜 須毗你悉指陁 囉佐耶 怛他羯他耶 怛姪他唵 薩婆桑悉迦囉 波唎輸底 達
磨底 伽伽娜 莎訶其特迦底 薩婆婆毗輸底 摩訶娜耶 波唎婆唎莎訶

BD04733 號　無量壽宗要經　　（3–2）

若有人以七寶供養如是七佛，其福有限；書寫受持是无量壽經典，所有功德不可限量。
陁羅尼曰：南謨薄伽勃底 阿波唎蜜多 阿喻紇硯娜 須毗你悉指陁 囉佐耶 怛他羯
他耶 怛姪他唵 薩婆桑悉迦囉 波唎輸底 達磨底 伽迦娜 莎訶娑木伽底 薩婆
婆毗輸底 摩訶娜耶 波唎婆唎莎訶 若有七寶等於須弥，以用布施，其福尚能算
限量；是无量壽經典，其福不可數。陁羅尼曰：南謨薄伽勃底 阿波唎蜜多 阿喻
紇硯娜 須毗你悉指陁 囉佐耶 怛他羯他耶 怛姪他唵 薩婆桑悉迦囉 波唎輸底 達
磨底 伽迦娜 莎訶娑木伽底 薩婆婆毗輸底 摩訶娜耶 波唎婆唎莎訶
如是四大海水可知滴數，是无量壽經典所生果報不可數量。陁羅尼曰：
南謨薄伽勃底 阿波唎蜜多 阿喻紇硯娜 須毗你悉指陁 囉佐耶 怛他羯他耶 怛姪他唵
薩婆桑悉迦囉 波唎輸底 達磨底 伽迦娜 莎訶娑木伽底 薩婆婆毗輸底 摩訶
娜耶 波唎婆唎莎訶
布施力能成正覺 悟布施力人師子 布施力能聲普聞 慈悲階漸最能入
持戒力能成正覺 悟持戒力人師子 持戒力能聲普聞 慈悲階漸最能入
忍辱力能成正覺 悟忍辱力人師子 忍辱力能聲普聞 慈悲階漸最能入
精進力能成正覺 悟精進力人師子 精進力能聲普聞 慈悲階漸最能入
禪定力能成正覺 悟禪定力人師子 禪定力能聲普聞 慈悲階漸最能入
智慧力能成正覺 悟智慧力人師子 智慧力能聲普聞 慈悲階漸最能入
尒時如來說是經已，一切世間天人阿脩羅揵闥婆等，聞佛所說，皆大歡喜，信受
奉行
佛說无量壽宗要經一卷

BD04733 號　無量壽宗要經　　（3–3）

[…]行者以須菩提
實无所行而名須菩提是樂阿蘭那行
佛告須菩提於意云何如來昔在燃燈佛所
於法有所得不世尊如來在然燈佛所於法
實无所得須菩提於意云何菩薩莊嚴佛土
不不也世尊何以故莊嚴佛土者則非莊嚴
是名莊嚴是故須菩提諸菩薩摩訶薩應如
是生清淨心不應住色生心不應住聲香味
觸法生心應无所住而生其心
須菩提譬如有人身如須弥山王於意云何
是身為大不須菩提言甚大世尊何以故佛
說非身是名大身須菩提如恒河中所有沙數
如是沙等恒河於意云何是諸恒河沙寧為
多不須菩提言甚多世尊但諸恒河尚多无數
何況其沙
須菩提我今實言告汝若有善男子善女人
以七寶滿尒所恒河沙數三千大千世界以
用布施得福多不須菩提言甚多世尊佛

BD04734 號　金剛般若波羅蜜經　　（13–1）

如是沙等恒河於意云何是諸恒河沙寧為
多不須菩提言甚多世尊但諸恒河尚多无數
何况其沙
須菩提我今實言告汝若有善男子善女人
以七寶滿尒所恒河沙數三千大千世界以
用布施得福多不須菩提言甚多世尊佛
告須菩提若善男子善女人於此經中乃
至受持四句偈等為他人說而此福德勝前
福德
復次須菩提随說是經乃至四句偈等當知
此處一切世間天人阿脩羅皆應供養如佛
塔廟何况有人盡能受持讀誦須菩提當
知是人成就最上第一希有之法若是經典
所在之處則為有佛若尊重弟子
尒時須菩提白佛言世尊當何名此經我等
云何奉持佛告須菩提是經名為金剛般若
波羅蜜多是名字汝當奉持所以者何須菩
提佛說般若波羅蜜則非般若波羅蜜須菩
提於意云何如来有所說法不須菩提白佛
言世尊如来无所說
須菩提於意云何三千大千世界所有微塵是
為多不須菩提言甚多世尊須菩提是諸微
塵如来說非微塵是名微塵如来說世界非
世界是名世界
須菩提於意云何可以三十二相見如来不不
也世尊何以故如来說三十二相即是非

BD04734號　金剛般若波羅蜜經　（13–2）

須菩提於意云何三千大千世界所有微塵是
為多不須菩提言甚多世尊須菩提是諸微
塵如来說非微塵是名微塵如来說世界非
世界是名世界
須菩提於意云何可以三十二相見如来不不
也世尊何以故如来說三十二相即是非
相是名三十二相須菩提若有善男子善
女人以恒河沙等身命布施若復有人於此
經中乃至受持四句偈等為他人說其福
甚多
尒時須菩提聞說是經深解義趣涕淚悲泣
而白佛言希有世尊佛說如是甚深經典我
從昔来所得慧眼未曾得聞如是之經世尊
若復有人得聞是經信心清淨則生實相當
知是人成就第一希有功德世尊是實相者
則是非相是故如来說名實相世尊我今得聞
如是經典信解受持不足為難若當来世後
五百歲其有衆生得聞是經信解受持是人
則為第一希有何以故此人无我相人相衆
生相壽者相所以者何我相即是非相人相
衆生相壽者相即是非相何以故離一切諸
相則名諸佛
佛告須菩提如是如是若復有人得聞是經
不驚不怖不畏當知是人甚為希有何以
故須菩提如来說第一波羅蜜非第一波羅
蜜是名第一波羅蜜

BD04734號　金剛般若波羅蜜經　（13–3）

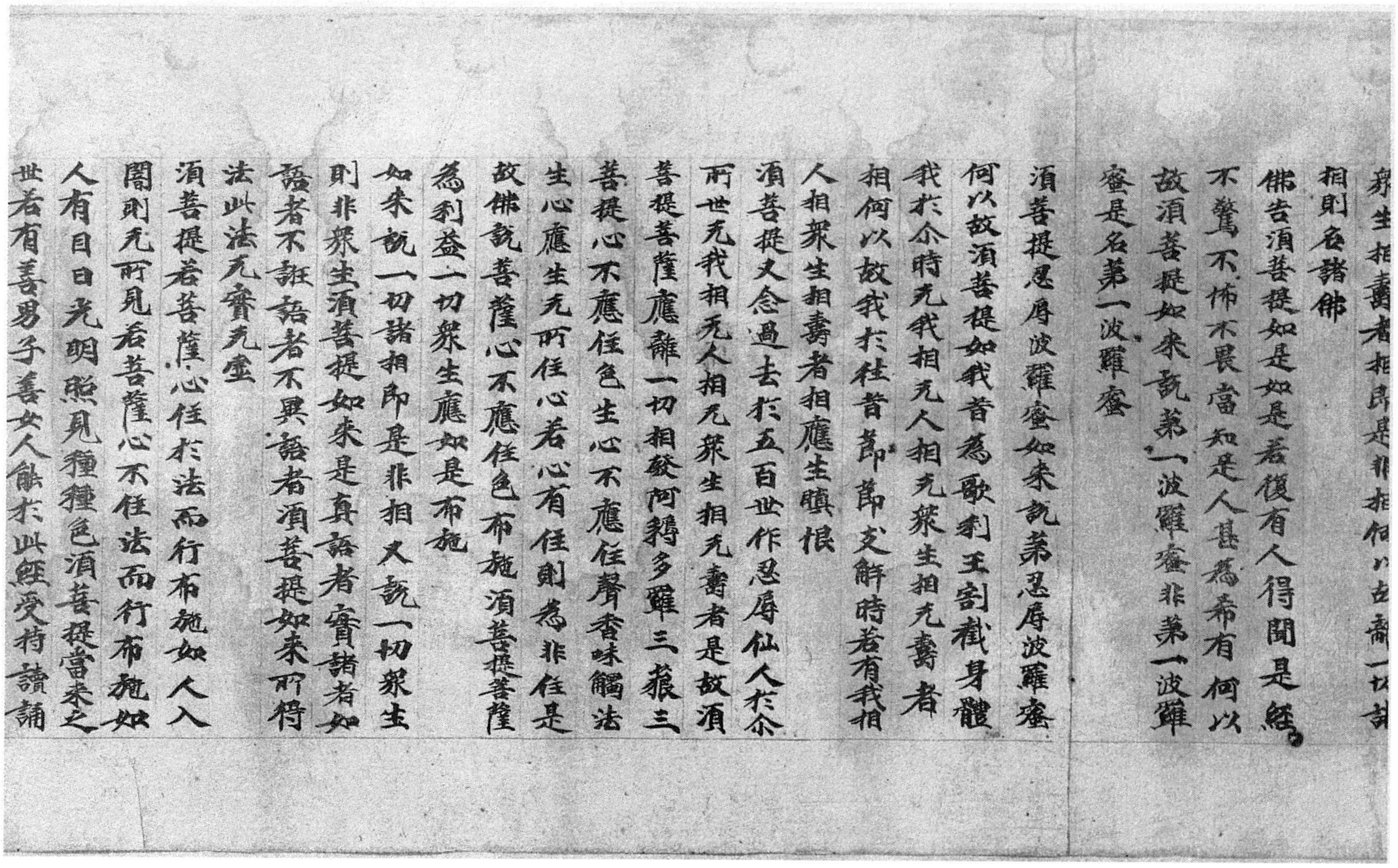
衆生相壽者相即是非相何以故離一切諸
相則名諸佛
佛告須菩提如是如是若復有人得聞是經
不驚不怖不畏當知是人甚爲希有何以
故須菩提如來說第一波羅蜜非第一波羅
蜜是名第一波羅蜜
須菩提忍辱波羅蜜如來說第忍辱波羅蜜
何以故須菩提如我昔爲歌利王割截身體
我於尒時无我相无人相无衆生相无壽者
相何以故我於往昔節節支解時若有我相
人相衆生相壽者相應生瞋恨
須菩提又念過去於五百世作忍辱仙人於尒
所世无我相无人相无衆生相无壽者是故須
菩提菩薩應離一切相發阿耨多羅三藐三
菩提心不應住色生心不應住聲香味觸法
生心應生无所住心若心有住則爲非住是
故佛說菩薩心不應住色布施須菩提菩薩
爲利益一切衆生應如是布施
如來說一切諸相即是非相又說一切衆生
則非衆生須菩提如來是真語者實語者如
語者不誑語者不異語者須菩提如來所得
法此法无實无虛
須菩提若菩薩心住於法而行布施如人入
闇則无所見若菩薩心不住法而行布施如
人有目日光明照見種種色須菩提當來之
世若有善男子善女人能於此經受持讀誦

BD04734號　金剛般若波羅蜜經　　（13–4）

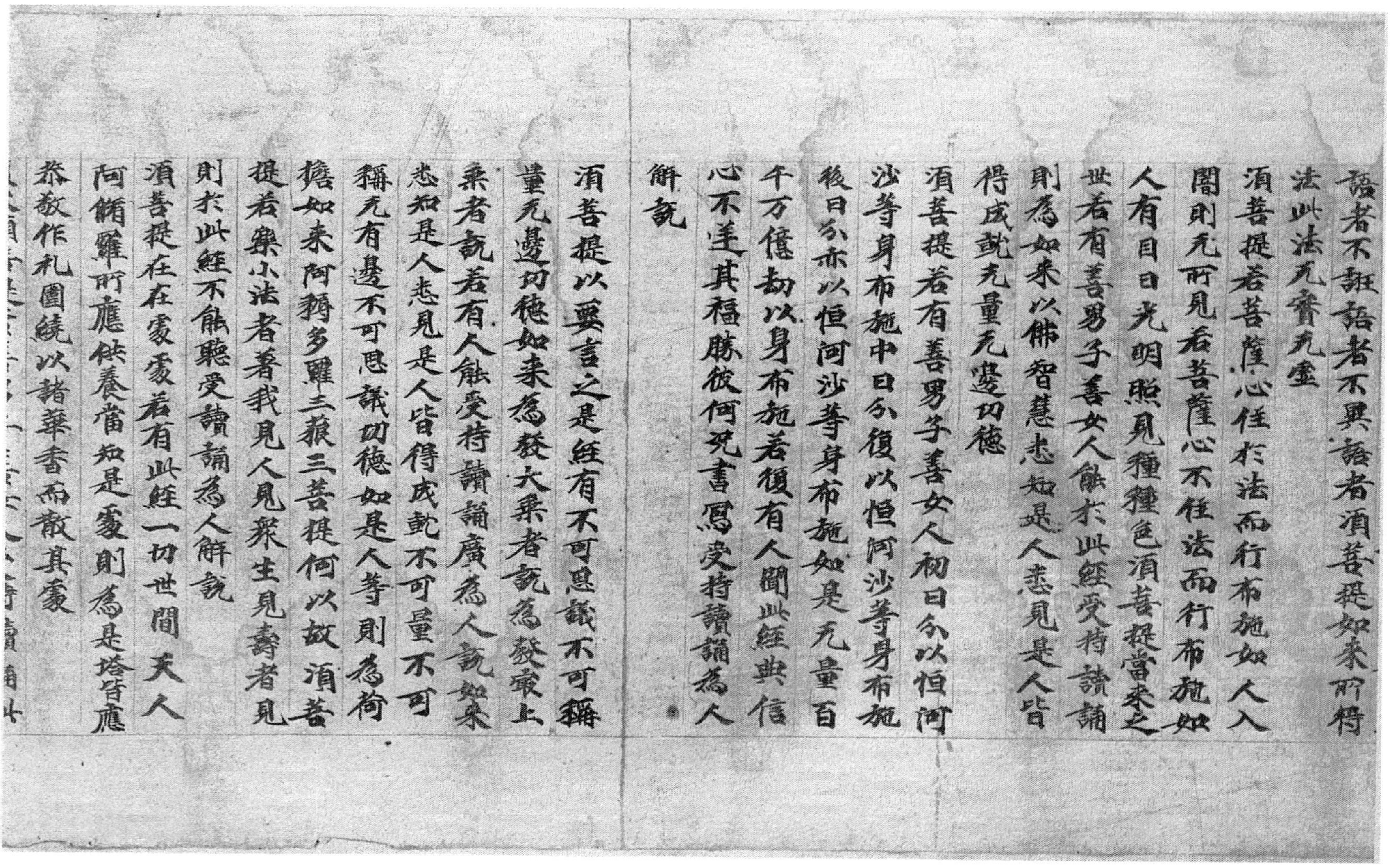
語者不誑語者不異語者須菩提如來所得
法此法无實无虛
須菩提若菩薩心住於法而行布施如人入
闇則无所見若菩薩心不住法而行布施如
人有目日光明照見種種色須菩提當來之
世若有善男子善女人能於此經受持讀誦
則爲如來以佛智慧悉知是人悉見是人皆
得成就无量无邊功德
須菩提若有善男子善女人初日分以恒河
沙等身布施中日分復以恒河沙等身布施
後日分亦以恒河沙等身布施如是无量百
千万億劫以身布施若復有人聞此經典信
心不逆其福勝彼何況書寫受持讀誦爲人
解說
須菩提以要言之是經有不可思議不可稱
量无邊功德如來爲發大乘者說爲發最上
乘者說若有人能受持讀誦廣爲人說如來
悉知是人悉見是人皆得成就不可量不可
稱无有邊不可思議功德如是人等則爲荷
擔如來阿耨多羅三藐三菩提何以故須菩
提若樂小法者著我見人見衆生見壽者見
則於此經不能聽受讀誦爲人解說
須菩提在在處處若有此經一切世間天人
阿脩羅所應供養當知此處則爲是塔皆應
恭敬作禮圍繞以諸華香而散其處

BD04734號　金剛般若波羅蜜經　　（13–5）

提若樂小法者著我見人見衆生見壽者見
則於此經不能聽受讀誦為人解說
須菩提在在處處若有此經一切世間天人
阿脩羅所應供養當知是處則為是塔皆應
恭敬作禮圍繞以諸華香而散其處
復次須菩提若善男子善女人受持讀誦此
經若為人輕賤是人先世罪業應墮惡道以
今世人輕賤故先世罪業則為消滅當得阿
耨多羅三藐三菩提
須菩提我念過去无量阿僧祇劫於然燈佛
前得值八百四千万億那由他諸佛悉皆供
養承事无空過者若復有人於後末世能受持
讀誦此經所得功德於我所供養諸佛功德
百分不及一千分億分乃至筭數譬喻所不
能及須菩提若善男子善女人於後末世有受
持讀誦此經所得功德我若具說者或有人聞
心則狂亂狐疑不信須菩提當知是經義不
可思議果報亦不可思議
尒時須菩提白佛言世尊善男子善女人發
阿耨多羅三藐三菩提心云何應住云何降
伏其心佛告須菩提善男子善女人發阿耨
多羅三藐三菩提者當生如是心我應滅度
一切衆生滅度一切衆生已而无有一衆生實
滅度者何以者何若菩薩有我相人相衆生
相壽者相則非菩薩所以者何須菩提實无
有法發阿耨多羅三藐三菩提者

BD04734號　金剛般若波羅蜜經　（13–6）

多羅三藐三菩提者當生如是心我應滅度
一切衆生滅度一切衆生已而无有一衆生實
滅度者何以者何若菩薩有我相人相衆生
相壽者相則非菩薩所以者何須菩提實无
有法發阿耨多羅三藐三菩提者
須菩提於意云何如來於然燈佛所有法得
阿耨多羅三藐三菩提不不也世尊如我解
佛所說義佛於然燈佛所无有法得阿耨多
羅三藐三菩提
佛言如是如是須菩提實无有法如來得阿
耨多羅三藐三菩提須菩提若有法如來得
阿耨多羅三藐三菩提者然燈佛則不與我受
記汝於來世當得作佛号釋迦牟尼以實无
有法得阿耨多羅三藐三菩提是故然燈佛
與我受記而作是言汝於來世當得作佛号釋
迦牟尼何以故如來者即諸法如義若有人
言如來得阿耨多羅三藐三菩提須菩提實
无有法佛得阿耨多羅三藐三菩提須菩提
如來所得阿耨多羅三藐三菩提於是中无
實无虛是故如來說一切法皆是佛法須菩
提所言一切法者即非一切法是故名一切
法
須菩提譬如有身長大須菩提言世尊如來
說人身長大則為非大身是名大身須菩提
菩薩亦如是若作是言我當滅度无量衆生

BD04734號　金剛般若波羅蜜經　（13–7）

提所言一切法者即非一切法是故名一切
法
須菩提譬如有身長大須菩提言世尊如来
說人身長大則為非大身是名大身須菩提
菩薩亦如是若作是言我當滅度无量衆生
則不名菩薩何以故須菩提實无有法名為菩
薩是故佛說一切法无我无人无衆生无壽
者須菩提若菩薩作是言我當莊嚴佛土是
不名菩薩何以故如来說莊嚴佛土者則非
莊嚴是名莊嚴須菩提若菩薩通達无我
法者如来說名真是菩薩
須菩提於意云何如来有肉眼不如是世尊
如来有肉眼須菩提於意云何如来有天眼
不如是世尊如来有天眼須菩提於意云何
如来有慧眼不如是世尊如来有慧眼須菩
提於意云何如来有法眼不如是世尊如来
有法眼須菩提於意云何如来有佛眼不如
是世尊如来有佛眼
須菩提於意云何恒河中所有沙佛說是沙
不如是世尊如来說是沙須菩提於意云何
如一恒河中所有沙有如是等恒河是諸恒
河所有沙數佛世界如是寧為多不甚多世
尊佛告須菩提尒所國土中所有衆生若干
種心如来悉知何以故如来說諸心皆為非
心是名為心所以者何須菩提過去心不可

BD04734號　金剛般若波羅蜜經　(13–8)

如一恒河中所有沙有如是等恒河是諸恒
河所有沙數佛世界如是寧為多不甚多世
尊佛告須菩提尒所國土中所有衆生若干
種心如来悉知何以故如来說諸心皆為非
心是名為心所以者何須菩提過去心不可
得現在心不可得未来心不可得
須菩提於意云何若人滿三千大千世界
七寶以用布施是人以是因緣得福多不如
是世尊此人以是因緣得福甚多須菩提若
福德有實如来不說得福德多以福德无故
如来說得福德多
須菩提於意云何佛可以具足色身見不不
也世尊如来不應以具足色身見何以故如
来說具足色身即非具足色身是名具足色
身須菩提於意云何如来可以具足諸相見
不不也世尊如来不應以具足諸相見何以
故如来說諸相具足即非具足是名諸相
具足
須菩提汝勿謂如来作是念我當有所說法
莫作是念何以故若人言如来有所說法即
為謗佛不能解我所說故須菩提說法者无
法可說是名說法
須菩提白佛言世尊佛得阿耨多羅三藐三
菩提為无所得耶如是如是須菩提我於阿
耨多羅三藐三菩提乃至无有少法可得是名
阿耨多羅三藐三菩提復次須菩提是法平

BD04734號　金剛般若波羅蜜經　(13–9)

法可說是名說法
須菩提白佛言世尊佛得阿耨多羅三藐三
菩提為无所得耶如是如是須菩提我於阿
耨多羅三藐三菩提乃至无有少法可得是名
阿耨多羅三藐三菩提復次須菩提是法平
等无有高下是名阿耨多羅三藐三菩提无
无我无人无衆生无壽者脩一切善法則得
阿耨多羅三藐三菩提須菩提所言善法
者如來說即非善法是名善法
須菩提若三千大千世界中所有諸須弥山
王如來等七寶聚有人持用布施若人以此
般若波羅蜜經乃至四句等等受持為他
人說於前福德百分不及一百千万億分乃
至筭數譬喻所不能及
須菩提於意云何汝等勿謂如來作是念我
當度衆生須菩提莫作是念何以故實无有
衆生如來度者若有衆生如來度者如來則
有我人衆生壽者須菩提如來說有我者則
非有我而凡夫之人以為有我須菩提凡夫者
如來說則非凡夫
須菩提於意云何可以三十二相觀如來不
須菩提言如是如是以三十二相觀如來佛
言須菩提若以三十二相觀如來者轉輪聖王
則是如來須菩提白佛言世尊如我解佛所
說義不應以三十二相觀如來尒時世尊而說偈言
若以色見我　以音聲求我　是人行邪道　不能見如來

BD04734號　金剛般若波羅蜜經　（13-10）

須菩提言如是如是以三十二相觀如來佛
言須菩提若以三十二相觀如來者轉輪聖王
則是如來須菩提白佛言世尊如我解佛所
說義不應以三十二相觀如來尒時世尊而說偈言
若以色見我　以音聲求我　是人行邪道　不能見如來
須菩提汝若作是念如來不以具足相故得
阿耨多羅三藐三菩提須菩提莫作是念如
來不以具足相故得阿耨多羅三藐三菩提
須菩提汝若作是念發阿耨多羅三藐三菩
提者說諸法斷滅莫作是念何以故發阿耨多羅
三藐三菩提者於法不說斷滅相
須菩提若菩薩以滿恒河沙等世界七寶布
施若復有人知一切法无我得成於忍此菩
薩勝前菩薩所得功德何以故須菩提以諸
菩薩不受福德須菩提白佛言世尊云何
菩薩不受福德須菩提菩薩所作福德不應
貪著是故說不受福德
須菩提若有人言如來若來若去若坐若
卧是人不解我所說義何以故如來者无所
從來亦无所去故名如來
須菩提若善男子善女人以三千大千世界碎
為微塵於意云何是微塵衆寧為多不須
菩提言甚多世尊何以故若是微塵衆實有者
佛則不說是微塵衆所以者何佛說微塵衆
則非微塵衆是名微塵衆世尊如來所說三千

BD04734號　金剛般若波羅蜜經　（13-11）

貪著是故說不受福德
須菩提若有人言如來若來若去若坐若
卧是人不解我所說義何以故如來者无所
從來亦无所去故名如來
須菩提若善男子善女人三千大千世界碎
為微塵於意云何是微塵衆寧為多不須
菩提言甚多世尊何以故若是微塵衆實有者
佛則不說是微塵衆所以者何佛說微塵衆
則非微塵衆是名微塵衆世尊如來所說三千
大千世界則非世界是名世界何以故若世
界實有者則是一合相如來說一合相則非一
合相是名一合相須菩提一合相者則是不
可說但凡夫之人貪著其事
須菩提若人言佛說我見人見衆生見壽者
見須菩提於意云何是人解我所說義不世尊
是人不解如來所說義何以故世尊說我見
人見衆生見壽者見即非我見人見衆生見
壽者見是名我見人見衆生見壽者見
須菩提發阿耨多羅三藐三菩提心者於一
切法應如是知如是見如是信解不生法相須
菩提所言法相者如來說即非法相是名法相
須菩提若有人以滿无量阿僧祇世界七寶
持用布施若有善男子善女人發菩薩心者
持於此經乃至四句偈等受持讀誦為人演說
其福勝彼云何為人演說不取於相如不動何以故
一切有為法　如夢幻泡影　如露亦如電　應作如是觀

BD04734號　金剛般若波羅蜜經　（13–12）

見須菩提於意云何是人解我所說義不世尊
是人不解如來所說義何以故世尊說我見
人見衆生見壽者見即非我見人見衆生見
壽者見是名我見人見衆生見壽者見
須菩提發阿耨多羅三藐三菩提心者於一
切法應如是知如是見如是信解不生法相須
菩提所言法相者如來說即非法相是名法相
須菩提若有人以滿无量阿僧祇世界七寶
持用布施若有善男子善女人發菩薩心者
持於此經乃至四句偈等受持讀誦為人演說
其福勝彼云何為人演說不取於相如不動何以故
一切有為法　如夢幻泡影　如露亦如電　應作如是觀
佛說是經已長老須菩提及諸比丘比丘尼
優婆塞優婆夷一切世間天人阿脩羅聞
佛所說皆大歡喜信受奉行

金剛般若波羅蜜經

BD04734號　金剛般若波羅蜜經　（13–13）

云何一切智真如相云何道相智一切相智
真如相諸菩薩摩訶薩如實了知而於中學
於一切法如實了知略廣之相善現一切智
真如無生無滅亦無住異而可施設是名一
切智真如相道相智一切相智真如無生無
滅亦無住異而可施設是名道相智一切相
智真如相諸菩薩摩訶薩如實了智當於
中學於一切法如實了知略廣之相世尊云何
一切陁羅尼門真如相云何一切三摩地門真
如相諸菩薩摩訶薩如實了知而於中學於
一切法如實了知略廣之相善現一切陁羅
尼門真如無生無滅亦無住異而可施設
是名一切陁羅尼門真如相一切三摩地門
真如無生無滅亦無住異而可施設是名一
切三摩地門真如相諸菩薩摩訶薩如實了
知當於中學於一切法如實了知略廣之相
世尊云何預流果真如相云何一來不還阿
羅漢果真如相諸菩薩摩訶薩如實了知而
於中學於一切法如實了知略廣之相善現
預流果真如無生無滅亦無住異而可施設

BD04735號　大般若波羅蜜多經卷三五七　（10–1）

切三摩地門真如相諸菩薩摩訶薩如實了
知當於中學於一切法如實了知略廣之相
世尊云何預流果真如相云何一來不還阿
羅漢果真如相諸菩薩摩訶薩如實了知而
於中學於一切法如實了知略廣之相善現
預流果真如無生無滅亦無住異而可施設
是名預流果真如相一來不還阿羅漢果真
如無生無滅亦無住異而可施設是名一來
不還阿羅漢果真如相諸菩薩摩訶薩如實
了知當於中學於一切法如實了知略廣之
相世尊云何獨覺菩提真如相諸菩薩摩訶
薩如實了知而於中學於一切法如實了知
略廣之相善現獨覺菩提真如無生無滅亦
無住異而可施設是名獨覺菩提真如相諸
菩薩摩訶薩如實了知當於中學於一切法
如實了知略廣之相世尊云何一切菩薩摩
訶薩行真如相諸菩薩摩訶薩如實了知而
於中學於一切法如實了知略廣之相善現
一切菩薩摩訶薩行真如無生無滅亦無住
異而可施設是名一切菩薩摩訶薩行真如
相諸菩薩摩訶薩如實了知當於中學於一
切法如實了知略廣之相世尊云何諸佛無
上正等菩提真如相諸菩薩摩訶薩如實了
知而於中學於一切法如實了知略廣之相
善現諸佛無上正等菩提真如無生無滅亦
無住異而可施設是名諸佛無上正等菩提
真如相諸菩薩摩訶薩如實了知當於中學

BD04735號　大般若波羅蜜多經卷三五七　（10–2）

上正等菩提真如相諸菩薩摩訶薩如實了
知而於中學於一切法如實了知略廣之相
善現諸佛無上正等菩提真如無生無滅亦
無住異而可施設是名諸佛無上正等菩提
真如相諸菩薩摩訶薩如實了知當於中學
於一切法如實了知略廣之相
復次善現若菩薩摩訶薩如實了知色實際
相如實了知受想行識實際相是菩薩摩訶
薩於一切法如實了知略廣之相善現若菩薩
摩訶薩如實了知眼處實際相如實了知
耳鼻舌身意處實際相是菩薩摩訶薩於一
切法如實了知略廣之相善現若菩薩摩訶薩
如實了知色處實際相如實了知聲香味
觸法處實際相是菩薩摩訶薩於一切法如
實了知略廣之相善現若菩薩摩訶薩如實
了知眼界實際相如實了知耳鼻舌身意界
實際相是菩薩摩訶薩於一切法如實了知
略廣之相善現若菩薩摩訶薩如實了知色
界實際相如實了知聲香味觸法界實際相
是菩薩摩訶薩於一切法如實了知略廣之
相善現若菩薩摩訶薩如實了知眼識界實
際相如實了知耳鼻舌身意識界實際相是
菩薩摩訶薩於一切法如實了知略廣之相
善現若菩薩摩訶薩如實了知眼觸實際相
如實了知耳鼻舌身意觸實際相是菩薩摩
訶薩於一切法如實了知略廣之相善現若菩
薩摩訶薩如實了知眼觸為緣所生諸受

BD04735 號　大般若波羅蜜多經卷三五七　（10–3）

際相如實了知耳鼻舌身意識界實際相是
菩薩摩訶薩於一切法如實了知略廣之相
善現若菩薩摩訶薩如實了知眼觸實際相
如實了知耳鼻舌身意觸實際相是菩薩摩
訶薩於一切法如實了知略廣之相善現若菩
薩摩訶薩如實了知眼觸為緣所生諸受
實際相如實了知耳鼻舌身意觸為緣所生
諸受實際相是菩薩摩訶薩於一切法如實
了知略廣之相善現若菩薩摩訶薩如實了知
地界實際相如實了知水火風空識界實際
相是菩薩摩訶薩於一切法如實了知略
廣之相善現若菩薩摩訶薩如實了知無明
實際相如實了知行識名色六處受愛取有
生老死愁歎苦憂惱實際相是菩薩摩訶
薩於一切法如實了知略廣之相
善現若菩薩摩訶薩如實了知布施波羅蜜
多實際相如實了知淨戒安忍精進靜慮般
若波羅蜜多實際相是菩薩摩訶薩於一切
法如實了知略廣之相善現若菩薩摩訶薩
如實了知內空實際相如實了知外空內外空
空空大空勝義空有為空無為空畢竟空
無際空散空無變異空本性空自相空共相
空一切法空不可得空無性空自性空無性
自性空實際相是菩薩摩訶薩於一切法如
實了知略廣之相善現若菩薩摩訶薩如實
了知真如實際相如實了知法界法性不虛妄
性不變異性平等性離生性法定法住實際

BD04735 號　大般若波羅蜜多經卷三五七　（10–4）

空一切法空不可得空無性空自性空無性
自性空實際相是菩薩摩訶薩於一切法如
實了知略廣之相善現若菩薩摩訶薩如實
了知真如實際相如實了知法界法性不虛妄
性不變異性平等性離生性法定法住實際
虛空界不思議界實際相是菩薩摩訶薩
於一切法如實了知略廣之相善現若菩薩
摩訶薩如實了知苦聖諦實際相如實了知
集滅道聖諦實際相是菩薩摩訶薩於一切
法如實了知略廣之相善現若菩薩摩訶薩
如實了知四靜慮實際相如實了知四無量
四無色定實際相是菩薩摩訶薩於一切法
如實了知略廣之相善現若菩薩摩訶薩如
實了知八解脫實際相如實了知八勝處九
次第定十遍處實際相是菩薩摩訶薩於一
切法如實了知略廣之相善現若菩薩摩訶薩
如實了知四念住實際相如實了知四正斷
四神足五根五力七等覺支八聖道支實
際相是菩薩摩訶薩於一切法如實了知略
廣之相善現若菩薩摩訶薩如實了知空解
脫門實際相如實了知無相無願解脫門實
際相是菩薩摩訶薩於一切法如實了知略
廣之相善現若菩薩摩訶薩如實了知五眼
實際相如實了知六神通實際相是菩薩摩
訶薩於一切法如實了知略廣之相善現若
菩薩摩訶薩如實了知佛十力實際相如實
了知四無所畏四無礙解大慈大悲大喜大

BD04735號　大般若波羅蜜多經卷三五七　（10–5）

實際相如實了知六神通實際相是菩薩摩
訶薩於一切法如實了知略廣之相善現若
菩薩摩訶薩如實了知佛十力實際相如實
了知四無所畏四無礙解大慈大悲大喜大
捨十八佛不共法實際相是菩薩摩訶薩於
一切法如實了知略廣之相善現若菩薩摩
訶薩如實了知無忘失法實際相如實了知
恒住捨性實際相是菩薩摩訶薩於一切法
如實了知略廣之相善現若菩薩摩訶薩如
實了知一切智實際相如實了知道相智一
切相智實際相是菩薩摩訶薩於一切法如
實了知略廣之相善現若菩薩摩訶薩如實
了知一切陀羅尼門實際相如實了知一切
三摩地門實際相是菩薩摩訶薩於一切法
如實了知略廣之相善現若菩薩摩訶薩如
實了知預流果實際相如實了知一來不還
阿羅漢果實際相是菩薩摩訶薩於一切法
如實了知略廣之相善現若菩薩摩訶薩如
實了知獨覺菩提實際相是菩薩摩訶薩於
一切法如實了知略廣之相善現若菩薩摩訶
薩如實了知一切菩薩摩訶薩行實際相是菩
薩摩訶薩於一切法如實了知略廣之相善現若
菩薩摩訶薩如實了知諸佛無上正等菩提實際
相是菩薩摩訶薩於一切法如實了知略廣之相
尒時具壽善現白佛言世尊云何色實際相
云何受想行識實際相諸菩薩摩訶薩如實

BD04735號　大般若波羅蜜多經卷三五七　（10–6）

菩薩摩訶薩如實了知諸佛無上正等菩提實際
相是菩薩摩訶薩於一切法如實了知略廣之相
尒時具壽善現白佛言世尊云何色實際相
云何受想行識實際相諸菩薩摩訶薩如實
了知而於中學於一切法如實了知略廣之相
佛言善現無色際是名色實際相無受想
行識際是名受想行識實際相諸菩薩摩訶
薩如實了知當於中學於一切法如實了知
略廣之相世尊云何眼處實際相云何耳鼻
舌身意處實際相諸菩薩摩訶薩如實了知
而於中學於一切法如實了知略廣之相善現
無眼處際是名眼處實際相無耳鼻舌身
意處際是名耳鼻舌身意處實際相諸菩
薩摩訶薩如實了知當於中學於一切法如實
了知略廣之相世尊云何色處實際相云何
聲香味觸法處實際相諸菩薩摩訶薩如實
了知而於中學於一切法如實了知略廣之
相善現無色處際是名色處實際無聲香
味觸法處際是名聲香味觸法處實際相諸
菩薩摩訶薩如實了知當於中學於一切法
如實了知略廣之相世尊云何眼界實際相
云何耳鼻舌身意界實際相諸菩薩摩訶
薩如實了知而於中學於一切法如實了知略
廣之相善現無眼界際是名眼界實際相無
耳鼻舌身意界際是名耳鼻舌身意界實際
相諸菩薩摩訶薩如實了知當於中學於一
切法如實了知略廣之相世尊云何色界實

BD04735號　大般若波羅蜜多經卷三五七　（10–7）

薩如實了知而於中學於一切法如實了知略
廣之相善現無眼界際是名眼界實際相無
耳鼻舌身意界際是名耳鼻舌身意界實際
相諸菩薩摩訶薩如實了知當於中學於一
切法如實了知略廣之相世尊云何色界實
際相云何聲香味觸法界實際相諸菩薩摩
訶薩如實了知而於中學於一切法如實了
知略廣之相善現無色界際是名色界實際
相無聲香味觸法界際是名聲香味觸法界
實際相諸菩薩摩訶薩如實了知當於中學
於一切法如實了知略廣之相世尊云何眼識
界實際相云何耳鼻舌身意識界實際相
諸菩薩摩訶薩如實了知而於中學於一切
法如實了知略廣之相善現無眼識界際是
名眼識界實際相無耳鼻舌身意識界際
是名耳鼻舌身意識界實際相諸菩薩摩
訶薩如實了知當於中學於一切法如實了知
略廣之相世尊云何眼觸實際相云何耳鼻舌
身意觸實際相諸菩薩摩訶薩如實了知而
於中學於一切法如實了知略廣之相善現
無眼觸際是名眼觸實際相無耳鼻舌身意
觸際是名耳鼻舌身意觸實際相諸菩薩摩
訶薩如實了知當於中學於一切法如實了
知略廣之相世尊云何眼觸為緣所生諸受
實際相云何耳鼻舌身意觸為緣所生諸受
實際相諸菩薩摩訶薩如實了知而於中學

BD04735號　大般若波羅蜜多經卷三五七　（10–8）

觸際是名耳鼻舌身意觸實際相諸菩薩摩
訶薩如實了知當於中學於一切法如實了
知略廣之相世尊云何眼觸爲緣所生諸受
實際相云何耳鼻舌身意觸爲緣所生諸受
實際相諸菩薩摩訶薩如實了知而於中學
於一切法如實了知略廣之相善現無眼觸爲
緣所生諸受際是名眼觸爲緣所生諸受實
際相無耳鼻舌身意觸爲緣所生諸受際
是名耳鼻舌身意觸爲緣所生諸受實際相
諸菩薩摩訶薩如實了知當於中學於一切
法如實了知略廣之相世尊云何地界實際
相云何水火風空識界實際相諸菩薩摩訶
薩如實了知而於中學於一切法如實了知
略廣之相善現無地界際是名地界實際相
無水火風空識界際是名水火風空識界實
際相諸菩薩摩訶薩如實了知當於中學於
一切法如實了知略廣之相世尊云何無明實
際相云何行識名色六處觸受愛取有生
老死愁歎苦憂惱實際相諸菩薩摩訶薩如
實了知而於中學於一切法如實了知略廣
之相善現無無明際是名無明實際相無行
乃至老死愁歎苦憂惱際是名行乃至老死
愁歎苦憂惱實際相諸菩薩摩訶薩如實了
知當於中學於一切法如實了知略廣之相

大般若波羅蜜多經卷第三百五十七

BD04735號　大般若波羅蜜多經卷三五七　（10–9）

法如實了知略廣之相世尊云何地界實際
相云何水火風空識界實際相諸菩薩摩訶
薩如實了知而於中學於一切法如實了知
略廣之相善現無地界際是名地界實際相
無水火風空識界際是名水火風空識界實
際相諸菩薩摩訶薩如實了知當於中學於
一切法如實了知略廣之相世尊云何無明實
際相云何行識名色六處觸受愛取有生
老死愁歎苦憂惱實際相諸菩薩摩訶薩如
實了知而於中學於一切法如實了知略廣
之相善現無無明際是名無明實際相無行
乃至老死愁歎苦憂惱際是名行乃至老死
愁歎苦憂惱實際相諸菩薩摩訶薩如實了
知當於中學於一切法如實了知略廣之相

大般若波羅蜜多經卷第三百五十七

BD04735號　大般若波羅蜜多經卷三五七　（10–10）

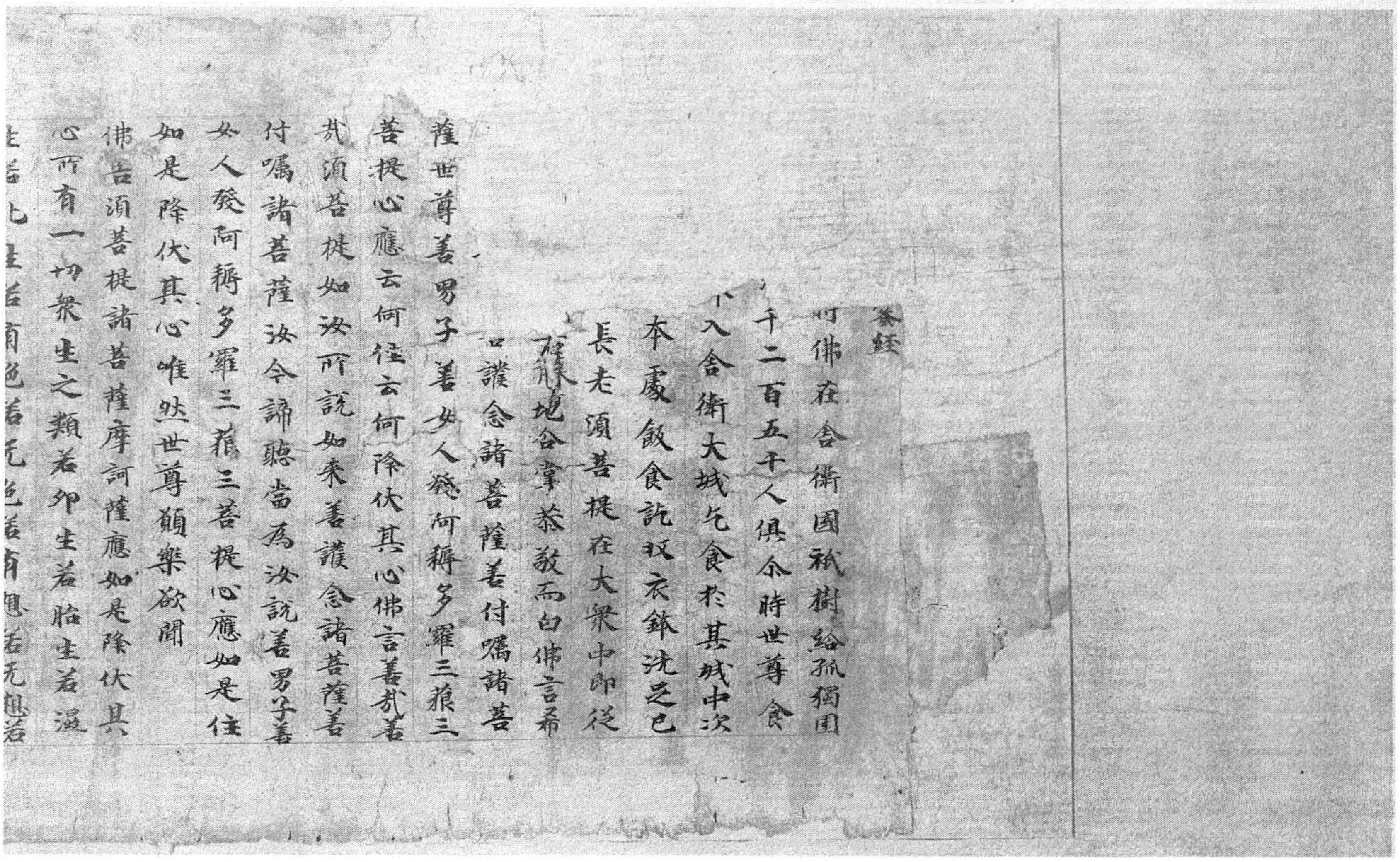

蜜經
時佛在舍衛國祇樹給孤獨園
千二百五十人俱尒時世尊食
入舍衛大城乞食於其城中次
本處飯食訖收衣鉢洗足已
長老須菩提在大衆中即從
地合掌恭敬而白佛言希
護念諸菩薩善付囑諸菩
薩世尊善男子善女人發阿耨多羅三藐三
菩提心應云何住云何降伏其心佛言善哉善
哉須菩提如汝所說如來善護念諸菩薩善
付囑諸菩薩汝今諦聽當為汝說善男子善
女人發阿耨多羅三藐三菩提心應如是住
如是降伏其心唯然世尊願樂欲聞
佛告須菩提諸菩薩摩訶薩應如是降伏其
心所有一切衆生之類若卵生若胎生若濕
生若化生若有色若无色若有想若无想若

BD04736 號　金剛般若波羅蜜經　（6–1）

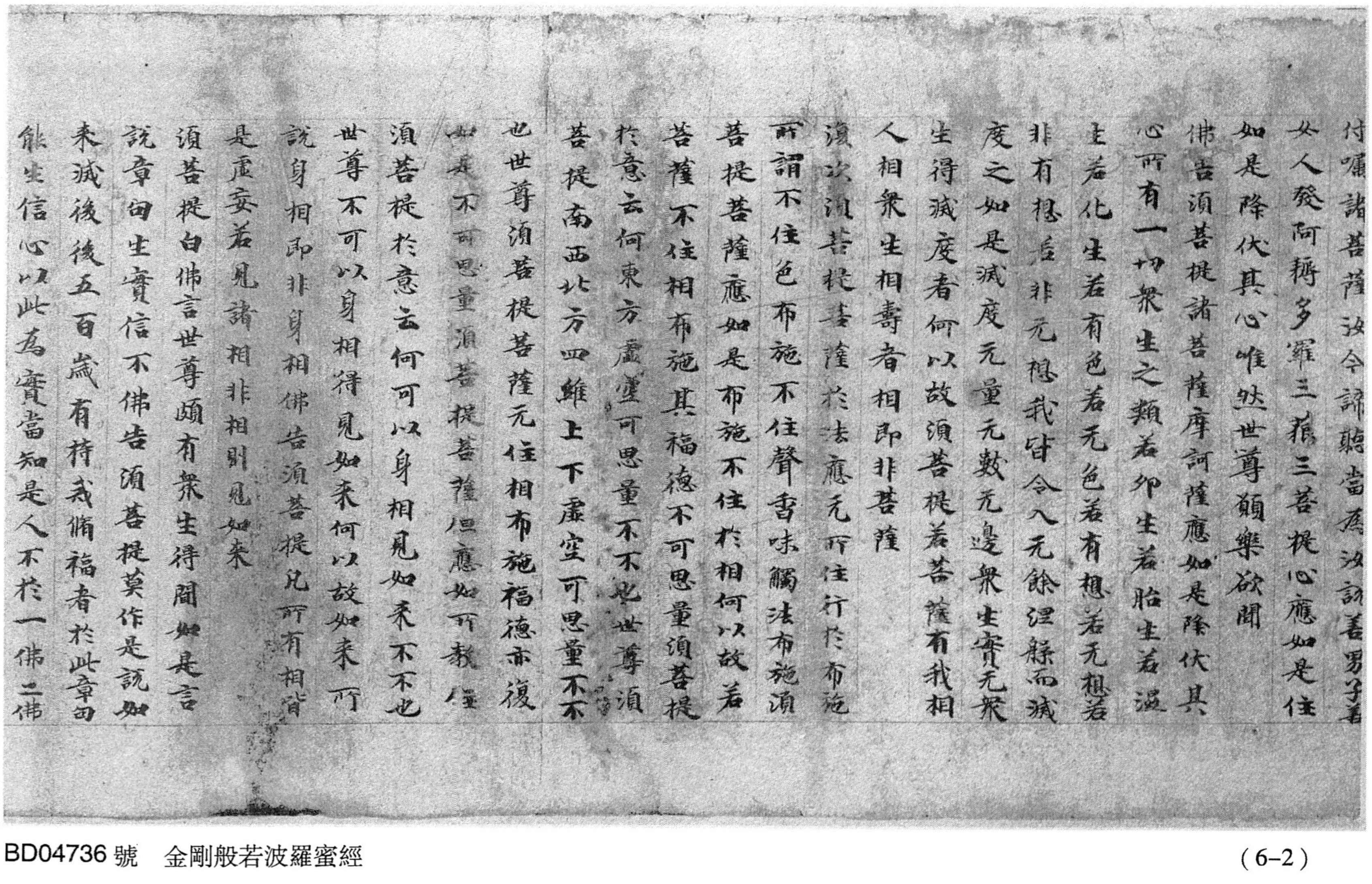

付囑諸菩薩汝今諦聽當為汝說善男子善
女人發阿耨多羅三藐三菩提心應如是住
如是降伏其心唯然世尊願樂欲聞
佛告須菩提諸菩薩摩訶薩應如是降伏其
心所有一切衆生之類若卵生若胎生若濕
生若化生若有色若无色若有想若无想若
非有想非无想我皆令入无餘涅槃而滅
度之如是滅度无量无數无邊衆生實无衆
生得滅度者何以故須菩提若菩薩有我相
人相衆生相壽者相即非菩薩
復次須菩提菩薩於法應无所住行於布施
所謂不住色布施不住聲香味觸法布施須
菩提菩薩應如是布施不住於相何以故若
菩薩不住相布施其福德不可思量須菩提
於意云何東方虛空可思量不不也世尊須
菩提南西北方四維上下虛空可思量不不
也世尊須菩提菩薩无住相布施福德亦復
如是不可思量須菩提菩薩但應如所教住
須菩提於意云何可以身相見如來不不也
世尊不可以身相得見如來何以故如來所
說身相即非身相佛告須菩提凡所有相皆
是虛妄若見諸相非相則見如來
須菩提白佛言世尊頗有衆生得聞如是言
說章句生實信不佛告須菩提莫作是說如
來滅後後五百歲有持戒脩福者於此章句
能生信心以此為實當知是人不於一佛二佛

BD04736 號　金剛般若波羅蜜經　（6–2）

是虛妄若見諸相非相則見如來
須菩提白佛言世尊頗有眾生得聞如是言
說章句生實信不佛告須菩提莫作是說如
來滅後後五百歲有持戒脩福者於此章句
能生信心以此為實當知是人不於一佛二佛
三四五佛而種善根已於无量千萬佛所
種諸善根聞是章句乃至一念生淨信者
須菩提如來悉知悉見是諸眾生得如是无量
福德何以故是諸眾生无復我相人相眾生
相壽者相无法相亦无非法相何以故是諸
眾生若心取相則為著我人眾生壽者若
取法相即著我人眾生壽者何以故若取非
法相即著我人眾生壽者是故不應取法不
應取非法以是義故如來常說汝等比丘知
我說法如筏喻者法尚應捨何況非法
須菩提於意云何如來得阿耨多羅三藐三
菩提耶如來有所說法耶須菩提言如我解
佛所說義无有定法名阿耨多羅三藐三菩
提亦无有定法如來可說何以故如來所說
法皆不可取不可說非法非非法所以者何
一切賢聖皆以无為法而有差別
須菩提於意云何若人滿三千大千世界七
寶以用布施是人所得福德寧為多不須菩
提言甚多世尊何以故是福德即非福德性
是故如來說福德多若復有人於此經中受

BD04736 號　金剛般若波羅蜜經　（6–3）

須菩提於意云何若人滿三千大千世界七
寶以用布施是人所得福德寧為多不須菩
提言甚多世尊何以故是福德即非福德性
是故如來說福德多若復有人於此經中受
持乃至四句偈等為他人說其福勝彼何以
故須菩提一切諸佛及諸佛阿耨多羅三藐
三菩提法皆從此經出須菩提所謂佛法者
即非佛法
須菩提於意云何須陁洹能作是念我得須
陁洹果不須菩提言不也世尊何以故須陁
洹名為入流而无所入不入色聲香味觸法
是名須陁洹須菩提於意云何斯陁含能作
是念我得斯陁含果不須菩提言不也世尊
何以故斯陁含名一往來而實无往來是名
斯陁含須菩提於意云何阿那含能作是念
我得阿那含果不須菩提言不也世尊何以
故阿那含名為不來而實无來是故名阿那
含須菩提於意云何阿羅漢能作是念我得
阿羅漢道不須菩提言不也世尊何以故實
无有法名阿羅漢世尊若阿羅漢作是念我
得阿羅漢道即為著我人眾生壽者世尊佛
說我得无諍三昧人中最為第一是第一離
欲阿羅漢我不作是念我是離欲阿羅漢世
尊我若作是念我得阿羅漢道世尊則不說
須菩提是樂阿蘭那行者以須菩提實无所

BD04736 號　金剛般若波羅蜜經　（6–4）

說我得无諍三昧人中寂為第一是第一離
欲阿羅漢我不作是念我是離欲阿羅漢世
尊我若作是念我得阿羅漢道世尊則不說
須菩提是樂阿蘭那行者以須菩提實无所
行而名須菩提是樂阿蘭那行
佛告須菩提於意云何如來昔在然燈佛所
於法有所得不世尊如來在然燈佛所於法
實无所得須菩提於意云何菩薩莊嚴佛土
不不也世尊何以故莊嚴佛土者則非莊嚴
是名莊嚴是故須菩提諸菩薩摩訶薩應
如是生清淨心不應住色生心不應住聲香
味觸法生心應无所住而生其心須菩提譬如
有人身如須弥山王於意云何是身為大不
須菩提言甚大世尊何以故佛說非身是
名大身須菩提如恒河中所有沙數如是沙等
恒河於意云何是諸恒河沙寧為多不須菩
提言甚多世尊但諸恒河尚多无數何況其
沙須菩提我今實言告汝若有善男子善
女人以七寶滿尒所恒河沙數三千大千世界以
用布施得福多不須菩提言甚多世尊佛
告須菩提若善男子善女人於此經中乃至
受持四句偈等為他人說而此福德勝前福
德復次須菩提隨說是經乃至四句偈等當
知此處一切世間天人阿脩羅皆應供養如
佛塔廟何況有人盡能受讀誦須菩提當

BD04736號　金剛般若波羅蜜經　（6–5）

受持四句偈等為他人說而此福德勝前福
德復次須菩提隨說是經乃至四句偈等當
知此處一切世間天人阿脩羅皆應供養如
佛塔廟何況有人盡能受讀誦須菩提當
知是人成就最上第一希有之法若是經典
所在之處則為有佛若尊重弟子
尒時須菩提白佛言世尊當何名此經我等
云何奉持佛告須菩提是經名為金剛般
若波羅蜜以是名字汝當奉持所以者何須
菩提佛說般若波羅蜜則非般若波羅蜜
須菩提於意云何如來有所說法不須菩提
白佛言世尊如來无所說須菩提於意云何三
千大千世界所有微塵是為多不須菩提言
甚多世尊須菩提諸微塵如來說非微塵是
名微塵如來說世界非世界是名世界須菩
提於意云何可以三十二相見如來不不也
世尊不可以三十二相得見如來何
說三十二相即是非相是名三十二
若有善男子善女人以恒河沙
施若復有人於此經中乃至受
等為他人說其福甚多
須菩提聞說

BD04736號　金剛般若波羅蜜經　（6–6）

耨多羅三藐三菩提者於法不說斷滅相須
菩提若菩薩以滿恒河沙等世界七寶布施
若復有人知一切法无我得成於忍此菩薩
勝前菩薩所得功德須菩提以諸菩薩不受
福德故須菩提白佛言世尊云何菩薩不受
福德須菩提菩薩所作福德不應貪著是故
說不受福德須菩提若有人言如來若來若去
若坐若卧是人不解我所說義何以故如來者
无所從來亦无所去故名如來須菩提若善
男子善女人以三千大千世界碎為微塵於
意云何是微塵衆寧為多不甚多世尊何以
故若是微塵衆實有者佛則不說是微塵
衆所以者何佛說微塵衆則非微塵衆是名
微塵衆世尊如來所說三千大千世界則非世
界是名世界何以故若世界實有者則是一
合相如來說一合相則非一合相是名一合
相須菩提一合相者則是不可說但凡夫之
人貪著其事須菩提若人言佛說我見人見

BD04737 號　金剛般若波羅蜜經　（2–1）

衆所以者何佛說微塵衆則非微塵衆是名
微塵衆世尊如來所說三千大千世界則非世
界是名世界何以故若世界實有者則是一
合相如來說一合相則非一合相是名一合
相須菩提一合相者則是不可說但凡夫之
人貪著其事須菩提若人言佛說我見人見
衆生見壽者見須菩提於意云何是人解我
所說義不世尊是人不解如來所說義何以
故世尊說我見人見衆生見壽者見即非我
見人見衆生見壽者見是名我見人見衆生
見壽者見須菩提發阿耨多羅三藐三菩提
心者於一切法應如是知如是見如是信解不
生法相須菩提所言法相者如來說即非法
相是名法相須菩提若有人以滿无量阿僧
祇世界七寶以用布施若有善男子善女
人發菩薩心者持於此經乃至四句偈等受持
讀誦為人演說其福勝彼云何為人演說不
取於相如如不動何以故
一切有為法　如夢幻泡影　如露亦如電　應作如是觀
佛說是經已長老須菩提及諸比丘比丘尼
優婆塞優婆夷一切世間天人阿脩羅聞佛
所說皆大歡喜信受奉行
金剛般若波羅蜜經

BD04737 號　金剛般若波羅蜜經　（2–2）

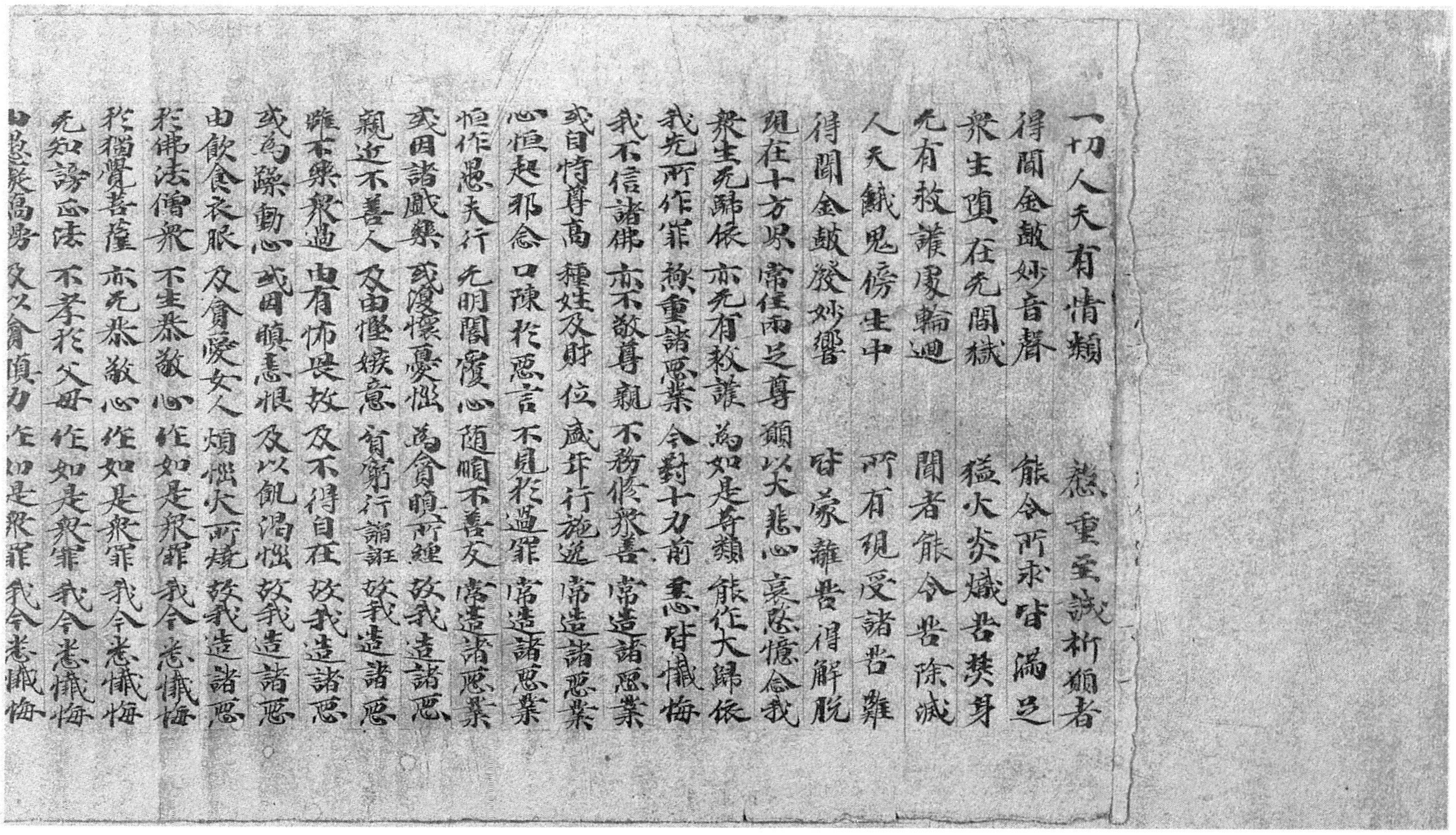

一切人天有情類　慇重至誠祈願者
得聞金鼓妙音聲　能令所求皆滿足
衆生墮在無間獄　猛火炎熾苦焚身
無有救護處輪迴　聞者能令苦除滅
人天餓鬼傍生中　所有現受諸苦難
得聞金鼓發妙響　皆蒙離苦得解脫
現在十方界　常住兩足尊　願以大悲心　哀愍憶念我
衆生無歸依　亦無有救護　為如是等類　能作大歸依
我先所作罪　極重諸惡業　今對十力前　至心皆懺悔
我不信諸佛　亦不敬尊親　不務修衆善　常造諸惡業
或自恃尊高　種姓及財位　盛年行放逸　常造諸惡業
心恒起邪念　口陳於惡言　不見於過罪　常造諸惡業
恒作愚夫行　無明闇覆心　隨順不善友　常造諸惡業
或因諸戲樂　或復懷憂惱　為貪瞋所纏　故我造諸惡
親近不善人　及由慳嫉意　貧窮行諂誑　故我造諸惡
雖不樂衆過　由有怖畏故　及不得自在　故我造諸惡
或為躁動心　或因瞋恚根　及以飢渴惱　故我造諸惡
由飲食衣服　及貪愛女人　煩惱火所燒　故我造諸惡
於佛法僧衆　不生恭敬心　作如是衆罪　我今悉懺悔
於獨覺菩薩　亦無恭敬心　作如是衆罪　我今悉懺悔
無知謗正法　不孝於父母　作如是衆罪　我今悉懺悔
由愚癡憍慢　及以貪瞋力　作如是衆罪　我今悉懺悔

BD04738號　金光明最勝王經卷二　（4–1）

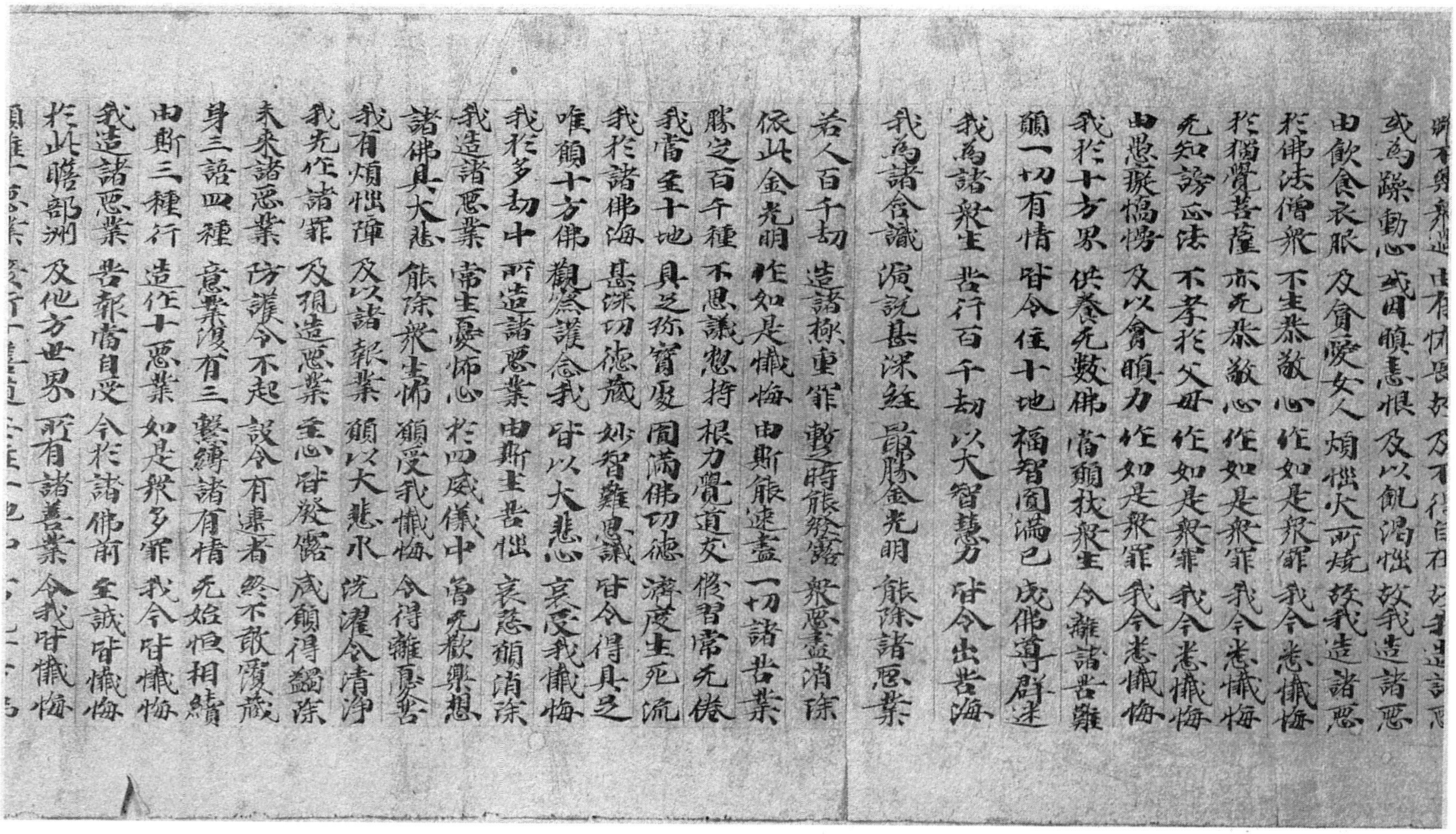

雖不樂衆過　由有怖畏故　及不得自在　故我造諸惡
或為躁動心　或因瞋恚根　及以飢渴惱　故我造諸惡
由飲食衣服　及貪愛女人　煩惱火所燒　故我造諸惡
於佛法僧衆　不生恭敬心　作如是衆罪　我今悉懺悔
於獨覺菩薩　亦無恭敬心　作如是衆罪　我今悉懺悔
無知謗正法　不孝於父母　作如是衆罪　我今悉懺悔
由愚癡憍慢　及以貪瞋力　作如是衆罪　我今悉懺悔
我於十方界　供養無數佛　當願拔衆生　令離諸苦難
願一切有情　皆令住十地　福智圓滿已　成佛導群迷
我為諸衆生　苦行百千劫　以大智慧力　皆令出苦海
我為諸含識　演說甚深經　最勝金光明　能除諸惡業
若人百千劫　造諸極重罪　暫時能發露　衆惡盡消除
依此金光明　作如是懺悔　由斯能速盡　一切諸苦業
勝定百千種　不思議總持　根力覺道支　修習常無倦
我當至十地　具足珍寶處　圓滿佛功德　濟度生死流
我於諸佛海　甚深功德藏　妙智難思議　皆令得具足
唯願十方佛　觀察護念我　皆以大悲心　哀受我懺悔
我於多劫中　所造諸惡業　由斯生苦惱　哀愍願消除
我造諸惡業　常生憂怖心　於四威儀中　曾無歡樂想
諸佛具大悲　能除衆生怖　願受我懺悔　令得離憂苦
我有煩惱障　及以諸報業　願以大悲水　洗濯令清淨
我先作諸罪　及現造惡業　至心皆發露　咸願得蠲除
未來諸惡業　防護令不起　設令有違者　終不敢覆藏
身三語四種　意業復有三　繫縛諸有情　無始恒相續
由斯三種行　造作十惡業　如是衆多罪　我今皆懺悔
我造諸惡業　苦報當自受　今於諸佛前　至誠皆懺悔
於此贍部洲　及他方世界　所有諸善業　今我皆懺悔
願離十惡業　修行十善道　安住十地中

BD04738號　金光明最勝王經卷二　（4–2）

未來諸惡業　防護令不起　設令有違者　終不敢覆藏
身三語四種　意業復有三　繫縛諸有情　无始恒相續
由斯三種行　造作十惡業　如是衆多罪　我今皆懺悔
我造諸惡業　苦報當自受　今於諸佛前　至誠皆懺悔
於此贍部洲　及他方世界　所有諸善業　今我皆懺悔
願離十惡業　修行十善道　安住十地中　常見十方佛
我以身語意　所修福智業　願以此善根　速成无上慧
我今親對十力前　發露衆多苦難事
凡愚迷惑三有難　恒造極重惡業難
我所積集欲邪難　常起貪愛流轉難
於此世間耽著難　一切愚夫煩惱難
狂心散動顛倒難　及以親近惡友難
於生死中貪染難　瞋癡闇鈍造罪難
生八无暇惡處難　未曾積集功德難
我今皆於最勝前　懺悔无邊罪惡業
我今歸依諸善逝　我礼德海无上尊
如大金山照十方　唯願慈悲哀攝受
身色金光淨无垢　目如清淨紺琉璃
吉祥威德名稱尊　大悲慧日除衆闇
佛日光明常普遍　善淨无垢離諸塵
牟尼月照極清涼　能除衆生煩惱熱
三十二相遍莊嚴　八十隨好皆圓滿
福德難思无與等　如日流光照世間
色如琉璃淨无垢　猶如滿月處虛空
妙頗梨網映金軀　種種光明以嚴飾
於生死苦暴流內　老病憂愁水所漂
如是苦海難堪忍　佛日舒光令永竭

BD04738 號　金光明最勝王經卷二　（4–3）

牟尼月照極清涼　能除衆生煩惱熱
三十二相遍莊嚴　八十隨好皆圓滿
福德難思无與等　如日流光照世間
色如琉璃淨无垢　猶如滿月處虛空
妙頗梨網映金軀　種種光明以嚴飾
於生死苦暴流內　老病憂愁水所漂
如是苦海難堪忍　佛日舒光令永竭
我今稽首一切智　三千世界希有尊
光明晃耀紫金身　種種妙好皆嚴飾
如大海水量難知　大地微塵不可數
如妙高山叵稱量　亦如虛空无有際
諸佛功德亦如是　一切有情不能知
於无量劫諦思惟　无有能知德海岸
盡此大地諸山岳　析如微塵能筭知
毛端渧海尚可量　佛之功德无能數
一切有情皆共讚　世尊名稱諸功德
清淨相好妙莊嚴　不可稱量知分齊
我之所有衆善業　願得速成无上尊
廣說正法利群生　悉令解脫於衆苦
降伏大力魔軍衆　當轉无上正法輪
久住劫數難思議　充足衆生甘露味

BD04738 號　金光明最勝王經卷二　（4–4）

以故離一
是如是若復
知是人甚
一波羅蜜
羅蜜
非忍辱波羅蜜
何以故須菩提如我　利王割截身體
我於尒時无我相无人　衆生相无壽者
相何以故我於往昔節　解時若有我相
人相衆生相壽者相應生瞋恨須菩提又念
過去於五百世作忍辱仙人於尒所世无我
相无人相无衆生相无壽者相是故須菩提
菩薩應離一切相發阿耨多羅三藐三菩提
心不應住色生心不應住聲香味觸法生心
應生无所住心若心有住則為非住是故佛
說菩薩心不應住色布施須菩提菩薩為利

BD04739號　金剛般若波羅蜜經　（10–1）

過去於五百世作忍辱仙人於尒所世无我
相无人相无衆生相无壽者相是故須菩提
菩薩應離一切相發阿耨多羅三藐三菩提
心不應住色生心不應住聲香味觸法生心
應生无所住心若心有住則為非住是故佛
說菩薩心不應住色布施須菩提菩薩為利
益一切衆生應如是布施如來說一切諸相
即是非相又說一切衆生則非衆生須菩提
如來是真語者實語者如語者不誑語者不
異語者須菩提如來所得法此法无實无虛
須菩提若菩薩心住於法而行布施如人入
闇則无所見若菩薩心不住法而行布施如
人有目日光明照見種種色須菩提當來之
世若有善男子善女人能於此經受持讀誦
則為如來以佛智慧悉知是人悉見是人皆
得成就无量无邊
須菩提若有善男子善女人初日分以恒河
沙等身布施中日分復以恒河沙等身布施
後日分亦以恒河沙等身布施如是无量百千
万億劫以身布施若復有人聞此經典信心不
逆其福勝彼何況書寫受持讀誦為人解說
須菩提以要言之是經有不可思議不可稱
量无邊功德如來為發大乘者說為發最上
乘者說若有人能受持讀誦廣為人說如來
悉知是人悉見是人皆得成就不可量不可
稱无有邊不可思議功德如是人等則為荷

BD04739號　金剛般若波羅蜜經　（10–2）

逆其福勝彼何況書寫受持讀誦
須菩提以要言之是經有不可思議不可稱
量无邊功德如來為發大乘者說為發最上
乘者說若有人能受持讀誦廣為人說如來
悉知是人悉見是人皆得成就不可量不可
稱无有邊不可思議功德如是人等則為荷
擔如來阿耨多羅三藐三菩提何以故須菩
提若樂小法者著我見人見衆生見壽者見
則於此經不能聽受讀誦為人解說須菩提
在在處處若有此經一切世間天人阿脩羅
所應供養當知此處則為是塔皆應恭敬作
禮圍遶以諸華香而散其處
復次須菩提善男子善女人受持讀誦此經
若為人輕賤是人先世罪業應墮惡道以今
世人輕賤故先世罪業則為消滅當得阿耨
多羅三藐三菩提須菩提我念過去无量阿
僧祇劫於然燈佛前得值八百四千万億那
由他諸佛悉皆供養承事无空過者若復有
人於後末世能受持讀誦此經所得功德於
我所供養諸佛功德百分不及一千万億分
乃至筭數譬喻所不能及須菩提若善男子
善女人於後末世有受持讀誦此經所得功
德我若具說者或有人聞心則狂亂狐疑不
信須菩提當知是經義不可思議果報亦不
可思議
尒時須菩提白佛言世尊善男子善女人發



乃至筭數譬喻所不能及須菩提若善男子
善女人於後末世有受持讀誦此經所得功
德我若具說者或有人聞心則狂亂狐疑不
信須菩提當知是經義不可思議果報亦不
可思議
尒時須菩提白佛言世尊善男子善女人發
阿耨多羅三藐三菩提心云何應住云何降
伏其心佛告須菩提善男子善女人發阿耨
多羅三藐三菩提者當生如是心我應滅度
一切衆生滅度一切衆生已而无有一切衆生
實滅度者何以故若菩薩有我相人相衆生
相壽者相則非菩薩所以者何須菩提實无
有法發阿耨多羅三藐三菩提者須菩提於
意云何如來於然燈佛所有法得阿耨多羅
三藐三菩提不不也世尊如我解佛所說義
佛於然燈佛所无有法得阿耨多羅三藐三
菩提佛言如是如是須菩提實无有法如來
得阿耨多羅三藐三菩提須菩提若有法如
來得阿耨多羅三藐三菩提然燈佛則不與
我受記汝於來世當得作佛号釋迦牟尼以
實无有法得阿耨多羅三藐三菩提是故然
燈佛與我受記作是言汝於來世當得作佛
号釋迦牟尼何以故如來者即諸法如義若
有人言如來得阿耨多羅三藐三菩提須菩
提實无有法佛得阿耨多羅三藐三菩提須
菩提如來所得阿耨多羅三藐三菩提於是

實无有法得阿耨多羅三藐三菩提是故然
燈佛與我受記作是言汝於來世當得作佛
号釋迦牟尼何以故如來者即諸法如義若
有人言如來得阿耨多羅三藐三菩提須菩
提實无有法佛得阿耨多羅三藐三菩提須
菩提如來所得阿耨多羅三藐三菩提於是
中无實无虚是故如來說一切法皆是佛法
須菩提所言一切法者即非一切法是故名
一切法須菩提譬如人身長大須菩提言世
尊如來說人身長大則為非大身是名大身
須菩提菩薩亦如是若作是言我當滅度无
量衆生則不名菩薩何以故須菩提實无有
法名為菩薩是故佛說一切法无我无人无
衆生无壽者須菩提若菩薩作是言我當莊
嚴佛土是不名菩薩何以故如來說莊嚴佛
土者即非莊嚴是名莊嚴須菩提若菩薩通
達无我法者如來說名真是菩薩
須菩提於意云何如來有肉眼不如是世尊
如來有肉眼須菩提於意云何如來有天眼
不如是世尊如來有天眼須菩提於意云何
如來有慧眼不如是世尊如來有慧眼須菩
提於意云何如來有法眼不如是世尊如來
有法眼須菩提於意云何如來有佛眼不如
是世尊如來有佛眼須菩提於意云何恒河
中所有沙佛說是沙不如是世尊如來說是
沙須菩提於意云何如一恒河中所有沙有

BD04739 號　金剛般若波羅蜜經　（10–5）

提於意云何如來有法眼不如是世尊如來
有法眼須菩提於意云何如來有佛眼不如
是世尊如來有佛眼須菩提於意云何恒河
中所有沙佛說是沙不如是世尊如來說是
沙須菩提於意云何如一恒河中所有沙有
如是等恒河是諸恒河所有沙數佛世界如
是寧為多不甚多世尊佛告須菩提尒所國
土中所有衆生若干種心如來悉知何以故
如來說諸心皆為非心是名為心所以者何
須菩提過去心不可得現在心不可得未來
心不可得須菩提於意云何若有人滿三千
大千世界七寶以用布施是人以是因緣得
福多不如是世尊此人以是因緣得福甚多
須菩提若福德有實如來不說得福得多以
福德無故如來說得福德多
須菩提於意云何佛可以具足色身見不不
也世尊如來不應以具足色身見何以故如
來說具足色身即非具足色身是名具足色
身須菩提於意云何如來可以具足諸相見
不不也世尊如來不應以具足諸相見何以故
如來說諸相具足即非具足是名諸相具足
須菩提汝勿謂如來作是念我當有所說
法莫作是念何以故若人言如來有所說法
即為謗佛不能解我所說故須菩提說法者
無法可說是名說法須菩提白佛言世尊佛

BD04739 號　金剛般若波羅蜜經　（10–6）

如来説諸相具足即非具足是名諸相具足
須菩提汝勿謂如来作是念我當有所説
法莫作是念何以故若人言如来有所説法
即為謗佛不能解我所説故須菩提説法者
無法可説是名説法須菩提白佛言世尊佛
得阿耨多羅三藐三菩提為無所得邪如是
如是須菩提我於阿耨多羅三藐三菩提乃
至無有少法可得是名阿耨多羅三藐三菩
提復次須菩提是法平等無有高下是名阿
耨多羅三藐三菩提以無我無人無衆生無
壽者脩一切善法則得阿耨多羅三藐三菩
提須菩提所言善法者如来説非善法是名
善法須菩提若三千大千世界中所有諸須
弥山王如是等七寶聚有人持用布施若人
以此般若波羅蜜経乃至四句偈等受持讀
誦為他人説於前福德百分不及一百千萬
億分乃至筭數譬喩所不能及
須菩提於意云何汝等勿謂如来作是念我
當度衆生須菩提莫作是念何以故實無有
衆生如来度者若有衆生如来度者如来則
有我人衆生壽者須菩提如来説有我者則
非有我而凡夫之人以為有我須菩提凡夫
者如来説則非凡夫須菩提於意云何可以
三十二相觀如来不須菩提言如是如是以
三十二相觀如来佛言須菩提若以三十二



有我人衆生壽者須菩提如来説有我者則
非有我而凡夫之人以為有我須菩提凡夫
者如来説則非凡夫須菩提於意云何可以
三十二相觀如来不須菩提言如是如是以
三十二相觀如来佛言須菩提若以三十二
相觀如来者轉輪聖王則是如来須菩提白
佛言世尊如我解佛所説義不應以三十二
相觀如来尒時世尊而説偈言
若以色見我　以音聲求我　是人行邪道　不能見如来
須菩提汝若作是念如来不以具足相故得
阿耨多羅三藐三菩提須菩提莫作是念如
来不以具足相故得阿耨多羅三藐三菩提
須菩提汝若作是念發阿耨多羅三藐三菩
提者説諸法断滅莫作是念何以故發阿耨
多羅三藐三菩提者於法不説断滅相須菩
提若菩薩以滿恒河沙等世界七寶布施若
復有人知一切法無我得成於忍此菩薩勝前
菩薩所得功德須菩提以諸菩薩不受福
德故須菩提白佛言世尊云何菩薩不受福
德須菩提菩薩所作福德不應貪著是故説
不受福德須菩提若有人言如来若来若去
若坐若卧是人不解我所説義何以故如来
者無所從来亦無所去故名如来
須菩提若善男子善女人以三千大千世
界碎為微塵於意云何是微塵衆寧為多不

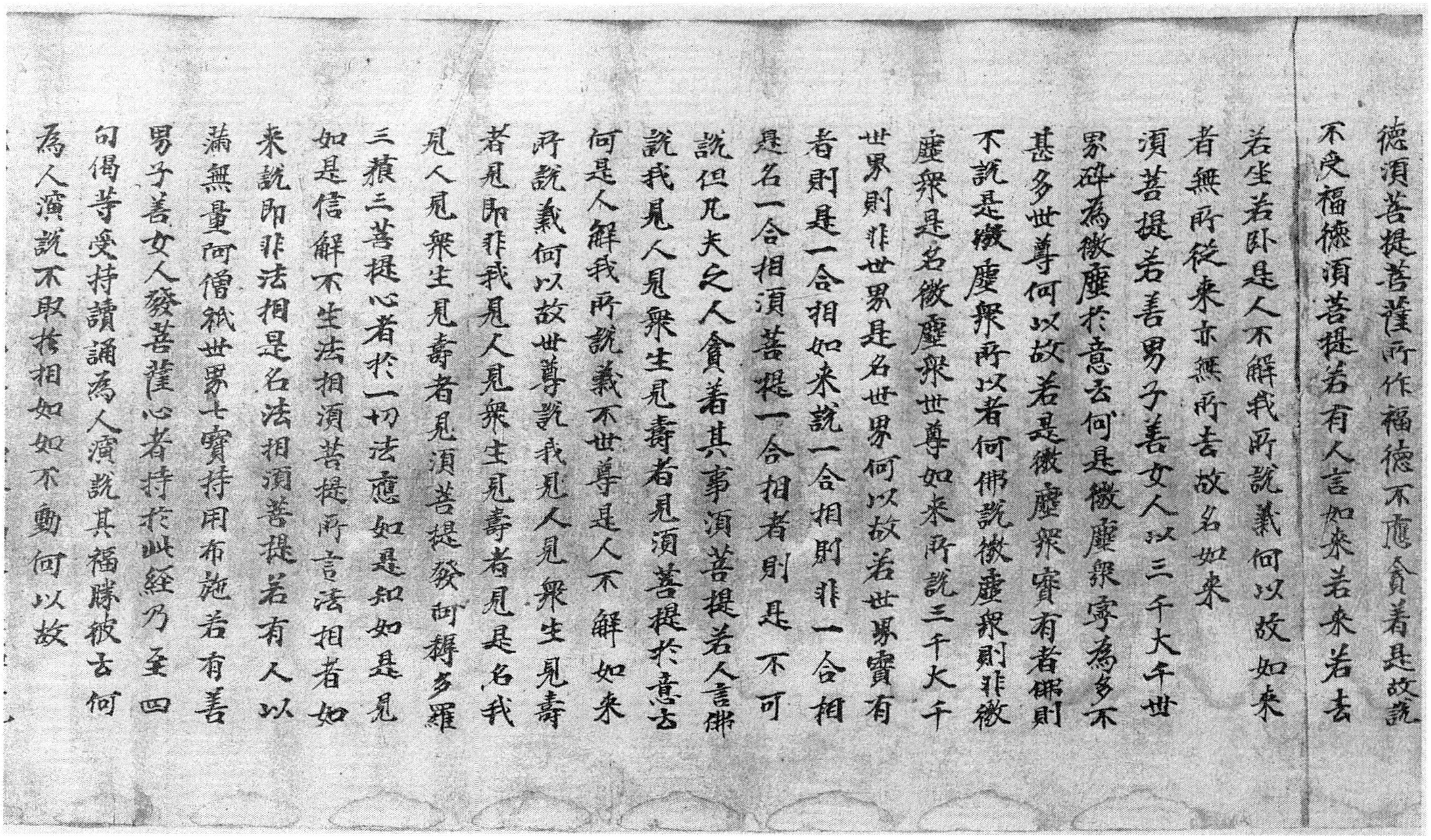

德須菩提菩薩所作福德不應貪著是故說
不受福德須菩提若有人言如來若來若去
若坐若卧是人不解我所說義何以故如來
者無所從來亦無所去故名如來
須菩提若善男子善女人以三千大千世
界碎為微塵於意云何是微塵衆寧為多不
甚多世尊何以故若是微塵衆實有者佛則
不說是微塵衆所以者何佛說微塵衆則非微
塵衆是名微塵衆世尊如來所說三千大千
世界則非世界是名世界何以故若世界實有
者則是一合相如來說一合相則非一合相
是名一合相須菩提一合相者則是不可
說但凡夫之人貪著其事須菩提若人言佛
說我見人見衆生見壽者見須菩提於意云
何是人解我所說義不世尊是人不解如來
所說義何以故世尊說我見人見衆生見壽
者見即非我見人見衆生見壽者見是名我
見人見衆生見壽者見須菩提發阿耨多羅
三藐三菩提心者於一切法應如是知如是見
如是信解不生法相須菩提所言法相者如
來說即非法相是名法相須菩提若有人以
滿無量阿僧祇世界七寶持用布施若有善
男子善女人發菩薩心者持於此經乃至四
句偈等受持讀誦為人演說其福勝彼云何
為人演說不取於相如如不動何以故

BD04739號　金剛般若波羅蜜經　（10–9）

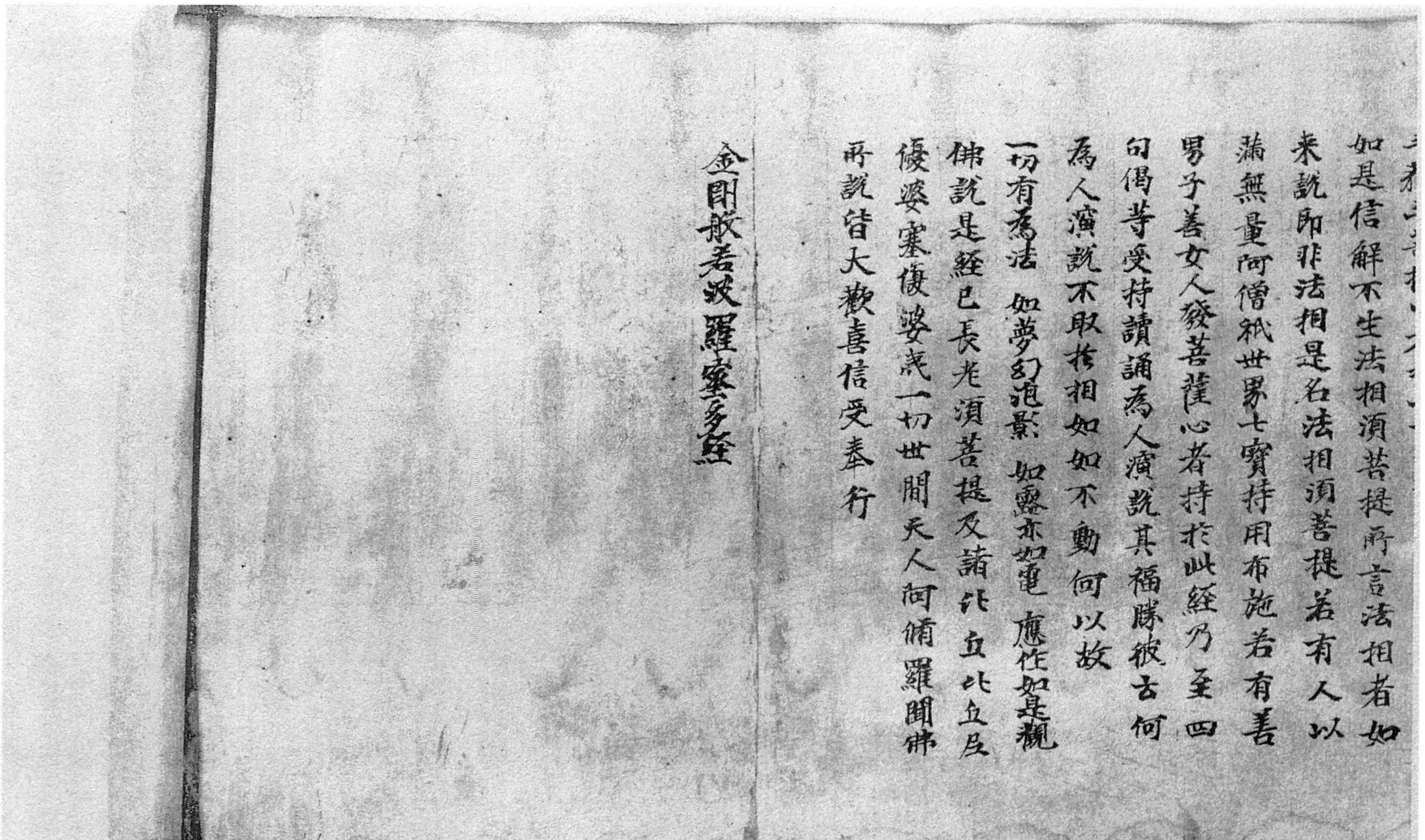

如是信解不生法相須菩提所言法相者如
來說即非法相是名法相須菩提若有人以
滿無量阿僧祇世界七寶持用布施若有善
男子善女人發菩薩心者持於此經乃至四
句偈等受持讀誦為人演說其福勝彼云何
為人演說不取於相如如不動何以故
一切有為法　如夢幻泡影　如露亦如電　應作如是觀
佛說是經已長老須菩提及諸比丘比丘尼
優婆塞優婆夷一切世間天人阿脩羅聞佛
所說皆大歡喜信受奉行

金剛般若波羅蜜多經

BD04739號　金剛般若波羅蜜經　（10–10）

二更加邪欲及取勝解如取念慧入煩惱中
別亦同故若雜集論有[illegible]
合入別境開彼惡見[illegible]以為五種
作是慧行相別無異體故以正念定慧五善
斷其取念慧為障乃親過失重故開為煩惱
十非五根攝為障既輕合在別境不別集依境五
更試會說義如下明　論謂遍行五善
分於有六隨煩惱有二十不定有四開出六位類分
也一切心中之可得故緣別境而得生故唯善心中可得生
故性是根本煩惱攝故唯是煩惱等流性故於善染等
故是故六位如是差別如瑜伽論總合為五煩惱隨煩
染汙故以四一切辯五差別謂一切性及地時俱並中
遍行具四一切別境唯有初二一切善唯有一謂一切地染四皆
無不定唯一謂一切性由此五位種類差別然此六位許心所法
諸論雖明略具足唯識論釋既最圓取下文謹依唯識
論遍行五者一作意二觸三受四想五思　釋曰於下隨位
分於中六位即分為六此即第一遍行相也　作意謂能警心為
性於所緣境引心為業謂此警覺應起心種引令趣境故名
作意雖此亦能引起心所心是主故但說引心作謂警發意亦
心王意之作故依主釋也觸謂三和分別變異令心心所觸境
為性受想思等所依為業謂根境識更相隨順
故名三和觸依彼生令彼和合故說為彼三和合位皆
有順生心所功能說名變異觸似彼起故名分別和合一切心

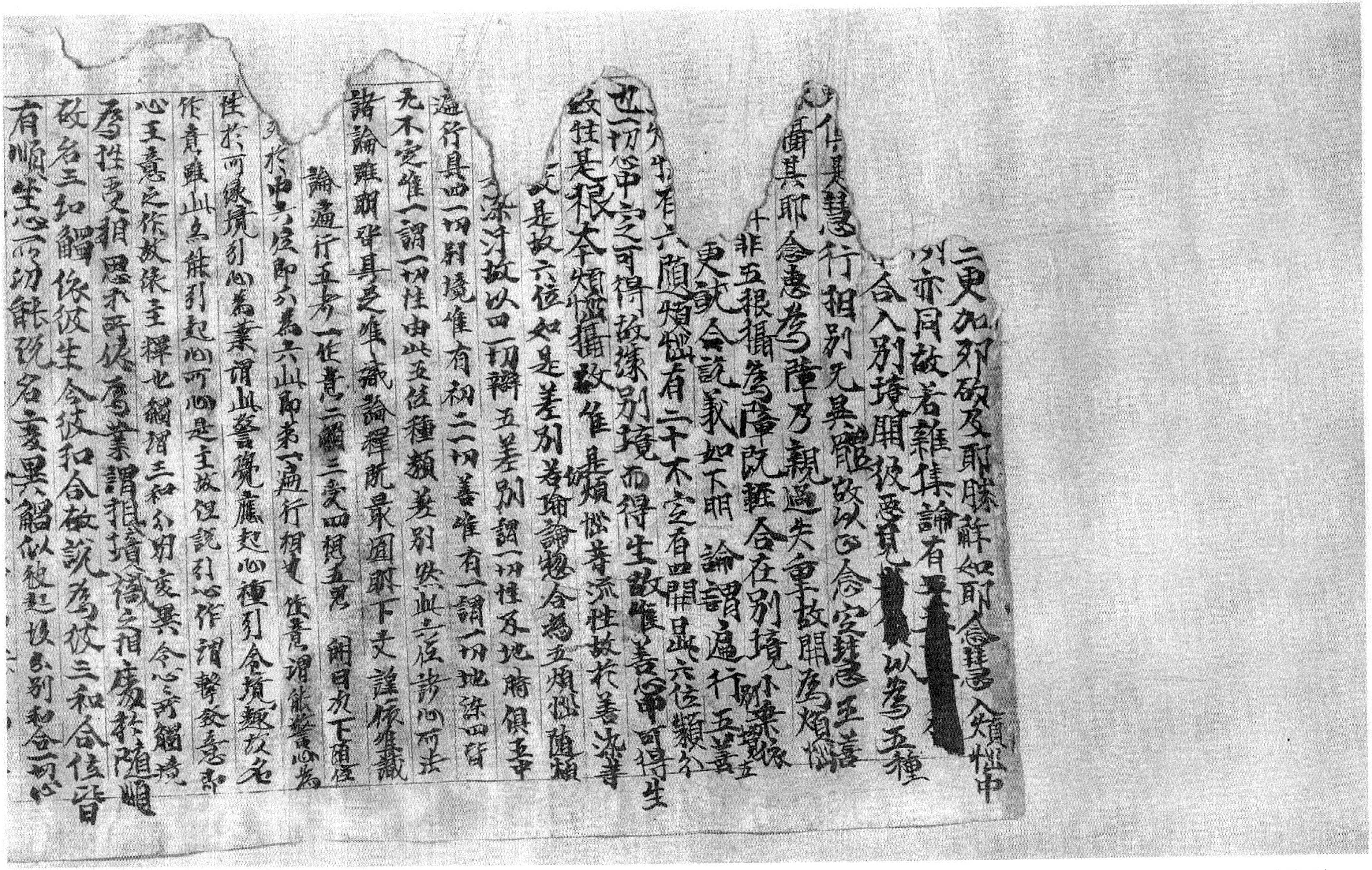

性於所緣境引心為業謂此警覺應起心種引令趣境故名
作意雖此亦能引起心所心是主故但說引心作謂警發意志亦
心王意之作故依主釋也觸謂三和分別變異令心心所觸境
為性受想思等所依為業謂根境識更相隨順
故名三和觸依彼生令彼和合故說為彼三和合位皆
有順生心所功能說名變異觸似彼起故名分別和合一切心
及心所令同觸境是觸自性既似順起心所功能故以受等
所依為業受謂領納順違俱非境相為性起愛為業能起
合離非二欲故想謂於境起種種名思謂令心造作為性
於善惡等役心為業謂能取境正因等相驅役自心令造
善等無心起時無此俱五故說此五名為遍行遍通一
切心中行故小乘論名通大地法　論別境五者一欲二勝解
三念四三摩地五慧　開且此列別境事名分不同於六位中次初
說故所言欲者於所樂境希望為性勤依為業所樂
境者謂欲觀境於一切事欲觀察者有希望故方有欲
希生若不欲觀隨因勢力任運緣者全無欲發斯異
故說欲非遍行若善法欲能發正勤由彼助成一切善
事故論說此勤依為業言勝解者於決定境印持
為性不可轉以為其業為邪正等教理證力於所取境
審決印持由此異緣不可引轉故猶豫境勝解全無非
審決心亦無勝解由斯勝解亦非遍行所言念者於曾
習境令心明記不妄為性定依為業謂數憶持曾所受
境令不妄失能引定故於曾未受體類境中全不起
念設曾所受不能明記念亦不生故念亦非遍行所
攝三摩地者此名等持謂即是定於所觀境平等持
心令心專注不散為性智依為業謂觀德失俱非境中
由定令心專注不散依斯便有決擇智生若不繫心專注境
位便無定起故非遍行所言慧者於所觀境簡擇為
性斷疑為業謂德觀失俱非境中由慧推求得決定故
於非觀境愚昧心中無簡擇故非遍行攝　而小乘論同前
遍行名之通大地遍諸心者未達理故如唯識破然五或
種或又別起謂依所樂唯起一或乃至所觀唯起定之慧或

心令心專注不散為性智依為業謂觀德失俱非境中
由定令心專注不散依斯便有決擇智生若不繫心專注境
位便無定起故非遍行所言慧者於所觀境簡擇為
性斷疑為業謂德觀失俱非境中由慧推求得決定故
於非觀境愚昧心中无簡擇故非遍行攝而小乘論同前
遍行名言通大地遍諸心者未達理故如唯識破然此
種或又別起謂依所樂唯起一故乃至所觀唯起定慧或
五相資隨應俱起謂於所樂決定曾所觀境中起欲
勝解念定慧中二三四五或有心位五皆不起如非四境率
尒隨心一一皆与五受相應於苦憂事欲出離故於喜樂
事欲和合故於平等事無希望故餘相應義唯此說之此五
復依性界地等諸餘門義如理應思
論善十一者一信二慚三愧四无貪五无瞋六无癡七精進八輕
安九不放逸十行捨十不害開显顯善位十一心所唯善
心俱名心所故信慚等定有十一所言信者於實德能深
忍樂欲心淨為性對治不信樂善為業然信差別略有三
種一信有實謂於諸法實事理中深信忍故二信有德謂
於三寶謂於諸法實事理中深信有能謂於一切世出世善
深信有力能得能成起希望故由斯對治不信彼心即是信
果此性澄清能淨心等以心勝故立心淨名如水清濁水掌
雖善非淨為相无濫彼失又諸染法各別有相唯有不
信自相渾濁復能渾餘心心所如極穢物自穢穢他信正翻
彼故淨為相所言慚者依自法力崇重賢善為其對治
為業謂依自法尊貴增上崇重賢善羞恥過惡對治
一九斷自息諸惡行无慚斷心息諸惡行所言愧者依世間力輕拒
暴惡為性對治无愧止息惡行為業謂依世間力輕拒
暴惡羞恥過罪對治无愧止息惡行羞恥過惡是二通
相[illegible]慚与愧皆羞恥故崇重輕拒是二別相依慚
与愧各別起故善心起時隨緣何境皆有崇重善及
輕拒惡義故慚与愧俱遍善心言无貪者於有有具无著
為性對治貪著作善為業善心起時隨緣何境皆於
有等无著无恚觀有等立非要緣彼如前慚愧觀善

…性對治无愧止息惡行為業謂依世間力輕拒
暴惡羞恥過罪對治无愧止息惡行羞恥過惡是二通
相[illegible]慚与愧皆羞恥故崇重輕拒是二別相依慚
与愧各別起故善心起時隨緣向境皆有崇重善及
輕拒惡義故慚与愧俱遍善心言无貪者於有有具无著
為性對治貪著作善為業善心起時隨緣向境皆於
有等无著无恚觀有等立非要緣彼如前慚愧觀善
惡立故此二種俱遍善心言无瞋者於諸理事明解為
性對治愚癡作善為業有說　癡以惠為性不愚癡
者即有惠故俱舍論不立无癡是通大地惠數攝故々
善大地唯說十種有說无癡別有自性非惠為體正對
无明如无貪等善根攝故言精進者於善惡品修斷事
中勇悍為性對治懈怠滿善為業勇表勝進簡諸染
法悍表精淳簡淨无記即顯精進唯善性攝此相差
別略有五種所謂被甲加行无下无退无足以々初發心
長時无間殷重无餘修差別故言輕安者遠離麁
重調暢身心堪任為性對治惛沈轉依為業謂此伏除
暢身令能障定法令所依止轉安適故々此輕安唯在定地
調暢身心餘位无故々唯此一不遍善心除此餘十遍善
心起不放逸者精進三根於所斷修防修為性對治放
逸成滿一切世出世間善事為業謂即四法於斷修事皆
能防修名不放逸非別有體无異相故於防惡事修善事
中離四功能无別用故言行捨者精進三根令心平等正直
无功用住為性對治掉舉靜住為業平等正直无功用住
初中後位辯捨差別由不放逸先除雜染捨後令心寂靜
而住此无別體如不放逸離彼四法无相用故能令寂靜
即四法故所令寂靜即等故言不害者於諸有情不為損
惱无瞋為性能對治害悲愍為業謂即无瞋於有情
所不為損惱假名不害无瞋翻對斷物命瞋不害正違
瞋不害正違損惱物害无瞋与樂不害拔苦是謂此
二慈相差別理實有自體不害依彼一分假立為顯慈
悲二相別故…

BD04740號　大乘百法明門論開宗義記　（11–4）

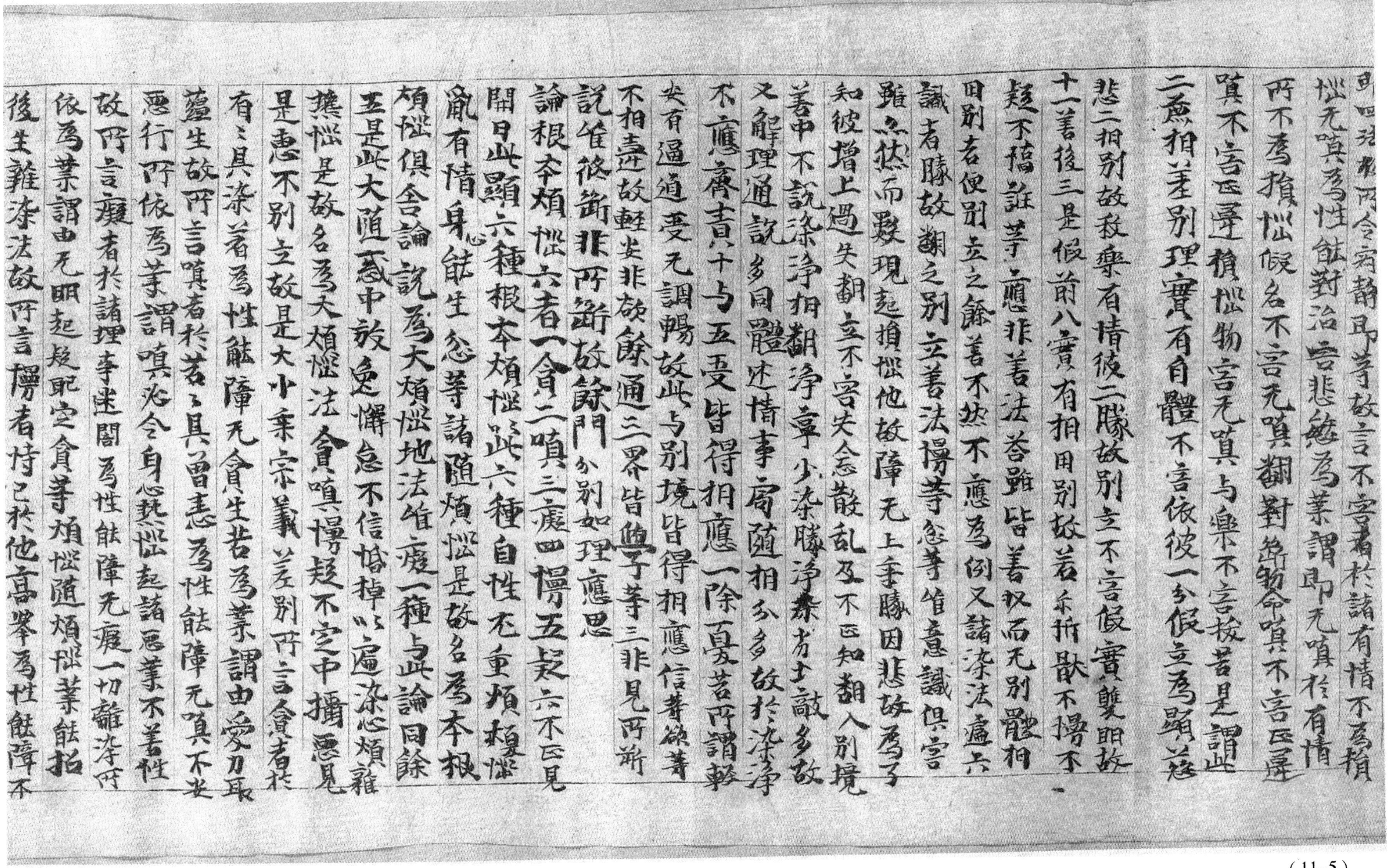
即四法於所念寂靜即等故言不害者於諸有情不為損
惱无嗔為性能對治害悲愍為業謂即无嗔於有情
所不為損惱假名不害无嗔翻對斷物命嗔不害正違
嗔不害正違損惱物害无嗔与樂不害拔苦是謂此
二麁相差別理實有自體不害依彼一分假立為顯慈
悲二相別故救樂有情彼二勝故別立不害假實雙明故
十一善後三是假前八實有相用別故若亦析獸不攝不一
疑不攝諍等意應非善法答雖皆善攝而无別體相
用別者便別立之餘善不然不應為例又諸染法遍六
識者勝故翻之別立善法捨等忿等皆意識俱害
雖亦然而數現起損惱他故障无上乘勝因悲故為了
知彼增上過失翻立不害失念散亂及不正知翻入別境
善中不說染淨相翻淨章少染勝淨寡者士敵多故
又解理通說多同體述情事局隨相分多故於染淨
不應齊責十与五受皆得相應一除憂苦所謂輕
安有逼迫受无調暢故此与別境皆得相應信等欲等
不相違故輕安非欲餘通三界皆學等三非見所斷
說唯修斷非所斷故餘門分別如理應思
論根本煩惱六者一貪二嗔三癡四慢五疑六不正見
開日此顯六種根本煩惱此六種自性尤重煩擾惱
亂有情身心能生忿等諸隨煩惱是故名為本根
煩惱俱舍論說為大煩惱地法唯癡一種与此論同餘
五是此大隨惑中放逸懈怠不信惛掉以遍染心煩雜
擾惱是故名為大煩惱法貪嗔慢疑不定中攝惡見
是惠不別立故是大小乘宗義差別所言貪者於
有有具染著為性能障无貪生苦為業謂由愛力取
蘊生故所言嗔者於苦苦具憎恚為性能障无嗔不安
惡行所依為業謂嗔必令身心熱惱起諸惡業不善性
故所言癡者於諸理事迷闇為性能障无癡一切雜染所
依為業謂由无明起疑邪定貪等煩惱隨煩惱業能招
後生雜染法故所言慢者恃己於他高舉為性能障不

(11–5)

BD04740號　大乘百法明門論開宗義記

有〻具染著為性能障无貪生苦為業謂由愛力取
蘊生故所言瞋者於苦〻具憎恚為性能障无瞋不安
惡行所依為業謂瞋必令身心熱惱起諸惡業不善性
故所言癡者於諸理事迷闇為性能障无癡一切雜染所
依為業謂由无明起疑邪定貪等煩惱隨煩惱業能招
後生雜染法故所言慢者恃己於他高舉為性能障不
慢生苦為業謂若有慢於德有德心不謙下由此生死輪轉无
窮受諸苦故此慢差別有七九種謂於三品我德處生所
言疑者於諸諦理猶豫為性能障不疑善品為業
謂由疑故令慧不決懷猶豫心善不生故不正見者於諸諦理
顛倒推度染慧為性能障善見招苦為業謂惡見者
多受苦故此見行相差別有五一廿四邪見謂於五取蘊
執我〻所一切見取所依為業此見差別有廿句六十五
等分別起攝二邊執見謂即於彼隨執斷常障處
中行出離為業此見差別諸見趣中有執前際四遍常
論一分常論及計後際有想十六无想俱非各有八論七斷
滅等分別起攝三邪見謂謗因果作用實事及非四見諸餘
邪執如增上緣名義遍故此見差別諸見趣中有執前際二无
因論四有邊等不死矯亂及計後際五現涅槃或計自在世主釋
梵及餘物類常恒不易或計自在等是一切物因或計諸邪解
脫或有妄執非道為道諸如是等皆邪見攝四見取謂於諸見及所
依蘊執為最勝能得清淨一切鬪諍所依為業五戒禁取謂
於隨順諸見戒禁及所依蘊執為最勝能得清淨无利勤
苦所依為業如是總別十煩惱中貪與瞋疑定不俱起愛
憎二境必不同故於境不決无染著故與慢五見或得相應所
染所恃境可同故於五見境皆可愛故瞋與慢疑或得俱起
所蔑所增境可同故久思不決便憤發故與後二見必不相應執
為勝道不增彼故與前三見或得相應於苦樂蘊執身斷
常生增恚故邪見謗撥无好惡事瞋或有故慢於定境疑則
不然故慢與疑无相應義然與五見皆得相應行相展轉不相
違故疑不審決與見相違故疑與見定不俱起五見展轉必不

BD04740號　大乘百法明門論開宗義記　（11–6）

[illegible]
所並所增境可同故久思不決便憤ゝ發故与後二見必不相應執
為勝道不增彼故与前三見或得相應於苦樂蘊執身邊
常生增恚故邪見誹撥无婬惡事嗔或有故慢於空境疑則
不然故慢与疑无相應義然与五見皆得相應行相展轉不相
違故疑不審決与見相違故疑与見定不俱起五見展轉必不
相應非一心中有多恚故癡与九種皆得相應諸煩惱生必由癡故又
由俱生分別異故性離地等通局ゝ殊故此惣別十煩惱中六通俱生及
分別起任運思察方得生故疑後三見唯分別起要由惡友及邪
教力自審思察方得生故此二煩惱既通三界隨通不善无記
二性若欲界繫分別起者唯不善攝發惡行故若是俱生發
惡業者亦不善攝損自他故餘无記攝細不障善非極損自
他處故上二界者唯无記攝定力所伏不發惡故由此故知與唯在
欲是不善性損自他故餘通三界通二性故生在下地未離下染上
地煩惱不現在前要得彼地根本定者能伏下地諸惑不起彼上
地或容現在前故生在上地下地諸惑分別俱生皆容見起生第
四定中有中者由謗解脫生地獄故身在上地將下生時起
下閏生俱生愛故下地煩惱 嗔恚憎嫉滅道亦應嫉憎離破地故惣
緣惱亦緣上地貪求上地味上定故餘五緣上其理極
成諸執我ゝ所斷常慢者得緣上故上地煩惱亦緣下地說上生者
於下有情恃已勝德而陵彼故惣緣諸行執我ゝ所常愛者得
故彼故疑後三見如理應思若分別者唯見所斷麁易
斷故若俱生者唯脩所斷細難斷故之末那識相應煩惱非見所
斷無ゝ染細故非之所斷是染汙故見所斷十實俱頓斷雖迷諦
有惣別親疏而真見道惣緣諦故其迷諦相有惣
有別者惣謂十種皆迷四諦苦集是彼因依處故滅道
是彼怖畏處故別謂別迷四諦相起二唯迷苦八通迷四身
邊二見唯果處起別空非我屬苦諦故於所迷諦有
親疏者謂疑三見親迷苦理二取執彼三見戒禁及所於蘊
為勝能淨於自他見及彼眷屬如次隨應起貪恚慢
相應无智与九同迷不共无明親迷苦理疑及邪見親
[illegible]

有別者惣謂十種皆迷四諦苦集是彼因依處故滅道
是彼怖畏處故別謂別迷四諦相起二唯迷苦八通迷四身
邊二見唯果處起別空非我屬苦諦故於所迷諦有
親踈者謂疑三見親迷苦理二取執彼三見戒禁及所依蘊
為勝能淨於自他見及彼眷屬如次隨應起貪恚慢
相應无明与九同迷不共无明親迷苦理疑及邪見親
迷集等二取貪等准苦應知然嗔等亦能親迷滅道由怖
畏彼生憎嫉故迷諦親踈麁相如是委細說者如
唯識明循所斷者頓漸斷隨其三乘根利鈍故若第六
識相應煩惱一類二乘三界九地一一漸次九品別斷一類二乘
三界九地合為一聚九品別斷若末那識相應煩惱与頂
有地下下煩惱一時頓斷罪[illegible]微細故其要至金剛喻定
一剎那中三界九地並末那惑一時頓斷此十煩惱要義如是
諸餘門義如論廣明
論隨煩惱有廿者一忿二恨三惱四覆五誑六諂七憍八害九
嫉十慳十一无慚十二无愧十三不信十四懈怠十五放逸十
六昏沈十七掉舉十八失念十九不正知二十心亂
開曰此列第五隨煩惱也此廿種唯是煩惱分位差別等
流性故名隨煩惱然此廿類別有三謂忿等十各別起故名
小隨煩惱俱舍名為小煩惱地法无慚等二遍不善故
名中隨煩惱俱舍名為大不善地法不信等八遍染心故名
大隨煩惱俱舍无此大隨煩惱以前五法大隨煩惱攝其後
三種无別體故所言忿者依對現前不饒益境憤發為
性能障不忿執仗為業為懷忿者多發暴惡身表
業故所言恨者由忿為先懷惡不捨結怨為性能障不
恨熱惱為業結恨者不能含忍恒熱惱故所言惱者由忿恨
為先追觸暴熱佷戾為性能障不惱蛆螫為業謂追往惡
觸現違緣心便佷戾多發囂暴凶鄙麁言蛆螫他故所言覆
者於自作罪恐失譽隱藏為性能障不覆悔惱為業謂
覆罪者後必悔惱不安隱故所言誑者為獲
利與矯現有德詭詐為性能障不誑邪命為業謂矯
[illegible]

業故所言恨者由忿爲先懷惡不捨結怨爲性能障不
恨熱惱爲業謂結恨者不能含忍恒熱惱故所言惱者由忿恨
爲先追觸暴熱佷戾爲性能障不惱蛆螫爲業謂追往惡
觸現違緣心便佷戾多發囂暴凶鄙麤言蛆螫他故所言覆
者於自作罪恐失利譽隱藏爲性能障不覆悔惱爲業謂
覆罪者後必悔惱在因及果不安隱故所言誑者爲矯
利譽矯現有德詭詐爲性能障不誑邪命爲業謂矯
誑者心懷異謀多現不實邪命事故所言諂者爲罔他故
矯設異儀險曲爲性能障不諂教誨爲業謂諂曲者爲罔
冒他曲順時宜矯設方便爲取他意或藏己失不任師友正教
誨故所言憍者於自盛事深生染著醉傲爲性能障不憍
染依爲業謂憍醉者生長一切雜染法故所言害者於諸
有情心無悲愍損惱爲性能障不害逼惱爲業謂有
害者逼惱他故所言嫉者徇自名利不耐他榮妬忌爲性
能障不嫉憂慼爲業謂嫉妬者聞見他榮深懷憂慼
不安隱故所言慳者耽著財法不能惠捨秘恡爲性能
障不慳鄙畜爲業謂慳恡者心多鄙澀畜積財法不能
捨故言無慚者不顧自法輕拒賢善爲性能障慚生長
惡行爲業謂於自法無所顧者輕拒賢善不恥過惡障
慚生長諸惡行故言無愧者不顧世間崇重暴惡爲性能
障愧生長惡行爲業謂於世間無所顧者崇重暴惡不
恥過罪障愧生長諸惡行故不恥過惡是二通相以無慚愧皆不
恥故拒善崇惡是二別相依無慚愧各別起故不善心時隨緣所境
皆有輕拒善及崇重惡義故此二種俱遍惡心言不信者於實德
能不忍樂欲心穢爲性能障淨信墮依爲業謂不信者多懈
怠故不信三相翻信應知於實德能不忍樂故及於餘事邪忍
樂欲是此因果非此自性言懈怠者於善惡品修斷事中懶墮
爲性能障精進增染爲業謂懈怠者滋長染故於諸染事而
策勤者亦名懈怠退善法故於無記事而策勤者於諸善
品無進退故是欲勝解非別自性言放逸者於染淨品不能防
修縱蕩爲性障不放逸增惡損善所依爲業謂由懈怠
及貪瞋癡於染淨品不能防修故放逸無別自性言掉舉

[illegible]
樂故是此因果非此自性言懈怠者於善惡品脩斷事中懈墮
爲性能障精進增染爲業謂懈怠者滋長染故於諸染事而
策勤者亦名懈怠退善法故於无記事而策勤者於諸善
惡无進退故是欲勝解非別自性言放逸者於染淨品不能防
脩縱蕩爲性障不放逸增惡損善所依爲業謂由懈怠
及貪瞋癡於染淨品不能脩防物名放逸無別自性言昏沈
者令心於境無堪任爲性障能輕安毗鉢舍那爲業謂由昏
沈自性曹重令俱生法无堪任故此与癡相有差別者謂癡
於境迷闇爲相正障無癡非曹重故言掉舉者令心於境
不寂靜爲性能障行捨奢摩他爲業謂由掉舉自性躁動令
俱生法不寂靜故言失念者於諸所緣不能明記爲性能障正念
散亂所依爲業謂失念者多散亂故癡令失念故名失念故
以癡念而爲自性不正知者於所觀境謬解爲性能障正知毀
犯爲業謂不正知者多所毀犯故知即是恚謂由癡故令知不
正名不正知故以癡恚合爲自性言心亂者即是散亂於諸所緣令
心流蕩爲性能障正定惡慧所依爲業謂由散亂自性擾攘
令俱生法皆流蕩故此与掉舉有差別者彼令[illegible]易解此令易
緣染汙心時由掉乱力常應念念易緣雖一剎那解緣無易而於
相[illegible]續有易義故若由念等力所制伏如繫猿猴有暫時住故
掉与乱俱遍染心唯說廿隨煩惱者謂非煩惱唯染麁故此餘
染法或此分位或此等流皆此所攝隨其類別如理應知是廿隨
煩惱中小十大三定是假有謂於小十中忿恨惱嫉害皆以瞋恚
一分爲性離无瞋別五相用故憍慳二性皆貪分攝離貪无別二相
用故諂誑覆三皆以貪癡一分爲性若離貪癡無諂誑覆
三皆以貪癡一分爲性若離貪癡無諂誑覆之相用故大
中三假者謂即放逸失念不正知隨應他分故中二五皆是
實有別有自性非他分故小十展轉定不俱時行相無猛各爲
主故中二一切不善心俱隨應皆得小大俱起既許大八遍諸染
心展轉小中皆容起故由斯中大五受相應小十不定忿等五法四
俱除樂諂等五法容五受俱与別境五皆容俱起行相相望不
相違故別境五通三性故中二大八[illegible]

BD04740號　大乘百法明門論開宗義記　（11–10）

[illegible]
相續有易義故若由念等力所制伏知槃務復有暫時住故
掉與亂俱遍染心唯說廿隨煩惱者謂非煩惱唯染麁故此餘
染法或此分位或此等流皆此所攝隨其類別如理應知是廿隨
煩惱中小十大三定是假有謂於小十中忿恨惱嫉害皆以嗔恚
一分為性離无嗔別五相用故憍慳二性皆貪分攝離貪无別二相
用故諂誑覆三皆以貪癡一分為性若離貪癡無諂誑覆
三皆以貪癡一分為性若離貪癡無諂誑覆之相用故大
中三假者謂即放逸失念不正知隨應他分故中二五皆是
實有別有自性非他分故小十展轉定不俱時行相無強各為
主故中二一切不善心俱隨應皆得小大俱起既許大八遍諸染
心展轉小中皆容起故由斯中大五受相應小十不定忿等五法四
俱除樂諂等五法容五受俱與別境五皆容俱起行相相望不
相違故以別境五通三性故中二大八十煩惱俱小十定非見疑俱起
行相無彼麁細故忿等五法容慢癡俱非貪嗔並是嗔分故慳
癡慢俱非貪嗔並是貪分故憍唯癡俱與慢解別是貪分故
覆誑與諂貪癡慢俱行相無違貪癡分故小七中二唯不善
攝小三大八亦通无記小七中二唯欲界攝諂誑欲色餘通三界
廿皆非學無學攝此俱是染彼唯淨故一切皆通見脩所斷隨二煩
惱勢力起故此等亦能總別親踈迷於諦理皆依迷諦或所起
故諸餘門義如論應明論不定四者一睡眠二惡作三尋四伺

天上諸華等　曼陀曼殊沙　波利質多樹　聞香悉能知
天上諸宮殿　上中下差別　衆寶華莊嚴　聞香悉能知
天園林勝殿　諸觀妙法堂　在中而娛樂　聞香悉能知
諸天若聽法　或受五欲時　來往行坐卧　聞香悉能知
天女所著衣　好華香莊嚴　周旋遊戲時　聞香悉能知
如是展轉上　乃至於梵世　入禪出禪者　聞香悉能知
光音遍淨天　乃至于有頂　初生及退沒　聞香悉能知
諸比丘衆等　於法常精進　若坐若經行　及讀誦經法
或在林樹下　專精而坐禪　持經者聞香　悉知其所在
菩薩志堅固　坐禪若讀誦　或為人說法　聞香悉能知
在在方世尊　一切所恭敬　愍衆而說法　聞香悉能知
衆生在佛前　聞經皆歡喜　如法而脩行　聞香悉能知
雖未得菩薩　无漏法生鼻　而是持經者　先得此鼻相
復次常精進　若善男子善女人受持是經　若
讀若誦若解說若書寫　得千二百舌功德　若
好若醜　若美不美及諸苦澁物　在其舌根　皆
變成上味　如天甘露　无不美者　若以舌根　於

BD04741 號　妙法蓮華經（八卷本）卷六　（6–1）

雖未得菩薩　无漏法生鼻　而是持經者　先得此鼻相
復次常精進　若善男子善女人受持是經　若
讀若誦若解說若書寫　得千二百舌功德　若
好若醜　若美不美及諸苦澁物　在其舌根　皆
變成上味　如天甘露　无不美者　若以舌根　於
大衆中有所演說　出深妙聲　能入其心　皆令
歡喜快樂　又諸天子天女　釋梵諸天　聞是深
妙音聲　有所演說言論次第　皆悉來聽　及諸
龍龍女　夜叉夜叉女　乾闥婆乾闥婆女　阿脩
羅阿脩羅女　迦樓羅迦樓羅女　緊那羅緊那
羅女　摩睺羅伽摩睺羅伽女　為聽法故　皆來
親近恭敬供養　及比丘比丘尼　優婆塞優婆
夷　國王王子羣臣眷屬　小轉輪王大轉輪王
七寶千子　內外眷屬　乘其宮殿　俱來聽法　以
是菩薩善說法故　婆羅門居士國內人民　盡
其形壽　隨侍供養　又諸聲聞辟支佛菩薩諸
佛　常樂見之　是人所在方面　諸佛皆向其處
說法　悉能受持一切佛法　又能出於深妙法
音　尒時世尊欲重宣此義而說偈言
是人舌根淨　終不受惡味　其有所食噉　悉皆成甘露
以深淨妙音　於大衆說法　以諸因緣喻　引導衆生心
聞者皆歡喜　設諸上供養　諸天龍夜叉　及阿脩羅等
皆以恭敬心　而共來聽法　是說法之人　若欲以妙音
遍滿三千界　隨意即能至　大小轉輪王　及千子眷屬
合掌恭敬心　常來聽受法　諸天龍夜叉　羅剎毗舍闍

BD04741 號　妙法蓮華經（八卷本）卷六　（6–2）

是人舌根淨　終不受惡味　其有所食噉　悉皆成甘露
以深淨妙音　於大眾說法　以諸因緣喻　引導眾生心
聞者皆歡喜　設諸上供養　諸天龍夜叉　及阿脩羅等
皆以恭敬心　而共來聽法　是說法之人　若欲以妙音
遍滿三千界　隨意即能至　大小轉輪王　及千子眷屬
合掌恭敬心　常來聽受法　諸天龍夜叉　羅剎毗舍闍
亦以歡喜心　常樂來供養　梵天王魔王　自在大自在
如是諸天眾　常來至其所　諸佛及弟子　聞其說法音
常念而守護　或時為現身
復次常精進若善男子善女人受持是經若
讀若誦若解說若書寫得八百身功德得清
淨身如淨瑠璃眾生憙見其身淨故三千大
千世界眾生生時死時上下好醜生善處惡
處悉於中現及鐵圍山大鐵圍山弥樓山摩
訶弥樓山等諸山及其中眾生悉於中現下
至阿鼻地獄上至有頂所有及眾生悉於中
現若聲聞辟支佛菩薩諸佛說法皆於身中
現其色像尒時世尊欲重宣此義而說偈言
若持法華者　其身甚清淨　如彼淨瑠璃　眾生皆憙見
又如淨明鏡　悉見諸色像　菩薩於淨身　皆見世所有
唯獨自明了　餘人所不見　三千世界中　一切諸群萌
天人阿脩羅　地獄鬼畜生　如是諸色像　皆於身中現
諸天等宮殿　乃至於有頂　鐵圍及弥樓　摩訶弥樓山
諸大海水等　皆於身中現　諸佛及聲聞　佛子菩薩等
若獨若在眾　說法悉皆現　雖未得无漏　法性之妙身

BD04741號　妙法蓮華經（八卷本）卷六　（6–3）

又如淨明鏡　悉見諸色像　菩薩於淨身　皆見世所有
唯獨自明了　餘人所不見　三千世界中　一切諸群萌
天人阿脩羅　地獄鬼畜生　如是諸色像　皆於身中現
諸天等宮殿　乃至於有頂　鐵圍及弥樓　摩訶弥樓山
諸大海水等　皆於身中現　諸佛及聲聞　佛子菩薩等
若獨若在眾　說法悉皆現　雖未得无漏　法性之妙身
以清淨常體　一切於中現
復次常精進若善男子善女人如來滅後受
持是經若讀若誦若解說若書寫得千二百
意功德以是清淨意根乃至聞一偈一句通
達无量无邊之義解是義已能演說一句一
偈至於一月四月乃至一歲諸所說法隨其
義趣皆與實相不相違背若說俗間經書治
世語言資生業等皆順正法三千大千世界
六趣眾生心之所行心所動作心所戲論皆
悉知之雖未得无漏智慧而其意根清淨如
此是人有所思惟籌量言說皆是佛法无不
真實亦是先佛經中所說尒時世尊欲重宣
此義而說偈言
是人意清淨　明利无穢濁　以此妙意根　知上中下法
乃至聞一偈　通達无量義　次第如法說　月四月至歲
是世界內外　一切諸眾生　若天龍及人　夜叉鬼神等
其在六趣中　所念若干種　持法華之報　一時皆悉知
十方无數佛　百福莊嚴相　為眾生說法　悉聞能受持
思惟无量義　說法亦无量　終始不忘錯　以持法華故

BD04741號　妙法蓮華經（八卷本）卷六　（6–4）

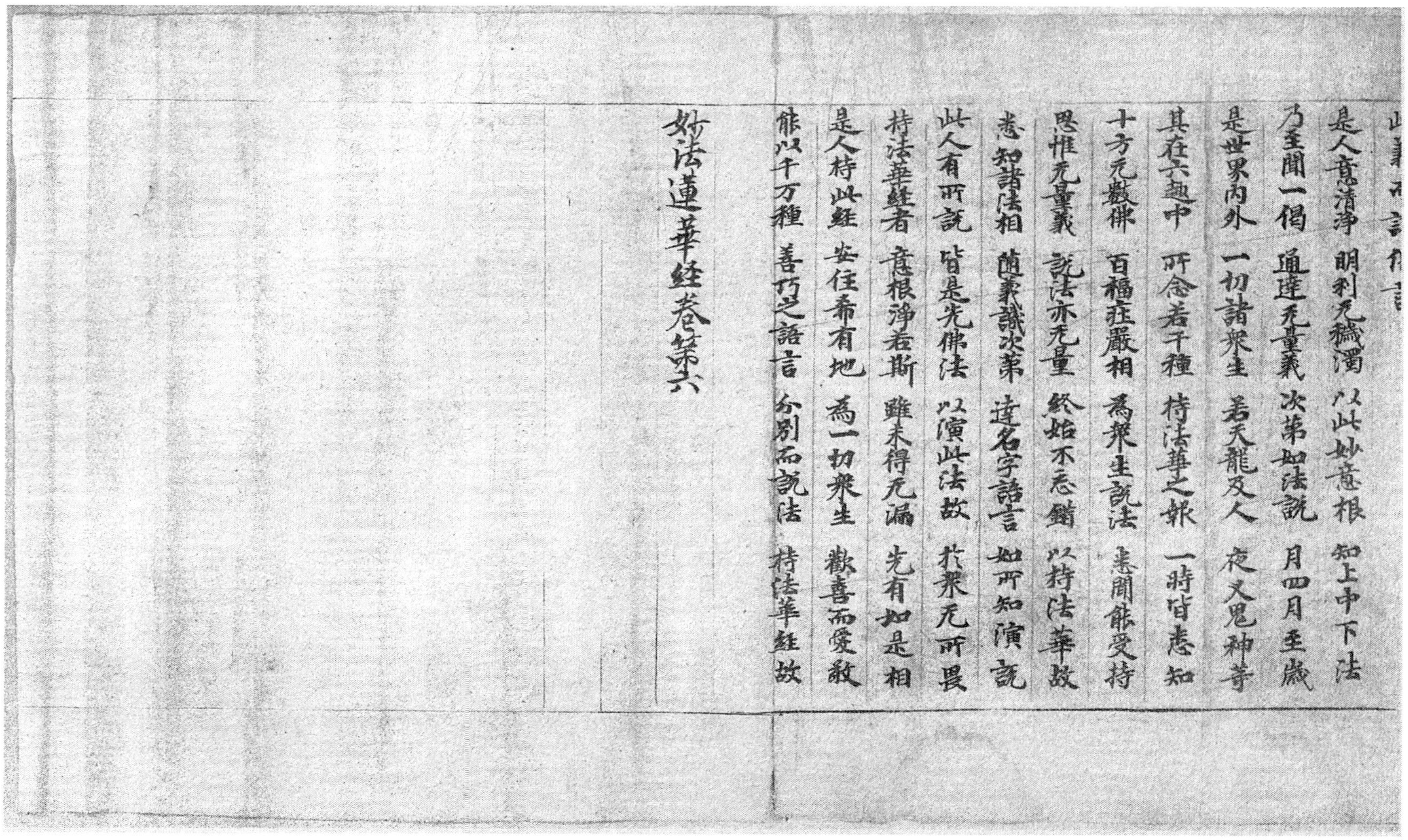

是人意清淨　明利无穢濁　以此妙意根　知上中下法
乃至聞一偈　通達无量義　次第如法說　月四月至歲
是世界內外　一切諸衆生　若天龍及人　夜叉鬼神等
其在六趣中　所念若干種　持法華之報　一時皆悉知
十方无數佛　百福莊嚴相　為衆生說法　悉聞能受持
思惟无量義　說法亦无量　終始不忘錯　以持法華故
悉知諸法相　隨義識次第　達名字語言　如所知演說
此人有所說　皆是先佛法　以演此法故　於衆无所畏
持法華經者　意根淨若斯　雖未得无漏　先有如是相
是人持此經　安住希有地　為一切衆生　歡喜而愛敬
能以千万種　善巧之語言　分別而說法　持法華經故

妙法蓮華經卷第六

BD04741號　妙法蓮華經（八卷本）卷六　（6–5）

悉知諸法相　隨義識次第　達名字語言　如所知演說
此人有所說　皆是先佛法　以演此法故　於衆无所畏
持法華經者　意根淨若斯　雖未得无漏　先有如是相
是人持此經　安住希有地　為一切衆生　歡喜而愛敬
能以千万種　善巧之語言　分別而說法　持法華經故

妙法蓮華經卷第六

BD04741號　妙法蓮華經（八卷本）卷六　（6–6）

BD04742 號背　護首　（1-1）

金光明最勝王經最淨地陀羅尼品第六四　三藏法師義淨奉　詔譯
尒時師子相无礙光燄菩薩與無量億衆從
座而起偏袒右肩右膝著地合掌恭敬頂礼
佛足以種種花香寶幢幡盖而供養已白佛
言世尊以幾因緣得菩提心何者是菩提

BD04742 號　金光明最勝王經卷四　（19-1）

金光明最勝王經最淨地陁羅尼品第六 三藏法師義淨奉 制譯
尒時師子相无礙光焰菩薩與无量億衆從
座而起偏袒右肩右膝著地合掌恭敬頂礼
佛足以種種花香寶幢幡蓋而供養已白佛
言世尊以幾因緣得菩提心何者是菩提心
世尊即於菩提現在心不可得未來心不可
得過去心不可得離於菩提菩提心亦不可
得菩提者不可言説心亦无色无相无有事
業非可造作衆生亦不可得亦不可知世尊
云何諸法甚深之義而可得知
佛言善男子如是如是菩提微妙事業造作
皆不可得若離菩提菩提心亦不可得菩提
者不可説心亦不可説无色相无事業一切
衆生亦不可得何以故菩提及心同真如是
能證所證皆平等故非无諸法而可了知善
男子菩薩摩訶薩如是知者乃得名爲通
達諸法善説菩提及菩提心菩提心者非過去
非未來非現在心亦如是衆生亦如是於中
二相實不可得何以故以一切法皆无生故菩
提不可得菩提名亦不可得衆生衆生名
不可得聲聞聲聞名不可得獨覺獨覺名
不可得菩薩菩薩名不可得佛佛名不可得行
非行不可得行非行名不可得以不可得故於
一切寂靜法中而得安住此依一切切德善
根而得生起

BD04742號 金光明最勝王經卷四 （19–2）

不可得聲聞聲聞名不可得獨覺獨覺名
不可得菩薩菩薩名不可得佛佛名不可得行
非行不可得行非行名不可得以不可得故於
一切寂靜法中而得安住此依一切切德善
根而得生起
善男子譬如寶須弥山王饒益一切此菩提
心利衆生故是名第一布施波羅蜜因善
男子譬如大地持衆物故是名第二持戒波
羅蜜因譬如師子有大威力獨步无畏離
怨故是名第三忍辱波羅蜜因譬如風輪那羅
延力勇壯速疾心不退故是名第四勤策波
羅蜜因譬如七寶樓觀有四階道清凉之
風來吹四門受安隱樂靜慮法藏求滿足故是
名第五靜慮波羅蜜因譬如日輪光耀熾盛此
心速能破滅生死无明闇故是名第六智
慧波羅蜜因譬如商主能令一切心願滿足此
心能度生死險道獲切德寶故是名第七
方便勝智波羅蜜因譬如淨月圓滿无翳此
心能於一切境界清淨具足故是名第八願
波羅蜜因譬如轉輪聖王主兵寶臣隨意自
在此心善能莊嚴淨佛國土无量切德廣利
群生故是名第九力波羅蜜因譬如虚空及
轉輪聖王此心能於一切境界无有障礙於一切
處皆得自在至灌頂位故是名第十智波
羅蜜因善男男子是名菩薩摩訶薩十種
菩提心因如是十因汝當脩學

BD04742號 金光明最勝王經卷四 （19–3）

群生故是名第九力波羅蜜因譬如灌頂及
轉輪聖王此心能於一切境界无有障礙於一切
處皆得自在至灌頂位故是名第十智波
羅蜜因善男子是名菩薩摩訶薩十種
菩提心因如是十因汝當修學
善男子依五種法菩薩摩訶薩成就布施波
羅蜜云何為五一者信根二者慈悲三者无
求欲心四者攝受一切衆生五者願求一切智
智善男子是名菩薩摩訶薩成就施波
羅蜜善男子復依五法菩薩摩訶薩成就持
戒波羅蜜云何為五一者三業清淨二者不
為一切衆生作煩惱因緣三者閉諸惡道開
善趣門四者過於聲聞獨覺之地五者一切
功德皆悉滿足善男子是名菩薩摩訶薩成
就持戒波羅蜜善男子復依五法菩薩摩
訶薩成就忍辱波羅蜜云何為五一者能伏貪
瞋煩惱二者不惜身命不求安樂止息之想
三者思惟往業遭苦能忍四者發慈悲心成
就衆生諸善根故五者為得甚深无生法忍
善男子是名菩薩摩訶薩成就忍辱波羅蜜
善男子復依五法菩薩摩訶薩成就勤策波
羅蜜云何為五一者與諸煩惱不樂共住二
者福德未具不受安樂三者於諸難行苦
行之事不生厭心四者以大慈悲攝受利益方
便成熟一切衆生五者願求不退轉地善男

BD04742號　金光明最勝王經卷四　（19–4）

善男子是名菩薩摩訶薩成就忍辱波羅蜜
善男子復依五法菩薩摩訶薩成就勤策波
羅蜜云何為五一者與諸煩惱不樂共住二
者福德未具不受安樂三者於諸難行苦
行之事不生厭心四者以大慈悲攝受利益方
便成熟一切衆生五者願求不退轉地善男
子是名菩薩摩訶薩成就勤策波羅蜜善男
子復依五法菩薩摩訶薩成就靜慮波羅蜜
云何為五一者於諸善法攝令不散故二者常
願解脫不著二邊故三者願得神通成就
衆生諸善根故四者為淨法界蠲除心垢故
五者為斷衆生煩惱根本故善男子是名菩
薩摩訶薩成就靜慮波羅蜜善男子復依五
法菩薩摩訶薩成就智慧波羅蜜云何為五
一者常於一切諸佛菩薩及明智者供養親
近不生厭背二者諸佛如來說甚深法心常
樂聞无有厭足三者真俗勝智樂善分別四
者見修煩惱咸速斷除五者世間伎術五明
之法皆悉通達善男子是名菩薩摩訶薩成
就智慧波羅蜜善男子復依五法菩薩摩訶
薩成就方便波羅蜜云何為五一者於一切衆
生意樂煩惱心行差別悉皆通達二者無
量諸法對治之門心皆曉了三者大慈悲
定出入自在四者於諸波羅蜜多皆願修行
成熟滿足五者一切佛法皆願了達攝受无
遺善男子是名菩薩摩訶薩成就方便[illegible]

BD04742號　金光明最勝王經卷四　（19–5）

生意樂煩惱心行差別悉皆通達二者無
量諸法對治之門心皆曉了三者大慈悲
之出入自在四者於諸波羅蜜多皆願修行
成熟滿足五者一切佛法皆願了達攝受无
遺善男子是名菩薩摩訶薩成就方便勝
智波羅蜜善男子復依五法菩薩摩訶薩成
就願波羅蜜云何為五者於一切法從本以來
不生不滅非有非无心得安住二者觀一切法
最妙理趣離垢清淨心得安住三者過一
切相心本真如無作無行不異不動心得安
住四者為欲利益諸衆生事於俗諦中心得
安住五者於奢摩他毗鉢舍那同時運行心
得安住善男子是名菩薩摩訶薩成就願波
羅蜜善男子復依五法菩薩摩訶薩成就力
波羅蜜云何為五一者以正智力能了一切衆
生心行善惡二者能令一切衆生入於甚深
微妙之法三者一切衆生輪迴生死隨其
緣業如實了知四者於諸衆生三種根性以
正智力能分別知五者於諸衆生如理為說
令種善根成熟度脫皆是智力故善男子是
名菩薩摩訶薩成就力波羅蜜善男子復
依五法菩薩摩訶薩成就智波羅蜜云何為五
一者能於諸法分別善惡二者於黑白法遠
離攝受三者能於生死涅槃不厭不喜四
者具福智行至究竟處五者受勝灌頂能

BD04742號　金光明最勝王經卷四　（19–6）

名菩薩摩訶薩成就力波羅蜜善男子復
依五法菩薩摩訶薩成就智波羅蜜云何為五
一者能於諸法分別善惡二者於黑白法遠
離攝受三者能於生死涅槃不厭不喜四
者具福智行至究竟處五者受勝灌頂能
得諸佛不共法等及一切智智善男子是菩
薩摩訶薩成就智波羅蜜善男子何者是
波羅蜜義所謂修習勝利是波羅蜜義滿足
无量大甚深智是波羅蜜義行非行法心不執著
是波羅蜜義生死過失涅槃功德正覺正觀
是波羅蜜義愚人智人皆悉攝受是波羅蜜
義能現種種珍妙法寶是波羅蜜義无礙解
脫智慧滿足是波羅蜜義法界衆生界正分
別知是波羅蜜義施等及智能令至不退轉
是波羅蜜義无生法忍能令滿足是波羅蜜
義一切衆生功德善根能令成熟是波羅蜜
義能於菩提成佛十力四无所畏不共法等
皆悉成就是波羅蜜義生死涅槃了无二相
是波羅蜜義濟度一切是波羅蜜義一切外
道來相詰難善能解釋令其降伏是波羅
蜜義能轉十二妙行法輪是波羅蜜義无所
著无所見无患累是波羅蜜多義
善男子初地菩薩是相先現三千大千世界
无量无邊種種寶藏无不盈滿菩薩悉見善
男子二地菩薩是相先現三千大千世界地平

BD04742號　金光明最勝王經卷四　（19–7）

是波羅蜜義清淨度一切是波羅蜜義一切分
道來相詰難善能解釋令其降伏是波羅
蜜義能轉十二妙行法輪是波羅蜜義无所
著无所見无患累是波羅蜜多義
善男子初地菩薩是相先現三千大千世界
无量无邊種種寶藏无不盈滿菩薩悉見善
男子二地菩薩是相先現三千大千世界地平
如掌无量无邊種種妙色清淨珎寶莊嚴
之具菩薩悉見善男子三地菩薩是相先現
自身勇健甲仗莊嚴一切怨賊皆能摧伏善
男子四地菩薩悉見善男子四地菩薩是相先現四方風
輪種種妙花悉皆散灑充布地上菩薩悉見
善男子五地菩薩是相先現有妙寶女眾寶
瓔珞周遍嚴身首冠名花以為其飾菩薩悉
見善男子六地菩薩是相先現七寶花池有
四階道金砂遍布清淨无濊八功德水皆悉盈滿
嗢鉢羅花拘物頭花分陀利花隨處莊
嚴於花池所遊戲快樂清涼无比菩薩悉見
善男子七地菩薩是相先現於菩薩前有諸
眾生應墮地獄以菩薩力便得不墮无有損
傷亦无恐怖菩薩悉見善男子八地菩薩是
相先現於身兩邊有師子王以為衛護一切
眾獸悉皆怖畏菩薩悉見善男子九地菩薩
見相先現轉輪聖王无量億眾圍繞供養頂
上白蓋无量眾寶之所莊嚴菩薩悉見善男



傷亦无恐怖菩薩悉見善男子八地菩薩是
相先現於身兩邊有師子王以為衛護一切
眾獸悉皆怖畏菩薩悉見善男子九地菩薩
見相先現轉輪聖王无量億眾圍繞供養頂
上白蓋无量眾寶之所莊嚴菩薩悉見善男
子十地菩薩是相先現如來之身金色晃耀
无量淨光悉皆圓滿有无量億梵王圍繞恭
敬供養轉於无上微妙法輪菩薩悉見
善男子云何初地名為歡喜謂初證得出世
之心昔所未得而今始得於大事用如其所
願悉皆成就生極喜樂是故最初名為歡喜
諸微細垢犯戒過失皆得清淨是故二地名
為无垢无量智慧三昧光明不可傾動无能摧
伏聞持陀羅尼以為根本是故三地名為明
地以智慧火燒諸煩惱增長光明修行覺品
是故四地名為焰地修行方便勝智自在極
難得故見修煩惱難伏能伏是故五地名為
難勝行法相續了了顯現无相思惟皆悉現
前是故六地名為現前无漏无間无相思惟
解脫三昧遠修行故是地清淨无有障礙是
故七地名為遠行无相思惟修得自在諸煩
惱行不能令動是故八地名為不動說一切法
種種差別皆得自在无患无累增長智慧
自在无礙是故九地名為善慧法身如虛
空智慧如大雲皆能遍滿覆一切是故第

故七地名為遠行无相思惟脩得自在諸煩
惱行不能令動是故八地名為不動說一切法
種種差別皆得自在无患无累增長智慧
自在无礙是故九地名為善慧法身如虛
空智慧如大雲皆能遍滿覆一切故是故第
十名為法雲
善男子執着有相我法无明怖畏生死惡趣
无明此二无明障於初地微細學處誤犯无
明發起種種業行无明此二无明障於二地
未得令得愛著无明能障殊勝總持无明此
二无明障於三地味著等至喜悅无明微妙
淨法愛樂无明此二无明障於四地欲背生
死无明希趣涅槃无明此二无明障於五地
觀行流轉无明麁相現前无明此二无明障
於六地微細諸相現行无明作意欣樂无明
无明此二无明障於七地於无相觀功用无
明執相自在无明此二无明障於八地於所說
義及名句文此二无量未善巧无明於詞辯
才不隨意无明此二无明障於九地於大神
通未得自在變現无明微細秘密未能悟
解事業无明此二无明障於十地於一切境微
細所知障礙无明極細煩惱麁重无明此
无明障於佛地
善男子菩薩摩訶薩於初地中行施波羅蜜
於第二地行戒波羅蜜於第三地行忍波羅
蜜於第四地行勤波羅蜜於第五地行定波

BD04742號　金光明最勝王經卷四　（19–10）

細所知障礙无明極細煩惱麁重无明此
无明障於佛地
善男子菩薩摩訶薩於初地中行施波羅蜜
於第二地行戒波羅蜜於第三地行忍波羅
蜜於第四地行勤波羅蜜於第五地行定波
羅蜜於第六地行慧波羅蜜於第七地行方
便勝智波羅蜜於第八地行願波羅蜜於第
九地行力波羅蜜於十第地行智波羅蜜善
男子菩薩摩訶薩最初發心攝受能生
妙寶三摩地第二發心攝受能生可愛樂三摩地
第三發心攝受能生難動三摩地第四發心
攝受能生不退轉三摩地第五發心攝受能
生寶花三摩地第六發心攝受能生日圓光
焰三摩地第七發心攝受能生一切願如意
成就三摩地第八發心攝受能生現前證住
三摩地第九發心攝受能生智藏三摩地第
十發心攝受能生勇進三摩地善男子是名
菩薩摩訶薩十種發心善男子菩薩摩訶
薩於此初地得陁羅尼名依功德力爾時世
尊即說呪曰
怛　姪　他　晡嚟你　曷奴囒剃
獨虎獨虎獨虎　耶跋蘇利　瑜
阿婆婆薩底（丁里反下皆同）　耶跋旃達　羅
詞怛　底　多跋達喀　叉　湯
憚恭鉢唎訶嚧　矩　嚕　莎　訶

BD04742號　金光明最勝王經卷四　（19–11）

怛姪他　晡嘩你男奴喇剃
獨虎獨虎獨虎　耶跋蘇利瑜
阿婆婆薩底（丁里反，下皆同）　耶跋旃達囉
詞怛底　多跋達喀叉湯
憚荼鉢唎訶嚧　矩嚕莎訶
善男子此陀羅尼是過一恒河沙數諸佛所
為為護初地菩薩故若有誦持此陀羅尼呪
者得脫一切怖畏所謂虎狼師子惡獸之類
一切惡鬼人非人等怨賊災橫及諸苦惱解脫
五障不妄念初地
善男子菩薩摩訶薩於第二地得陀羅尼
名善安樂住
怛姪他　嗢篅（入聲，下同）里
質里質里　嗢篅羅篅羅喃
繕覩繕覩嗢篅里　虎嚕虎嚕莎訶
善男子此陀羅尼是過二河沙數諸佛所
說為護二地菩薩故若有誦持此陀羅尼呪
者脫諸怖畏惡獸惡鬼人非人等怨賊災橫
及諸苦惱解脫五障不忘念二地
善男子菩薩摩訶薩於第三地得陀羅
尼名難勝力
怛姪他　憚宅枳般宅枳
羯賴捘高輡捘　雞由哩憚捘里莎訶
善男子此陀羅尼是過三恒河沙數諸佛所
說為護三地菩薩故若有誦持此陀羅尼呪
者脫者怖畏惡獸惡鬼人

BD04742 號　金光明最勝王經卷四

（19–12）

怛姪他　憚宅枳般宅枳
羯賴捘高輡捘　雞由哩憚捘里莎訶
善男子此陀羅尼是過三恒河沙數諸佛所
說為護三地菩薩故若有誦持此陀羅尼呪
者脫諸怖畏惡獸惡鬼人非人等怨賊災橫
及諸苦惱解脫五障不忘念三地
善男子菩薩摩訶薩於第四地得陀羅
尼名大利益
怛姪他　室㗚室㗚
陀弭你陀弭你　陀哩陀哩你
室㗚室㗚你　毗舍羅波世波始娜
畔陀弭帝莎訶
善男子此陀羅尼是過四恒河沙數諸佛所
說為護四地菩薩故若有誦持此陀羅尼呪
者諸說怖畏惡獸惡鬼人非人等怨賊災橫
及諸苦惱解脫五障不忘念四地
善男子菩薩摩訶薩於第五地得陀羅尼
名種種功德莊嚴
怛姪他　訶哩訶（引）哩你
遮哩遮（引）哩你　羯賴摩（引）你
僧羯賴摩（引）你　三婆山你瞻跋你
悉耽婆你謨漢你　碎闍步陛莎訶
善男子此陀羅尼是過五恒河沙數諸佛所
說為護五地菩薩摩訶薩故若有誦持此陀
羅尼呪者脫諸怖畏惡獸惡鬼人非人等怨

BD04742 號　金光明最勝王經卷四

（19–13）

遮哩遮引哩你　羯𡃤摩引你
僧羯𡃤摩引你　三婆山你瞻跋你
悉躭婆你謨漢你　碎闍步陛莎訶
善男子此陀羅尼是過五恒河沙數諸佛所
說為護五地菩薩摩訶薩故若有誦持此陀
羅尼呪者脫諸怖畏惡獸惡鬼人非人等怨
賊灾橫及諸苦惱解脫五障不忘念五地
善男子菩薩摩訶薩於第六地得陀羅尼名
圓滿智
怛姪他　毗徒哩毗徒哩
摩哩你迦里迦里　毗度漢底
嚕嚕嚕嚕　主嚕主嚕
杜嚕婆杜嚕婆　捨捨設者婆哩灑
莎悉底薩婆薩埵喃　悉甸覩漫
曼怛囉鉢陀你莎訶
善男子此陀羅尼是過六恒河沙數諸佛所
說為護六地菩薩摩訶薩故若有誦持此陀
羅尼呪者脫諸怖畏惡獸惡鬼人非人等
怨賊灾橫及諸苦惱解脫五障不忘念六地
善男子菩薩摩訶薩於第七地得陀羅尼名
法勝行
怛姪他　勺訶上勺訶引嚕
勺訶勺訶勺訶嚕　鞞陸枳鞞陸枳
阿蜜栗多唬漢你　勃里山你
鞞嚕勅枳婆嚕伐底　鞞提呬枳



法勝行
怛姪他　勺訶上勺訶引嚕
勺訶勺訶勺訶嚕　鞞陸枳鞞陸枳
阿蜜栗多唬漢你　勃里山你
鞞嚕勅枳婆嚕伐底　鞞提呬枳
頻陀鞞你　阿蜜哩底枳
薄虎主愈　薄虎主愈莎訶
善男子此陀羅尼是過七恒河沙數諸
佛所說為護七地菩薩故若有誦持此陀羅尼
呪者脫諸怖畏惡獸惡鬼人非人等怨賊灾
橫及諸苦惱解脫五障不忘念七地
善男子菩薩摩訶薩於第八地得陀羅
尼名无盡藏
怛姪他　室唎室唎室唎你
蜜底蜜底　羯哩羯哩醯嚕醯嚕
主嚕主嚕　畔陀弭莎訶
善男子此陀羅尼是過八恒河沙數諸佛
所說為護八地菩薩故若有誦持此陀羅
尼呪者脫諸怖畏惡獸惡鬼人非人等怨賊
灾橫及諸苦惱解脫五障不忘念八地
善男子菩薩摩訶薩於第九地得陀羅
尼名无量門
怛姪他　訶哩旃茶哩枳
俱藍婆嚩體天里反　都剌死
拔吒拔吒死室唎室唎　迦室哩迦必室唎

善男子菩薩摩訶薩於第九地得陀羅
尼名无量門
怛姪　他　　訶哩　旃荼哩　枳
俱藍婆頼體天里反　都　剌　死
跋吒跋吒死室唎室唎　迦室哩迦悉室唎
莎蘇活反　悉　底　薩婆薩埵喃莎訶
善男子此陀羅尼是過九恒河沙數諸佛所說
為護九地菩薩故若有誦持此陀羅尼呪
者脫諸怖畏惡獸惡鬼人非人等怨賊災横
及諸苦惱解脫五障不忘念九地
善男子菩薩摩訶薩於第十地得陀羅尼名
破金剛山
怛　姪　他　　悉提去　蘇悉提去
謨折你木察你　毗木底　菴末麗
毗末麗涅末麗　忙　揭　麗
呬喁若揭鞞　遏喇怛娜揭鞞
三曼多跋姪麗　薩婆頞他娑憚你
摩捺斯莫訶摩捺斯　頞　步　底
頞哇　步　底　阿頼誓毗喇頼誓
頞主底菴蜜栗底　阿頼誓毗喇頼誓
跋　嚧　謎　跋囉地大含麼莎入麗
晡剌你晡剌娜　曼奴頼剌莎訶
善男子此陀羅尼灌頂吉祥句是過十恒河
妙數諸佛所說為護十地菩薩故若有誦
持此羅尼呪者脫諸怖畏惡獸惡鬼人非人
等怨賊災横一切毒害皆悉除滅解脫五障



跋　嚧　謎　跋囉地　麼莎麗
晡剌你晡剌娜　曼奴頼剌莎訶
善男子此陀羅尼灌頂吉祥句是過十恒河
妙數諸佛所說為護十地菩薩故若有誦
持此羅尼呪者脫諸怖畏惡獸惡鬼人非人
等怨賊災横一切毒害皆悉除滅解脫五障
不忘十地
尒時師子相无礙光燄菩薩聞佛說此不可
思議陀羅尼已即從座起偏袒右肩右膝
著地合掌恭敬頂礼佛足以頌讚佛
敬礼无譬喻　甚深无相法　衆生失正知　唯佛能濟度
如來明慧眼　不見一法相　復以正法眼　普照不思議
不生於一法　亦不滅一法　由斯平等見　得至无上處
不壞於生死　亦不住涅槃　不著於二邊　是故證圓寂
於淨不淨品　世尊知一味　由不分別故　獲得最清淨
世尊无邊身　不說於一字　令諸弟子衆　法雨皆充滿
佛觀衆生相　一切種皆无　然於苦惱者　常興於救護
苦樂常无常　有我无我等　不一亦不異　不生亦不滅
如是衆多義　隨說有差別　譬如空谷響　唯佛能了知
法界无分別　是故无異乘　為度衆生故　分別說有三
尒時大自在梵天王亦從座起偏袒右肩右膝
著地合掌恭敬頂礼佛足而白佛言世尊此
金光明最勝王經希有難量初中後善文義
究竟皆能成就一切佛法若受持者是人則
為報諸佛恩佛言善男子如是如是如汝所
說善男子若得聽聞是經典者皆不退於阿

尒時大自在梵天王亦從座起偏袒右肩右膝
著地合掌恭敬頂礼佛足而白佛言世尊此
金光明最勝王經希有難量初中後善文義
究竟皆能成就一切佛法若受持者是人則
為報諸佛恩佛言善男子如是如是如汝所
說善男子若得聽聞是經典者皆不退於阿
耨多羅三藐三菩提何以故善男子是能成
熟不退地菩薩殊勝善根是第一法印是衆
經王故應得聽聞受持讀誦何以故善男子若
一切衆生未種善根未成熟善根未親近
諸佛者不能聽聞是微妙法若善男子善女
人能聽受者一切罪障皆悉除滅得最清淨
常得見佛不離諸佛及善知識勝行之人恒
聞妙法住不退地獲得如是勝陁羅尼門所
謂无盡无減海印出妙功德陁羅尼无盡无減
通達衆生意行言語陁羅尼无盡无減日圓无
垢相光陁羅尼无盡无減滿月相光陁羅尼
无盡无減能伏諸惑演功德流陁羅尼无盡
无減破金剛山陁羅尼无盡无減說不可說
義因緣藏陁羅尼无盡无減通達實語法
則音聲陁羅尼无盡无減虛空无垢心行印
陁羅尼无盡无減无邊佛身皆能顯現陁
羅尼无盡无減
善男子如是等无盡无減諸陁羅尼門得成
就故是菩薩摩訶薩能於十方一切佛土化
[illegible]

BD04742號　金光明最勝王經卷四　（19–18）

則音聲陁羅尼无盡无減虛空无垢心行印
陁羅尼无盡无減无邊佛身皆能顯現陁
羅尼无盡无減
善男子如是等无盡无減諸陁羅尼門得成
就故是菩薩摩訶薩能於十方一切佛土化
作佛身演說无上種種正法於法真如不動
不住不來不去善能成熟一切衆生善根亦
不見一衆生可成熟者雖說種種諸法於言
詞中不動不住不去不來能於生滅證无生
滅以何因緣說諸行法无有去來由一切法體
无異故說是法時三万億菩薩摩訶薩得
无生法忍无量諸菩薩不退菩提心无量无
邊苾芻苾芻尼得法眼淨无量衆生發菩
薩心尒時世尊而說頌曰
勝法能逆生死流　甚深微妙難得見
有情盲冥貪欲覆　由不見故受衆苦
尒時大衆俱從座起頂礼佛足而白佛言世
尊若所在處講宣讀誦此金光明最勝王
經我等大衆皆悉往彼為作聽衆是說法師
令得利益安樂无障身意泰然我等皆當
[illegible]衆安隱快樂所住國土无諸
[illegible]

BD04742號　金光明最勝王經卷四　（19–19）

所不可
四衆起七寶
令衆生脫三界苦
緣佛般涅槃一切世間人
天大衆歸佛甚深无量慈恩起七寶塔供養
舍利理應如是世尊其餘三塔於諸衆生得
何等利而令起立恭敬供養佛告阿難辟
支佛悟諸因緣入深法性已脫諸有一切
悉能為人天而作福田以是因緣起塔供養
所有德次於如來能令衆生皆得妙果阿
阿羅漢
難其□中生分已盡不受後有
梵行已立□□而作福田是故應當起
塔供養所得福德次辟支佛亦令衆生皆得
解脫阿難其轉輪王雖未解脫三界煩惱福
德力故治四天下而以十善化育羣生是諸
衆生之所尊敬以是四衆起塔供養所得福
德亦復无量
阿難白佛言佛般涅槃一切四衆當於何所
荼毗如來得□□□顯示教佛告阿難佛
般涅槃一切四衆若於拘尸城內荼毗如來其
城中入皆紹王位則相討罰諍訟无量亦
令一切得福皆善阿難一切四衆可於城外
荼毗如來為令世間得福等故阿難白佛言

BD04743號　大般涅槃經（後分）卷四一　（16–1）

荼毗如□□顯示教佛告阿難佛
般涅槃一切四衆若於拘尸城內荼毗如來其
城中入皆紹王位則相討罰諍訟无量亦
令一切得福皆善阿難一切四衆可於城外
荼毗如來為令世間得福等故阿難白佛言
佛入涅槃荼毗已訖一切四衆收取舍利安
置寶瓶當於何所起七寶塔一切皆得深心
供養唯願亦教佛告阿難佛般涅槃荼毗既
訖一切四衆收取舍利置七寶瓶當於拘尸
那伽城內四衢道中起七寶塔高十三層上
有相輪一切妙寶間雜莊嚴一切世間衆妙
華幡而嚴飾之四邊欄楯七寶合成一切莊
校靡不周遍其塔四面面開一門層層間次
窓牖相當安置寶瓶如來舍利天人四衆瞻
仰供養阿難其辟支佛塔應十一層亦以衆
寶而嚴飾之阿難阿羅漢塔成以四層亦以
衆寶而嚴飾之
阿難其轉輪王塔亦七寶成无復層級何以
故未脫三界諸有苦故爾時阿泥樓豆白佛
言佛涅槃後荼毗已訖一切天人四部大衆
如何分布如來舍利而得供養爾時佛告阿
泥樓豆我般涅槃汝等天人取佛舍利以平
等心分布三界一切大道世間供養
爾時釋提桓因白佛我今從佛敬請如來半
身舍利而我深心願供養故佛告天帝如來
等視衆生如羅睺羅汝不應請半身舍利
何以故平等利益諸衆生故佛告天帝我今

BD04743號　大般涅槃經（後分）卷四一　（16–2）

等心分布三界一切大道世間供養
尒時釋提桓因白佛我今從佛敬請如來半
身舍利而我深心願供養故佛告天帝如來
等視衆生如羅睺羅汝不應請半身舍利
何以故平等利祐諸衆生故佛告天帝我今
與汝右邊上頷一牙舍利可於天上起塔供
養能令汝得福德無盡
尒時天人一切大衆悲哀流淚不能自裁尒
時世尊普告四衆佛般涅槃汝等天人莫大
愁惱何以故雖佛涅槃而有舍利常存供養
復有无上法寶脩多羅藏毗那耶藏摩達
摩藏以是因緣三寶四諦常住於世能令衆生
深心歸依何以故供養舍利即是佛寶見佛
即見法身見法身即見賢聖見賢聖故即見四
諦見四諦故即見涅槃是當知三寶常住
无有變易能為世間作歸依故佛復告諸大
衆汝等莫大愁苦我今於此盡欲涅槃若戒
若歸若常无常三寶四諦六波羅蜜十二因
緣有所疑者當速發問為究竟問佛涅槃
後无復疑悔三過告衆尒時四衆憂悲苦惱
哽咽流淚痛切中心追思戀慕愁毒悶絕佛神
力故掩淚抑然无發問者何以故一切四衆
已於戒歸三寶四諦通達曉了无有疑故尒
時世尊如諸四衆无復餘疑歎言善哉善哉
汝等四衆已能通達三寶四諦无有疑也猶
如淨水洗蕩身垢汝等當勤精進早得出離
莫生愁惱迷悶亂心
尒時世尊於師子座以真金手却身所著僧

BD04743號　大般涅槃經（後分）卷四一　（16–3）

力故掩淚抑然无發問者何以故一切四衆
已於戒歸三寶四諦通達曉了无有疑故尒
時世尊如諸四衆无復餘疑歎言善哉善哉
汝等四衆已能通達三寶四諦无有疑也猶
如淨水洗蕩身垢汝等當勤精進早得出離
莫生愁惱迷悶亂心
尒時世尊於師子座以真金手却身所著僧
伽梨衣顯出紫磨黃金師子胷臆普示大衆
告言汝等一切天人大衆應當深心看我紫
磨黃金色身尒時四衆一切瞻仰大覺世尊
真金色身目不暫捨悉皆快樂譬如比丘入
第三禪難生是中尒時世尊以黃金身示大
衆已即放无量无邊百千億大涅槃光普
照十方一切世界日月所照无復光明放是
光已復告大衆當知如來為汝等故累劫勤
苦截身手足盡脩一切難行苦行大悲本願
於此五濁成阿耨多羅三藐三菩提得此金
剛不壞紫磨色身具足三十二相八十種好
无量光明普照一切見形遇光无不解脫佛
復告諸大衆佛出世難如優曇華希有難見
汝等大衆最後遇我為於此身不生空過我
以本誓願力生此穢土化緣周畢今欲涅槃
汝等以至誠心看我紫磨黃金色身汝當脩
習如是清淨之業於未來世得此果報尒時
世尊如是三反慇勤三告以真金身示諸大
衆即從七寶師子大牀上昇虛空高七多羅
樹一反告言我欲涅槃汝等大衆看我紫磨
黃金色身如是展轉高一多羅樹七反告言

BD04743號　大般涅槃經（後分）卷四一　（16–4）

習如是清淨之業於未來世得此果報尒時
世尊如是三反慇懃三告以真金身示諸大
衆即從七寶師子大牀上昇虛空高七多羅
樹一反告言我欲涅槃汝等大衆看我紫磨
黃金色身如是展轉高一多羅樹七反告言
我欲涅槃汝等大衆應當深心看我紫磨黃
金色身從空中下坐師子牀復告大衆我欲
涅槃汝等深心看我紫磨黃金色身尒時世
尊從師子牀復昇虛空高一多羅樹復告大
衆我欲涅槃汝等深心看我紫磨黃金色身
如是展轉高七多羅樹七反告言我欲涅槃
汝等大衆看我紫磨黃金色身從空中下坐
師子牀復告大衆我欲涅槃汝等深心看我
紫磨黃金色身尒時世尊從師子牀復昇虛
空高一多羅樹復告大衆我欲涅槃汝等深
心看我紫磨黃金色身如是展轉高七多羅
樹七反告言我欲涅槃汝等深心看我紫磨
黃金色身從空中下坐師子牀復告大衆我
欲涅槃汝等深心看我紫磨黃金色身尒時
世尊顯出如來紫磨黃金色身普示大衆如
是三反上昇虛空高七多羅樹三反從空中
下坐師子牀如是慇勤二十四反告諸大衆
我欲涅槃汝等深心看我金剛堅固不壞紫
磨黃金无畏色身如優曇華難可值遇汝
等當知我欲涅槃汝等應當以至誠心看我
紫磨黃金色身如熱渴人遇清淨水飲之令
飽无復餘念汝等大衆忽復如是我欲涅槃

BD04743號　大般涅槃經（後分）卷四一　（16–5）

我欲涅槃汝等深心看我金剛堅固不壞紫
磨黃金无畏色身如優曇華難可值遇汝
等當知我欲涅槃汝等應當以至誠心看我
紫磨黃金色身如熱渴人遇清淨水飲之令
飽无復餘念汝等大衆忽復如是我欲涅槃
汝等大衆應當深心瞻仰爲是最後見於如來
自此見已无復再覩汝等大衆瞻仰令足无
復後悔佛復告諸大衆我涅槃後汝於大衆
應廣脩行早出三有勿復懈怠散心放逸尒
時一切世界天人四衆遇涅槃光瞻仰佛者
一切三塗八難世間人天所有煩惱四重五
逆極惡罪咎永滅无餘皆得解脫尒時世尊
顯出紫磨黃金色身慇勤相告示大衆已還
舉僧伽梨衣如常所披

大般涅槃經應盡還源品

佛復告諸大衆我今時至舉身疼痛說是語
已即入初禪以涅槃光遍觀世界入寂滅定
尒時世尊所言未訖即入初禪從初禪出入
第二禪從二禪出入第三禪從三禪出入第
四禪從四禪出入虛空處從空處出入无邊
識處從識處出入不用處從不用出入非想
非非想處從非非想出入滅盡定從滅盡
定出還入非想非非想處從非非想出入不用
處從不用出入无邊識處從識處出入虛空
處從空處出入第四禪從四禪出入第三禪
從三禪出入第二禪從二禪出入第一禪尒
時世尊如是逆順入諸禪已普告大衆我以

BD04743號　大般涅槃經（後分）卷四一　（16–6）

定出還入非想非非想處從非非想出入不用
處從不用出入无邊識處從識處出入虛空
處從空處出入第四禪從四禪出入第三禪
從三禪出入第二禪從二禪出入第一禪尒
時世尊如是逆順入諸禪已普告大衆我以
甚深波若遍觀三界一切六道諸山大海大
地含生如是三界根本性離畢竟寂滅同虛
空相无名无識永斷諸有本來平等无高下
想无見无聞无覺无知不可繫縛不可解脫
无衆生无壽命不生不起不盡不滅非世間
非非世間涅槃生死皆不可得二際平等等
諸法故閑居靜住无所施為究竟安置必不
可得從无住法法性施為斷一切相一无所有
法相如是其知是者名出世人是事不知名
生死始汝等大衆應斷无明滅生死始尒時
世尊說是語已復入超禪從初禪出入第
三禪從三禪出入虛空處從虛空出入无所
有處從无所有出入滅盡想定從滅盡定出
次第還入至非想非非想處從非非想出入
无邊識處從識處出入第四禪從四禪出入
第二禪從二禪出入於初禪如是逆順入超
禪已復造大衆我以摩訶般若遍觀三界有
情无情一切人法悉皆究竟无繫縛者无解
脫者无主无依不可攝持不出三界不入諸有
本來清淨无垢无煩惱與虛空等不平等非
不平等盡諸動念思想心息如是法相名大
涅槃真見此法名為解脫凡夫不知名曰无
明作是語已復入超禪從初禪出乃至入滅

BD04743號　大般涅槃經（後分）卷四一　（16–7）

脫者无主无依不可攝持不出三界不入諸有
本來清淨无垢无煩惱與虛空等不平等非
不平等盡諸動念思想心息如是法相名大
涅槃真見此法名為解脫凡夫不知名曰无
明作是語已復入超禪從初禪出乃至入滅
盡定從滅盡出乃至入初禪如是逆順入超
禪已復告大衆我以佛眼遍觀三界一切諸
法无明本際性本解脫於十方求了不能得
根本无故所因枝葉皆悉解脫无明解脫故
乃至老死皆得解脫以是因緣我今安住常
寂滅光名大涅槃尒時阿難无撿悲哀憂慼
痛苦心狂慌亂情識昏迷如重醉人都无知
覺不見四衆不知如來已入涅槃為未涅槃
尒時世尊如是三過從超入諸禪定遍觀法
界普為大衆三反說法如來如是展轉二十
七反入諸禪定阿難以不知故佛入一禪即
致一問如是二十七反問阿泥樓豆佛已涅
槃為未涅槃阿泥樓豆深知如來入諸禪定
二十七反皆荅阿難佛未涅槃尒時一切大
衆皆悉慌亂都不覺知如來涅槃為未涅
槃尒時世尊三反入諸禪定三反示誨衆已於
七寶牀右脅而卧頭枕北方足指南方面向
西方後背東方其七寶牀微妙瓔珞以為莊
嚴娑羅樹林四雙八隻西方一雙在如來前
東方一雙在如來後北方一雙在佛之首南
方一雙在佛之足尒時世尊娑羅林下寢卧

BD04743號　大般涅槃經（後分）卷四一　（16–8）

嚴娑羅樹林四雙八隻西方一雙在如來前
東方一雙在如來後北方一雙在佛之首南
方一雙在佛之足尒時世尊娑羅林下寢臥
寶床於其中夜入第四禪寂然无聲於是時
頃便般涅槃大覺世尊入涅槃已其娑羅林
東西二雙合為一樹南北二雙合為一樹垂
覆寶床蓋於如來其樹即時慘然變白猶
如白鶴枝葉華菓皮幹悉皆爆烈墮落漸漸
枯悴摧折無餘
尒時十方无數万億恒河沙普佛世界一切
大地皆大振動出種種音唱言苦哉苦哉世
界空虛演出无常苦空哀嘆之聲尒時十方
世界一切諸山目真隣陁山摩訶目真隣陁
山鐵圍山大鐵圍山諸須弥山香山寶山金
山黑山一切大地所有諸山一時振烈悉皆
崩倒出大音聲振吼世界唱言苦哉苦哉
如何一旦世間孤露慧日滅沒大涅槃山一切
衆生喪真慈父失所敬天无瞻仰者尒時十方
世界一切大海悉皆混濁沸涌濤波出種種
音唱言苦哉苦哉正覺已滅衆生罪苦長夜
久流生死大海進失正路何由解脫尒時一
切江河溪澗溝壑川流泉源渠井浴池悉皆
湏竭水盡枯涸尒時十方世界大地虛空寂
然大闇日月精光悉无復照黑闇愁惱弥布
世界於是時間忽然黑風鼓怒驚振吹塵
沙弥闇世界尒時大地一切卉木藥草諸樹

BD04743號　大般涅槃經（後分）卷四一　（16–9）

切江河溪澗溝壑川流泉源渠井浴池悉皆
湏竭水盡枯涸尒時十方世界大地虛空寂
然大闇日月精光悉无復照黑闇愁惱弥布
世界於是時間忽然黑風鼓怒驚振吹塵
沙弥闇世界尒時大地一切卉木藥草諸樹
華菓枝葉悉皆摧折碎落无遺於是時頃
十方世界一切諸天遍滿虛空哀號悲嘆振
動三千大千世界雨无數百千種種上妙天
香天華遍滿三千大千世界積高須弥供養
如來於上空中復雨无數天幢天幡天纓絡
天軒蓋天寶珠遍滿虛空變成寶臺四面珠
纓七寶絞絡光明華彩供養如來於上空中
復奏无數微妙天樂鼓吹絃歌出種種音唱
言苦哉苦哉佛已涅槃世界空虛群生眼滅
煩惱羅剎大欲流行行苦相續痛輪不息尒
時阿難心慌迷悶都不覺知不識如來已入
涅槃來入涅槃唯見非恒境界復問樓豆佛
涅槃耶樓豆荅言大覺世尊已入涅槃尒時
阿難聞是語已悶絶躃地猶如死人寂无氣
息冥冥不曉尒時樓豆以清冷水灑阿難面
扶之令起以善方便而慰喻之語阿難言哀
哉哀哉痛苦柰何柰何莫大愁毒熱惱乱心
如來化緣周畢一切人天无能留者苦哉苦
哉柰何柰何何期今日人天之師為事究竟
无能留者柰何我與汝等且共裁抑復慰喻
言阿難佛雖涅槃而有舍利无上法寶常住
於世能為衆生而作歸依我與汝等當勤精

BD04743號　大般涅槃經（後分）卷四一　（16–10）

如来化緣周畢一切人天无能留者苦哉苦
哉奈何奈何何期今日人天之師爲事究竟
无能留者奈何我與汝等旦共裁抑復慰喻
言阿難佛雖涅槃而有舍利无上法寶常住
於世能爲衆生而作歸依我與汝等當勤精
進以佛法寶授與衆生令脫衆苦報如来恩
尒時阿難聞慰喻已漸得醒悟哽咽流淚悲
不自勝其拘尸那城娑羅林間縱廣十二由
旬天人大衆皆悉遍滿尖頭針鋒受无量衆
間无空缺不相鄣蔽尒時无數億菩薩一切
大衆悉皆迷悶昏乱濁心都不覺知如来涅
槃及未涅槃唯見非恒變動一時同問樓豆
佛涅槃耶尒時樓豆告諸大衆一切天人大
覺世尊已入涅槃尒時无數一切大衆聞是
語已一時昏迷悶絶躄地苦毒入心隨聲
不出其中或有隨佛滅者或失心者或身心
戰掉者或手相執手哽咽流淚者或常捶胷
大叫者或舉手拍頭自拔鬚者或有唱言痛
哉痛哉荼毒苦者或有唱言如来涅槃一何
疾者或有唱言失我所敬天者或有嘆言世
界空虚衆生眼滅者或有嘆言煩惱大鬼已
流行者或有嘆言衆生善牙種子滅者或
有嘆言魔王欣慶解甲甯者或自呵嘖身心无
常觀者或有正觀得解脫者或有傷嘆无歸
依者中有遍體血現流灑地者如是異類殊
音一切大衆哀聲普振一切世界尒時娑婆
世界主尸棄大梵天王知佛已入涅槃與諸
天衆即從初禪飛空而下舉聲大尖流淚悲



常觀者或有正觀得解脫者或有傷嘆无歸
依者中有遍體血現流灑地者如是異類殊
音一切大衆哀聲普振一切世界尒時娑婆
世界主尸棄大梵天王知佛已入涅槃與諸
天衆即從初禪飛空而下舉聲大尖流淚悲
咽投如来前悶絶躄地久乃蘇醒哀不自勝即
於佛前以偈悲嘆
世尊往昔本誓願　爲我等故居忍土
乃隱無量自在力　貧所樂法度衆生
方便逐宜隨應說　衆生无不受安樂
誘進令出三有苦　究竟皆至涅槃道
如来慈母育衆生　普飲衆生大悲乳
何期一旦忽捨離　人天孤露无所依
痛哉衆生善種牙　无天甘露令增長
善牙漸漸衰滅已　罪業相牽墮惡道
奈何世界悉空虛　衆生正慧眼已滅
既行无明黑闇中　墮落三有淪溺苦
奈何衆生罪无救　願依舍利得解脫
勸請如来大悲力　救護令我脫苦地
何其痛哉凶惡世　如来棄我入涅槃
尒時釋提桓因與諸大衆從空而下唱言苦
哉苦哉發聲大尖悲泣流淚投如来前悶絶
躄地久乃蘇醒悲哀哽咽胡跪佛前說偈哀
嘆
如来歷劫行苦行　普爲我等群生故
得成无上正覺道　普育衆生如一子
施法藥中爲上藥　療病醫中爲勝醫
大慈悲雲陰衆生　甘露慧雨而一切

歎
如來歷劫行苦行　普爲我等群生故
得成无上正覺道　等育衆生如一子
施法藥中爲上藥　療病醫中爲勝醫
大慈悲雲陰衆生　甘露慧雨雨一切
慧日光照无明闇　无明衆生見聖道
聖月慈光照六趣　三有蒙光脫衆苦
何期於今捨大慈　已入涅槃衆不見
本檐大悲今何在　棄捨衆生如涕唾
我等一切諸衆生　如犢失母必當死
四衆手相執手哭　捉胷大哀動三界
苦哉苦哉諸有人　如何一旦盡孤露
我等福盡苦何甚　善牙燋然无復聞
唯願法寶舍利光　照我命脫三有苦
哀哉痛哉我等衆　奚何重得見如來
爾時樓豆悲哀號泣傷悼无量胡跪佛前以
偈悲讚
正覺法王育我等　飲我法乳長法身
衆生法身未成立　又復慧命少資粮
應以八音常演暢　令衆聞已悉悟道
常放大慈五色光　令衆蒙光皆解脫
如何今已永涅槃　行苦衆生何依趣
苦哉世尊捨大悲　我等孤窮必當死
雖知世尊現方便　我等无能不悲哀
四衆迷悶昏失心　哀動天地振三界
世尊獨處大安樂　衆生大苦欲何之
世尊往昔爲我等　衆生捨頭截手足

BD04743號　大般涅槃經（後分）卷四一　（16–13）

苦哉世尊捨大悲　我等孤窮必當死
雖知世尊現方便　我等无能不悲哀
四衆迷悶昏失心　哀動天地振三界
世尊獨處大安樂　衆生大苦欲何之
世尊往昔爲我等　衆生捨頭截手足
得成无上正覺道　不久住世即涅槃
我及四衆處无明　磨王欣慶捨甲胄
哀哉世尊願大悲　舍利慈光攝我等
伏請世尊臨四衆　法寶流聞願不窮
我等不能即殞滅　苟存餘命能幾何
苦哉痛切難堪忍　重見世尊无復期
爾時阿難悶絕漸醒舉手拍頭搥胷哽咽
悲泣流淚哀不自勝長跪佛前以偈悲歎
我昔與佛捨願力　幸共同生釋種中
如來得成正覺道　我爲侍者二十載
慈心敬養情未足　一旦見棄入涅槃
痛哉哀哉荼毒苦　无極長夜痛切心
我身未脫諸有網　无明之鷇未出離
世尊慧觜未啄破　如何見捨疾涅槃
我如初生之嬰兒　失母不久必當死
世尊如何見放捨　獨出三界受安樂
我今懺悔於世尊　侍佛已來二十年
四威儀中多懈墮　不能悅可大聖心
願正覺尊大慈悲　施我甘露令安樂
我願窮盡未來際　常勸世尊爲侍者
唯願世尊大慈光　一切世界攝受我

BD04743號　大般涅槃經（後分）卷四一　（16–14）

世尊如何見放捨　獨此三界受安樂
我今懺悔於世尊　侍佛已來二十年
四威儀中多懈墮　不能悅可大聖心
願正覺尊大慈悲　施我甘露令安樂
我願窮盡未來際　常勤世尊為侍者
唯願世尊大慈光　一切世界攝受我
痛哉痛哉不可說　嗚咽何能陳聖恩
尒時无數億恒河沙菩薩一切世間天人大
衆手相執手悲泣流淚哀不自勝各相裁
抑即皆自辦无數微妙香華曼陀羅華
摩訶曼陀羅華曼殊沙華摩訶曼殊
沙華无數天上人間海岸栴檀沉水百千
万種和无數香泥香水寶蓋寶幢寶旛真
珠瓔珞遍滿虛空投如來前悲哀供養尒時
拘尸城內男女大小一切人衆悲哀流淚各辦
无數微妙香華幡蓋等陪勝於前投如來所
悲哀供養尒時四天王與諸天衆悲哀流淚
各辦无數香華一切供養等三陪於前悲泣
流淚來詣佛所投如來前悲哀供養五天如
是陪勝於前色界无色界諸天亦如是陪勝
供養

大般涅槃經卷第卌一

BD04743號　大般涅槃經（後分）卷四一　（16–15）

珠瓔珞遍滿虛空投如來前悲哀供養尒時
拘尸城內男女大小一切人衆悲哀流淚各辦
无數微妙香華幡蓋等陪勝於前投如來所
悲哀供養尒時四天王與諸天衆悲哀流淚
各辦无數香華一切供養等三陪於前悲泣
流淚來詣佛所投如來前悲哀供養五天如
是陪勝於前色界无色界諸天亦如是陪勝
供養

大般涅槃經卷第卌一

BD04743號　大般涅槃經（後分）卷四一　（16–16）

大乘无量壽經
如是我聞一時薄伽梵在舍衛國祇樹給孤獨園與大苾蒭僧千二百五十
人大菩薩摩訶薩衆俱同會坐尒時世尊告曼殊室利童子曼殊上
方有世界名无量功德聚彼土有佛号无量智決定王如來阿耨多羅三藐
三菩提現爲衆生開示說法曼殊諦聽南閻浮提人皆短壽大限百年於中
殀枉死者衆多曼殊如是无量壽如來功德名稱法要若有衆生得聞名号若
自書或使人書能爲經卷受持讀誦若於舍宅所住之處以種種花鬘瓔
珞塗香末香而爲供養如其命盡復得延年滿足百歲如是曼殊若有衆
生得聞是无量壽智決定王如來一百八号名者益其長壽若有衆生大命
將盡憶念是如名号更得增壽如是曼殊若有善男子善女人欲求長壽
於是无量壽如來一百八名号有得聞者或自書若使人書受持讀誦得如是
等果報福得具足陁羅尼曰　南謨薄伽勃底一　阿波唎蜜多二　阿喻紇硯娜三
須毗你悉指陁四　囉佐耶五　怛他羯他耶六　怛姪他唵七　薩婆桑悉迦囉八　波唎輸底九　達
磨底十　伽迦娜十一　莎訶某持迦底十二　薩婆婆毗輸底十三　摩訶娜耶十四　波唎婆囉嚫莎訶十五
世尊復告曼殊室利如是如來一百八名号若有自書或使人書爲經卷受
持讀誦如壽命盡復滿百年壽終此身後得往生无量福智世界无量壽淨
土陁羅尼曰　南謨薄伽勃底一　阿波唎蜜多二　阿喻紇硯娜三　須毗你悉指陁四　囉佐耶五
怛他羯他耶六　怛姪他唵七　薩婆桑悉迦囉八　波唎輸底九　達磨底十　伽迦娜十一　莎訶某持
迦底十二　薩婆婆毗輸底十三　摩訶娜耶十四　波唎婆囉嚫莎訶十五　尒時復有一百四姟佛一

BD04744 號　無量壽宗要經　（6–1）

……摩訶娜耶　波唎婆囉嚫莎訶
世尊復告曼殊室利如是如來一百八名号若有自書或使人書爲經卷受
持讀誦如壽命盡復滿百年壽終此身後得往生无量福智世界无量壽淨
土陁羅尼曰　南謨薄伽勃底一　阿波唎蜜多二　阿喻紇硯娜三　須毗你悉指陁四　囉佐耶五
怛他羯他耶六　怛姪他唵七　薩婆桑悉迦囉八　波唎輸底九　達磨底十　伽迦娜十一　莎訶某持
迦底十二　薩婆婆毗輸底十三　摩訶娜耶十四　波唎婆囉嚫莎訶十五　尒時復有一百四姟佛一
時同聲說是无量壽宗要經陁羅尼曰　南謨薄伽勃底一　阿波唎蜜多二　阿喻紇硯娜三
須毗你悉指陁四　囉佐耶五　怛他羯他耶六　怛姪他唵七　薩婆桑悉迦囉八　波唎輸底九　達磨底十
伽迦娜十一　莎訶某持迦底十二　薩婆婆毗輸底十三　摩訶娜耶　波唎婆囉嚫莎訶十五
尒時復有七姟佛一時同聲說是无量壽宗要經陁羅尼曰　南謨薄伽勃底一　阿
波唎蜜多二　阿喻紇硯娜三　須毗你悉指陁四　囉佐耶五　怛他羯他耶六　怛姪他唵七　薩婆桑悉
迦囉八　波唎輸底九　達磨底十　伽迦娜十一　莎訶某持迦底十二　薩婆婆毗輸底十三　摩訶娜耶十四　波
唎婆囉嚫莎訶十五　尒時復有六十五姟佛一時同聲說是无量壽宗要經陁羅尼曰
南謨薄伽勃底一　阿波唎蜜多二　阿喻紇硯娜三　須毗你悉指陁四　囉佐耶五　怛他羯他耶六　怛姪
他唵七　薩婆桑悉迦囉八　波唎輸底九　達磨底十　伽迦娜十一　莎訶某持迦底十二　薩婆婆毗輸
底十三　摩訶娜耶十四　波唎婆囉嚫莎訶十五　尒時復有五十五姟佛一時同聲說是无量壽宗
要經陁羅尼曰　南謨薄伽勃底一　阿波唎蜜多二　阿喻紇硯娜三　須毗你悉指陁四
囉佐耶五　怛他羯他耶六　怛姪他唵七　薩婆桑悉迦囉八　波唎輸底九　達磨底十　伽迦娜十一　莎訶某
持迦底十二　薩婆婆毗輸底十三　摩訶娜耶十四　波唎婆囉嚫莎訶十五　尒時復有四十五姟佛一
時同聲說是无量壽宗要經陁羅尼曰　南謨薄伽勃底一　阿波唎蜜多二　阿喻紇硯
娜三　須毗你悉指陁四　囉佐耶五　怛他羯他耶六　怛姪他唵七　薩婆桑悉迦囉八　波唎輸底九　達
磨底十　伽迦娜十一　莎訶某持迦底十二　薩婆婆毗輸底十三　摩訶娜耶十四　波唎婆囉
莎訶十五　尒時復有三十六姟佛一時同聲說是无量壽宗要經陁羅尼曰
南謨薄伽勃底一　阿波唎蜜多二　阿喻紇硯娜三　須毗你悉指陁四　囉佐耶五　怛他羯他耶六
怛姪他唵七　薩婆桑悉迦囉八　波唎輸底九　達磨底十　伽迦娜十一　莎訶某持迦底十二　薩婆
婆毗輸底十三　摩訶娜耶十四　波唎婆囉嚫莎訶十五　尒時復有二十五姟佛一時同聲說
是无量壽宗要經陁羅尼曰　南謨薄伽勃底一　阿波唎蜜多二　阿喻紇硯娜三　須毗
你悉指陁四　囉佐耶五　怛他羯他耶六　怛姪他唵七　薩婆桑悉迦囉八　波唎輸底九　達磨底十　伽迦
娜十一　莎訶某持迦底十二　薩婆婆毗輸底十三　摩訶娜耶十四　波唎婆囉嚫莎訶十五

BD04744 號　無量壽宗要經　（6–2）

南謨薄伽勃底一阿波唎蜜多二阿喻紇硯娜三須毗你悉指陀四囉佐耶五怛他羯他耶六
怛姪他唵七薩婆桑悉迦囉八波唎輸底九達磨底十伽迦娜十一莎訶某持迦底十二薩婆
婆毗輸底十三摩訶娜耶十四波唎婆囉莎訶十五　尒時復有二十五殑佛一時同聲說
是无量壽宗要經陀羅尼曰　南謨薄伽勃底一阿波唎蜜多二阿喻紇硯娜三須毗
你悉指陀四囉佐耶五怛他羯他耶六怛姪他唵七薩婆桑悉迦囉八波唎輸底九達磨底十伽迦
娜十一莎訶某持迦底十二薩婆婆毗輸底十三摩訶娜耶十四波唎婆囉莎訶十五
尒時復有恒河沙殑佛一時同聲說是无量壽宗要經陀羅尼曰　南謨伽薄勃底
阿波唎蜜多二阿喻紇硯娜三須毗你悉指陀四囉佐耶五怛他羯他耶六怛姪他唵七薩婆桑悉迦
囉八波唎輸底九達磨底十伽迦娜十一莎訶某持迦底十二薩婆婆毗輸底十三摩訶娜耶十四
波唎婆囉莎訶十五　善男子若有自書寫教人書是无量壽宗要經如其命盡復得
長壽而滿年陀羅尼曰　南謨薄伽勃底一阿波唎蜜多二阿喻紇硯娜三須毗你悉指陀四
囉佐耶五怛他羯他耶六怛姪他唵七薩婆桑悉迦囉八波唎輸底九達磨底十伽迦娜十一莎訶
某持迦底十二薩婆婆毗輸底十三摩訶娜耶十四波唎婆囉莎訶十五　若有自書寫教人
書寫是无量壽宗要經讀誦受持畢竟不墮地獄在在所生得宿命智陀羅尼曰
南謨薄伽勃底一阿波唎蜜多二阿喻紇硯娜三須毗你悉指陀四囉佐耶五怛他羯他耶六怛姪他唵七
薩婆桑悉迦囉八波唎輸底九達磨底十伽迦娜十一莎訶某持迦底十二薩婆婆毗輸底十三摩
訶娜耶十四波唎婆囉莎訶十五　若有自書寫教人書寫是无量壽宗要經受持讀
誦如同書寫八万四千一切經典陀羅尼曰　南謨薄伽勃底一阿波唎蜜多二阿
喻紇硯娜三須毗你悉指陀四囉佐耶五怛他羯他耶六怛姪他唵七薩婆桑悉迦囉八
波唎輸底九達磨底十伽迦娜十一莎訶某持迦底十二薩婆婆毗輸底十三摩訶娜耶十四
波唎婆囉莎訶十五　若有自書寫教人書寫是无量壽宗要經即是書寫
八万四千部建立塔廟陀羅尼曰　南謨薄伽勃底一阿波唎蜜多二阿喻紇硯娜三
毗須你悉指陀四囉佐耶五怛他羯他耶六怛姪他唵七薩婆桑悉迦囉八波唎輸底九達磨
底十伽迦娜十一莎訶某持迦底十二薩婆婆毗輸底十三摩訶娜耶十四波唎婆囉莎訶十五
若有自書寫教人書寫是无量壽宗要經能消五无間等一切重罪陀羅尼曰
南謨薄伽勃底一阿波唎蜜多二阿喻紇硯娜三須毗你悉指陀四囉佐耶五怛他羯他耶六
怛姪他唵七薩婆桑悉迦囉八波唎輸底九達磨底十伽迦娜十一莎訶某持迦底十二薩婆
婆毗輸底十三摩訶娜耶十四波唎婆囉莎訶十五　若有自書寫教人書寫是无量
壽宗要經受持讀誦設有重罪猶如須弥盡能除滅陀羅尼曰
南謨薄伽勃底一阿波唎蜜多二阿喻紇硯娜三須毗你悉指陀四囉佐耶五怛他羯他耶六

BD04744 號　無量壽宗要經

（6–3）

底十伽迦娜十一莎訶某持迦底十二薩婆婆毗輸底十三摩訶娜耶十四波唎婆囉莎訶十五
若有自書寫教人書寫是无量壽宗要經能消五无間等一切重罪陀羅尼曰
南謨薄伽勃底一阿波唎蜜多二阿喻紇硯娜三須毗你悉指陀四囉佐耶五怛他羯他耶六
怛姪他唵七薩婆桑悉迦囉八波唎輸底九達磨底十伽迦娜十一莎訶某持迦底十二薩婆
婆毗輸底十三摩訶娜耶十四波唎婆囉莎訶十五　若有自書寫教人書寫是无量
壽宗要經受持讀誦設有重罪猶如須弥盡能除滅陀羅尼曰
南謨薄伽勃底一阿波唎蜜多二阿喻紇硯娜三須毗你悉指陀四囉佐耶五怛他羯他耶六
怛姪他唵七薩婆桑悉迦囉八波唎輸底九達磨底十伽迦娜十一莎訶某持迦底十二薩婆
婆毗輸底十三摩訶娜耶十四波唎婆囉莎訶十五　若有自書寫教人書寫是无量受
宗要經受持讀誦若魔鬼之眷屬夜叉羅剎不得其便終无枉死陀尼羅曰
南謨薄伽勃底一阿波唎蜜多二阿喻紇硯娜三須毗你悉迦陀四囉佐耶五怛他羯他耶六
怛姪他唵七薩婆桑悉迦囉八波唎輸底九達磨底十伽迦娜十一莎訶某持迦底十二薩婆婆
毗輸底十三摩訶娜耶十四波唎婆囉莎訶十五　若有自書寫教人書寫是无量壽宗
要經受持讀誦當命終時有九十九殑佛現其人前蒙手能接一切佛
剎莫於此經生於疑惑陀羅尼曰　南謨薄伽勃底一阿波唎蜜多二阿喻紇硯娜三
須毗你悉指陀四囉佐耶五怛他羯他耶六怛姪他唵七薩婆桑悉迦囉八波唎輸底九達磨
底十伽迦娜十一莎訶某持迦底十二薩婆婆毗輸底十三摩訶娜耶十四波唎婆囉莎訶十五
若有自書寫教人書寫是无量壽要宗經受持讀誦常得四天大王隨其衛護
陀羅尼曰　南謨薄伽勃底一阿波唎蜜多二阿喻紇硯娜三須毗你悉指陀四囉佐耶五
怛他羯他耶六怛姪他唵七薩婆桑悉迦囉八波唎輸底九達磨底十伽迦娜十一莎訶某持迦底十二
薩婆婆毗輸底十三摩訶娜耶十四波唎婆囉莎訶十五　若有自書寫教人書寫是无量
壽宗要經受持讀誦當得往生西方極樂世界阿弥陀佛土陀羅尼曰
南謨薄勃伽底一阿波唎蜜多二阿喻紇硯娜三須毗你悉指陀四囉佐耶五怛他羯他耶六怛姪
他唵七薩婆桑悉迦囉八波唎輸底九達磨底十伽迦娜十一莎訶某持迦底十二薩婆
婆毗輸底十三摩訶娜耶十四波唎婆囉莎訶十五　若有方所自書寫使人書寫是无
量壽經典之處則為是塔皆應恭敬作礼若是畜生或為鳥獸得聞是經如是
等類皆當不久得成一切種智陀羅尼曰　南謨薄伽勃底一阿波唎蜜多二阿喻紇硯
娜三須毗你悉指陀四囉佐耶五怛他羯他耶六怛姪他唵七薩婆桑悉迦囉八波唎輸底九達
磨底十伽迦娜十一莎訶某持迦底十二薩婆婆毗輸底十三摩訶娜耶十四波唎婆囉
莎訶十五　若有於是无量壽經自書寫若人使書畢竟不受女人之身陀羅
尼曰　南謨薄伽勃底一阿波唎蜜多二阿喻紇硯娜三須毗你悉指陀四囉佐耶五
怛他羯他耶六怛姪他唵七薩婆桑悉迦囉八波唎輸底九達磨底十伽迦娜十一莎訶
某持迦底十二薩婆婆毗輸底十三摩訶娜耶十四

BD04744 號　無量壽宗要經

（6–4）

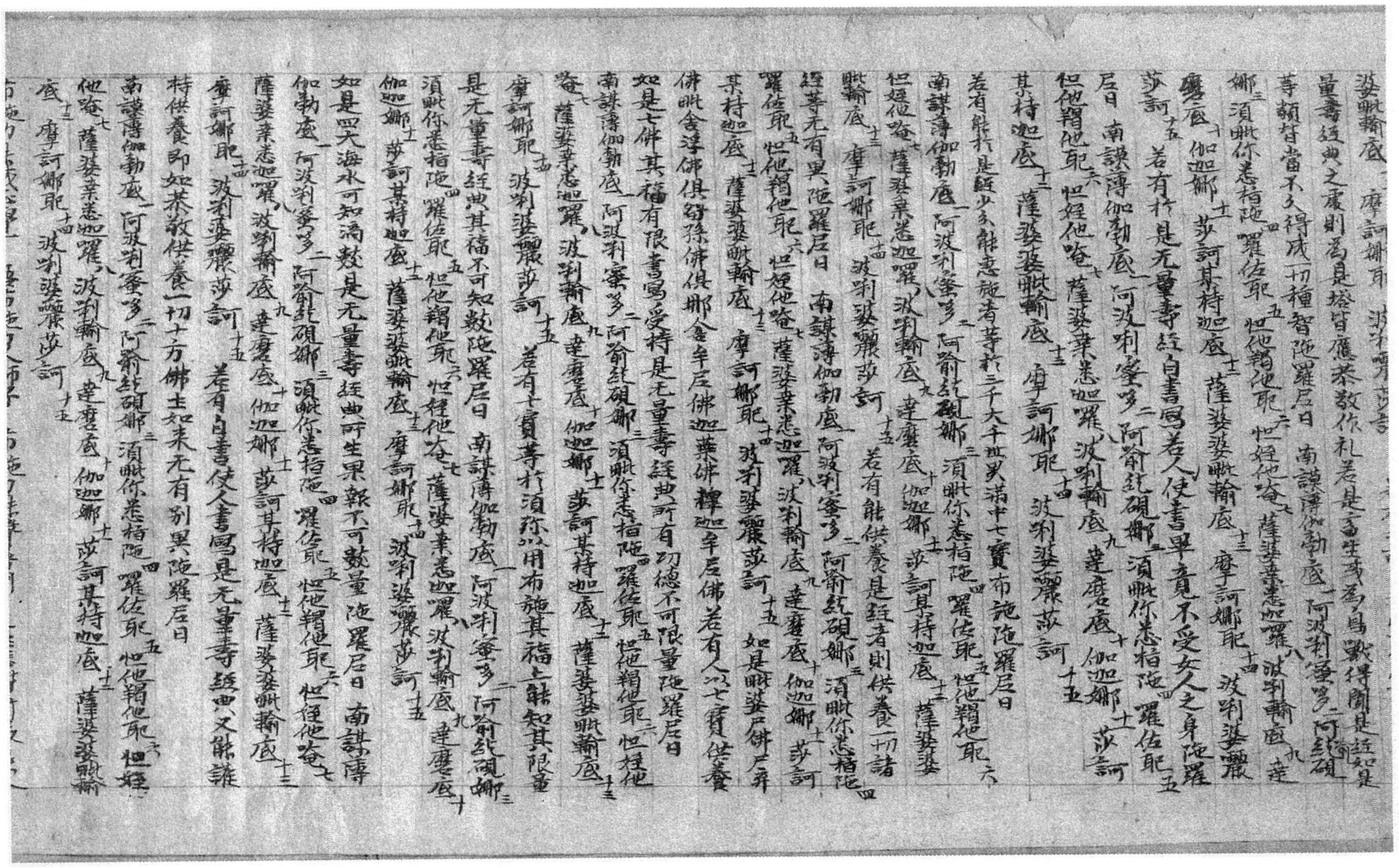
婆毗輸底十三 摩訶娜耶十四 波唎婆[illegible]
量壽經典之處則爲是塔皆應恭敬作礼若是畜生或爲鳥獸得聞是經如是
等頓皆當不久得成一切種智陁羅尼曰 南謨薄伽勃底一 阿波唎蜜多二 阿紇硯
娜三 須毗你悉指陁四 羅佐耶五 怛他羯他耶六 怛姪他唵七 薩婆桑悉迦羅八 波唎輸底九 達
磨底十 伽迦娜十一 莎訶某持迦底十二 薩婆婆毗輸底十三 摩訶娜耶十四 波唎婆釃
莎訶十五 若有於是无量壽經自書寫若人使書畢竟不受女人之身陁羅
尼曰 南謨薄伽勃底一 阿波唎蜜多二 阿紇硯娜三 須毗你悉指陁四 羅佐耶五
怛他羯他耶六 怛姪他唵七 薩婆桑悉迦羅八 波唎輸底九 達磨底十 伽迦娜十一 莎訶
某持迦底十二 薩婆婆毗輸底十三 摩訶娜耶十四 波唎婆釃莎訶十五
若有能於是經少多能惠施者等於三千大千世界滿中七寶布施陁羅尼曰
南謨薄伽勃底一 阿波唎蜜多二 阿紇硯娜三 須毗你悉指陁四 羅佐耶五 怛他羯他耶六
怛姪他唵七 薩婆桑悉迦羅八 波唎輸底九 達磨底十 伽迦娜十一 莎訶某持迦底十二 薩婆婆
毗輸底十三 摩訶娜耶十四 波唎婆釃莎訶十五 若有能供養是經者則供養一切諸
經等无有異陁羅尼曰 南謨薄伽勃底一 阿波唎蜜多二 阿紇硯娜三 須毗你悉指陁四
羅佐耶五 怛他羯他耶六 怛姪他唵七 薩婆桑悉迦羅八 波唎輸底九 達磨底十 伽迦娜十一 莎訶
某持迦底十二 薩婆婆毗輸底十三 摩訶娜耶十四 波唎婆釃莎訶十五 如是毗婆尸佛尸弃
佛毗舍浮佛俱留孫佛俱那含牟尼佛迦葉佛釋迦牟尼佛若有人以七寶供養
如是七佛其福有限書寫受持是无量壽經典所有功德不可限量陁羅尼曰
南謨薄伽勃底一 阿波唎蜜多二 阿紇硯娜三 須毗你悉指陁四 羅佐耶五 怛他羯他耶六 怛姪他
唵七 薩婆桑悉迦羅八 波唎輸底九 達磨底十 伽迦娜十一 莎訶某持迦底十二 薩婆婆毗輸底十三
摩訶娜耶十四 波唎婆釃莎訶十五 若有七寶等於須弥以用布施其福上能知其限量
是无量壽經典其福不可知數陁羅尼曰 南謨薄伽勃底一 阿波唎蜜多二 阿紇硯娜三
須毗你悉指陁四 羅佐耶五 怛他羯他耶六 怛姪他唵七 薩婆桑悉迦羅八 波唎輸底九 達磨底十
伽迦娜十一 莎訶某持迦底十二 薩婆婆毗輸底十三 摩訶娜耶十四 波唎婆釃莎訶十五
如是四大海水可知渧數是无量壽經典所生果報不可數量陁羅尼曰 南謨薄
伽勃底一 阿波唎蜜多二 阿紇硯娜三 須毗你悉指陁四 羅佐耶五 怛他羯他耶六 怛姪他唵七
薩婆桑悉迦羅八 波唎輸底九 達磨底十 伽迦娜十一 莎訶某持迦底十二 薩婆婆毗輸底十三
摩訶娜耶十四 波唎婆釃莎訶十五 若有自書使人書寫是无量壽經典又能誰
持供養即如恭敬供養一切十方佛土如來无有別異陁羅尼曰
南謨薄伽勃底一 阿波唎蜜多二 阿紇硯娜三 須毗你悉指陁四 羅佐耶五 怛他羯他耶六 怛姪
他唵七 薩婆桑悉迦羅八 波唎輸底九 達磨底十 伽迦娜十一 莎訶某持迦底十二 薩婆婆毗輸
底十三 摩訶娜耶十四 波唎婆釃莎訶十五

BD04744 號　無量壽宗要經　（6–5）

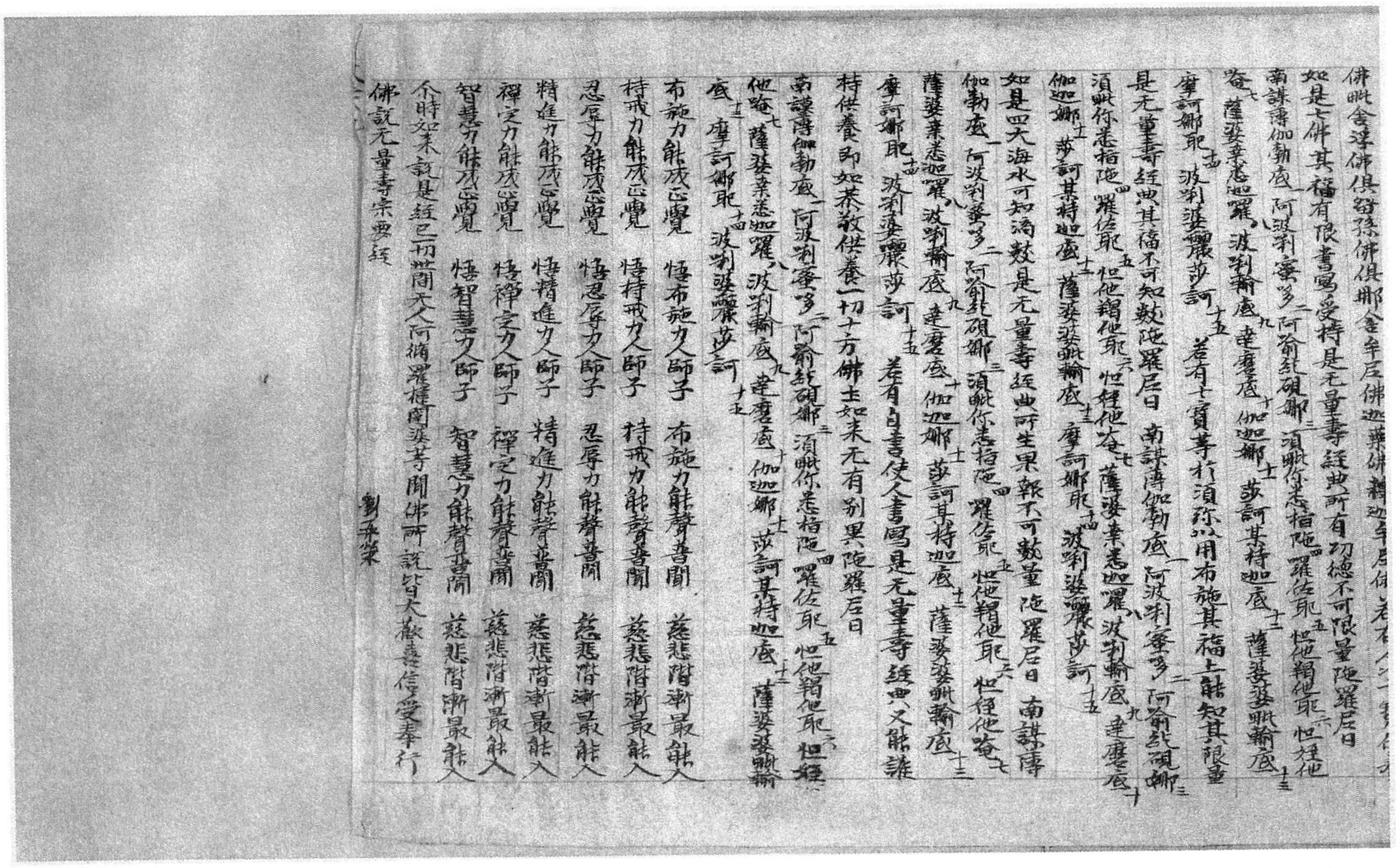
佛毗舍浮佛俱留孫佛俱那含牟尼佛迦葉佛釋迦牟尼佛若有人以七寶供養
如是七佛其福有限書寫受持是无量壽經典所有功德不可限量陁羅尼曰
南謨薄伽勃底一 阿波唎蜜多二 阿紇硯娜三 須毗你悉指陁四 羅佐耶五 怛他羯他耶六 怛姪他
唵七 薩婆桑悉迦羅八 波唎輸底九 達磨底十 伽迦娜十一 莎訶某持迦底十二 薩婆婆毗輸底十三
摩訶娜耶十四 波唎婆釃莎訶十五 若有七寶等於須弥以用布施其福上能知其限量
是无量壽經典其福不可知數陁羅尼曰 南謨薄伽勃底一 阿波唎蜜多二 阿紇硯娜三
須毗你悉指陁四 羅佐耶五 怛他羯他耶六 怛姪他唵七 薩婆桑悉迦羅八 波唎輸底九 達磨底十
伽迦娜十一 莎訶某持迦底十二 薩婆婆毗輸底十三 摩訶娜耶十四 波唎婆釃莎訶十五
如是四大海水可知渧數是无量壽經典所生果報不可數量陁羅尼曰 南謨薄
伽勃底一 阿波唎蜜多二 阿紇硯娜三 須毗你悉指陁四 羅佐耶五 怛他羯他耶六 怛姪他唵七
薩婆桑悉迦羅八 波唎輸底九 達磨底十 伽迦娜十一 莎訶某持迦底十二 薩婆婆毗輸底十三
摩訶娜耶十四 波唎婆釃莎訶十五 若有自書使人書寫是无量壽經典又能誰
持供養即如恭敬供養一切十方佛土如來无有別異陁羅尼曰
南謨薄伽勃底一 阿波唎蜜多二 阿紇硯娜三 須毗你悉指陁四 羅佐耶五 怛他羯他耶六 怛姪
他唵七 薩婆桑悉迦羅八 波唎輸底九 達磨底十 伽迦娜十一 莎訶某持迦底十二 薩婆婆毗輸
底十三 摩訶娜耶十四 波唎婆釃莎訶十五
布施力能成正覺 悟布施力人師子 布施力能聲普聞 慈悲階漸最能入
持戒力能成正覺 悟持戒力人師子 持戒力能聲普聞 慈悲階漸最能入
忍辱力能成正覺 悟忍辱力人師子 忍辱力能聲普聞 慈悲階漸最能入
精進力能成正覺 悟精進力人師子 精進力能聲普聞 慈悲階漸最能入
禪定力能成正覺 悟禪定力人師子 禪定力能聲普聞 慈悲階漸最能入
智慧力能成正覺 悟智慧力人師子 智慧力能聲普聞 慈悲階漸最能入
尒時如來說是經已一切世間天人阿循羅揵闥婆等聞佛所說皆大歡喜信受奉行
佛說无量壽宗要經
劉再榮

BD04744 號　無量壽宗要經　（6–6）

學二千人摩訶
六千人俱羅睺羅母
眷屬俱菩薩摩訶薩
三藐三菩提不退轉皆得陀羅尼
轉不退轉法輪供養无量百千諸佛
所植衆德本常為諸佛之所稱歎以慈修身
善入佛慧通達大智到於彼岸名稱普聞无
量世界能度无數百千衆生其名文殊師
利菩薩觀世音菩薩得大勢菩薩常精
菩薩不休息菩薩寶掌菩
菩薩寶月菩薩月光菩薩滿月
无量力菩薩越三界菩薩跋陀婆
勒菩薩寶積菩薩導師菩薩如是等
訶薩八万人俱尒時釋提桓因與其眷屬二
万天子俱復有名月天子普香天子寶光天
子四大天王與其眷屬万天子俱自在天子
大自在天子與其眷屬三万天子俱
界主梵天王尸棄大梵光明大梵
屬万二千天子俱有八龍王難陀龍
陀龍王娑伽羅龍王和修吉龍王德叉迦
王阿那婆達多龍王摩那斯龍王優鉢羅龍

BD04745號　妙法蓮華經卷一　（6–1）

子四大天王與其眷屬万天子俱自在
大自在天子與其眷屬三万天子
界主梵天王尸棄大梵光明大梵
屬万二千天子俱有八龍王難陀龍
陀龍王娑伽羅龍王和修吉龍王德叉迦
王阿那婆達多龍王摩那斯龍王優鉢羅龍
王等各與若干百千眷屬俱有四緊那羅王
法緊那羅王妙法緊那羅王大法緊那羅
持法緊那羅王各與若干百
乾闥婆王樂乾闥婆王樂音乾闥
闥婆王美音乾闥婆王各與若干
俱有四阿脩羅王婆稚阿脩羅王佉羅
阿脩羅王毗摩質多羅阿脩羅王羅睺阿脩
羅王各與若干百千眷屬俱有四迦樓羅王
大威德迦樓羅王大身迦樓羅王大滿迦樓
羅王如意迦樓羅王各與若干百千眷屬俱
韋提希子阿闍世王與若干百千眷
礼佛足退坐一面尒時世尊四衆圍
恭敬尊重讚歎為諸菩薩說大乘經名
義教菩薩法佛所護念佛說此經已結跏趺
坐入於无量義處三昧身心不動是時天雨
曼陀羅華摩訶曼陀羅華曼殊沙華摩訶
殊沙華而散佛上及諸大衆普佛世
震動尒時會中比丘比丘尼優婆塞
天龍夜叉乾闥婆阿脩羅迦樓羅緊那

BD04745號　妙法蓮華經卷一　（6–2）

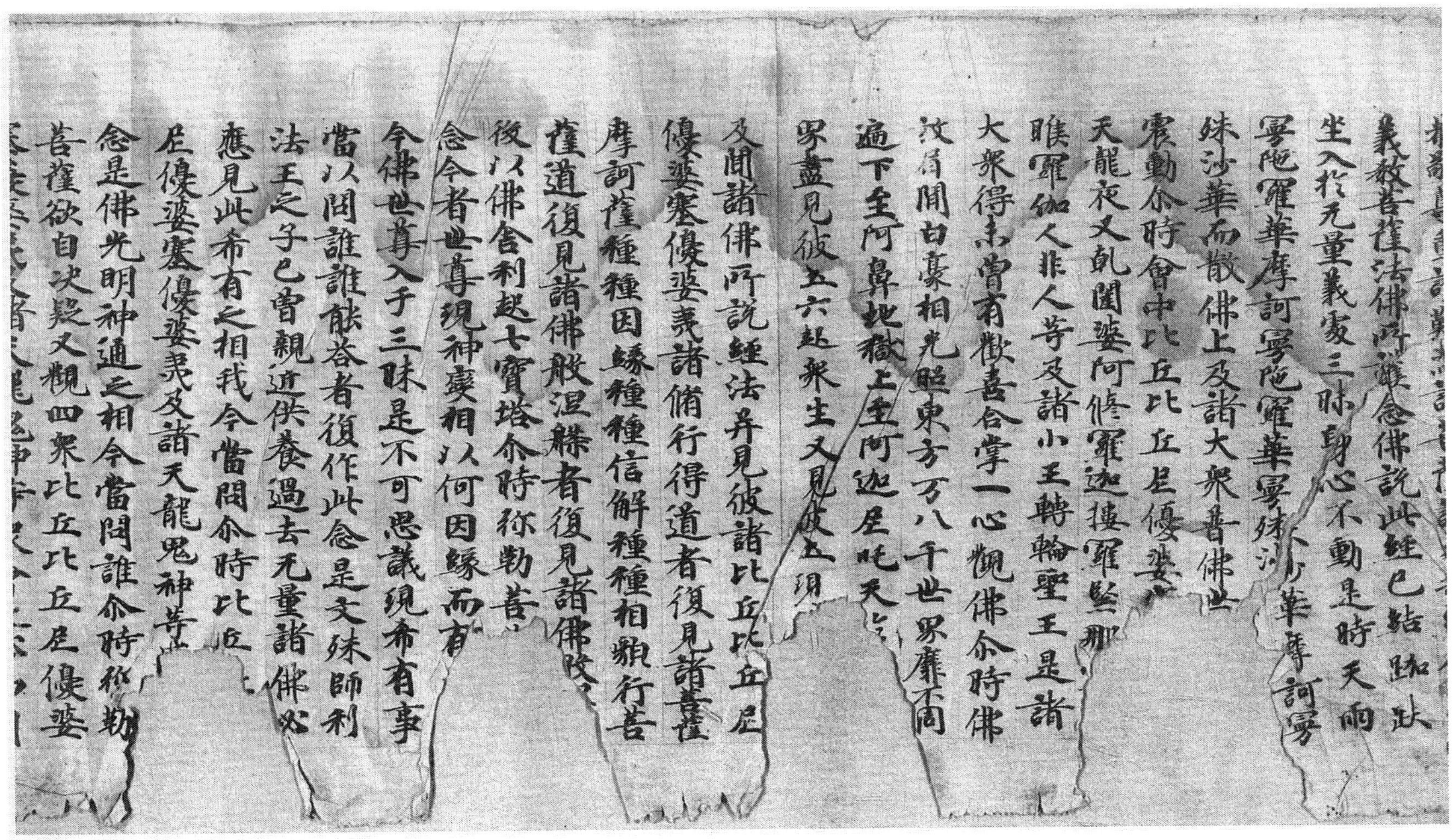

義教菩薩法佛所護念佛說此經已結加趺
坐入於无量義處三昧身心不動是時天雨
曼陁羅華摩訶曼陁羅華曼殊沙華摩訶曼
殊沙華而散佛上及諸大衆普佛世
震動尒時會中比丘比丘尼優婆
天龍夜叉乾闥婆阿修羅迦摟羅緊那
睺羅伽人非人等及諸小王轉輪聖王是諸
大衆得未曾有歡喜合掌一心觀佛尒時佛
放眉間白豪相光照東方万八千世界靡不周
遍下至阿鼻地獄上至阿迦尼吒天於
界盡見彼土六趣衆生又見彼土現
又聞諸佛所說經法并見彼諸比丘比丘尼
優婆塞優婆夷諸脩行得道者復見諸菩薩
摩訶薩種種因緣種種信解種種相貌行菩
薩道復見諸佛般涅槃者復見諸佛般
後以佛舍利起七寶塔尒時弥勒菩
念今者世尊現神變相以何因緣而有
今佛世尊入于三昧是不可思議現希有事
當以問誰誰能答者復作此念是文殊師利
法王之子已曾親近供養過去无量諸佛必
應見此希有之相我今當問尒時比丘
尼優婆塞優婆夷及諸天龍鬼神等
念是佛光明神通之相今當問誰尒時弥勒
菩薩欲自決疑又觀四衆比丘比丘尼優婆

BD04745 號　妙法蓮華經卷一

（6–3）

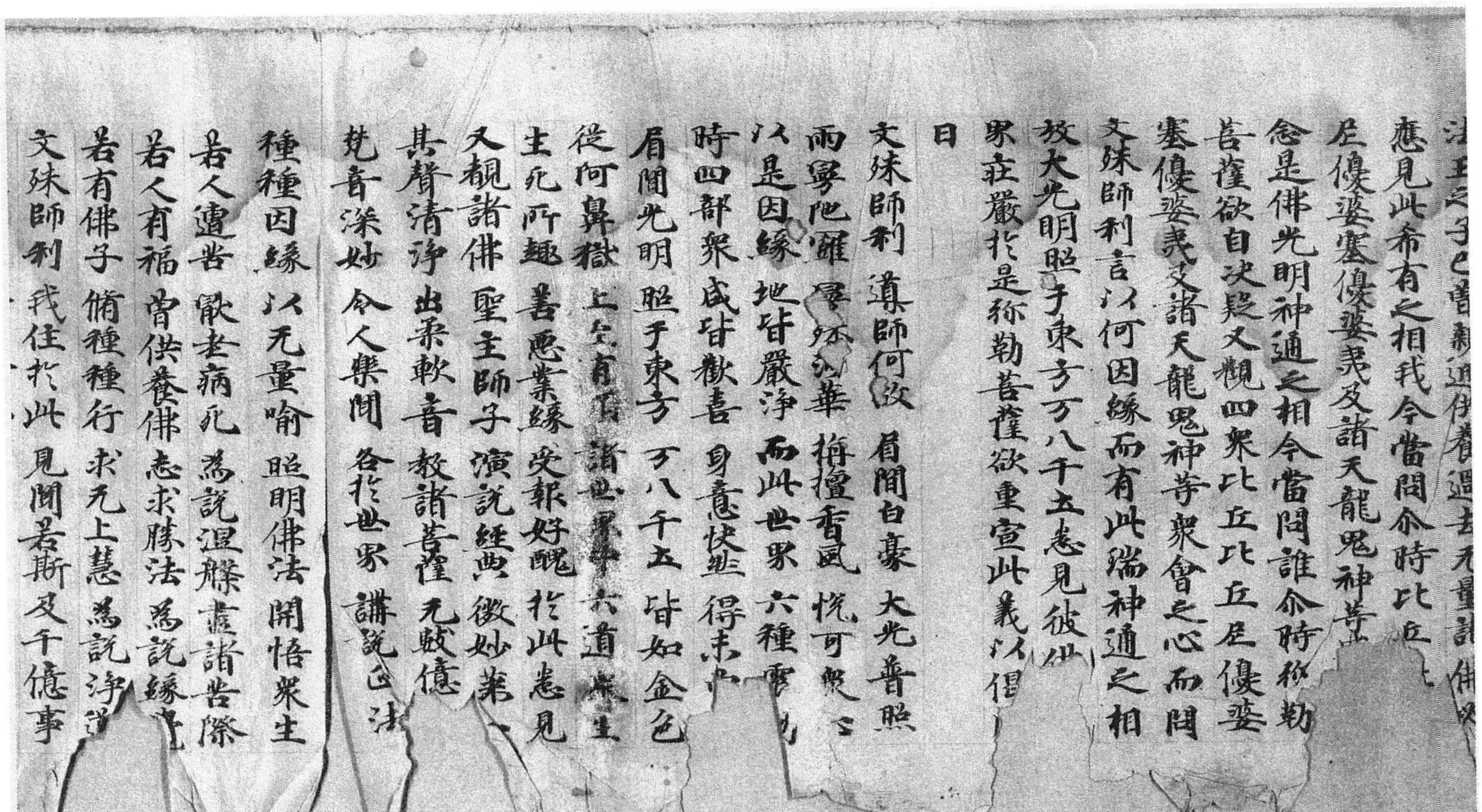

法王之子已曾親近供養過去无量諸佛必
應見此希有之相我今當問尒時比丘
尼優婆塞優婆夷及諸天龍鬼神等
念是佛光明神通之相今當問誰尒時弥勒
菩薩欲自決疑又觀四衆比丘比丘尼優婆
塞優婆夷及諸天龍鬼神等衆會之心而問
文殊師利言以何因緣而有此瑞神通之相
放大光明照于東方万八千土悉見彼佛
界莊嚴於是弥勒菩薩欲重宣此義以偈
日
文殊師利　導師何故　眉間白豪　大光普照
雨曼陁羅　曼殊沙華　栴檀香風　悅可衆心
以是因緣　地皆嚴淨　而此世界　六種震動
時四部衆　咸皆歡喜　身意快然　得未曾有
眉間光明　照于東方　万八千土　皆如金色
從阿鼻獄　上至有頂　諸世界中　六道衆生
生死所趣　善惡業緣　受報好醜　於此悉見
又覩諸佛　聖主師子　演說經典　微妙第一
其聲清淨　出柔軟音　教諸菩薩　无數億萬
梵音深妙　令人樂聞　各於世界　講說正法
種種因緣　以无量喻　照明佛法　開悟衆生
若人遭苦　猒老病死　為說涅槃　盡諸苦際
若人有福　曾供養佛　志求勝法　為說緣覺
若有佛子　脩種種行　求无上慧　為說淨道
文殊師利　我住於此　見聞若斯　及千億事

BD04745 號　妙法蓮華經卷一

（6–4）

其聲清淨 出柔軟音 教諸菩薩 无數億
梵音深妙 令人樂聞 各於世界 講說正法
種種因緣 以无量喻 照明佛法 開悟衆生
若人遭苦 猒老病死 為說涅槃 盡諸苦際
若人有福 曾供養佛 志求勝法 為說緣覺
若有佛子 脩種種行 求无上慧 為說淨道
文殊師利 我住於此 見聞若斯 及千億事
如是衆多 今當略說 我見彼土 恒沙菩薩
種種因緣 而求佛道 或有行施 金銀珊瑚
真珠摩尼 車璖馬瑙 金剛諸珎 奴婢車乘
寶飾輦轝 歡喜布施 迴向佛道 願得是乘
三界第一 諸佛所歎 或有菩薩 駟馬寶車
欄楯華蓋 軒飾布施 復見菩薩 身肉手足
及妻子施 求无上道 又見菩薩 頭目身體
欣樂施與 求佛智慧 文殊師利 我見諸王
往詣佛所 問无上道 便捨樂土 宮殿臣妾
剃除鬚髮 而被法服 或見菩薩 而作比丘
獨處閑靜 樂誦經典 又見菩薩 勇猛精進
入於深山 思惟佛道 又見離欲 常處空閑
深脩禪定 得五神通 又見菩薩 安禪合掌
以千万偈 讚諸法王 復見菩薩 智深志固
能問諸佛 聞悉受持 又見佛子 定慧具足
以无量喻 為衆講法 欣樂說法 化諸菩薩
破魔兵衆 而擊法鼓 又見菩薩 寂然宴默
天龍恭敬 不以為喜 又見菩薩 處林放光

BD04745號　妙法蓮華經卷一　（6–5）

三界第一 諸佛所歎 或有菩薩 駟馬寶車
欄楯華蓋 軒飾布施 復見菩薩 身肉手足
及妻子施 求无上道 又見菩薩 頭目身體
欣樂施與 求佛智慧 文殊師利 我見諸王
往詣佛所 問无上道 便捨樂土 宮殿臣妾
剃除鬚髮 而被法服 或見菩薩 而作比丘
獨處閑靜 樂誦經典 又見菩薩 勇猛精進
入於深山 思惟佛道 又見離欲 常處空閑
深脩禪定 得五神通 又見菩薩 安禪合掌
以千万偈 讚諸法王 復見菩薩 智深志固
能問諸佛 聞悉受持 又見佛子 定慧具足
以无量喻 為衆講法 欣樂說法 化諸菩薩
破魔兵衆 而擊法鼓 又見菩薩 寂然宴默
天龍恭敬 不以為喜 又見菩薩 處林放光
濟地獄苦 令入佛道 又見佛子 未嘗睡眠
經行林中 懃求佛道 又見具戒 威儀无缺
淨如寶珠 以求佛道 又見佛子 住忍辱力
增上慢人 惡罵捶打 皆悉能忍 以求佛道
又見菩薩 離諸戲咲 及癡眷屬 親近智者

BD04745號　妙法蓮華經卷一　（6–6）

風空識界如妙高山種種嚴飾因緣如妙高
山種種嚴飾等无間緣所緣緣增上緣如妙
高山種種嚴飾无明如妙高山種種嚴飾行
識名色六處觸受愛取有生老死愁歎苦憂
惱如妙高山種種嚴飾復次善現色蘊如日
輪生光受想行識蘊如日輪生光眼處如日
輪生光耳鼻舌身意處如日輪生光色處如
日輪生光聲香味觸法處如日輪生光眼界
如日輪生光耳鼻舌身意界如日輪生光色
界如日輪生光聲香味觸法界如日輪生光
眼識界如日輪生光耳鼻舌身意識界如日
輪生光眼觸如日輪生光耳鼻舌身意觸如
日輪生光眼觸為緣所生諸受如日輪生光
耳鼻舌身意觸為緣所生諸受如日輪生光
地界如日輪生光水火風空識界如日輪生光
因緣如日輪生光等无間緣所緣緣增上
緣如日輪生光无明如日輪生光行識名色
六處觸受愛取有生老死愁歎苦憂惱如日
輪生光復次善現色蘊如聲无邊際受想行
識蘊如聲无邊際眼處如聲无邊際耳鼻舌

BD04746 號　大般若波羅蜜多經卷五五五　（4–1）

地界如日輪生光水火風空識界如日輪生光
因緣如日輪生光等无間緣所緣緣增上
緣如日輪生光无明如日輪生光行識名色
六處觸受愛取有生老死愁歎苦憂惱如日
輪生光復次善現色蘊如聲无邊際受想行
識蘊如聲无邊際眼處如聲无邊際耳鼻舌
身意處如聲无邊際色處如聲无邊際聲香
味觸法處如聲无邊際眼界如聲无邊際耳
鼻舌身意界如聲无邊際色界如聲无邊
際聲香味觸法界如聲无邊際眼識界如聲
无邊際耳鼻舌身意識界如聲无邊際眼觸
如聲无邊際耳鼻舌身意觸如聲无邊際眼觸
為緣所生諸受如聲无邊際耳鼻舌身意觸
為緣所生諸受如聲无邊際地界如聲无邊
際水火風空識界如聲无邊際因緣如聲无
邊際等无間緣所緣緣增上緣如聲无邊際
无明如聲无邊際行識名色六處觸受愛取
有生老死愁歎苦憂惱如聲无邊際復次善
現色蘊如有情界无邊際受想行識蘊如有
情界无邊際眼處如有情界无邊際耳鼻舌
身意處如有情界无邊際色處如有情界无
邊際聲香味觸法處如有情界无邊際眼界
如有情界无邊際耳鼻舌身意界如有情界无
邊際色界如有情界无邊際聲香味觸法界
如有情界无邊際眼識界如有情界无邊際
耳鼻舌身意識界如有情界无邊際眼觸
如有情界无邊際耳鼻舌身意觸如有情界无
邊際眼觸為緣所生諸受如有情界无邊際

BD04746 號　大般若波羅蜜多經卷五五五　（4–2）

身意處如有情界无邊際色處如有情界无
邊際聲香味觸法處如有情界无邊際眼界
如有情界无邊際耳鼻舌身意界如有情界无
邊際色界如有情界无邊際聲香味觸法界
如有情界无邊際眼識界如有情界无邊際
耳鼻舌身意識界如有情界无邊際眼觸
如有情界无邊際耳鼻舌身意觸如有情界无
邊際眼觸為緣所生諸受如有情界无邊際
耳鼻舌身意觸為緣所生諸受如有情界无
邊際地界如有情界无邊際水火風空識界
如有情界无邊際因緣如有情界无邊際等
无間緣所緣緣增上緣如有情界无邊際无
明如有情界无邊際行識名色六處觸受愛
取有生老死愁歎苦憂惱如有情界无邊際
復次善現色蘊如地无邊際受想行識蘊如
地无邊際眼處如地无邊際耳鼻舌身意處
如地无邊際色處如地无邊際聲香味觸法
處如地无邊際眼界如地无邊際耳鼻舌身
意界如地无邊際色界如地无邊際聲香味
觸法界如地无邊際眼識界如地无邊際耳
鼻舌身意識界如地无邊際眼觸如地无邊
際耳鼻舌身意觸如地无邊際眼觸為緣所
生諸受如地无邊際耳鼻舌身意觸為緣所
生諸受如地无邊際地界如地无邊際水火
風空識界如地无邊際因緣如地无邊際等
无間緣所緣緣增上緣如地无邊際无明如地
无邊際行識名色六處觸受愛取有生老死
愁歎苦憂惱如地无邊際復次善現色蘊如
水无邊際受想行識蘊如水无邊際眼處如

BD04746 號　大般若波羅蜜多經卷五五五　（4–3）

如有情界无邊際因緣如有情界无邊際等
无間緣所緣緣增上緣如有情界无邊際无
明如有情界无邊際行識名色六處觸受愛
取有生老死愁歎苦憂惱如有情界无邊際
復次善現色蘊如地无邊際受想行識蘊如
地无邊際眼處如地无邊際耳鼻舌身意處
如地无邊際色處如地无邊際聲香味觸法
處如地无邊際眼界如地无邊際耳鼻舌身
意界如地无邊際色界如地无邊際聲香味
觸法界如地无邊際眼識界如地无邊際耳
鼻舌身意識界如地无邊際眼觸如地无邊
際耳鼻舌身意觸如地无邊際眼觸為緣所
生諸受如地无邊際耳鼻舌身意觸為緣所
生諸受如地无邊際地界如地无邊際水火
風空識界如地无邊際因緣如地无邊際等
无間緣所緣緣增上緣如地无邊際无明如地
无邊際行識名色六處觸受愛取有生老死
愁歎苦憂惱如地无邊際復次善現色蘊如
水无邊際受想行識蘊如水无邊際眼處如
水无邊際耳鼻舌身意處如水无邊際色
无邊際

BD04746 號　大般若波羅蜜多經卷五五五　（4–4）

大般若波羅蜜多經卷第五百卌
第四分供養窣堵波品第三之二　三藏法師玄奘奉詔譯
尒時天帝釋白佛言世尊如是般若波羅蜜多
甚奇希有能調菩薩摩訶薩衆令離高心
迴向所求一切智智尒時佛告天帝釋言云
何般若波羅蜜多甚奇希有能調菩薩摩訶
薩衆令離高心迴向所求一切智智時天帝
釋白言世尊若菩薩摩訶薩不依般若波羅
蜜多脩行布施乃至般若及餘種種諸佛法
時無方便善巧故雖脩諸善而起高心不能
迴求一切智智若菩薩摩訶薩依止般若波
羅蜜多脩行布施乃至般若及餘種種諸佛
法時有方便善巧故所脩諸善調伏高心迴
向所求一切智智尒時佛告天帝釋言如是
如是如汝所說憍尸迦若善男子善女人等
能於般若波羅蜜多至心聽聞受持讀誦精
勤脩學如理思惟書寫解說廣令流布是
善男子善女人等身心安樂不為一切災橫侵
惱若在軍旅交戰陣時至心念誦如是般若
波羅蜜多於諸有情慈悲護念不為刀仗之

BD04747號　大般若波羅蜜多經卷五四〇　（21–1）

如是如汝所說憍尸迦若善男子善女人等
能於般若波羅蜜多至心聽聞受持讀誦精
勤脩學如理思惟書寫解說廣令流布是
善男子善女人等身心安樂不為一切災橫侵
惱若在軍旅交戰陣時至心念誦如是般若
波羅蜜多於諸有情慈悲護念不為刀仗之
所傷殺所對惡敵皆起慈心設起惡心自然
退敗是善男子善女人等若在軍旅刀箭所
傷失命終無是處何以故憍尸迦是善
男子善女人等脩行般若波羅蜜多自能降
伏煩惱惡業種種刀仗亦能除他煩惱惡業
諸刀仗故復次憍尸迦若善男子善女人等
能於般若波羅蜜多至心聽聞受持讀誦
精勤脩學如理思惟供養恭敬尊重讚歎
書寫解說廣令流布是善男子善女人等一切毒
藥蠱道鬼魅厭禱呪術皆不能害水不能
溺火不能燒刀仗惡獸怨賊惡神衆邪魍魎不
能傷害何以故憍尸迦如是般若波羅蜜多
是大神呪是大明呪是無上呪是無等等
呪如是般若波羅蜜多是諸呪王最上最妙無
能及者具大威力能伏一切不為一切之所
降伏是善男子善女人等精勤脩學如是呪
王不為自害不為他害不為俱害憍尸迦是
善男子善女人等學此般若波羅蜜多大
呪王時於我及法雖無所得而證無上正等菩
提由斯獲得一切智智觀有情類心行差別
隨宜為轉無上法輪令如說行得大饒益何
以故憍尸迦過去未來現在菩薩皆學如是

BD04747號　大般若波羅蜜多經卷五四〇　（21–2）

善男子善女人等學此般若波羅蜜多大
呪王時於我及法雖無所得而證無上正等菩
提由斯獲得一切智智觀有情類心行差別
隨宜為轉無上法輪令如說行得大饒益何
以故憍尸迦過去未來現在菩薩皆學如是
甚深般若波羅蜜多大神呪王無所不得無
所不證是故說名一切智智憍尸迦若善男
子善女人等於此般若波羅蜜多至心聽聞
受持讀誦精勤脩學如理思惟供養恭敬尊
重讚歎書寫解說廣令流布得如是等現法
當來種種功德復次憍尸迦若善男子善女
人等書此般若波羅蜜多大神呪王置清淨
處供養恭敬尊重讚歎雖不聽聞受持讀誦
精勤脩學如理思惟亦不為他開示分別而
此住處國邑王都人非人等不為一切災橫
疾疫之所傷害復次憍尸迦若善男子善女人
等怖畏怨家惡獸災橫厭禱疾疫毒藥呪等
應書般若波羅蜜多大神呪王隨多少分香
囊盛貯置寶筒中恒隨自身供養恭敬讚歎
畏事皆悉銷除天龍鬼神常來守護唯除宿
世惡業應受憍尸迦譬如有人或傍生類入
菩提樹院或至彼院邊人非人等不能傷害
何以故憍尸迦過去未來現在諸佛皆坐此
處證得無上正等菩提得菩提已施諸有
情無恐無怖無怨無害身心安樂當知般若
波羅蜜多隨所住處亦復如是一切天龍阿素
洛等常來守護憍尸迦如是般若波羅蜜多

BD04747號　大般若波羅蜜多經卷五四〇　（21–3）

何以故憍尸迦過去未來現在諸佛皆坐此
處證得無上正等菩提得菩提已施諸有
情無恐無怖無怨無害身心安樂當知般若
波羅蜜多隨所住處亦復如是一切天龍阿素
洛等常來守護憍尸迦如是般若波羅蜜多
隨所住處當知是處即真制多一切有情皆
應敬禮當以種種上供具供養恭敬尊重
讚歎所以者何是諸有情歸依處故
時天帝釋復白佛言若善男子善女人等書
此般若波羅蜜多種種莊嚴供養恭敬尊重
讚歎復以種種上妙花鬘塗散等香衣服瓔
珞寶幢幡蓋眾妙珍奇伎樂燈明而為供養
有善男子善女人等佛涅槃後起窣堵波七
寶嚴飾寶函盛貯佛設利羅安置其中供養
恭敬尊重讚歎復以種種上妙花鬘塗散
等香衣服瓔珞寶幢幡蓋眾妙珍奇伎樂燈
明而為供養二所獲福何者為多尒時佛告天
帝釋言我還問汝當隨意答於意云何如來
所得一切智智所證無上正等菩提及所依
身依何等道脩學而得天帝釋言如來所得
一切智智所證無上正等菩提及所依身皆
依般若波羅蜜多脩學而得尒時佛告天帝
釋言如是如是如汝所說我依般若波羅蜜
多脩學故得一切智智所證無上正等菩提
及所依身何以故憍尸迦不學般若波羅蜜
多有能獲得一切智智所證無上正等菩提
及所依身無有是處憍尸迦非但獲得相好身
故說名如來應正等覺要由證得一切智智

BD04747號　大般若波羅蜜多經卷五四〇　（21–4）

多脩學故得一切智智所證無上正等菩提
及所依身何以故憍尸迦不學般若波羅蜜
多有能獲得一切智智所證無上正等菩提
及所依身無有是處憍尸迦非但獲得相好身
故說名如來應正等覺要由證得一切智智
乃名如來應正等覺憍尸迦如來所得一切
智智要由般若波羅蜜多為因故起佛相好
身但為依處若不依止佛相好身無由而起
是故般若波羅蜜多正為因生一切智智為
令此智現前相續故復脩集佛相好身此
相好身若非遍智所依處者一切天龍人非人
等不應竭誠供養恭敬以相好身與佛遍
智為所依止故諸天龍人非人等供養恭敬由
此緣故我涅槃後諸天龍神人非人等供養
恭敬我設利羅憍尸迦若善男子善女人等
書此般若波羅蜜多供養恭敬尊重讚
歎則為供養一切智智及所依止佛相好身并涅
槃後佛設利羅何以故憍尸迦一切智智及
相好身并設利羅皆以般若波羅蜜多為根
本故以是故憍尸迦若善男子善女人等書此
般若波羅蜜多種種莊嚴供養恭敬尊重
讚歎復以種種上妙花鬘乃至燈明而為供養
有善男子善女人等佛涅槃後起窣堵波七
寶嚴飾寶函盛貯佛設利羅安置其中供養
恭敬尊重讚歎復以種種上妙花鬘乃至燈
明而為供養二所獲福前者為多無量倍數
何以故憍尸迦若善男子善女人等供養般
若波羅蜜多即為供養一切智智佛相好身

BD04747號　大般若波羅蜜多經卷五四〇　（21–5）

有善男子善女人等佛涅槃後起窣堵波七
寶嚴飾寶函盛貯佛設利羅安置其中供養
恭敬尊重讚歎復以種種上妙花鬘乃至燈
明而為供養二所獲福前者為多無量倍數
何以故憍尸迦若善男子善女人等供養般
若波羅蜜多即為供養一切智智佛相好身
設利羅故時天帝釋便白佛言贍部洲人於
此般若波羅蜜多不能書寫眾寶莊嚴供
養恭敬尊重讚歎不能聽聞受持讀誦精勤脩
學如理思惟彼豈不知書此般若波羅蜜多
眾寶莊嚴供養恭敬尊重讚歎至心聽聞受
持讀誦精勤脩學如理思惟獲得種種功德
勝利尒時佛告天帝釋言我還問汝當隨意
荅於意云何贍部洲內有幾許人成佛證淨
成法證淨成僧證淨有幾許人得流果或
一來果或不還果或阿羅漢果有幾許人發
心定趣獨覺菩提有幾許人發心定趣諸佛
無上正等菩提天帝釋言贍部洲內有少許
人成佛證淨成法證淨成僧證淨轉少許人
得預流果或一來果或不還果或阿羅漢果
轉少許人發定趣獨覺菩提轉少許人發
心定趣諸佛無上正等菩提尒時佛告天帝
釋言如是如是如汝所說憍尸迦贍部洲內
極少分人成佛證淨成法證淨成僧證淨轉
少分人得預流果或一來果或不還果或阿
羅漢果轉少分人發心定趣獨覺菩提轉少
分人發心定趣諸佛無上正等菩提轉少分
人既發心已精勤脩學趣菩提行轉少分人

BD04747號　大般若波羅蜜多經卷五四〇　（21–6）

擬少分人成佛證淨成法證淨成僧證淨轉
少分人得預流果或一來果或不還果或阿
羅漢果轉少分人發心定趣獨覺菩提轉少
分人發心定趣諸佛無上正等菩提轉少分
人既發心已精勤修學趣菩提行轉少分人
精勤修學菩提行時於此般若波羅蜜多
深心信受轉少分人深信受已修行般若波羅
蜜多轉少分人既修行已漸次證住不退轉
地轉少分人住此地已疾證無上正等菩提
憍尸迦若菩薩摩訶薩已得安住不退轉地
求證無上正等菩提乃能深心恭敬信受其
深般若波羅蜜多至心聽聞受持讀誦精勤
修學如理思惟亦能為他無倒宣說復以種
種上妙花鬘乃至燈明供養恭敬尊重讚歎
憍尸迦我以無障清淨佛眼遍觀十方無邊
世界雖有無量無數有情發菩提心修菩薩
行而由遠離甚深般若波羅蜜多方便善巧
若一若二若三有情得住菩薩不退轉地多
分退墮聲聞獨覺下意下行下劣地中何以
故憍尸迦諸佛無上正等菩提功德無邊甚
難可證惡慧懈怠下劣精進下劣勝解下劣
有情不能證得是故憍尸迦若善男子善女
人等發菩提心修菩薩行欲住菩薩不退轉
地疾證無上正等菩提無留難者應於般若
波羅蜜多數數聽聞受讀誦精勤修學如
理思惟好請問師樂為他說復應書寫眾寶
莊嚴供養恭敬尊重讚歎何以故憍尸迦是
善男子善女人等應作是念如來昔住菩薩

BD04747號　大般若波羅蜜多經卷五四〇　（21–7）

人等發菩提心修菩薩行欲住菩薩不退轉
地疾證無上正等菩提無留難者應於般若
波羅蜜多數數聽聞受讀誦精勤修學如
理思惟好請問師樂為他說復應書寫眾寶
莊嚴供養恭敬尊重讚歎何以故憍尸迦是
善男子善女人等應作是念如來昔住菩薩
地時常勤修學如是般若波羅蜜多甚深義
趣證得無上正等菩提我等亦應精勤修學
如是般若波羅蜜多是我大師我隨彼學所
願當滿憍尸迦諸菩薩摩訶薩若佛住世若
涅槃後常應依止甚深般若波羅蜜多精勤
修學
時天帝釋白佛言若善男子善女人等於
深般若波羅蜜多至心聽聞受持讀誦精勤
修學如理思惟廣為有情宣說流布或有書
寫眾寶嚴飾復持種種上妙花鬘乃至燈明
供養恭敬尊重讚歎是善男子善女人等由
此因緣得幾許福爾時佛告天帝釋言是善
男子善女人等所獲福聚無量無邊不可思
議不可稱計筭數譬喻所不能及復次憍尸
迦若善男子善女人等於諸如來般涅槃後
為供養佛設利羅故以妙七寶起窣堵波種
種珍奇間雜嚴飾復持種種天妙花鬘乃至
燈明盡其形壽供養恭敬尊重讚歎於意云
何是善男子善女人等由此因緣獲福多不
天帝釋言甚多世尊甚多善逝佛告憍尸迦
有善男子善女人等於此般若波羅蜜多甚
深義趣以清淨心恭敬信解為求無上正等

BD04747號　大般若波羅蜜多經卷五四〇　（21–8）

種珎奇間雜嚴飾復持種種天妙花鬘乃至
燈明盡其形壽供養恭敬尊重讚歎於意云
何是善男子善女人等由此因緣獲福多不
天帝釋言甚多世尊甚多善逝佛告憍尸迦
有善男子善女人等於此般若波羅蜜多甚
深義趣以清淨心恭敬信解為求無上正等
菩提至心聽聞受持讀誦精勤脩學如理思
惟廣為有情宣說開示以增上慧審觀察
為令正法久住世故為令佛眼無斷壞故為
令正法不隱沒故攝受菩薩令增長故為令
世間清淨法眼無斷壞故書寫如是甚深般
若波羅蜜多衆寶嚴飾復持種種上妙花鬘
塗散等香衣服纓絡寶幢幡蓋衆妙珎奇伎
樂燈明供養恭敬尊重讚歎是善男子善女
人等所獲功德甚多於前無量無數復次
憍尸迦置此一事若善男子善女人等於諸如
來般涅槃後為供養佛設利羅故以妙七寶
起窣堵波種種珎奇間雜嚴飾如是充滿一
贍部洲或四大洲或小千界或中千界或復
三千大千世界皆持種種天妙花鬘乃至燈明
盡其形壽供養恭敬尊重讚歎於意云何
是善男子善女人等由此因緣獲福多不天
帝釋言甚多世尊甚多善逝佛告憍尸迦有
善男子善女人等於此般若波羅蜜多甚深
義趣以清淨心恭敬信解為求無上正等菩
提至心聽聞受持讀誦精勤脩學如理思惟
廣為有情宣說開示以增上慧審諦觀察為
令正法久住世故為令佛眼無斷壞故為令

BD04747號　大般若波羅蜜多經卷五四〇　（21–9）

帝釋言甚多世尊甚多善逝佛告憍尸迦有
善男子善女人等於此般若波羅蜜多甚深
義趣以清淨心恭敬信解為求無上正等菩
提至心聽聞受持讀誦精勤脩學如理思惟
廣為有情宣說開示以增上慧審諦觀察為
令正法久住世故為令佛眼無斷壞故為令
正法不隱沒故攝受菩薩令增長故為令世
間清淨法眼無斷壞故書寫如是甚深般
若波羅蜜多衆寶嚴飾復持種種上花鬘
塗散等香衣服纓絡寶幢幡蓋衆妙珎奇伎
樂燈明供養恭敬尊重讚歎是善男子善女
人等所獲功德甚多於前無量無數復次憍
尸迦置如是事假使於此贍部洲中一切有
情或四大洲一切有情或小千界一切有情
或中千界一切有情或復三千大千世界一
切有情各於如來般涅槃後為供養佛設
利羅故以妙七寶各各起一大窣堵波種種珎
奇間雜嚴飾皆持種種天妙花鬘乃至燈
明盡其形壽各各於自窣堵波所供養恭敬
尊重讚歎於意云何此贍部洲或四大洲或小
千界或中千界或大千界諸有情類由是因
緣獲福多不天帝釋言甚多世尊甚多善逝
佛告憍尸迦有善男子善女人等於此般若
波羅蜜多甚深義趣以清淨心恭敬信解
為求無上正等菩提至心聽聞受持讀誦精勤
脩學如理思惟廣為有情宣說開示以增上
慧審諦觀察為令正法久住世故為令佛眼
無斷壞故為令正法不隱沒故攝受菩薩令

BD04747號　大般若波羅蜜多經卷五四〇　（21–10）

佛告憍尸迦有善男子善女人等於此般若
波羅蜜多甚深義趣以清淨心恭敬信解
為求無上正等菩提至心聽聞受持讀誦精勤
脩學如理思惟廣為有情宣說開示以增上
慧審諦觀察為令正法久住世故為令佛眼
無斷壞故為令正法不隱沒故攝受菩薩令
增長故為令世間清淨法眼無斷壞故書寫
如是甚深般若波羅蜜多衆寶嚴飾復持
種種上妙花鬘塗散等香衣服瓔珞寶幢幡
蓋衆妙珍奇伎樂燈明供養恭敬尊重讚歎是
善男子善女人等所獲功德甚多於前無
量無數
復次憍尸迦置如是事假使於此贍部洲中
諸有情類非前非後皆得為人此一一人為
供養佛設利羅故於諸如來般涅槃後以妙
七寶起窣堵波種種珍奇間雜嚴飾如是一
一滿贍部洲或四大洲諸有情類非前非後
皆得為人此一一人為供養佛設利羅故於
諸如來般涅槃後以妙七寶起窣堵波種
種奇間雜嚴飾如是一一滿四大洲或小千
界諸有情類非前非後皆得為人此一一人
為供養佛設利羅故於諸如來般涅槃後
以妙七寶起窣堵波種種珍奇間雜嚴飾如
是一一滿小千界或中千界諸有情類非前非
後皆得為人此一一人為供養佛設利羅故
於諸如來般涅槃後以妙七寶起窣堵波種
種珍奇間雜嚴飾如是一一滿中千界或復
三千大千世界諸有情類非前非後皆得為

BD04747 號　大般若波羅蜜多經卷五四〇　（21–11）

為供養佛設利羅故於諸如來般涅槃後
以妙七寶起窣堵波種種珍奇間雜嚴飾如
是一一滿小千界或中千界諸有情類非前非
後皆得為人此一一人為供養佛設利羅故
於諸如來般涅槃後以妙七寶起窣堵波種
種珍奇間雜嚴飾如是一一滿中千界或復
三千大千世界諸有情類非前非後皆得為
人此一一人為供養佛設利羅故於諸如來
般涅槃後以妙七寶起窣堵波種種珍奇間
雜嚴飾如是一一滿大千界如是諸人各持
種種天妙花鬘乃至燈明或經一劫或一劫
餘各各於自窣堵波所供養恭敬尊重讚
歎於意云何此贍部洲或四大洲或小千界或
中千界或大千界諸有情類由是因緣獲福
多不天帝釋言甚多世尊甚多善逝佛告
憍尸迦有善男子善女人等於此般若波羅蜜
多甚深義趣以清淨心恭敬信解為求無上
正等菩提至心聽聞受持讀誦精勤脩學如
理思惟廣為有情宣說開示以增上慧審諦
觀察為令正法久住世故為令佛眼無斷壞
故為令正法不隱沒故攝受菩薩令增長故
為令世間清淨法眼無斷壞故書寫如是甚
深般若波羅蜜多衆寶嚴飾復持種種上妙
花鬘塗散等香衣服瓔珞寶幢幡蓋衆妙
珍奇伎樂燈明供養恭敬尊重讚歎是善
男子善女人等所獲功德甚多於前無量無數
時天帝釋便白佛言如是世尊如是善逝若善
男子善女人等供養恭敬尊重讚歎甚深般
若波羅蜜多當知則為供養恭敬尊重讚

BD04747 號　大般若波羅蜜多經卷五四〇　（21–12）

花鬘塗散等香衣服纓絡寶幢幡蓋衆妙
珎奇伎樂燈明供養恭敬尊重讚歎是善
男子善女人等所獲功德甚多於前無量無數
時天帝釋便白佛言如是世尊如是善逝若善
男子善女人等供養恭敬尊重讚歎甚深般
若波羅蜜多當知則為供養恭敬尊重讚
歎過去未來現在諸佛一切智智世尊且置
所說三千大千世界一切有情為供養佛設利
羅故各於如來般涅槃後以妙七寶起窣
堵波假使十方各如殑伽沙等世界一切有情
非前非後皆得為人此一一人各於如來般涅
槃後為供養佛設利羅故以妙七寶起窣
堵波種種珎奇間雜嚴飾如是一一各滿十方
殑伽沙等諸佛世界各持種種天妙花鬘
乃至燈明或經一劫或一劫餘供養恭敬尊重
讚歎是諸有情由此因緣所獲福聚雖復無
量而復有餘諸善男子善女人等於此般若
波羅蜜多甚深義趣以清淨心恭敬信解
為求無上正等菩提至心聽聞受持讀誦精
勤脩學如理思惟廣為有情宣說開示以
上慧審諦觀察為令正法久住世故為令佛
眼無斷壞故為令正法不隱沒故攝受菩薩令
增長故為令世間清淨法眼無斷壞故書寫
如是甚深般若波羅蜜多衆寶嚴飾復持
種種上妙花鬘塗散等香衣服纓絡寶幢幡蓋
衆妙珎奇伎樂燈明供養恭敬尊重讚歎
是善男子善女人等所獲功德甚多於彼無
量無邊不可思議不可稱計筭數譬喻所不能
及爾時佛告天帝釋言如是如是如汝所說



如是甚深般若波羅蜜多衆寶嚴飾復持
種種上妙花鬘塗散等香衣服纓絡寶幢幡蓋
衆妙珎奇伎樂燈明供養恭敬尊重讚歎
是善男子善女人等所獲功德甚多於彼無
量無邊不可思議不可稱計筭數譬喻所不能
及爾時佛告天帝釋言如是如是如汝所說
憍尸迦是善男子善女人等於深般若波羅
蜜多所獲福聚無量無邊不可思議不可稱
計筭數譬喻所不能及何以故憍尸迦甚深
般若波羅蜜多能生如來一切智智一切如
來一切智智能生諸佛設利羅故以是故憍
尸迦若善男子善女人等能於般若波羅蜜
多甚深義趣以清淨心恭敬信解為求無上
正等菩提至心聽聞受持讀誦精勤脩學如
理思惟廣為有情宣說開示以增上慧審諦
觀察為令正法久住世故為令佛眼無斷壞
故為令正法不隱沒故攝受菩薩令增長故
為令世間清淨法眼無斷壞故書寫如是甚
深般若波羅蜜多衆寶嚴飾復持種種上
妙花鬘塗散等香衣服纓絡寶幢幡蓋衆妙
珎奇伎樂燈明供養恭敬尊重讚歎是善男
子善女人等所獲功德於前所造諸窣堵波及
供養福百倍為勝千倍為勝乃至鄔波尼煞
曇倍亦復為勝
爾時會中四万天子同聲共白天帝釋言大
仙於此甚深般若波羅蜜多應常聽聞受持
讀誦精勤脩學如理思惟廣為他人分別解
說供養恭敬尊重讚歎所以者何若能於此

曇倍亦復為勝
尒時會中四万天子同聲共白天帝釋言大
仙於此甚深般若波羅蜜多應常聽聞受持
讀誦精勤修學如理思惟及廣為他分別解
說供養恭敬尊重讚歎所以者何若能於此
甚深般若波羅蜜多至心聽聞受持讀誦精
勤修學如理思惟及廣為他分別解說供養
恭敬尊重讚歎則令一切惡法損減善法增
益尒時佛告天帝釋言汝應於此甚深般若
波羅蜜多至心聽聞受持讀誦精勤修學如
理思惟及廣為他分別解說供養恭敬尊重
讚歎所以者何若阿素洛及惡朋黨起如是
念我等當與三十三天共興戰諍尒時汝等
諸天眷屬應各至誠誦念如是甚深般若波
羅蜜多供養恭敬尊重讚歎時阿素洛及
彼朋黨所起惡心即皆息滅時天帝釋即白佛
言甚深般若波羅蜜多是大神呪是大明呪
是無上呪是無等等呪是一切呪王最尊最
勝最上最妙能伏一切不為一切之所降伏所
以者何甚深般若波羅蜜多能滅一切惡不善
法能滿一切殊勝善法尒時佛告天帝釋言
如是如是如汝所說何以故憍尸迦過去未
来現在諸佛皆依如是甚深般若波羅蜜
多大神呪王證得無上正等菩提轉妙法輪度
有情衆我亦依此甚深般若波羅蜜多大神
呪王證得無上正等菩提為諸天人說無上
法憍尸迦依深般若波羅蜜多大神呪王世



来現在諸佛皆依如是甚深般若波羅蜜
多大神呪王證得無上正等菩提轉妙法輪度
有情衆我亦依此甚深般若波羅蜜多大神
呪王證得無上正等菩提為諸天人說無上
法憍尸迦依深般若波羅蜜多大神呪王世
間便有覺支相應十善業道若四靜慮若四
無量若四無色定若三十七菩提分法若六
神通若餘無量無邊佛法憍尸迦以要言
之八万四千諸善法藴無不皆依甚深般若
羅蜜多大神呪王出現於世憍尸迦一切佛
智自然智不思議智皆依般若波羅蜜
多大神呪王出現於世憍尸迦依深般若波羅
蜜多大神呪王世間便有菩薩出現依菩薩
故世間便有覺支相應十善業道若四靜慮
若四無量若四無色定若三十七菩提分法
若六神通若餘無量無邊佛法皆得出現
若諸来應正等覺不出世時唯有菩薩由先
所聞甚深般若波羅蜜多等流勢力成就殊
勝方便善巧哀愍世間諸有情故施設建立
覺支相應十善業道若四靜慮若四無量若
四無色定若三十七菩提分法若六神通若
餘無量無邊法憍尸迦辟如夜分因滿月
輪光明照觸星宿藥等隨其勢力皆得增
盛如是如来應正等覺前已滅度正法隱沒後
未出時世間所有法行妙行一切皆依菩薩
出現菩薩所有方便善巧皆依般若波羅蜜
多而得成辦是故般若波羅蜜多諸殊勝

餘無量無邊法憍尸迦譬如夜分因滿月
輪光明照觸星宿藥等隨其勢力皆得增
盛如是如來應正等覺前已滅度正法隱沒後
未出時世間所有法行妙行一切皆依菩薩
出現菩薩所有方便善巧皆依般若波羅蜜
多而得成辦是故般若波羅蜜多諸殊勝
善法根本復次憍尸迦若善男子善女人等
於深般若波羅蜜多至心聽聞受持讀誦精
勤修學如理思惟書寫解說廣令流布當得
成就現在未來世出世間功德勝利時天帝
釋便白佛言是善男子善女人等云何成就
現在未來世出世間功德勝利尒時佛告天
帝釋言是善男子善女人等現在不為一切
毒藥癲疾呪術之所傷害火不能燒水不能
溺諸刀杖等亦不能害乃至不為四百四病
之所殀歿唯除先世定業異熟現世應受憍
尸迦是善男子善女人等若遭官事怨賊逼
迫至心誦念甚深般若波羅蜜多若至其所
終不為彼譴罰加害欲求其過皆不能得何
以故憍尸迦甚深般若波羅蜜多威神勢力
法令尒故憍尸迦是善男子善女人等若有
欲至國王王子大臣等處至心誦念甚深般
若波羅蜜多定為王等歡喜問訊供養恭
敬尊重讚歎何以故憍尸迦是善男子善女人
等所誦般若波羅蜜多常於有情引發種
種慈悲事故由此因緣曠野險難人非人等諸
求短者皆不得便憍尸迦是善男子善女人
等當得成就諸如是等所有現在功德勝利



若波羅蜜多定為王等歡喜問訊供養恭
敬尊重讚歎何以故憍尸迦是善男子善女人
等所誦般若波羅蜜多常於有情引發種
種慈悲事故由此因緣曠野險難人非人等諸
求短者皆不得便憍尸迦是善男子善女人
等當得成就諸如是等所有現在功德勝利
憍尸迦是善男子善女人等隨所生處常不
遠離諸勝善法不墮惡趣饒益有情漸能
證得一切智智憍尸迦是善男子善女人等當
得成就諸如是等所有未來功德勝利
尒時眾多外道梵志欲求佛過來詣佛所
時天帝釋見已念言今此眾多外道梵志來趣
法會伺求佛短將非般若留難事耶我當誦
念從佛所受甚深般若波羅蜜多令彼邪徒
復道而去念已便誦甚深般若波羅蜜多求
是眾多外道梵志遙申敬礼右遶世尊復道
而去時舍利子見已念言彼有何緣適來還
去佛知其意告舍利子彼諸外道來求我失
由天帝釋誦念般若波羅蜜多令彼還去舍
利子我都不見彼諸外道有少白法唯懷惡
心為求我過來至我所舍利子我都不見一
切世間有諸天魔及外道等有情之類說般
若時懷勃惡心來求得便般若威力無能壞
者尒時惡魔竊作是念今佛四眾前後圍
遶欲色界天皆來集會宣說般若波羅蜜多此
中必有諸大菩薩親於佛前受菩提記當
得無上正等菩提轉妙法輪空我境界我當
往至彼壞其眼作是念已化作四軍嚴飾殊[illegible]

若時懷嬈惡心来求得便般若威力無能壞
者尒時惡魔竊作是念今佛四衆前後圍
遶欲色界天皆来集會宣說般若波羅蜜多此
中必有諸大菩薩親於佛前受菩提記當
得無上正等菩提轉妙法輪空我境界我當
往至破壞其眼作是念已化作四軍奮威勇銳
来詣佛所時天帝釋見已念言將非惡魔化
作斯事欲来惱佛并與般若波羅蜜多而作
留難何以故如是四軍嚴飾殊麗諸王軍衆
皆不能及定是惡魔之所化作惡魔長夜伺
求佛短壞諸有情所脩勝事我當誦念從佛
所受甚深般若波羅蜜多令彼惡魔復道
而去時天帝釋念已便誦甚深般若波羅蜜多
於是惡魔漸退而去甚深般若波羅蜜多大
神呪王威力逼故時有無量三十三天俱時
化作天妙香花踊身空中而散佛上合掌
恭敬同白佛言願此若波羅蜜多在贍部洲
人中久住乃至般若波羅蜜多在贍部洲人
間流布當智是處佛法僧寶常不滅沒饒
益世間令獲殊勝利益安樂時彼諸天復念化
作天妙香花而散佛上重白佛言若諸有情
脩行般若波羅蜜多一切惡魔及彼眷屬伺
求其短不能得便時天帝釋便白佛言若諸
有情但聞般若波羅蜜多功德名字當知如
是諸有情類已曾供養無量諸佛於諸佛所
發弘誓願多集善根能成是事非從少小善
根中来况能聽聞受持讀誦精勤脩學如理

BD04747號　大般若波羅蜜多經卷五四〇　（21-19）

有情但聞般若波羅蜜多功德名字當知如
是諸有情類已曾供養無量諸佛於諸佛所
發弘誓願多集善根能成是事非從少小善
根中来况能聽聞受持讀誦精勤脩學如理
思惟書寫解說廣令流布供養恭敬尊重讚
歎當知如是諸有情類功德智慧不可思議
所以者何欲求諸佛一切智智應於般若波
羅蜜多理趣中求如有情類欲求大寶應於大
海方便勤求如是欲求一切智智應於般若
波羅蜜多理趣中求尒時佛告天帝釋言如
是如是如汝所說諸佛所得一切智智皆依
般若波羅蜜多而得成辦是故般若波羅
蜜多是佛法衆勝根本尒時慶喜白佛言
世尊何緣不讚布施淨戒安忍精進靜慮
波羅蜜多及餘功德唯讚般若波羅蜜多佛告
慶喜由此般若波羅蜜多能與前五波羅蜜
多及餘功德為尊為導故我偏讚復次慶喜
於意云何若不迴向一切智智而脩布施乃
至般若此可名為真脩布施乃至般若波羅
蜜多不慶喜對曰不也世尊要由迴向一切
智智而脩布施乃至般若乃可名為真脩布
施乃至般若波羅蜜多佛告慶喜於意云
何若不迴向一切智智而脩布施乃至般若
如是所脩得名布施等波羅蜜多不慶喜
對曰不也世尊要由迴向一切智智而脩布施
乃至般若如是所脩乃得布施等波羅蜜多
名佛告慶喜於意云何若不迴向一切智智

BD04747號　大般若波羅蜜多經卷五四〇　（21-20）

般若波羅蜜多而得成辦是故般若波羅
蜜多是佛法最勝根本尒時慶喜白佛言
世尊何緣不讚布施淨戒安忍精進靜慮
波羅蜜多及餘功德唯讚般若波羅蜜多佛告
慶喜由此般若波羅蜜多能與前五波羅蜜
多及餘功德爲尊爲導故我偏讚復次慶喜
於意云何若不迴向一切智智而脩布施乃
至般若此可名爲真脩布施乃至般若波羅
蜜多不慶喜對曰不也世尊要由迴向一切
智智而脩布施乃至般若乃可名爲真脩布
施乃至般若波羅蜜多佛告慶喜於意云
何若不迴向一切智智而脩布施乃至般若
如是所脩得名布施等波羅蜜多不慶喜
對曰不也世尊要由迴向一切智智而脩布施
乃至般若如是所脩乃得布施等波羅蜜多
名佛告慶喜於意云何若不迴向一切智智
而脩善根如是善根得究竟不慶喜對曰不
也世尊要由迴向一切智智而脩善根如是
善根乃得究竟佛告慶喜於意云何若離
般波羅蜜多爲能真迴向一切智智不慶喜

BD04747號　大般若波羅蜜多經卷五四〇　（21–21）

荷擔如來阿耨多羅三藐三菩
菩提若樂小法者著我見人見衆生見壽
者見則於此經不能聽受讀誦爲人解説
須菩提在在處處若有此經一切世間天人
阿脩羅所應供養當知此處則爲是塔皆
應恭敬作礼圍遶以諸華香而散其處
復次須菩提善男子善女人受持讀誦此經
若爲人輕賤是人先世罪業應墮惡道以今
世人輕賤故先世罪業則爲消滅當得阿耨
多羅三藐三菩提須菩提我念過去无量
阿僧祇劫於然燈佛前得值八百四千万億那
由他諸佛悉皆供養承事无空過者若復
有人於後末世能受持讀誦此經所得功
德於我所供養諸佛功德百分不及一千万
億分乃至筭數譬喻所不能及須菩提若
善男子善女人於後末世有受持讀誦此
經所得功德我若具説者或有人聞心則狂
亂狐疑不信須菩提當知是經義不可思議

BD04748號　金剛般若波羅蜜經　（5–1）

德於我所供養諸佛功德百分不及一千万
億分乃至筭數譬喻所不能及須菩提若
善男子善女人於後末世有受持讀誦此
經所得功德我若具說者或有人聞心則狂
亂狐疑不信須菩提當知是經義不可思議
果報亦不可思議
尒時須菩提白佛言世尊善男子善女人發
阿耨多羅三藐三菩提心云何應住云何降
伏其心佛告須菩提善男子善女人發阿耨
多羅三藐三菩提者當生如是心我應滅度
一切衆生滅度一切衆生已而无有一衆生
實滅度者何以故若菩薩有我相人相衆生
相壽者相則非菩薩所以者何須菩提實无
有法發阿耨多羅三藐三菩提者
須菩提於意云何如來於然燈佛所有法
得阿耨多羅三藐三菩提不不也世尊如
我解佛所說義佛於然燈佛所无有法得阿
耨多羅三藐三菩提佛言如是如是須菩提
實无有法如來得阿耨多羅三藐三菩提須
菩提若有法如來得阿耨多羅三藐三菩提
者然燈佛則不與我受記汝於來世當得作佛
号釋迦牟尼以實无有法得阿耨多羅三藐
三菩提是故然燈佛與我受記作是言汝
於來世當得作佛号釋迦牟尼何以故如來
者即諸法如義若有人言如來得阿耨多
羅三藐三菩提須菩提實无有法佛得阿
耨多羅三藐三菩提須菩提如來所得阿

BD04748號　金剛般若波羅蜜經　（5–2）

号釋迦牟尼以實无有法得阿耨多羅三藐
三菩提是故然燈佛與我受記作是言汝
於來世當得作佛号釋迦牟尼何以故如來
者即諸法如義若有人言如來得阿耨多
羅三藐三菩提須菩提實无有法佛得阿
耨多羅三藐三菩提須菩提如來所得阿
耨多羅三藐三菩提於是中无實无虛是
故如來說一切法皆是佛法須菩提所言一
切法者即非一切法是故名一切
須菩提譬如人身長大須菩提言世尊如
來說人身長大則為非大身是名大身
須菩提菩薩亦如是若作是言我當滅度
无量衆生則不名菩薩何以故須菩提實无
有法名為菩薩是故佛說一切法无我无人
无衆生无壽者須菩提若菩薩作是言我
當莊嚴佛土是不名菩薩何以故如來說莊
嚴佛土者即非莊嚴是名莊嚴須菩提若
菩薩通達无我法者如來說名真是菩薩
須菩提於意云何如來有肉眼不如是世尊
如來有肉眼須菩提於意云何如來有天眼
不如是世尊如來有天眼須菩提於意云何
如來有慧眼不如是世尊如來有慧眼須菩
提於意云何如來有法眼不如是世尊如來
有法眼須菩提於意云何如來有佛眼不
如是世尊如來有佛眼須菩提於意云何
恒河中所有沙佛說是沙不如是世尊如來

BD04748號　金剛般若波羅蜜經　（5–3）

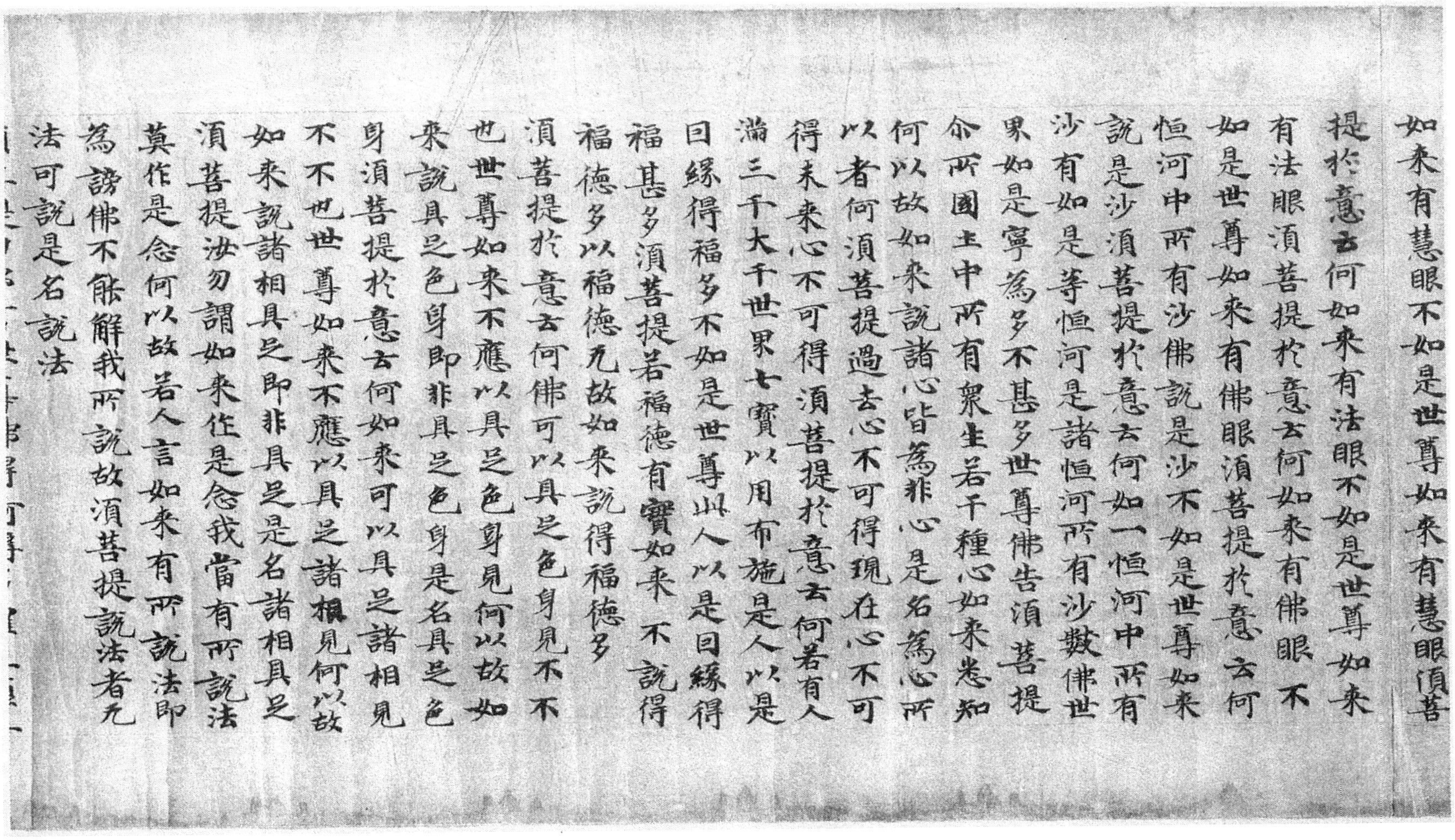

如來有慧眼不如是世尊如來有慧眼須菩
提於意云何如來有法眼不如是世尊如來
有法眼須菩提於意云何如來有佛眼不
如是世尊如來有佛眼須菩提於意云何
恒河中所有沙佛說是沙不如是世尊如來
說是沙須菩提於意云何如一恒河中所有
沙有如是等恒河是諸恒河所有沙數佛世
界如是寧為多不甚多世尊佛告須菩提
尒所國土中所有衆生若干種心如來悉知
何以故如來說諸心皆為非心是名為心所
以者何須菩提過去心不可得現在心不可
得未來心不可得須菩提於意云何若有人
滿三千大千世界七寶以用布施是人以是
因緣得福多不如是世尊此人以是因緣得
福甚多須菩提若福德有實如來不說得
福德多以福德无故如來說得福德多
須菩提於意云何佛可以具足色身見不不
也世尊如來不應以具足色身見何以故如
來說具足色身即非具足色身是名具足色
身須菩提於意云何如來可以具足諸相見
不不也世尊如來不應以具足諸相見何以故
如來說諸相具足即非具足是名諸相具足
須菩提汝勿謂如來作是念我當有所說法
莫作是念何以故若人言如來有所說法即
為謗佛不能解我所說故須菩提說法者无
法可說是名說法

BD04748號　金剛般若波羅蜜經　（5–4）

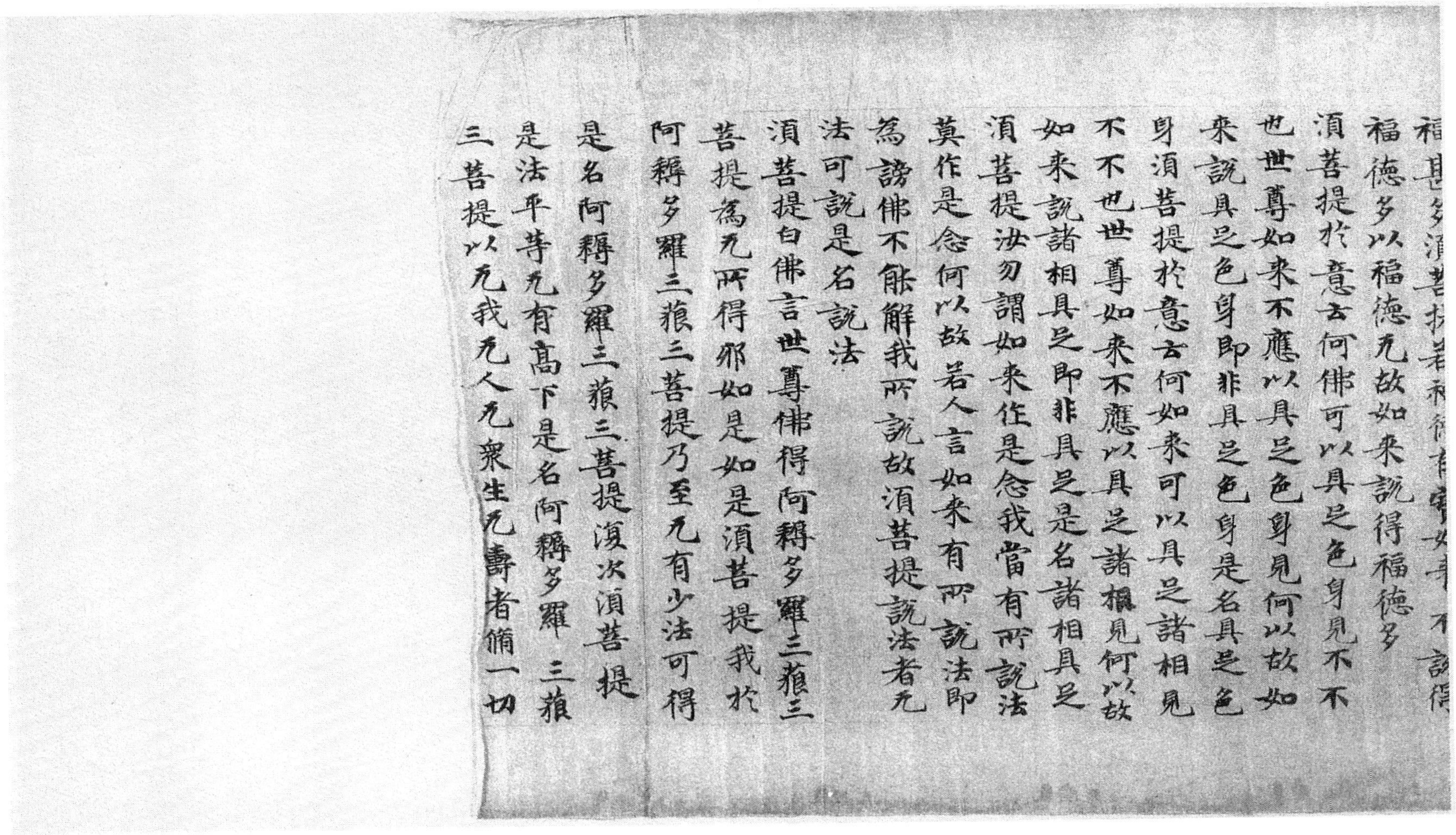

福甚多須菩提若福德有實如來不說得
福德多以福德无故如來說得福德多
須菩提於意云何佛可以具足色身見不不
也世尊如來不應以具足色身見何以故如
來說具足色身即非具足色身是名具足色
身須菩提於意云何如來可以具足諸相見
不不也世尊如來不應以具足諸相見何以故
如來說諸相具足即非具足是名諸相具足
須菩提汝勿謂如來作是念我當有所說法
莫作是念何以故若人言如來有所說法即
為謗佛不能解我所說故須菩提說法者无
法可說是名說法
須菩提白佛言世尊佛得阿耨多羅三藐三
菩提為无所得耶如是如是須菩提我於
阿耨多羅三藐三菩提乃至无有少法可得
是名阿耨多羅三藐三菩提復次須菩提
是法平等无有高下是名阿耨多羅三藐
三菩提以无我无人无衆生无壽者脩一切

BD04748號　金剛般若波羅蜜經　（5–5）

又人皆曾
世尊唯願說之願說之所以者何是會
數百千萬億阿僧祇衆生曾見諸佛諸
根猛利智慧明了聞佛所說則能敬信尒時
舍利弗欲重宣此義而說偈言
法王无上尊　唯說願勿慮　是會无量衆　有能敬信者
利弗若說是事一切世間天人阿
脩羅皆當驚疑增上慢比丘將墜於大坑尒
時世尊重說偈言
止止不須說　我法妙難思　諸增上慢者　聞必不敬信
尒時舍利弗重白佛言世尊唯願說之唯願
說之今此會中如我等比百千萬億世世已
從佛受化如此人等必能敬信長夜安隱
多所饒益尒時舍利弗欲重宣此義而說偈
言
无上兩足尊　願說第一法　我為佛長子　唯垂分別說
是會无量衆　能敬信此法　佛已曾世世　教化如是等
皆一心合掌　欲聽受佛語　我等千二百　及餘求佛者
為此衆故　唯垂分別說　是等聞此法　則生大歡喜
尒時世尊告舍利弗汝已慇勤三請豈得不
說汝今諦聽善思念之吾當為汝分別解說
說此語時會中有比丘比丘尼優婆塞優婆
夷五千人等即從座起礼佛而退所以者何

BD04749 號　妙法蓮華經卷一　（8–1）

是會无量衆　能敬信此法　佛已曾世世　教化如是等
皆一心合掌　欲聽受佛語　我等千二百　及餘求佛者
為此衆故　唯垂分別說　是等聞此法　則生大歡喜
尒時世尊告舍利弗汝已慇勤三請豈得不
說汝今諦聽善思念之吾當為汝分別解說
說此語時會中有比丘比丘尼優婆塞優婆
夷五千人等即從座起礼佛而退所以者何
此輩罪根深重及增上慢未得謂得未證謂
證有如此失是以不住世尊默然而不制止尒
時佛告舍利弗我今此衆无復枝葉純有
貞實舍利弗如是增上慢人退亦佳矣汝今
善聽當為汝說舍利弗言唯然世尊願樂欲
聞佛告舍利弗如是妙法諸佛如來時乃說
之如優曇鉢華時一現耳舍利弗汝等當信
佛之所說言不虛妄舍利弗諸佛隨宜說法
意趣難解所以者何我以无數方便種種因緣
譬喻言辭演說諸法是法非思量分別之所
能解唯有諸佛乃能知之所以者何諸佛
世尊唯以一大事因緣故出現於世舍利弗云
何名諸佛世尊唯以一大事因緣故出現
於世諸佛世尊欲令衆生開佛知見使得清
淨故出現於世欲示衆生佛之知見故出現
於世欲令衆生悟佛知見故出現於世欲令
衆生入佛知見道故出現於世舍利弗是為
諸佛以一大事因緣故出現於世佛告舍利
弗諸佛如來但教化菩薩諸有所作常為一
事唯以佛之知見示悟衆生

BD04749 號　妙法蓮華經卷一　（8–2）

淨故出現於世欲示衆生佛之知見故出現
於世欲令衆生悟佛知見故出現於世欲令
衆生入佛知見道故出現於世舍利弗是為
諸佛以一大事因緣故出現於世佛告舍利
弗諸佛如來但教化菩薩諸有所作常為一
事唯以佛之知見示悟衆生舍利弗如來但
以一佛乘故為衆生說法无有餘乘若二若
三舍利弗一切十方諸佛法亦如是舍利弗
過去諸佛以无量无數方便種種因緣譬喻
言辭而為衆生演說諸法是法皆為一佛乘
故是諸衆生從諸佛聞法究竟皆得一切種
智舍利弗未來諸佛當出於世亦以无量无
數方便種種因緣譬喻言辭而為衆生演說
諸法是法皆為一佛乘故是諸衆生從佛聞
法究竟皆得一切種智舍利弗現在十方无
量百千萬億佛土中諸佛世尊多所饒益安
樂衆生是諸佛亦以无量无數方便種種因
緣譬喻言辭而為衆生演說諸法是法皆為
一佛乘故是諸衆生從佛聞法究竟皆得一
切種智舍利弗是諸佛但教化菩薩欲以佛
之知見示衆生故欲以佛之知見悟衆生故
欲令衆生入佛之知見故舍利弗我今亦復
如是知諸衆生有種種欲深心所著隨其本
性以種種因緣譬喻言辭方便力故而為說
法舍利弗如此皆為得一佛乘一切種智故
舍利弗十方世界中尚无二乘何況有三舍
利弗諸佛出於五濁惡世所謂劫濁煩惱濁

BD04749號　妙法蓮華經卷一　（8–3）

欲令衆生入佛之知見故舍利弗我今亦復
如是知諸衆生有種種欲深心所著隨其本
性以種種因緣譬喻言辭方便力故而為說
法舍利弗如此皆為得一佛乘一切種智故
舍利弗十方世界中尚无二乘何況有三舍
利弗諸佛出於五濁惡世所謂劫濁煩惱濁
衆生濁見濁命濁如是舍利弗劫濁亂時衆
生垢重慳貪嫉妬成就諸不善根故諸佛以
方便力於一佛乘分別說三舍利弗若我弟
子自謂阿羅漢辟支佛者不聞不知諸佛如
來但教化菩薩事此非佛弟子非阿羅漢非
辟支佛又舍利弗是諸比丘比丘尼自謂已
得阿羅漢是最後身究竟涅槃便不復志求
阿耨多羅三藐三菩提當知此輩皆是增上
慢人所以者何若有比丘實得阿羅漢若不
信此法无有是處除佛滅度後現前无佛所
以者何佛滅度後如是等經受持讀誦解義
者是人難得若遇餘佛於此法中便得決了
舍利弗汝等當一心信解受持佛語諸佛如
來言无虛妄无有餘乘唯一佛乘尒時世尊
欲重宣此義而說偈言
比丘比丘尼　有懷增上慢　優婆塞我慢　優婆夷不信
如是四衆等　其數有五千　不自見其過　於戒有缺漏
護惜其瑕疵　是小智已出　衆中之糟糠　佛威德故去
斯人尠福德　不堪受是法　此衆无枝葉　唯有諸貞實
舍利弗善聽　諸佛所得法　无量方便力　而為衆生說

BD04749號　妙法蓮華經卷一　（8–4）

比丘比丘尼　有懷增上慢　優婆塞我慢　優婆夷不信
如是四衆等　其數有五千　不自見其過　於戒有缺漏
護惜其瑕疵　是小智已出　衆中之糟糠　佛威德故去
斯人尠福德　不堪受是法　此衆无枝葉　唯有諸貞實
舍利弗善聽　諸佛所得法　无量方便力　而為衆生說
衆生心所念　種種所行道　若干諸欲性　先世善惡業
佛悉知是已　以諸緣譬喻　言辭方便力　令一切歡喜
或說脩多羅　伽陁及本事　本生未曾有　亦說於因緣
譬喻并祇夜　優波提舍經　鈍根樂小法　貪著於生死
於諸无量佛　不行深妙道　衆苦所惱亂　為是說涅槃
我設是方便　令得入佛道　未曾說汝等　當得成佛道
所以未曾說　說時未至故　今正是其時　決定說大乘
我此九部法　隨順衆生說　入大乘為本　以故說是經
有佛子心淨　柔軟亦利根　无量諸佛所　而行深妙道
為此諸佛子　說是大乘經　我記如是人　來世成佛道
以深心念佛　脩持淨戒故　此等聞得佛　大喜充遍身
佛知彼心行　故為說大乘　聲聞若菩薩　聞我所說法
乃至於一偈　皆成佛无疑　十方佛土中　唯有一乘法
无二亦无三　除佛方便說　但以假名字　引導於衆生
說佛智慧故　諸佛出於世　唯此一事實　餘二則非真
終不以小乘　濟度於衆生　佛自住大乘　如其所得法
定慧力莊嚴　以此度衆生　自證无上道　大乘平等法
若以小乘化　乃至於一人　我則墮慳貪　此事為不可
若人信歸佛　如來不欺誑　亦无貪嫉意　斷諸法中惡
故佛於十方　而獨无所畏　我以相嚴身　光明照世間
无量衆所尊　為說實相印　舍利弗當知　我本立誓願
欲令一切衆　如我等无異　如我昔所願　今者已滿足

BD04749號　妙法蓮華經卷一　（8–5）

定慧力莊嚴　以此度衆生　自證无上道　大乘平等法
若以小乘化　乃至於一人　我則墮慳貪　此事為不可
若人信歸佛　如來不欺誑　亦无貪嫉意　斷諸法中惡
故佛於十方　而獨无所畏　我以相嚴身　光明照世間
无量衆所尊　為說實相印　舍利弗當知　我本立誓願
欲令一切衆　如我等无異　如我昔所願　今者已滿足
化一切衆生　皆令入佛道　若我遇衆生　盡教以佛道
无智者錯亂　迷惑不受教　我知此衆生　未曾脩善本
堅著於五欲　癡愛故生惱　以諸欲因緣　墜墮三惡道
輪迴六趣中　備受諸苦毒　受胎之微形　世世常增長
薄德少福人　衆苦所逼迫　入邪見稠林　若有若无等
依止此諸見　具足六十二　深著虛妄法　堅受不可捨
我慢自矜高　諂曲心不實　於千萬億劫　不聞佛名字
亦不聞正法　如是人難度　是故舍利弗　我為設方便
說諸盡苦道　示之以涅槃　我雖說涅槃　是亦非真滅
諸法從本來　常自寂滅相　佛子行道已　來世得作佛
我有方便力　開示三乘法　一切諸世尊　皆說一乘道
今此諸大衆　皆應除疑惑　諸佛語无異　唯一无二乘
過去无數劫　无量滅度佛　百千萬億種　其數不可量
如是諸世尊　種種緣譬喻　无數方便力　演說諸法相
是諸世尊等　皆說一乘法　化无量衆生　令入於佛道
又諸大聖主　知一切世間　天人群生類　深心之所欲
更以異方便　助顯第一義　若有衆生類　值諸過去佛
若聞法布施　或持戒忍辱　精進禪智等　種種脩福慧
如是諸人等　皆已成佛道　諸佛滅度已　若人善軟心
如是諸衆生　皆已成佛道　諸佛滅度已　供養舍利者

BD04749號　妙法蓮華經卷一　（8–6）

又諸大聖主 知一切世間
更以異方便 助顯第一義 若有衆生類 值諸過去佛
若聞法布施 或持戒忍辱 精進禪智等 種種脩福慧
如是諸人等 皆已成佛道 諸佛滅度已 若人善耎心
如是諸衆生 皆已成佛道 諸佛滅度已 供養舍利者
起萬億種塔 金銀及頗梨 車𤦲與馬瑙 玫瑰瑠璃珠
清淨廣嚴飾 莊挍於諸塔 或有起石廟 栴檀及沉水
木樒并餘材 甎瓦泥土等 若於曠野中 積土成佛廟
乃至童子戲 聚沙為佛塔 如是諸人等 皆已成佛道
若人為佛故 建立諸形像 刻雕成衆相 皆已成佛道
或以七寶成 鍮石赤白銅 白鑞及鉛錫 鐵木及與泥
或以膠漆布 嚴飾作佛像 如是諸人等 皆已成佛道
綵畫作佛像 百福莊嚴相 自作若使人 皆已成佛道
乃至童子戲 若草木及筆 或以指爪甲 而畫作佛像
如是諸人等 漸漸積功德 具足大悲心 皆已成佛道
但化諸菩薩 度脫无量衆 若人於塔廟 寶像及畫像
以華香幡蓋 敬心而供養 若使人作樂 擊鼓吹角貝
簫笛琴箜篌 琵琶鐃銅鈸 如是衆妙音 盡持以供養
或以歡喜心 歌唄頌佛德 乃至一小音 皆已成佛道
若人散亂心 乃至以一華 供養於畫像 漸見无數佛
或有人礼拜 或復但合掌 乃至舉一手 或復小低頭
以此供養像 漸見无量佛 自成无上道 廣度无數衆
入无餘涅槃 如薪盡火滅 若人散亂心 入於塔廟中
一稱南无佛 皆已成佛道 於諸過去佛 在世或滅後
若有聞是法 皆已成佛道 未來諸世尊 其數无有量
是諸如來等 亦方便說法 一切諸如來 以无量方便
度脫諸衆生 入佛无漏智 若有聞法者 无一不成佛

BD04749號　妙法蓮華經卷一　　(8–7)

[illegible]
入无餘涅槃 如薪盡火滅 若人散亂心 入於塔廟中
一稱南无佛 皆已成佛道 於諸過去佛 在世或滅後
若有聞是法 皆已成佛道 未來諸世尊 其數无有量
是諸如來等 亦方便說法 一切諸如來 以无量方便
度脫諸衆生 入佛无漏智 若有聞法者 无一不成佛
諸佛本誓願 我所行佛道 普欲令衆生 亦同得此道
未來世諸佛 雖說百千億 无數諸法門 其實為一乘
諸佛兩足尊 知法常无性 佛種從緣起 是故說一乘
是法住法位 世間相常住 於道場知已 導師方便說
天人所供養 現在十方佛 其數如恒沙 出現於世間
安隱衆生故 亦說如是法 知第一寂滅 以方便力故
雖示種種道 其實為佛乘 知衆生諸行 深心之所念
過去所習業 欲性精進力 及諸根利鈍 以種種因緣
譬喻亦言辭 隨應方便說 今我亦如是 安隱衆生故
以種種法門 宣示於佛道 我以智慧力 知衆生性欲
方便說諸法 皆令得歡喜 舍利弗當知 我以佛眼觀
見六道衆生 貧窮无福慧 入生死險道 相續苦不斷
深著於五欲 如犛牛愛尾 以貪愛自蔽 盲瞑无所見
不求大勢佛 及與斷苦法 深入諸邪見 以苦欲捨苦
為是衆生故 而起大悲心 我始坐道場 觀樹亦經行
於三七日中 思惟如是事 我所得智慧 微妙最第一
衆生諸根鈍 著樂癡所盲 如斯之等類 云何而可度

BD04749號　妙法蓮華經卷一　　(8–8)

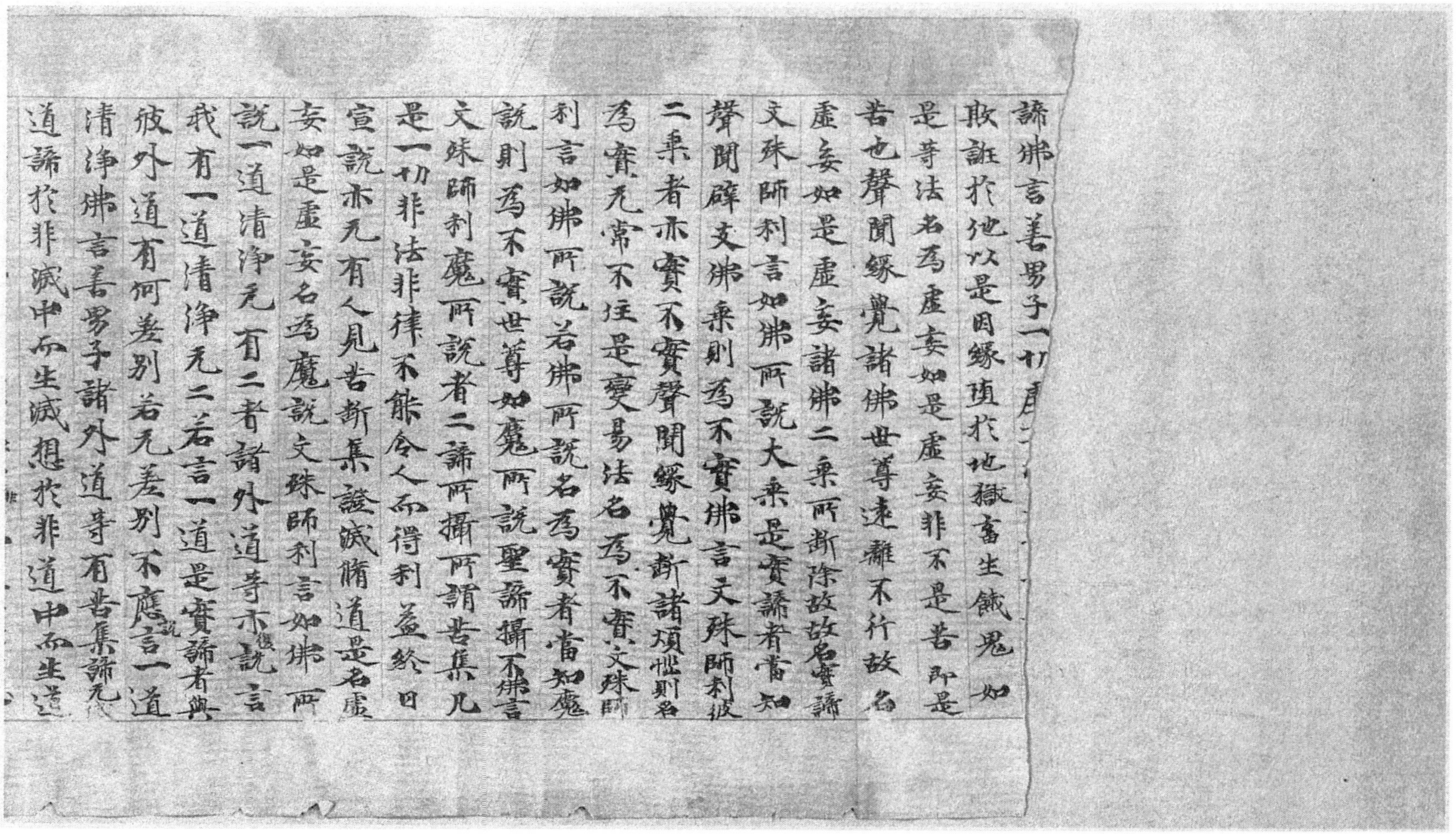

諦佛言善男子一切虛
取誑於他以是因緣墮於地獄畜生餓鬼如
是等法名為虛妄如是虛妄非不是苦即是
苦也聲聞緣覺諸佛世尊遠離不行故名
虛妄如是虛妄諸佛二乘所斷除故故名實諦
文殊師利言如佛所說大乘是實諦者當知
聲聞辟支佛乘則為不實佛言文殊師利彼
二乘者亦實不實聲聞緣覺斷諸煩惱則名
為實无常不住是變易法名為不實文殊師
利言如佛所說若佛所說名為實者當知魔
說則為不實世尊如魔所說聖諦攝不佛言
文殊師利魔所說者二諦所攝所謂苦集凡
是一切非法非律不能令人而得利益終日
宣說亦无有人見苦斷集證滅脩道是名虛
妄如是虛妄名為魔說文殊師利言如佛所
說一道清淨无有二者諸外道等亦復說言
我有一道清淨无二若言一道是實諦者與
彼外道有何差別若无差別不應言說一道
清淨佛言善男子諸外道等有苦集諦无滅
道諦於非滅中而生滅想於非道中而生道

BD04750號　大般涅槃經（北本）卷一三　（4–1）

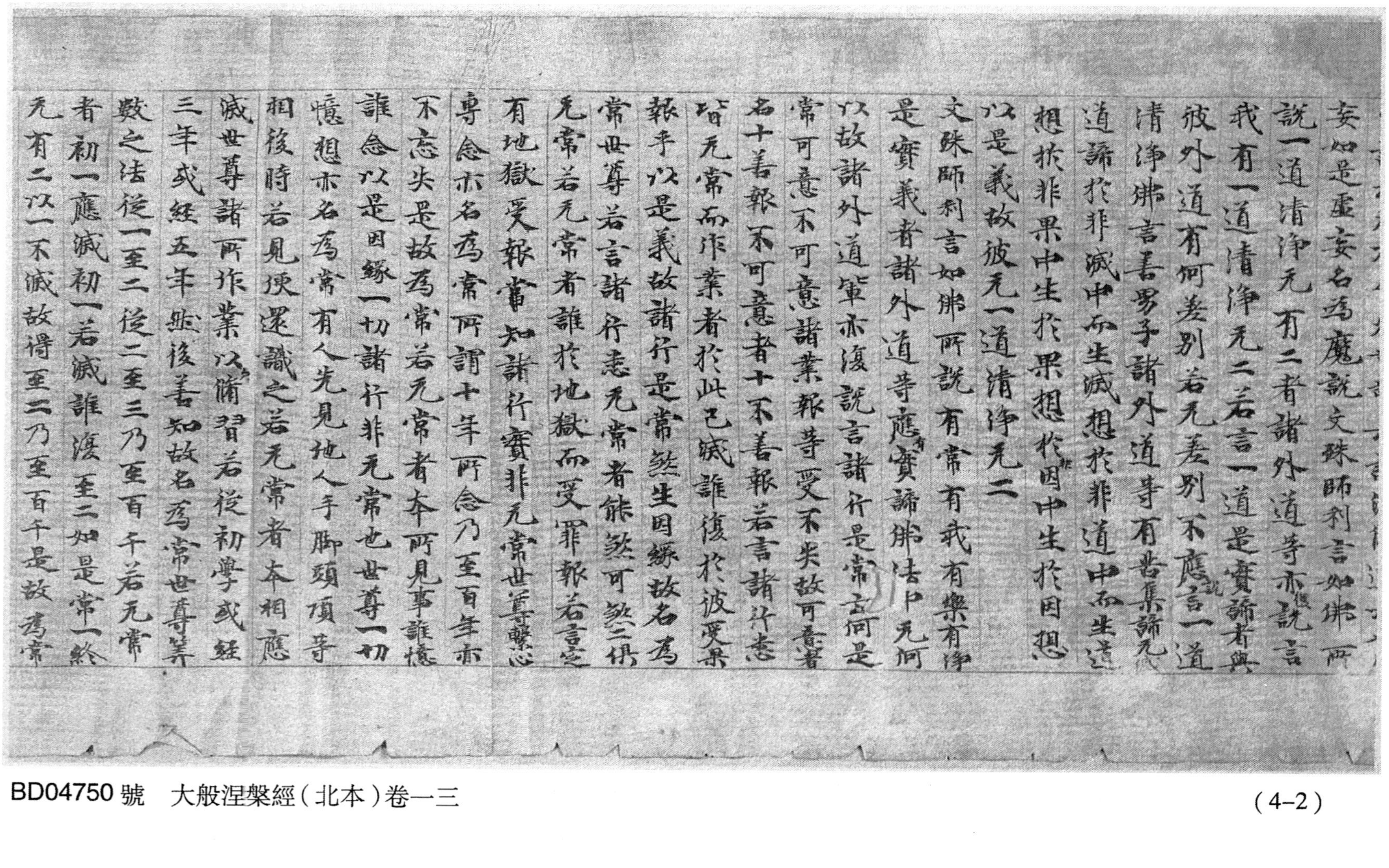

妄如是虛妄名為魔說文殊師利言如佛所
說一道清淨无有二者諸外道等亦復說言
我有一道清淨无二若言一道是實諦者與
彼外道有何差別若无差別不應言說一道
清淨佛言善男子諸外道等有苦集諦无滅
道諦於非滅中而生滅想於非道中而生道
想於非果中生於果想於非因中生於因想
以是義故彼无一道清淨无二
文殊師利言如佛所說有常有我有樂有淨
是實義者諸外道等應有實諦佛法中无何
以故諸外道輩亦復說言諸行是常云何是
常可意不可意諸業報等受不失故可意者
名十善報不可意者十不善報若言諸行悉
皆无常而作業者於此已滅誰復於彼受果
報乎以是義故諸行是常然生因緣故名為
常世尊若言諸行悉无常者能然可然二俱
无常若无常者誰於地獄而受罪報若言定
有地獄受報當知諸行實非无常世尊繫心
專念亦名為常所謂十年所念乃至百年亦
不忘失是故為常若无常者本所見事誰憶
誰念以是因緣一切諸行非无常也世尊一切
憶想亦名為常有人先見他人手腳頭項等
相後時若見便還識之若无常者本相應
滅世尊諸所作業以脩習若從初學或經
三年或經五年然後善知故名為常世尊算
數之法從一至二從二至三乃至百千若无常
者初一應滅初一若滅誰復至二如是常一終
无有二以一不滅故得至二乃至百千是故為常

BD04750號　大般涅槃經（北本）卷一三　（4–2）

相後時若見便還識之若无常者本相應
滅世尊諸所作業以脩習若從初學或經
三年或經五年然後善知故名爲常世尊筭
數之法從一至二從二至三乃至百千若无常
者初一應滅初一若滅誰復至二如是常一終
无有二以一不滅故得至二乃至百千是故爲常
世尊如讀誦法讀一阿含至二阿含乃至三四
阿含如其无常所可讀誦終不至四以是讀
誦增長因緣故名爲常世尊瓶衣車乘如人
負債大地形相山河樹林藥木草葉衆生治
病皆悉是常亦復如是世尊一切外道皆作
是說諸行是常若是常者即是實諦世尊有
諸外道復言有樂云何知耶受者定得可意
報故世尊凡受樂者必定得之所謂大梵天
王大自在天釋提桓因毗紐天及諸人天以
是義故名定有樂世尊有諸外道復言有樂
能令衆生生求逐故飢者求食渴者求飲寒
者求熅熱者求凉極求息病者求差欲者
求色若无樂者彼何緣求以有求者故知有
樂世尊有諸外道復作是言施能得樂世間
之人好施沙門諸婆羅門貧窮困苦衣服飲
食卧具醫藥象馬車乘末香塗香衆華屋
宅舍燈明作如是等種種惠施爲我後世受
可意報是故當知決定有樂世尊有諸外道
復作是言以因緣故當知有樂所謂受樂者
有因緣故名爲樂觸若无樂者何得因緣如
无兔角則无因緣有樂因緣則知有樂世尊
有諸外道復作是言上中下故當知有樂謂

BD04750號　大般涅槃經（北本）卷一三　　（4–3）

報故世尊凡受樂者必定得之所謂大梵天
王大自在天釋提桓因毗紐天及諸人天以
是義故名定有樂世尊有諸外道復言有樂
能令衆生生求逐故飢者求食渴者求飲寒
者求熅熱者求凉極求息病者求差欲者
求色若无樂者彼何緣求以有求者故知有
樂世尊有諸外道復作是言施能得樂世間
之人好施沙門諸婆羅門貧窮困苦衣服飲
食卧具醫藥象馬車乘末香塗香衆華屋
宅舍燈明作如是等種種惠施爲我後世受
可意報是故當知決定有樂世尊有諸外道
復作是言以因緣故當知有樂所謂受樂者
有因緣故名爲樂觸若无樂者何得因緣如
无兔角則无因緣有樂因緣則知有樂世尊
有諸外道復作是言上中下故當知有樂謂
下受樂者釋提桓因中受樂者大梵天王上
受樂者大自在天以有如是上中下故當知
有樂世尊有諸外道復言有淨何以故若无
淨者不應起欲若起欲者當知有淨又復說
金銀珎寶琉璃頗梨車渠馬瑙珊瑚真珠
[illegible]飲食衣服華香末香塗

BD04750號　大般涅槃經（北本）卷一三　　（4–4）

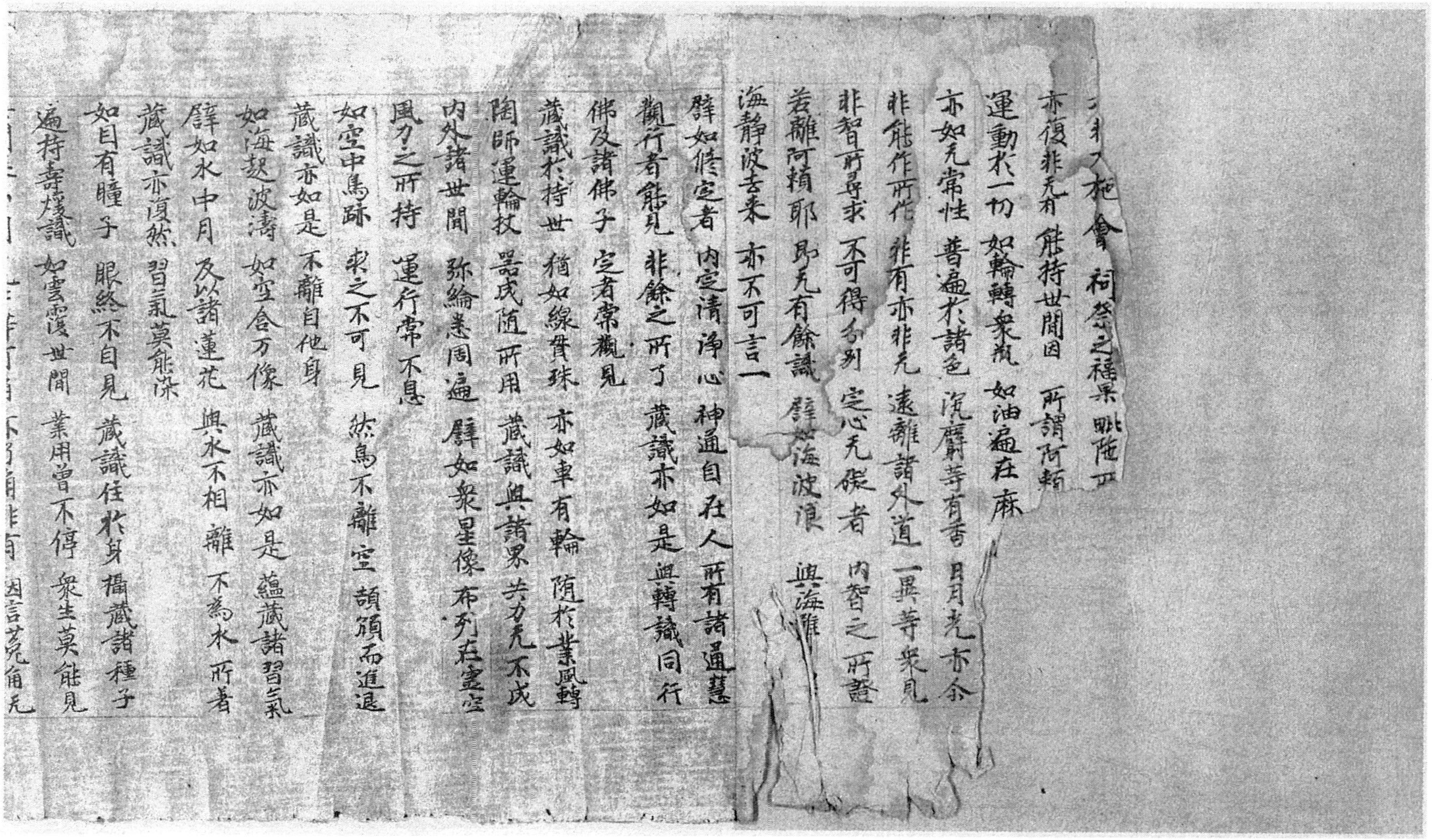

[illegible]祀會 荷[illegible]之福果 [illegible]隨[illegible]
亦復非无有 能持世間因 所謂阿賴
運動於一切 如輪轉衆瓶 如油遍在麻
亦如无常性 普遍於諸色 沉麝等有香 日月光亦介
非能作所作 非有亦非无 遠離諸外道 一異等衆見
非智所尋求 不可得分別 定心无礙者 内智之所證
若離阿賴耶 即无有餘識 譬如海波浪 與海雖
海靜波去來 亦不可言一
譬如修定者 内定清淨心 神通自在人 所有諸通慧
觀行者能見 非餘之所了 藏識亦如是 與轉識同行
佛及諸佛子 定者常觀見
藏識於持世 猶如線貫珠 亦如車有輪 隨於業風轉
陶師運輪杖 器成隨所用 藏識與諸界 共力无不成
内外諸世間 彌綸悉周遍 譬如衆星像 布列在虛空
風力之所持 運行常不息
如空中鳥跡 求之不可見 然鳥不離空 頡頏而進退
藏識亦如是 不離自他身
如海起波濤 如空含万像 藏識亦如是 蘊藏諸習氣
譬如水中月 及以諸蓮花 與水不相離 不為水所著
藏識亦復然 習氣莫能染
如目有瞳子 眼終不自見 藏識住於身 攝藏諸種子
遍持壽煖識 如雲覆世間 業用曾不停 衆生莫能見
[illegible]角非有 因言兎角无

BD04751 號　大乘密嚴經（地婆訶羅本）卷中　（3–1）

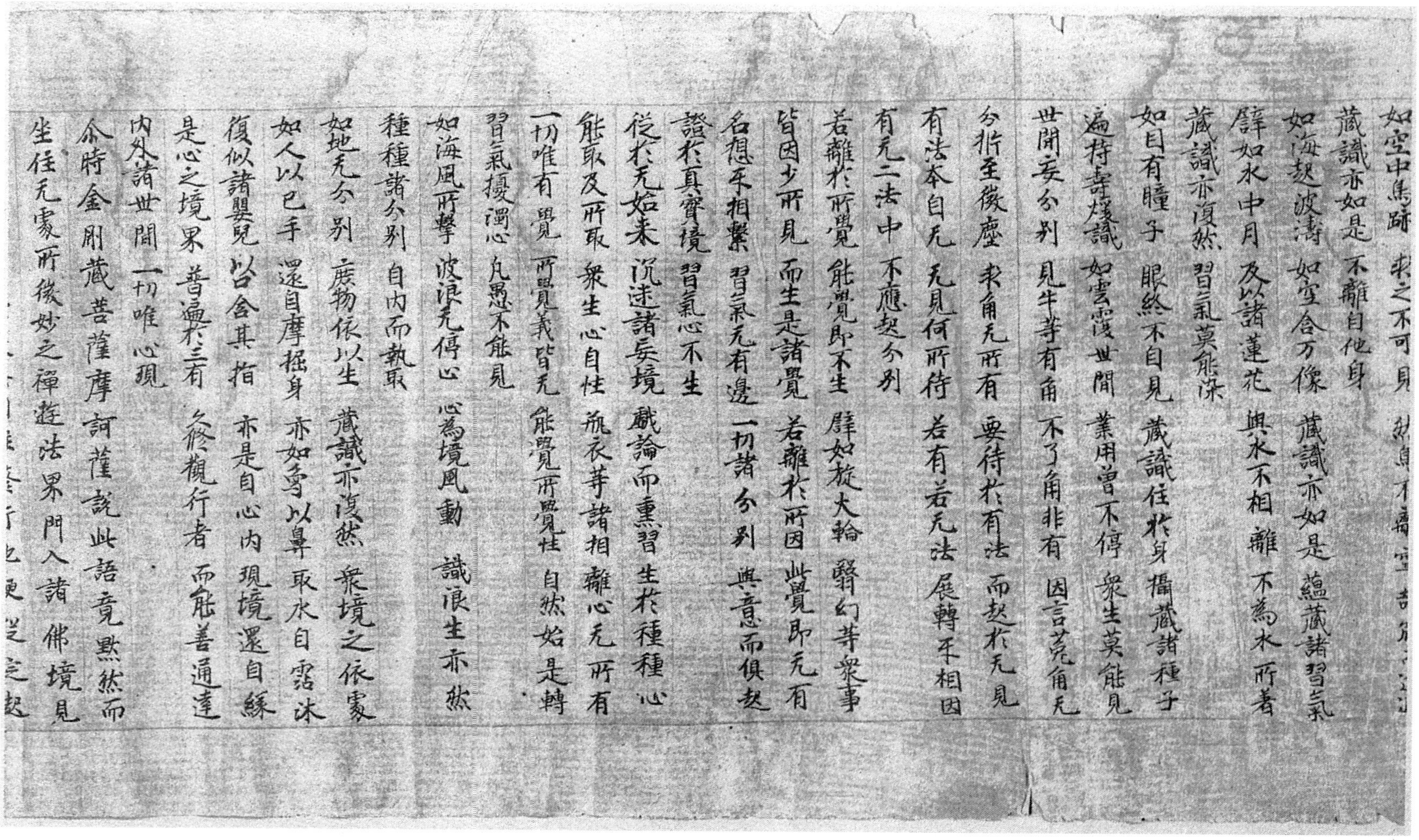

如空中鳥跡 求之不可見 然鳥不離空 頡頏[illegible]
藏識亦如是 不離自他身
如海起波濤 如空含万像 藏識亦如是 蘊藏諸習氣
譬如水中月 及以諸蓮花 與水不相離 不為水所著
藏識亦復然 習氣莫能染
如目有瞳子 眼終不自見 藏識住於身 攝藏諸種子
遍持壽煖識 如雲覆世間 業用曾不停 衆生莫能見
世間妄分別 見牛等有角 不了角非有 因言兎角无
分析至微塵 求角无所有 要待於有法 而起於无見
有法本自无 无見何所待 若有若无法 展轉不相因
有无二法中 不應起分別
若離於所覺 能覺即不生 譬如旋火輪 翳幻等衆事
皆因少所見 而生是諸覺 若離於所因 此覺即无有
名想柔相縈 習氣无有邊 一切諸分別 與意而俱起
證於真實境 習氣心不生
從於无始來 沉迷諸妄境 戲論而熏習 生於種種心
能取及所取 衆生心自性 瓶衣等諸相 離心无所有
一切唯有覺 所覺義皆无 能覺所覺性 自然如是轉
習氣擾濁心 凡愚不能見
如海風所擊 波浪无停止 心為境風動 識浪生亦然
種種諸分別 自内而執取
如地无分別 庶物依以生 藏識亦復然 衆境之依處
如人以己手 還自摩捫身 亦如象以鼻 取水自霑沐
復似諸嬰兒 以舌舐其指 亦是自心内 現境還自緣
是心之境界 普遍於三有 久修觀行者 而能善通達
内外諸世間 一切唯心現
介時金剛藏菩薩摩訶薩說此語竟默然而
住无處所佉妙之禪遊法界門入諸佛境見
[illegible]定起

BD04751 號　大乘密嚴經（地婆訶羅本）卷中　（3–2）

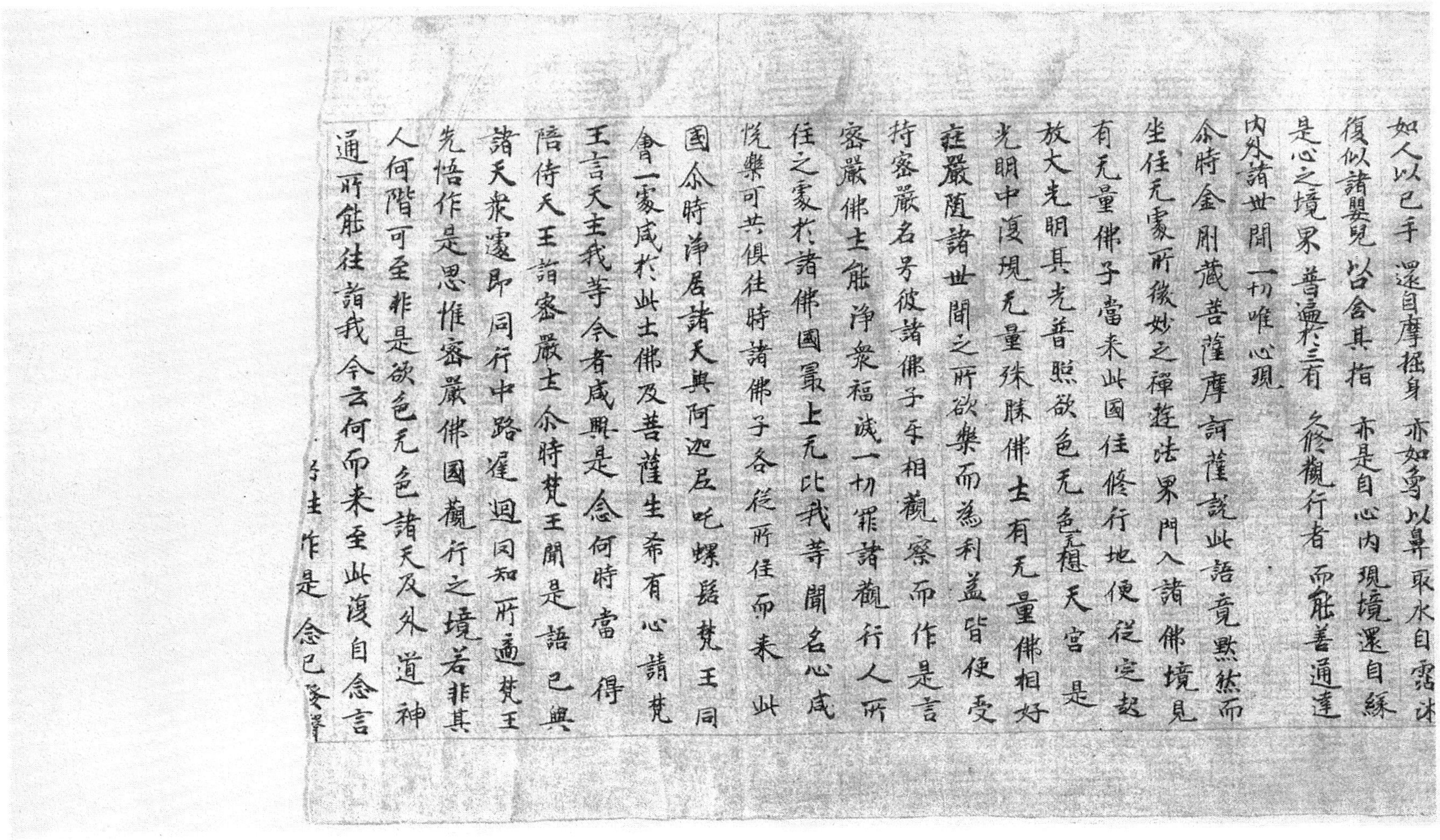
如人以己手　還自摩摇身　亦如象以鼻　取水自霑沐
復似諸嬰兒　皆含其指　亦是自心內　現境還自緣
是心之境界　普遍於三有　久修觀行者　而能善通達
內外諸世間　一切唯心現
尒時金剛藏菩薩摩訶薩說此語竟默然而
坐住无處所微妙之禪遊法界門入諸佛境見
有无量佛子當來此國住修行地便從定起
放大光明其光普照欲色无色无想天宮是
光明中復現无量殊勝佛土有无量佛相好
莊嚴隨諸世間之所欲樂而為利益皆使受
持密嚴名号彼諸佛子手相觀察而作是言
密嚴佛土能淨眾福滅一切罪諸觀行人所
住之處於諸佛國最上无比我等聞名心咸
悅樂可共俱往時諸佛子各從所住而來此
國尒時淨居諸天與阿迦尼吒螺髻梵王同
會一處咸於此土佛及菩薩生希有心請梵
王言天主我等今者咸興是念何時當得
陪侍天王詣密嚴土尒時梵王聞是語已與
諸天眾還即同行中路遲迴同知所適梵王
先悟作是思惟密嚴佛國觀行之境若非其
人何階可至非是欲色无色諸天及外道神
通所能往詣我今云何而來至此復自念言
子生作是念已

BD04751 號　大乘密嚴經（地婆訶羅本）卷中　（3–3）

阿彌陀經

BD04752 號背　護首　（1–1）

佛說阿弥陁經
如是我聞一時佛在舍衛國祇樹給孤[illegible]
大比丘衆千二百五十人俱皆是大阿羅
漢衆所知識長老舍[illegible]連摩訶
迦葉摩訶迦[illegible]延摩[illegible]周利
槃陁迦難陁阿難陁羅[illegible]波提賓
頭盧頗羅墮迦留陁夷摩訶劫賓那薄拘羅阿
㝹樓馱如是等諸大弟子并諸菩薩摩訶薩
文殊師利法王子阿逸多菩薩乾陁訶提菩薩
常精進菩薩與如是等諸大菩薩及釋提桓
因等无量諸天大衆俱
尒時佛告長老舍利弗從是西方過十万億

BD04752 號 1　阿彌陀經　（7–1）

頭盧頗羅墮迦留陁夷摩訶劫賓那薄拘羅阿
㝹樓馱如是等諸大弟子并諸菩薩摩訶薩
文殊師利法王子阿逸多菩薩乾陁訶提菩薩
常精進菩薩與如是等諸大菩薩及釋提桓
因等无量諸天大衆俱
尒時佛告長老舍利弗從是西方過十万億
佛土有世界名曰極樂其土有佛号阿弥陁
今現在說法舍利弗彼土何故名爲極樂其國
衆生无有衆苦但受諸樂故名極樂又舍利
弗極樂國土七重欄楯七重羅網七重行樹
皆是四寶周帀圍繞是故彼國名曰極樂又
舍利弗極樂國土有七寶池八功德水充滿
其中池底純以金沙布地四邊階道金銀琉璃
頗梨合成上有樓閣亦以金銀琉璃頗梨車
璩赤珠馬瑙而嚴飾之池中蓮華大如車輪
青色青光黄色黄光赤色赤光白色白光微
妙香潔舍利弗極樂國土成就如是功德莊嚴
又舍利弗彼佛國土常作天樂黄金爲地晝
夜六時而雨曼陁羅華其國衆生常以清旦各
以衣裓盛衆妙華供養他方十万億佛即以食
時還到本國飯食經行舍利弗極樂國土成
就如是功德莊嚴
復次舍利弗彼國常有種種奇妙雜色之鳥
白鵠孔雀鸚鵡舍利迦陵頻伽共命之鳥是諸
衆鳥晝夜六時出和雅音其音演暢五根五
力七菩提分八聖道分如是等法其土衆生

BD04752 號 1　阿彌陀經　（7–2）

復次舍利弗彼國常有種種竒妙雜色之鳥
白鵠孔雀鸚鵡舍利迦陵頻伽共命之鳥是諸
衆鳥晝夜六時出和雅音其音演暢五根五
力七菩提分八聖道分如是等法其土衆生
聞是音已皆悉念佛念法念僧舍利弗汝勿
謂此鳥實是罪報所生所以者何彼佛國土
无三惡趣舍利弗其佛國土尚无三惡道之名
何況有實是諸衆鳥皆是阿弥陁佛欲令法
音宣流變化所作舍利弗彼佛國土微風吹動
諸寶行樹及寶羅網出微妙音譬如百千種
樂同時俱作聞是音者皆自然生念佛念法
念僧之心舍利弗其佛國土成就如是功德
莊嚴舍利弗於汝意云何彼佛何故号阿弥
陁舍利弗彼佛光明无量照十方國无所鄣导
是故号爲阿弥陁又舍利弗彼佛壽命及其
人民无量无邊阿僧祇劫故名阿弥陁舍利弗
阿弥陁佛成佛已來於今十劫又舍利弗彼佛
有无量无邊聲聞弟子皆阿羅漢非是算數
之所能知諸菩薩亦如是舍利弗彼佛國土成
就如是功德莊嚴
又舍利弗極樂國土衆生生者皆是阿鞞跋
致其中多有一生補處其數甚多非是算數
所能知之但可以无量无邊阿僧祇劫說舍利
弗衆生聞者應當發願願生彼國所以者何
得與如是諸上善人俱會一處舍利弗不可以
少善根福德因緣得生彼國舍利弗若有



致其中多有一生補處其數甚多非是算數
所能知之但可以无量无邊阿僧祇劫說舍利
弗衆生聞者應當發願願生彼國所以者何
得與如是諸上善人俱會一處舍利弗不可以
少善根福德因緣得生彼國舍利弗若有
善男子善女人聞說阿陁佛執持名号若
一日若二日若三日若四日若五日若六日若
七日一心不亂其人臨命終時阿弥陁佛與
諸聖衆現在其前是人終時心不顛倒即
得往生阿弥陁佛極樂國土舍利弗我見是
利故說此言若有衆生聞是說者應當發
願生彼國土
舍利弗如我今者讚嘆阿弥陁佛不可思議功
德東方亦有阿閦鞞佛須弥相佛大須弥佛
須弥光佛妙音佛如是等恒河沙數諸佛各
於其國出廣長舌相遍覆三千大千世界說
誠實言汝等衆生當信是稱讚不可思議
功德一切諸佛所護念経
舍利弗南方世界有日月燈佛名聞光佛大
燄肩佛須弥燈佛无量精進佛如是等恒河
沙數諸佛各於其國出廣長舌相遍覆三千
大千世界說誠實言汝等衆生當信是稱讚
不可思議功德一切諸佛所護念経
舍利弗西方世界有无量壽佛无量相佛无
量幢佛大光佛大明佛寶相佛淨光佛如是
等恒河沙數諸佛各於其國出廣長舌相遍
覆三千大千世界說誠實言汝等衆生當信

大千世界說誠實言汝等衆生當信是稱讚
不可思議功德一切諸佛所護念經
舍利弗西方世界有无量壽佛无量相佛无
量幢佛大光佛大明佛寶相佛淨光佛如是
等恒河沙數諸佛各於其國出廣長舌相遍
覆三千大千世界說誠實言汝等衆生當信
是稱讚不可思議功德一切諸佛所護念經
舍利弗北方世界有焰肩佛最勝音佛難沮佛
日生佛網明佛如是等恒河沙數諸佛各於其
國出廣長舌相遍覆三千大千世界說誠實
言汝等衆生當信是稱讚不可思議功德
一切諸佛所護念經
舍利弗下方世界有師子佛名聞佛名光佛
達摩佛法幢佛持法佛如是等恒河沙數諸
佛各於其國出廣長舌相遍覆三千大千世
界說誠實言汝等衆生當信是稱讚不可思
議功德一切諸佛所護念經
舍利弗上方世界有梵音佛宿王佛香上佛
香光佛大焰肩佛雜色寶華嚴身佛娑羅樹
王佛寶華德佛見一切義佛如須弥山佛如
是等恒河沙數諸佛各於其國出廣長舌相
遍覆三千大千世界說誠實言汝等衆生當
信是稱讚不可思議功德一切諸佛所護念經
舍利弗於汝意云何何故名一切諸佛所護念
經舍利弗若有善男子善女人聞是諸佛所
說名及經名者是諸善男子善女人皆為一切
諸佛共所護念皆得不退轉於阿耨多羅三



遍覆三千大千世界說誠實言汝等衆生當
信是稱讚不可思議功德一切諸佛所護念經
舍利弗於汝意云何何故名一切諸佛所護念
經舍利弗若有善男子善女人聞是諸佛所
說名及經名者是諸善男子善女人皆為一切
諸佛共所護念皆得不退轉於阿耨多羅三
藐三菩提是故舍利弗汝等皆當信受我語
及諸佛所說舍利弗若有人已發願今發願
當發願欲生阿弥陁佛國者是諸人等皆得
不退轉於阿耨多羅三藐三菩提於彼國土
若已生若今生若當生是故舍利弗諸善
男子善女人若有信者應當發願生彼國土
舍利弗如我今者稱讚諸佛不可思議功德
彼諸佛等亦稱說我不可思議功德而作是
言釋迦牟尼佛能為甚難希有之事能於娑
婆國土五濁惡世劫濁見濁煩惱濁衆生濁命
濁中得阿耨多羅三藐三菩提為諸衆生說
是一切世間難信之法舍利弗當知我於五
濁惡世行此難事得阿耨多羅三藐三菩提
為一切世間說此難信之法是為甚難佛
說此經已舍利弗及諸比丘一切世間天人阿
脩羅等聞佛所說歡喜信受
阿弥陁佛說呪曰
那(上)謨(上)菩(上)陁夜(輕可反下同)　那謨馱囉摩夜那　謨僧
伽夜那摩阿彌多婆(上)夜跢(丁可反下同)他伽多夜阿(上)
阿囉(上)訶(上)藐三藐三菩陁夜跢姪他阿(上)彌唎
(上)藐阿彌唎都婆鞞(菩迷反下同)阿彌唎跢三婆鞞(上)

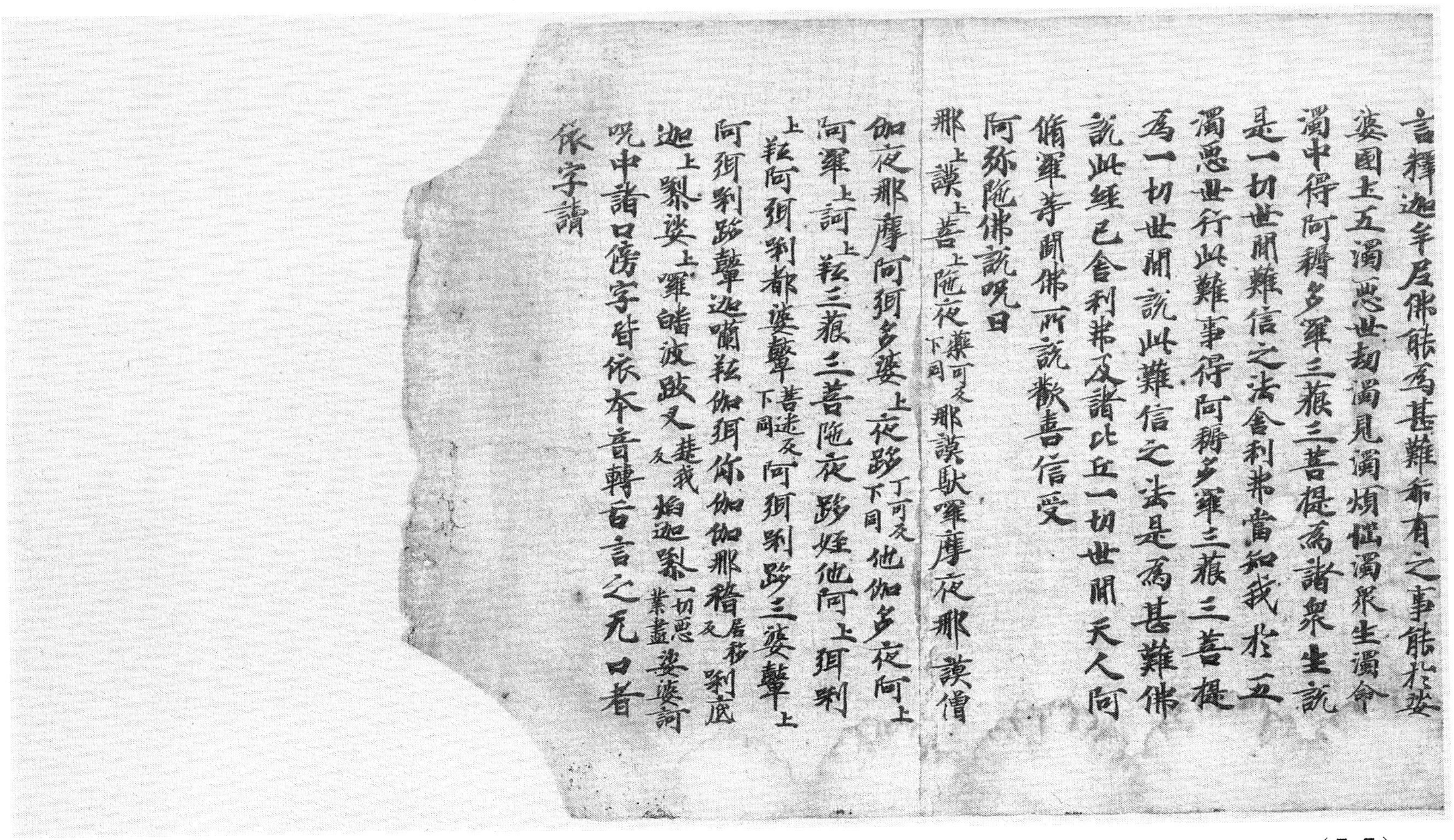
言釋迦牟尼佛能為甚難希有之事能於娑
婆國土五濁惡世劫濁見濁煩惱濁衆生濁命
濁中得阿耨多羅三藐三菩提為諸衆生說
是一切世間難信之法舍利弗當知我於五
濁惡世行此難事得阿耨多羅三藐三菩提
為一切世間說此難信之法是為甚難佛
說此經已舍利弗及諸比丘一切世間天人阿
脩羅等聞佛所說歡喜信受
阿弥陀佛說呪曰
那上謨上菩上陀夜藥可反下同那謨馱囉摩夜那謨僧
伽夜那摩阿弭多婆上夜路丁可反下同他伽多夜阿上
囉上訶上羝三藐三菩陀夜路姪他阿上弭唎
上羝阿弭唎都婆鞞菩逑反下同阿弭唎路三婆鞞上
阿弭唎路毗迦蘭羝伽弭你伽伽那稽居移反唎底
迦上梨婆上囉皓波跋又莛我反㛮迦梨一切惡業盡娑婆訶
呪中諸口傍字皆依本音轉舌言之无口者
依字讀

BD04752 號 2　阿彌陀佛說咒　（7–7）

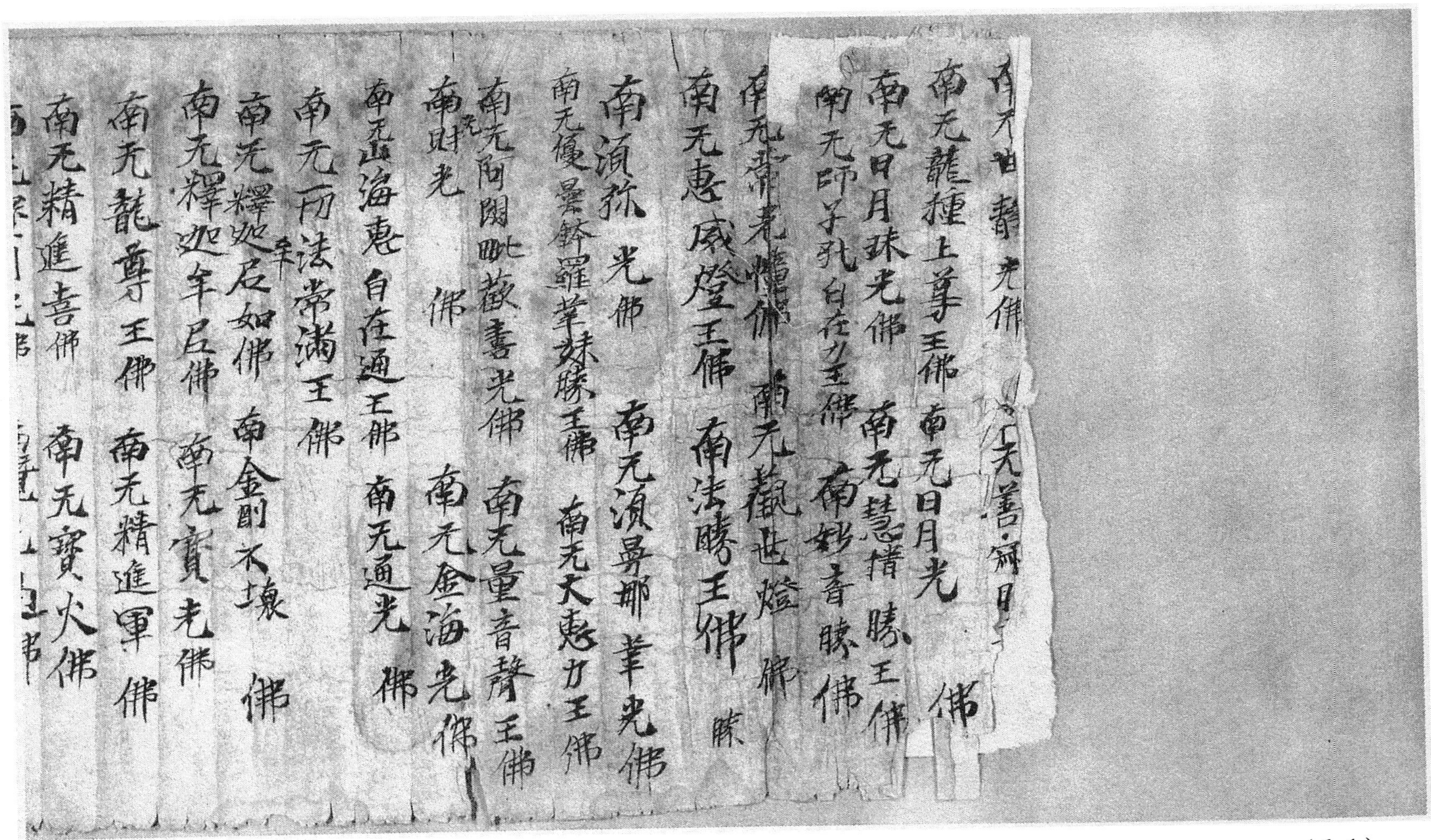
南无[illegible]靜光佛　南无善[illegible]日
南无龍種上尊王佛　南无日月光佛
南无日月珠光佛　南无慧幢勝王佛
南无師子孔自在力王佛　南无妙音勝佛
南无常光幢佛　南无觀世燈佛
南无慧威燈王佛　南无法勝王佛
南无須弥光佛　南无須曼那華光佛
南无優曇鉢羅華殊勝王佛　南无大慧力王佛
南无阿閦毗歡喜光佛　南无量音聲王佛
南无財光佛　南无金海光佛
南无山海慧自在通王佛　南无大通光佛
南无一切法常滿王佛
南无釋迦牟尼如佛　南金剛不壞佛
南无釋迦牟尼佛　南无寶光佛
南无龍尊王佛　南无精進軍佛
南无精進喜佛　南无寶火佛

BD04753 號　七階佛名經　（6–1）

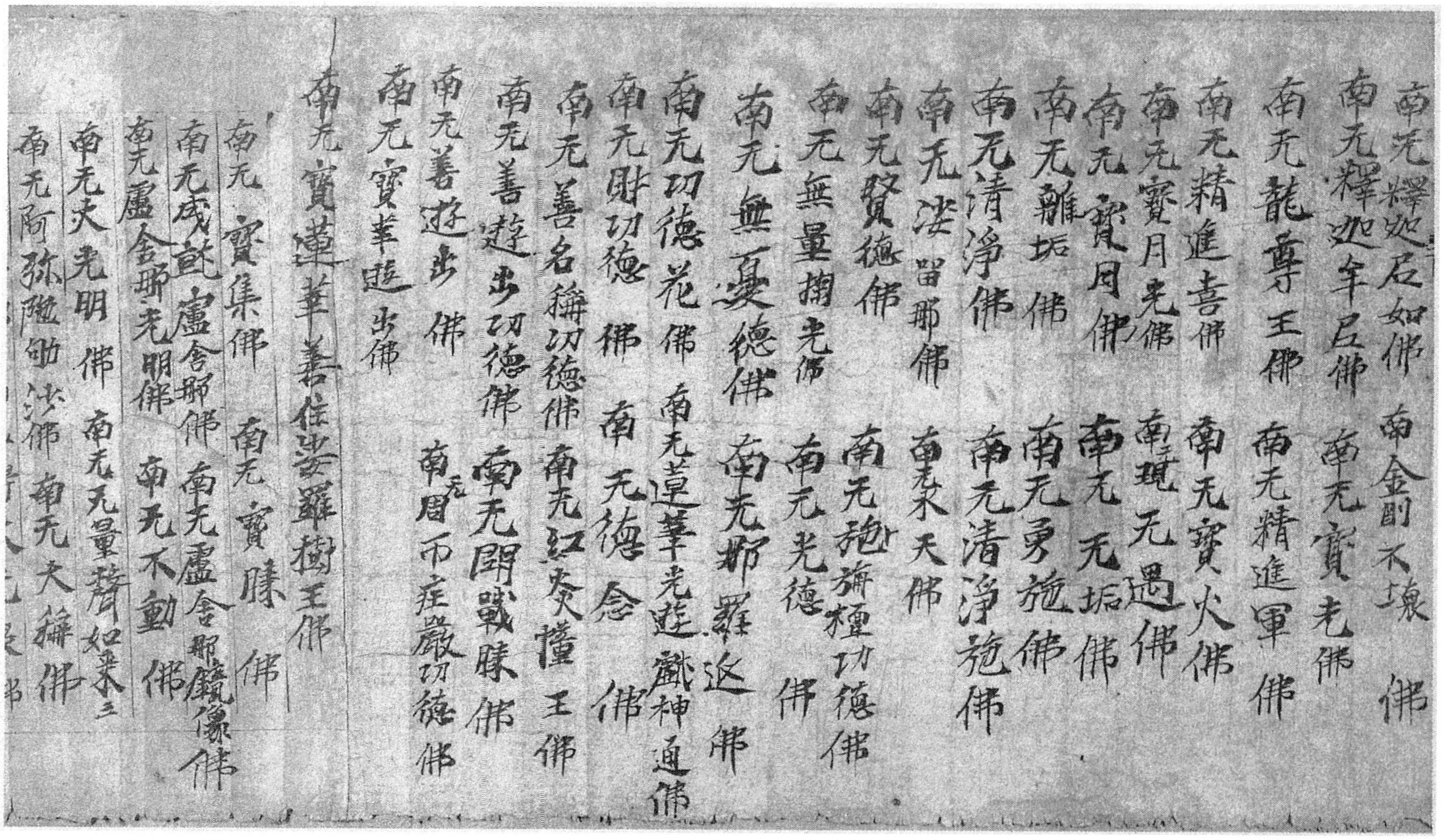

南无釋迦尼如佛　南金剛不壞佛
南无釋迦牟尼佛　南无寶光佛
南无龍尊王佛　南无精進軍佛
南无精進喜佛　南无寶火佛
南无寶月光佛　南无現无愚佛
南无寶月佛　南无无垢佛
南无離垢佛　南无勇施佛
南无清淨佛　南无清淨施佛
南无娑留那佛　南无水天佛
南无賢德佛　南无旃檀功德佛
南无無量掬光佛　南无光德佛
南无無憂德佛　南无那羅延佛
南无功德花佛　南无蓮華光遊戲神通佛
南无財功德佛　南无德念佛
南无善名稱功德佛　南无紅炎幢王佛
南无善遊步功德佛　南无鬪戰勝佛
南无善遊步佛　南无周匝莊嚴功德佛
南无寶華遊步佛
南无寶蓮華善住娑羅樹王佛
南无寶集佛　南无寶勝佛
南无成就盧舍那佛　南无盧舍那鏡像佛
南无盧舍那光明佛　南无不動佛
南无大光明佛　南无无量聲如來三
南无阿弥陁劬沙佛　南无大稱佛

BD04753號　七階佛名經　（6–2）

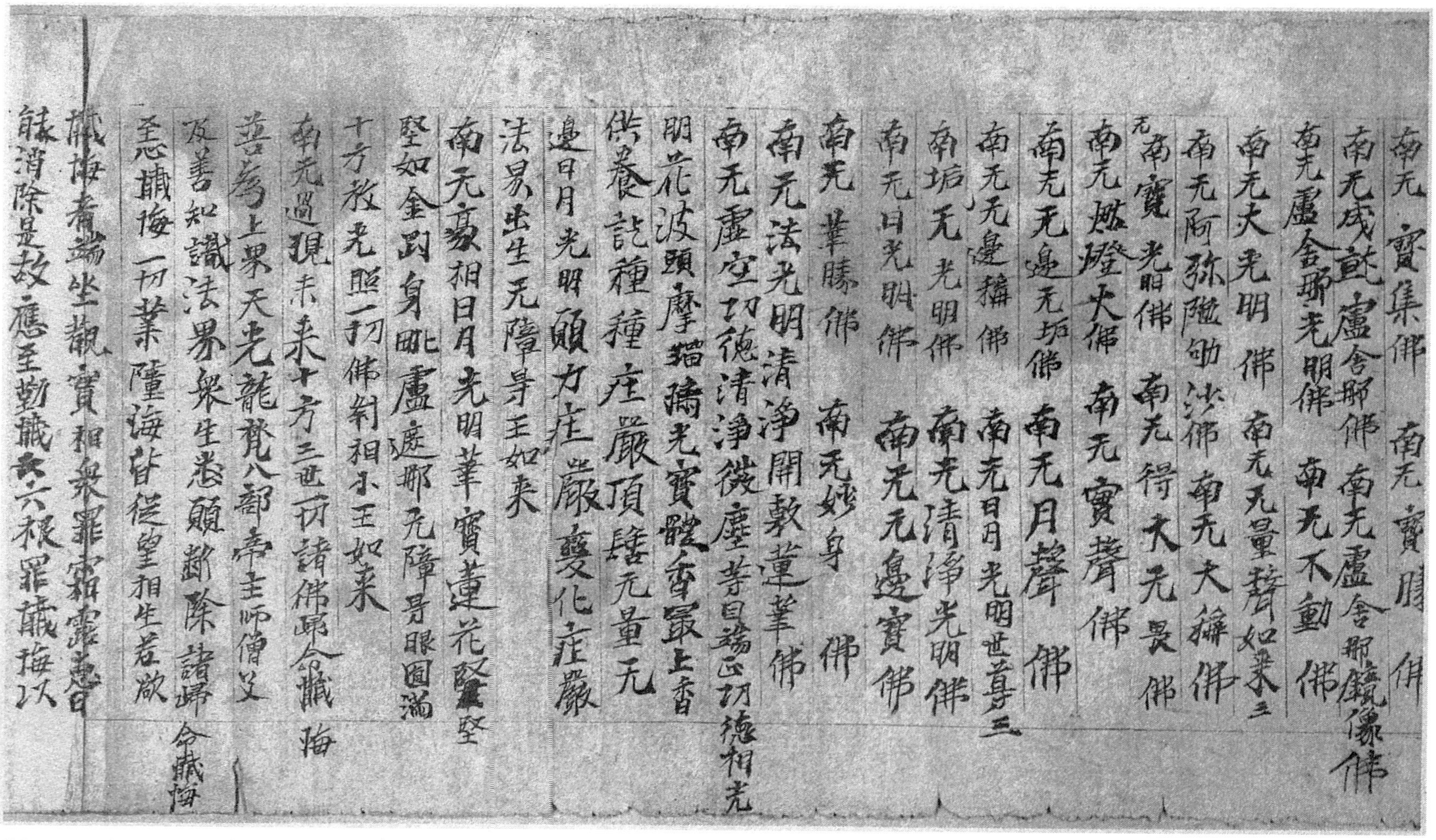

南无寶集佛　南无寶勝佛
南无成就盧舍那佛　南无盧舍那鏡像佛
南无盧舍那光明佛　南无不動佛
南无大光明佛　南无无量聲如來三
南无阿弥陁劬沙佛　南无大稱佛
南无寶光明佛　南无得大无畏佛
南无然燈火佛　南无寶聲佛
南无无邊无垢佛　南无月聲佛
南无无邊稱佛　南无日月光明世尊三
南垢无光明佛　南无清淨光明佛
南无日光明佛　南无无邊寶佛
南无華勝佛　南无妙身佛
南无法光明清淨開敷蓮華佛
南无虛空功德清淨微塵等目端正功德相光
明花波頭摩瑠璃光寶體香最上香
供養訖種種莊嚴頂髻无量无
邊日月光明願力莊嚴變化莊嚴
法界出生无障㝵王如來
南无豪相日月光明華寶蓮花堅
堅如金剛身毗盧遮那无障㝵眼圓滿
十方放光照一切佛剎相王如來
南无過現未來十方三世一切諸佛歸命懺悔
菩薩上界天光龍覺八部帝主師僧父
及善知識法界衆生悉願斷除諸歸命懺悔
至心懺悔一切業障海皆從望相生若欲
懺悔者端坐觀實相衆罪如霜露慧日
能消除是故應至勤懺於六根罪懺悔以

BD04753號　七階佛名經　（6–3）

菩薩上界天光龍梵八部帝主師僧父
及善知識法界衆生悉願斷除諸歸命懺悔
至心懺悔一切業障海皆從妄想生若欲
懺悔者端坐觀實相衆罪如霜露慧日
能消除是故應至勤懺悔六根罪懺悔以
歸命礼三寶
至心懺悔佛眼明朗照世間悉能破壞生死闇
衆生累劫及重苦頂礼懺願滅除亦有如是
大慈悲能救衆生無量重苦
至心懺悔 我等自從無量劫恒被六賊欺於
奇聲一相之中而狸生分別眼根常愛色耳
分別音聲鼻貪臭餘香舌鎮貪諸味身
常樂受觸意相遍攀緣猶斯顛倒心故沉輪
生死海懺悔已歸命礼三寶
願我等從今日乃至證菩提六賊翻成爲六
通三毒變爲三解脫同一真如平等性不
捨生死證涅槃恒於六聚普群生共發
如來無上道發願已歸命礼三寶
至心發願我等生生值諸佛世世恒聞
解脫音弘誓平等度衆畢竟速成無上
道發願已歸命礼三寶 稽首大通
衆罪皆懺悔諸福盡隨喜及請佛功德願成
無上道去來現在佛於衆生最勝無量
功德海歸依合掌礼 一切普誦 處世界
如虛空如蓮華不著水心清淨超於彼啓
首礼無上尊 說偈發願 願以此功德普及於
一切恭敬 自歸依佛當願衆生體解大道 發無上意

BD04753 號　七階佛名經

（6–4）

無上道去來現在佛於衆生最勝無量
功德海歸依合掌礼 一切普誦 處世界
如虛空如蓮華不著水心清淨超於彼啓
首礼無上尊 說偈發願 願以此功德普及於
一切恭敬 自歸依佛當願衆生體解大道 發無上意
自歸依法當願衆生深入經藏智慧如海
自歸依僧當願衆生統理大衆一切無㝵
願諸衆生諸惡莫作諸善奉行自淨意是諸
佛教和南一切賢聖白衆等聽說黃昏無常
偈 人間忩忩營衆務不覺年命日夜去如燈
風中滅難期是忙六道受趣未得解脫出
苦海云何安然不驚懼有力時自勵求
常住 白衆等聽說初夜無常偈 煩惱深無
生死海邊度苦船未至云何樂睡眠 勇猛
悟攝心恒在禪 懃脩六度行菩提道自然
白衆等聽說中夜無常偈 汝等勿抱臭屍臥
種種不淨假名身如得重病箭入體諸苦痛
集安可眠 白衆等聽說後夜無常偈時光遷
流轉忽至五更初無常念念至恒與四王俱勸
諸行道者求無上至無餘
白衆等聽說午時無常偈 人生不精進喻若樹
無根花至日中取得幾時鮮花色不久鮮色
不常好人命如剎那須臾難可報是故衆等勤
求無上道
寅朝礼文
敬礼毗盧遮那佛 敬礼盧舍那佛 敬礼釋迦牟
尼佛 敬礼東方善德佛 敬礼東南方無憂德

BD04753 號　七階佛名經

（6–5）

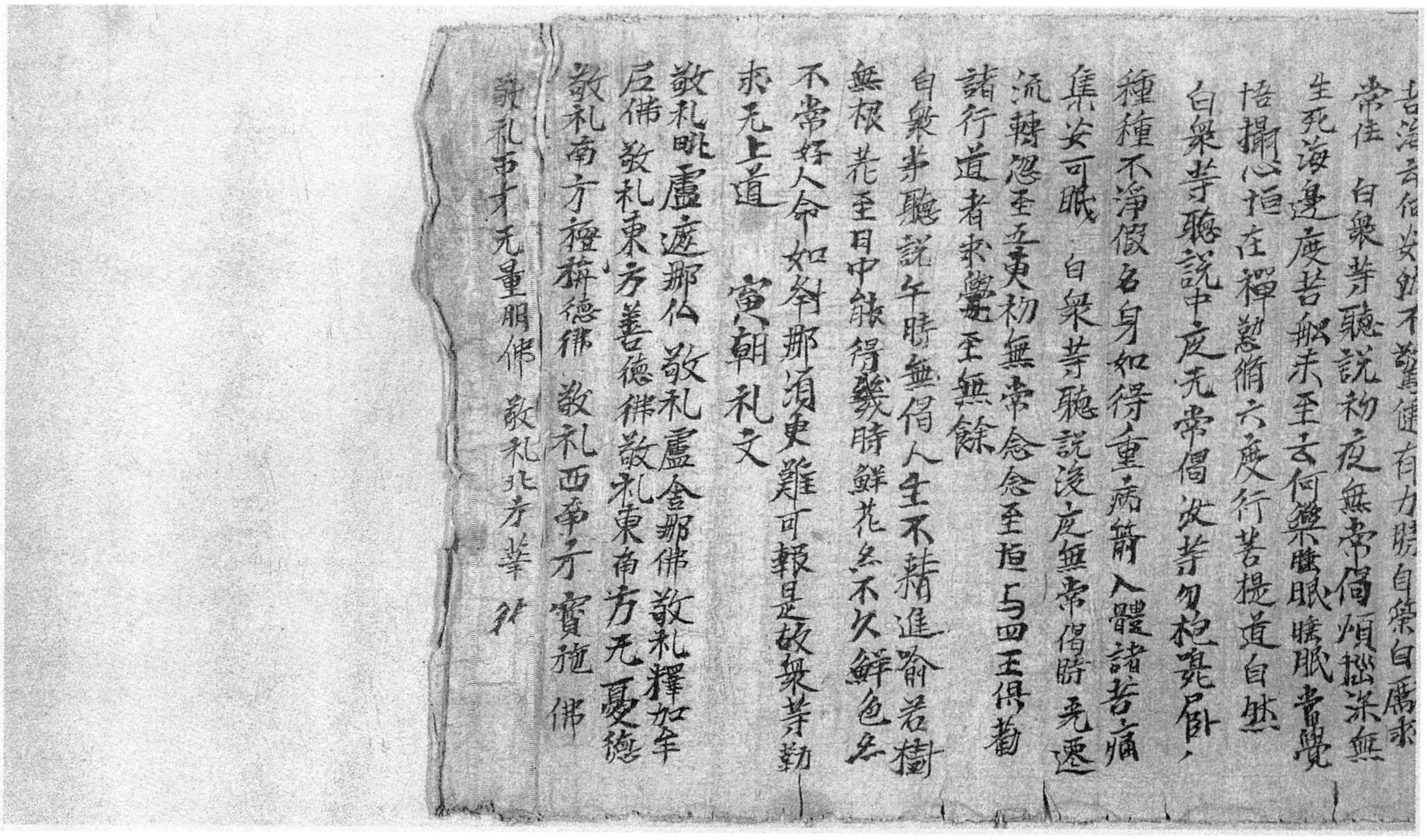

吉海云何安隱不驚健有力勝自樂白衆求
常住　白衆等聽説初夜無常偈煩惱深無
生死海邊度苦船未至云何樂睡眠勤覺
悟攝心恒在禪思修六度行菩提道自然
白衆等聽説中夜无常偈汝等勿抱臭屍卧
種種不淨假名身如得重病箭入體諸苦痛
集安可眠　白衆等聽説後夜無常偈時光遷
流轉忽至五更初無常念念至恒與四王俱勸
諸行道者求覺至無餘
白衆等聽説午時無常偈人生不精進喻若樹
無根花至日中能得幾時鮮花亦不久鮮色亦
不常好人命如剎那須臾難可報是故衆等勤
求无上道　寅朝礼文
敬礼毗盧遮那仏　敬礼盧舍那佛　敬礼釋迦牟
尼佛　敬礼東方善德佛　敬礼東南方无憂德
敬礼南方栴檀德佛　敬礼西南方寶施佛
敬礼西方无量明佛　敬礼北方華[illegible]

BD04753 號　七階佛名經　（6–6）

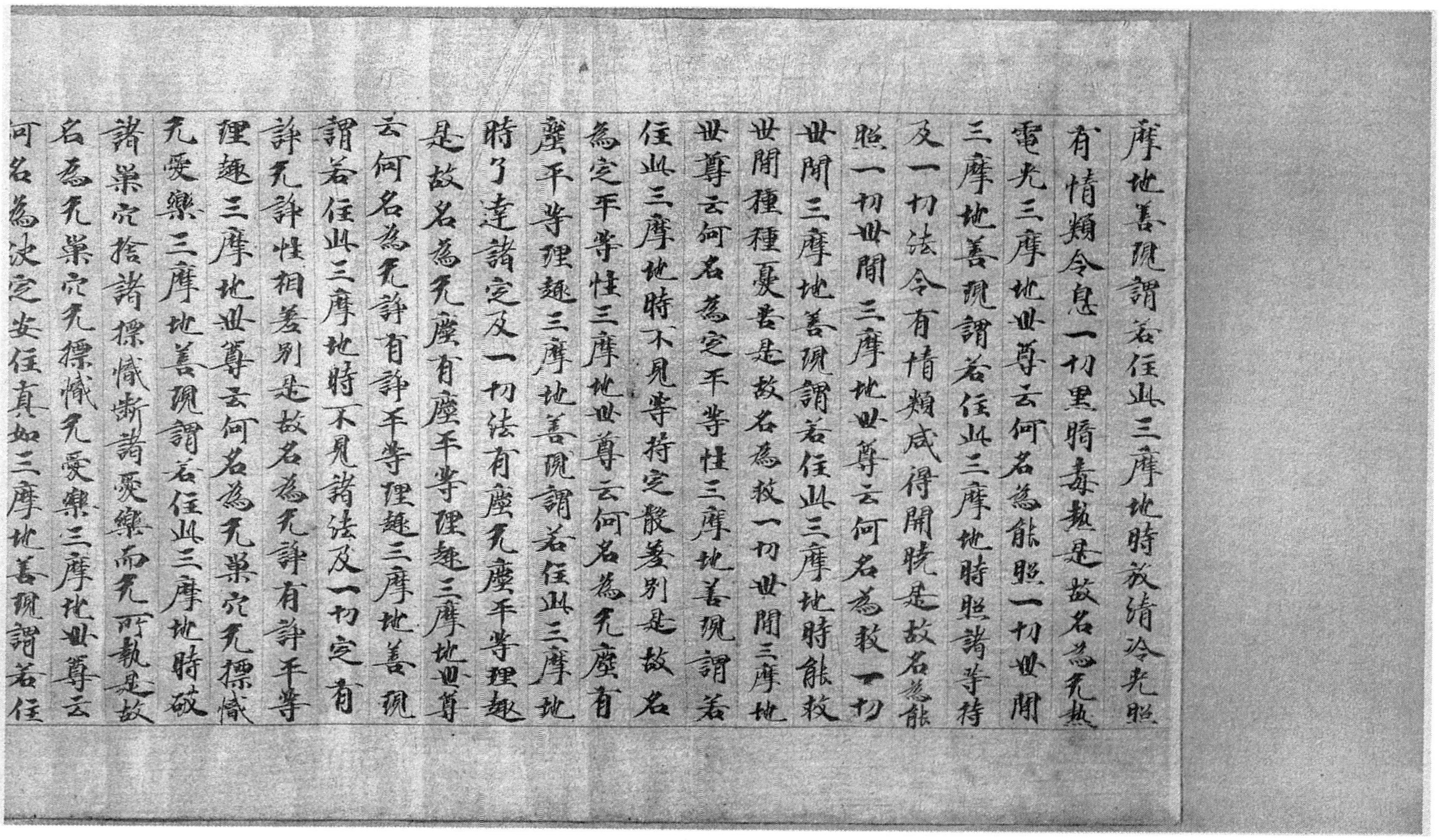

摩地善現謂若住此三摩地時放清冷光照
有情類令息一切黑睛毒熱是故名為无熱
電光三摩地世尊云何名為能照一切世間
三摩地善現謂若住此三摩地時照諸等持
及一切法令有情類咸得開曉是故名為能
照一切世間三摩地世尊云何名為救一切
世間三摩地善現謂若住此三摩地時能救
世間種種憂苦是故名為救一切世間三摩地
世尊云何名為定平等性三摩地善現謂若
住此三摩地時不見等持定散差別是故名
為定平等性三摩地世尊云何名為无塵有
塵平等理趣三摩地善現謂若住此三摩地
時了達諸定及一切法有塵无塵平等理趣
是故名為无塵有塵平等理趣三摩地世尊
云何名為无諍有諍平等理趣三摩地善現
謂若住此三摩地時不見諸法及一切定有
諍无諍性相差別是故名為无諍有諍平等
理趣三摩地世尊云何名為无巢穴无標幟
无愛樂三摩地善現謂若住此三摩地時破
諸巢穴捨諸標幟斷諸愛樂而无所執是故
名為无巢穴无標幟无愛樂三摩地世尊云
何名為決定安住真如三摩地善現謂若住

BD04754 號　大般若波羅蜜多經卷五二　（2–1）

住此三摩地時不見等持定散差別是故名
為定平等性三摩地世尊云何名為无塵有
塵平等理趣三摩地善現謂若住此三摩地
時了達諸定及一切法有塵无塵平等理趣
是故名為无塵有塵平等理趣三摩地世尊
云何名為无諍有諍平等理趣三摩地善現
謂若住此三摩地時不見諸法及一切定有
諍无諍性相差別是故名為无諍有諍平等
理趣三摩地世尊云何名為无巢穴无標幟
无愛樂三摩地善現謂若住此三摩地時破
諸巢穴捨諸標幟斷諸愛樂而无所執是故
名為无巢穴无標幟无愛樂三摩地世尊云
何名為決定安住真如三摩地善現謂若住
此三摩地時於諸等持及一切法常不棄捨
真如實相是故名為決定安住真如三摩地
世尊云何名為器中涌出三摩地善現謂若
住此三摩地時令諸等持出生功德如天福力
食涌器中是故名為器中涌出三摩地世尊
云何名為燒諸煩惱三摩地善現謂若住此
三摩地時燒諸煩惱令无遺燼是故名為燒
……習慧炬三

**BD04754號　大般若波羅蜜多經卷五二**　（2–2）

菩薩……
……於意云何可以身相見……不不也
世尊不可以身相得見如來何以故如來所
說身相即非身相佛告須菩提凡所有相
皆是虛妄若見諸相非相則見如來
須菩提白佛言世尊頗有眾生得聞如是言
說章句生實信不佛告須菩提莫作是說如
來滅後後五百歲有持戒脩福者於此章句
能生信心以此為實當知是人不於一佛二
佛三四五佛而種善根已於无量千万佛所
種諸善根聞是章句乃至一念生淨信者
須菩提如來悉知悉見是諸眾生得如是
无量福德何以故是諸眾生无復我相人相
眾生相壽者相无法相亦无非法相何以故
是諸眾生若心取相則為著我人眾生壽者
若取法相即著我人眾生壽者何以故若取
非法相即著我人眾生壽者是故不應取法
不應取非法以是義故如來常說汝等比丘
[illegible]

**BD04755號　金剛般若波羅蜜經**　（15–1）

衆生相壽者相无法相亦无非法相何以故
是諸衆生若心取相則為著我人衆生壽者
若取法相即著我人衆生壽者何以故若取
非法相即著我人衆生壽者是故不應取法
不應取非法以是義故如來常說汝等比丘
知我說法如筏喻者法尚應捨何況非法
須菩提於意云何如來得阿耨多羅三藐三
菩提耶如來有所說法耶須菩提言如我解
佛所說義无有定法名阿耨多羅三藐三菩
提亦无有定法如來可說何以故如來所說
法皆不可取不可說非法非非法所以者何
一切賢聖皆以无為法而有差別須菩提於意
云何若人滿三千大千世界七寶以用布施
是人所得福德寧為多不須菩提言甚多
世尊何以故是福德即非福德性是故如來
說福德多若復有人於此經中受持乃至四
句偈等為他人說其福勝彼何以故須菩
一切諸佛及諸阿耨多羅三藐三菩提法
皆從此經出須菩提所謂佛法者即非佛
法須菩提於意云何須陁洹能作是念我得
須陁洹果不須菩提言不也世尊何以故須洹
陁名為入流而无所入不入色聲香味觸法
是名須陁洹須菩提於意云何斯陁含能作
是念我得斯陁含果不須菩提言不也世尊
何以故斯陁含名一往來而實无往來是名

BD04755號　金剛般若波羅蜜經

（15–2）

須陁洹果不須菩提言不也世尊何以故須洹
陁名為入流而无所入不入色聲香味觸法
是名須陁洹須菩提於意云何斯陁含能作
是念我得斯陁含果不須菩提言不也世尊
何以故斯陁含名一往來而實无往來是名
斯陁含須菩提於意云何阿那含能作是念
我得阿那含果不須菩提言不也世尊何以
故阿那含名為不來而實无來是故名阿那
含須菩提於意云何阿羅漢能作是念我
得阿羅漢道不須菩提言不也世尊何以故
實无有法名阿羅漢世尊若阿羅漢作是念
我得阿羅漢道即為著我人衆生壽者世
尊佛說我得无諍三昧人中最為第一是第
一離欲阿羅漢我不作是念我是離欲阿羅
漢世尊我若作是念我得阿羅漢道世尊則
不說須菩提是樂阿蘭那行者以須菩提實
无所行而名須菩提是樂阿蘭那行
佛告須菩提於意云何如來昔在然燈佛所
於法有所得不世尊如來在然燈佛所於法
實无所得須菩提於意云何菩薩莊嚴佛土
不不也世尊何以故莊嚴佛土者則非莊嚴
是名莊嚴是故須菩提諸菩薩摩訶薩應
如是生清淨心不應住色生心不應住聲香味
觸法生心應无所住而生其心須菩提譬如
有人身如須弥山王於意云何是身為大不
須菩提言甚大世尊何以故佛說非身是

BD04755號　金剛般若波羅蜜經

（15–3）

是名莊嚴是故須菩提諸菩薩摩訶薩應
如是生清淨心不應住色生心不應住聲香味
觸法生心應无所住而生其心須菩提譬如
有人身如須弥山王於意云何是身為大不
須菩提言甚大世尊何以故佛說非身是
名大身
須菩提如恒河中所有沙數如是沙等恒河
於意云何是諸恒河沙寧為多不須菩提言
甚多世尊但諸恒河尚多无數何況其沙須
菩提我今實言告汝若有善男子善女人以
七寶滿尒所恒河沙數三千大千世界以用
布施得福多不須菩提言甚多世尊佛告須
菩提若善男子善女人於此經中乃至受持
四句偈等為他人說而此福德勝前福德
復次須菩提隨說是經乃至四句偈等當知此
處一切世間天人阿脩羅皆應供養如佛塔
廟何況有人盡能受持讀誦須菩提當知
是人成就最上第一希有之法若是經典所
在之處則為有佛若尊重弟子
尒時須菩提白佛言世尊當何名此經我等
云何奉持佛告須菩提是經名為金剛般
若波羅蜜以是名字汝當奉持所以者何須
菩提佛說般若波羅蜜則非般若波羅蜜
須菩提於意云何如来有所說法不須菩提白
佛言世尊如来无所說須菩提於意云何三千

BD04755號　金剛般若波羅蜜經

（15–4）

尒時須菩提白佛言世尊當何名此經我等
云何奉持佛告須菩提是經名為金剛般
若波羅蜜以是名字汝當奉持所以者何須
菩提佛說般若波羅蜜則非般若波羅蜜
須菩提於意云何如来有所說法不須菩提白
佛言世尊如来无所說須菩提於意云何三千
大千世界所有微塵是為多不須菩提言甚
多世尊須菩提諸微塵如来說非微塵是名
微塵如来說世界非世界是名世界須菩提
於意云何可以卅二相見如来不不也世尊
何以故如来說卅二相即是非相是名三十二
相須菩提若有善男子善女人以恒河沙等
身命布施若復有人於此經中乃至受持四
句偈等為他人說其福甚多
尒時須菩提聞說是經深解義趣涕淚悲
泣而白佛言希有世尊佛說如是甚深經典
我從昔来所得慧眼未曾得聞如是之經世
尊若復有人得聞是經信心清淨則生實相
當知是人成就第一希有功德世尊是實相
者則是非相是故如来說名實相世尊我今
得聞如是經典信解受持不足為難若當来
世後五百歲其有衆生得聞是經信解受持是
人則為第一希有何以故此人无我相人相衆
生相壽者相所以者何我相即是非相人相
衆生相壽者相即是非相何以故離一切諸

BD04755號　金剛般若波羅蜜經

（15–5）

世後五百歲其有衆生得聞是經信解受持是
人則為第一希有何以故此人无我相人相衆
生相壽者相所以者何我相即是非相人相
衆生相壽者相即是非相何以故離一切諸
相則名諸佛
佛告須菩提如是如是若復有人得聞是經
不驚不怖不畏當知是人甚為希有何以故
須菩提如來說第一波羅蜜非第一波羅蜜
是名第一波羅蜜須菩提忍辱波羅蜜如來
說非忍辱波羅蜜何以故須菩提如我昔為
歌利王割截身體我於尒時无我相无人相
无衆生相无壽者相何以故我於往昔節節
支解時若有我相人相衆生相壽者相應生
瞋恨須菩提又念過去於五百世作忍辱仙
人於尒所世无我相无人相无衆生相无壽
者相是故須菩提菩薩應離一切相發阿耨
多羅三藐三菩提心不應住色生心不應住
聲香味觸法生心應生无所住心若心有住
則為非住是故佛說菩薩心不應住色布施
須菩提菩薩為利益一切衆生應如是布施
如來說一切諸相即是非相又說一切衆生
則非衆生須菩提如來是真語者實語者如
語者不誑語者不異語者須菩提如來所得
法此法无實无虛須菩提若菩薩心住於法
而行布施如人入闇則无所見若菩薩心不住



須菩提菩薩為利益一切衆生
如來說一切諸相即是非相又說一切衆生
則非衆生須菩提如來是真語者實語者如
語者不誑語者不異語者須菩提如來所得
法此法无實无虛須菩提若菩薩心住於法
而行布施如人入闇則无所見若菩薩心不住
法而行布施如人有目日光明照見種種
色須菩提當來之世若有善男子善女人能
於此經受持讀誦則為如來以佛智慧悉
知是人悉見是人皆得成就无量无邊功德
須菩提若有善男子善女人初日分以恒河
沙等身布施中日分復以恒河沙等身布
施後日分亦以恒河沙等身布施如是无量
千万億劫以身布施若復有人聞此經典
信心不逆其福勝彼何況書寫受持讀誦
為人解說須菩提以要言之是經有不可思
議不可稱量无邊功德如來為發大乘者說
為發最上乘者說若有人能受持讀誦廣
為人說如來悉知是人悉見是人皆得成就不
可量不可稱无有邊不可思議功德如是人等
則為荷擔如來阿耨多羅三藐三菩提何以
故須菩提若樂小法者著我見人見衆生見
壽者見則於此經不能聽受讀誦為人解說
須菩提在在處處若有此經一切世間天人
阿脩羅所應供養當知此處則為是塔皆
應恭敬作禮圍遶以諸華香而散其處

則為荷擔如來阿耨多羅三藐三菩提何以
故須菩提若樂小法者著我見人見衆生見
壽者見則於此經不能聽受讀誦為人解說
須菩提在在處處若有此經一切世間天人
阿脩羅所應供養當知此處則為是塔皆
應恭敬作礼圍遶以諸華香而散其處
復次須菩提善男子善女人受持讀誦此
經若為人輕賤是人先世罪業應墮惡道以
今世人輕賤故先世罪業則為消滅當得阿
耨多羅三藐三菩提須菩提我念過去无量
阿僧祇劫於然燈佛前得值八百四千万億
那由他諸佛悉皆供養承事无空過者若
復有人於後末世能受持讀誦此經所得功德
於我所供養諸佛功德百分不及一千万億分
乃至筭數譬喻所不能及須菩提若善男子
善女人於後末世有受持讀誦此經所得功
德我若具說者或有人聞心則狂亂狐疑不
信須菩提當知是經義不可思議果報亦不
可思議
尒時須菩提白佛言世尊善男子善女人發
阿耨多羅三藐三菩提心云何應住云何降
伏其心佛言須菩提善男子善女人發阿耨多
羅三藐三菩提心當生如是心我應滅度
一切衆生滅度一切衆生已而无有一衆生
實滅度者何以故若菩薩有我相人相衆生

BD04755號　金剛般若波羅蜜經

（15–8）

尒時須菩提白佛言世尊
阿耨多羅三藐三菩提心云何應住云何降
伏其心佛言須菩提善男子善女人發阿耨多
羅三藐三菩提心當生如是心我應滅度
一切衆生滅度一切衆生已而无有一衆生
實滅度者何以故若菩薩有我相人相衆生
相壽者相則非菩薩所以者何須菩提實无
有法發阿耨多羅三藐三菩提者須菩提於
意云何如來於然燈佛所有法得阿耨多羅
三藐三菩提不不也世尊如我解佛所說義
佛於然燈佛所无有法得阿耨多羅三藐三
菩提佛言如是如是須菩提實无有法如來
得阿耨多羅三藐三菩提須菩提若有法如
來得阿耨多羅三藐三菩提然燈佛則不與
我受記汝於來世當得作佛号釋迦牟尼以
實无有法得阿耨多羅三藐三菩提是故然
燈佛與我受記作是言汝於來世當得作佛
号釋迦牟尼何以故如來者即諸法如義若
有人言如來得阿耨多羅三藐三菩提須菩提
實无有法佛得阿耨多羅三藐三菩提須菩
提如來所得阿耨多羅三藐三菩提於是中
无實无虛是故如來說一切法皆是佛法須
菩提所言一切法者即非一切法是故名一
切法須菩提譬如人身長大須菩提言世尊
如來說人身長大則為非大身是名大身
須菩提菩薩亦如是若作是言我當滅度无

BD04755號　金剛般若波羅蜜經

（15–9）

提如來所得阿耨多羅三藐三菩提於是中
无實无虛是故如來說一切法皆是佛法須
菩提所言一切法者即非一切法是故名一
切法須菩提譬如人身長大須菩提言世尊
如來說人身長大則為非大身是名大身
須菩提菩薩亦如是若作是言我當滅度无
眾生則不名菩薩何以故須菩提无有法名
為菩薩是故佛說一切法无我无人无眾生
无壽者須菩提若菩薩作是言我當莊嚴
佛土是不名菩薩何以故如來說莊嚴佛土
者即非莊嚴是名莊嚴須菩提若菩薩通達
无我法者如來說名真是菩薩須菩提於意
云何如來有肉眼不如是世尊如來有肉眼須
菩提於意云何如來有天眼不如是世尊如
來有天眼須菩提於意云何如來有慧眼
不如是世尊如來有慧眼須菩提於意云何
如來有法眼不如是世尊如來有法眼須菩
提於意云何如來有佛眼不如是世尊如來有
佛眼須菩提於意云何恒河中所有沙佛說
是沙不如是世尊如來說是沙須菩提於意
云何如一恒河中所有沙有如是等恒河是
諸恒河所有沙數佛世界如是寧為多不甚
多世尊佛告須菩提尒所國土中所有眾生
若干種心如來悉知何以故如來說諸心皆
為非心是名為心所以者何須菩提過去心
不可得現在心不可得未來心不可得須菩



云何如一恒河中所有沙有如是等恒河是
諸恒河所有沙數佛世界如是寧為多不甚
多世尊佛告須菩提尒所國土中所有眾生
若干種心如來悉知何以故如來說諸心皆
為非心是名為心所以者何須菩提過去心
不可得現在心不可得未來心不可得須菩
提於意云何若有人滿三千大千世界七寶
以用布施是人以是因緣得福多不如是世
尊此人以是因緣得福甚多須菩提若福德
有實如來不說得福德多以福德无故如來
說得福德多
須菩提於意云何佛可以具足色身見不不
也世尊如來不應以具足色身見何以故如
來說具足色身即非具足色身是名具足色
身須菩提於意云何如來可以具足諸相見
不不也世尊如來不應以具足諸相見何以
故如來說諸相具足即非具足是名諸相具
足須菩提汝等勿謂如來作是念我當有所
說法莫作是念何以故若人言如來有所說
法即為謗佛不能解我所說故須菩提說法
者无法可說是名說法須菩提白佛言世尊
佛得阿耨多羅三藐三菩提為无所得耶如
是如是須菩提我於阿耨多羅三藐三菩提
乃至无有少法可得是名阿耨多羅三藐三
菩提復次須菩提是法平等无有高下是名
阿耨多羅三藐三菩提以无我无人无眾生

佛得阿耨多羅三藐三菩提爲无所得耶如
是如是須菩提我於阿耨多羅三藐三菩提
乃至无有少法可得是名阿耨多羅三藐三
菩提復次須菩提是法平等无有高下是名
阿耨多羅三藐三菩提以无我无人无衆生
无壽者脩一切善法則得阿耨多羅三藐三
菩提須菩提所言善法者如來說非善法
是名善法
須菩提若三千大千世界中所有諸須彌山
王如是等七寶聚有人持用布施若人以此
般若波羅蜜經乃至四句偈等受持爲他人
說於前福德百分不及一百千万億分乃至
筭數譬喻所不能及
須菩提於意云何汝等勿謂如來作是念我
當度衆生須菩提莫作是念何以故實无有
衆生如來度者若有衆生如來度者如來則
有我人衆生壽者須菩提如來說有我者
則非有我而凡夫之人以爲有我須菩提凡夫
者如來則非凡夫須菩提於意云何可以卅
二相觀如來不須菩提言如是如是以卅二
相觀如來佛言須菩提若以卅二相觀如來
者轉輪聖王則是如來須菩提白佛言世尊
如我解佛所說義不應以卅二相觀如來尒
時世尊而說偈言
若以色見我以音聲求我 是人行耶道不能見如來

BD04755號　金剛般若波羅蜜經

（15–12）

相觀如來佛言須菩提若以卅二相觀如來
者轉輪聖王則是如來須菩提白佛言世尊
如我解佛所說義不應以卅二相觀如來尒
時世尊而說偈言
若以色見我以音聲求我 是人行耶道不能見如來
須菩提汝若作是念如來不以具足相故得
阿耨多羅三藐三菩提須菩提若作是念如
來不以具足相故得阿耨多羅三藐三菩提
須菩提汝若作是念發阿耨多羅三藐三菩
提者說諸法斷滅莫作是念何以故發阿
耨多羅三藐三菩提者於法不說斷滅相須
菩提若菩薩以滿恒河沙等世界七寶布施
若復有人知一切法无我得成於忍此菩薩
勝前菩薩所得功德須菩提以諸菩薩不
受福德故須菩提白佛言世尊云何菩薩不
受福德須菩提菩薩所作福德不應貪著是
故說不受福德須菩提若有人言如來若來
若去若坐若卧是人不解我所說義何以故如
來者无所從來亦无所去故名如來須菩提
若善男子善女人以三千大千世界碎爲微
塵於意云何是微塵衆寧爲多不甚多世
尊何以故若是微塵衆實有者佛則不說是
微塵衆所以者何佛說微塵衆則非微塵衆
是名微塵衆世尊如來所說三千大千世界
非世界是名世界何以故若世界實有者則

BD04755號　金剛般若波羅蜜經

（15–13）

塵於意云何是微塵衆寧爲多不甚多世
尊何以故若是微塵衆實有者佛則不說是
微塵衆所以者何佛說微塵衆則非微塵衆
是名微塵衆世尊如來所說三千大千世界
非世界是名世界何以故若世界實有者則
是一合相如來說一合相則非一合相是名一合
相須菩提一合相者則是不可說但凡夫之
人貪著其事須菩提若人言佛說我見人
見衆生見壽者見須菩提於意云何是人解
我所說義不世尊是人不解如來所說義何以
故世尊說我見人見衆生見壽者見即非我
見人見衆生見壽者見是名我見人見衆生
見壽者見須菩提發阿耨多羅三藐三菩提
心者於一切法應如是知如是見如是信解
不生法相須菩提所言法相者如來說即非
法相是名法相
須菩提若有人以滿无量阿僧祇世界七寶
持用布施若有善男子善女人發菩薩心者
於此經中乃至四句偈等受持讀誦爲人演
說其福勝彼云何爲人演說不取於相如如
不動何以故
一切有爲法 如夢幻泡影 如露亦如電 應作如是觀
佛說是經已長老須菩提及諸比丘比丘尼
優婆塞優婆夷一切世間天人阿脩羅聞佛
所說皆大歡喜信受奉行

BD04755號　金剛般若波羅蜜經　（15–14）

見人見衆生見壽者見是名我見人見衆生
見壽者見須菩提發阿耨多羅三藐三菩提
心者於一切法應如是知如是見如是信解
不生法相須菩提所言法相者如來說即非
法相是名法相
須菩提若有人以滿无量阿僧祇世界七寶
持用布施若有善男子善女人發菩薩心者
於此經中乃至四句偈等受持讀誦爲人演
說其福勝彼云何爲人演說不取於相如如
不動何以故
一切有爲法 如夢幻泡影 如露亦如電 應作如是觀
佛說是經已長老須菩提及諸比丘比丘尼
優婆塞優婆夷一切世間天人阿脩羅聞佛
所說皆大歡喜信受奉行
金剛般若波羅蜜經

BD04755號　金剛般若波羅蜜經　（15–15）

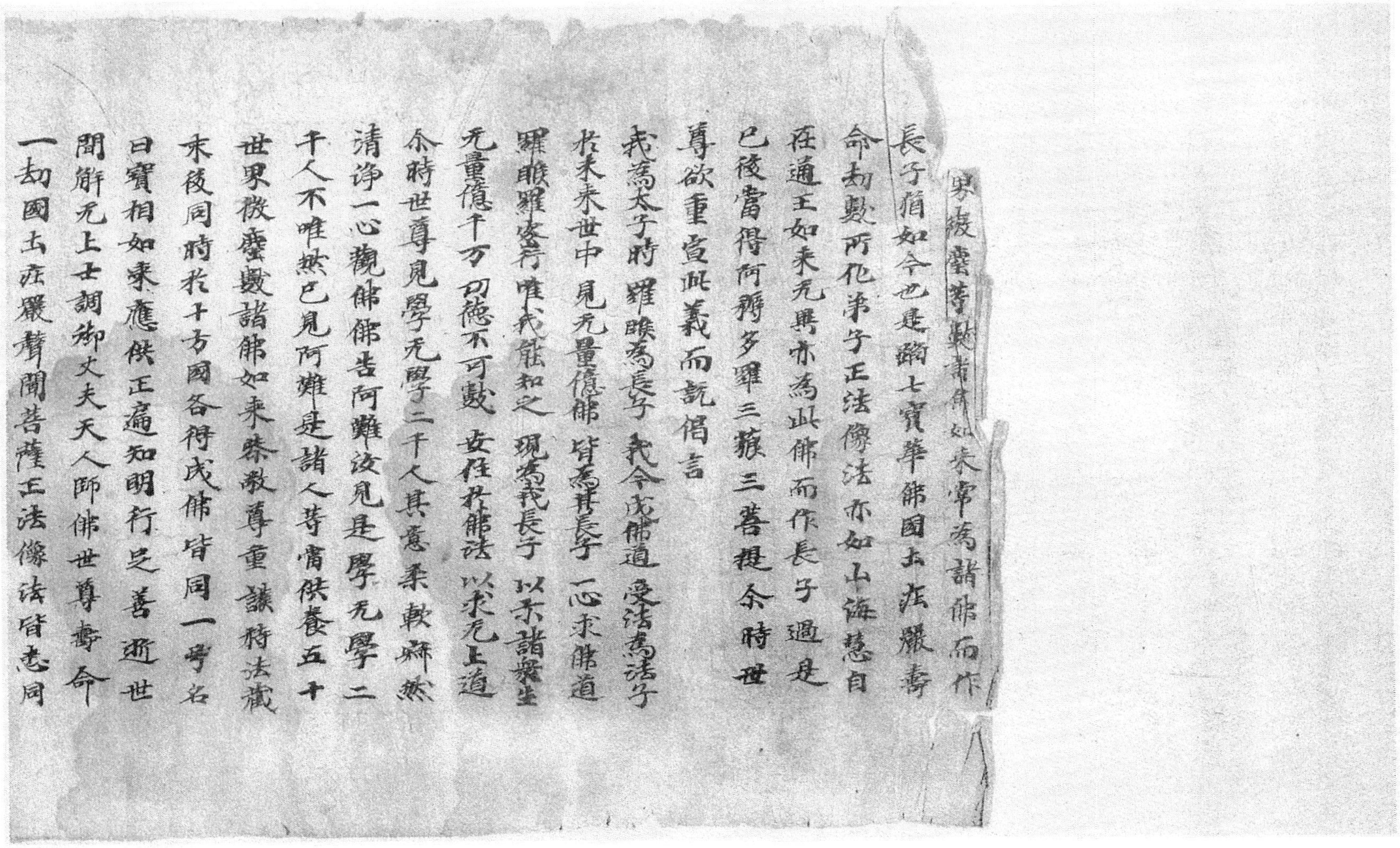

界微塵等數諸佛如來常為諸佛而作
長子猶如今也是蹈七寶華佛國土莊嚴壽
命劫數所化弟子正法像法亦如山海慧自
在通王如來无異亦為此佛而作長子過是
已後當得阿耨多羅三藐三菩提尒時世
尊欲重宣此義而說偈言
我為太子時　羅睺為長子　我今成佛道　受法為法子
於未來世中　見无量億佛　皆為其長子　一心求佛道
羅睺羅密行　唯我能知之　現為我長子　以示諸衆生
无量億千万　功德不可數　安住於佛法　以求无上道
尒時世尊見學无學二千人其意柔軟寂然
清淨一心觀佛佛告阿難汝見是學无學二
千人不唯然已見阿難是諸人等當供養五十
世界微塵數諸佛如來恭敬尊重護持法藏
末後同時於十方國各得成佛皆同一號名
曰寶相如來應供正遍知明行足善逝世
間解无上士調御丈夫天人師佛世尊壽命
一劫國土莊嚴聲聞菩薩正法像法皆悉同

BD04756號　妙法蓮華經卷四　（12–1）

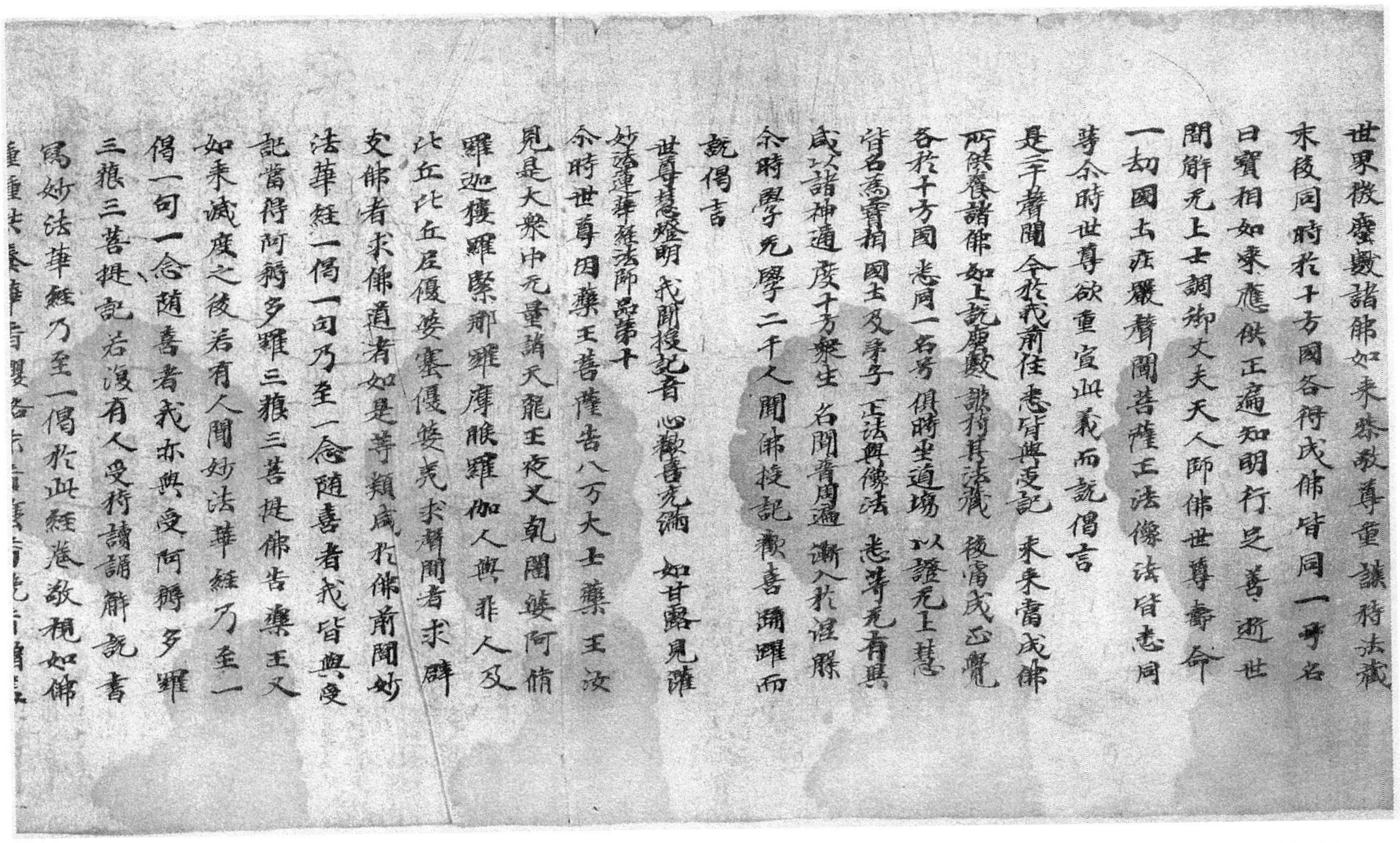

世界微塵數諸佛如來恭敬尊重護持法藏
末後同時於十方國各得成佛皆同一號名
曰寶相如來應供正遍知明行足善逝世
間解无上士調御丈夫天人師佛世尊壽命
一劫國土莊嚴聲聞菩薩正法像法皆悉同
等尒時世尊欲重宣此義而說偈言
是二千聲聞　今於我前住　悉皆與授記　未來當成佛
所供養諸佛　如上說塵數　護持其法藏　後當成正覺
各於十方國　悉同一名號　俱時坐道場　以證无上慧
皆名為寶相　國土及弟子　正法與像法　悉等无有異
咸以諸神通　度十方衆生　名聞普周遍　漸入於涅槃
尒時學无學二千人聞佛授記歡喜踊躍而
說偈言
世尊慧燈明　我聞授記音　心歡喜充滿　如甘露見灌
妙法蓮華經法師品第十
尒時世尊因藥王菩薩告八万大士藥王汝
見是大衆中无量諸天龍王夜叉乾闥婆阿脩
羅迦樓羅緊那羅摩睺羅伽人與非人及
比丘比丘尼優婆塞優婆夷求聲聞者求辟
支佛者求佛道者如是等類咸於佛前聞妙
法華經一偈一句乃至一念隨喜者我皆與授
記當得阿耨多羅三藐三菩提佛告藥王又
如來滅度之後若有人聞妙法華經乃至一
偈一句一念隨喜者我亦與授阿耨多羅
三藐三菩提記若復有人受持讀誦解說書
寫妙法華經乃至一偈於此經卷敬視如佛
種種供養華香瓔珞末香塗香燒香

BD04756號　妙法蓮華經卷四　（12–2）

如來滅度之後若有人聞妙法華經乃至一
偈一句一念隨喜者我亦與受阿耨多羅
三藐三菩提記若復有人受持讀誦解說書
寫妙法華經乃至一偈於此經卷敬視如佛
種種供養華香瓔珞末香塗香燒香繒蓋
幢幡衣服伎樂乃至合掌恭敬藥王當知是
諸人等已曾供養十万億佛於諸佛所成就
大願愍衆生故生此人間藥王若有人問何等
衆生於未來世當得作佛應示是諸人等
於未來世必得作佛何以故若善男子善女人
於法華經乃至一句受持讀誦解說書寫種
種供養經卷華香瓔珞末香塗香燒香繒蓋
幢幡衣服伎樂合掌恭敬是人一切世間所應
瞻奉應以如來供養而供養之當知此人是大
菩薩成就阿耨多羅三藐三菩提哀愍衆生
願生此間廣演分別妙法華經何況盡能受
持種種供養者藥王當知是人自捨清淨業
報於我滅度後愍衆生故生於惡世廣演此
經若是善男子善女人我滅度後能竊為一
人說法華經乃至一句當知是人則如來使
如來所遣行如來事何況於大衆中廣為
人說藥王若有惡人以不善心於一劫中現
於佛前常毀罵佛其罪尚輕若人以一惡言
毀呰在家出家讀誦法華經者其罪甚重
藥王其有讀誦法華經者當知是人以佛莊
嚴而自莊嚴則為如來肩所荷擔其所至方

BD04756號　妙法蓮華經卷四　(12–3)

於佛前常毀罵佛其罪尚輕若人以一惡言
毀呰在家出家讀誦法華經者其罪甚重
藥王其有讀誦法華經者當知是人以佛莊
嚴而自莊嚴則為如來肩所荷擔其所至方
應隨向礼一心合掌恭敬供養尊重讚歎華
香瓔珞末香塗香燒香繒蓋幢幡衣服餚饌
作諸伎樂人中上供而供養之應持天寶而以
散之天上寶聚應以奉獻所以者何是人歡
喜說法須臾聞之即得究竟阿耨多羅三藐
三菩提故尒時世尊欲重宣此義而說偈言
若欲住佛道　成就自然智　常當勤供養　受持法華者
其有欲疾得　一切種智慧　當受持是經　并供養持者
若有能受持　妙法華經者　當知佛所使　愍念諸衆生
諸有能受持　妙法華經者　捨於清淨土　愍衆故生此
當知如是人　自在所欲生　能於此惡世　廣說无上法
應以天華香　及天寶衣服　天上妙寶聚　供養說法者
吾滅後惡世　能持是經者　當合掌礼敬　如供養世尊
上饌衆甘美　及種種衣服　供養是佛子　兾得須臾聞
若能於後世　受持是經者　我遣在人中　行於如來事
若於一劫中　常懷不善心　作色而罵佛　獲无量重罪
其有讀誦持　是法華經者　須臾加惡言　其罪復過彼
有人求佛道　而於一劫中　合掌在我前　以无數偈讚
由是讚佛故　得无量功德　歎美持經者　其福復過彼
於八十億劫　以最妙色聲　及與香味觸　供養持經者
如是供養已　若得須臾聞　則應自欣慶　我今獲大利

BD04756號　妙法蓮華經卷四　(12–4)

其有讀誦持 是法華經者 須臾加惡言 其罪復過彼
有人求佛道 而於一劫中 合掌在我前 以无數偈讚
由是讚佛故 得无量功德 歎美持經者 其福復過彼
於八十億劫 以最妙色聲 及與香味觸 供養持經者
如是供養已 若得須臾聞 則應自欣慶 我今獲大利
藥王今告汝 我所說諸經 而於此經中 法華最第一
尒時佛復告藥王菩薩摩訶薩我所說經典
无量千万億已說今說當說而於其中此法華
經最為難信難解藥王此經是諸佛秘要之
藏不可分布妄授與人諸佛世尊之所守護從
昔已來未曾顯說而此經者如來現在猶多
怨嫉况滅度後藥王當知如來滅後其能書
持讀誦供養為他人說者如來則為以衣覆
之又為他方現在諸佛之所護念是人有大信
力及志願力諸善根力當知是人與如來共宿
則為如來手摩其頭藥王在在處處若說
若讀若誦若書若經卷所住之處皆應起
七寶塔極令高廣嚴飾不須復安舍利所
以者何此中已有如來全身此塔應以一切華
香瓔珞繒蓋幢幡伎樂歌頌供養恭敬尊重
讚歎若有人得見此塔禮拜供養當知是諸
人等皆近阿耨多羅三藐三菩提藥王多有人
在家出家行菩薩道若不能得見聞讀誦書持
供養是法華經者當知是人未善行菩薩道
若有得聞是經典者乃能善行菩薩之道其
有衆生求佛道者若見若聞是法華經聞已

BD04756號　妙法蓮華經卷四

（12–5）

讚歎若有人得見此塔禮拜供養當知是諸
人等皆近阿耨多羅三藐三菩提藥王多有人
在家出家行菩薩道若不能得見聞讀誦書持
供養是法華經者當知是人未善行菩薩道
若有得聞是經典者乃能善行菩薩之道其
有衆生求佛道者若見若聞是法華經聞已
信解受持者當知是人得近阿耨多羅三藐三
菩提藥王譬如有人渴乏須水於彼高原穿鑿
求之猶見乾土知水尚遠施功不已轉見濕
土遂漸至泥其心決定知水必近菩薩亦復
如是若未聞未解未能修習是法華經當
知是人去阿耨多羅三藐三菩提尚遠若得
聞解思惟修習必知得近阿耨多羅三藐三
菩提所以者何一切菩薩阿耨多羅三藐三
菩提皆屬此經此經開方便門示真實相是
法華經藏深固幽遠无人能到今佛教化成
就菩薩而為開示藥王若有菩薩聞是法華
經驚疑怖畏當知是為新發意菩薩若聲
聞人聞是經驚疑怖畏當知是為增上慢者
藥王若有善男子善女人如來滅後欲為四
衆說是法華經者云何應說是善男子善女人
入如來室著如來衣坐如來座尒乃應為四
衆廣說斯經如來室者一切衆生中大慈悲
心是如來衣者柔和忍辱心是如來座者一切
法空是安住是中然後以不懈怠心為諸菩
薩及四衆廣說是法華經藥王我於餘國遣
化人為其集聽法衆亦遣化比丘比丘尼優婆

BD04756號　妙法蓮華經卷四

（12–6）

衆廣說斯經如來室者一切衆生中大慈悲
心是如來衣者柔和忍辱心是如來座者一切
法空是安住是中然後以不懈怠心為諸菩
薩及四衆廣說是法華經藥王我於餘國遣
化人為其集聽法衆亦遣化比丘比丘尼優婆
塞優婆夷聽其說法是諸化人聞法信受隨
順不逆若說法者在空閑處我時廣遣天龍
鬼神乾闥婆阿脩羅等聽其說法我雖在
異國時時令說法者得見我身若於此經忘
失句逗我還為說令得具足尒時世尊欲重宣
此義而說偈言
欲捨諸懈怠　應當聽此經　是經難得聞　信受者亦難
如人渴須水　穿鑿於高原　猶見乾燥土　知去水尚遠
漸見濕土泥　決定知近水　藥王汝當知　如是諸人等
不聞法華經　去佛智甚遠　若聞是深經　決了聲聞法
是諸經之王　聞已諦思惟　當知此人等　近於佛智慧
若人說此經　應入如來室　著於如來衣　而坐如來座
處衆無所畏　廣為分別說　大慈悲為室　柔和忍辱衣
諸法空為座　處衆為說法　若說此經時　有人惡口罵
加刀杖瓦石　念佛故應忍　我千万億土　現淨堅固身
於无量億劫　為衆生說法　若我滅度後　能說此經者
我遣化四衆　比丘比丘尼　及清信士女　供養於法師
引導諸衆生　集之令聽法　若人欲加惡　刀杖及瓦石
則遣變化人　為之作衛護　若說法之人　獨在空閑處
寂漠无人聲　讀誦此經典　我尒時為現　清淨光明身
若忘失章句　為說令通利　若人具是德　或為四衆說

BD04756 號　妙法蓮華經卷四　（12–7）

我遣化四衆　比丘比丘尼　及清信士女　供養於法師
引導諸衆生　集之令聽法　若人欲加惡　刀杖及瓦石
則遣變化人　為之作衛護　若說法之人　獨在空閑處
寂漠无人聲　讀誦此經典　我尒時為現　清淨光明身
若忘失章句　為說令通利　若人具是德　或為四衆說
空處讀誦經　皆得見我身　若人在空閑　我遣天龍王
夜叉鬼神等　為作聽法衆　是人樂說法　分別无罣礙
諸佛護念故　能令大衆喜　若親近法師　速得菩薩道
隨順是師學　得見恒沙佛
妙法蓮華經見寶塔品第十一
尒時佛前有七寶塔高五百由旬縱廣二百五
十由旬從地踊出住在空中種種寶物而莊
校之五千欄楯龕室千万无數幢幡以為嚴
飾垂寶瓔珞寶鈴万億而懸其上四面皆出
多摩羅跋栴檀之香充遍世界其諸幡蓋以
金銀瑠璃車𤦲馬瑙真珠玫瑰七寶合成高
至四天王宮三十三天雨天曼陁羅華供養
寶塔餘諸天龍夜叉乾闥婆阿脩羅迦樓羅
緊那羅摩睺羅伽人非人等千万億衆以一
切華香瓔珞幡蓋伎樂供養寶塔恭敬尊
重讚歎尒時寶塔中出大音聲歎言善哉善
哉釋迦牟尼世尊能以平等大慧教菩薩法
佛所護念妙法華經為大衆說如是如是釋
迦牟尼世尊如所說者皆是真實尒時四衆見
大寶塔住在空中又聞塔中所出音聲皆得法

BD04756 號　妙法蓮華經卷四　（12–8）

重讃歎尒時寶塔中出大音聲歎言善哉善
哉釋迦牟尼世尊能以平等大慧教菩薩法
佛所護念妙法華經為大衆說如是如是釋
迦牟尼世尊如所說者皆是真實尒時四衆見
大寶塔住在空中又聞塔中出大音聲皆得法
喜怪未曾有從座而起恭敬合掌却住一
面尒時有菩薩摩訶薩名大樂說知一切
世間天人阿脩羅等心之所疑而白佛言世尊
以何因緣有此寶塔從地踊出又於其中發是
音聲尒時佛告大樂說菩薩此寶塔中有如
來全身乃往過去東方无量千万億阿僧祇
世界國名寶淨彼中有佛号曰多寶其佛行菩
薩道時作大誓願若我成佛滅度之後於十
方國土有說法華經處我之塔廟為聽是經
故踊現其前為作證明讃言善哉彼佛成道
已臨滅度時於天人大衆中告諸比丘我滅
度後欲供養我全身者應起一大塔其佛
以神通願力十方世界在在處處若有說
法華經者彼之寶塔皆踊出其前全身在於
塔中讃言善哉善哉大樂說今多寶如來
塔聞說法華經故從地踊出讃言善哉善哉是
時大樂說菩薩以如來神力故白佛言世尊
我等願欲見此佛身佛告大樂說菩薩摩訶
薩是多寶佛有深重願若我寶塔為聽是法
華經故出於諸佛前時其有欲以我身示四衆
者彼佛分身諸佛在於十方世界說法盡還集
一處然後我身乃出現耳大樂說我分身諸

BD04756號　妙法蓮華經卷四　（12–9）

我等願欲見此佛身佛告大樂說菩薩摩訶
薩是多寶佛有深重願若我寶塔為聽是法
華經故出於諸佛前時其有欲以我身示四衆
者彼佛分身諸佛在於十方世界說法盡還集
一處然後我身乃出現耳大樂說我分身諸
佛在於十方世界說法者今應當集大樂說
白佛言世尊我等亦願欲見世尊分身諸佛
禮拜供養尒時佛放白毫一光即見東方五
百万億那由他恒河沙等國土諸佛彼諸國
土皆以頗梨為地寶樹寶衣以為莊嚴无數
千万億菩薩充滿其中遍張寶幔寶網羅
上彼國諸佛以大妙音而說諸法及見无量
千万億菩薩遍滿諸國為衆說法南西北方
四維上下白毫相光所照之處亦復如是尒時
十方諸佛各告衆菩薩言善男子我今應往
娑婆世界釋迦牟尼佛所并供養多寶如
來寶塔時娑婆世界即變清淨琉璃為地寶
樹莊嚴黃金為繩以界八道无諸聚落村營
城邑大海江河山川林藪燒大寶香曼陀羅
華遍布其地以寶網幔羅覆其上懸諸寶
鈴唯留此會衆移諸天人置於他土是時諸佛
各將一大菩薩以為侍者至娑婆世界各到寶
樹下一一寶樹高五百由旬枝葉華菓次第
莊嚴諸寶樹下皆有師子之座高五百由旬
亦以大寶而校飾之尒時諸佛各於此座結加
趺坐如是展轉遍滿三千大千世界而於釋

BD04756號　妙法蓮華經卷四　（12–10）

餘唯留此會衆移諸天人置於他土是時諸佛
各將一大菩薩以為侍者至娑婆世界各到寶
樹下一一寶樹高五百由旬枝葉華菓次第
莊嚴諸寶樹下皆有師子之座高五百由旬
亦以大寶而校飾之尒時諸佛各於此座結加
趺坐如是展轉遍滿三千大千世界而於釋
迦牟尼佛一方所分之身猶故未盡時釋迦
牟尼佛欲容受所分身諸佛故八方各更
變二百万億那由他國皆令清淨无有地獄
餓鬼畜生及阿脩羅又移諸天人置於他土
所化之國亦以琉璃為地寶樹莊嚴樹高五百
由旬枝葉華菓次第嚴飾樹下皆有寶師
子座高五百由旬種種諸寶以為莊校亦无
大海江河及目真鄰陁山摩訶目真鄰陁山
鐵圍山大鐵圍山須弥山等諸山王通為一佛
國土寶地平正寶交露幔遍覆其上懸諸幡
蓋燒大寶香諸天寶華遍布其地尒時釋迦
牟尼佛為諸佛當來坐故復於八方各更變二
百万億那由他國皆令清淨无有地獄餓鬼畜生
及阿脩羅又移諸天人置於他土所化之國亦
以琉璃為地寶樹莊嚴樹高五百由旬枝葉華
菓次第莊嚴樹下皆有寶師子座高五由旬
亦以大寶而校飾之亦无大海江河及目真
鄰陁山摩訶目真鄰陁山鐵圍山大鐵圍山
須弥山等諸山王通為一佛國土寶地平正

BD04756號　妙法蓮華經卷四　（12–11）

所化之國亦以琉璃為地寶樹莊嚴樹高五百
由旬枝葉華菓次第嚴飾樹下皆有寶師
子座高五百由旬種種諸寶以為莊校亦无
大海江河及目真鄰陁山摩訶目真鄰陁山
鐵圍山大鐵圍山須弥山等諸山王通為一佛
國土寶地平正寶交露幔遍覆其上懸諸幡
蓋燒大寶香諸天寶華遍布其地尒時釋迦
牟尼佛為諸佛當來坐故復於八方各更變二
百万億那由他國皆令清淨无有地獄餓鬼畜生
及阿脩羅又移諸天人置於他土所化之國亦
以琉璃為地寶樹莊嚴樹高五百由旬枝葉華
菓次第莊嚴樹下皆有寶師子座高五由旬
亦以大寶而校飾之亦无大海江河及目真
鄰陁山摩訶目真鄰陁山鐵圍山大鐵圍山
須弥山等諸山王通為一佛國土寶地平正
寶交露幔遍覆其上懸諸幡蓋燒大寶香諸
天寶華遍布其地尒時東方釋迦牟尼所分
之身百千万億那由他恒河沙等國土中諸
佛各各說法來集於此如是次第十方諸

BD04756號　妙法蓮華經卷四　（12–12）

BD04756 號背　藏文占卜書（擬）　（4–1）

BD04756 號背　藏文占卜書（擬）　（4–2）

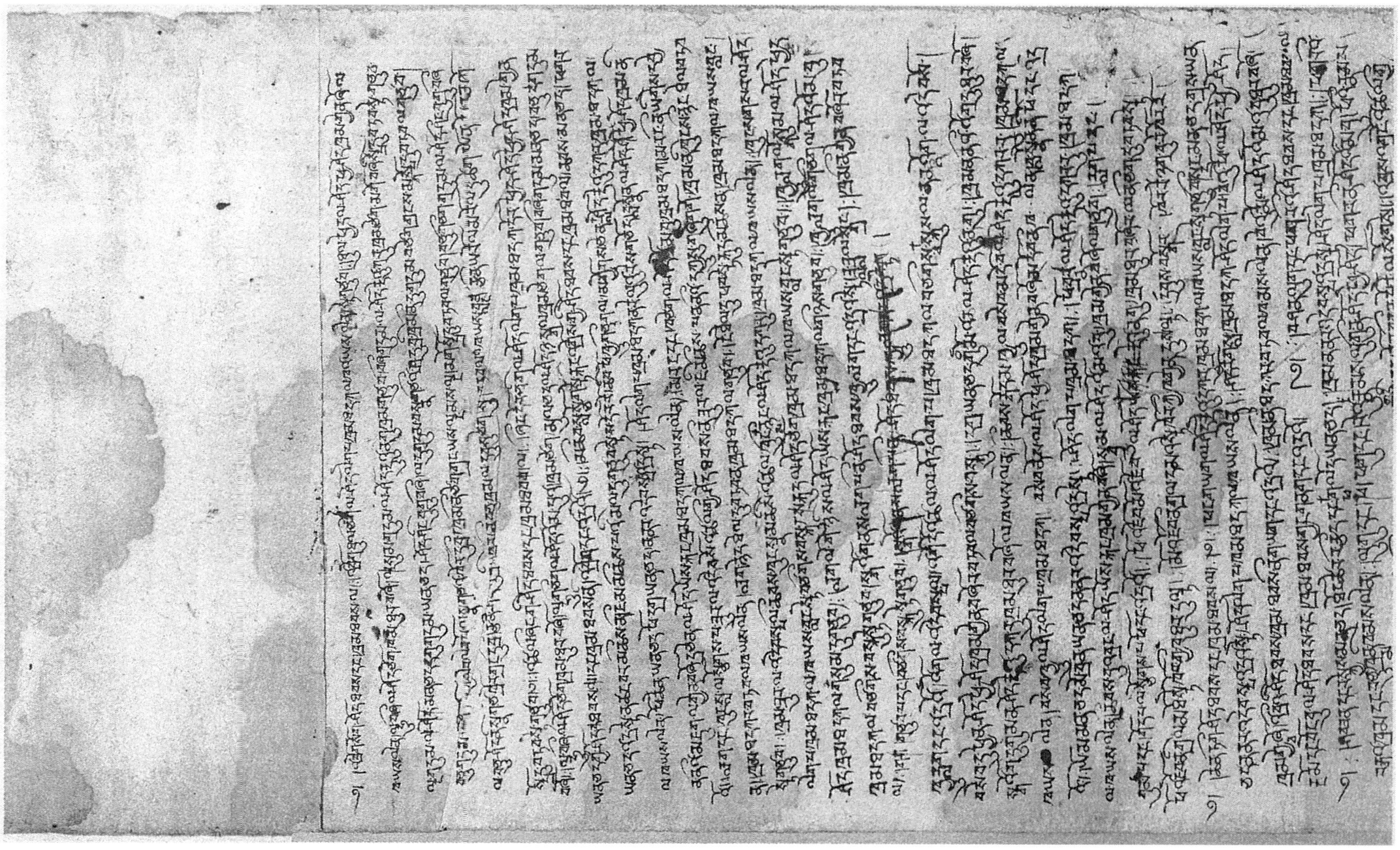

BD04756 號背　藏文占卜書（擬）　　（4–3）

BD04756 號背　藏文占卜書（擬）　　（4–4）

於汝意云何是善男子善女人功
无盡意言甚多世尊佛言若復
世音菩薩名号乃至一時礼拜供
福正等无異於百千万億劫不可
盡意受持觀世音菩薩名号得如是无量无
邊福德之利
无盡意菩薩白佛言世尊觀世音菩薩云何
遊此娑婆世界云何而為衆生說法方便之
力其事云何佛告无盡意菩薩善男子若
有國土衆生應以佛身得度者觀世音菩薩即
現佛身而為說法應以辟支佛身得度者即
現辟支佛身而說為法應以聲聞身得度者
即現聲聞身而為說法應以梵王身得度者
即現梵王身而為說法應以帝釋身得度者
即現帝釋身而為說法應以自在天身得度
者即現自在天身而為說法應以大自在天身
得度者即現大自在天身而為說法應以天大
將軍身得度者即現天大將軍身而為說法
應以毗沙門身得度者即現毗沙門身而為
說法應以小王身得度者即現小王身而為
說法應以長者身得度者即現長者身而為
說法應以居士身得度者即現居士身而為

BD04757 號　觀世音經　（5–1）

即現梵王身而為說法應以帝釋身得度者
即現帝釋身而為說法應以自在天身得度
者即現自在天身而為說法應以大自在天身
得度者即現大自在天身而為說法應以天大
將軍身得度者即現天大將軍身而為說法
應以毗沙門身得度者即現毗沙門身而為
說法應以小王身得度者即現小王身而為
說法應以長者身得度者即現長者身而為
說法應以居士身得度者即現居士身而為
說法應以宰官身得度者即現宰官身而為
說法應以婆羅門身得度者即現婆羅門身
而為說法應以比丘比丘尼優婆塞優婆夷
身得度者即現比丘比丘尼優婆塞優婆夷
身而為說法應以長者居士宰官婆羅門婦
女身得度者即現婦女身而為說法應以童
男童女身得度者即現童男童女身而為
說法應以天龍夜叉乾闥婆阿脩羅迦樓羅
緊那羅摩睺羅伽人非人等身得度者即皆
現之而為說法應以執金剛神得度者即現
執金剛神而為說法无盡意是觀世音菩薩
成就如是功德以種種形遊諸國土度脫衆生
是故汝等應當一心供養觀世音菩薩是
觀世音菩薩摩訶薩於怖畏急難之中能
施无畏是故此娑婆世界皆号之為施无
畏者无盡意菩薩白佛言世尊我今當供
養觀世音菩薩即解頸衆寶珠瓔珞價直
百千兩金而以與之作是言仁者受此法施珎
寶瓔珞時觀世音菩薩不肯受之无盡意復

BD04757 號　觀世音經　（5–2）

觀世音菩薩摩訶薩於怖畏急難之中能
施无畏是故此娑婆世界皆号之為施无
畏者无盡意菩薩白佛言世尊我今當供
養觀世音菩薩即解頸衆寶珠瓔珞價直
百千兩金而以與之作是言仁者受此法施珎
寶瓔珞時觀世音菩薩不肯受之无盡意復
白觀世音菩薩言仁者愍我等故受此瓔珞
尒時佛告觀世音菩薩當愍此无盡意菩薩
及四衆天龍夜叉乾闥婆阿脩羅迦樓羅緊
那羅摩睺羅伽人非人等故受是瓔珞即時觀
世音菩薩愍諸四衆及於天龍人非人等受
其瓔珞分作二分一分奉釋迦牟尼佛一分
奉多寶佛塔无盡意觀世音菩薩有如是
自在神力遊於娑婆世界尒時无盡意菩薩
以偈問曰
世尊妙相具　我今重問彼　佛子何因緣　名為觀世音
具足妙相尊　偈荅无盡意　汝聽觀音行　善應諸方所
弘誓深如海　歷劫不思議　侍多千億佛　發大清淨願
我為汝略說　聞名及見身　心念不空過　能滅諸有苦
假使興害意　推落大火坑　念彼觀音力　火坑變成池
或漂流巨海　龍魚諸鬼難　念彼觀音力　波浪不能沒
或在須弥峯　為人所推墮　念彼觀音力　如日虛空住
或被惡人逐　墮落金剛山　念彼觀音力　不能損一毛
或值怨賊遶　各執刀加害　念彼觀音力　咸即起慈心
或遭王難苦　臨刑欲壽終　念彼觀音力　刀尋段段壞
或囚禁枷鎖　手足被杻械　念彼觀音力　釋然得解脫
呪詛諸毒藥　所欲害身者　念彼觀音力　還著於本人
或遇惡羅剎　毒龍諸鬼等　念彼觀音力　時悉不敢害

BD04757號　觀世音經　（5–3）

或在須弥峯　為人所推墮　念彼觀音力　如日虛空住
或被惡人逐　墮落金剛山　念彼觀音力　不能損一毛
或值怨賊遶　各執刀加害　念彼觀音力　咸即起慈心
或遭王難苦　臨刑欲壽終　念彼觀音力　刀尋段段壞
或囚禁枷鎖　手足被杻械　念彼觀音力　釋然得解脫
呪詛諸毒藥　所欲害身者　念彼觀音力　還著於本人
或遇惡羅剎　毒龍諸鬼等　念彼觀音力　時悉不敢害
若惡獸圍遶　利牙爪可怖　念彼觀音力　疾走无邊方
蚖蛇及蝮蝎　氣毒煙火然　念彼觀音力　尋聲自迴去
雲雷鼓掣電　降雹澍大雨　念彼觀音力　應時得消散
衆生被困厄　无量苦逼身　觀音妙智力　能救世間苦
具足神通力　廣脩智方便　十方諸國土　无剎不現身
種種諸惡趣　地獄鬼畜生　生老病死苦　以漸悉令滅
真觀清淨觀　廣大智慧觀　悲觀及慈觀　常願常瞻仰
无垢清淨光　慧日破諸闇　能伏災風火　普明照世間
悲體戒雷震　慈意妙大雲　澍甘露法雨　滅除煩惱焰
諍訟經官處　怖畏軍陣中　念彼觀音力　衆怨悉退散
妙音觀世音　梵音海潮音　勝彼世間音　是故須常念
念念勿生疑　觀世音淨聖　於苦惱死厄　能為作依怙
具一切功德　慈眼視衆生　福聚海无量　是故應頂禮
尒時持地菩薩即從座起前白佛言世尊若有
衆生聞是觀世音菩薩品自在之業普門示
現神通力者當知是人功德不少佛說是普
門品時衆中八萬四千衆生皆發无等等
阿耨多羅三藐三菩提心
觀世音經

BD04757號　觀世音經　（5–4）

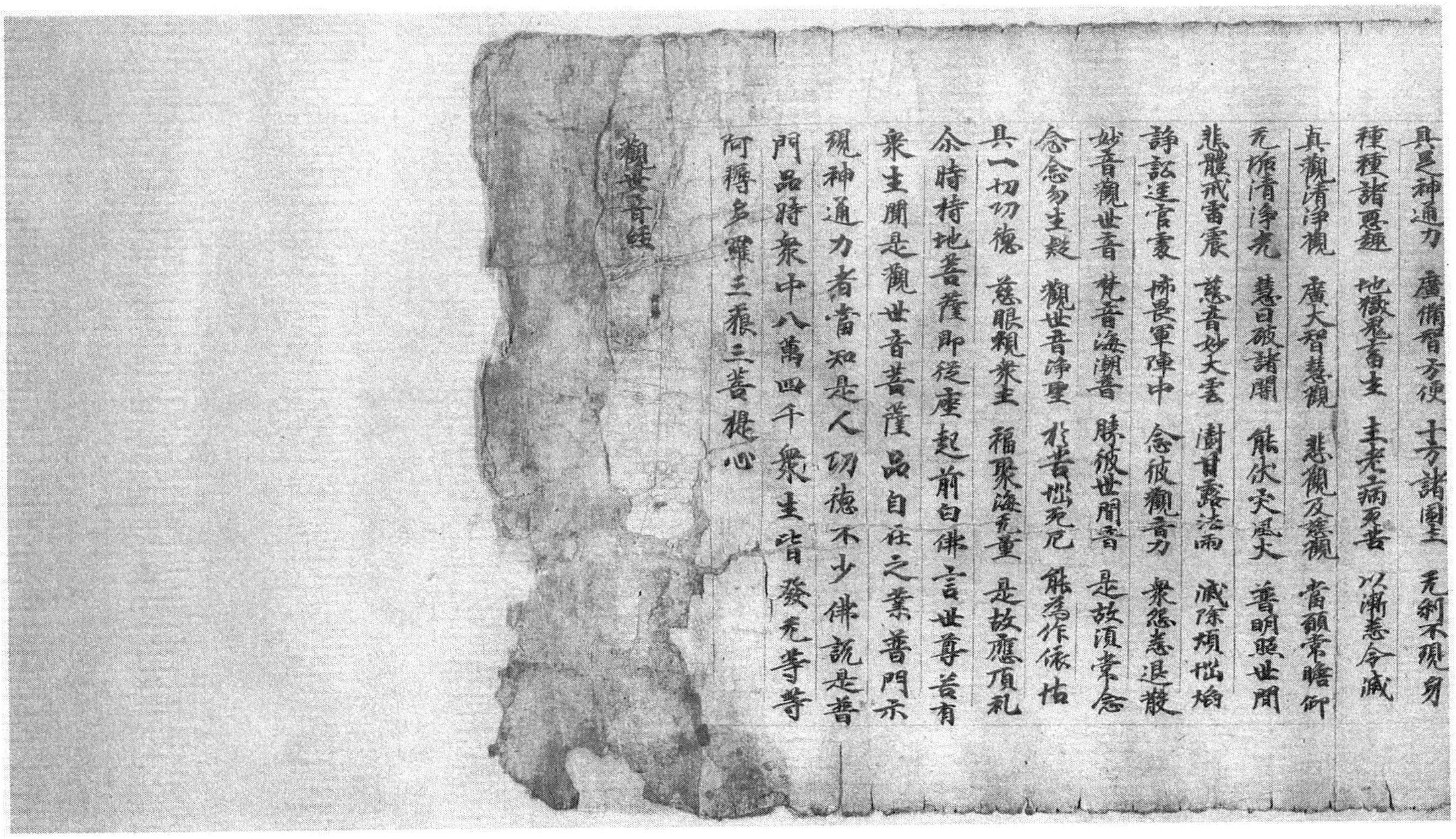

具足神通力　廣脩智方便　十方諸國土　无剎不現身
種種諸惡趣　地獄鬼畜生　生老病死苦　以漸悉令滅
真觀清淨觀　廣大智慧觀　悲觀及慈觀　常願常瞻仰
无垢清淨光　慧日破諸闇　能伏灾風火　普明照世間
悲體戒雷震　慈意妙大雲　澍甘露法雨　滅除煩惱焰
諍訟經官處　怖畏軍陣中　念彼觀音力　衆怨悉退散
妙音觀世音　梵音海潮音　勝彼世間音　是故須常念
念念勿生疑　觀世音淨聖　於苦惱死厄　能爲作依怙
具一切功德　慈眼視衆生　福聚海无量　是故應頂禮
尒時持地菩薩即從座起前白佛言世尊若有
衆生聞是觀世音菩薩品自在之業普門示
現神通力者當知是人功德不少佛說是普
門品時衆中八萬四千衆生皆發无等等
阿耨多羅三藐三菩提心
觀世音經

BD04757 號　觀世音經　　（5–5）

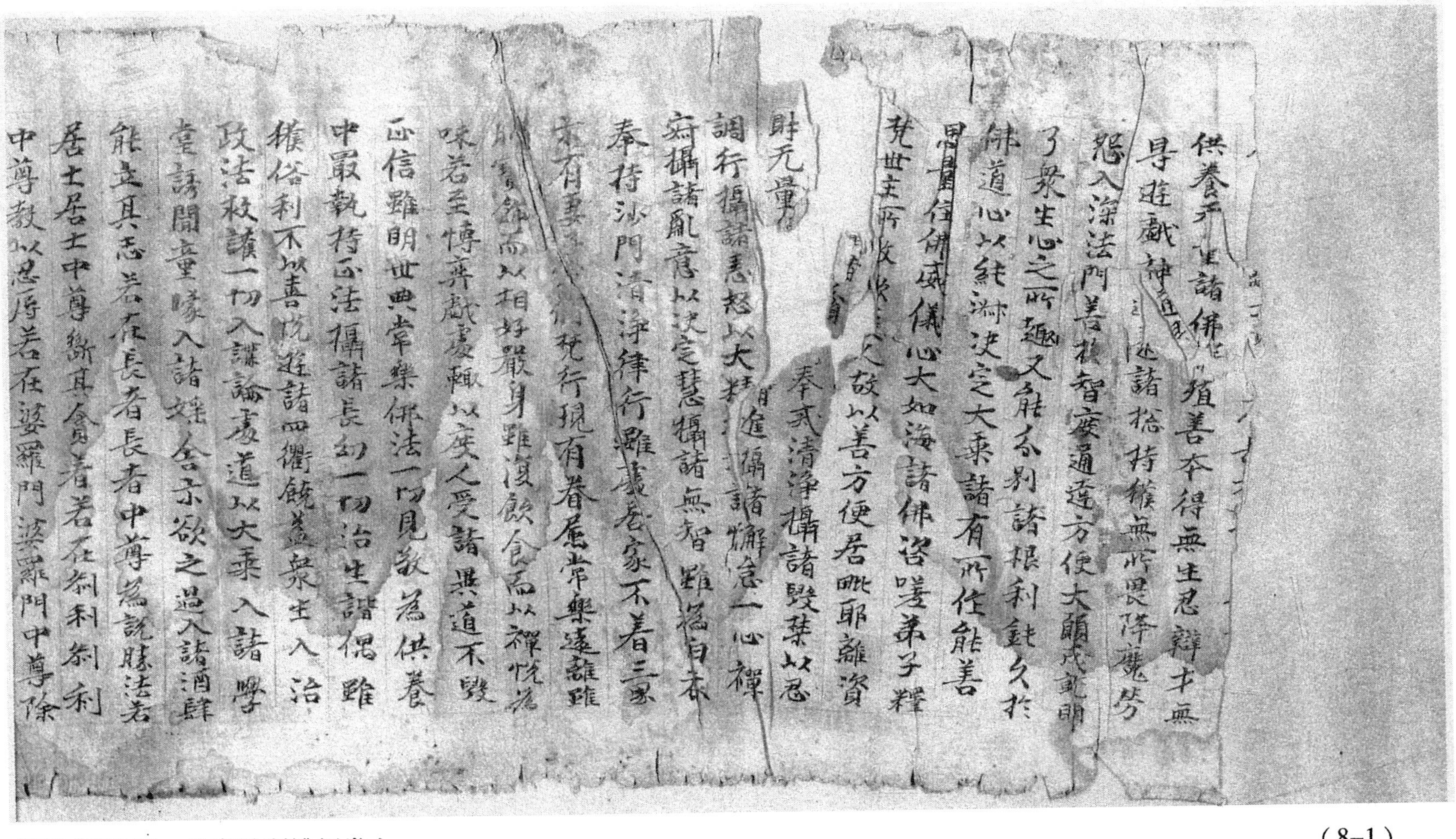

供養无量諸佛深殖善本得无生忍辯才无
㝵遊戲神通逮諸揔持獲无所畏降魔勞
怨入深法門善於智度通達方便大願成就明
了衆生心之所趣又能分別諸根利鈍久於
佛道心以純淑決定大乘諸有所作能善
思量住佛威儀心大如海諸佛咨嗟弟子釋
梵世主所敬欲度人故以善方便居毗耶離資
財无量攝諸貧民奉戒清淨攝諸毀禁以忍
調行攝諸恚怒以大精進攝諸懈怠一心禪
寂攝諸亂意以決定慧攝諸無智雖爲白衣
奉持沙門清淨律行雖處居家不著三界
示有妻子常脩梵行現有眷屬常樂遠離雖
服寶飾而以相好嚴身雖復飲食而以禪悅爲
味若至博弈戲處輒以度人受諸異道不毀
正信雖明世典常樂佛法一切見敬爲供養
中最執持正法攝諸長幼一切治生諧偶雖
獲俗利不以喜悅遊諸四衢饒益衆生入治
政法救護一切入講論處導以大乘入諸學
堂誘開童蒙入諸婬舍示欲之過入諸酒肆
能立其志若在長者長者中尊爲說勝法若
在居士居士中尊斷其貪著若在剎利剎利
中尊教以忍辱若在婆羅門婆羅門中尊除

BD04758 號　維摩詰所說經卷上　　（8–1）

攝俗利不以喜悅遊諸四衢饒益衆生入治
政法救護一切入講論處道以大乘入諸學
堂誘開童曚入諸婬舍示欲之過入諸酒肆
能立其志若在長者長者中尊為說勝法若
居士居士中尊斷其貪著若在剎利剎利
中尊教以忍辱若在婆羅門婆羅門中尊除
其我慢若在大臣大臣中尊教以正法若在
王子王子中尊示以忠孝若在內官內官中
尊化政宮女若在庶民庶民中尊令興福力
若在梵天梵天中尊誨以勝慧若在帝釋
帝釋中尊示現無常若在護世護世中尊
護諸衆生長者維摩詰以如是等无量方便饒
益衆生其以方便現身有疾以其疾故國王大
臣長者居士婆羅門等及諸王子并餘官屬
無數千人皆往問疾其往者維摩詰因身以
疾廣為說法諸仁者是身無常無強無力無
堅速朽之法不可信也為苦為惱衆病所集
諸仁者如此身明智者所不怙是身如聚沫
不可撮摩是身如泡不得久立是身如炎從
渴愛生是身如芭蕉中無有堅是身如幻從
顛倒起是身如夢為虛妄見是身如影從業
緣現是身如響屬諸因緣是身如浮雲須臾
變滅是身如電念念不住是身無主為如地
是身無我為如火是身無壽為如風是身無
人為如水是身不實四大為家是身為空離我
我所是身無知如草木瓦礫是身

BD04758號　維摩詰所說經卷上　（8–2）

顛倒起是身如夢為虛妄見是身如影從業
緣現是身如響屬諸因緣是身如浮雲須臾
變滅是身如電念念不住是身無主為如地
是身無我為如火是身無壽為如風是身無
人為如水是身不實四大為家是身為空離我
我所是身無知如草木瓦礫是身無作風力
所轉是身不淨穢惡充滿是身為虛偽雖假
以澡浴衣食必歸磨滅是身為災百一病惱
是身如丘井為老所逼是身無定為要當
死是身如毒蛇如怨賊如空聚陰界諸入所
共合成諸仁者此可患厭當樂佛身所以者
何佛身者即法身也從无量功德智慧生從
戒定慧解脫解脫知見生從慈悲喜捨生從
布施持戒忍辱柔和勤行精進禪定解脫三
昧多聞智慧諸波羅蜜生從方便生從六通
生從三明生從卅七道品生從止觀生從十
力四無所畏十八不共法生從斷一切善不法
集一切善法生從真實生從不放逸生從如
是无量清淨法生如來身諸仁者欲得佛
身斷一切衆生病者當發阿耨多羅三藐三
菩提心如是長者維摩詰為諸問疾者
如應說法令無數千人皆發阿耨多羅三藐
三菩提心

弟子品第三

爾時長者維摩詰自念寢疾于牀世尊大慈
寧不垂愍佛知其意即告舍利弗汝行詣維

BD04758號　維摩詰所說經卷上　（8–3）

身斷一切衆生病者當發阿耨多羅三藐三
菩提心如是長者維摩詰為諸問疾者
如應說法令無數千人皆發阿耨多羅三藐
三菩提心
弟子品第三
尒時長者維摩詰自念寢疾于牀世尊大慈
寧不垂愍佛知其意即告舍利弗汝行詣維
摩詰問疾舍利弗白佛言世尊我不堪任詣
彼問疾所以者何憶念我昔曾於林中宴坐
樹下時維摩詰來謂我言唯舍利弗不必是
坐為宴坐也夫宴坐者不於三界現身意是
為宴坐不起滅定而現諸威儀是為宴坐不
捨道法而現凡夫事是為宴坐心不住內亦
不住外是為宴坐於諸見不動而脩行三十
七品是為宴坐不斷煩惱而入涅槃是為宴
坐若能如是坐者佛所印可時我世尊聞是
語已默然而止不能加報故我不任詣彼問疾
佛告大目揵連汝行詣維摩詰問疾目連白
佛言世尊我不堪任詣彼問疾所以者何憶
念我昔入毗耶離大城於里巷中為諸居士
說法時維摩詰來謂我言唯大目連為白
衣居士說法不當如仁者所說夫說法者當如
法說法無衆生離衆生垢故法無有我離我
垢故法無壽命離生死故法無有人前後際
斷故法常寂然滅諸相故法離於相無所緣
故法無名字言語斷故法無有說離覺觀故

BD04758 號　維摩詰所說經卷上　（8–4）

說法時維摩詰來謂我言唯大目連為白
衣居士說法不當如仁者所說夫說法者當如
法說法無衆生離衆生垢故法無有我離我
垢故法無壽命離生死故法無有人前後際
斷故法常寂然滅諸相故法離於相無所緣
故法無名字言語斷故法無有說離覺觀故
法無形相如虛空故法無戲論畢竟空故
法無我所離我所故法無分別離諸識故法無
有比無相待故法不屬因不在緣故法同法
性入諸法故法隨於如無所隨故法住實際
諸邊不動故法無動搖不依六塵故法無
去來常不住故法順空隨無相應無作法離
好醜法無增損法無生滅法無所歸法過眼耳
鼻舌身心法無高下法常住不動法離一切
觀行唯大目連法相如是豈可說乎夫說法者
無說無示其聽法者無聞無得譬如幻士為幻
人說法當建是意而為說法當了衆生根有
利鈍善於知見無所罣导以大悲心讚于大乘
念報佛恩不斷三寶然後說法維摩詰說是
法時八百居士發阿耨多羅三藐三菩提心
我無此辯是故不任詣彼問疾
佛告大迦葉汝行詣維摩詰問疾迦葉白佛
言世尊我不堪任詣彼問疾所以者何憶念
我昔於貧里　而行乞食時維摩詰來謂
我言唯大迦葉有慈悲心而不能普捨豪富從
貧乞迦葉住平等法應次行乞食為不食故

BD04758 號　維摩詰所說經卷上　（8–5）

佛告大迦葉汝行詣維摩詰問疾迦葉白佛
言世尊我不堪任詣彼問疾所以者何憶念
我昔於貧里　而行乞食時維摩詰来謂
我言唯大迦葉有慈悲心而不能普捨豪富從
貧乞迦葉住平等法應次行乞食為不食故
應行乞食為壞和合相故應取揣食為不受故
應受彼食以空聚想入於聚落所見色與盲
等所聞聲與響等所嗅香與風等所食味不
分別受諸觸如智證知諸法如幻相無自性無
他性本自不然今則無滅迦葉若能不捨八
邪入八解脫以邪相入正法以一食施一切供養
諸佛及衆賢聖然後可食如是食者非有
煩惱非離煩惱非入定意非起定意非住世
間非住涅槃其有施者無大福無小福不為
益不為損是為正入佛道不依聲聞迦葉若
如是食為不空食人之施也時我世尊聞說
是語得未曾有即於一切菩薩深起敬心復作
是念斯有家名辯才智慧乃能如是其誰不發
阿耨多羅三藐三菩提心我從是来不復勸人以聲
聞辟支佛行是故我不任詣彼問疾
佛告須菩提汝行詣維摩詰問疾須菩提白佛
言世尊我不堪任詣彼問疾所以者何憶念我
昔入其舍從乞食時維摩詰取我鉢盛滿
飯謂我言唯須菩提若能於食等者諸法亦
等諸法等者於食亦等如是行乞乃可取食

BD04758號　維摩詰所說經卷上

（8–6）

佛告須菩提汝行詣維摩詰問疾須菩提白佛
言世尊我不堪任詣彼問疾所以者何憶念我
昔入其舍從乞食時維摩詰取我鉢盛滿
飯謂我言唯須菩提若能於食等者諸法亦
等諸法等者於食亦等如是行乞乃可取食
若須菩提不斷婬怒癡亦不與俱不壞於身
而隨一相不滅癡愛起於明脫以五逆相而得
解脫亦不解不縛不見四諦非不見諦非得
果非不得果非凡夫非離凡夫法非聖人非
不聖人雖成就一切法而離諸法相乃可食
若須菩提不見佛不聞法彼外道六師富樓
那迦葉末迦梨拘賒梨子删闍夜毗羅胝子
阿耆多翅舍欽婆羅迦羅鳩馱迦栴延尼揵
陁若提子等是汝之師因其出家彼師所墮
汝亦隨墮乃可取食若須菩提入諸邪見
不到彼岸住於八難不得無難同於煩惱離清
淨法汝得無諍三昧一切衆生亦得是定其施
汝者不名福田供養汝者墮三惡道為與衆
魔共一手作諸勞侶汝與衆魔及諸塵勞等
無有異於一切衆生而有怨心謗諸佛毀於法
不入衆數終不得滅度汝若如是乃可取食時
我世尊聞說此語茫然不識是何言不知以何
荅便置鉢欲出其舍維摩詰言唯須菩提取
鉢勿懼於意云何如来所作化人若以是事
詰寧有懼不我言不也維摩詰言一切諸法
如幻化相汝今不應有所懼也所以者何一切

BD04758號　維摩詰所說經卷上

（8–7）

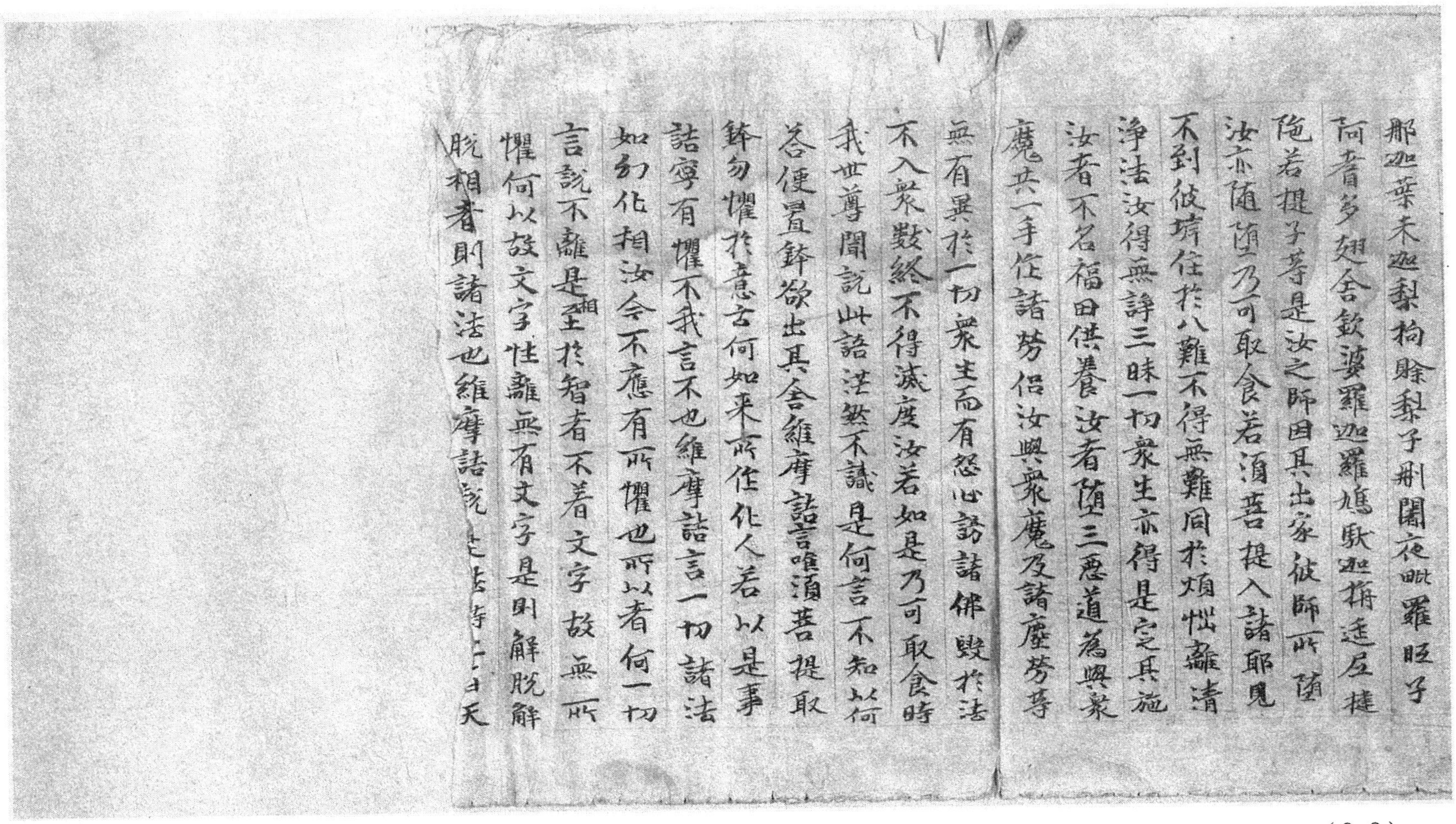

那迦葉末迦梨拘賖梨子刪闍夜毗羅胝子
阿耆多翅舍欽婆羅迦羅鳩䭾迦旃延尼揵
陁若提子等是汝之師因其出家彼師所墮
汝亦隨墮乃可取食若須菩提入諸耶見
不到彼岸住於八難不得無難同於煩惱離清
淨法汝得無諍三昧一切衆生亦得是定其施
汝者不名福田供養汝者墮三惡道為與衆
魔共一手作諸勞侶汝與衆魔及諸塵勞等
無有異於一切衆生而有怨心謗諸佛毀於法
不入衆數終不得滅度汝若如是乃可取食時
我世尊聞說此語茫然不識是何言不知以何
荅便置鉢欲出其舍維摩詰言唯須菩提取
鉢勿懼於意云何如來所作化人若以是事
詰寧有懼不我言不也維摩詰言一切諸法
如幻化相汝今不應有所懼也所以者何一切
言說不離是相至於智者不著文字故無所
懼何以故文字性離無有文字是則解脫解
脫相者則諸法也維摩詰說是法時二百天

BD04758號　維摩詰所說經卷上　（8–8）

其　四月　日　知

BD04758號背　社司轉帖　（1–1）

制譯
城鷲峯山頂
佛之境如来所居
與大苾　八千人皆是阿羅漢能善調
伏如大象王諸漏已除无復煩惱心善解脫
慧善解脫所作已畢捨諸重擔逮得已利
盡諸有結得大自在住清淨戒善巧方便智
慧莊嚴證八解脫已到彼岸其名曰具壽
阿若憍陳如具壽阿說侍多具壽婆濕波
具壽摩訶那摩具壽婆帝利迦大迦攝波優
樓頻螺迦攝伽耶迦攝那提迦攝舍利子
大目乾連唯阿難陁住於學地如是等諸大
聲聞各於晡時從定而起往詣佛所頂礼佛足
右繞三帀退坐一面
復有菩薩摩訶薩百千万億人俱有大威
德如大龍王名稱普聞衆所知識施戒清淨
常樂奉持忍行精勤經无量劫超諸靜慮繫
念現前開闡慧門善修方便自在遊戲微妙
神通逮得惣持辯才无盡斷諸煩惱累染皆
亡不久當成一切種智降魔軍衆而擊法鼓

BD04759號　金光明最勝王經卷一

（8–1）

復有菩薩摩訶薩百千万億人俱有大威
德如大龍王名稱普聞衆所知識施戒清淨
常樂奉持忍行精勤經无量劫超諸靜慮繫
念現前開闡慧門善修方便自在遊戲微妙
神通逮得惣持辯才无盡斷諸煩惱累染皆
亡不久當成一切種智降魔軍衆而擊法鼓
制諸外道令起淨心轉妙法輪度人天衆十方
佛土悲已莊嚴六趣有情无不蒙益成就大
智具足大忍住大慈悲心有大堅固力歷事
諸佛不般涅槃發弘誓心盡未来際廣於
佛所深種淨因於三世法悟无生忍逾於
二乘所行境界以大善巧化世間於大師教能
敷演秘密之法甚深空性皆已了知无復疑惑
其名曰無障礙轉法輪菩薩常發心轉法
輪菩薩常精進菩薩不休息菩薩慈氏菩
薩妙吉祥菩薩觀自在菩薩惣持自在王菩
薩大辯才莊嚴王菩薩妙高山王菩薩大海
深王菩薩寶幢菩薩大寶幢菩薩地藏菩
薩虛空藏菩薩寶手自在菩薩金剛手菩薩
歡喜力菩薩大法力菩薩大莊嚴光菩薩大
金光莊嚴菩薩淨戒菩薩常定菩薩極清淨慧
菩薩堅固精進菩薩心如虛空藏菩薩不斷大
願菩薩施藥菩薩療諸煩惱病菩薩醫王菩
薩歡喜高王菩薩得上授記菩薩大雲淨光
菩薩大雲持法菩薩大雲名稱喜樂菩薩大
雲現无邊稱菩薩大雲師子吼菩薩大雲牛
王吼菩薩大雲吉祥菩薩大雲寶德菩薩大

BD04759號　金光明最勝王經卷一

（8–2）

薩歡喜髙王菩薩得上授記菩薩大雲淨光
菩薩大雲持法菩薩大雲名稱喜樂菩薩大
雲現无邊稱菩薩大雲師子吼菩薩大雲牛
王吼菩薩大雲吉祥菩薩大雲寶德菩薩大
雲日藏菩薩大雲月藏菩薩大雲星光菩薩
大雲火光菩薩大雲雹光菩薩大雲雷音菩
薩大雲慧雨充遍菩薩大雲清淨雨王菩薩
大雲華樹王菩薩大雲青蓮花香菩薩大雲寶
旃檀香清涼身菩薩大雲除闇菩薩大雲破
翳菩薩如是等无量大菩薩衆各於晡時從
定而起往詣佛所頂礼佛足右繞三帀退坐一
面復有梨車毗童子五億八千其名曰師子光
童子師子慧童子法授童子因陁羅授童
子大光童子大猛童子佛護童子法護童子
僧護童子金剛護童子虛空護童子虛空吼
童子寶藏童子吉祥妙藏童子如是等人而
爲上首悉皆安住无上菩提於大乘中深信
歡喜各於晡時往詣佛所頂礼佛足右繞三帀
退坐一面
復有四万二千天子其名曰喜見天子喜悅
天子日光天子月髻天子明慧天子虛空淨
慧天子除煩惱天子吉祥天子如是等天而
爲上首皆發弘願護持大乘紹隆正法能使
不絶各於晡時往詣佛所頂礼佛足右繞三
帀退坐一面復有二万八千龍王蓮花龍王

BD04759號　金光明最勝王經卷一　（8–3）

慧天子除煩惱天子吉祥天子如是等天而
爲上首皆發弘願護持大乘紹隆正法能使
不絶各於晡時往詣佛所頂礼佛足右繞三
帀退坐一面復有二万八千龍王蓮花龍王
翳羅葉龍王大力龍王大吼龍王小波龍王
持駃水龍王金面龍王如意龍王是等龍王
而爲上首於大乘法常樂受持發深信心稱
揚擁護各於晡時往詣佛所頂礼佛足右繞
三帀退坐一面
復有三万六千諸藥叉衆毗沙門天王而爲
上首其名曰菴婆藥叉持菴婆藥叉蓮華
光藏藥叉蓮華面藥叉嚬眉藥叉現大怖藥
叉動地藥叉呑食藥叉是等藥叉悉皆愛樂
如來正法深心護持不生疲懈各於晡時往詣
佛所頂礼佛足右繞三帀退坐一面
復有四万九千揭路荼王香象勢力王而爲
上首及餘健闥婆阿蘇羅緊那羅莫呼洛
伽等山林河海一切神仙并諸大國所有王衆
中宮后妃淨信男女人天大衆悉皆雲集咸
願擁護无上大乘讀誦受持書寫流布各
於晡時往詣佛所頂礼佛足右繞三帀退坐
一面如是等聲聞菩薩人天大衆龍神八部既
雲集已各各至心合掌恭敬瞻仰尊容目未
曾捨願樂欲聞殊勝妙法尒時薄伽梵於日
晡時從定而起觀察大衆而說頌曰
金光明妙法　最勝諸經王　甚深難得聞　諸佛之境界

BD04759號　金光明最勝王經卷一　（8–4）

一面如是等聲聞菩薩人天大衆龍神八部既
雲集已各各至心合掌恭敬瞻仰尊容目未
曾捨願樂欲聞殊勝妙法尒時薄伽梵於日
晡時從定而起觀察大衆而說頌曰
金光明妙法　㝡勝諸經王　甚深難得聞　諸佛之境界
我當爲大衆　宣說如是經　并四方四佛　威神共加護
東方阿閦尊　南方寶相佛　西方无量壽　北方天鼓音
我復演妙法　吉祥懺中勝　能滅一切罪　淨除諸惡業
及消衆苦患　常與无量樂　一切智根本　諸功德莊嚴
衆生身不具　壽命將損減　諸惡相現前　天神皆捨離
親友懷瞋恨　眷屬悉分離　彼此共乖違　珎財皆散失
惡星爲變怪　或被邪蠱侵　若復多憂愁　衆苦之所逼
睡眠見惡夢　因此生煩惱　是人當澡浴　應著鮮潔衣
於此妙經王　甚深佛所讚　專注心无亂　讀誦聽受持
由此經威力　能離諸災横　及餘衆苦難　无不皆除滅
護世四王衆　及大臣眷屬　无量諸藥叉　一心皆擁衛
大辯才天女　尼連河水神　訶利底母神　堅牢地神衆
梵王帝釋主　龍王緊那羅　及金翅鳥王　阿蘇羅天衆
如是天神等　并將其眷屬　皆來護是人　晝夜常不離
我當說是經　甚深佛行處　諸佛秘密教　千万劫難逢
若有聞是經　能爲他演說　若心生隨喜　或設於供養
如是諸人等　當於无量劫　常爲諸天人　龍神所恭敬
此福聚无邊　數過於恒沙　讀誦是經者　當獲斯功德
亦爲十方尊　深行諸菩薩　擁護持經者　令離諸苦難
供養是經者　如前澡浴身　飲食及香華　恒起慈悲意
若欲聽是經　令心淨无垢　常生歡喜念　能長諸功德



若有聞是經　能爲他演說　若心生隨喜　或設於供養
如是諸人等　當於无量劫　常爲諸天人　龍神所恭敬
此福聚无邊　數過於恒沙　讀誦是經者　當獲斯功德
亦爲十方尊　深行諸菩薩　擁護持經者　令離諸苦難
供養是經者　如前澡浴身　飲食及香華　恒起慈悲意
若欲聽是經　令心淨无垢　常生歡喜念　能長諸功德
若以尊重心　聽聞是經者　善生於人趣　遠離諸苦難
彼人善根熟　諸佛之所讚　方得聞是經　及以懺悔法
金光明㝡勝王經如來壽量品第二
尒時王舍大城有一菩薩摩訶薩名曰妙幢
已於過去无量俱胝那庾多百千佛所承
事供養殖諸善根是時妙幢菩薩獨於静處
作是思惟以何因緣釋迦牟尼如來壽命短促
唯八十年復作是念如佛所說有二因緣得
壽命長云何爲二一者不害生命二者施他
飲食然釋迦牟尼如來曾於无量百千万
億无數大劫不害生命行十善道常以飲食
恵施一切飢餓衆生乃至已身血肉骨髓
亦持施與令得飽滿况餘飲食時彼菩薩於世
尊所作是念時以佛威力其室忽然廣博嚴
淨帝青琉璃種種衆寶雜綵間飾如佛淨
土有妙香氣過諸天香芬馥充滿於其四
面各有上妙師子之座四寶所成以天寶衣
而敷其上復於此座有妙蓮花種種珎寶以
爲嚴飾量等如來自然顯現於蓮華上有四如來
東方不動南方寶相西无量壽北天鼓音是

淨帝青琉璃種種衆寶雜彩間飾如佛淨
土有妙香氣過諸天香芬馥充滿於其四
面各有上妙師子之座四寶所成以天寶衣
而敷其上復於此座有妙蓮花種種珎寶以
為嚴飾量等如来自然顯現於蓮華上有四如来
東方不動南方寶相西方无量壽北方天鼓音是
四如来各於其座跏趺而坐放大光明周遍照
耀王舍大城及此三千大千世界乃至十方
恒河沙等諸佛國土雨諸天華奏諸天樂尒
時於此贍部洲中及三千大千世界所有衆
生以佛威力受勝妙樂无有乏少若身不具
皆蒙具足盲者能視聾者得聞瘂者能言
愚者得智若心亂者得本心若衣无者得衣
服被惡賤者人所敬有垢穢者身清潔於此
世間所有利益未曾有事悉皆顯現
尒時妙幢菩薩見四如来及希有事歡喜踊
躍合掌一心瞻仰諸佛殊勝之相亦復思惟釋
迦牟尼如来无量功德唯於壽命生疑惑
心云何如来功德无量壽命短促唯八十年
尒時四佛告妙幢菩薩言善男子汝今不應
思忖如来壽命長短何以故善男子我等不
見諸天世間梵魔沙門婆羅門等人及非人
有能筭知佛之壽量知其齊限唯除无上正
遍知者時四如来欲說釋迦牟尼佛所有壽
量以佛威力欲色界天諸龍鬼神健闥婆阿
蘇羅揭路荼緊那羅莫呼洛伽及无量百千

BD04759號　金光明最勝王經卷一　（8–7）

時於此贍部洲中及三千大千世界所有衆
生以佛威力受勝妙樂无有乏少若身不具
皆蒙具足盲者能視聾者得聞瘂者能言
愚者得智若心亂者得本心若衣无者得衣
服被惡賤者人所敬有垢穢者身清潔於此
世間所有利益未曾有事悉皆顯現
尒時妙幢菩薩見四如来及希有事歡喜踊
躍合掌一心瞻仰諸佛殊勝之相亦復思惟釋
迦牟尼如来无量功德唯於壽命生疑惑
心云何如来功德无量壽命短促唯八十年
尒時四佛告妙幢菩薩言善男子汝今不應
思忖如来壽命長短何以故善男子我等不
見諸天世間梵魔沙門婆羅門等人及非人
有能筭知佛之壽量知其齊限唯除无上正
遍知者時四如来欲說釋迦牟尼佛所有壽
量以佛威力欲色界天諸龍鬼神健闥婆阿
蘇羅揭路荼緊那羅莫呼洛伽及无量百千
億那庾多菩薩摩訶薩悉来集
菩…妙室中尒時四佛於
…有壽量…

BD04759號　金光明最勝王經卷一　（8–8）

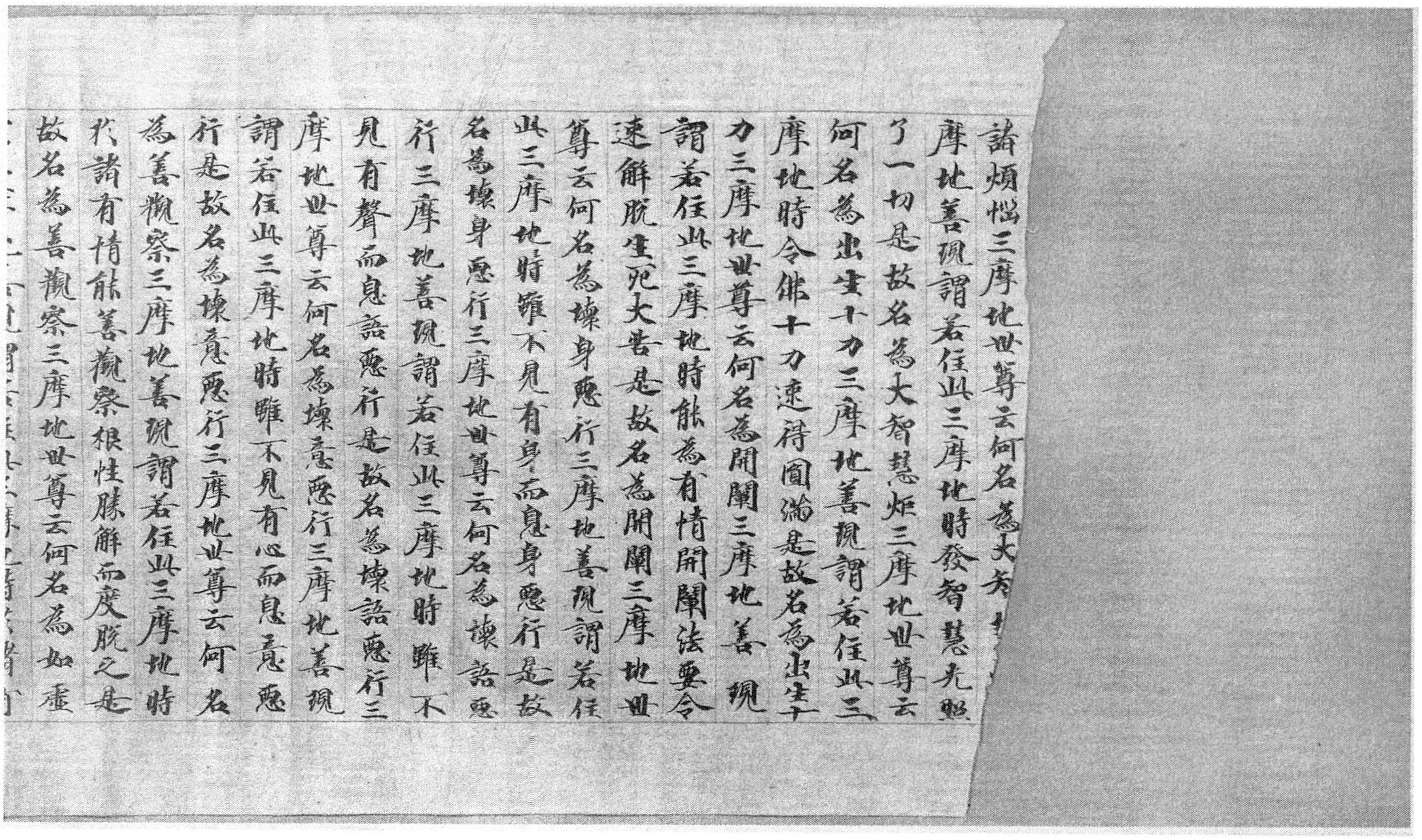
諸煩惱三摩地世尊云何名為大
摩地善現謂若住此三摩地時發智慧光照
了一切是故名為大智慧炬三摩地世尊云
何名為出生十力三摩地善現謂若住此三
摩地時令佛十力速得圓滿是故名為出生十
力三摩地世尊云何名為開闡三摩地善現
謂若住此三摩地時能為有情開闡法要令
速解脫生死大苦是故名為開闡三摩地世
尊云何名為壞身惡行三摩地善現謂若住
此三摩地時雖不見有身而息身惡行是故
名為壞身惡行三摩地世尊云何名為壞語惡
行三摩地善現謂若住此三摩地時雖不
見有聲而息語惡行是故名為壞語惡行三
摩地世尊云何名為壞意惡行三摩地善現
謂若住此三摩地時雖不見有心而息意惡
行是故名為壞意惡行三摩地世尊云何名
為善觀察三摩地善現謂若住此三摩地時
於諸有情能善觀察根性勝解而度脫之是
故名為善觀察三摩地世尊云何名為如虛

BD04760號　大般若波羅蜜多經卷五二　（2–1）

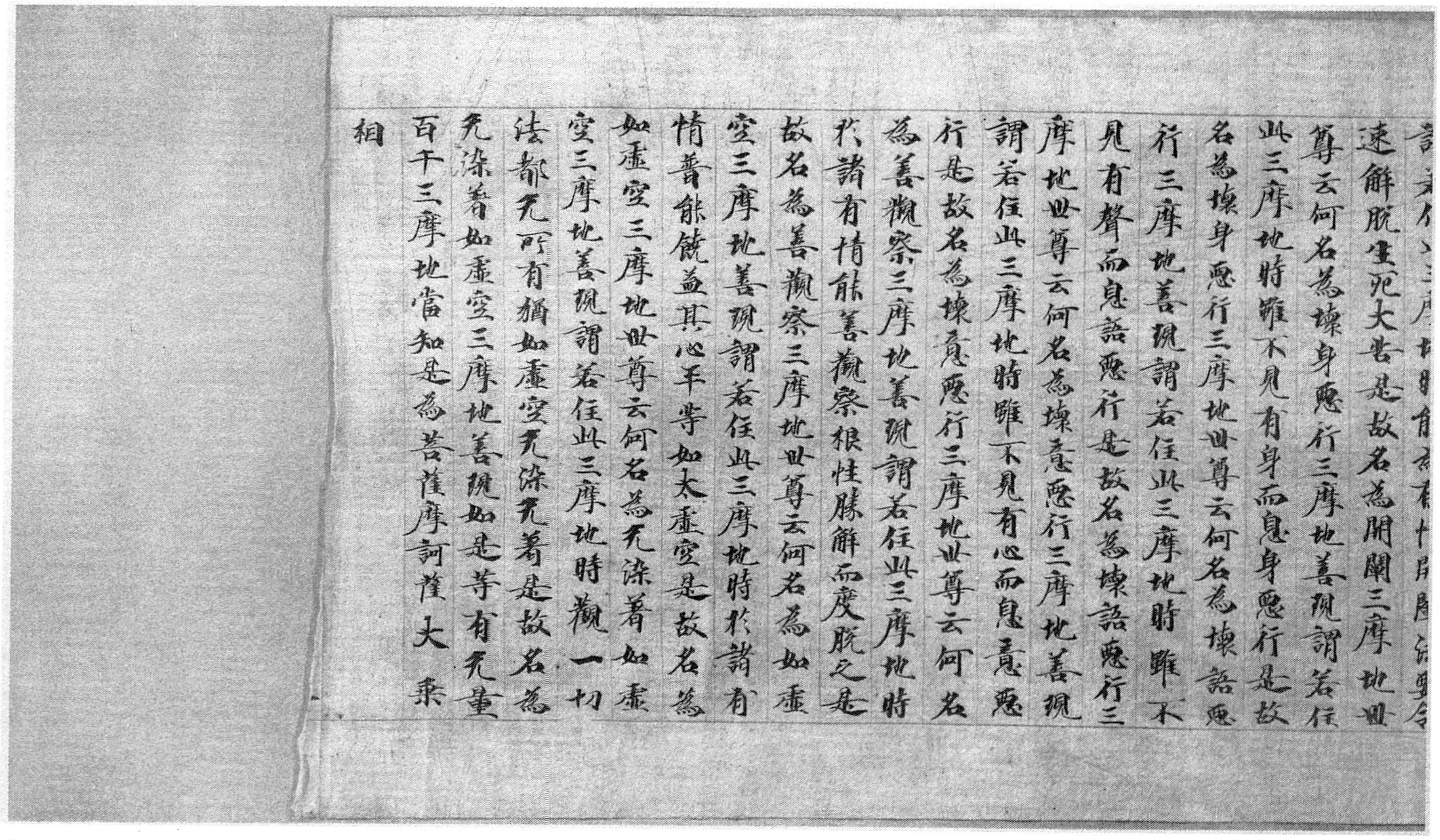
速解脫生死大苦是故名為開闡三摩地世
尊云何名為壞身惡行三摩地善現謂若住
此三摩地時雖不見有身而息身惡行是故
名為壞身惡行三摩地世尊云何名為壞語惡
行三摩地善現謂若住此三摩地時雖不
見有聲而息語惡行是故名為壞語惡行三
摩地世尊云何名為壞意惡行三摩地善現
謂若住此三摩地時雖不見有心而息意惡
行是故名為壞意惡行三摩地世尊云何名
為善觀察三摩地善現謂若住此三摩地時
於諸有情能善觀察根性勝解而度脫之是
故名為善觀察三摩地世尊云何名為如虛
空三摩地善現謂若住此三摩地時於諸有
情普能饒益其心平等如太虛空是故名為
如虛空三摩地世尊云何名為无染著如虛
空三摩地善現謂若住此三摩地時觀一切
法都无所有猶如虛空无染无著是故名為
无染著如虛空三摩地善現如是等有无量
百千三摩地當知是為菩薩摩訶薩大乘
相

BD04760號　大般若波羅蜜多經卷五二　（2–2）

南无无邊[illegible] 南[illegible]
南无過境界步佛 南无[illegible]
南无虛空眼佛 南无虛空[illegible]佛
南无稱力王佛 南无放光明佛
南无離諸染佛 南无種種花成就勝佛
南无遠離諸有驚怖毛竪佛
南无智積佛 南无旃檀香佛
南无仗眼佛 南无寶來佛
南无香首佛 南无勝衆佛
南无唯蓋佛 南无无障眼佛
南无旃檀去佛 南无智花寶光明勝佛
南无賢勝光明佛 南无能一切畏佛
南无无畏佛 南无弥留藏佛
從此以上一万一千二百佛十二部经一切賢聖
南无法作佛 南无十方光明佛
南无千上光明佛 南无智光明佛
南无寶勝光明佛 南无无邊光明佛
南无无号聲佛 南无羅網光明佛
南无種種寶智佛 南无无邊莊嚴佛

BD04761號　佛名經（十六卷本）卷一四

（2-1）

南无賢勝光明佛 南无能一切畏佛
南无无畏佛 南无弥留藏佛
從此以上一万一千二百佛十二部经一切賢聖
南无法作佛 南无十方光明佛
南无千上光明佛 南无智光明佛
南无寶勝光明佛 南无无邊光明佛
南无无号聲佛 南无羅網光明佛
南无種種寶智佛 南无无邊莊嚴佛
南无優波羅勝佛 南无住智勝佛
南无勝能聖佛 南无智稱佛
南无莎羅自在王佛 南无寶娑羅奉佛
南无大將佛 南无寶積佛
南无不空名佛 南无勝成就功德佛
南无稱王佛 南无不空步佛
南无香光明佛 南无无障号聲佛
南无稱力佛 南无須弥增長勝王佛
南无寶勝功德佛 南无波頭摩勝佛
南无寶起佛 南无香光明佛
南无十方稱發起佛
南无普護增長上雲聲王佛
南无无邊光明佛 南无无邊智成佛
[illegible]一佛 南无衆上道佛
[illegible]像佛

BD04761號　佛名經（十六卷本）卷一四

（2-2）

薩菩薩空若色處空乃至若法處空若菩薩
空如是一切皆无二无二處憍尸迦諸菩薩摩
訶薩於般若波羅蜜多應如是住憍尸迦
眼界眼界空乃至意界意界空菩薩菩薩空
若眼界空乃至若意界空若菩薩空如是一
切皆无二无二處憍尸迦諸菩薩摩訶薩於
般若波羅蜜多應如是住憍尸迦色界色界
空乃至法界法界空菩薩菩薩空若色界空
乃至若法界空若菩薩空如是一切皆无二
无二處憍尸迦諸菩薩摩訶薩於般若波羅
蜜多應如是住憍尸迦眼識界眼識界空乃
至意識界意識界空菩薩菩薩空若眼識界
空乃至若意識界空若菩薩空如是一切皆
无二无二處憍尸迦諸菩薩摩訶薩於般若
波羅蜜多應如是住憍尸迦眼觸眼觸空乃
至意觸意觸空菩薩菩薩空若眼觸空乃至
若意觸空若菩薩空如是一切皆无二无二
處憍尸迦諸菩薩摩訶薩於般若波羅蜜多
應如是住憍尸迦眼觸為緣所生諸受眼觸
為緣所生諸受空乃至意觸為緣所生諸受
意觸為緣所生諸受空菩薩菩薩空若眼觸
為緣所生諸受空乃至若意觸為緣所生諸

BD04762號　大般若波羅蜜多經卷四二五　（3–1）

波[illegible]
至意觸意觸空菩薩菩薩空若眼觸空乃至
若意觸空若菩薩空如是一切皆无二无二
處憍尸迦諸菩薩摩訶薩於般若波羅蜜多
應如是住憍尸迦眼觸為緣所生諸受眼觸
為緣所生諸受空乃至意觸為緣所生諸受
意觸為緣所生諸受空菩薩菩薩空若眼觸
為緣所生諸受空乃至若意觸為緣所生諸
受空若菩薩空如是一切皆无二无二處憍
尸迦諸菩薩摩訶薩於般若波羅蜜多應如
是住憍尸迦地界地界空乃至識界識界空
菩薩菩薩空若地界空乃至若識界空若菩
薩空如是一切皆无二无二處憍尸迦諸菩
薩摩訶薩於般若波羅蜜多應如是住憍尸
迦無明無明空乃至老死老死空菩薩菩薩
空若無明空乃至若老死空若菩薩空如是
一切皆无二无二處憍尸迦諸菩薩摩訶薩
於般若波羅蜜多應如是住憍尸迦无明滅
无明滅空乃至老死滅老死滅空菩薩菩薩
空若无明滅空乃至若老死滅空若菩薩空
如是一切皆无二无二處憍尸迦諸菩薩摩
訶薩於般若波羅蜜多應如是住憍尸迦布
施波羅蜜多布施波羅蜜多空乃至般若波
羅蜜多般若波羅蜜多空菩薩菩薩空若布
施波羅蜜多空乃至若般若波羅蜜多空若
菩薩空如是一切皆无二无二處憍尸迦諸
菩薩摩訶薩於般若波羅蜜多應如是住憍
尸迦內空內空乃至无性自性空无性自

BD04762號　大般若波羅蜜多經卷四二五　（3–2）

如是一切皆无二无二處憍尸迦諸菩薩摩
訶薩於般若波羅蜜多應如是住憍尸迦布
施波羅蜜多布施波羅蜜多空乃至般若波
羅蜜多般若波羅蜜多空菩薩菩薩空若布
施波羅蜜多空乃至若般若波羅蜜多空若
菩薩空如是一切皆无二无二處憍尸迦諸
菩薩摩訶薩於般若波羅蜜多應如是住憍
尸迦內空內空乃至无性自性空无性自
性空空菩薩菩薩空若內空空乃至若无性
自性空空若菩薩空如是一切皆无二无二
處憍尸迦諸菩薩摩訶薩於般若波羅蜜多
應如是住憍尸迦四念住四念住空乃至十八
佛不共法十八佛不共法空菩薩菩薩空
若四念住空乃至若十八佛不共法空若菩
薩空如是一切皆無二無二處憍尸迦諸菩
薩摩訶薩於般若波羅蜜多應如是住憍尸
迦一切三摩地門一切三摩地門空一切陁
羅尼門一切陁羅尼門空菩薩菩薩空若一
切三摩地門空若一切陁羅尼門空若菩薩
空如是一切皆無二無二處憍尸迦諸菩薩
摩訶薩於般若波羅蜜多應如是住憍尸迦
聲聞乘聲聞乘空獨覺乘無上乘獨覺乘

BD04762號　大般若波羅蜜多經卷四二五

名字

吾今呪魅鬼頭破作七分如阿梨樹枝今請

婆羅門来呪魅鬼頭破作七分如阿梨樹枝今

當知汝姓名知汝姓字急去他方若坐滅亡

若立消滅不得停心

今請南无佛陁来呪魅人頭破作七分如

梨樹枝

今請普賢菩薩来呪魅人頭破作七分

阿梨樹枝

今請寶月菩薩来呪魅人頭破作七分如

梨樹枝

今請大智菩薩来呪魅人頭破作七分如

梨樹枝

今請更明菩薩来呪魅人頭破作七分如

梨樹枝

今請明光菩薩来呪魅人頭破作七分如

梨樹枝

今請月光菩薩来呪魅人頭破作七分如

梨樹杖
令請叓明菩薩来呪魅人頭破作七分如
梨樹杖
令請明光菩薩来呪魅人頭破作七分如
梨樹杖
令請月光菩薩来呪魅人頭破作七分如
梨樹杖
令請冢光菩薩来呪魅人頭破作七分如阿
梨樹杖
令請火光菩薩来呪魅人頭破作七分如阿
梨樹杖
令請花光菩薩来呪魅人頭破作七分如阿
梨樹杖
令請月明菩薩来呪魅人頭破作七分如阿
梨樹杖
令請文光菩薩来呪魅人頭破作七分如阿
梨樹杖
令請龍光菩薩来呪魅人頭破作七分如阿
梨樹杖
令請明星菩薩来呪魅人頭破作七分如阿
梨樹杖
令請勇力菩薩来呪魅人頭破作七分如阿
梨樹杖
令請普明菩薩来呪魅人頭破作七分如阿
梨樹杖
令請大明菩薩来呪魅人頭破作七分如阿

（5–2）

BD04763號　咒魅經

梨樹杖
今請勇力菩薩来呪魅人頭破作七分如阿
梨樹杖
今請普明菩薩来呪魅人頭破作七分如阿
梨樹杖
今請大明菩薩来呪魅人頭破作七分如阿
梨樹杖
今請轉輪菩薩来呪魅人頭破作七分如阿
梨樹杖
今請日中菩薩来呪魅人頭破作七分如阿
梨樹杖
今請達立菩薩来呪魅人頭破作七分如阿
梨樹杖
今請樹王菩薩来呪魅人頭破作七分如阿
梨樹杖
今請龍天菩薩来呪魅人頭破作七分如阿
梨樹杖
今請動地菩薩来呪魅人頭破作七分如阿
梨樹杖
今請東方青帝神王来呪魅人不得停止
今請西方白帝神王来呪魅人不得停止
今請南方赤帝神王来呪魅人不得停止
今請北方黑帝神王来呪魅人不得停止
今請中央黃帝神王来呪魅人不得停止
今當呼日月五星卄八宿来呪魅人不得停
止急去千里

令請西方白帝神王來呪魅人不得停止
令請南方赤帝神王來呪魅人不得停止
令請北方黑帝神王來呪魅人不得停止
令請中央黃帝神王來呪魅人不得停止
令當呼日月五星廿八宿來呪魅人不得停
止急去千里
東方大獸來食魅人身
南方蜈蚣來食魅人眼睛
西方白烏來食魅人頭
北方黑烏來食魅人心藏
中央黃帝白龍來食魅人神
吾見魅人眼目角張或作猖狂不似人形或
在人門前或在人屋裏或在碓磑上或在田
地間跳踉不止或正月歲日或正月十五日
或時節之日燒其脂火呪說不止吾知汝姓
名知汝姓字不得停止急去他方若壹若
亡若倒地消滅頭破作七分如阿梨樹枝
若生口赤舌菩薩呪令消亡急呪不得停
留
尒時世尊言我今告十方等吾語汝一切衆
生今為善男子善女人造呪魅經時有十方
諸佛過去七佛十六王子佛天人羅漢四天
大王天龍八部諸大菩薩四道果人一會須
彌山頭龍花樹下評量衆生云何度之若比
丘比丘尼優婆塞優婆夷男子女人有能燒
香禮拜受持此經供養不絶令人得福若有

亡若倒地消滅頭破作七分如阿梨樹枝
若生口赤舌菩薩呪令消亡急呪不得停
留
尒時世尊言我今告十方菩吾語汝一切衆
生令為善男子善女人造呪魅經時有十方
諸佛過去七佛十六王子佛天人羅漢四天
大王天龍八部諸大菩薩四道果人一會須
彌山頭龍花樹下評量衆生云何度之若比
丘比丘尼優婆塞優婆夷男子女人有能燒
香礼佛受持此經供養不絕令人得福若有
憂苦之人能生善心皆得天堂之樂若有轉
此經時鮮淨潔身行燒香供養受持呪魅經
一誦七遍无不魅人滅亡聞佛所說歡
喜奉行

佛說呪魅經

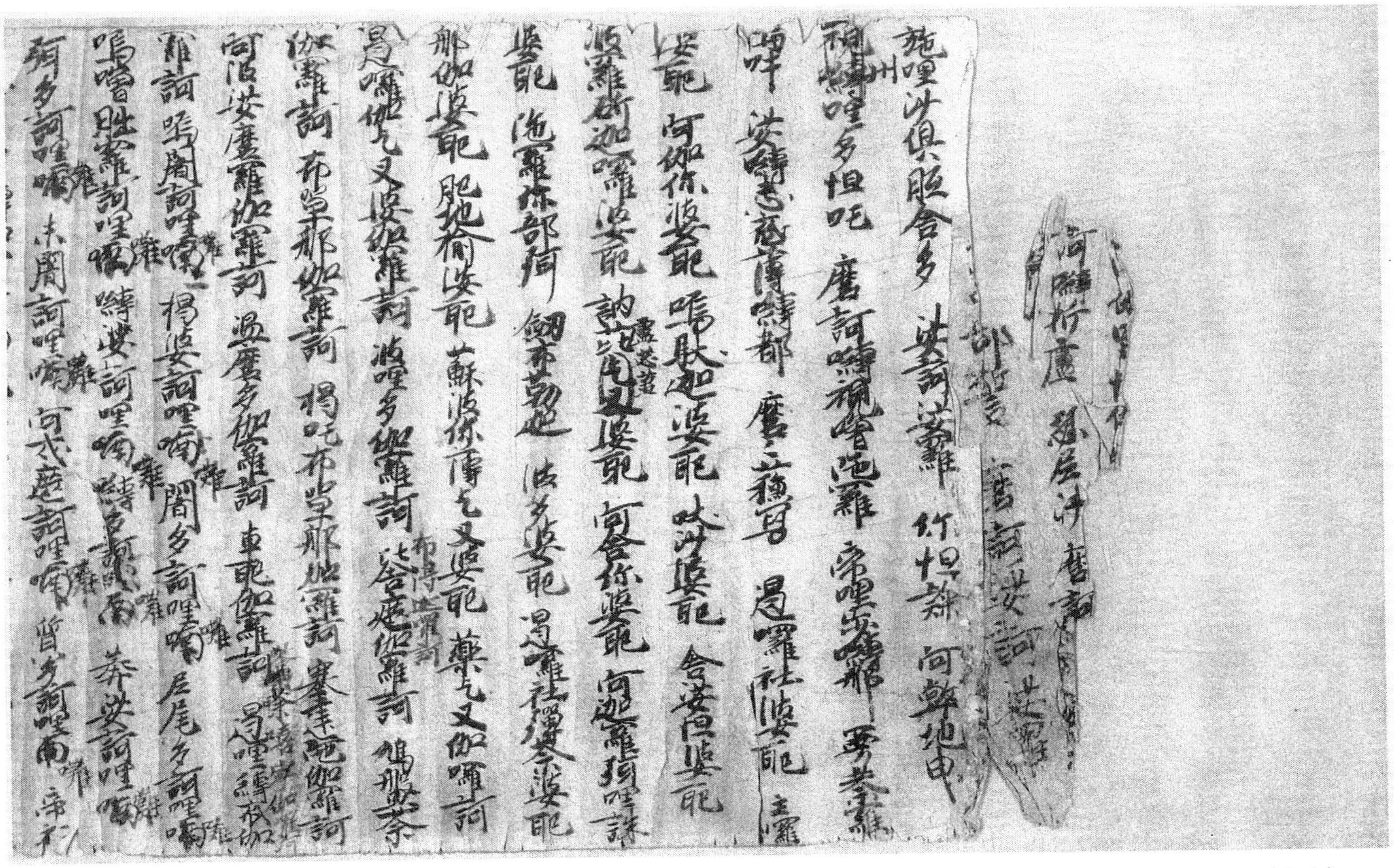

BD04764 號　佛經咒語（擬）

（2–1）

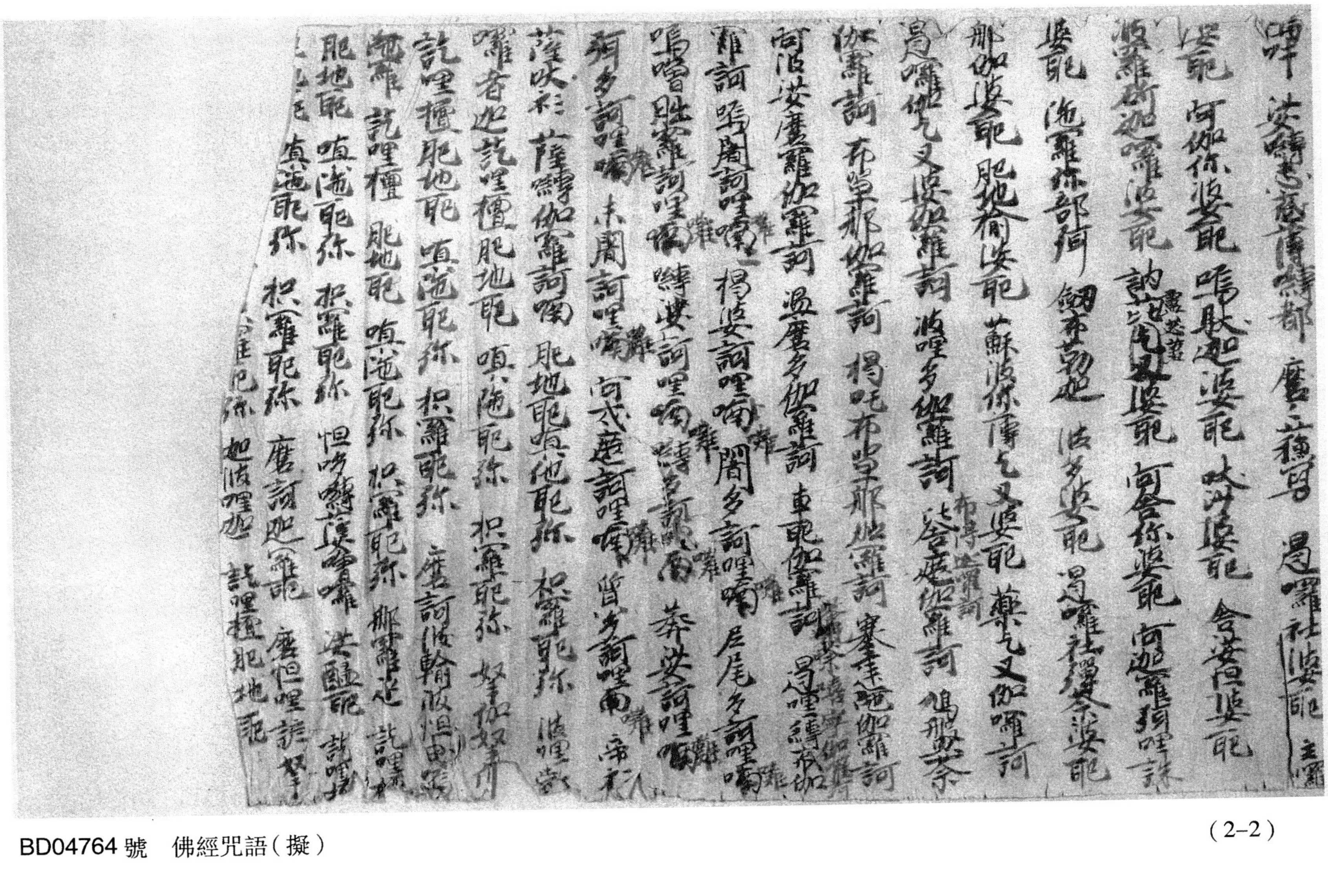

BD04764 號　佛經咒語（擬）

（2–2）

……者
……設諸伎養種種
……是供養欲請國
……不尒者為請大臣
邪道……居士邪若不尒者親族會邪合
言非也欲請於佛六師聞言佛者是誰合言是
一切智人復言一切智人為是誰荅言大慈悲
父母不智耶白淨王種豪尊第一從劫初已
来嫡嫡相承作轉輪王雖不作轉輪王而作
閻浮提王兄弟三人其最長者号曰淨飯王
其次弟名曰斛飯王其最小者名曰甘露飯
王淨飯王生二子長者名悉達小者名難陁
斛飯王復生二子長者提婆達小者阿難甘
露王生一女名甘露味女尒時大兄悉達太子
出城觀看見老病死患憂思不食悲念人人
當有此患无貴无賤有形之類无免此者即
夜踰出宮城菩提樹下苦行六年然後得成
一切智故号一切智人獨悟成佛具足十力四
无所畏十八不共法乃至一切智種其生七日母便
命終生死究竟天為母說法經九十日却後一
七日當還閻浮提尒時六師聞是語已心生嫉
妬憂恚苦惱即將六師徒衆集衆共論議言
瞿曇沙門若還閻浮提者一切人民皆當捨
我供養瞿曇我等孤窮怨當不濟尒時

BD04765 號　大方便佛報恩經卷三　　（13–1）

夜踰出宮城菩提樹下苦行六年然後得成
一切智故号一切智人獨悟成佛具足十力四
无所畏十八不共法乃至一切智種其生七日母便
命終生死究竟天為母說法經九十日却後一
七日當還閻浮提尒時六師聞是語已心生嫉
妬憂恚苦惱即將六師徒衆集衆共論議言
瞿曇沙門若還閻浮提者一切人民皆當捨
我供養瞿曇我等孤窮怨當不濟尒時
六師復作是念我等今當速往多人衆中唱
如是言諸人當知瞿曇沙門實无所知黄口
小兒近出釋氏宮菩提樹下自言得一切種
智當知此則虛妄之言所以然者阿耆達王
来請瞿曇所施供養唯是馬麦瞿曇不
知為恩而請受請當知非一切智也復次問往
問阿難安居餘有幾日夜阿難言餘有七日在復
次問於阿難衹洹中何以多烏鳥聲阿難言衆
鳥諍食適生一七其母命終以是事故當知是
薄相人亦是棄恩之人所以然者生已棄其母
故又復非慈孝非供養日下翻夜彼給而反
捐棄入於深山亦是无恩多人父母為納娶瞿
夷竟不行婦人之禮令憍曇弥受大苦惱是
故當不知恩不念恩瞿曇沙門徒衆无卑五
百弟子各稱第一師既无法弟子亦无脩行之
業乃至知數其人驅陁比丘亦稱第一聰明智慧
舍利佛亦入其中訥鈍槃特比丘亦其中乃至
少欲之人耶輸陁羅比丘尼亦入其中舍衛城
中婬亂不善蓮華色女亦入其中乃至稚小无
智均提小兒亦入其中乃至極老須跋陁羅年
百廿亦入其中乃至豪尊諸釋種亦入其中極
下賤王舍城中擔糞穢人亦入其中是故當知
瞿曇中狠雜覺共入中皆无尊卑不可恭敬

BD04765 號　大方便佛報恩經卷三　　（13–2）

舍利佛亦入其[illegible]
少欲之人邪輸陁羅比丘尼亦入其中舍衛城
中婬亂不善蓮華色女亦入其中乃至稚小无
智昀提小児亦入其中乃至拯无滇毀陁羅井
百廿亦入其中乃至豪尊諸釋種亦入其中極
下賤王舍城中權棄織人亦入其中是故當知
瞿曇中猥雜窮共入中皆无尊卑不可恭敬
辟如大風吹諸樹葉聚在一處瞿曇佛法亦復
如是辟如衆鳥道逢世間人所遺棄衣服飲
食瞿曇徒衆隨取食之汝等諸人今日云何
欲請瞿曇衆人聞辟如大地不可虧動大衆渴
仰如来雖聞六師作如是說心如金剛无有增減
渴仰如渴欲飲却後七日如来從天来至閻浮
提无量百千諸天隨從如来放大光明神力感
動作天伎樂百千万種乃至一切天一切龍
鬼神乾闥婆緊那羅伽人非人等一切八衆
皆悉雲集礼拜供養尒時優填大王衆圍
遶遠迎如来頭面礼足却住一面尒時六師
徒衆集聚復作是念我等今者兼禍將至
雖復衆人之中唱說此言而不信受今當復
往天人大衆之中宣令如是可知清白尒時
六師作是念已與其徒衆八千人俱前後圍
遶往詣大衆到已却坐一面尒時復有一乾
闥婆子名曰闥婆摩羅彈七寶琴往詣
如来所頭面礼足却住一面鼓樂絃歌出微
妙音其音和雅悅可衆心聲聞舍利弗
等不覺動身起舞須弥山王涌沒低昂尒時
如来即入有相三昧以三昧力令其琴聲遠
聞三千大千世界其音具足演說苦空无
常不淨无我放逸衆生聞此妙音具足演說
如来知恩報恩久於无量阿僧祇劫孝養父

BD04765 號　大方便佛報恩經卷三

（13–3）

如来所頭面礼足却住一面鼓樂絃歌出微
妙音其音和雅悅可衆心聲聞舍利弗
等不覺動身起舞須弥山王涌沒低昂尒時
如来即入有相三昧以三昧力令其琴聲遠
聞三千大千世界其音具足演說苦空无
常不淨无我放逸衆生聞此妙音具足演說
如来知恩報恩久於无量阿僧祇劫孝養父
母一切衆生皆随聲至閻浮提往到佛所頭
面礼足却坐一面尒時大衆瞻仰如来目不
蹔捨如来尒時三昧晏嘿一切大衆亦皆嘿
然於大衆中有七寶塔從地踊出住在空中
无數幢幡而懸其上百千寶鈴不鼓自鳴
微風吹動出微妙音尒時大衆見此寶塔從
地踊出心生疑網以何因緣有此寶塔從地
踊出諸聲聞衆舍利弗等盡思度量亦復
不知舊住娑婆世界菩薩摩訶薩乃至弥勒
菩薩亦復不知尒時六師作是念言復何因
緣有此寶塔若有人来問我者而我不知若
不知者云何復名一切知見復作是念瞿曇
何不速為大衆敷演斯事尒時如来出于
三昧釋提桓因切利天王取諸天衣敷師子
坐尒時如来昇此坐結跏趺坐如須弥山
王處于大海尒時弥勒菩薩觀察衆心咸皆
有疑自亦未了即從坐起往到佛前頭面礼
足合掌向佛而作是言世尊以何因緣有此
寶塔從地踊出佛告弥勒菩薩乃往過去不
可思議阿僧祇劫有佛世号毗婆尸如来應
供正遍知明行足善逝世間解无上士調御
丈夫天人師佛世尊出現於世教化无量百
千万億阿僧衆生皆令堅固阿耨多羅三
藐三菩提其佛滅後於像法中有國名波羅
柰其波羅柰大王聰叡仁賢常以正法治國

BD04765 號　大方便佛報恩經卷三

（13–4）

寶塔從地踊出佛告弥勒菩薩乃往過去不
可思議阿僧祇劫有佛世號毗婆尸如來應
供正遍知明行足善逝世間解无上士調御
丈夫天人師佛世尊出現於世教化无量百
千万億阿僧祇衆生皆令堅固阿耨多羅三
藐三菩提其佛滅後於像法中有國名波羅
㮈其波羅㮈大王聰叡仁賢常以正法治國
不枉人民王主六十小國八百聚落王子无
子王自供養奉事山神樹神一切神祇經十
二年不懈不息求索有子業一夫人便覺有
身十月滿足生一男兒其子端正人相具足
生已召諸大臣諸小國王占相吉凶即爲立
字以其太子性善不瞋名曰忍辱忍辱太子
其年長大好喜布施聰明慈仁於諸衆生等
生慈心尒時大王有六大臣其性暴惡姧僞
佞諂枉橫无道人民獸患時六大臣自知於
行有違常懷嫉妬憎惡太子尒時大王身
嬰重病苦惱顛顇命在旦夕忍辱太子往告
諸臣父王困篤今當奈何諸臣聞已心生瞋
恚報太子言王命不久何以故欲求妙藥不
可得故是以當知命去不遠太子聞已心生
苦惱悶絶躃地時六大臣即入靜室共謀議
言忍辱太子不除去者我等終不得安隱也
作是念已第一大臣言忍辱太子无事可除
一臣復言我有方便能除去之即往太子所
報太子言臣向在外於六十小國八百聚落中
求覓藥草了不能得太子問言所求藥草爲
是何物大臣報言太子當知求藥草者正是
從生至終不瞋人眼精及其人髓若得此藥
得全王命若不得者命在不久於諸國土无
有此人太子聞已心生憂惱即報大臣今我



求覓藥草了不能得太子問言所求藥草爲
是何物大臣報言太子當知求藥草者正是
從生至終不瞋人眼精及其人髓若得此藥
得全王命若不得者命在不久於諸國土无
有此人太子聞已心生憂惱即報大臣今我
身者似是其人何以故我從生已來未嘗有
瞋太臣言太子若是其人者此事亦難何以
故天下所重莫若已身太子言不如諸臣所
言也但使父王病得損者假使捨百千身亦
不爲難況我今日此穢身也大臣報言如此
之事隨太子意尒時忍辱太子心生歡喜而
作是念若使此藥能除父王病者宜應速辦
此事忍辱太子即入宫中到其母所頭面礼
足合掌向母而作是言今者此身欲爲父王
作治病藥恐其身命不得存立是故與母共
别顧母莫憂苦慈慕其子其母聞是語已心
生悶絶忘失四方譬如人噎又不得咽不能
歡進又不得吐不能歡退即前抱其太子悶
絶以水灑面良久乃蘇尒時太子白其母言
父王身命須臾之間不得久停宜時速辦令
王服之尒時太子即呼大臣諸小國王於大衆
中即宣此言我身今者與大衆别尒時大臣
即擣藥奉上大王王即服之病得除善病既
善已問諸大臣汝等於何得此妙藥除我患
苦得全身命大臣白王今此藥者忍辱太子
之所辦非諸臣力所堪辦也王聞是語心驚
毛竪彼聲問諸臣言忍辱太子今在何所大
臣答言太子今者在外身體傷損命不云遠
王聞是語舉聲大哭苦哉苦哉自投於地塵
土坌身如我今者實自无情云何乃能服此

之所辯非諸臣力所堪辯也王聞是語心驚
毛竪嵸聳問諸臣言忍辱太子今在何所大
臣荅言太子今者在外身體傷損命不云遠
王聞是語舉聲大哭怙哉怙哉自投於地塵
土坌身如我今者實自无情云何乃能服此
子肉往到子所見命已終王及夫人及諸臣
民无量大衆前後圍繞其母懊惱投身死
尸以我宿世有諸過惡令令子身受是苦
也令我身者何以不碎末如塵乃令我子喪
失身命尒時父王及諸小王即以牛頭栴檀
香木積以為積闍維太子所有身骨復以
七寶起塔供養尒時世尊告弥勒菩薩善男
子等大衆當知尒時波羅㮈大王者今現我
父悅頭檀是尒時母者今現我母摩耶是忍
辱太子者今我身是菩薩於无量阿僧祇劫
孝養父母衣被飲食房舍臥具乃至身肉骨
髓其事如是以此因緣自致成佛今此寶塔
從地踊出者即是我為其父母捨此骨髓及
其身命即於此處起塔供養我今成佛即踊
現其前尒時大衆中无量人天諸龍鬼神聞
是語已悲喜交集淚下滿目異口同音讚歎
如來百千功德尋時發於阿耨多羅三藐三
菩提心復有无量百千衆生發聲聞辟支佛
心復有无量人得須陁洹果乃至阿羅漢道
復有无量百千万億菩薩摩訶薩不久當得
阿耨多羅三藐三菩提是故當知如來今者
具是孝養父母復次菩薩本知父人之德以
其本願如是生如來身以生如來滿本願故
不堪受其礼故因其將終尒時大衆異口同
音讚歎摩耶善哉摩耶得生如來天人世間

BD04765 號　大方便佛報恩經卷三

（13–7）

心復有无量人得須陁洹果乃至阿羅漢道
復有无量百千万億菩薩摩訶薩不久當得
阿耨多羅三藐三菩提是故當知如來今者
具是孝養父母復次菩薩本知父人之德以
其本願如是生如來身以生如來滿本願故
不堪受其礼故因其將終尒時大衆異口同
音讚歎摩耶善哉摩耶得生如來天人世間
无與等者尒時闍婆摩羅即從座起偏袒右
肩胡跪合掌而白佛言世尊摩耶夫人猶何
功德以何因緣得生如來佛言善聽吾當為
汝分別解說佛言乃往過去久遠不可計劫
有佛出世号毗婆尸如來應供正遍知明行
足善世逝間解无上士調御丈夫天人師佛
世尊出現於世乃至正法像法滅已尒時有
國号波羅㮈去城不遠有山名曰聖所遊居
以有百千辟支佛住此山中故无量五通神
仙亦住其中以多仙聖住在中故号聖遊
居山其中有一仙人住在南岳復有一仙住
在北岳二山中間有一泉水其泉水邊有一平
石尒時南岳仙人在此石上浣衣洗足已便還
所止去後未久有一雌鹿來飲泉水次第到浣
衣處即飲是石上垢浣衣飲汁此垢衣垢汁
已迴頭反顧自舐小便處尒時雌鹿尋便懷
任月滿産生鹿産生法要還向本所得胎處
即還水邊住本石上悲鳴宛轉産生一女尒
時仙人聞此鹿悲鳴大喚尒時南窟仙人忽聞
是鹿大悲鳴聲心生慈愍即出往看見此雌
鹿産生一女尒時鹿母宛轉舐之見此仙人往
便捨而去尒時仙人見此女児形體端正人相
具足見是事已心生慈愍即以草衣裹拭將
還所止以菓蓏時餐漸漸長大至年十四其

BD04765 號　大方便佛報恩經卷三

（13–8）

即還本處往於石上悲鳴宛轉産生一女尒
時仙人聞此鹿悲鳴大喚尒時南窟仙人忽聞
是鹿大悲鳴聲心生憐愍即出往看見此雌
鹿産生一女尒時鹿母宛轉舐之見此仙人往
便捨而去尒時仙人見此女兒形體端正人相
具足見是事已心生憐愍即以草衣裹拭將
還採衆妙菓隨時養育漸漸長大至年十四其
父愛念常使宿火令不斷絶忽於一夜心不
謹慎使火滅盡其父苦責數已語其女言
我長身已來未曾使此火滅汝今日云何令
滅北窟有火汝可往取尒時鹿女即隨父教往
詣北窟步步舉足皆生蓮華隨其蹤跡行伍
次第如似街陌往至北窟從彼仙人乞求少
火尒時仙人見此女人福德如是足下生於
蓮華報言欲得火者汝當右遶我窟滿足
七匝行伍次第了了分明隨其舉足皆生蓮
華遶七匝已語其女言欲得火者復當在此
右邊還歸去者當與汝火尒時鹿女為得火
故隨教而去其女去後未久之間波羅柰王
將諸大臣百千萬衆前後圍遶千乘萬騎入
山遊獵馳逐群鹿波羅柰王獨乘名象往到
北窟仙人所見其蓮華遶窟行列尒時大王
心生歡喜歎言善哉善哉大德神仙大仙道
師福德巍巍其事如是尒時仙人即白王言
大王當知此蓮華者非我所能王言非大師
者是誰所為報言大王是南窟仙人生育一
女姿容端正人相具足世間難有其女行時
隨其足下皆生蓮華王聞是語心生歡喜即往
南窟見彼仙人頭面禮足尒時仙人即出問
訊大王遠涉塗路得無疲極尒時大王報仙
人言聞君有女欲求婚姻尒時仙人報大王

BD04765號　大方便佛報恩經卷三

（13–9）

大王當知此蓮華者非我所能王言非大師
者是誰所為報言大王是南窟仙人生育一
女姿容端正人相具足世間難有其女行時
隨其足下皆生蓮華王聞是語心生歡喜即往
南窟見彼仙人頭面禮足尒時仙人即出問
訊大王遠涉塗路得無疲極尒時大王報仙
人言聞君有女欲求婚姻尒時仙人報大王
言貧身有此一女稚小無知未有所識少小
已來住此深山未聞人事服草食菓王今云
何乃欲故錄又此女者畜生所生即以上事向
王具說王言雖尒無苦問其父言鹿女者今
在何許報言大王在此草窟尒時大王即入窟
中見其鹿女心生歡喜即以沐浴香湯名衣
上服百寶瓔珞莊嚴其身乘大名象百千導
從作倡伎樂還歸本國尒時鹿女從生已來
未曾見如此大衆心驚怖懼尒時其父上高
山頂遥看其女目不暫捨而作是念我今遣
觀我女遠去不見當還本處悲號懊惱流
淚滿目我生育此女未有所知與我遠別復
作是念我今住此不應餘轉何以故若我女
久顧後望不見我者令子憂苦佇立良久女
去不現竟不還顧尒時其父心生恚恨而作是
言畜生所生故不妄也我少長養今得成
人為王所念而又孤棄即入窟中誦持呪術
而呪其女王若遇汝薄者吃然不論若王
以禮待接汝者當令退沒不果所願尒時
波羅柰王到宮殿已拜為第一名曰鹿母夫人
諸小國王百官群臣皆來朝賀王見此已心
生歡喜未久數日便覺有身王自供養夫
人牀臥飲食皆令細耎至滿十月望其生男
紹係國位月滿産生一蓮華仙人呪力令

BD04765號　大方便佛報恩經卷三

（13–10）

而歎其女王若遇汝賢者形然不諭若王
以礼待接汝者當令退沒不果所願尒時
波羅奈王到宮殿已拜為第一名曰鹿母夫人
諸小國王百官群臣皆來朝賀王見此已心
生歡喜未久數日便覺有身王自供養夫
人牀卧飲食皆令細㮀至滿十月望其生男
紹係國位月滿產生生一蓮華仙人呪力令
令王瞋恚而作是言畜生所生故不妄也王
即退其夫人職其蓮華者使人遺棄其後
數日波羅奈王將諸群臣入後園中遊戲觀
看作倡伎樂鬪其象馬并諸力士中有第一
大力士郎傍蹎蹶以足蹴地地皆震動蓮
華池其華池邊有大瑠璃於瑠璃下有一
蓮華并墮水中其華紅赤有妙光明王見
此華心生歡喜問群臣言如此華者未曾有
也即使使者入池取之其華具足有五百葉
於一一葉下有一童男面首端正形狀妙好尒時
使者即前白王此蓮華者未曾有也大王當
知其蓮華者具五百葉於一一葉下有一天童男
王聞此語心驚毛竪慨歎所以問使者言審
實尒耶此非是我鹿母夫人所生蓮華者遺
棄何處答言大王埋在此池邊大瑠璃下王審
實其事知是鹿母夫人所生王自入宮向鹿母
夫人自責悔過而作是言我實愚癡无智
不識賢良橫相惡賤遠逢夫人懺謝訖已
還復本位王大歡喜召諸群臣諸小國王諸婆
羅門相師一切集會抱五百太子使諸相師占
相吉凶卦曰道德所歸國家其福若在家者
四海娛樂鬼神保之若出家者必斷生死超度
欲流越生死海獲得三明六通具四道果王
[illegible]國土選取五百



還復本位王大歡喜召諸群臣諸小國王諸婆
羅門相師一切集會抱五百太子使諸相師占
相吉凶卦曰道德所歸國家其福若在家者
四海娛樂鬼神保之若出家者必斷生死超度
欲流越生死海獲得三明六通具四道果王
聞是語遂增歡喜即遣宣令國土選取五百
乳母尒時鹿母夫人白大王言王莫擾擾國土
召諸乳母王宮中自有五百夫人諸夫人者如
我生男王今可以太子與一夫人令其乳哺非
其子耶王勅夫人五百夫人常懷嫉妬惱害
鹿母鹿母今者欲令我鞭打杖棄儐出駈遣
棄其命者不逢夫人夫人今者云何於怨嫌
中放捨此是甚難及也又復能開天地之恩
以其太子與諸夫人尒時五百夫人心生歡喜
鹿母夫人施我安隱快樂云何復能太子與
我歡喜无量尒時无量百千大衆聞是事已
心生歡喜皆發道心尒時大王勅夫人言未
曾有也吾不及汝夫人言貪恚所生皆由嫉
妬諫愚以忍諫怨以順我從生已來未曾
與物共爭諸夫人者自生惱害譬如有人夜
行見杌便起賊想或起惡鬼之想尋時驚
怖四散馳走或投高巖或赴水火荊棘藂
林傷壞形體因妄想故禍害如是一切衆生
亦復如是自生自死如蠶處繭如蛾赴燈无
駈馳者一切衆惡從妄想起諸夫人者亦復
如是我今不應與彼群愚起諸諍訟五百
夫人即前礼鹿母夫人自謝悔過奉事鹿母
如家賢聖如母姉妹所養太子如所生不異
時五百太子年漸長大一一太子力敵一千
[illegible]

女譬恩以怨讎恚以嗔我從生已來未曾
與物共爭諸夫人者自生惱害譬如有人夜
行見杌便起賊想或起惡鬼之想尋時驚
怖四散馳走或投高巖或赴水火荊棘藂
林傷壞形體因妄想故禍害如是一切衆生
亦復如是自生自死如蠶處繭如蛾赴燈无
駈馳者一切衆惡從妄想起諸夫人者亦復
如是我今不應與彼群愚起諸諍訟五百
夫人即前礼鹿母夫人自謝悔過奉事鹿母
如家賢聖如母姊妹所養太子如所生不異
時五百太子年漸長大一一太子力敵一千隣
國多敵不賓屬者自往伐之不起四兵國土安
隱天神歡喜風雨以時人民豐壤熾盛時五
百太子乘大名象林野觀看遊戲自恣快樂
難量父母憂念如護眼目　尒時五百太子年
漸長大於後一時集一處坐蓮華池邊見其
形容水底影現時諸太子

志皆
有心凡有心者悉皆當得阿耨菩提此經亦云
有一乘法无二亦三除佛方便說但教菩薩无聲聞
皆成於佛此唯有一大乘性此經既說一乘被彼佛
攝論說如來藏是一門性楞伽說如來藏是
或无諸有藏无說皆作佛依善戒經地持
性二无種性故經說五性種性者无此六處殊勝
衣轉相續此依一性女種性人无種性故雖復發心勤行精進
終不能得无上菩提但以人天善根而成熟之既无種性此被有性
被於无此依一性以說有无已下依一性而說理性有故依有非无勝
多異故世親攝論云云上乘下乘有差別十及菩薩聲聞亦為三藏又
處處說如來十力中有根上下智力此即上乘菩薩藏忘諦法為本
緣覺者說在十二因緣法為本菩薩者說六波羅蜜法此經說
一乘即為本菩薩者說六波羅蜜法此經六文妙莊嚴王品八万四千
人遠塵離垢得法眼淨亦云云被聲聞傍利益故有无佩章大
小類別依同非異以別攝通薄經之譬如病人有其三種一者不
遇良醫不遇良醫決定不差二者菩薩若遇即差不遇不差
即二乘此三者若遇不遇決定不差即闡提此經亦云轉輪王釋梵
是小藥草聲聞緣覺是中藥草大小菩薩名大藥草隨其決定
同菩薩今此唯被菩薩性人先雖是聲聞後作菩薩故文亦不云
如前已說依非无通別類異又大般若善勇猛菩薩云唯願世
尊哀愍我等為具宣說於諸境界有情類於聲聞乘性決
定者聞此法已速證得自无漏地於獨覺乘性決定者聞此法
已速依自乘而得出離於无上乘性決定者聞此法已速證无上
正等菩提若有情類雖未已入正性離生而於三乘性不定者聞此
法已皆發无上正等覺心諸論雖說聖亦迴心今說不定變易生死
以迴心者故云未入正性離生此經被大乘聲聞定性不及性如
前已引然被被攝覺　又有无機章以通從新又菲舊經三譬如

（5–1）

BD04766號　妙法蓮華經玄讚卷一

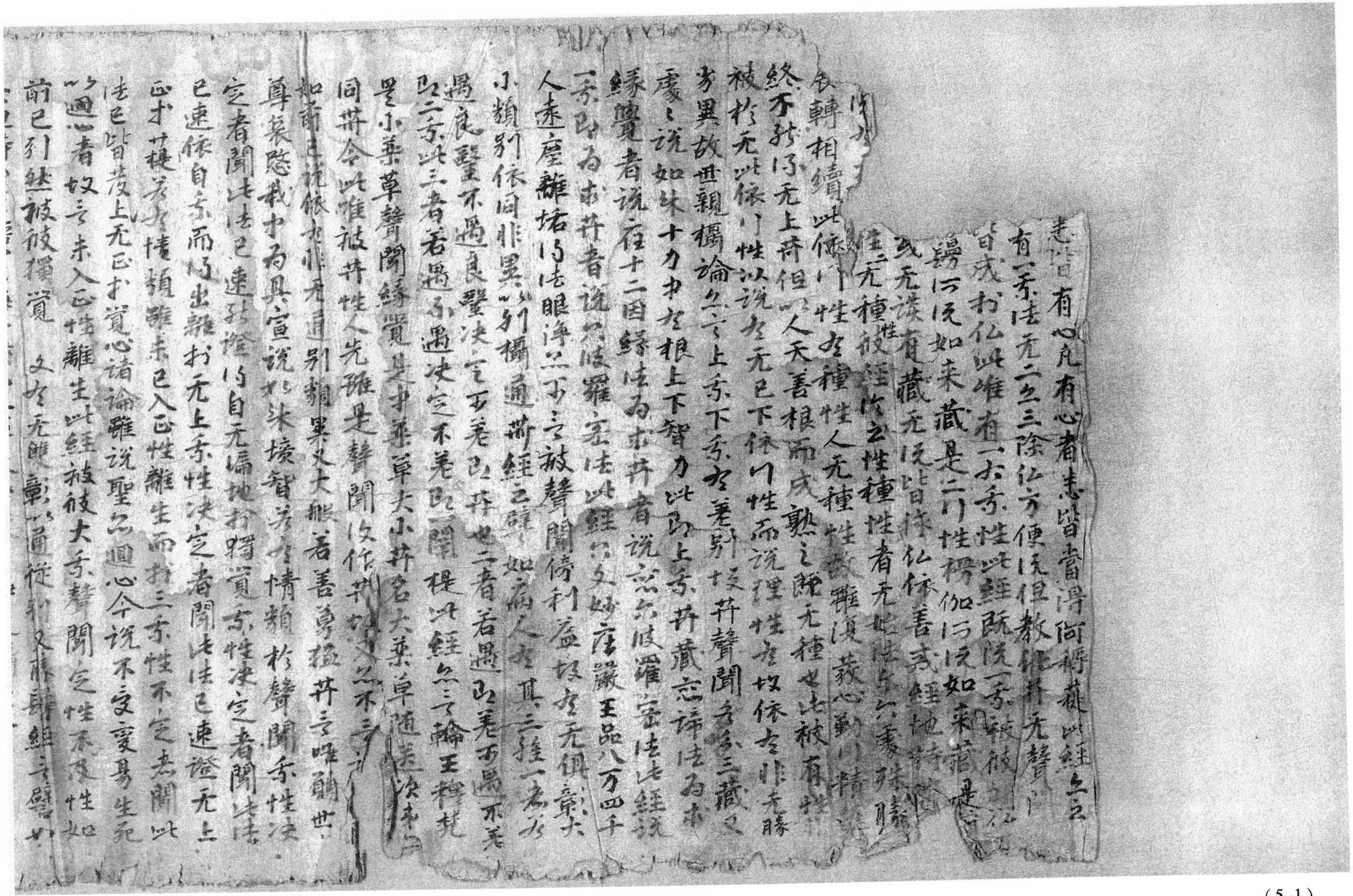

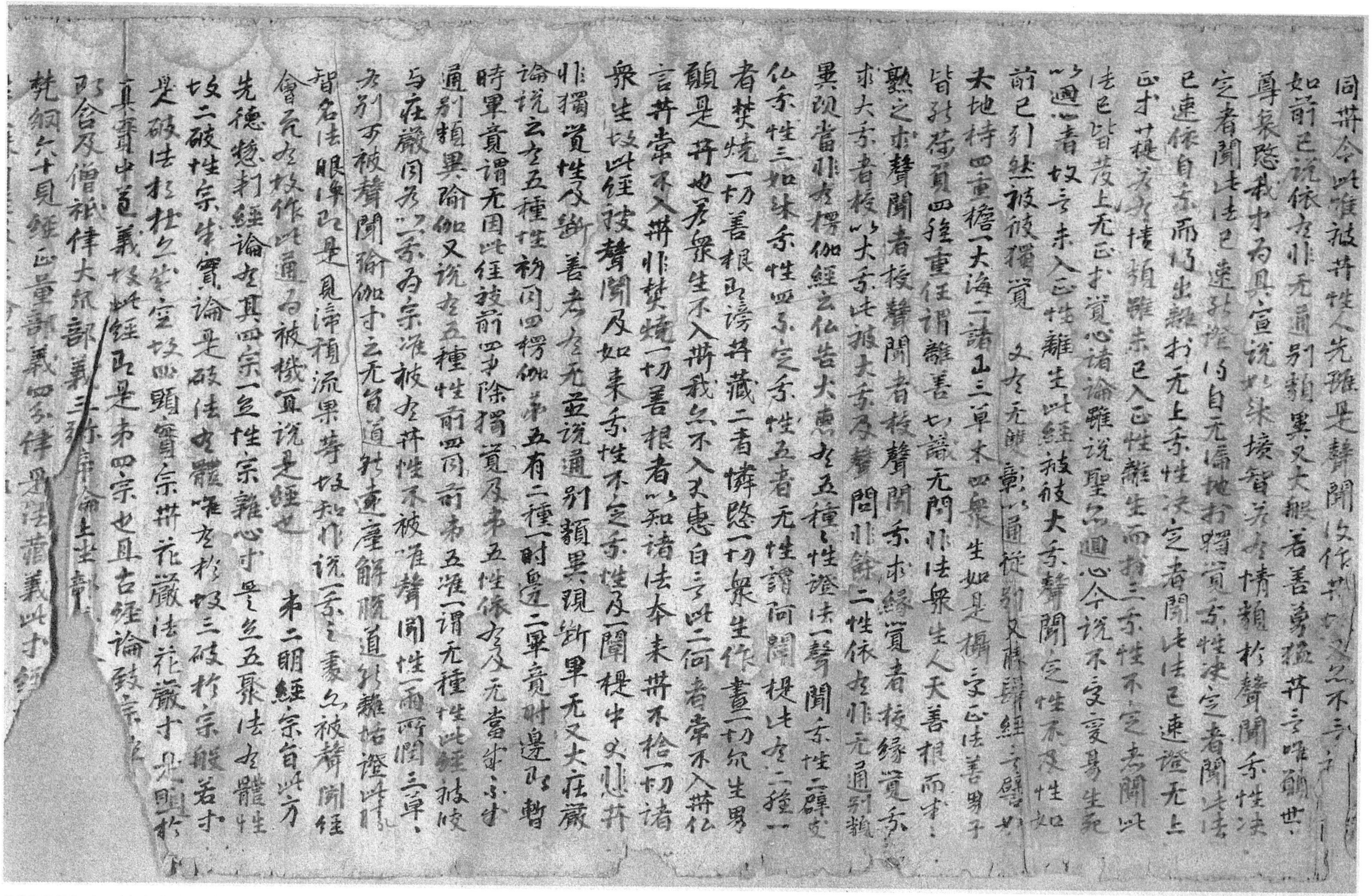

BD04766號　妙法蓮華經玄讚卷一

（5–2）

會无故作此通焉被機宜說是經也
第二明經宗旨此方
先德總判經論有其四宗一立性宗雜心等是立五聚法有體性
故二破性宗成實論是破法有體唯有於假三破相宗般若等
是破法相亦皆空故四顯實宗花嚴法花等是明於
真實中道義故此經即是第四宗也且古經論致宗
即合及僧祇律大衆部義三彌底論上坐部
梵網六十見經正量部義四分律是法藏義此等經
然文殊問經及宗輪論等亦有廿部大一生雜多假制西北方
犢子法賢正量密林法飲經部大衆二合廿二宗今依文判教之但有
三分以攝諸宗亦乃有八教但三者一多說有宗諸部合等小乘
義是雖多說有宗不違空二多說空宗二十般若等是雖多說
空亦不違有三非空有宗花嚴深密法花等是說有爲無爲
爲有我及我所名爲空故此等三教如前引文宗有八者一法我俱有
犢子部等二有法無我薩婆多等三法無去來大衆部等四現通假
實說假部等五俗妄真實說出世部等六諸法但名一說部等七
勝義皆空般若等經龍樹等說中百論等八應理圓實此法花
等無著等說中道教也成實論義經部師宗即當第四現通
假實宗雖差別義合廿二據理全差莫過此八然花嚴云如
來以一語言中演說無邊契經海無始稱經云佛以一音演說
法衆生隨類各得解無量義經云我成道已來卌餘年常說
諸法不生不滅不去不來無此無彼無得無失一切無相但由衆生
悟解不同得法果法有差亦云一雨所潤三草二木生長不同便悟
塞經云三獸渡河淺深有殊故攝論亦云如來屋鼓無思成自下故
知法教本無差別由機不同遂分大小頓漸之教此經且當大漸
之教此依化諸聲聞中以歸於大名之爲漸妙莊嚴本事品時八万四
千人遠塵離垢得法眼淨又初果等壽量品中八世界微塵數菩薩
發阿耨多羅三藐三菩提心普門品中八万四千衆生皆發無等等阿耨多
羅三藐三菩提心可成頓教故知頓漸無別教門隨機以分故此通也
半滿二教滿宗所收生法二空通二教攝有作無作可覺兩門世俗
勝義隨應分二雖知通旨　若斯隨別所明一乘正爲宗也故下文
云今此經中唯說一乘而普於菩薩勸說聲聞中樂小法者然化賓
以一乘教化故此定以一乘爲宗一乘之義至方便一乘章因緣等當
辯第三解經品得名者且經題目妙法蓮花經名名者有

（5–3）

BD04766號　妙法蓮華經玄讚卷一

發阿耨多羅三藐三菩提心普門品中八万四千衆生皆發无等等阿耨多
羅三藐三菩提心可成頓教故知頓漸无別教乎随機以分故此通也
半滿二教滿宗行攝生法二空通二教攝定作无作可并具兩門世俗
勝義随應分二難知通白　義斯随分別明一乘正爲宗也故下文
云今此經中唯説一乘而昔於菩薩或毀呰讚歎小法者然佛實
以大乘教化故此定以一乘爲宗一乘之義至方便一大事因緣中當
廣分別第三解經品得名者且經題目妙法蓮花經得名者今
梵云薩達摩奔荼利素呾纜此云正妙法蓮花經法華讚云正法花
羅什云妙法蓮花薩達摩者法也奔荼利迦者白蓮花也西域呼
白蓮花爲奔荼利迦故新經云青黄赤白四色蓮花云塭鉢羅
花拘某陁花鉢特摩花奔荼利花如此配之蓮者藥之實花音
呼爲又華也蔓曰花式云尸花反從初素呾纜者經義應云妙
法白蓮花所以下云放白光事駕以白牛白是衆色所依根本故
也一乘乃是諸方本故梵本无別白字故總云蓮花然此經中譬
子三請恶人退席以後方說一乘深台多依因果理智以名法花用
仏知見傳數理法報二、二種无上令生欣趣示仏知見是法身理
又問令證悟仏知見是報身智勸其脩悟此上二種欲顯仏果法
報二身菩薩理智二說入仏知見是此二因行一乘因報極果故等歸
牛車是一乘因得如是乘与諸子等日夜劫數自在遊戲是因乘
故藏去化城行至寶所是一乘果大般若名寶所故与弁等邊三
種无上之不相違能詮之教名權方便所詮智慧名真實乘等
欲令二乘行因趣果故說因果名爲法花本作復解方便品云自此
已下明所說因果相故由此正取一乘行果名爲法花各依作解无量
義經十七名中第十六名妙法蓮花々有二義一出水義所詮之理出離
二乘行泥水故二開敷義以勝教言開真理故前爲理妙後爲教妙
又彼諸名中第十四名一乘故知法花亦通教理欲令菩薩觀機根道故
說教理正名无量義待亦名法花方便品云諸仏智慧甚深无量
其智慧門難解難入作自釋言有二甚深一證甚深謂仏智慧行證
智也二所含甚深謂智慧門即詮彼教欲彰二乘令生驚問故從无
量義處定起初以教理名爲法花總攬諸文據實而說教理行果
俱是一乘皆妙法蓮花教理妙法如次前說行妙法者作釋入仏知見去今
證不退轉地亦現与量智業故正是仏果之因亦世譬喻品我身手
有力當以衣裓凡案從舍出之復云唯有一門而復狹小又云我雖能於此所

BD04766號　妙法蓮華經玄讚卷一

（5–4）

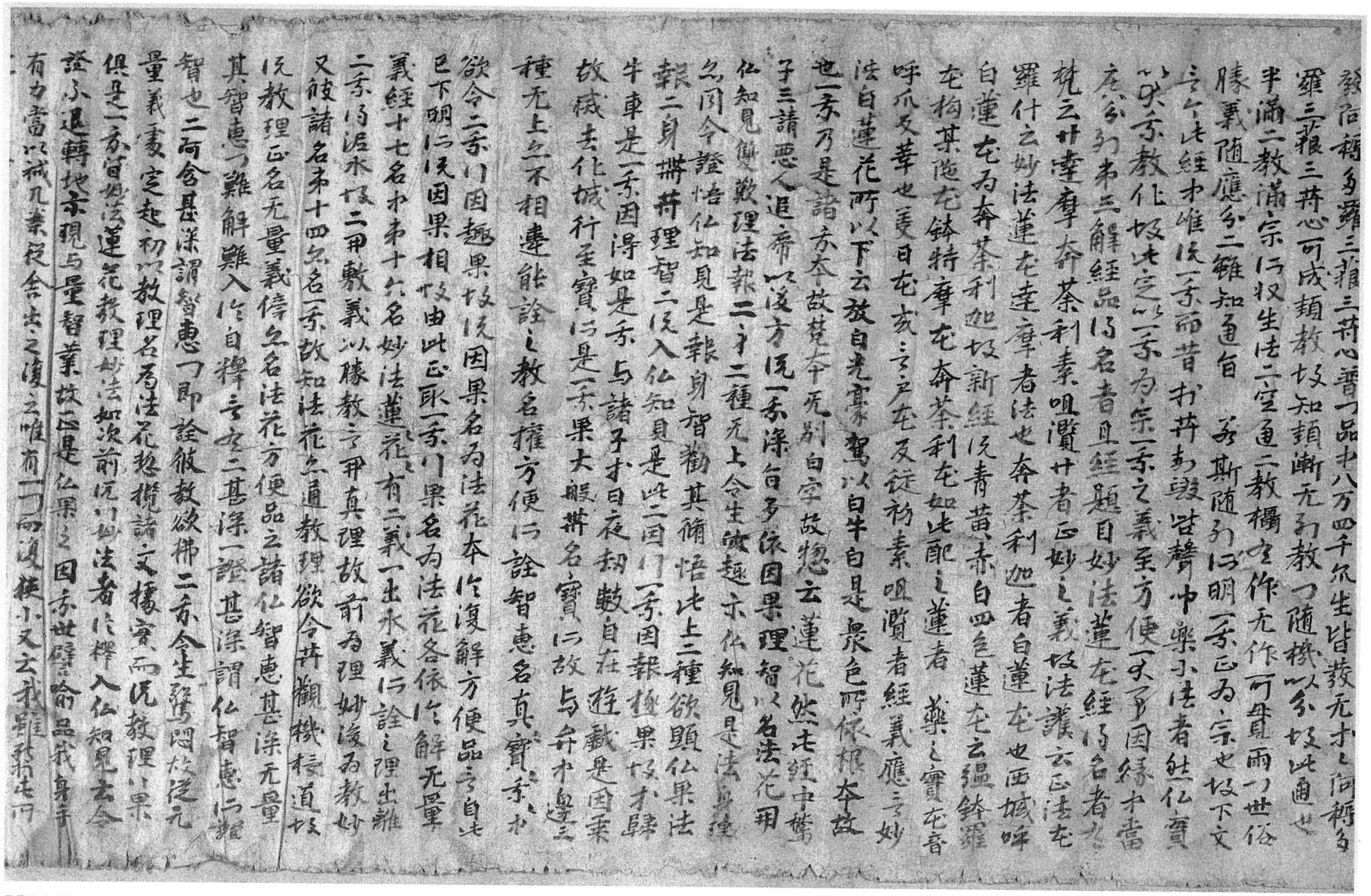

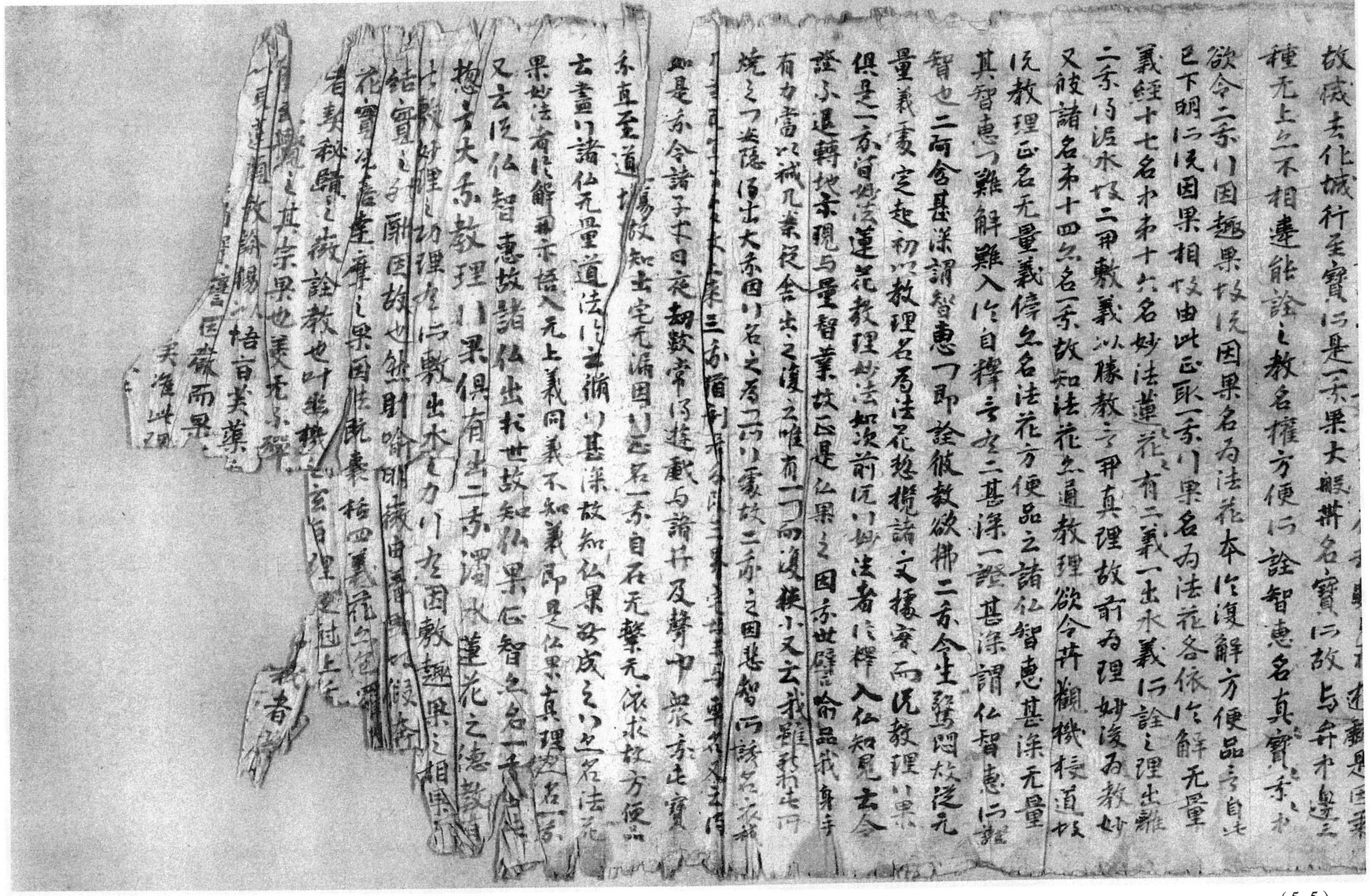

BD04766號　妙法蓮華經玄讚卷一

（5–5）

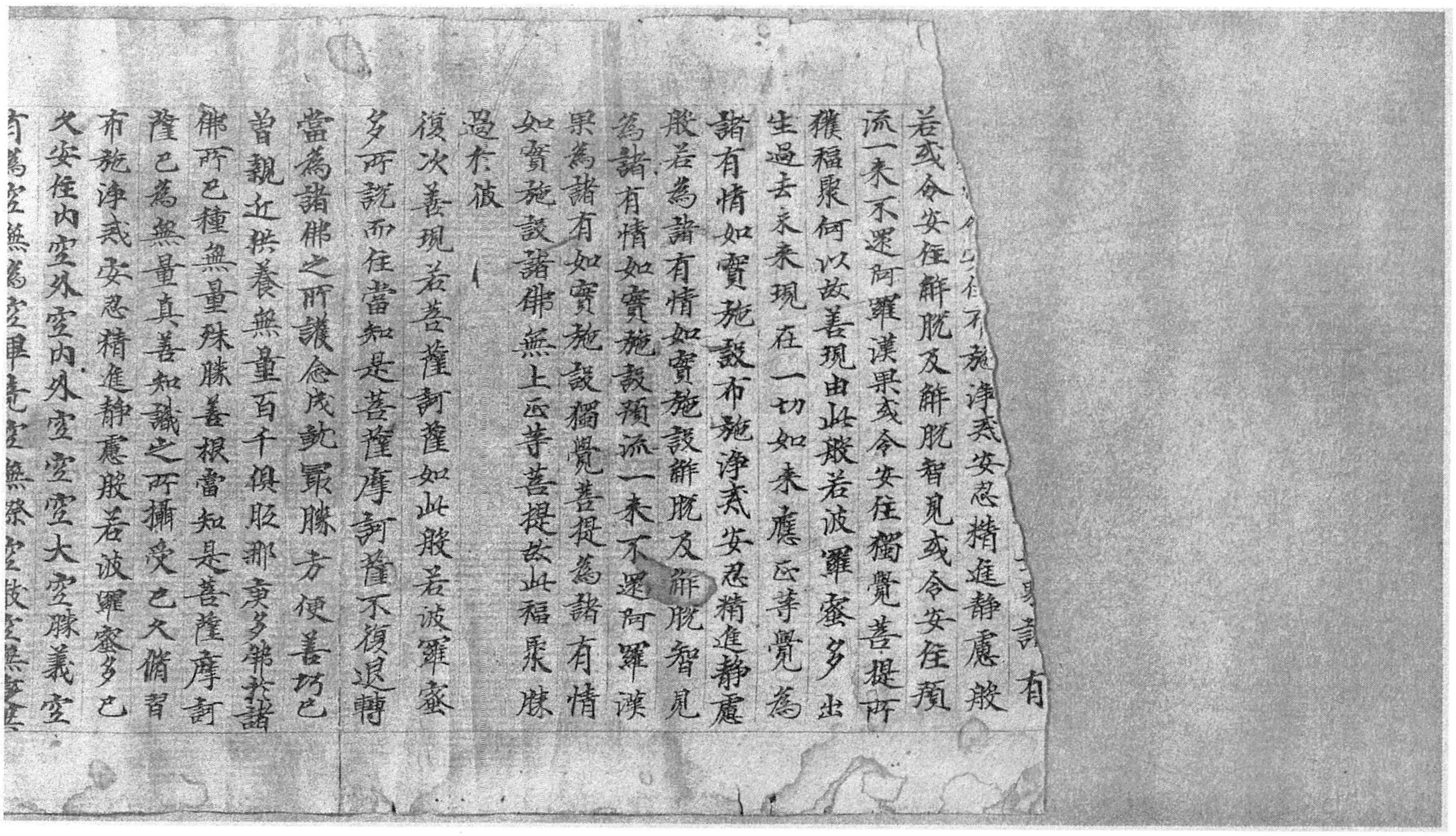
……訶有
……住布施淨戒安忍精進靜慮般
若或令安住解脫及解脫智見或令安住預
流一來不還阿羅漢果或令安住獨覺菩提所
穫福聚何以故善現由此般若波羅蜜多出
生過去未來現在一切如來應正等覺為
諸有情如實施設布施淨戒安忍精進靜慮
般若為諸有情如實施設解脫及解脫智見
為諸有情如實施設預流一來不還阿羅漢
果為諸有情如實施設獨覺菩提為諸有情
如實施設諸佛無上正等菩提故此福聚勝
過於彼
復次善現若菩薩摩訶薩如此般若波羅蜜
多所說而住當知是菩薩摩訶薩不復退轉
當為諸佛之所護念成熟最勝方便善巧已
曾親近供養無量百千俱胝那庾多佛於諸
佛所已種無量殊勝善根當知是菩薩摩訶
薩已為無量真善知識之所攝受已久脩習
布施淨戒安忍精進靜慮般若波羅蜜多已
久安住內空外空內外空空空大空勝義空
有為空無為空畢竟空無際空散空無變異

BD04767 號　大般若波羅蜜多經卷三五九　（2–1）

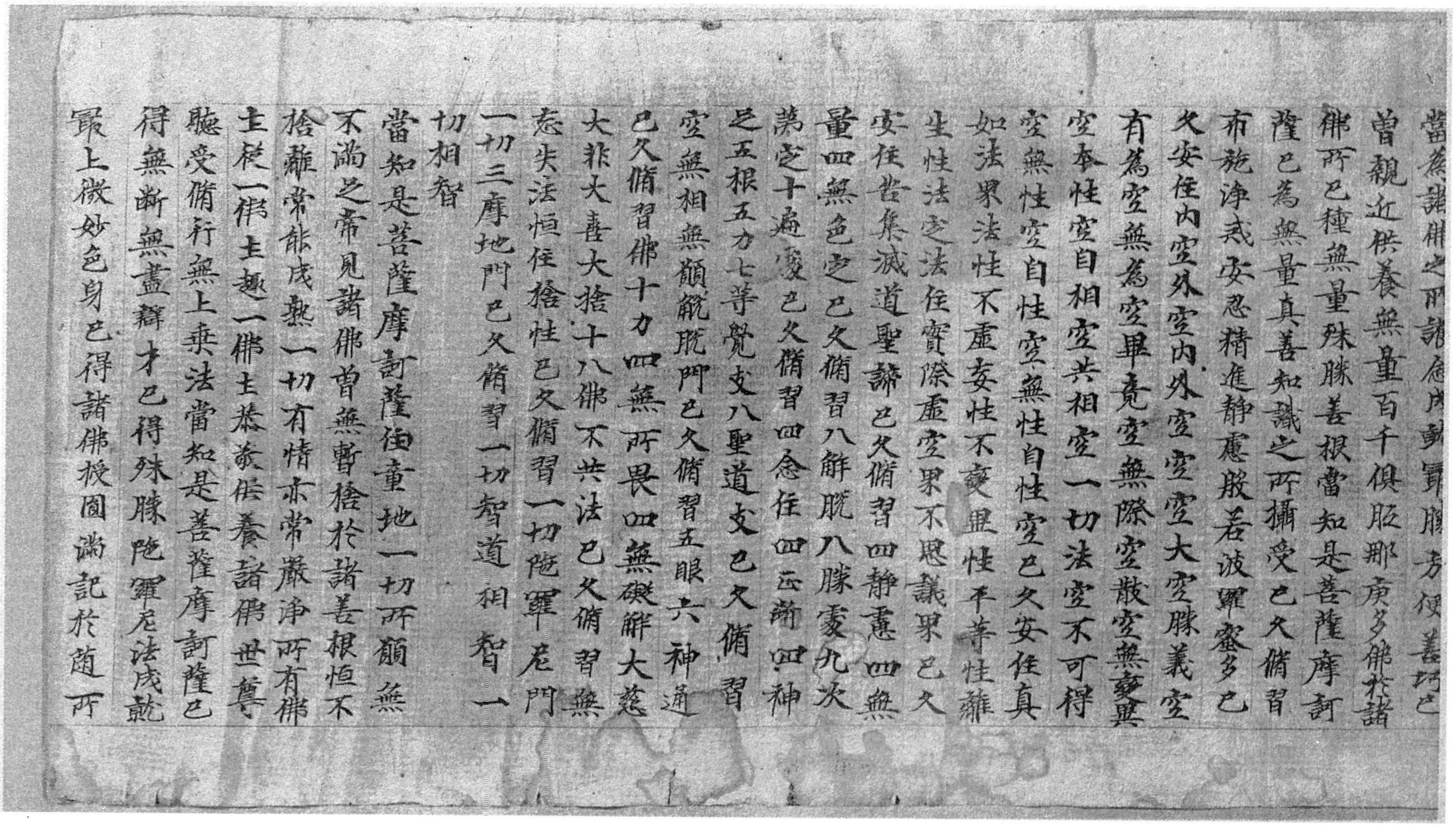
當為諸佛之所護念成熟最勝方便善巧已
曾親近供養無量百千俱胝那庾多佛於諸
佛所已種無量殊勝善根當知是菩薩摩訶
薩已為無量真善知識之所攝受已久脩習
布施淨戒安忍精進靜慮般若波羅蜜多已
久安住內空外空內外空空空大空勝義空
有為空無為空畢竟空無際空散空無變異
空本性空自相空共相空一切法空不可得
空無性空自性空無性自性空已久安住真
如法界法性不虛妄性不變異性平等性離
生性法定法住實際虛空界不思議界已久
安住苦集滅道聖諦已久脩習四靜慮四無
量四無色定已久脩習八解脫八勝處九次
第定十遍處已久脩習四念住四正斷四神
足五根五力七等覺支八聖道支已久脩習
空無相無願解脫門已久脩習五眼六神通
已久脩習佛十力四無所畏四無礙解大慈
大悲大喜大捨十八佛不共法已久脩習無
忘失法恒住捨性已久脩習一切陀羅尼門
一切三摩地門已久脩習一切智道相智一
切相智
當知是菩薩摩訶薩住童地一切所願無
不滿足常見諸佛曾無暫捨於諸善根恒不
捨離常能成熟一切有情亦常嚴淨所有佛
土從一佛土趣一佛土恭敬供養諸佛世尊
聽受脩行無上乘法當知是菩薩摩訶薩已
得無斷無盡辯才已得殊勝陀羅尼法成就
最上微妙色身已得諸佛授圓滿記於隨所

BD04767 號　大般若波羅蜜多經卷三五九　（2–2）

妙法蓮華經觀世音菩薩普門品第廿五
尒時无盡意菩薩即從座起偏袒右肩合掌
向佛而作是言世尊觀世音菩薩以何因緣名
觀世音佛告无盡意菩薩善男子若有无
量百千万億眾生受諸苦惱聞是觀世音菩
薩一心稱名觀世音菩薩即時觀其音聲皆
得解脫若有持是觀世音菩薩名者設入
大火火不能燒由是菩薩威神力故若為大水
所漂稱其名号即得淺處若有百千万億
眾生為求金銀琉璃車𤦲馬瑙珊瑚虎珀真
珠等寶入於大海假使黑風吹其船舫漂墮羅

BD04768 號　妙法蓮華經卷七　（7–1）

薩一心稱名觀世音菩薩即時觀其音聲皆
得解脫若有持是觀世音菩薩名者設入
大火火不能燒由是菩薩威神力故若為大水
所漂稱其名号即得淺處若有百千万億
眾生為求金銀琉璃車𤦲馬瑙珊瑚虎珀真
珠等寶入於大海假使黑風吹其船舫漂墮羅
剎鬼國其中若有乃至一人稱觀世音菩薩名
者是諸人等皆得解脫羅剎之難以是因緣
名觀世音若復有人臨當被害稱觀世音菩
薩名者彼所執刀杖尋段段壞而得解脫若
三千大千國土滿中夜叉羅剎欲來惱人聞
其稱觀世音菩薩名者是諸惡鬼尚不能
以惡眼視之況復加害設復有人若有罪若
无罪杻械枷鎖檢繫其身稱觀世音菩薩名
者皆悉斷壞即得解脫若三千大千國土滿
中怨賊有一商主將諸商人賷持重寶經過
險路其中一人作是唱言諸善男子勿得恐怖
汝等應當一心稱觀世音菩薩名号是菩
薩能以无畏施於眾生汝等若稱名者於此
怨賊當得解脫眾商人聞俱發聲言南无觀
世音菩薩稱其名故即得解脫无盡意觀世
音菩薩摩訶薩威神之力巍巍如是若有眾
生多於婬欲常念恭敬觀世音菩薩便得離
欲若多瞋恚常念恭敬觀世音菩薩便得離瞋
若多愚癡常念恭敬觀世音菩薩便得離
癡无盡意觀世音菩薩有如是等大威神力

BD04768 號　妙法蓮華經卷七　（7–2）

世音菩薩稱其名故即得解脫无盡意觀世
音菩薩摩訶薩威神之力巍巍如是若有衆
生多於婬欲常念恭敬觀世音菩薩便得離
欲若多瞋恚常念恭敬觀世音菩薩便得離瞋
若多愚癡常念恭敬觀世音菩薩便得離
癡无盡意觀世音菩薩有如是等大威神力
多所饒益是故衆生常應心念若有女人設
欲求男礼拜供養觀世音菩薩便生福德
智恵之男設欲求女便生端正有相之女宿
植德本衆人愛敬无盡意觀世音菩薩有如是
力若有衆生恭敬礼拜觀世音菩薩福不
唐捐是故衆生皆應受持觀世音菩薩
名号无盡意若有人受持六十二億恒河沙菩
薩名字復盡形供養飲食衣服臥具醫藥
於汝意云何是善男子善女人功德多不无
盡意言甚多世尊佛言若復有人受持觀世音
菩薩名号乃至一時礼拜供養是二人福正等
无異於百千万億劫不可窮盡无盡意受持
觀世音菩薩名号得如是无量无邊福德之利
无盡意菩薩白佛言世尊觀世音菩薩云何
遊此娑婆世界云何而為衆生說法方便之
力其事云何佛告无盡意菩薩善男子若有
國土衆生應以佛身得度者觀世音菩薩即
現佛身而為說法應以辟支佛身得度者即
現辟支佛身而為說法應以聲聞身得度者
即現聲聞身而為說法應以梵王身得度者



力其事云何佛告无盡意菩薩善男子若有
國土衆生應以佛身得度者觀世音菩薩即
現佛身而為說法應以辟支佛身得度者即
現辟支佛身而為說法應以聲聞身得度者
即現聲聞身而為說法應以梵王身得度者
即現梵王身而為說法應以帝釋身得度者
即現帝釋身而為說法應以自在天身得度
者即現自在天身而為說法應以大自在天
身得度者即現大自在天身而為說法應以
天大将軍身得度者即現天大将軍身而為
說法應以毗沙門身得度者即現毗沙門身
而為說法應以小王身得度者即現小王身
而為說法應以長者身得度者即現長者身
而為說法應以居士身得度者即現居士身
而為說法應以宰官身得度者即現宰官身
而為說法應以婆羅門身得度者即現婆羅
門身而為說法應以比丘比丘尼優婆塞優
婆夷身得度者即現比丘比丘尼優婆塞優
婆夷身而為說法應以長者居士宰官婆羅
門婦女身得度者即現婦女身而為說法應
以童男童女身得度者即現童男童女身
而為說法應以天龍夜叉乾闥婆阿脩羅迦
樓羅緊那羅摩睺羅伽人非人等身得度者
即皆現之而為說法應以執金剛神得度者
即現執金剛神而為說法无盡意是觀世音
菩薩成就如是功德以種種形遊諸國土度脫

而為說法應以天龍夜叉乾闥婆阿脩羅迦
樓羅緊那羅摩睺羅伽人非人等身得度者
即皆現之而為說法應以執金剛神得度者
即現執金剛神而為說法无盡意是觀世音
菩薩成就如是功德以種種形遊諸國土度脫
衆生是故汝等應當一心供養觀世音菩薩是
觀世音菩薩摩訶薩於怖畏急難之中能施
无畏是故此娑婆世界皆号之為施无畏者
无盡意菩薩白佛言世尊我今當供養觀
世音菩薩即解頸衆寶珠瓔珞價直百千
兩金而以與之作是言仁者受此法施珎寶瓔
珞時觀世音菩薩不肯受之无盡意復白觀
世音菩薩言仁者愍我等故受此瓔珞尒時佛
告觀世音菩薩當愍此无盡意菩薩及四衆
天龍夜叉乾闥婆阿脩羅迦樓羅緊那羅摩
睺羅伽人非人等故受是瓔珞即時觀世音
菩薩愍諸四衆及於天龍人非人等受其瓔
珞分作二分一分奉釋迦牟尼佛一分奉多寶
佛塔无盡意觀世音菩薩有如是自在神
力遊於娑婆世界尒時无盡意菩薩以偈
問曰
世尊妙相具　我今重問彼　佛子何因緣　名為觀世音
具足妙相尊　偈荅无盡意　汝聽觀音行　善應諸方所
弘誓深如海　歷劫不思議　侍多千億佛　發大清淨願
我為汝略說　聞名及見身　心念不空過　能滅諸有苦

BD04768號　妙法蓮華經卷七

（7–5）

力遊於娑婆世界尒時无盡意菩薩以偈
問曰
世尊妙相具　我今重問彼　佛子何因緣　名為觀世音
具足妙相尊　偈荅无盡意　汝聽觀音行　善應諸方所
弘誓深如海　歷劫不思議　侍多千億佛　發大清淨願
我為汝略說　聞名及見身　心念不空過　能滅諸有苦
假使興害意　推落大火坑　念彼觀音力　火坑變成池
或漂流巨海　龍魚諸鬼難　念彼觀音力　波浪不能沒
或在須弥山　為人所推墮　念彼觀音力　如日虛空住
或被惡人逐　墮落金剛山　念彼觀音力　不能損一毛
或值怨賊遶　各執刀加害　念彼觀音力　咸即起慈心
或遭王難苦　臨刑欲壽終　念彼觀音力　刀尋段段壞
或囚禁枷鎖　手足被杻械　念彼觀音力　釋然得解脫
呪詛諸毒藥　所欲害身者　念彼觀音力　還著於本人
或遇惡羅剎　毒龍諸鬼等　念彼觀音力　時悉不敢害
若惡獸圍遶　利牙爪可怖　念彼觀音力　疾走无邊方
蚖蛇及蝮蝎　氣毒煙火燃　念彼觀音力　尋聲自迴去
雲雷鼓掣電　降雹澍大雨　念彼觀音力　應時得消散
衆生被困厄　无量苦逼身　觀音妙智力　能救世間苦
具足神通力　廣脩智方便　十方諸國土　无剎不現身
種種諸惡趣　地獄鬼畜生　生老病死苦　以漸悉令滅
真觀清淨觀　廣大智慧觀　悲觀及慈觀　常願常瞻仰
无垢清淨光　慧日破諸闇　能伏災風火　普明照世間
悲體戒雷震　慈意妙大雲　澍甘露法雨　滅除煩惱焰
諍訟經官處　怖畏軍陣中　念彼觀音力　衆怨悉退散
妙音觀世音　梵音海潮音　勝彼世間音　是故須常念

BD04768號　妙法蓮華經卷七

（7–6）

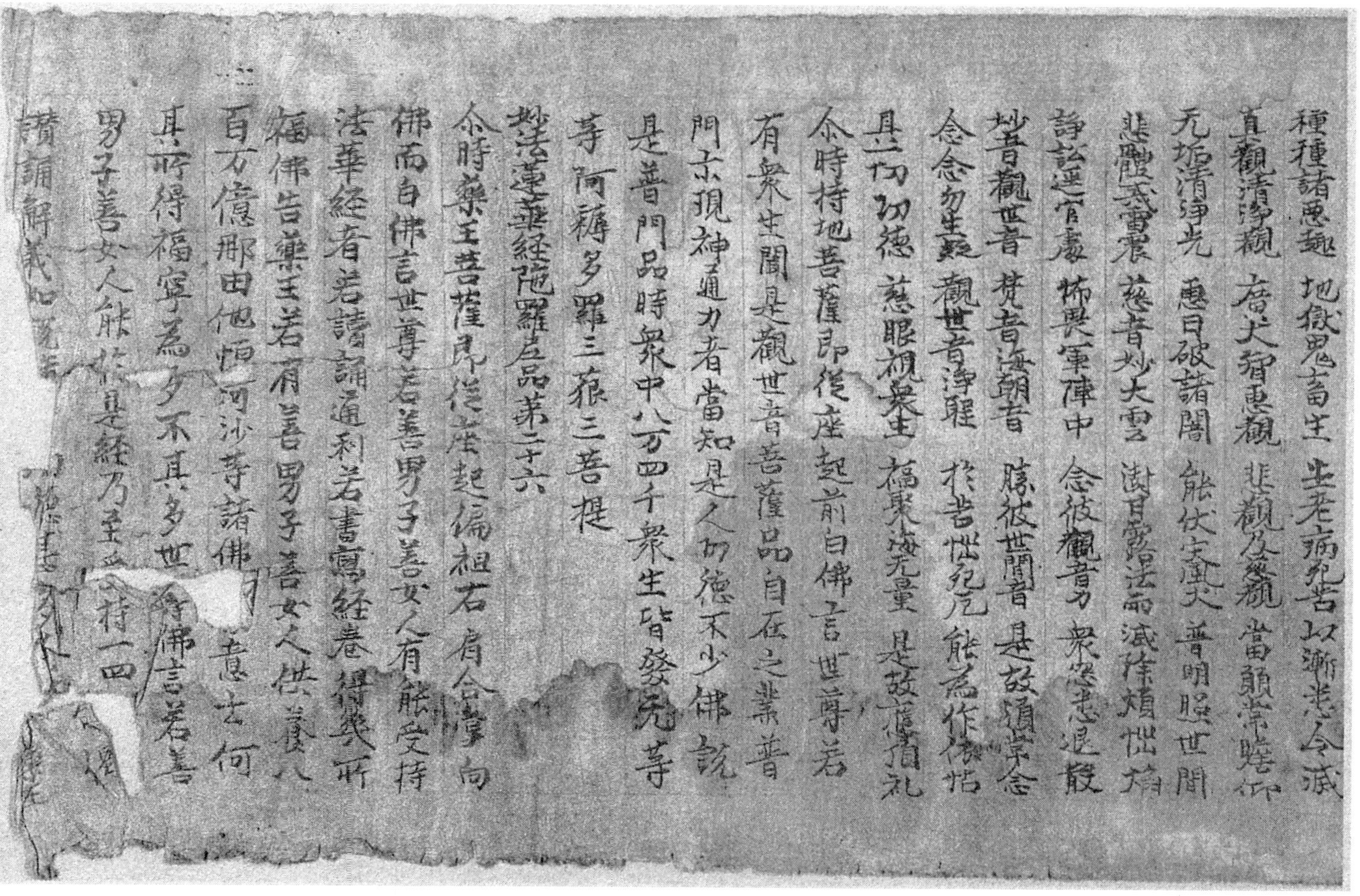

種種諸惡趣　地獄鬼畜生　生老病死苦　以漸悉令滅
真觀清淨觀　廣大智慧觀　悲觀及慈觀　當願常瞻仰
无垢清淨光　慧日破諸闇　能伏災風火　普明照世間
悲體戒雷震　慈意妙大雲　澍甘露法雨　滅除煩惱焰
諍訟經官處　怖畏軍陣中　念彼觀音力　衆怨悉退散
妙音觀世音　梵音海潮音　勝彼世間音　是故須常念
念念勿生疑　觀世音淨聖　於苦惱死厄　能為作依怙
具一切功德　慈眼視衆生　福聚海无量　是故應頂礼
尒時持地菩薩即從座起前白佛言世尊若
有衆生聞是觀世音菩薩品自在之業普
門示現神通力者當知是人功德不少佛說
是普門品時衆中八万四千衆生皆發无等
等阿耨多羅三藐三菩提
妙法蓮華經陁羅尼品第二十六
尒時藥王菩薩即從座起偏袒右肩合掌向
佛而白佛言世尊若善男子善女人有能受持
法華經者若讀誦通利若書寫經卷得幾所
福佛告藥王若有善男子善女人供養八
百万億那由他恒河沙等諸佛[illegible]意云何
其所得福寧為多不甚多世[illegible]佛言若善
男子善女人能於是經乃至受持一四
讀誦解義如說[illegible]

BD04768 號　妙法蓮華經卷七　（7–7）

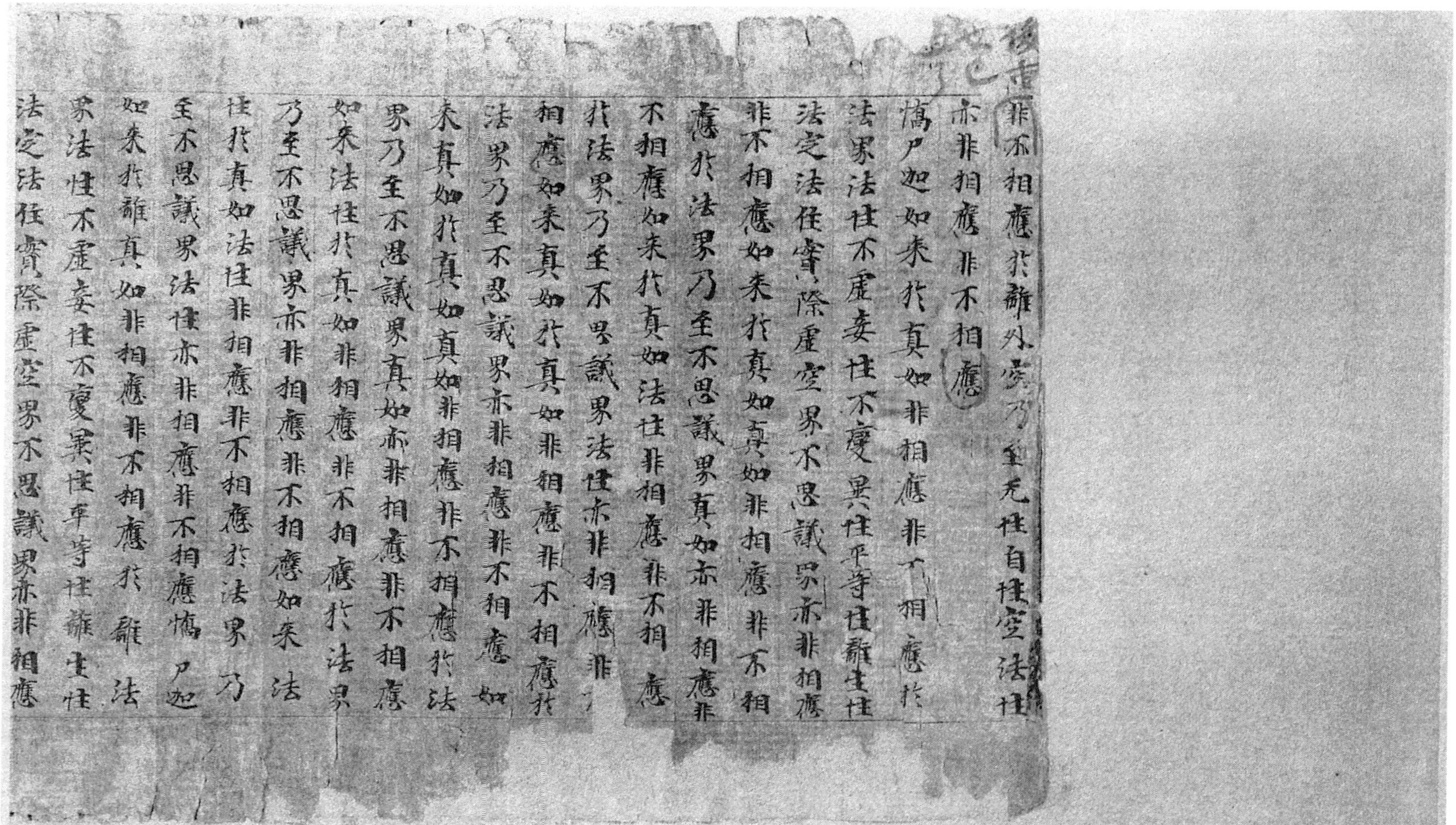

非不相應於離外空乃至无性自性空法住
亦非相應非不相應
憍尸迦如來於真如非相應非不相應於
法界法住不虛妄性不變異性平等性離生性
法定法住實際虛空界不思議界亦非相應
非不相應如來於真如真如非相應非不相
應於法界乃至不思議界真如亦非相應非
不相應如來於真如法住非相應非不相應
於法界乃至不思議界法性亦非相應非
相應如來真如於真如非相應非不相應於
法界乃至不思議界亦非相應非不相應如
來真如於真如非相應非不相應於法
界乃至不思議界真如亦非相應非不相應
如來法住於真如非相應非不相應於法界
乃至不思議界亦非相應非不相應如來法
住於真如法住非相應非不相應於法界乃
至不思議界法性亦非相應非不相應憍尸迦
如來於離真如非相應非不相應於離法
界法性不虛妄性不變異性平等性離生性
法定法住實際虛空界不思議界亦非相應

BD04769 號　大般若波羅蜜多經卷九二　（2–1）

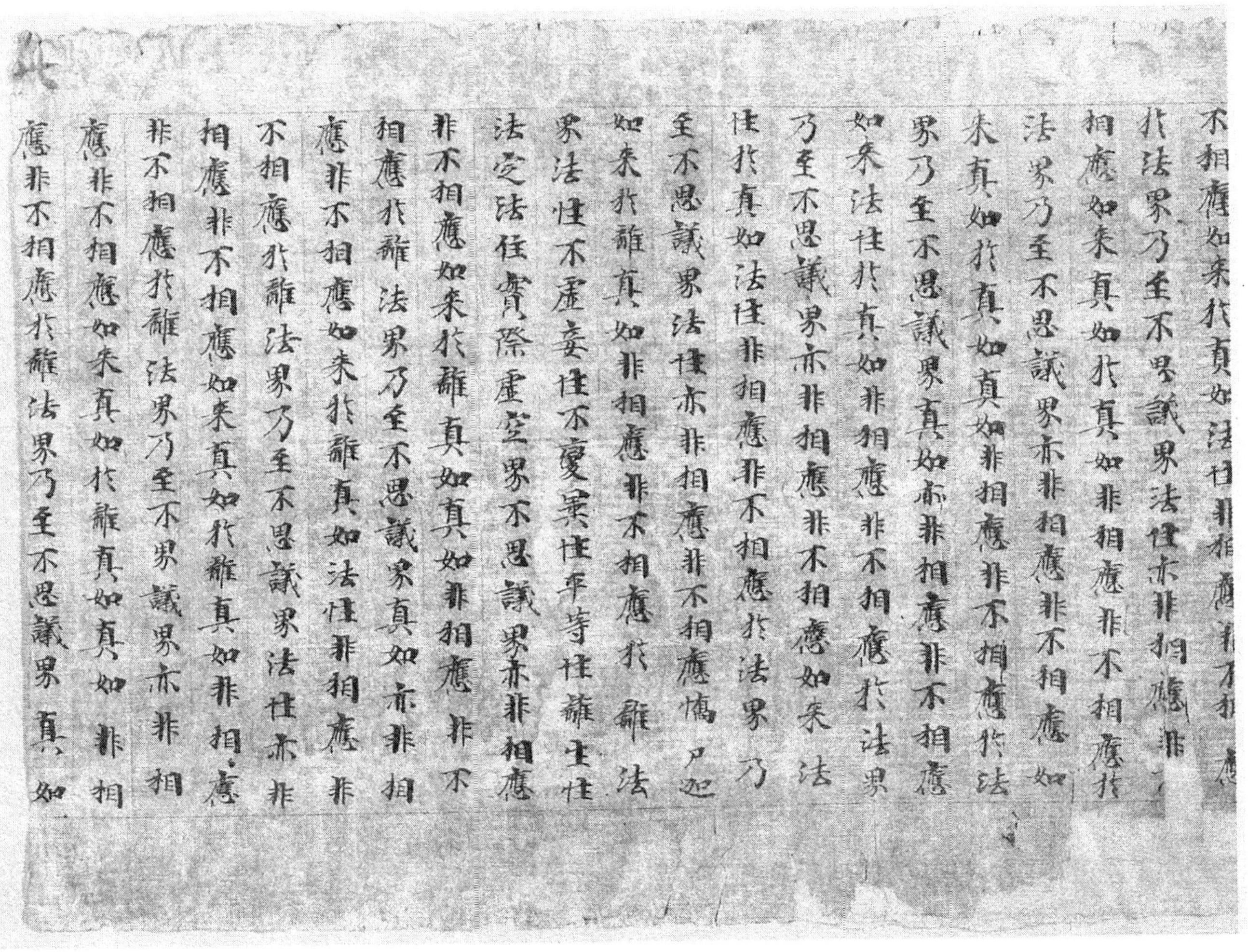
不相應如來於真如法性非相應非不相應
於法界乃至不思議界法性亦非相應非不相應於
相應如來真如於真如非相應非不相應如
法界乃至不思議界亦非相應非不相應於法
界乃至不思議界真如非相應非不相應
來真如於真如非相應非不相應於法界
如來法性於真如非相應非不相應如來法
乃至不思議界亦非相應非不相應於法界
性於真如法性非相應非不相應於法界乃
至不思議界法性亦非相應非不相應憍尸迦
如來於離真如非相應非不相應於離法
界法性不虛妄性不變異性平等性離生性
法定法住實際虛空界不思議界亦非相應
非不相應如來於離真如真如非相應非不
相應於離法界乃至不思議界真如亦非相
應非不相應如來於離真如法性非相應非
不相應於離法界乃至不思議界法性亦非
相應非不相應如來真如於離真如非相應
非不相應於離法界乃至不界議界亦非相
應非不相應如來真如於離真如真如非相
應非不相應於離法界乃至不思議界真如

BD04769號　大般若波羅蜜多經卷九二　（2–2）

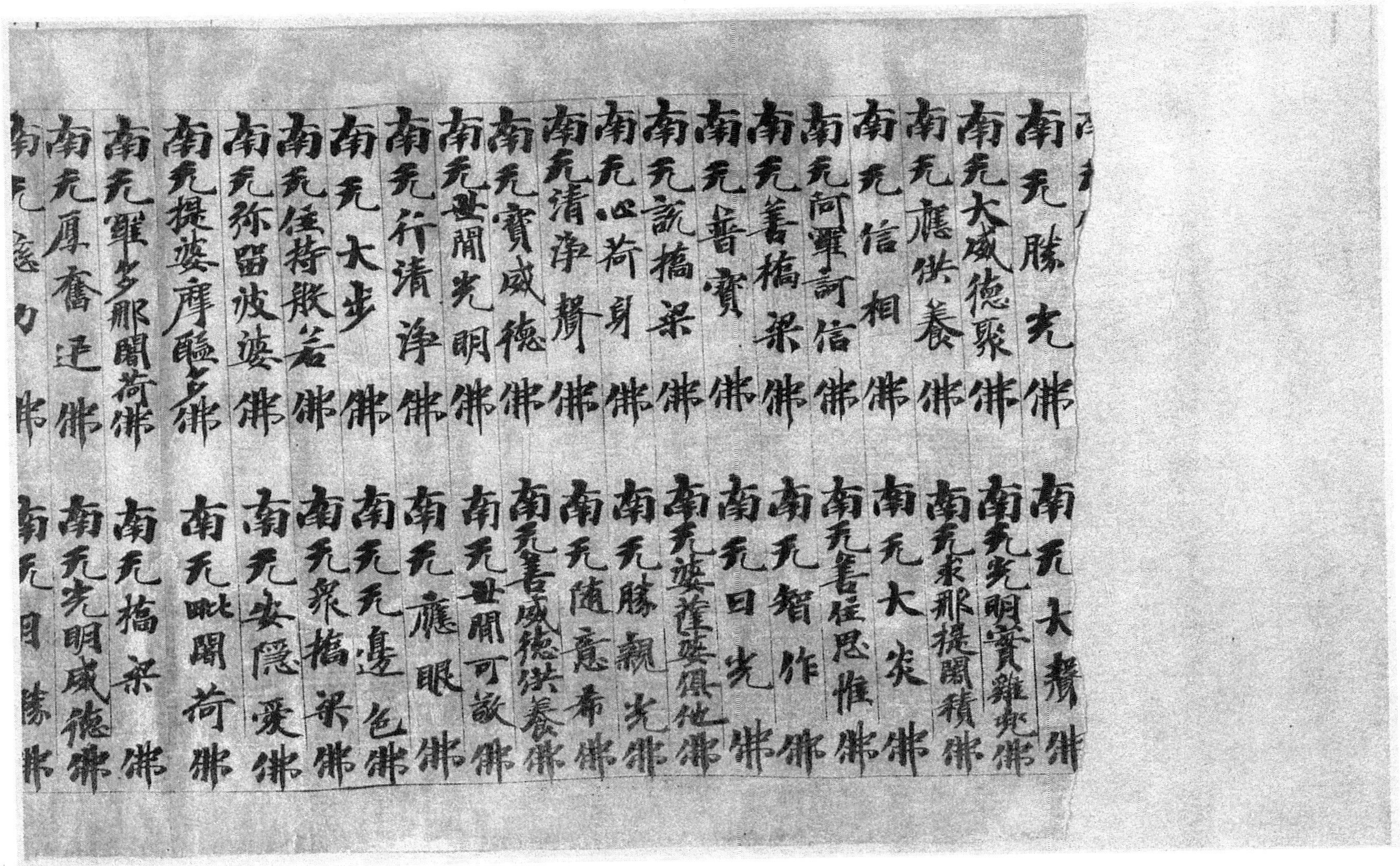
南无勝光佛　南无大聲佛
南无大威德聚佛　南无光明寶雞兜佛
南无應供養佛　南无求那提闍積佛
南无信相佛　南无大炎佛
南无阿羅訶信佛　南无善住思惟佛
南无善橋梁佛　南无智作佛
南无普寶佛　南无日光佛
南无說橋梁佛　南无婆薩婆俱他佛
南无心荷身佛　南无勝親光佛
南无清淨聲佛　南无隨意希佛
南无寶威德佛　南无善威德供養佛
南无世間光明佛　南无世間可敬佛
南无行清淨佛　南无應眼佛
南无大步佛　南无无邊色佛
南无任持般若佛　南无衆橋梁佛
南无弥留波婆佛　南无安隱愛佛
南无提婆摩醯〻佛　南无毗闍荷佛
南无羅多那闍荷佛　南无橋梁佛
南无厚奮迅佛　南无光明威德佛
南无[illegible]力佛　南无日勝佛

BD04770號　佛名經（十六卷本）卷一四　（3–1）

南無大步佛　南無無邊色佛
南無住持欣若佛　南無眾稿采佛
南無彌留彼婆佛　南無安隱愛佛
南無提婆摩驗多佛　南無毗闍荷佛
南無羅多那闍荷佛　南無稿采佛
南無厚奮迅佛　南無光明威德佛
南無總力佛　南無月勝佛
南無奇光佛　南無愛眼佛
南無天色佛　南無樂法佛
南無大月佛　南無無障导聲佛
南無人弗沙佛　南無平等見佛
南無大旗陁佛　南無弗沙羅萨佛
南無十光佛　南無種種光佛
南無雲聲佛　南無龍德佛
南無功德步佛　南無心功德佛
從此以上一万一千佛十二部經一切賢聖
南無大聲佛　南無了聲佛
南無斷惡道佛　南無天弗沙佛
南無水眼佛　南無大燈佛
南無離闇佛　南無堅固眼佛
南無不可思議光明佛　南無普光眼佛
南無普賢佛　南無勝月佛
南無意德佛　南無莊嚴聲佛
南無妙意佛　南無賢光佛
南無堅固花佛　南無功德成佛

BD04770號　佛名經（十六卷本）卷一四　（3–2）

南無天色佛　南無樂法佛
南無大月佛　南無無障导聲佛
南無人弗沙佛　南無平等見佛
南無大旗陁佛　南無弗沙羅萨佛
南無十光佛　南無種種光佛
南無雲聲佛　南無龍德佛
南無功德步佛　南無心功德佛
從此以上一万一千佛十二部經一切賢聖
南無大聲佛　南無了聲佛
南無斷惡道佛　南無天弗沙佛
南無水眼佛　南無大燈佛
南無離闇佛　南無堅固眼佛
南無不可思議光明佛　南無普光眼佛
南無普賢佛　南無勝月佛
南無意德佛　南無莊嚴聲佛
南無妙意佛　南無賢光佛
南無堅固花佛　南無功德成佛
南無意成佛　南無辟沉乘佛

BD04770號　佛名經（十六卷本）卷一四　（3–3）

我一切見寶離我眷屬我於今者始得法[illegible]
何得敢諱唯應甘心分受宿殃如經所明地獄之中不枉治人
若平素所作衆罪心自忘失者是其生時造惡之處一切諸
相皆現在前各言汝昔在於我邊作如是罪今何得諱是為
作罪无藏隱處於是閻魔羅王切齒呵責將付地獄歷劫
彌年求出莫由此事不遠他人正是我身自作自受雖父子至親
一旦對至无代受者衆等相與及其形休體无衆疾各自
努力與性命競大怖至時悔无所及是故弟子至心歸依佛
南无東方破疑淨光佛　南无南方无復功德佛
南无西方花嚴神通佛　南无北方月殿清淨佛
從此以上一万一千四百佛十二部經一切賢聖
南无東南方破一切闇佛　南无西南方大哀觀衆生佛
南无西北方香氣放光明佛　南无東北方无量功德海佛
南无下方斷一切疑佛　南无上方離一切優佛
如是十方盡虛空界一切三寶至心歸命常住三寶
弟子等從无始以來至於今日積聚无明障蔽心目隨
煩惱性造三世罪或躭染愛著起於貪欲煩惱或瞋恚
忿怒懷害煩惱或惛懵驀瞢不了煩惱或我慢自高輕

BD04771號　佛名經（十六卷本）卷一四　（4–1）

南无西北方香氣放光明佛　南无東北方无量功德海佛
南无下方斷一切疑佛　南无上方離一切優佛
如是十方盡虛空界一切三寶至心歸命常住三寶
弟子等從无始以來至於今日積聚无明障蔽心目隨
煩惱性造三世罪或躭染愛著起於貪欲煩惱或瞋恚
忿怒懷害煩惱或惛懵驀瞢不了煩惱或我慢自高輕
懱煩惱疑惑正道猶豫煩惱謗无因果邪見煩惱不識
緣假著我煩惱迷於三世執斷常煩惱朋狎惡法起見
取煩惱僻稟邪師造取戒煩惱乃至一切四執橫計煩惱
今日至誠皆悉懺悔至心歸命常住三寶
又復无始以來至於今日守惜堅著起慳悋煩惱不攝
六情奢誕煩惱心行弊惡不忍煩惱怠墮緩縱不懃煩惱
情慮悕動覺觀煩惱觸境迷惑无知解煩惱隨世八風生
彼我煩惱諂曲面譽不直心煩惱橫强難觸不調和煩惱
易忿難悅多含恨煩惱嫉妬繫剋很戾煩惱凶險暴害諂
毒煩惱乖背二諦執相煩惱於苦集滅道生顛倒煩惱
隨從生死十二因緣流轉煩惱乃至无始无明住地恒沙煩
惱起四住地構於三界苦果煩惱如是諸煩惱无量无邊惱亂
賢聖六道四生今日發露向十方佛尊法聖衆皆悉懺悔
願弟子承是懺悔貪瞋癡等一切煩惱生生世世折
憍慢幢竭愛欲水滅瞋恚火破愚癡闇拔斷疑根裂諸
見網深識三界猶如牢獄四大毒蛇五陰怨賊六入空聚愛
詐親善脩八聖道斷无明源正向涅槃不休不息卅七品心
心相應十波羅蜜常現在前至心歸命常住三寶
佛說罪報業應教化地獄經
復有衆生身體頑痹眉鬚墮落舉身洪爛鳥栖鹿宿

BD04771號　佛名經（十六卷本）卷一四　（4–2）

惰慢憧瑪愛欲水滅瞋恚火破愚癡暗拔斷疑根裂諸
見網深識三界猶如牢獄四大毒蛇五陰怨賊六入空聚愛
詐親善脩八聖道斷无明源正向涅槃不休不息卅七品心
心相應十波羅蜜常現在前至心歸命常住三寶
佛說罪報業應教化地獄經
復有衆生身體頑痹眉鬚墮落舉身洪爛鳥栖鹿宿
人跡斷絶點汙親族人不喜見名之癩病何罪所致佛言以
前世時坐不信三尊不孝父母破塔壞寺剝脫道人斫射賢
聖傷害師長常无返復背恩忘義常行苟大婬泆无所尊
不避親踈无有慙恥故獲斯罪
復有衆生身體長大聾騃无足腕轉腹行唯食泥土以自
活命為諸小虫之所唼食常受此苦不可堪處何罪所致佛
言以前世時為人自用不信好言善語不孝父母返戾君
若帝王大臣四鎮方伯州郡令長里某督護恃其威勢侵
奪民物无有道理使民窮苦故獲斯罪
復有衆生兩目盲瞎覩无所見或觸樹木或復墮坑於此
死已更復受身亦復如是何罪所致佛言以前世時坐不信罪福
障佛光明縫鷹眼合籠繫衆生皮囊盛頭不得所見故
獲斯罪
佛名經卷第十四

BD04771 號　佛名經（十六卷本）卷一四　（4–3）

若帝王大臣四鎮方伯州郡令長里某督護恃其威勢侵
奪民物无有道理使民窮苦故獲斯罪
復有衆生兩目盲瞎覩无所見或觸樹木或復墮坑於此
死已更復受身亦復如是何罪所致佛言以前世時坐不信罪福
障佛光明縫鷹眼合籠繫衆生皮囊盛頭不得所見故
獲斯罪
佛名經卷第十四

BD04771 號　佛名經（十六卷本）卷一四　（4–4）

等為父已作佛事願母見聽於彼佛所出家
修道尒時二子欲重宣其意以偈白母
願母放我等　出家作沙門　諸佛甚難值　我等隨佛學
如優曇波羅　值佛復難是　脫諸難亦難　願聽我出家
母即告言聽汝出家所以者何佛難值故於
是二子白父母言善哉父母願時往詣雲雷
音宿王華智佛所親近供養所以者何佛難
得值如優曇波羅華又如一眼之龜值浮木
孔而我等宿福深厚生值佛法是故父母當
聽我等令得出家所以者何諸佛難值時亦
難遇彼時妙莊嚴王後宮八万四千人皆悉
堪任受持是法華經淨眼菩薩於法華三昧
久已通達淨藏菩薩已於无量百千万億劫
通達離諸惡趣三昧欲令一切衆生離諸惡
趣故其王夫人得諸佛智三昧能知諸佛祕
密之藏二子如是以方便力善化其父令心
信解好樂佛法於是妙莊嚴王與群臣眷屬
俱淨德夫人與後宮采女眷屬俱其二子與
四万二千人俱一時共詣佛所到已頭面礼足繞
佛三帀却住一面尒時彼佛為王說法示教

BD04772號　妙法蓮華經卷七

（6–1）

趣故其王夫人得諸佛智三昧能知諸佛祕
密之藏二子如是以方便力善化其父令心
信解好樂佛法於是妙莊嚴王與群臣眷屬
俱淨德夫人與後宮采女眷屬俱其二子與
四万二千人俱一時共詣佛所到已頭面礼足繞
佛三帀却住一面尒時彼佛為王說法示教
利喜王大歡喜尒時妙莊嚴王及其夫人
解頸真珠瓔珞價直百千以散佛上於
虛空中化成四柱寶臺臺中有大寶床敷百
千万天衣其上有佛結加趺坐放大光明尒
時妙莊嚴王作是念佛身希有端嚴殊特成
就第一微妙之色時雲雷音宿王華智佛告四
衆言汝等見是妙莊嚴王於我前合掌立
不此王於我法中作比丘精勤修習助佛道
法當得作佛號娑羅樹王國名大光劫名大
高王其娑羅樹王佛有无量菩薩衆及无量
聲聞其國平正功德如是其王即時以國付弟
與夫人二子并諸眷屬於佛法中出家修道
王出家已於八万四千歲常勤精進修行
妙法華經過是已後得一切淨功德莊嚴三
昧即昇虛空高七多羅樹而白佛言世尊此
我二子已作佛事以神通變化轉我邪心令
得安住於佛法中得見世尊此二子者是我
善知識為欲發起宿世善根饒益我故來生
我家尒時雲雷音宿王華智佛告妙莊嚴王

BD04772號　妙法蓮華經卷七

（6–2）

昧即昇虛空高七多羅樹而白佛言世尊此
我二子已作佛事以神通變化轉我邪心令
得安住於佛法中得見世尊此二子者是我
善知識為欲發起宿世善根饒益我故來生
我家尒時雲雷音宿王華智佛告妙莊嚴王
言如是如是如汝所言若善男子善女人種善
根故世世得善知識其善知識能作佛事示
教利喜令入阿耨多羅三藐三菩提大王
當知善知識者是大因緣所謂化導令得見
佛發阿耨多羅三藐三菩提心大王汝見此二
子不此二子已曾供養六十五百千万億那
由他恒河沙諸佛親近恭敬於諸佛所受持
法華經愍念邪見眾生令住正見妙莊嚴
王即從虛空中下而白佛言世尊如來甚希
有以功德智慧故頂上肉髻光明顯照其眼
長廣而紺青色眉間毫相白如珂月齒白齊
密常有光明脣色赤好如頻婆果尒時妙莊
嚴王讚歎佛如是等无量百千万億功德已
於如來前一心合掌復白佛言世尊未曾有
也如來之法具足成就不可思議微妙功德教
戒所行安隱快善我從今日不復自隨心行
不生邪見憍慢瞋恚諸惡之心說是語已礼
佛而出佛告大眾於意云何妙莊嚴王豈異
光照莊嚴相菩薩是哀愍妙莊嚴王及諸眷
屬故於彼中生其二子者今藥王菩薩藥上
菩薩是是藥王藥上菩薩成就如此諸大功

BD04772號　妙法蓮華經卷七

（6–3）

也如來之法具足成就不可思議微妙功德教
戒所行安隱快善我從今日不復自隨心行
不生邪見憍慢瞋恚諸惡之心說是語已礼
佛而出佛告大眾於意云何妙莊嚴王豈異
光照莊嚴相菩薩是哀愍妙莊嚴王及諸眷
屬故於彼中生其二子者今藥王菩薩藥上
菩薩是是藥王藥上菩薩成就如此諸大功
德已於无量百千万億諸佛所殖眾德本成
就不可思議諸善功德若有人識是二菩薩
名字者一切世間諸天人民亦應礼拜佛說
是妙莊嚴王本事品時八万四千人遠塵離
垢於諸法中得法眼淨

妙法蓮華經普賢菩薩勸發品第廿八

尒時普賢菩薩以自在神通威德名聞與大
菩薩无量无邊不可稱數從東方來所經諸
國普皆震動雨寶蓮華作无量百千万億種
種伎樂又與无數諸天龍夜叉乾闥婆阿脩
羅迦樓羅緊那羅摩睺羅伽人非人等大眾
圍繞各現威德神通之力到娑婆世界耆闍
崛山中頭面礼釋迦牟尼佛右繞七帀白佛
言世尊我於寶威德上王佛國遙聞此娑婆
世界說法華經與无量无邊百千万億諸菩
薩眾共來聽受唯願世尊當為說之若善男
子善女人於如來滅後云何能得是法華經
佛告普賢菩薩若善男子善女人成就四法
於如來滅後當得是法華經一者為諸佛護
念二者殖眾德本三者入正定聚四者發救

BD04772號　妙法蓮華經卷七

（6–4）

世界說法華經與无量无邊百千万億諸菩
薩衆共來聽受唯願世尊當為說之若善男
子善女人於如來滅後云何能得是法華經
佛告普賢菩薩若善男子善女人成就四法
於如來滅後當得是法華經一者為諸佛護
念二者殖衆德本三者入正定聚四者發救
一切衆生之心善男子善女人如是成就四法
於如來滅後必得是經尒時普賢菩薩白
佛言世尊於後五百歲濁惡世中其有受持
是經典者我當守護除其衰患令得安隱使
无伺求得其便者若魔若魔子若魔女若魔
民若為魔所著者若夜叉若羅剎若鳩槃荼
若毗舍闍若吉蔗若富單那若韋陁羅等諸
惱人者皆不得便是人若行若立讀誦此經
我尒時乘六牙白象王與大菩薩衆俱詣其
所而自現身供養守護安慰其心亦為供養
法華經故是人若坐思惟此經尒時我復乘
白象王現其人前其人若於法華經有所忘
失一句一偈我當教之與共讀誦還令通利尒
時受持讀誦法華經者得見我身甚大歡喜
轉復精進以見我故即得三昧及陁羅尼名
為旋陁羅尼百千万億旋陁羅尼法音方便
陁羅尼得如是等陁羅尼世尊若後世後
五百歲濁惡世中比丘比丘尼優婆塞優婆
夷求索者受持者讀誦者書寫者欲修習是
法華經於三七日中應一心精進滿三七日已

BD04772號　妙法蓮華經卷七

（6–5）

失一句一偈我當教之與共讀誦還令通利尒
時受持讀誦法華經者得見我身甚大歡喜
轉復精進以見我故即得三昧及陁羅尼名
為旋陁羅尼百千万億旋陁羅尼法音方便
陁羅尼得如是等陁羅尼世尊若後世後
五百歲濁惡世中比丘比丘尼優婆塞優婆
夷求索者受持者讀誦者書寫者欲修習是
法華經於三七日中應一心精進滿三七日已
我當乘六牙白象與无量菩薩而自圍繞以
一切衆生所喜見身現其人前而為說法示教
利喜亦復與其陁羅尼呪得是陁羅尼故
无有非人能破壞者亦不為女人之所惑
亂我身亦自常護是人唯願世尊聽我說此
陁羅尼即於佛前而說呪曰
阿檀地（途賣反）一 檀陁婆地二 檀陁婆帝三 檀
陁鳩舍隸四 檀陁修陁隸五 修陁隸六 修陁
羅婆帝七 佛陁波羶祢八 薩婆陁羅尼阿婆多
尼九 薩婆婆沙阿婆多尼十 修阿婆多尼十一
僧伽婆履叉尼十二 僧伽涅伽陁尼十三 阿僧祇
十四 僧伽波伽地十五 帝隸阿惰僧伽兜略盧遮反

BD04772號　妙法蓮華經卷七

（6–6）

南无相
南无寶輪
南无无垢光明佛
南无无垢月幢稱佛
南无出火佛
南无師子奮迅佛
寶精進日月光明莊嚴功德智聲王佛
南无初發心念斷一切疑煩惱佛 南无破一切闇勝佛
南无寶炎佛 南无栴檀香佛
南无大寶炎佛 南无華幢佛
南无普勝帝沙佛 南无滿賢佛
南无軍力精進奮迅佛 南无香勝佛
南无勝稱佛 南无淨鏡佛
南无華勝佛 南无離塵佛
南无得功德佛 南无不動佛
南无旃檀佛 南无因陁羅則佛
南无樂山佛 南无能化佛
南无因陁羅幢佛 南无无畏作佛
南无留樓那佛 南无弗沙佛
南无法水清淨虛空界王佛 南无普智光明勝王佛
南无一切[illegible]王佛 南无普智[illegible]聲王佛

BD04773號　佛名經（十六卷本）卷一二　（29–1）

南无得功德佛 南无不動佛
南无旃檀佛 南无因陁羅則佛
南无樂山佛 南无能化佛
南无因陁羅幢佛 南无无畏作佛
南无留樓那佛 南无弗沙佛
南无法水清淨虛空界王佛 南无普智光明勝王佛
南无香光明功德莊嚴王佛 南无普智聲王佛
南无一切四无畏然燈佛 南无普喜速勝王佛
南无善光火光佛 南无普門智照聲佛
南无无量功德海藏光明佛 南无法界雷光光障尋功德佛
南无清淨眼无垢然燈佛 南无師子光明勝光佛
南无廣光明智勝幢佛 南无金光明光遍精進成佛
南无香光明歡喜力海佛 南无成就王佛
南无白在高佛 南无歡喜大海速行佛
南无稱自在光佛 南无廣稱智佛
南无智成就海王幢佛 南无相顯文殊月佛
南无一切法海勝王佛 南无智功德法住佛
南无梵自在勝佛 南无過法界勝聲佛
南无不可嫌力普照光明幢佛 南无无垢功德日明佛
南无无畏智普光明佛 南无无量勝難勝幢佛
南无法界虛空普遍光明佛 南无福德相雲勝威德佛
南无照勝須光明佛 南无法威大海意佛
南无相法化普光明佛
從此以上九千佛十二部經一切賢聖
南无善成就眷屬普照佛 南无法盡疾速歡喜[illegible]佛

BD04773號　佛名經（十六卷本）卷一二　（29–2）

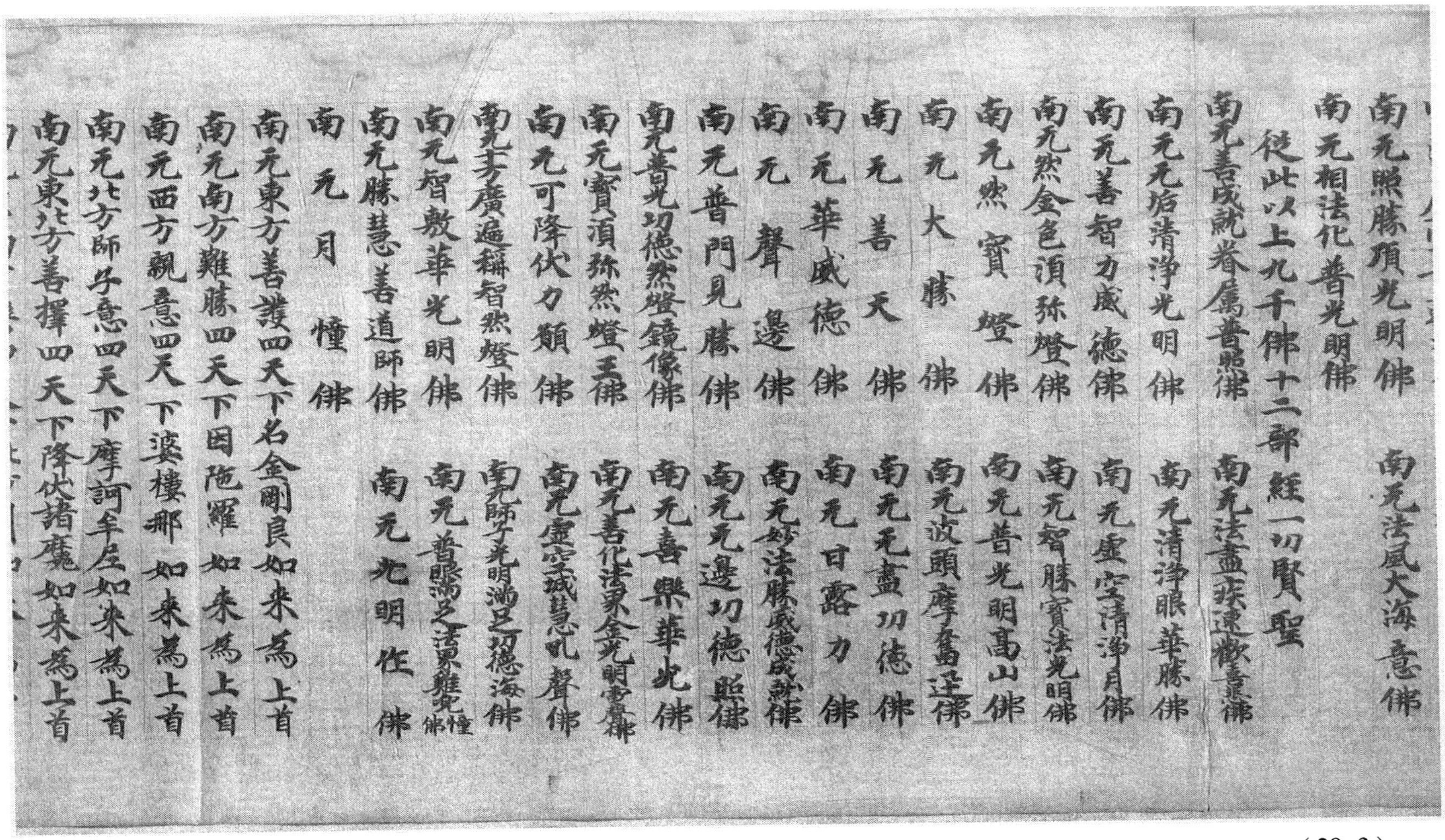

南无照勝須光明佛　南无法風大海意佛
南无相法化普光明佛
從此以上九千佛十二部經一切賢聖
南无善成就眷屬普照佛　南无法盡疾速歡喜意佛
南无无垢清淨光明佛　南无清淨眼華勝佛
南无善智力威德佛　南无虛空清淨月佛
南无然金色須弥燈佛　南无智勝寶法光明佛
南无然寶燈佛　南无普光明高山佛
南无大勝佛　南无波頭摩奮迅佛
南无善天佛　南无无盡功德佛
南无華威德佛　南无甘露力佛
南无聲邊佛　南无妙法勝威德成就佛
南无普門見勝佛　南无无邊功德照佛
南无普光功德然燈鏡像佛　南无喜樂華光佛
南无寶須弥然燈王佛　南无善化法界金光明雲聲佛
南无可降伏力類佛　南无虛空城慧吼聲佛
南无十方廣遍稱智然燈佛　南无師子光明滿足功德海佛
南无智敷華光明佛　南无普照滿足法界難究幢佛
南无勝慧善道師佛　南无光明作佛
南无月幢佛
南无東方善護四天下名金剛良如来為上首
南无南方難勝四天下因陁羅如来為上首
南无西方飄意四天下娑樓那如来為上首
南无北方師子意四天下摩訶牟尼如来為上首
南无東北方善擇四天下降伏諸魔如来為上首

BD04773號　佛名經（十六卷本）卷一二　（29–3）

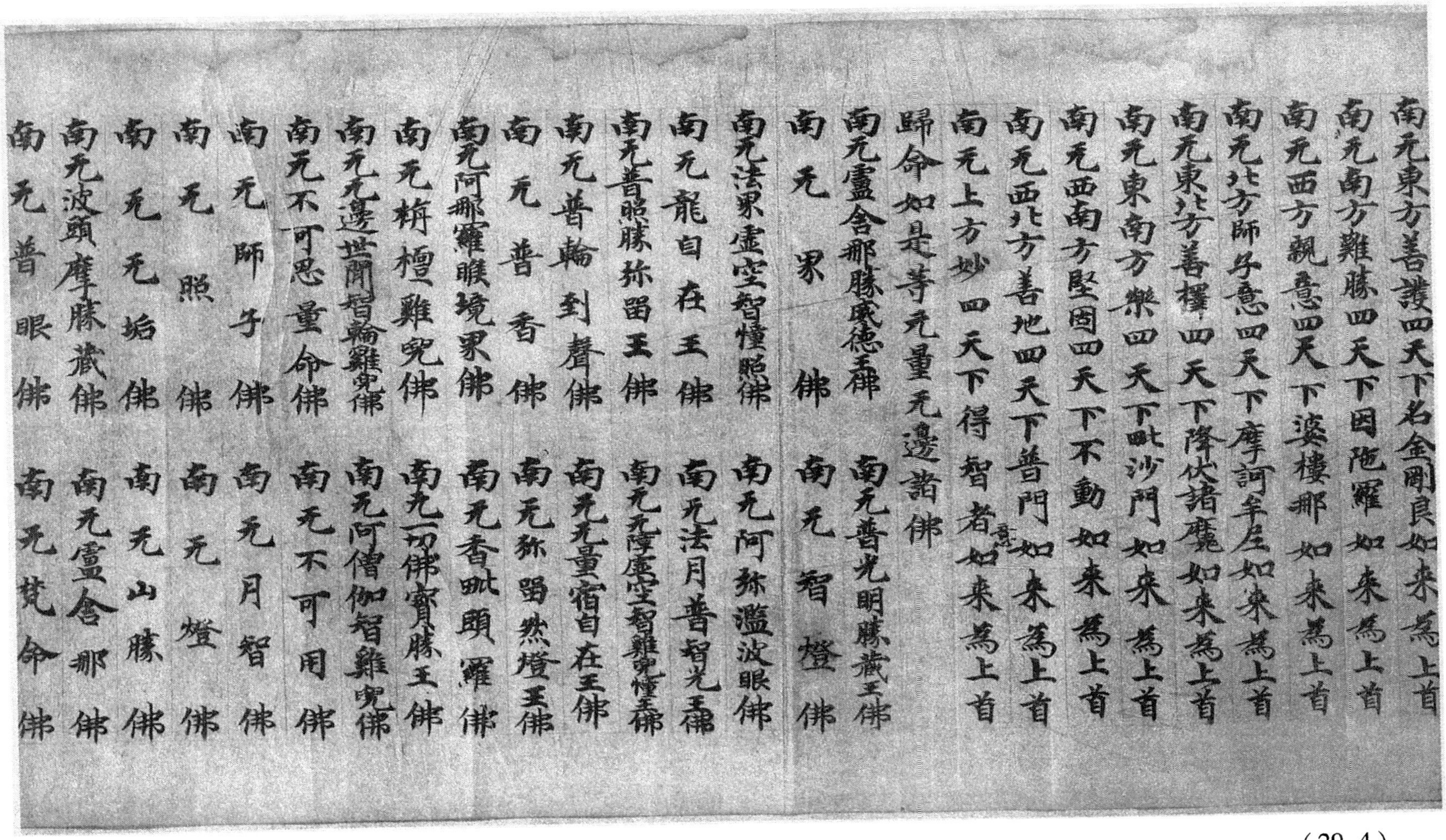

南无東方善護四天下名金剛良如来為上首
南无南方難勝四天下因陁羅如来為上首
南无西方飄意四天下娑樓那如来為上首
南无北方師子意四天下摩訶牟尼如来為上首
南无東北方善擇四天下降伏諸魔如来為上首
南无東南方樂四天下毗沙門如来為上首
南无西南方堅固四天下不動如来為上首
南无西北方善地四天下普門如来為上首
南无上方妙四天下得智者意如来為上首
歸命如是等无量无邊諸佛
南无盧舍那勝威德王佛　南无普光明勝藏王佛
南无眾佛　南无智燈佛
南无法界虛空智幢照佛　南无阿弥濫波眼佛
南无龍自在王佛　南无法月普智光王佛
南无普照勝弥留王佛　南无无障虛空智難究幢王佛
南无普輪到聲佛　南无无量宿自在王佛
南无普香佛　南无弥留然燈王佛
南无阿那羅睺境界佛　南无香毗頭羅佛
南无栴檀難究佛　南无一切佛寶勝王佛
南无无邊世間智輪難究佛　南无阿僧伽智難究佛
南无不可思量命佛　南无不可用佛
南无師子佛　南无月智佛
南无照佛　南无燈佛
南无无垢佛　南无山勝佛
南无波頭摩勝藏佛　南无盧舍那佛
南无普眼佛　南无梵命佛

BD04773號　佛名經（十六卷本）卷一二　（29–4）

南无所宁佛　南无月智佛
南无照佛　南无燈佛
南无无垢佛　南无山勝佛
南无波頭摩勝藏佛　南无盧舍那佛
南无普眼佛　南无梵命佛
南无波數天佛　南无邊光明普法界莊嚴王佛
南无力光明佛　南无高行佛
南无旃檀違佛　南无金色意佛
南无妙飲佛　南无高聲佛
南无寂勝佛　南无高見佛
南无吉沙佛　南无衆沙佛
南无高稱佛　南无妙波頭摩佛
南无普功德佛　南无作燈佛
南无善目佛　南无一切法佛吼王佛
南无山幢身眼勝佛　南无寶勝然燈功德幢佛
南无普智寶炎勝功德佛　南无功德幢佛
南无因陁羅幢勝雞兜佛
從此以上九千一百佛十二部經一切賢聖
南无勝佛　南无大悲雲幢佛
南无金剛那羅延雞兜佛　南无无障㝵勝安隱滿足之佛
南无火炎山勝莊嚴佛　南无一切法海勝王佛
南无深法海光佛　南无寶髻炎滿足之燈佛
南无一切十億國土微塵數同名金剛藏佛（南无十億國土微塵數同名金剛雞兜佛）國
南无十億國土微塵數同名金剛幢佛
南无十百千國土微塵數同名善法佛
南无十百千國土微塵數同名稱心佛



南无火炎山勝莊嚴佛　南无一切法海勝王佛
南无深法海光佛　南无寶髻炎滿足之燈佛
南无一切十億國土微塵數同名金剛藏佛（南无十億國土微塵數同名金剛雞兜佛）國
南无十億國土微塵數同名金剛幢佛
南无十百千國土微塵數同名善法佛
南无十百千國土微塵數同名稱心佛
南无一國土微塵數同名普功德佛
南无不可說佛國土微塵數同名不可勝佛
南无不可說佛國土微塵數同名毗婆尸佛
南无十佛國土微塵數同名普幢佛
南无八十億佛國土微塵數不可數百千億那由他同名普賢佛
南无一佛國土微塵數同名佛勝佛
南无十佛國土微塵數百千億那由他不可說同名普稱自在佛
南无賢勝佛　南无功德海光明勝照藏佛
南无法界盡虛空滿足之不退佛　南无法界吼佛
南无不退轉法界聲佛　南无法樹山威德佛
南无一切法堅固吼王佛　南无寶光然燈幢王佛
南无功德山光明威德王佛　南无法雲吼王佛
南无智炬王佛　南无法電幢王勝佛
南无法燈智師子山威德王佛　南无一切法印吼威德王佛
南无无垢法山威德燈佛　南无法輪光明頂佛
南无法光明勝雲佛　南无法海說聲王佛
南无法日智輪然燈佛　南无法華高幢雲佛
南无法炎山雞兜王佛　南无法行深勝日佛
南无法智普光明藏佛　南无常智作佛
南无山王勝藏王佛　南无普賢第一法發精進幢佛

南无法日智輪然燈佛　南无法華高幢雲佛
南无法炎山雞兜王佛　南无法行深勝日佛
南无法智普光明藏佛　南无常智作佛
南无山王勝藏王佛　南无普賢發意諸根精進幢佛
南无一切法寶俱蘇摩勝雲佛　南无寂靜光明身髻佛
南无法光明慧鏡像身佛　南无炎勝海佛
南无智日普照佛　南无普輪佛
南无智照頂王佛　南无智宮眾十方光明威德王佛
次礼十二部尊經大藏法輪
南无國王薩經　南无阿毗曇經
南无金剛齋經　南无持世經
南无阿那律八念經　南无等集經
南无迦羅越經　南无阿難問因緣持戒經
南无薩和達王經　南无阿難邠邸四時施經
南无阿闍世王經　南无阿閦佛經
南无德光太子經　南无小阿闍經
南无阿陁三昧經　南无胞藏經
南无阿鳩留經　南无漸備一切智經
南无菩薩悔過經　南无阿闍世女經
南无曉所諍不解者經　南无菩薩十遍和經
南无菩薩等行分然國經　南无阿毗曇九十八結經
南无阿扶經　南无惡人經
南无趣度世道經　南无惟越經
次礼十方諸大菩薩
南无文殊師利菩薩摩訶薩　南无觀世音菩薩

BD04773 號　佛名經（十六卷本）卷一二　（29–7）

南无阿扶經　南无惡人經
南无菩薩等行分然國經　南无阿毗曇九十八結經
南无趣度世道經　南无惟越經
次礼十方諸大菩薩
南无文殊師利菩薩摩訶薩　南无觀世音菩薩
南无大勢至菩薩　南无普賢菩薩
南无龍勝菩薩　南无龍德菩薩
南无勝成就菩薩　南无勝藏菩薩
南无波頭勝菩薩　南无成就有菩薩
南无地持菩薩　南无寶掌菩薩
南无寶印手菩薩　南无子意菩薩
南无虛空藏菩薩　南无師子奮迅吼聲菩薩
南无發心即轉法輪菩薩
從此以上九千二百佛十二部經一切賢聖
南无一切聲聞樂說菩薩　南无山樂說菩薩
南无大海音菩薩　南无大山菩薩
南无愛見菩薩　南无觀喜王菩薩
南无无邊觀菩薩　次礼聲聞緣覺一切賢聖
南无善使辟支佛　南无違陁辟支佛
南无吉沙辟支佛　南无憂波吉沙辟支佛
南无斷有辟支佛　南无憂波叉羅辟支佛
南无斷愛辟支佛　南无施婆羅辟支佛
南无轉覺辟支佛　南无吉垢辟支佛
南无高去辟支佛　南无阿悉多辟支佛
歸命如是等无量无邊辟支佛

BD04773 號　佛名經（十六卷本）卷一二　（29–8）

南无斷有辟支佛　南无憂波支羅辟支佛
南无斷愛辟支佛　南无施婆羅辟支佛
南无轉覺辟支佛　南无吉垢辟支佛
南无高去辟支佛　南无阿悲多辟支佛
歸命如是等无量无邊辟支佛
礼三寶已次復懺悔
已懺地獄報竟今當復次懺悔三惡道報
經中佛說多欲之人多求利故苦惱亦多
知足之人雖卧地上猶以為樂不知足者雖
處天堂猶不稱意但世間人忽有急難便
能捨財不計多少而不知此身臨於三塗深
坑之上一息不還便應墮落忽有知識營功
福德令脩未來善法資粮執此慳心无肯
作理夫如此者極為愚惑何以故尒經中佛
說生時不賫一文而來死亦不持一文而去
苦身積聚為之憂惱於己无益徒為他有
无善可恃无德可怙致使命終墮諸惡道
是故弟子等今日稽顙翹到歸依於佛
南无東方大光曜佛　南无南方虛空住佛
南无西方金剛步佛　南无北方无邊力佛
南无東南方无邊王佛　南无西南方壞諸怨賊佛
南无西北方離垢光佛　南无東北方金色光音佛
南无下方師子遊戲佛　南无上方月幢王佛
如是十方盡虛空界一切三寶
弟子今日次復懺悔畜生道中无所識知罪
報懺悔畜生道中負重牽犁償他宿債

BD04773號　佛名經（十六卷本）卷一二　（29–9）

南无西北方離垢光佛　南无東北方金色光音佛
南无下方師子遊戲佛　南无上方月幢王佛
如是十方盡虛空界一切三寶
弟子今日次復懺悔畜生道中无所識知罪
報懺悔畜生道中負重牽犁償他宿債
罪報懺悔畜生道中不得自在為他斫刺
屠割罪報懺悔畜生无足二足四足多足罪
報懺悔畜生道中身諸毛羽鱗甲之內為
諸小虫之所唼食罪報如是畜生道中有
无量罪報今日至誠皆悉懺悔
次復懺悔餓鬼道中長飢罪報懺悔餓鬼
百千万歲初不曾聞漿水之名罪報懺悔
餓鬼食噉膿血糞穢罪報懺悔餓鬼動身
之時一切枝節火然罪報懺悔餓鬼腹大咽
小罪報如是餓鬼道中无量苦報今日普
顙皆悉懺悔
次復一切鬼神脩羅道中諭諂詐稱罪報
懺悔鬼神道中擔沙負石填河塞海罪報
懺悔鬼羅刹鳩槃荼諸惡鬼神生噉血肉
受此醜陋罪報如是鬼神道中无量无邊
一切罪報今日稽顙向十方佛大地菩薩求
哀懺悔悉令消滅
願弟子等承是懺悔畜生等報所生功德
生生世世滅愚癡垢自識業緣智慧明
照斷惡道身願以懺悔餓鬼等報所生

BD04773號　佛名經（十六卷本）卷一二　（29–10）

受此醜陋罪報如是鬼神道中无量无邊
一切罪報今日稽顙向十方佛大地菩薩求
哀懺悔悉令消滅
願弟子等承是懺悔畜生等報所生功德
生生世世滅愚癡垢自識業緣智慧明
照斷惡道身願以懺悔餓鬼等報所生
功德生生世世永離慳貪飢餓之苦常
食甘露解脫之味願以懺悔鬼神脩羅
等報所生功德生生世世質直无諂離邪
命因除醜陋果福利人天願弟子等從今
以去乃至道場決定不受四惡道報唯除
大悲為衆生故以誓願力處之无猒 礼一拜
此經有六十品略此一品流行
佛言云何菩提樹華悉皆墮落其華光
色不如於常一切大衆皆生疑惑唯願天
尊為我解說今此衆中諸坐大士疑惑悉
除尒時世尊從三昧起光顏巍巍舉身毛
孔皆悉出光語寶達菩薩言汝等善
聽今為汝說所以菩提樹華墮落失光者
何如上所說沙門行惡墮苦處受罪无
殃是故菩提樹華失光墮落寶達前
白佛言唯願為我說此惡行沙門果報
之處佛告寶達菩薩東方乃有鐵圍
大山其山中間幽冥之處日月光明及
以火光所不能照名曰地獄其獄之中有
惡沙門受如是罪汝可往詣問諸罪人玄

BD04773號　佛名經（十六卷本）卷一二　（29–11）

白佛言唯願為我說此惡行沙門果報
之處佛告寶達菩薩東方乃有鐵圍
大山其山中間幽冥之處日月光明及
以火光所不能照名曰地獄其獄之中有
惡沙門受如是罪汝可往詣問諸罪人玄
何因緣來生此處脩何等行受如是罪寶
達白佛言世尊我无威神何能往詣願佛
大悲垂神願念乃使我等得見東方阿鼻
地獄佛言善哉善哉汝今但往令汝得見
寶達菩薩礼佛而去龍飛虛空能徊自在
當尒之時大地震動於虛空中雨寶蓮華
飛流而下尒時寶達一念之頃往詣東方鐵
圍山間其山崦嶐幽冥高峻其山四方
乃无草木日月威光都不能照寶達須
前俠道兩邊有卅六王典主地獄其王名
曰恒伽喋王波吉頭王廣目都王安頭羅
王霈目見王陽聲吉王大諍訟王吸血鬼
王安得羅王陁達王達多羅王吉梨善
王安侯羅王寶首王金樹吉王大惡聲王
鳥頭王等虎眼王等烏牙王等震聲王等
歸首王依首王見首王廣安王廣定之王王
頭王立正王立見王摩尼羅王都曹王部
見王惡目王善王龍口王鬼王南安王等
卅六王遙見寶達菩薩悉皆叉手合掌前
行作礼白言大智尊王云何因入此苦處

BD04773號　佛名經（十六卷本）卷一二　（29–12）

鳥頭王等鹿眼王等烏牙王等震聲王等
歸首王依首王見首王廣安王廣定王王
頭王立正王立見王摩尼羅王都曹王部
見王惡目王善王龍口王鬼王南安王等
卅六王遙見寶達菩薩悲皆叉手合掌前
行作礼白言大智尊王云何因入此苦處
亦如栴檀在伊蘭而生寶達答言我聞如
來三界人尊說言東方有鐵圍山其幽冥
日月之光所不能照我故聞之故來詣汝
諸王前入地獄行諸罪人汝等諸王誰能
共我往詣大王前見罪人受苦之者尒時
恒伽嘍王即便与寶達菩薩往詣大王
尒時大鬼王遙見寶達菩薩從門而來光
顏縱踏即便下坐往前礼敬白言大王今
此惡處云何怯哉伊蘭林中忽生栴檀
尒時寶達便前就以問鬼王尽此東方
地獄可有幾獄鬼王答言此山之中有无
量地獄今此一方有卅二沙門地獄寶達
問曰卅二地獄其名云何鬼王答曰鐵車
鐵馬鐵牛鐵驢地獄鐵衣地獄鉢洋銅灌
口地獄流火地獄鐵牀地獄鏵田地獄斫首
地獄燒脚地獄鐵鋸地獄飲鐵鉢地獄飛
刀地獄火箭地獄腕肉地獄身然地獄火
丸仰口地獄諍論地獄雨火地獄流火地
獄真屎地獄鉤膽地獄火烏地獄咩聲
咬叩地獄諸鏃雕地獄崩埋地獄然手脚

BD04773號　佛名經（十六卷本）卷一二　（29–13）

地獄燒脚地獄鐵鋸地獄飲鐵鉢地獄飛
刀地獄火箭地獄腕肉地獄身然地獄火
丸仰口地獄諍論地獄雨火地獄流火地
獄真屎地獄鉤膽地獄火烏地獄咩聲
咬叩地獄諸鏃雕地獄崩埋地獄然手脚
地獄銅豬鋸牙地獄剥皮飲血地獄解身
地獄鐵屋地獄鐵山地獄飛火交叫分頭地獄
尒時鬼王答寶達曰地獄受罪其名如是寶
達即便入地獄中上高樓頭四顧望視
見罪人等各從四門咬叫而入寶達前入
鐵車鐵馬鐵牛鐵驢此四小獄并為一獄
云何名曰鐵車鐵馬鐵牛鐵驢地獄此
地獄方圓縱廣十五由旬其中鐵城高一
由旬猛火煇赫烟然其車鐵作焱赫熾
然中有鐵牛其身亦然頭角毛尾皆如
鋒鉦火然烟炎俱出其鐵馬者身毛象尾
鬣如劍鋒毛尾火然烟炎俱出其鐵驢者
亦復如是其地獄中有鐵鏃雕鬣如鋒鉦
鐵鋸遼亂遍布其地其鋸火然猛盛於前
尒時北門之中有五百沙門咩聲咬叫口眼
火出唱如是言云何我今受如是苦獄卒夜
叉馬頭羅剎手捉三鈷鐵叉已背而鍾匈前
而出復有鐵索來縫其髀其鍊火然罪人髀
復有鐵枷枷罪人咽其枷八方鋸如鋒鉦
烟火猛熾來燒罪人頸尒時罪人宛轉倒地

BD04773號　佛名經（十六卷本）卷一二　（29–14）

火出唱如是言云何我今受如是苦獄卒夜
叉馬頭羅刹手捉三鈷鐵叉㠯背而鍾胸前
而出復有鐵索來繼其髀其鏁火然罪人髀
復有鐵鉫鉫罪人咽其鉫八方鍪如鋒鉅
烟火猛熾來燒罪人頸尒時罪人宛轉倒地
而不肯前馬頭羅刹手捉鐵棒㠯頭而打罪
人身體碎如微塵復有餓鬼來食其肉復
有餓鬼來飲其血馬頭羅刹蹹地言活活
罪人即活尒時鐵牛吼喚跪地其牛吼喚
來向罪人罪人迫迮宛轉於地馬頭羅刹手
捉鐵叉叉著車上罪人跳踉復墮牛上牛毛
仰刺從腹而入背上而出牛復跳踉復墮
馬上馬尾仰刺亦如鋒鉅馬尾趣之身即碎
爛須申還活尒時鐵馬舉脚連蹹身碎如
塵須申還活復騎鐵驢驢即跳踉罪人墮
地驢便大瞋舉脚連蹴須申還活一日一夜
受罪无量寶達問馬頭羅刹曰此諸沙門
云何如是羅刹荅曰此諸沙門受佛禁戒
不惜將來但取現在違犯淨戒故作惡業
畜不淨物乘車騎馬走驢治生心无慈善不
讓威儀受人信施惡因緣故墮此地獄百千万
劫若得為人身不具足聾盲閉塞不見三寶
不聞正法寶達聞之悲泣歎曰云何沙門應為
出三界云何惡業受如是罪寶達即去
南无功德光俱蘇摩燈佛　南无智炬高雞兜幢王佛

BD04773 號　佛名經（十六卷本）卷一二　（29–15）

劫若得為人身不具足聾盲閉塞不見三寶
不聞正法寶達聞之悲泣歎曰云何沙門應為
出三界云何惡業受如是罪寶達即去
南无功德光俱蘇摩燈佛　南无智炬高雞兜幢王佛
南无日照光明王佛　南无相山佛
南无莊嚴山佛　南无□普照佛
南无法王網勝功德佛　南无四无畏金剛那羅延師子佛
南无普智幢勇猛佛　南无法波頭摩數身佛
南无功德俱摩身重擔佛　南无道場覺勝月佛
南无然法炬勝月佛　南无普賢光明頂佛
南无法幢燈金剛堅幢佛　南无稱山勝雲佛
南无栴檀勝月佛　南无普勝俱蘇摩威德菩提佛
南无照一切王佛　南无波頭摩勝藏佛
南无香炎照王佛　南无因波頭摩佛
南无相山照佛　南无普稱功德王佛
南无普門光明須弥山佛
南无法城光明勝功德山威德王佛
南无勝相佛　南无法力勇猛幢佛
南无轉法輪光明吼聲佛　南无光明功德山智慧王佛
南无轉法輪月勝波頭摩照佛　南无佛幢自在功德不可勝幢佛
南无寶波頭摩光明藏佛　南无光明峯雲燈佛
南无普覺俱蘇摩佛　南无種種光明勝山藏佛
南无金山威德賢佛　南无賢勝山威德佛
南无明輪峯王佛　南无功德雲盡佛
南无法峯雲幢佛　南无法日雲燈王佛

BD04773 號　佛名經（十六卷本）卷一二　（29–16）

南无寶波頭摩光明藏佛　南无光明峯雲燈佛
南无普覺俱蘇摩佛　南无種種光明勝山藏佛
南无金山威德賢佛　南无賢勝山威德佛
南无明輪峯王佛　南无功德雲盡佛
南无法峯雲幢佛　南无法日雲燈王佛
南无功德山威德佛　南无法雲十力稱王佛
南无法輪蓋雲佛　南无覺智智幢佛
南无智威德佛　南无法輪清淨勝月佛
南无普慧雲聲佛　南无法力勝山佛
南无香炎勝王佛　南无鄃伽摩尼山威德佛
南无頂藏一切法光輪佛　南无然法輪威德佛
南无山峯勝威德佛　南无普精進炬佛
南无三昧海廣頂冠光佛　南无寶妙勝王佛
南无日勝妙佛　南无法炬寶帳聲佛
南无法虛空无邊光師子佛　南无相莊嚴幢月佛
南无光明山雷電雲佛　南无法虛空无导光佛
南无妙智數身佛　南无蒲陀羅婆光明雲佛
南无法三昧光佛　南无法善莊嚴藏佛
南无法然炎堅固聲佛　南无三世相鏡像威德佛
南无法輪峯光明佛　南无法界師子光明佛
從此以上九千三百佛　十二部經一切賢聖
南无盧舍那勝須弥山三昧堅固師子佛
南无普光明城燈佛　南无寶俱蘇摩藏佛
南无轉妙法聲佛　南无虛空劫燈佛
南无法幢佛　南无安隱世間月佛



從此以上九千三百佛　十二部經一切賢聖
南无盧舍那勝須弥山三昧堅固師子佛
南无普光明城燈佛　南无寶俱蘇摩藏佛
南无轉妙法聲佛　南无虛空劫燈佛
南无法幢佛　南无安隱世間月佛
南无摩訶伽羅那師子佛　南无可樂聲佛
南无安隱佛　南无增上信威德佛
南无醫王佛　南无法虛空上勝王佛
南无天藏佛　南无地峯王佛
南无轉法輪光明吼王佛　南无智虛空藥王佛
南无一切吼王佛　南无不可降伏佛
南无力難勝佛　南无轉法輪化普光明聲佛
南无相勝山佛　南无具足堅聚佛
南无垢婆耆佛　南无住持疾佛
南无遍相佛　南无无垢婆侯佛
南无師子火備佛　南无天自在頂佛
南无法起稱佛　南无火无憂桊佛
南无虛空燈佛　南无无垢幢佛
南无恒河沙同名賢行佛　南无恒河沙同名无邊命佛
南无恒河沙同名不動佛　南无恒河沙同名月智佛
南无恒河沙同名金剛幢佛　南无恒河沙同名日藏佛
南无恒河沙同名善光佛　南无恒河沙同名金剛佛
南无五百同名大慈悲佛　南无普智火功德幢王佛
南无善逝法幢勝佛　南无須弥佛
南无功德諸佛　南无自在佛
南无稱王佛　南无无量愛佛

南无五百同名大慈悲佛　南无普智炎功德幢王佛
南无善逝法幢勝佛　南无須弥佛
南无功德聚佛　南无自在佛
南无那王佛　南无无量愛佛
南无本彌功德佛　南无須弥山佛
南无日月面佛　南无如是等无量佛
南无虚空行佛　南无普照佛
南无方城佛　南无勝光佛
南无雲勝佛　南无法炎山佛
南无波頭摩王佛　南无法界華佛
南无海燈佛　南无那佛
南无如是等无量无邊佛
南无寶雞兜王佛　南无智意佛
南无思議佛　南无因陁羅勝佛
南无天智佛　南无雲王畏佛
南无智勝佛　南无光明王雞兜佛
南无勝奮迅威德去佛　南无法界波頭摩佛
南无行廣見佛　南无如是等无量无邊佛
南无寶炎山佛　南无勝光佛
南无寶功德佛　南无海勝佛
南无法光明佛　南无波頭摩佛
南无藏勝佛　南无世間眼佛
南无如是等无量无邊佛
南无香光佛　南无須弥勝佛
南无嶽王佛　南无深佛

BD04773號　佛名經（十六卷本）卷一二　（29-19）

南无法光明佛　南无波頭摩佛
南无藏勝佛　南无世間眼佛
南无如是等无量无邊佛
南无香光佛　南无須弥勝佛
南无嶽王佛　南无深佛
南无勝摩尼佛　南无藏王佛
南无勝威德畏佛　南无那色去佛
南无如是等无量无邊佛
南无廣知佛　南无寶光明佛
南无虚空雲勝佛　南无妙相佛
從此以上九千四百佛十二部尊經一切賢聖
南无勝相佛　南无莊嚴佛
南无行輪佛　南无光勝佛
南无光明勝佛　南无如是等无量无邊佛
南无那羅延行佛　南无須弥勝佛
南无功德輪佛　南无勝王佛
南无不可降伏佛　南无山王樹佛
南无如是无量无邊佛
南无娑羅自在王佛　南无勝藏佛
南无世間自在身佛　南无鏡像光明佛
南无地出佛　南无光明功德佛
南无金剛色佛　南无住持威德勝佛
南无如是等无量无邊佛
南无深法光明身佛　南无法海吼聲佛
南无弥留幢勝光明意佛　南无寶光明勝佛

BD04773號　佛名經（十六卷本）卷一二　（29-20）

南无金剛色佛　南无住持威德勝佛
南无如是等无量无邊佛
南无深法光明身佛　南无法海吼聲佛
南无弥留幢勝光明意佛　南无寶光明勝佛
南无梵光佛　南无虛空聲佛
南无法界鏡像勝佛　南无輪光明佛
南无智光高難勝意佛　南无伽伽那燈佛
南无樂勝照佛　南无功德光明勝佛
南无寂勝佛　南无大悲速疾佛
南无地力光明意佛　南无一切脩面色佛
南无勝身光明佛　南无法勝宿佛
南无阿层羅速行佛　南无清淨幢蓋勝佛
南无三世鏡像佛　南无願海樂説勝佛
南无慙愧須弥山勝佛　南无念難勝王勝佛
南无法意佛　南无慧燈佛
南无光難勝勝佛　南无廣智佛
南无法界行智意佛　南无法海意智勝佛
南无法海勝佛　南无功德輪佛
南无勝雲佛　南无忍辱燈佛
南无勝威德意佛　南无速光明勝摩他聲佛
南无寂幢佛　南无世間燈佛
南无大願勝佛　南无不可降伏幢佛
南无智炎勝功德佛　南无法自在佛
南无无量意佛　南无世間言語堅固吼光佛
南无一切聲聞吼勝精進自在佛

BD04773號　佛名經（十六卷本）卷一二　（29–21）

南无大願勝佛　南无不可降伏幢佛
南无智炎勝功德佛　南无法自在佛
南无无量意佛　南无世間言語堅固吼光佛
南无一切聲聞吼勝精進自在佛
南无具足意佛　南无諸方天佛
南无現面世間佛　南无知衆生心平等身佛
南无寂勝佛　南无行佛行佛
南无清淨身佛　南无勝賢佛
南无如是等上首不可説无量无邊佛
南无彼諸佛所説妙法南无彼佛妙法身
南无彼佛三十二相八十種好无量无邊功德
南无彼佛種種道場菩提樹種種形像種
種妙塔去来坐卧妙處歸命彼諸佛不退
法輪菩薩大衆不退聲聞僧比丘比丘尼
優婆塞優婆夷天龍夜叉乾闥婆阿脩羅
迦樓羅緊那羅摩睺羅伽種種狀貌信如
来法輪轉如来法輪不可思議菩薩摩訶
薩悉皆歸命歸命如来法身十力四无畏
戒定慧解脫解脫知見如是等无量无邊
功德如是功德迴施一切衆生願得阿耨
多羅三藐三菩提
舍利弗有善眼劫中有七十那由他佛出世
舍利弗善見劫中有七十二億佛出世
舍利弗梵讃歎劫中有一万八千佛出世
舍利弗名過去劫中有三十二千佛出世

BD04773號　佛名經（十六卷本）卷一二　（29–22）

舍利弗有善眼劫中有七十那由他佛出世
舍利弗善見劫中有七十二億佛出世
舍利弗梵讚歎劫中有一万八千佛出世
舍利弗名過去劫中有三十二千佛出世
舍利弗莊嚴劫中有八万四千佛出世
舍利弗應當歸命如是等无量无邊佛
舍利弗善男子善女人欲滅一切罪當應
淨洗浴著新淨衣稱如是等佛名礼拜應作
是言我无始世界已来身口意業作不善行
乃至謗方等經五逆罪等願皆消滅
舍利弗善男子善女人欲滿足波羅蜜行
欲迴向无上菩提欲滿足一切菩薩諸波羅
蜜應作是言我學過去未来現在菩薩
摩訶薩脩行大捨破匈出心施於衆生
如智勝菩薩及迦尸王等
捨妻子等布施貧乏如不退菩薩及阿翅
羅王須達拏等及莊嚴王等入於地獄救苦
衆生如大悲菩薩及善眼天子等
救惡行衆生如善行菩薩及勝行王等
捨頂上寶天冠并剎頭皮而與如勝上身
菩薩及寶髻天子等
捨眼如愛作菩薩及月光王等
捨耳鼻如无怨菩薩及勝去天子等
捨齒如華齒菩薩及六牙鳥王等
捨不退菩薩及善面王等



捨頂上寶天冠并剎頭皮而與如勝上身
菩薩及寶髻天子等
捨眼如愛作菩薩及月光王等
捨耳鼻如无怨菩薩及勝去天子等
捨齒如華齒菩薩及六牙鳥王等
捨不退菩薩及善面王等
捨血如法作菩薩及堅意王等
捨手如常精進菩薩及堅意王等
捨肉髓如安隱菩薩及一切王等
捨大腸小腸肝肺脾腎如善德菩薩及白
遠離諸惡王等
捨身一切大小支節如法自在菩薩及光勝天等
捨皮如清淨藏菩薩及金色天子金色鹿王等
捨手足指如堅精進菩薩及金色王等
捨肉指甲如不可盡菩薩及求善法天子等
為求法故入大火坑如精進菩薩及求妙法王
精進等一切苦惱如妙法菩薩及速行大王等
捨四天下大地及一切莊嚴如得大勢至菩薩
及勝功月天子等
捨身如摩訶薩埵菩薩及摩訶薩婆羅王
等自身與一切貧窮苦惱衆生作給使侍者如
尸毗王等舉要言之過去未来現在諸菩薩
一切波羅蜜行願我亦如是成就十方世界諸
妙香華鬘諸妙伎樂我隨喜供養佛法僧
復迴此福德施一切衆生願因此福德諸衆
生等莫隨惡道因此福德滿足八万四千諸

尸毗王等舉要言之過去未來現在諸菩薩
一切波羅蜜行願我亦如是成就十方世界諸
妙香華鬘諸妙伎樂我隨喜供養佛法僧
復迴此福德施一切衆生願因此福德諸衆
生等莫隨惡道因此福德滿足八万四千諸
波羅蜜行速得授阿耨多羅三藐三菩提記
速得不退轉大速成无上菩提
次礼十二部尊經大藏法輪
南无五十法式經　南无受欲羼經
南无惟明經　南无五蓋離疑經
南无一切義要經　南无慧行經
南无五陰喻經　南无思道經
南无王舍城鷲山經　南无賢劫五百佛經
南无五百弟子本起經　南无權變經
南无五恐怖經　南无父母曰緣經
南无內外无爲經　南无五失蓋經
南无浮木經　南无內外六波羅蜜經
南无佛五莊嚴淨經　南无鬼子母經
從此以上九千五百佛十二部尊經一切賢聖
南无難龍王經　南无佛說菩意經
南无觀行移四事經　南无難提和羅經
南无佛有百比丘經　南无旃陁越經
南无觀世音勢至力受决經　南无悔有八事經
次礼十方諸大菩薩
南无導師菩薩　南无那羅達菩薩
南无星得菩薩　南无水天菩薩

BD04773號　佛名經（十六卷本）卷一二　（29–25）

南无佛有百比丘經　南无旃陁越經
南无觀世音勢至力受决經　南无悔有八事經
次礼十方諸大菩薩
南无導師菩薩　南无那羅達菩薩
南无星得菩薩　南无水天菩薩
南无主天菩薩　南无大意菩薩
南无益意菩薩　南无增意菩薩
南无不虛見菩薩　南无善進菩薩
南无勢勝菩薩　南无常勤菩薩
南无不捨精進菩薩　南无曰藏菩薩
南无不欺意菩薩　南无觀世音菩薩
南无濡濡尸利菩薩　南无執寶印菩薩
南无常舉手菩薩　南无弥勒菩薩
次礼聲聞緣覺一切賢聖
南无无漏辟支佛　南无憍慢辟支佛
南无盡憍慢辟支佛　南无親辟支佛
南无得脫辟支佛　南无无垢辟支佛
南无獨辟支佛　南无離晝辟支佛
南无能作憍慢辟支佛　南无退辟支佛
南无不退去辟支佛　南无尋辟支佛
歸命如是等无量无邊辟支佛
礼三寶已次復懺悔
已懺三塗等報今當次復發露懺悔人天
餘報相與禀此閻浮壽命雖曰百年滿者
无衆於其中間盛年夭枉其數无量但有

BD04773號　佛名經（十六卷本）卷一二　（29–26）

南无不退去辟支佛　南无勇辟支佛
歸命如是等无量无邊辟支佛
礼三寶已次復懺悔
已懺三塗等報今當次復懺悔人天
餘報相與稟此閻浮壽命雖曰百年滿者
无幾於其中間盛年夭枉其數无量但有
衆苦煎迫形心愁憂恐怯未曾暫離如此
皆是善根微弱惡業滋多致使現在心有
所為皆不稱意當知悉是過去已來惡業
餘報是故弟子今日至誠歸依
南无東方蓮華上佛　南无南方調伏王佛
南无西方无量明佛　南无北方勝諸根佛
南无東南方蓮華尊佛　南无西南方无量花佛
南无西北方在智佛　南无東北方赤蓮花花悉佛
南无下方分別佛　南无上方伏怨智佛
南无如是十方盡虛空界一切三寶
弟子等无始以來至於今日所有現在及以
未來人天之中无量餘報流殃宿對癃殘百
疾六根不具罪報懺悔人間邊地邪見三塗
八難罪報懺悔人間多病消瘦短命夭枉罪
報懺悔人間六親眷屬不能得常相保守罪
報懺悔人間親友彫喪愛別離苦罪報懺悔
人間怨家聚會憂愁怖畏罪報懺悔人間水
火盜賊刀兵嶮驚恐怖弱罪報懺悔人間孤
獨困苦流離波迸亡失國土罪報懺悔人間
牢獄繫閉幽執則立鞭撻拷楚罪報懺悔

BD04773號　佛名經（十六卷本）卷一二　（29–27）

八難罪報懺悔人間多病消瘦短命夭枉罪
報懺悔人間六親眷屬不能得常相保守罪
報懺悔人間親友彫喪愛別離苦罪報懺悔
人間怨家聚會憂愁怖畏罪報懺悔人間水
火盜賊刀兵嶮驚恐怖弱罪報懺悔人間孤
獨困苦流離波迸亡失國土罪報懺悔人間
牢獄繫閉幽執側立鞭撻拷楚罪報懺悔
人間公私口舌迭相羅涤更相誣謗罪報懺悔
人間惡病連年累月不差枕臥床席不能
起居罪報懺悔人間冬溫夏疫毒厲傷寒罪
報懺悔人間賊風腫滿否塞罪報懺悔人間
為諸惡神伺求其便欲作禍祟罪報懺悔人
間有鳥鳴百怪飛屍耶鬼為作妖異罪報懺
悔人間為虎豹犲狼水陸一切諸惡禽獸所
傷罪報懺悔人間自經自刺自殺罪報懺悔
人間投坑赴水自沉自墜罪報懺悔人間无
有威德名聞罪報懺悔人間衣服資生不稱
心罪報懺悔人間行來出入有所云為值惡
知識為作留難罪報如是現在未來人天之
中无量禍橫灾疫厄難衰惱罪報弟子今日
向十方佛尊法聖僧求哀懺悔　礼一拜

佛名經卷第十二

BD04773號　佛名經（十六卷本）卷一二　（29–28）

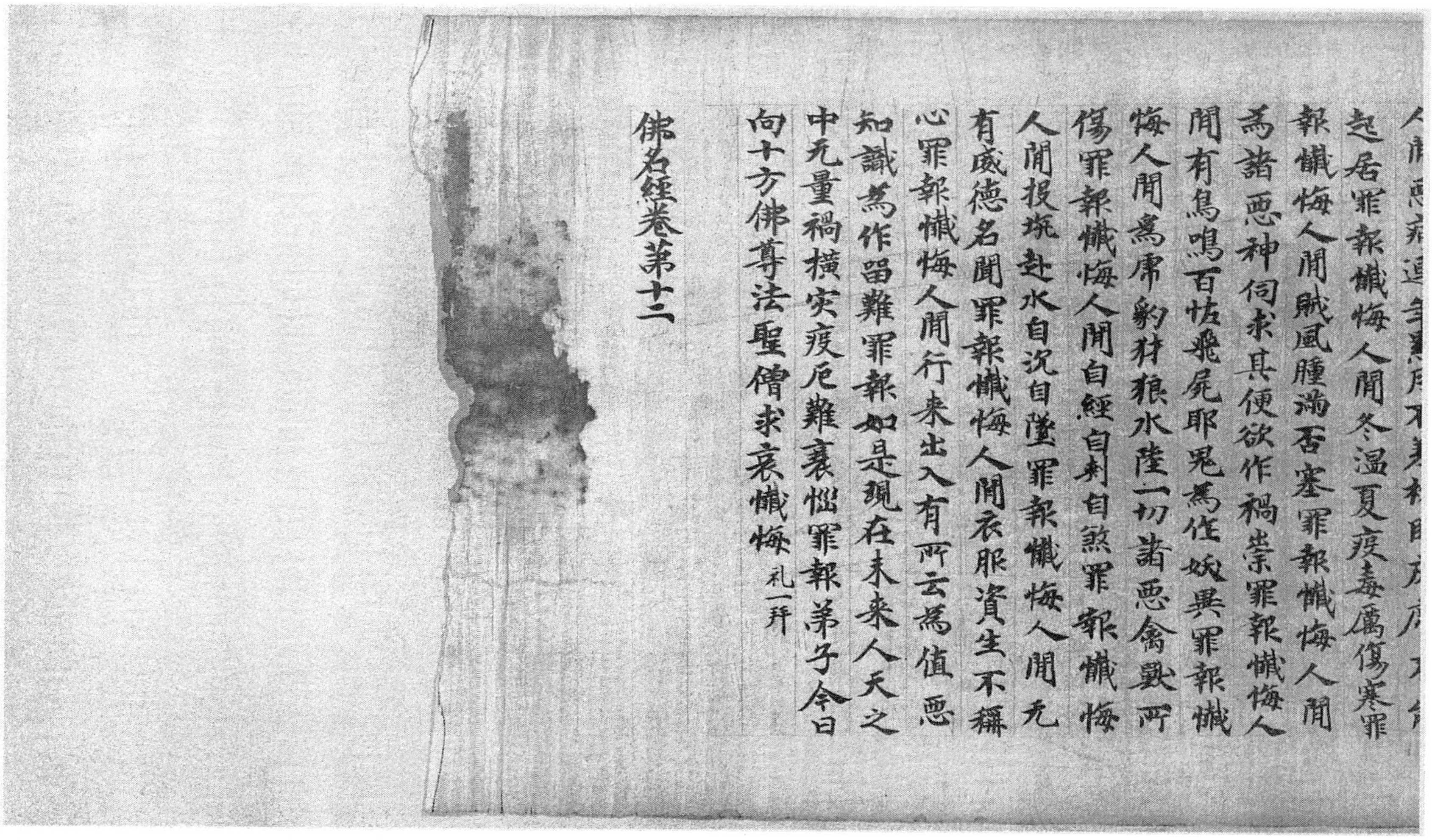

人間惡病連年累月不差枕卧床席不能
起居罪報懺悔人間冬溫夏疫毒厲傷寒罪
報懺悔人間賊風腫滿否塞罪報懺悔人間
爲諸惡神伺求其便欲作禍祟罪報懺悔人
間有鳥鳴百怪飛屍邪鬼爲作妖異罪報懺
悔人間爲虎豹豺狼水陸一切諸惡禽獸所
傷罪報懺悔人間自經自刺自煞罪報懺悔
人間投坑赴水自沉自墜罪報懺悔人間无
有威德名聞罪報懺悔人間衣服資生不稱
心罪報懺悔人間行來出入有所云爲值惡
知識爲作留難罪報如是現在未來人天之
中无量禍横灾疫厄難衰惱罪報弟子今日
向十方佛尊法聖僧求哀懺悔 礼一拜

佛名經卷第十二

BD04773 號　佛名經（十六卷本）卷一二　（29–29）

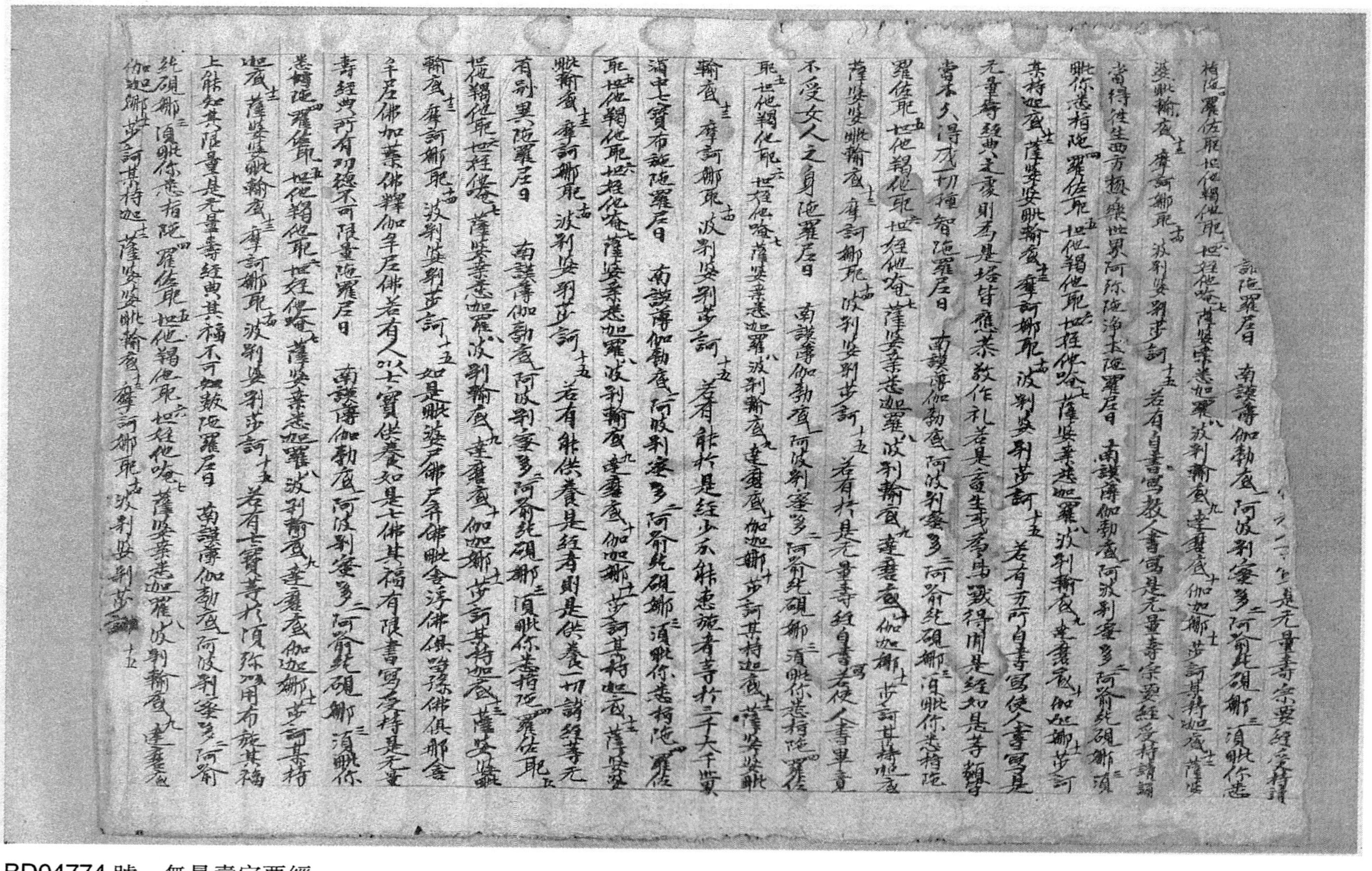

BD04774 號　無量壽宗要經　（1–1）

當……
……輪座
……不可限
男子善
若誦若解說若書寫
人當得八百眼功德千二百耳功德八
百鼻功德千二百舌功德八百身功德千二
百意功德以是功德莊嚴六根皆令清淨是
善男子善女人父母所生清淨肉眼見於三
千大千世界內外所有山林河海下至阿鼻
地獄上至有頂亦見其中一切眾生及業因
緣果報生處悉見悉知尒時世尊欲重宣此
義而說偈言
若於大眾中 以无所畏心 說是法華經 汝聽其功德
是人得八百 功德殊勝眼 以是莊嚴故 其目甚清淨
父母所生眼 悉見三千界 內外彌樓山 須彌及鐵圍
并諸餘山林 大海江河水 下至阿鼻獄 上至有頂處
其中諸眾生 一切皆悉見 雖未得天眼 肉眼力如是
復次常精進若善男子善女人受持此經若
讀若誦若解說若書寫得千二百耳功德以
是清淨耳聞三千大千世界下至阿鼻地獄

BD04775 號　妙法蓮華經卷六　（25–1）

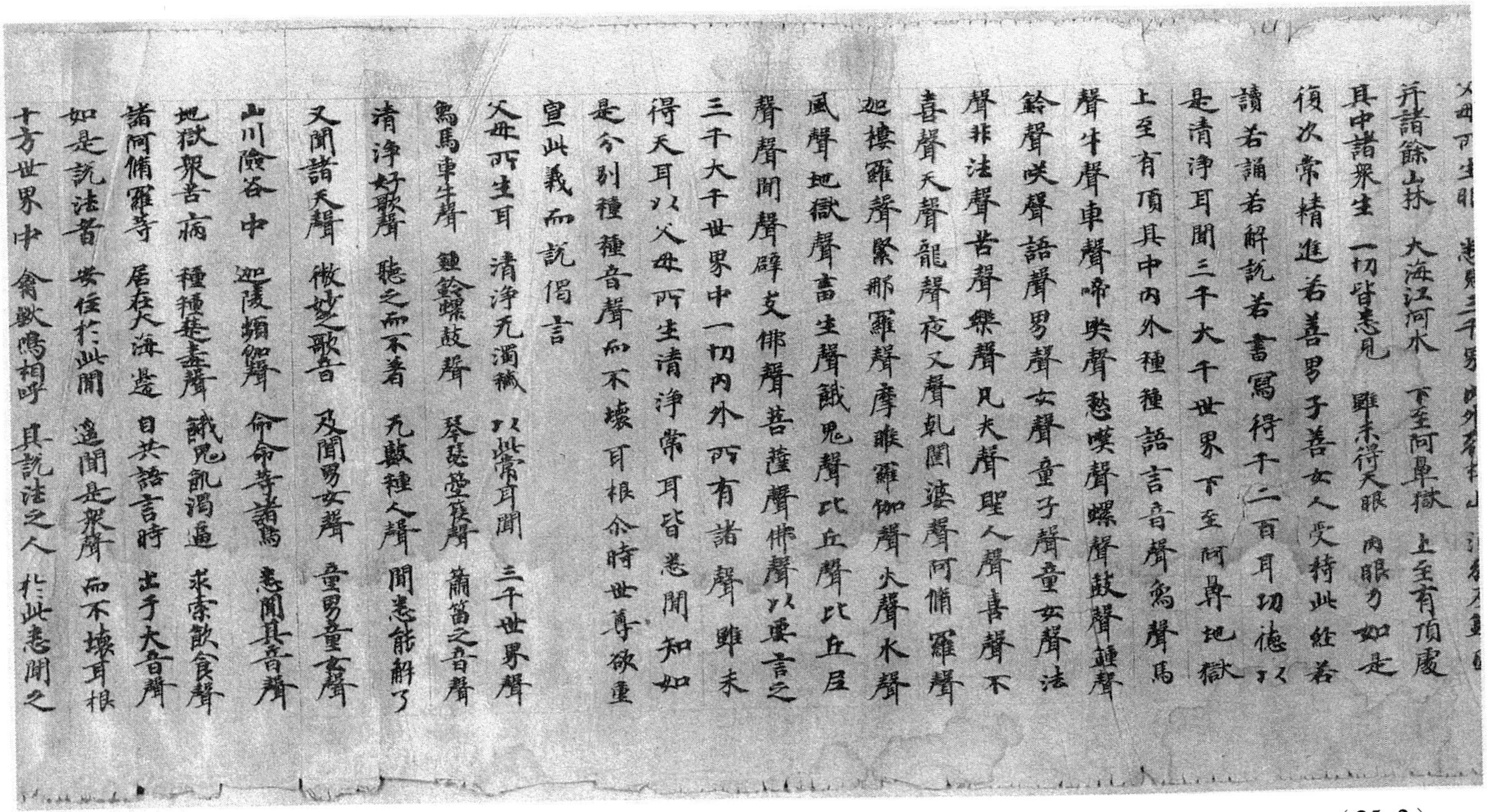

父母所生眼 悉見三千界 內外彌樓山 須彌及鐵圍
并諸餘山林 大海江河水 下至阿鼻獄 上至有頂處
其中諸眾生 一切皆悉見 雖未得天眼 肉眼力如是
復次常精進若善男子善女人受持此經若
讀若誦若解說若書寫得千二百耳功德以
是清淨耳聞三千大千世界下至阿鼻地獄
上至有頂其中內外種種語言音聲象聲馬
聲牛聲車聲啼哭聲愁歎聲螺聲鼓聲鍾聲
鈴聲笑聲語聲男聲女聲童子聲童女聲法
聲非法聲苦聲樂聲凡夫聲聖人聲喜聲不
喜聲天聲龍聲夜叉聲乾闥婆聲阿脩羅聲
迦樓羅聲緊那羅聲摩睺羅伽聲火聲水聲
風聲地獄聲畜生聲餓鬼聲比丘聲比丘尼
聲聲聞聲辟支佛聲菩薩聲佛聲以要言之
三千大千世界中一切內外所有諸聲雖未
得天耳以父母所生清淨常耳皆悉聞知如
是分別種種音聲而不壞耳根尒時世尊欲重
宣此義而說偈言
父母所生耳 清淨无濁穢 以此常耳聞 三千世界聲
象馬車牛聲 鍾鈴螺鼓聲 琴瑟箜篌聲 簫笛之音聲
清淨好歌聲 聽之而不著 无數種人聲 聞悉能解了
又聞諸天聲 微妙之歌音 及聞男女聲 童男童女聲
山川嶮谷中 迦陵頻伽聲 命命等諸鳥 悉聞其音聲
地獄眾苦痛 種種楚毒聲 餓鬼飢渴逼 求索飲食聲
諸阿脩羅等 居在大海邊 自共語言時 出于大音聲
如是說法者 安住於此間 遙聞是眾聲 而不壞耳根
十方世界中 禽獸鳴相呼 其說法之人 於此悉聞之

BD04775 號　妙法蓮華經卷六　（25–2）

又聞諸天聲　微妙之歌音　及聞男女聲　童男童女聲
山川嶮谷中　迦陵頻伽聲　命命等諸鳥　悉聞其音聲
地獄眾苦痛　種種楚毒聲　餓鬼飢渴逼　求索飲食聲
諸阿修羅等　居在大海邊　自共語言時　出于大音聲
如是說法者　安住於此間　遙聞是眾聲　而不壞耳根
十方世界中　禽獸鳴相呼　其說法之人　於此悉聞之
其諸梵天上　光音及遍淨　乃至有頂天　言語之音聲
法師住於此　悉皆得聞之　一切比丘眾　及諸比丘尼
若讀誦經典　若為他人說　法師住於此　悉皆得聞之
復有諸菩薩　讀誦於經法　若為他人說　撰集解其義
如是諸音聲　悉皆得聞之　諸佛大聖尊　教化眾生者
於諸大會中　演說微妙法　持此法華者　悉皆得聞之
三千大千界　內外諸音聲　下至阿鼻獄　上至有頂天
皆聞其音聲　而不壞耳根　其耳聰利故　悉能分別知
持是法華者　雖未得天耳　但用所生耳　功德已如是
復次常精進若善男子善女人受持是經若
讀若誦若解說若書寫成就八百鼻功德以
是清淨鼻根聞於三千大千世界上下內外
種種諸香須曼那華香闍提華香末利華香
瞻蔔華香波羅羅華香赤蓮華香青蓮華香
白蓮華香華樹香菓樹香栴檀香沈水香多
摩羅跋香多伽羅香及千万種和香若末若
丸若塗香持是經者於此間住悉能分別又
復別知眾生之香象香馬香牛羊等香男香
女香童子香童女香及草木叢林香若近若
遠所有諸香悉皆得聞分別不錯持是經者

BD04775號　妙法蓮華經卷六　（25–3）

摩羅跋香多伽羅香及千万種和香若末若
丸若塗香持是經者於此間住悉能分別又
復別知眾生之香象香馬香牛羊等香男香
女香童子香童女香及草木叢林香若近若
遠所有諸香悉皆得聞分別不錯持是經者
雖住於此亦聞天上諸天之香波利質多羅
拘鞞陀羅樹香及曼陀羅華香摩訶曼陀羅
華香曼殊沙華香摩訶曼殊沙華香栴檀沈
水種種末香諸雜華香如是等天香和合所
出之香無不聞知又聞諸天身香釋提桓因
在勝殿上五欲娛樂嬉戲時香若在妙法堂
上為忉利諸天說法時香若於諸園遊戲時香
及餘天等男女身香皆悉遙聞如是展轉乃
至梵世上至有頂諸天身香亦皆聞之并
聞諸天所燒之香及聲聞香辟支佛香菩薩
香諸佛身香亦皆遙聞知其所在雖聞此香
然於鼻根不壞不錯若欲分別為他人說憶
念不謬爾時世尊欲重宣此義而說偈言
是人鼻清淨　於此世界中　若香若臭物　種種悉聞知
須曼那闍提　多摩羅栴檀　沈水及桂香　種種華菓香
及知眾生香　男子女人香　說法者遠住　聞香知所在
大勢轉輪王　小轉輪及子　群臣諸宮人　聞香知所在
身所著珍寶　及地中寶藏　轉輪王寶女　聞香知所在
諸人嚴身具　衣服及瓔珞　種種所塗香　聞則知其身
諸天若行坐　遊戲及神變　持是法華者　聞香悉能知
諸樹華菓實　及酥油香氣　持經者住此　悉知其所在
諸山深嶮處　栴檀樹花敷　眾生在中者　聞香皆能知

BD04775號　妙法蓮華經卷六　（25–4）

身所著珎寶　及地中寶藏　轉輪王寶女　聞香知所在
諸人嚴身具　衣服及瓔珞　種種所塗香　聞則知其身
諸天若行坐　遊戲及神變　持是法華者　聞香悉能知
諸樹華菓實　及蘇油香氣　持經者住此　悉知其所在
諸山深險處　栴檀樹華敷　衆生在中者　聞香皆能知
鐵圍山大海　地中諸衆生　持經者聞香　悉知其所在
阿脩羅男女　及其諸眷屬　鬪諍遊戲時　聞香皆能知
曠野險隘處　師子象虎狼　野牛水牛等　聞香知所在
若有懷妊者　未辯其男女　无根及非人　聞香悉能知
以聞香力故　知其初懷妊　成就不成就　安樂產福子
以聞香力故　知男女所念　染欲癡恚心　亦知脩善者
地中衆伏藏　金銀諸珎寶　銅器之所盛　聞香悉能知
種種諸瓔珞　无能識其價　聞香知貴賤　出處及所在
天上諸華等　曼陀曼殊沙　波利質多樹　聞香悉能知
天上諸宮殿　上中下差別　衆寶華莊嚴　聞香悉能知
天園林勝殿　諸觀妙法堂　在中而娛樂　聞香悉能知
諸天若聽法　或受五欲時　來往行坐臥　聞香悉能知
天女所著衣　好華香莊嚴　周旋遊戲時　聞香悉能知
如是展轉上　乃至於梵世　入禪出禪者　聞香悉能知
光音遍淨天　乃至于有頂　初生及退沒　聞香悉能知
諸比丘衆等　於法常精進　若坐若經行　及讀誦經法
或在林樹下　專精而坐禪　持經者聞香　悉知其所在
菩薩志堅固　坐禪若讀誦　或為人說法　聞香悉能知
在在方世尊　一切所恭敬　愍衆而說法　聞香悉能知
衆生在佛前　聞經皆歡喜　如法而脩行　聞香悉能知
雖未得菩薩　无漏法生鼻　而是持經者　先得此鼻相

BD04775號　妙法蓮華經卷六　（25–5）

或在林樹下　專精而坐禪　持經者聞香　悉知其所在
菩薩志堅固　坐禪若讀誦　或為人說法　聞香悉能知
在在方世尊　一切所恭敬　愍衆而說法　聞香悉能知
衆生在佛前　聞經皆歡喜　如法而脩行　聞香悉能知
雖未得菩薩　无漏法生鼻　而是持經者　先得此鼻相
復次常精進若善男子善女人受持是經若讀
若誦若解說若書寫得千二百舌功德若
好若醜若美不美及諸苦澁物在其舌根皆
變成上味如天甘露无不美者若以舌根於
大衆中有所演說出深妙聲能入其心皆令
歡喜快樂又諸天子天女釋梵諸天聞是深
妙音聲有所演說言論次第皆悉來聽及諸
龍龍女夜叉夜叉女乾闥婆乾闥婆女阿脩
羅阿脩羅女迦樓羅迦樓羅女緊那羅緊那
羅女摩睺羅伽摩睺羅伽女為聽法故皆來
親近恭敬供養及比丘比丘尼優婆塞優婆
夷國王王子群臣眷屬小轉輪王大轉輪王七
寶千子內外眷屬乘其宮殿俱來聽法以
是菩薩善說法故婆羅門居士國內人民盡
其形壽隨侍供養又諸聲聞辟支佛菩薩諸
佛常樂見之是人所在方面諸佛皆向其處
說法悉能受持一切佛法又能出於深妙法音
爾時世尊欲重宣此義而說偈言
是人舌根淨　終不受惡味　其有所食噉　悉皆成甘露
以深淨妙音　於大衆說法　以諸因緣喻　引導衆生心
聞者皆歡喜　設諸上供養　諸天龍夜叉　及阿脩羅等

BD04775號　妙法蓮華經卷六　（25–6）

說法悉能受持一切佛法又能出於深妙法音
尒時世尊欲重宣此義而說偈言
是人舌根淨　終不受惡味　其有所食噉　悉皆成甘露
以深淨妙音　於大衆說法　以諸因緣喻　引導衆生心
聞者皆歡喜　設諸上供養　諸天龍夜叉　及阿脩羅等
皆以恭敬心　而共來聽法　是說法之人　若欲以妙音
遍滿三千界　隨意即能至　大小轉輪王　及千子眷屬
合掌恭敬心　常來聽受法　諸天龍夜叉　羅剎毗舍闍
亦以歡喜心　常樂來供養　梵天王魔王　自在大自在
如是諸天衆　常來至其所　諸佛及弟子　聞其說法音
常念而守護　或時爲現身
復次常精進若善男子善女人受持是經若
讀若誦若解說若書寫得八百身功德得清
淨身如淨瑠璃衆生憙見其身淨故三千大千
世界衆生生時死時上下好醜生善處惡處
悉於中現及鐵圍山大鐵圍山彌樓山摩訶
彌樓山等諸山及其中衆生悉於中現下
至阿鼻地獄上至有頂所有及衆生悉於中
現若聲聞辟支佛菩薩諸佛說法皆於身中
現其色像尒時世尊欲重宣此義而說偈言
若持法華者　其身甚清淨　如彼淨瑠璃　衆生皆憙見
又如淨明鏡　悉見諸色像　菩薩於淨身　皆見世所有
唯獨自明了　餘人所不見　三千世界中　一切諸羣萌
天人阿脩羅　地獄鬼畜生　如是諸色像　皆於身中現
諸天等宮殿　乃至於有頂　鐵圍及彌樓　摩訶彌樓山
諸大海水等　皆於身中現　諸佛及聲聞　佛子菩薩等
若獨若在衆　說法悉皆現　雖未得无漏　法性之妙身

BD04775號　妙法蓮華經卷六　(25–7)

又如淨明鏡　悉見諸色像　菩薩於淨身　皆見世所有
唯獨自明了　餘人所不見　三千世界中　一切諸羣萌
天人阿脩羅　地獄鬼畜生　如是諸色像　皆於身中現
諸天等宮殿　乃至於有頂　鐵圍及彌樓　摩訶彌樓山
諸大海水等　皆於身中現　諸佛及聲聞　佛子菩薩等
若獨若在衆　說法悉皆現　雖未得无漏　法性之妙身
以清淨常體　一切於中現
復次常精進若善男子善女人如來滅後受
持是經若讀若誦若解說若書寫得千二百
意功德以是清淨意根乃至聞一偈一句通
達无量无邊之義解是義已能演說一句一
偈至於一月四月乃至一歲諸所說法隨其
義趣皆與實相不相違背若說俗間經書治
世語言資生業等皆順正法三千大千世界
六趣衆生心之所行心所動作心所戲論皆
悉知之雖未得无漏智慧而其意根清淨如
此是人有所思惟籌量言說皆是佛法无不
真實亦是先佛經中所說尒時世尊欲重宣
此義而說偈言
是人意清淨　明利无穢濁　以此妙意根　知上中下法
乃至聞一偈　通達无量義　次第如法說　月四月至歲
是世界內外　一切諸衆生　若天龍及人　夜叉鬼神等
其在六趣中　所念若干種　持法華之報　一時皆悉知
十方无數佛　百福莊嚴相　爲衆生說法　悉聞能受持
思惟无量義　說法亦无量　終始不忘錯　以持法華故
悉知諸法相　隨義識次第　達名字語言　如所知演說
此人有所說　皆是先佛法　以演此法故　於衆无所畏

BD04775號　妙法蓮華經卷六　(25–8)

是世界內外一切諸衆生若天龍及人夜叉鬼神等
其在六趣中所念若干種持法華之報一時皆悉知
十方无數佛百福莊嚴相為衆生說法悉聞能受持
思惟无量義說法亦无量終始不忘錯以持法華故
悉知諸法相隨義識次第達名字語言如所知演說
此人有所說皆是先佛法以演此法故於衆无所畏
持法華經者意根淨若斯雖未得无漏先有如是相
是人持此經安住希有地為一切衆生歡喜而愛敬
能以千万種善巧之語言分別而說法持法華經故
妙法蓮華經常不輕菩薩品第二十
尒時佛告得大勢菩薩摩訶薩今當知若
比丘比丘尼優婆塞優婆夷持法華經者若
有惡口罵詈誹謗獲大罪報如前所說其所
得功德如向所說眼耳鼻舌身意清淨得
大勢乃往古昔過无量无邊不可思議阿僧祇
劫有佛名威音王如來應供正遍知明行足
善逝世間解无上士調御丈夫天人師佛世
尊劫名離衰國名大成其威音王佛於彼世
中為天人阿脩羅說法為求聲聞者說應四
諦法度生老病死究竟涅槃為求辟支佛者
說應十二因緣法為諸菩薩因阿耨多羅三
藐三菩提說應六波羅蜜法究竟佛慧得大
勢是威音王佛壽四十万億那由他恒河沙劫
正法住世劫數如一閻浮提微塵像法住
世劫數如四天下微塵其佛饒益衆生已然
後滅度正法像法滅盡之後於此國土復有
佛出亦号威音王如來應供正遍知明行足

BD04775號　妙法蓮華經卷六

（25–9）

藐三菩提說應六波羅蜜法究竟佛慧得大
勢是威音王佛壽四十万億那由他恒河沙劫
正法住世劫數如一閻浮提微塵像法住
世劫數如四天下微塵其佛饒益衆生已然
後滅度正法像法滅盡之後於此國土復有
佛出亦号威音王如來應供正遍知明行足
善逝世間解无上士調御丈夫天人師佛世
尊如是次第有二万億佛皆同一号最初威
音王如來既已滅度正法滅後於像法中增
上慢比丘有大勢力尒時有一菩薩比丘名
常不輕得大勢以何因緣名常不輕是比丘
凡有所見若比丘比丘尼優婆塞優婆夷皆
悉礼拜讚歎而作是言我深敬汝等不敢輕
慢所以者何汝等皆行菩薩道當得作佛而
是比丘不專讀誦經典但行礼拜乃至遠見
四衆亦復故往礼拜讚歎而作是言我不敢
輕於汝等汝等皆當作佛四衆之中有生瞋
恚心不淨者惡口罵詈言是无智比丘從
何所來自言我不輕汝而與我等受記當得
作佛我等不用如是虛妄受記如此經歷多
年常被罵詈不生瞋恚常作是言汝當作佛
說是語時衆人或以杖木瓦石而打擲之避
走遠住猶高聲唱言我不敢輕於汝等汝等
皆當作佛以其常作是語故增上慢比丘比
丘尼優婆塞優婆夷号之為常不輕是比丘
臨欲終時於虛空中具聞威音王佛先所說
法華經二十千万億偈悉能受持即得如上

BD04775號　妙法蓮華經卷六

（25–10）

說是語時衆人或以杖木瓦石而打擲之避
走遠住猶高聲唱言我不敢輕於汝等汝等
皆當作佛以其常作是語故增上慢比丘比
丘尼優婆塞優婆夷号之為常不輕是比丘
臨欲終時於虛空中具聞威音王佛先所說
法華經二十千万億偈悉能受持即得如上
眼根清淨耳鼻舌身意根清淨得是六根清
淨已更增壽命二百万億那由他歲廣為人
說是法華經於時增上慢四衆比丘比丘尼
優婆塞優婆夷輕賤是人為作不輕名者見
其得大神通力樂說辯力大善寂力聞其所
說皆信伏隨從是菩薩復化千万億衆令住
阿耨多羅三藐三菩提命終之後得值二千
億佛皆号日月燈明於其法中說是法華經
以是因緣復值二千億佛皆同一号雲自在燈王
於此諸佛法中受持讀誦為諸四衆說此經
典故得是常眼清淨耳鼻舌身意諸根清淨
於四衆中說法心无所畏得大勢是常不輕菩
薩摩訶薩供養如是若干諸佛恭敬尊重
讚歎種諸善根於後復值千万億佛亦於諸
佛法中說是經典功德成就當得作佛得大
勢於意云何尒時常不輕菩薩豈異人乎則
我身是若我於宿世不受持讀誦此經為他
人說者不能疾得阿耨多羅三藐三菩提我
於先佛所受持讀誦此經為人說故疾得阿
耨多羅三藐三菩提大勢彼時四四衆比丘
比丘尼優婆塞優婆夷以瞋恚意輕賤我故

BD04775號　妙法蓮華經卷六　（25–11）

我身是若我於宿世不受持讀誦此經為他
人說者不能疾得阿耨多羅三藐三菩提我
於先佛所受持讀誦此經為人說故疾得阿
耨多羅三藐三菩提大勢彼時四四衆比丘
比丘尼優婆塞優婆夷以瞋恚意輕賤我故
二百億劫常不值佛不聞法不見僧千劫於
阿鼻地獄受大苦惱畢是罪已復遇常不輕
菩薩教化阿耨多羅三藐三菩提得大勢於
汝意云何尒時四衆常輕是菩薩者豈異人
乎今此會中跋陁婆羅等五百菩薩師子月
等五百比丘尼思佛等五百優婆塞皆於阿
耨多羅三藐三菩提不退轉者是得大勢當
知是法華經大饒益諸菩薩摩訶薩能令至
於阿耨多羅三藐三菩提是故諸菩薩摩訶
薩於如来滅後常應受持讀誦解說書寫是
經尒時世尊欲重宣此義而說偈言
過去有佛　号威音王　神智无量　將導一切
天人龍神　所共供養　是佛滅後　法欲盡時
有一菩薩　名常不輕　時諸四衆　計著於法
不輕菩薩　往到其所　而語之言　我不輕汝
汝等行道　皆當作佛　諸人聞已　輕毀罵詈
不輕菩薩　能忍受之　其罪畢已　臨命終時
得聞此經　六根清淨　神通力故　增益壽命
復為諸人　廣說是經　諸著法衆　皆蒙菩薩
教化成就　令住佛道　不輕命終　值无數佛
說是經故　得无量福　漸具功德　疾成佛道

BD04775號　妙法蓮華經卷六　（25–12）

不輕菩薩 能忍受之 其罪畢已 臨命終時
得聞此經 六根清淨 神通力故 增益壽命
復為諸人 廣說是經 諸著法眾 皆蒙菩薩
教化成就 令住佛道 不輕命終 值无數佛
說是經故 得无量福 漸具功德 疾成佛道
彼時不輕 則我身是 時四部眾 著法之者
聞不輕言 汝當作佛 以是因緣 值无數佛
此會菩薩 五百之眾 并及四部 清信士女
今於我前 聽法者是 我於前世 勸是諸人
聽受斯經 第一之法 開示教人 令住涅槃
世世受持 如是經典 億億万劫 至不可議
時乃得聞 是法華經 億億万劫 至不可議
諸佛世尊 時說是經 是故行者 於佛滅後
聞如是經 勿生疑惑 應當一心 廣說此經
世世值佛 疾成佛道
妙法蓮華經如來神力品第二十一
尒時千世界微塵等菩薩摩訶薩從地踊出
者皆於佛前一心合掌瞻仰尊顏而白佛言
世尊我等於佛滅後世尊分身所在國土滅
度之處當廣說此經所以者何我等亦自欲
得是真淨大法受持讀誦解說書寫而供養
之尒時世尊於文殊師利等无量百千万億
舊住娑婆世界菩薩摩訶薩及諸比丘比丘
尼優婆塞優婆夷天龍夜叉乾闥婆阿脩羅
迦樓羅緊那羅摩睺羅伽人非人等一切眾
前現大神力出廣長舌上至梵世一切毛孔
放於无量无數色光皆悉遍照十方世界眾

BD04775號　妙法蓮華經卷六

（25–13）

舊住娑婆世界菩薩摩訶薩及諸比丘比丘
尼優婆塞優婆夷天龍夜叉乾闥婆阿脩羅
迦樓羅緊那羅摩睺羅伽人非人等一切眾
前現大神力出廣長舌上至梵世一切毛孔
放於无量无數色光皆悉遍照十方世界眾
寶樹下師子座上諸佛亦復如是出廣長舌
放无量光釋迦牟尼佛及寶樹下諸佛現神
力時滿百千歲然後還攝舌相一時謦欬俱
共彈指是二音聲遍至十方諸佛世界地皆
六種震動其中眾生天龍夜叉乾闥婆阿脩
羅迦樓羅緊那羅摩睺羅伽人非人等以佛
神力故皆見此娑婆世界无量无邊百千万
億眾寶樹下師子座上諸佛及見釋迦牟尼
佛共多寶如來在寶塔中坐師子座又見无
量无邊百千万億菩薩摩訶薩及諸四眾恭
敬圍繞釋迦牟尼佛既見是已皆大歡喜得
未曾有即時諸天於虛空中高聲唱言過此
无量无邊百千万億阿僧祇世界有國名娑
婆是中有佛名釋迦牟尼今為諸菩薩摩訶
薩說大乘經名妙法蓮華教菩薩法佛所護
念汝等當深心隨喜亦當禮拜供養釋迦牟
尼佛彼諸眾生聞虛空中聲已合掌向娑婆
世界作如是言南无釋迦牟尼佛南无釋迦
牟尼佛以種種華香瓔珞幡蓋及諸嚴身之
具珎寶妙物皆共遙散娑婆世界所散諸物
從十方來譬如雲集變成寶帳遍覆此間諸
佛之上于時十方世界通達无礙如一佛土

BD04775號　妙法蓮華經卷六

（25–14）

牟尼佛以種種華香瓔珞幡蓋及諸嚴身之
具珎寶妙物皆共遙散娑婆世界所散諸物
從十方來譬如雲集變成寶帳遍覆此間諸
佛之上于時十方世界通達无礙如一佛土尒
時佛告上行等菩薩大衆諸佛神力如是
无量无邊不可思議若我以是神力於无量
无邊百千万億阿僧祇劫為囑累故說此經
功德猶不能盡以要言之如來一切所有之
法如來一切自在神力如來一切秘要之藏
如來一切甚深之事皆於此經宣示顯說是
故汝等於如來滅後應一心受持讀誦解說
書寫如說脩行所在國土若有受持讀誦解
說書寫如說脩行若經卷所住之處若於園
中若於林中若於樹下若於僧坊若白衣舍
若在殿堂若山谷曠野是中皆應起塔供養
所以者何當知是處即是道場諸佛於此得
阿耨多羅三藐三菩提諸佛於此轉于法輪
諸佛於此而般涅槃尒時世尊欲重宣此義
而說偈言
諸佛救世者　住於大神通　為悅衆生故　現无量神力
舌相至梵天　身放无數光　為求佛道者　現此希有事
諸佛謦欬聲　及彈指之聲　周聞十方國　地皆六種動
以佛滅度後　能持是經故　諸佛皆歡喜　現无量神力
囑累是經故　讚美受持者　於无量劫中　猶故不能盡
是人之功德　无邊无有窮　如十方虛空　不可得邊際
能持是經者　則為已見我　亦見多寶佛　及諸分身者



以佛滅度後　能持是經故　諸佛皆歡喜　現无量神力
囑累是經故　讚美受持者　於无量劫中　猶故不能盡
是人之功德　无邊无有窮　如十方虛空　不可得邊際
能持是經者　則為已見我　亦見多寶佛　及諸分身者
又見我今日　教化諸菩薩　能持是經者　令我及分身
滅度多寶佛　一切皆歡喜　十方現在佛　并過去未來
亦見亦供養　亦令得歡喜　諸佛坐道場　所得秘要法
能持是經者　不久亦當得　能持是經者　於諸法之義
名字及言辭　樂說无窮盡　如風於空中　一切无障礙
於如來滅後　知佛所說經　因緣及次第　隨義如實說
如日月光明　能除諸幽冥　斯人行世間　能滅衆生闇
教无量菩薩　畢竟住一乘　是故有智者　聞此功德利
於我滅度後　應受持斯經　是人於佛道　決定无有疑

妙法蓮華經囑累品第二十二

尒時釋迦牟尼佛從法座起現大神力以右
手摩无量菩薩摩訶薩頂而作是言我於无
量百千万億阿僧祇劫脩習是難得阿耨多
羅三藐三菩提法今以付囑汝等汝等應當
一心流布此法廣令增益如是三摩諸菩薩
摩訶薩頂而作是言我於无量百千万億阿
僧祇劫脩習是難得阿耨多羅三藐三菩提
法今以付囑汝等汝等當受持讀誦廣宣此
法令一切衆生普得聞知所以者何如來有
大慈悲无諸慳悋亦无所畏能與衆生佛之
智慧如來智慧自然智慧如來是一切衆生
之大施主汝等亦應隨學如來之法勿生慳

法今以付囑汝等汝等當受持讀誦廣宣此
法令一切衆生普得聞知所以者何如來有
大慈悲无諸慳悋亦无所畏能與衆生佛之
智慧如來智慧自然智慧如來是一切衆生
之大施主汝等亦應隨學如來之法勿生慳
悋扵未來世若有善男子善女人信如來智
慧者當為演說此法華經使得聞知為令其
人得佛慧故若有衆生不信受者當扵如來
餘深妙法中示教利喜汝等若如是則為已
報諸佛之恩時諸菩薩摩訶薩聞佛作是說
已皆大歡喜遍滿其身益加恭敬曲躬低頭
合掌向佛俱發聲言如世尊勅當具奉行唯
然世尊願不有慮諸菩薩摩訶薩衆如是三
反俱發聲言如世尊勅當具奉行唯然世尊
願不有慮尒時釋迦牟尼佛令十方來諸分
身佛各還本土而作是言諸佛各隨所安多
寶佛塔還可如故說是語時十方无量分身
諸佛坐寶樹下師子座上者及多寶佛并上
行等无邊阿僧祇菩薩大衆舍利弗等聲聞
四衆及一切世間天人阿脩羅等聞佛所說
皆大歡喜
妙法蓮華經藥王菩薩本事品第二十三
尒時宿王華菩薩白佛言世尊藥王菩薩云
何遊扵娑婆世界世尊是藥王菩薩有若干
百千万億那由他難行苦行善哉世尊願少
解說諸天龍神夜叉乾闥婆阿脩羅迦樓羅
緊那羅摩睺羅伽人非人等又他國土諸來

BD04775號　妙法蓮華經卷六　（25–17）

妙法蓮華經藥王菩薩本事品第二十三
尒時宿王華菩薩白佛言世尊藥王菩薩云
何遊扵娑婆世界世尊是藥王菩薩有若干
百千万億那由他難行苦行善哉世尊願少
解說諸天龍神夜叉乾闥婆阿脩羅迦樓羅
緊那羅摩睺羅伽人非人等又他國土諸來
菩薩及此聲聞衆聞皆歡喜尒時佛告宿王
華菩薩乃往過去无量恒河沙劫有佛号日
月淨明德如來應供正遍知明行足善逝世
間解无上士調御丈夫天人師佛世尊其佛
有八十億大菩薩摩訶薩七十二恒河沙大
聲聞衆佛壽四万二千劫菩薩壽命亦等彼
國无有女人地獄餓鬼畜生阿脩羅等及以
諸難地平如掌瑠璃所成寶樹莊嚴寶帳覆
上垂寶華幡寶瓶香爐周遍國界七寶為臺
一樹一臺其樹去臺盡一箭道此諸寶樹
有菩薩聲聞而坐其下諸寶臺上各有百億
諸天作天伎樂歌嘆扵佛以為供養尒時彼
佛為一切衆生憙見菩薩及衆菩薩諸聲聞
衆說法華經是一切衆生憙見菩薩樂習苦
行扵日月淨明德佛法中精進經行一心求
佛滿万二千歲已得現一切色身三昧得此
三昧已心大歡喜即作念言我得現一切色
身三昧皆是得聞法華經力我今當供養日
月淨明德佛及法華經即時入是三昧扵虛
空中雨曼陁羅華摩訶曼陁羅華細末堅黑
栴檀滿虛空中如雲而下又雨海此岸栴檀
之香此香六銖價直娑婆世界以供養佛

BD04775號　妙法蓮華經卷六　（25–18）

三昧已心大歡喜即作念言我得現一切色
身三昧皆是得聞法華經力我今當供養日
月淨明德佛及法華經即時入是三昧於虛
空中雨曼陀羅華摩訶曼陀羅華細末堅黑
栴檀滿虛空中如雲而下又雨海此岸栴檀
之香此香六銖價直娑婆世界以供養佛作
是供養已從三昧起而自念言我雖以神力
供養於佛不如以身供養即服諸香栴檀薰
陸兜樓婆畢力迦沈水膠香又飲瞻蔔諸華
香油滿千二百歲已香油塗身於日月淨明
德佛前以天寶衣而自纏身灌諸香油以神
通力願而自燃身光明遍照八十億恒河沙
世界其中諸佛同時讚言善哉善哉善男
子是真精進是名真法供養如來若以華香
瓔珞燒香末香塗香天繒幡蓋及海此岸栴檀
之香如是等種種諸物供養所不能及假使
國城妻子布施亦所不及善男子是名第一
之施於諸施中最尊最上以法供養諸如來
故作是語已而各默然其身火然千二百歲
過是已後其身乃盡一切眾生憙見菩薩作
如是法供養已命終之後復生日月淨明德
佛國中於淨德王家結跏趺坐忽然化生即
為其父而說偈言
大王今當知　我經行彼處　即時得一切　現諸身三昧
懃行大精進　捨所愛之身
說是偈已而白父言日月淨明德佛今故現
在我先供養佛已得解一切眾生語言陀羅
尼復聞是法華經八百千万億那由他甄迦
羅頻婆羅阿閦婆等偈大王我今當還供養

BD04775號　妙法蓮華經卷六　（25–19）

大王今當知　我經行彼處　即時得一切　現諸身三昧
懃行大精進　捨所愛之身
說是偈已而白父言日月淨明德佛今故現
在我先供養佛已得解一切眾生語言陀羅
尼復聞是法華經八百千万億那由他甄迦
羅頻婆羅阿閦婆等偈大王我今當還供養
此佛白已即坐七寶之臺上昇虛空高七多
羅樹往到佛所頭面禮足合十指爪以偈讚佛
容顏甚奇妙　光明照十方　我適曾供養　今復還親近
爾時一切眾生憙見菩薩說是偈已而白佛
言世尊世尊猶故在世爾時日月淨明德佛
告一切眾生憙見菩薩善男子我涅槃時到
滅盡時至汝可安施床座我於今夜當般涅
槃又勅一切眾生憙見菩薩善男子我以佛
法囑累於汝及諸菩薩大弟子并阿耨多羅
三藐三菩提法亦以三千大千七寶世界諸
寶樹寶臺及給侍諸天悉付於汝我滅度
後所有舍利亦付囑汝當令流布廣設供養應
起若干千塔如是日月淨明德佛勅一切眾
生憙見菩薩已於夜後分入於涅槃爾時一
切眾生憙見菩薩見佛滅度悲感懊惱戀慕
於佛即以海此岸栴檀為積供養佛身而以
燒之火滅已後收取舍利作八万四千寶瓶
以起八万四千塔高三世界表剎莊嚴垂諸
幡蓋懸眾寶鈴爾時一切眾生憙見菩薩復
自念言我雖作是供養心猶未足我今當更
供養舍利便語諸菩薩大弟子及天龍夜叉
等一切大眾汝等當一心念我今供養日月
淨明德佛舍利作是語已即於八万四千塔前

BD04775號　妙法蓮華經卷六　（25–20）

幡蓋懸衆寶鈴尒時一切衆生憙見菩薩復
自念言我雖作是供養心猶未足我今當更
供養舍利便語諸菩薩大弟子及天龍夜叉
等一切大衆汝等當一心念我今供養日月
淨明德佛舍利作是語已即於八万四千塔前
然百福莊嚴臂七万二千歲而以供養令无
數求聲聞衆无量阿僧祇人發阿耨多羅
三藐三菩提心皆使得住現一切色身三昧
尒時諸菩薩天人阿脩羅等見其无臂憂惱
悲哀而作是言此一切衆生憙見菩薩是我
等師教化我者而今燒臂身不具足于時一
切衆生憙見菩薩於大衆中立此誓言我捨
兩臂必當得佛金色之身若實不虛令我兩
臂還復如故作是誓已自然還復由斯菩薩
福德智慧淳厚所致當尒之時三千大千世
界六種震動天雨寶華一切人天得未曾有
佛告宿王華菩薩於汝意云何一切衆生憙
見菩薩豈異人乎今藥王菩薩是也其所捨
身布施如是无量百千万億那由他數宿王
華若有發心欲得阿耨多羅三藐三菩提者
能然手指乃至足一指供養佛塔勝以國城
妻子及三千大千國土山林河池諸珎寶物
而供養者若復有人以七寶滿三千大千世
界供養於佛及大菩薩辟支佛阿羅漢是人
所得功德不如受持此法華經乃至一四句偈
其福最多宿王華譬如一切川流江河諸水
之中海為第一此法華經亦復如是於諸
如來所說經中最為深大又如土山黑山小



界供養於佛及大菩薩辟支佛阿羅漢是人
所得功德不如受持此法華經乃至一四句偈
其福最多宿王華譬如一切川流江河諸水
之中海為第一此法華經亦復如是於諸
如來所說經中最為深大又如土山黑山小
鐵圍山大鐵圍山及十寶山衆山之中須弥
山為第一此法華經亦復如是於諸經中最
為其上又如衆星之中月天子最為第一此
法華經亦復如是於千万億種諸經法中最
為照明又如日天子能除諸闇此經亦復如
是能破一切不善之闇又如諸小王中轉輪
聖王最為第一此經亦復如是於衆經中最
為其尊又如帝釋於三十三天中王此經亦
復如是諸經中王又如大梵天王一切衆生
之父此經亦復如是一切賢聖學无學及發
菩薩心者之父又如一切凡夫人中須陁洹
斯陁含阿那含阿羅漢辟支佛為第一此經
亦復如是一切如來所說若菩薩所說若聲
聞所說諸經法中最為第一有能受持是經
典者亦復如是於一切衆生中亦為第一一
切聲聞辟支佛中菩薩為第一此經亦復如
是於一切諸經法中最為第一如佛為諸法
王此經亦復如是諸經中王宿王華此經能
救一切衆生者此經能令一切衆生離諸苦
惱此經能大饒益一切衆生充滿其願如清
涼池能滿一切諸渴乏者如寒者得火如裸
者得衣如商人得主如子得母如渡得船如

是於一切諸經法中最為第一如佛為諸法
王此經亦復如是諸經中王宿王華此經能
救一切衆生者此經能令一切衆生離諸苦
惱此經能大饒益一切衆生充滿其願如清
涼池能滿一切諸渴之者如寒者得火如裸
者得衣如商人得主如子得母如渡得船如
病得醫如暗得燈如貧得寶如民得王如賈
客得海如炬除暗此法華經亦復如是能令
衆生離一切苦一切病痛能解一切生死之
縛若人得聞此法華經若自書若使人書所
得功德以佛智慧籌量多少不得其邊若
書是經卷華香瓔珞燒香末香塗香旛蓋衣
服種種之燈蘇燈油燈諸香油燈瞻蔔油燈須
曼油燈波羅羅油燈婆利師迦油燈那婆摩
利油燈供養所得功德亦復无量宿王華若
有人聞是藥王菩薩本事品者亦得无量无
邊功德若有女人聞是藥王菩薩本事品能
受持者盡是女身後不復受若如來滅後後
五百歲中若有女人聞是經典如說脩行於
此命終即往安樂世界阿弥陁佛大菩薩衆
圍繞住處生蓮華中寶座之上不復為貪欲
所惱亦復不為瞋恚愚癡所惱亦復不為憍
慢嫉妬諸垢所惱得菩薩神通无生法忍得
是忍已眼根清淨以是清淨眼根見七百万
二千億那由他恒河沙等諸佛如來是時諸
佛遥共讚言善哉善哉善男子汝能於釋迦
牟尼佛法中受持讀誦思惟是經為他人說
所得福德无量无邊火不能燒水不能漂汝

BD04775號　妙法蓮華經卷六

（25–23）

慢嫉妬諸垢所惱得菩薩神通无生法忍得
是忍已眼根清淨以是清淨眼根見七百万
二千億那由他恒河沙等諸佛如來是時諸
佛遥共讚言善哉善哉善男子汝能於釋迦
牟尼佛法中受持讀誦思惟是經為他人說
所得福德无量无邊火不能燒水不能漂汝
之功德千佛共說不能令盡汝今盡能破諸
魔賊壞生死軍諸餘怨敵皆悉摧滅善男子
百千諸佛以神通力共守護汝於一切世間天
人之中无如汝者唯除如來其諸聲聞辟
支佛乃至菩薩智慧禪定无有與汝等者宿
王華此菩薩成就如是功德智慧之力若有
人聞是藥王菩薩本事品能隨喜讚善者是
人現世口中常出青蓮華香身毛孔中常出
牛頭栴檀香所得功德如上所說是故宿王
華以此藥王菩薩本事品囑累於汝我滅度
後後五百歲中廣宣流布於閻浮提无令斷
絶惡魔魔民諸天龍夜叉鳩槃荼等得其便
也宿王華汝當以神通之力守護是經所以
者何此經則為閻浮提人病之良藥若人有
病得聞是經病即消滅不老不死宿王華汝
若見有受持是經者應以青蓮華盛滿末香
供散其上散已作是念言此人不久必當取
草坐於道場破諸魔軍當吹法螺擊大法鼓
度脫一切衆生老病死海是故求佛道者見
有受持是經典人應當如是生恭敬心說是
藥王菩薩本事品時八万四千菩薩得解一切
衆生語言陁羅尼多寶如來於寶塔中讚

BD04775號　妙法蓮華經卷六

（25–24）

王華山菩薩成就如是[illegible]
人聞是藥王菩薩本事品能隨喜讃善者是
人現世口中常出青蓮華香身毛孔中常出
牛頭栴檀香所得功德如上所說是故宿王
華以此藥王菩薩本事品囑累於汝我滅度
後後五百歲中廣宣流布於閻浮提无令斷
絕惡魔魔民諸天龍夜叉鳩槃荼等得其便
也宿王華汝當以神通之力守護是經所以
者何此經則爲閻浮提人病之良藥若人有
病得聞是經病即消滅不老不死宿王華汝
若見有受持是經者應以青蓮華盛滿末香
供散其上散已作是念言此人不久必當取
草坐於道場破諸魔軍當吹法螺擊大法鼓
度脫一切衆生老病死海是故求佛道者見
有受持是經典人應當如是生恭敬心說是
藥王菩薩本事品時八万四千菩薩得解一切
衆生語言陁羅尼多寶如來於寶塔中讃
宿王華菩薩言善哉善哉宿王華汝成就不
可思議功德乃能問釋迦牟尼佛如此之事
利益无量一切衆生

妙法蓮華經卷第六

BD04775號　妙法蓮華經卷六　（25–25）

[illegible]藏法師義淨奉　制譯
正分别入於甚深微妙靜慮復
光明无量百千種種諸色諸佛
中十方恒河沙校量譬喻所不
世爲光所照是諸衆生作十惡
誹謗三寶不孝尊親輕慢師長
應墮地獄餓鬼傍生彼各蒙光至
諸有情見斯光已因光力故皆得
正殊妙色相具足福智莊嚴得見諸
是時帝釋一切天衆及恒河女神并諸大
衆蒙光希有皆至佛所右繞三帀退坐一面
尒時天帝釋承佛威力即從座起偏袒右肩
右膝著地合掌向佛而白佛言世尊云何善
男子善女人願求阿耨多羅三藐三菩提脩
行大乘攝受一切邪倒有情曾所造作業障
罪者云何懺悔當得除滅
佛告天帝釋善哉善哉善男子汝今脩行欲
爲无量无邊衆生令得清淨解脫安樂哀愍
世間福利一切若有衆生由業障故造諸罪
者應當策勵晝夜六時偏袒右肩右膝著地
合掌恭敬一心專念口自說言歸命頂礼現
在十方一切諸佛已得阿耨多羅三藐三菩
提者轉妙法輪持照法輪雨大法雨擊大法

BD04776號　金光明最勝王經卷三　（16–1）

為无量无邊衆生令得清淨解脫安樂哀愍
世間福利一切若有衆生由業障故造諸罪
者應當築勵晝夜六時偏袒右肩右膝著地
合掌恭敬一心專念口自說言歸命頂礼現
在十方一切諸佛已得阿耨多羅三藐三菩
提者轉妙法輪持照法輪雨大法雨擊大法
鼓吹大法螺建大法幢秉大法炬為欲利益
安樂諸衆生故常行法施誘進群迷令得大
果證常樂故如是等諸佛世尊以身語意稽
首歸誠至心礼敬彼諸世尊以真實慧以真
實眼真實證明真實平等悉知悉見一切衆
生善惡之業我從无始生死以來隨惡流轉
共諸衆生造業障罪為貪瞋癡之所纏縛未
識佛時未識法時未識僧時未識善惡由身
語意造无間罪惡心出佛身血誹謗正法破和合
僧殺阿羅漢殺害父母身三語四意三種行
造十惡業自作教他見作隨喜於諸善人橫
生毀謗斗秤欺誑以偽為真不淨飲食施與
一切於六道中所有父母更相惱害或盜窣覩
波物四方僧物現前僧物自在而用世尊
法律不樂奉行師長教示不相隨順見行聲
聞獨覺大乘行者喜生罵辱令諸行人心生
悔惱見有勝己便懷嫉妬法施財施常生慳
惜无明所覆邪見惑心不修善因令惡增長
於諸佛所而起誹謗法說非法非法說法如
是衆罪佛以真實慧真實眼真實證明真實
平等悉知悉見我今歸命對諸佛前皆悉發
露不敢覆藏未作之罪更不復作已作之罪

BD04776 號　金光明最勝王經卷三　（16–2）

悔惱見有勝己便懷嫉妬法施財施常生慳
惜无明所覆邪見惑心不修善因令惡增長
於諸佛所而起誹謗法說非法非法說法如
是衆罪佛以真實慧真實眼真實證明真實
平等悉知悉見我今歸命對諸佛前皆悉發
露不敢覆藏未作之罪更不復作已作之罪
今皆懺悔所作業障應墮惡道地獄傍生餓
鬼之中阿蘇羅衆及八難處願我此生所有
業障皆得消滅所有惡報未來不受亦如過
去諸大菩薩脩菩提行所有業障悉已懺悔
我之業障今亦懺悔皆悉發露不敢覆藏已
作之罪願得除滅未來之惡更不敢造亦如
未來諸大菩薩脩菩提行所有業障悉已懺
悔我之業障今亦懺悔皆悉發露不敢覆藏
已作之罪願得除滅未來之惡更不敢造亦
如現在十方世界諸大菩薩脩菩提行所有
業障悉已懺悔我之業障今亦懺悔皆悉發
露不敢覆藏已作之罪願得除滅未來之惡
更不敢造
善男子以是因緣若有造罪一剎那中不得
覆藏何況一日一夜乃至多時若有犯罪欲
求清淨心懷愧恥信於未來必有惡報生大
恐怖應如是懺如人被火燒頭燒衣救令速
滅火若未滅心不得安若人犯罪亦復如是
即應懺悔令速除滅若有願生富樂之家多
饒財寶復欲發意脩習大乘亦應懺悔滅除
業障欲生豪貴婆羅門種剎帝利家及轉輪
王七寶具足亦應懺悔滅除業障

BD04776 號　金光明最勝王經卷三　（16–3）

滅火若未滅心不得安若人犯罪亦復如是
即應懺悔令速除滅若有願生富樂之家多
饒財寶復欲發意脩習大乘亦應懺悔滅除
業障欲生豪貴婆羅門種剎帝利家及轉輪
王七寶具足亦應懺悔滅除業障
善男子若有欲生四大王衆三十三天夜摩
天覩史多天樂變化天他化自在天亦應懺
悔滅除業障若欲生梵衆梵輔大梵天少光
无量光極光淨天少淨无量淨遍淨天无雲
福生廣果无煩无熱善現天善見色究竟天
亦應懺悔滅除業障若欲求預流果一來果
不還果阿羅漢果亦應懺悔滅除業障若欲
願求三明六通聲聞獨覺自在菩提至究竟
地求一切智智淨智不思議智不動智三藐
三菩提正遍智者亦應懺悔滅除業障何以
故善男子一切諸法從因緣生如來所說異
相生異相滅因緣異故如是過去諸法皆已
滅盡所有業障无復遺餘是諸行法未得現
生而今得生未來業障更不復起何以故善
男子一切法空如來所說无有我人衆生壽
者亦无生滅亦无行法善男子一切諸法皆依
於本亦不可說何以故過一切相故若有善
男子善女人如是入於微妙真理生信敬心
是名无衆生而有於本以是義故說於懺
悔滅除業障
善男子若人成就四法能除業障永得清淨
云何為四一者不起邪心正念成就二者於甚

BD04776號　金光明最勝王經卷三　（16–4）

是名无衆生而有於本以是義故說於懺
悔滅除業障
善男子若人成就四法能除業障永得清淨
云何為四一者不起邪心正念成就二者於甚
深理不生誹謗三者於初行菩薩起一切
智心四者於諸衆生起慈无量是謂為四尒
時世尊而說頌言
專心護三業　不誹謗深法　作一切智想　慈心淨業障
善男子有四業障難可滅除云何為四一者
於菩薩律儀犯極重惡二者於大乘經心生
誹謗三者於自善根不能增長四者貪著三
有无出離心復有四種對治業障云何為四
一者於十方世界一切如來至心親近說一
切罪二者為一切衆生勸請諸佛說深妙法
三者隨喜一切衆生所有功德四者所有一
切功德善根悉皆迴向阿耨多羅三藐三菩
提尒時天帝釋白佛言世尊世間所有男子
女人於大乘行有能行者有不行者云何能
得隨喜一切衆生功德善根佛言善男子若
有衆生雖於大乘未能脩習然於晝夜六時
偏袒右肩右膝著地合掌恭敬一心專念作
隨喜時得福无量應作是言十方世界一切
衆生現在脩行施戒心慧我今皆悉深生隨
喜由作如是隨喜福故必當獲得尊重殊勝
无上无等最妙之果如是過去未來一切衆
生所有善根皆悉隨喜又於現在初行菩薩
發菩提心所有功德過百大劫行菩薩行有
大功德獲无生忍至不退轉一生補處如是

BD04776號　金光明最勝王經卷三　（16–5）

喜由作如是隨喜福故必當獲得尊重殊勝
无上无等最妙之果如是過去未來一切衆
生所有善根皆悉隨喜又於現在初行菩薩
發菩提心所有功德過百大劫行菩薩行有
大功德獲无生忍至不退轉一生補處如是
一切功德之蘊皆悉至心隨喜讚歎過去未
來一切菩薩所有功德隨喜讚歎亦復如是
復於現在十方世界一切諸佛應正遍知證
妙菩提為度无邊諸衆生故轉无上法輪行
无礙法施擊法鼓吹法螺建法幢雨法雨哀
愍勸化一切衆生咸令信受皆蒙法施悉得
充足无盡安樂又復所有菩薩聲聞獨覺功
德積集善根若有衆生未具如是諸功德者
悉令具足我皆隨喜如是過去未來諸佛菩
薩聲聞獨覺所有功德亦皆至心隨喜讚歎
善男子如是隨喜當得无量功德之聚如恒河
沙三千大千世界所有衆生皆斷煩惱成阿
羅漢若有善男子善女人盡其形壽常以上
妙衣服飲食臥具醫藥而為供養如是功德
不及如前隨喜功德千分之一何以故供養
功德有數有量不攝一切諸功德故隨喜功
德无量无數能攝三世一切功德是故若人
欲求增長勝善根者應脩如是隨喜功德若
有女人願轉女身為男子者亦應脩習隨喜
功德必得隨心現成男子尒時天帝釋白佛言
世尊已知隨喜功德勸請功德唯願為說欲
令未來一切菩薩當轉法輪現在菩薩正脩
行故佛告帝釋若有善男子善女人願求阿

BD04776號　金光明最勝王經卷三　（16–6）

有女人願轉女身為男子者亦應脩習隨喜
功德必得隨心現成男子尒時天帝釋白佛言
世尊已知隨喜功德勸請功德唯願為說欲
令未來一切菩薩當轉法輪現在菩薩正脩
行故佛告帝釋若有善男子善女人願求阿
耨多羅三藐三菩提者應當脩行聲聞獨覺
大乘之道是人當於晝夜六時如前威儀一
心專念作如是言我今歸依十方一切諸佛
世尊已得阿耨多羅三藐三菩提未轉无上
法輪欲捨報身入涅槃者我皆至誠頂禮勸
請轉大法輪雨大法雨然大法燈照明理趣
施无礙法莫般涅槃久住於世度脫安樂一
切衆生如前所說乃至无盡安樂我今以此
勸請功德迴向阿耨多羅三藐三菩提如過
去未來現在諸大菩薩勸請功德迴向菩提
我亦如是勸請功德迴向无上正等菩提善
男子假使有人以三千大千世界滿中七寶
供養如來若復有人勸請如來轉大法輪所
得功德其福勝彼何以故彼是財施此是法
施善男子且置三千大千世界七寶布施若
人以滿恒河沙數大千世界七寶供養一切
諸佛勸請功德亦勝於彼由其法施有五勝
利云何為五一者法施兼利自他財施不尒
二者法施能令衆生出於三界財施之福不
出欲界三者法施能淨法身財施但唯增長
於色四者法施无窮財施有盡五者法施能
斷无明財施唯伏貪愛是故善男子勸請功
德无量无邊難可譬喻如我昔行菩薩道時

BD04776號　金光明最勝王經卷三　（16–7）

二者法施能令衆生出於三界財施之福不
出欲界三者法施能浄法身財施但唯增長
於色四者法施无窮財施有盡五者法施能
断无明財施唯伏貪愛是故善男子勸請功
德无量无邊難可譬喻如我昔行菩薩道時
勸請諸佛轉大法輪由彼善根是故今日一
切帝釋諸梵王等勸請於我轉大法輪善男
子請轉法輪爲欲度脱安樂諸衆生故我於
往昔爲菩提行勸請如來久住於世莫般涅
槃依此善根我得十力四无所畏四无礙辯
大慈大悲證得无數不共之法我當入於无
餘涅槃我之正法久住於世我法身者清浄
无比種種妙相无量智慧无量自在无量功
德難可思議一切衆生皆蒙利益百千萬劫
説不能盡法身攝藏一切諸法一切諸法不
攝法身法身常住不墮常見雖復断滅亦非
断見能破衆生種種異見能生衆生種種真
見能解一切衆生之縛无縛可解能植衆生
諸善根本未成熟者令成熟已成熟者令解
脱无作无動遠離閙閙寂静无爲自在安樂
過於三世能現三世出於聲聞獨覺之境諸
大菩薩之所修行一切如來體无有異此等
皆由勸請功德善根力故如是法身我今已
得是故若有欲得阿耨多羅三藐三菩提者
於諸經中一句一頌爲人解説功德善根尚
无限量何况勸請如來轉大法轉久住於世
莫般涅槃
時天帝釋復白佛言世尊若善男子善女人



皆由勸請功德善根力故如是法身我今已
得是故若有欲得阿耨多羅三藐三菩提者
於諸經中一句一頌爲人解説功德善根尚
无限量何况勸請如來轉大法轉久住於世
莫般涅槃
時天帝釋復白佛言世尊若善男子善女人
爲求阿耨多羅三藐三菩提故修三乘道所
有善根云何迴向一切智智佛告天帝善男
子若有衆生欲求菩提修三乘道所有善根
願迴向者當於晝夜六時慇重至心作如是
説我從无始生死以來於三寶所修行成就
所有善根乃至施與傍生一摶之食或以善
言和解諍訟或受三歸及諸學處或復懺悔
勸請隨喜所有善根我今作意悉皆攝取迴
施一切衆生无悔悋心是解脱分善根所攝
如佛世尊之所知見不可稱量无礙清浄如
是所有功德善根悉以迴施一切衆生不住
相心不捨相心我亦如是功德善根悉以迴
施一切衆生願皆獲得如意之手搖空出寶
滿衆生願富樂无盡智慧无窮妙法辯才悉
皆无滯共諸衆生同證阿耨多羅三藐三菩
提得一切智因此善根更復出生无量善法
亦皆迴向无上菩提又如過去諸大菩薩修
行之時功德善根悉皆迴向一切種智現在
未來亦復如是然我所有功德善根亦皆迴
向阿耨多羅三藐三菩提是諸善根願共一
切衆生俱成正覺如餘諸佛坐於道場菩提
樹下不可思議无礙清浄住於无盡法藏陁

行之時一切德善根悉皆迴向一切種智現在
未來亦復如是然我所有一切德善根亦皆迴
向阿耨多羅三藐三菩提是諸善根願共一
切衆生俱成正覺如餘諸佛坐於道場菩提
樹下不可思議无礙清淨住於无盡法藏陁
羅尼首楞嚴定破魔波旬无量兵衆應見覺
知應可通達如是一切一剎那中悉皆照了於
後夜中獲甘露法證甘露義我及衆生願
皆同證如是妙覺猶如
无量壽佛　勝光佛　妙光佛　阿閦佛
功德善光佛　師子光明佛　百光明佛　網光明佛
寶相佛　寶焰佛　焰明佛　焰盛光明佛
吉祥上王佛　微妙聲佛　妙莊嚴佛　法幢佛
上勝身佛　可愛色身佛　光明遍照佛　梵淨王佛
上性佛
如是等如來應正遍知過去未來及以現在
所現應化得阿耨多羅三藐三菩提轉无上
法輪為度衆生我亦如是廣說如上
善男子若有淨信男子女人於此金光明最
勝經王滅業障品受持讀誦憶念不忘為他
廣說得无量无邊大功德聚譬如三千大千
世界所有衆生一時皆得成就人身得人身
已成獨覺道若有男子女人盡其形壽恭敬
尊重四事供養一一獨覺各施七寶如須弥
山此諸獨覺入涅槃後皆以珍寶起塔供養
其塔高廣十二踰繕那以諸花香寶幢幡蓋
常為供養善男子於意云何是人所獲功德
寧為多不天帝釋言甚多世尊善男子若復

BD04776號　金光明最勝王經卷三

（16–10）

尊重四事供養一一獨覺各施七寶如須弥
山此諸獨覺入涅槃後皆以珍寶起塔供養
其塔高廣十二踰繕那以諸花香寶幢幡蓋
常為供養善男子於意云何是人所獲功德
寧為多不天帝釋言甚多世尊善男子若復
有人於此金光明微妙經典衆經之王滅業
障品受持讀誦憶念不忘為他廣說所獲功
德於前所說供養功德百分不及一百千萬
億分乃至校量譬喻所不能及何以故是善
男子善女人住正行中勸請十方一切諸佛
轉无上法輪皆為諸佛歡喜讚歎善男子如
我所說一切施中法施為勝是故善男子於
三寶所設諸供養不可為比勸受三歸持一
切戒无有毀犯三業不空不可為比一切世
界一切衆生隨力隨能隨所願樂於三乘中
勸發菩提心不可為比於三世中一切世界
所有衆生皆得无礙速令成就无量功德不
可為比三世剎土一切衆生令无障礙得三
菩提不可為比三世剎土一切衆生勸令速
出四惡道苦不可為比三世剎土一切衆生
勸令除滅極重惡業不可為比一切苦惱勸
令解脫不可為比一切怖畏苦惱逼切皆令
得解不可為比三世佛前一切衆生所有功
德勸令隨喜發菩提願不可為比勸除惡行
罵辱之業一切功德皆願成就所在生中勸
請供養尊重讚歎一切三寶勸請衆生修
福行成滿菩提不可為比是故當知勸請一
切世界三世三寶勸請滿足六波羅蜜勸請

BD04776號　金光明最勝王經卷三

（16–11）

得解不可為比三世佛前一切衆生所有功
德勸令隨喜發菩提願不可為比勸除惡行
罵辱之業一切功德皆願成就所在生中勸
請供養尊重讚歎一切三寶勸請衆生淨脩
福行成滿菩提不可為比是故當知勸請一
切世界三世三寶勸請滿足六波羅蜜勸請
轉於无上法輪勸請住世經无量劫演說无
量甚深妙法功德甚深无能比者
尒時天帝釋及恒河女神无量梵王四大天
衆從座而起偏袒右肩右膝著地合掌頂礼
白佛言世尊我等皆得聞是金光明最勝王
經今悉受持讀誦通利為他廣說依此法住
何以故世尊我等欲求阿耨多羅三藐三菩
提隨順此義種種勝相如法行故尒時梵王
及天帝釋等於說法處皆以種種曼陁羅花
而散佛上三千大千世界地皆大動一切天
鼓及諸音樂不鼓自鳴放金色光遍滿世界
出妙音聲時天帝釋白佛言世尊此等皆是
金光明經威神之力慈悲普救種種利益種
種增長菩薩善根滅諸業障佛言如是如是
如汝所說何以故善男子我念往昔過无量
百千阿僧祇劫有佛名寶王大光照如來應
正遍知出現於世住世六百八十億劫尒時
寶王大光照如來為欲度脫人天釋梵沙門
婆羅門一切衆生令安樂故當出現時初會
說法度百千億億万衆皆得阿羅漢果諸漏
已盡三明六通自在无礙於第二會復度九
十千億億萬衆皆得阿羅漢果諸漏已盡三

BD04776號　金光明最勝王經卷三　（16–12）

正遍知出現於世住世六百八十億劫尒時
寶王大光照如來為欲度脫人天釋梵沙門
婆羅門一切衆生令安樂故當出現時初會
說法度百千億億万衆皆得阿羅漢果諸漏
已盡三明六通自在无礙於第二會復度九
十千億億萬衆皆得阿羅漢果諸漏已盡三
明六通自在无礙於第三會復度九十八千
億億万衆皆得阿羅漢果圓滿如上
善男子我於尒時作女人身名福寶光明於
第三會親近世尊受持讀誦是金光明經為
他廣說求阿耨多羅三藐三菩提故時彼世
尊為我授記此福寶光明女於未來世當得
作佛号釋迦牟尼如來應正遍知明行足善
逝世間解无上士調御丈夫天人師佛世尊
捨女身後從是以來越四惡道生人天中受
上妙樂八十四百千生作轉輪王至于今日
得成正覺名稱普聞遍滿世界時會大衆忽
然皆見寶王大光照如來轉无上法輪說微
妙法善男子去此索訶世界東方過百千恒
河沙數佛土有世界名寶莊嚴其寶王大光
照如來今現在彼未般涅槃說微妙法廣化
羣生汝等見者即是彼佛
善男子若有善男子善女人聞是寶王大光
照如來名号者於菩薩地得不退轉至大涅
槃若有女人聞是佛名者臨命終時得見彼
佛來至其所既見佛已究竟不復更受女身善
男子是金光明微妙經典種種利益種種增
長菩薩善根滅諸業障善男子若有苾芻苾
芻尼鄔波索迦鄔波斯迦隨在可處為人講

BD04776號　金光明最勝王經卷三　（16–13）

善男子若有善男子女人聞是寶王大光
照如來名号者於菩薩地得不退轉至大涅
槃若有女人聞是佛名者臨命終時得見彼
佛來至其所既見佛已究竟不復更受女身善
男子是金光明微妙經典種種利益種種增
長菩薩善根滅諸業障善男子若有苾芻苾芻
尼鄔波索迦鄔波斯迦隨在何處為人講
說是金光明微妙經典於其國土皆獲四種
福利善根云何為四一者國王无病離諸災
厄二者壽命長遠无有障礙三者无諸怨敵兵
眾勇健四者安隱豐樂正法流通何以故如
是人王常為釋梵四王藥叉之眾共守護故
尒時世尊告大眾曰善男子是事實不是時
无量釋梵四王及藥叉眾俱時同聲答世尊
言如是如是若有國土講宣讀誦此妙經王
是諸國主我等四王常來擁護行住共俱其
王若有一切災障及諸怨敵我等四王皆使
消殄憂愁疾疫亦令除差增益壽命感應禎
祥所願遂心恒生歡喜我等亦能令其國中
所有軍兵悉皆勇健佛言善哉善哉善男子
如汝所說汝當脩行何以故是諸國主如法
行時一切人民隨王脩習如法行者汝等皆
蒙色力勝利宮殿光明眷屬強盛時釋梵等
白佛言如是世尊佛言若有講讀此妙經典
流通之處於其國中大臣輔相有四種益云
何為四一者更相親穆尊重愛念二者常為
人王心所愛重亦為沙門婆羅門大國小國
之所遵敬三者輕財重法不求世利嘉名普

BD04776 號　金光明最勝王經卷三　（16–14）

蒙色力勝利宮殿光明眷屬強盛時釋梵等
白佛言如是世尊佛言若有講讀此妙經典
流通之處於其國中大臣輔相有四種益云
何為四一者更相親穆尊重愛念二者常為
人王心所愛重亦為沙門婆羅門大國小國
之所遵敬三者輕財重法不求世利嘉名普
暨眾所欽仰四者壽命延長安隱快樂是名
四益若有國土宣說是經沙門婆羅門得四
種勝利云何為四一者衣服飲食卧具醫藥
无所乏少二者皆得安心思惟讀誦三者依
於山林得安樂住四者隨心所願皆得滿足
是名四種勝利若有國土宣說是經一切人
民皆得豐樂无諸疾疫商估往還多獲寶貨
具足勝福是名種種功德利益
尒時梵釋四天王及諸大眾白佛言世尊如
是經典甚深之義若現在者當知如來卅七
種助菩提法住世未滅若是經典滅盡之時
正法亦滅佛言如是如是善男子是故汝等
於此金光明經一句一頌一品一部皆當一
心正讀誦正聞持正思惟正脩習為諸眾生
廣宣流布長夜安樂福利无邊時諸大眾聞
佛說已咸蒙勝益歡喜受持

金光明經卷第三

閱　胡對　稷　莫六　暨　其器

BD04776 號　金光明最勝王經卷三　（16–15）

[illegible]下[illegible]之者皆得安心思惟讀誦三者依
於山林得安樂住四者隨心所願皆得滿足
是名四種勝利若有國土宣說是經一切人
尸皆得豊樂无諸疾疫商估往還多獲寶貨
具足勝福是名種種功德利益
尒時梵釋四天王及諸大衆白佛言世尊如
是經典甚深之義若現在者當知如來世七
種助菩提法住世未滅若是經典滅盡之時
正法亦滅佛言如是如是善男子是故汝等
於此金光明經一句一頌一品一部皆當一
心正讀誦正聞持正思惟正脩習為諸衆生
廣宣流布長夜安樂福利无邊時諸大衆聞
佛說已咸蒙勝益歡喜受持

金光明經卷苐三

閻 胡對 稼 英六 暨 其器

BD04776號　金光明最勝王經卷三　（16–16）

星母陀羅尼咒　釋迦如來應正等覺說供養星法及陀羅尼
唵命伽羅迦夜莎訶　唵尸宙舍吠莎訶　唵達宙俱摩羅夜莎訶
唵補馱夜莎訶　唵補伽阿悉波馱夜莎訶　唵訶須羅莎宙婆
莎訶　唵剡剎尸寧婆羅那耶莎訶　唵阿婆澗嘌哆悲剎夜耶
莎訶　唵祖毘剡多閉莎訶　復次釋迦如來應正等覺說衆星母
陀羅尼曰　怛姪他補馱　跋伽羅　鉢命　陀羅　波羅　悉寿羅
吃囉馱耶　摩囉　摩羅馱　揭馱耶　薩婆毗蘇那　俱盧　畫那
揭舍婆耶　揭舍囉也　扇提　但提馱畫那　世尊欲調伏諸天
神通者欲於我等國內增嫉心歎背枯竭　祛婆　贊提　毋斂
毋須　訶婆訶鞞　郁剡剎　郁迦羅馱明　土羅夜呵　冀濃羅馱耶
薩婆多他伽多　阿地悉淨多　莎明毘莎訶　唵莎訶　吽莎訶
婦剎莎訶　獨吽莎訶　祛背莎訶　鉢摩馱囉夜莎訶　阿姪他也
莎訶　菴摩夜莎訶　馱羅寧須多夜莎訶　勃他夜莎訶　彼
訶悉波多羅夜莎訶　斫吃囉夜莎訶　吃剎悉咤耶　鉢囉那耶
莎訶　羅遮訶鞞莎訶　偈多鞞莎訶　勃馱耶莎訶　娑佉羅馱

BD04777號　諸星母陀羅尼咒

莎訶 唵祖毘剌多闍莎訶 復次釋迦牟尼應正等覺說衆星母
陀羅尼曰 怛姪他補狀、跋伽羅、鉢命、波羅、悉善羅
吃囉狀耶 麽囉 麽囉狀 揭狀耶 薩婆毗軒那 俱盧 盡訖
揭奢婆耶 揭奢囉也 扇提、但提狀麽耶 世尊欲調伏諸天
神通者欲於我等國內增嫉心欲背枯竭 拄婆、贊提、毋奢
毋濱、訶婆訶毗蜱 郁剌剌 郁迦羅狀明 步羅夜明 莫婆濮羅狀耶
薩婆多他伽多 阿地悉淨多 莎明鬼莎訶 唵莎訶 吽莎訶
憍剌莎訶 獨呼莎訶 拄肯莎訶 鉢麽狀羅夜莎訶 阿姪他也
莎訶 薗麽夜莎訶 狀羅亭須多夜莎訶 勃他夜莎訶 彼
訶悉波多羅夜莎訶 摒吃羅夜莎訶 吃剌悉唵耶 鉢囉那耶
莎訶 邏訶弭莎訶 偈多蜱莎訶 勃狀耶莎訶 婆伽羅狀
夜莎訶 鉢麽狀羅夜莎訶 俱麽羅夜莎訶 諸吃設多羅難
莎訶 薩婆欝波怛囉難莎訶 唵薩婆羅毗孛 吽吽莎訶

以是於日夜　籌量如此事　今聞佛音聲　隨宜而說法
无漏難思議　令衆至道場　我本着耶見　為諸梵志師
世尊知我心　拔耶說涅槃　我悉除耶見　於空法得證
尒時心自謂　得至於滅度　而今乃自覺　非是實滅度
若得作佛時　具三十二相　天人夜叉衆　龍神等恭敬
是時乃可謂　永盡滅无餘　佛於大衆中　說我當作佛
聞如是法音　疑悔悉已除　初聞佛所說　心中大驚疑
將非魔作佛　惱亂我心耶　佛以種種緣　譬喻巧言說
其心安如海　我聞疑網斷　佛說過去世　无量滅度佛
安住方便中　亦皆說是法　現在未來佛　其數无有量
亦以諸方便　演說如是法　如今者世尊　從生及出家
得道轉法輪　亦以方便說　世尊說實道　波旬无此事
以是我定知　非是魔作佛　我隨疑網故　謂是魔所為
聞佛柔軟音　深遠甚微妙　演暢清淨法　我心大歡喜
疑悔永已盡　安住實智中　我定當作佛　為天人所敬
轉无上法輪　教化諸菩薩
尒時佛告舍利弗　吾今於天人沙門婆羅門等
大衆中說　我昔曾於二万億佛所為无上道
故常教化汝　汝亦長夜隨我受學　我以方便
引導汝故　生我法中　舍利弗　我昔教汝志願
佛道　汝今悉忘　而便自謂已得滅度　我今還
欲令汝憶念本願所行道故　為諸聲聞說
是大乘經名妙法蓮華教菩薩法佛所護念

BD04778號　妙法蓮華經卷二

(26–1)

大衆中說我昔曾於二万億佛所為无上道
故常教化汝汝亦長夜隨我受學我以方便
引導汝故生我法中舍利弗我昔教汝志願
佛道汝今悉忘而便自謂已得滅度我今還
欲令汝憶念本願所行道故為諸聲聞說
是大乘經名妙法蓮華教菩薩法佛所護念
舍利弗汝於未來世過无量无邊不可思議
劫供養若干千万億佛奉持正法具足菩薩
所行之道當得作佛号曰華光如來應供正
遍知明行足善逝世間解无上士調御丈夫
天人師佛世尊國名離垢其土平正清淨嚴
飾安隱豐樂天人熾盛琉璃為地有八交道
黃金為繩以界其側其傍各有七寶行樹常
有華菓華光如來亦以三乘教化衆生舍利
弗彼佛出時雖非惡世以本願故說三乘法
其劫名大寶莊嚴何故名曰大寶莊嚴其國
中以菩薩為大寶故彼諸菩薩无量无邊
不可思議筭數譬喻所不能及非佛智力无
能知者若欲行時寶華承足此諸菩薩非初
發意皆久殖德本於无量百千万億佛所淨
脩梵行恒為諸佛之所稱歎常脩佛慧具大
神通善知一切諸法之門質直无偽志念堅
固如是菩薩充滿其國舍利弗華光佛壽十
二小劫除為王子未作佛時其國人民壽八小
劫華光如來過十二小劫授堅滿菩薩阿耨
多羅三藐三菩提記告諸比丘是堅滿菩
薩次當作佛号曰華足安行多陀阿伽度阿
羅訶三藐三佛陀其佛國土亦復如是舍利
弗華光佛滅度之後正法住世三十二小

BD04778號　妙法蓮華經卷二

(26–2)

國如是菩薩充滿其國舍利弗華光佛壽十
二小劫除為王子未作佛時其國人民壽八小
劫華光如来過十二小劫授堅滿菩薩阿耨
多羅三藐三菩提記告諸比丘是堅滿菩
薩次當作佛号曰華足安行多陁阿伽度阿
羅訶三藐三佛陁其佛國土亦復如是舍利
弗是華光佛滅度之後正法住世三十二小
劫像法住世亦三十二小劫尒時世尊欲重
宣此義而說偈言
舍利弗来世　成佛普智尊　号名曰華光　當度无量衆
供養无數佛　具足菩薩行　十力等功德　證扵无上道
過无量劫已　劫名大寶嚴　世界名離垢　清淨无瑕穢
以琉璃為地　金繩界其道　七寶雜色樹　常有華菓實
彼國諸菩薩　志念常堅固　神通波羅蜜　皆已悉具足
扵无數佛所　善學菩薩道　如是等大士　華光佛所化
佛為王子時　棄國捨世榮　扵㝡末後身　出家成佛道
華光佛住世　壽十二小劫　其國人民衆　壽命八小劫
佛滅度之後　正法住扵世　三十二小劫　廣度諸衆生
正法滅盡已　像法三十二　舍利廣流布　天人普供養
華光佛所為　其事皆如是　其兩足聖尊　㝡勝无倫匹
彼即是汝身　宜應自欣慶
尒時四部衆比丘比丘尼優婆塞優婆夷天
龍夜叉乹闥婆阿脩羅迦樓羅緊那羅摩睺
羅伽等大衆見舍利弗扵佛前受阿耨多
羅三藐三菩提記心大歡喜踊躍无量各各
脫身所著上衣以供養佛釋提桓因梵天王
等與无數天子亦以天妙衣天曼陁羅華摩
訶曼陁羅華等供養扵佛所散天衣住虛
空中而自迴轉諸天伎樂百千万種扵虛空中

BD04778 號　妙法蓮華經卷二

（26–3）

龍夜叉乹闥婆阿脩羅迦樓羅緊那羅摩睺
羅伽等大衆見舍利弗扵佛前受阿耨多
羅三藐三菩提記心大歡喜踊躍无量各各
脫身所著上衣以供養佛釋提桓因梵天王
等與无數天子亦以天妙衣天曼陁羅華摩
訶曼陁羅華等供養扵佛所散天衣住虛
空中而自迴轉諸天伎樂百千万種扵虛空中
一時俱作雨衆天華而作是言佛昔扵波羅柰
初轉法輪今乃復轉无上㝡大法輪尒時
諸天子欲重宣此義而說偈言
昔扵波羅柰　轉四諦法輪　分別說諸法　五衆之生滅
今復轉㝡妙　无上大法輪　是法甚深奧　少有能信者
我等從昔来　數聞世尊說　未曾聞如是　深妙之上法
世尊說是法　我等皆隨喜　大智舍利弗　今得受尊記
我等亦如是　必當得作佛　扵一切世間　㝡尊无有上
佛道叵思議　方便隨宜說　我所有福業　今世若過世
及見佛功德　盡迴向佛道
尒時舍利弗白佛言世尊我今无復疑悔親
扵佛前得受阿耨多羅三藐三菩提記是諸
千二百心自在者昔住學地佛常教化言我
法能離先生老病死究竟涅槃是學无學人
亦各自以離我見及有无見等謂得涅槃而
今扵世尊前聞所未聞皆墮疑惑善哉世尊願
為四衆說其因緣令離疑悔尒時佛告舍利
弗我先不言諸佛世尊以種種因緣譬喻言
辭方便說法皆為阿耨多羅三藐三菩提耶
是諸所說皆為化菩薩故然舍利弗今當復
以譬喻更明此義諸有智者以譬喻得解舍

BD04778 號　妙法蓮華經卷二

（26–4）

今於世尊前聞所未聞皆墮疑惑善哉世尊願
為四衆說其因緣令離疑悔尒時佛告舍利
弗我先不言諸佛世尊以種種因緣譬喻言
辭方便說法皆為阿耨多羅三藐三菩提耶
是諸所說皆為化菩薩故然舍利弗今當復
以譬喻更明此義諸有智者以譬喻得解舍
利弗若國邑聚落有大長者其年衰邁財富
无量多有田宅及諸僮僕其家廣大唯有一
門多諸人衆一百二百乃至五百人止住其
中堂閣朽故牆壁頹落柱根腐敗梁棟傾危
周匝俱時欻然火起焚燒舍宅長者諸子若
十二十或至三十在此宅中長者見是大火
從四面起即大驚怖而作是念我雖能於此
所燒之門安隱得出而諸子等於火宅內樂
著嬉戲不覺不知不驚不怖火來逼身苦痛
切己心不猒患无求出意舍利弗是長者作
是思惟我身手有力當以衣裓若以几案從
舍出之復更思惟是舍唯有一門而復狹小
諸子幼稚未有所識戀著戲處或當墮落為
火所燒我當為說怖畏之事此舍已燒宜時
疾出无令為火之所燒害作是念已如所思
惟具告諸子汝等速出父雖憐愍善言誘
喻而諸子等樂著嬉戲不肯信受不驚不畏
了无出心亦復不知何者是火何者為舍云
何為失但東西走戲視父而已尒時長者即
作是念此舍已為大火所燒我及諸子若不
時出必為所焚我今當設方便令諸子等得
免斯害父知諸子先心各有所好種種珎玩
奇異之物情必樂著而告之言汝等所可玩好



了无出心亦復不知何者是火何者為舍云
何為失但東西走戲視父而已尒時長者即
作是念此舍已為大火所燒我及諸子若不
時出必為所焚我今當設方便令諸子等得
免斯害父知諸子先心各有所好種種珎玩
奇異之物情必樂著而告之言汝等所可玩好
希有難得汝若不取後必憂悔如此種種羊
車鹿車牛車今在門外可以遊戲汝等於
此火宅宜速出來隨汝所欲皆當與汝尒時諸
子聞父所說珎玩之物適其願故心各勇銳
互相推排競共馳走爭出火宅是時長者
見諸子等安隱得出皆於四衢道中露地而坐
无復障礙其心泰然歡喜踊躍時諸子等各
白父言父先所許玩好之具羊車鹿車牛車
願時賜與舍利弗尒時長者各賜諸子等一
大車其車高廣衆寶莊校周帀欄楯四面
懸鈴又於其上張設幰蓋亦以珎奇雜寶而
嚴飾之寶繩交絡垂諸華纓重敷綩綖安置
丹枕駕以白牛膚色充潔形體姝好有大
筋力行步平正其疾如風又多僕從而侍衛之
所以者何是大長者財富无量種種諸藏悉皆
充溢而作是念我財物无極不應以下劣小
車與諸子等今此幼童皆是吾子愛无偏
黨我有如是七寶大車其數无量應當等心
各各與之不宜差別所以者何以我此物周給
一國猶尚不匱何況諸子是時諸子各乘大
車得未曾有非本所望舍利弗於汝意云何
是長者等與諸子珎寶大車寧有虛妄不
舍利弗言不也世尊是長者但令諸子得免火

車與諸子等今此幼童皆是吾子愛无偏
黨我有如是七寶大車其數无量應當等心
各各與之不宜差別所以者何以我此物周給
一國猶尚不匱何況諸子是時諸子各乘大
車得未曾有非本所望舍利弗於汝意云何
是長者等與諸子珎寶大車寧有虛妄不
舍利弗言不也世尊是長者但令諸子得免火
難全其軀命非為虛妄何以故若全身命便
為已得玩好之具況復方便於彼火宅而拔
濟之世尊若是長者乃至不與最小一車猶
不虛妄何以故是長者先作是意我以方便
令子得出以是因緣无虛妄也何況長者自
知財富无量欲饒益諸子等與大車佛告舍
利弗善哉善哉如汝所言舍利弗如來亦復
如是則為一切世間之父於諸怖畏衰惱憂
患无明闇蔽永盡无餘而悉成就无量知見
力无所畏有大神力及智慧力具足方便智
慧波羅蜜大慈大悲常无懈惓恒求善事
利益一切而生三界朽故火宅為度衆生生老
病死憂悲苦惱愚癡闇蔽三毒之火教化令
得阿耨多羅三藐三菩提見諸衆生為生老
病死憂悲苦惱之所燒煑亦以五欲財利故
受種種苦又以貪著追求故現受衆苦後受
地獄畜生餓鬼之苦若生天上及在人間貧
窮困苦愛別離苦怨憎會苦如是等種種諸
苦衆生沒在其中歡喜遊戲不覺不知不驚
不怖亦不生猒不求解脫於此三界火宅東
西馳走雖遭大苦不以為患舍利弗佛見此
已便作是念我為衆生之父應拔其苦難與



地獄畜生餓鬼之苦若生天上及在人間貧
窮困苦愛別離苦怨憎會苦如是等種種諸
苦衆生沒在其中歡喜遊戲不覺不知不驚
不怖亦不生猒不求解脫於此三界火宅東
西馳走雖遭大苦不以為患舍利弗佛見此
已便作是念我為衆生之父應拔其苦難與
无量无邊佛智慧樂令其遊戲舍利弗如來
復作是念若我但以神力及智慧力捨於方
便為諸衆生讚如來知見力无所畏者衆生
不能以是得度所以者何是諸衆生未免生
老病死憂悲苦惱而為三界火宅所燒何由
能解佛之智慧舍利弗如彼長者雖復身手
有力而不用之但以慇懃方便免濟諸子火
宅之難然後各與珎寶大車如來亦復如是
雖有力无所畏而不用之但以智慧方便於
三界火宅拔濟衆生為說三乘聲聞辟支佛
佛乘而作是言汝莫得樂住三界火宅勿
貪麁弊色聲香味觸也若貪著生愛則為
所燒汝速出三界當得三乘聲聞辟支佛佛
乘我今為汝保任此事終不虛也汝等但當
勤脩精進如來以是方便誘進衆生復作是
言汝等當知此三乘法皆是聖所稱歎自在
无繫无所依求乘是三乘以无漏根力覺道
禪定解脫三昧等而自娛樂便得无量安隱
快樂舍利弗若有衆生內有智性從佛世尊
聞法信受慇懃精進欲速出三界自求涅槃是
名聲聞乘如彼諸子為求羊車出於火宅若
有衆生從佛世尊聞法信受慇懃精進求

无繫无所依求乘是三乘以无漏根力覺道
禪定解脫三昧等而自娛樂便得无量安隱
快樂舍利弗若有衆生內有智性從佛世尊
聞法信受慇懃精進欲速出三界自求涅槃是
名聲聞乘如彼諸子爲求羊車出於火宅若
有衆生從佛世尊聞法信受慇懃精進求
自然慧樂獨善寂深知諸法因緣是名辟支
佛乘如彼諸子爲求鹿車出於火宅若有衆
生從佛世尊聞法信受勤修精進求一切智佛
智自然智无師智如來知見力无所畏愍念
安樂无量衆生利益天人度脫一切是名大
乘菩薩求此乘故名爲摩訶薩如彼諸子爲
求牛車出於火宅舍利弗如彼長者見諸子
等安隱得出火宅到无畏處自惟財富无量
等以大車而賜諸子如來亦復如是爲一切
衆生之父若見无量億千衆生以佛教門出
三界苦怖畏險道得涅槃樂如來尒時便作
是念我有无量无邊智慧力无畏等諸佛法
藏是諸衆生皆是我子等與大乘不令有人
獨得滅度皆以如來滅度而滅度之是諸衆
生脫三界者悉與諸佛禪定解脫等娛樂之
具皆是一相一種聖所稱歎能生淨妙第一
之樂舍利弗如彼長者初以三車誘引諸子
然後但與大車寶物莊嚴安隱第一然彼長
者无虛妄之咎如來亦復如是无有虛妄初
說三乘引導衆生然後但以大乘而度脫之
何以故如來有无量智慧力无所畏諸法之藏
能與一切衆生大乘之法但不盡能受舍利
弗以是因緣當知諸佛方便力故於一佛乘

BD04778號　妙法蓮華經卷二



之樂舍利弗如彼長者初以三車誘引諸子
然後但與大車寶物莊嚴安隱第一然彼長
者无虛妄之咎如來亦復如是无有虛妄初
說三乘引導衆生然後但以大乘而度脫之
何以故如來有无量智慧力无所畏諸法之藏
能與一切衆生大乘之法但不盡能受舍利
弗以是因緣當知諸佛方便力故於一佛乘
分別說三佛欲重宣此義而說偈言
譬如長者　有一大宅　其宅久故　而復頓弊
堂舍高危　柱根摧朽　梁棟傾斜　基陛頹毀
墻壁圮坼　泥塗褫落　覆苫亂墜　椽梠差脫
周障屈曲　雜穢充遍　有五百人　止住其中
鵄梟鵰鷲　烏鵲鳩鴿　蚖蛇蝮蠍　蜈蚣蚰蜒
守宮百足　狖狸鼷鼠　諸惡虫輩　交橫馳走
屎尿臭處　不淨流溢　蜣蜋諸虫　而集其上
狐狼野干　咀嚼踐蹋　鱭齧死屍　骨肉狼藉
由是群狗　競來搏撮　飢羸慞惶　處處求食
鬪諍摣掣　啀喍嗥吠　其舍恐怖　變狀如是
處處皆有　魑魅魍魎　夜叉惡鬼　食噉人肉
毒虫之屬　諸惡禽獸　孚乳產生　各自藏護
夜叉競來　爭取食之　食之既飽　惡心轉熾
鬪諍之聲　甚可怖畏　鳩槃茶鬼　蹲踞土埵
或時離地　一尺二尺　往返遊行　縱逸嬉戲
捉狗兩足　撲令失聲　以脚加頸　怖狗自樂
復有諸鬼　其身長大　裸形黑瘦　常住其中
發大惡聲　叫呼求食　復有諸鬼　其咽如針
復有諸鬼　首如牛頭　或食人肉　或復噉狗
頭髮蓬亂　殘害凶險　飢渴所逼　叫喚馳走
夜叉餓鬼　諸惡鳥獸　飢急四向　窺看窗牖

BD04778號　妙法蓮華經卷二

復有諸鬼 其身長大 裸形黑瘦 常住其中
發大惡聲 叫呼求食 復有諸鬼 其咽如針
復有諸鬼 首如牛頭 或食人肉 或復噉狗
頭髮蓬亂 殘害凶險 飢渴所逼 叫喚馳走
夜叉餓鬼 諸惡鳥獸 飢急四向 窺看窓牖
如是諸難 恐畏无量 是故朽宅 屬于一人
其人近出 未久之間 於後舍宅 欻然火起
四面一時 其焰俱熾 棟梁椽柱 爆聲震裂
摧折墮落 墻壁崩倒 諸鬼神等 揚聲大叫
鵰鷲諸鳥 鳩槃荼等 周章惶怖 不能自出
惡獸毒虫 藏竄孔穴 毗舍闍鬼 亦住其中
薄福德故 為火所逼 共相殘害 飲血噉肉
野干之屬 並已前死 諸大惡獸 競來食噉
臭烟熢㶿 四面充塞 蜈蚣蚰蜒 毒蛇之類
為火所燒 爭走出穴 鳩槃荼鬼 隨取而食
又諸餓鬼 頭上火然 飢渴熱惱 周章悶走
其宅如是 甚可怖畏 毒害火災 衆難非一
是時宅主 在門外立 聞有人言 汝諸子等
先因遊戲 來入此宅 稚小无知 歡娛樂著
長者聞已 驚入火宅 方宜救濟 令无燒害
告喻諸子 說衆患難 惡鬼毒虫 災火蔓莚
衆苦次第 相續不絕 毒蛇蚖蝮 及諸夜叉
鳩槃荼鬼 野干狐狗 鵰鷲鵄梟 百足之屬
飢渴惱急 甚可怖畏 此苦難處 況復大火
諸子无知 雖聞父誨 猶故樂著 嬉戲不已
是時長者 而作是念 諸子如此 益我愁惱
今此舍宅 无一可樂 而諸子等 耽湎嬉戲
不受我教 將為火害 即便思惟 設諸方便

BD04778號　妙法蓮華經卷二　（26–11）

飢渴惱急 甚可怖畏 此苦難處 況復大火
諸子无知 雖聞父誨 猶故樂著 嬉戲不已
是時長者 而作是念 諸子如此 益我愁惱
今此舍宅 无一可樂 而諸子等 耽湎嬉戲
不受我教 將為火害 即便思惟 設諸方便
告諸子等 我有種種 珎玩之具 妙寶好車
羊車鹿車 大牛之車 今在門外 汝等出來
吾為汝等 造作此車 隨意所樂 可以遊戲
諸子聞說 如此諸車 即時奔競 馳走而出
到於空地 離諸苦難 長者見子 得出火宅
住於四衢 坐師子座 而自慶言 我今快樂
此諸子等 生育甚難 愚小无知 而入險宅
多諸毒虫 魑魅可畏 大火猛焰 四面俱起
而此諸子 貪樂嬉戲 我已救之 令得脫難
是故諸人 我今快樂 尒時諸子 知父安坐
皆詣父所 而白父言 願賜我等 三種寶車
如前所許 諸子出來 當以三車 隨汝所欲
今正是時 唯垂給與 長者大富 庫藏衆多
金銀琉璃 車𤦲馬瑙 以衆寶物 造諸大車
莊校嚴飾 周帀欄楯 四面懸鈴 金繩交絡
真珠羅網 張施其上 金華諸瓔 處處垂下
衆綵雜飾 周帀圍繞 柔軟繒纊 以為茵蓐
上妙細㲲 價直千億 鮮白淨潔 以覆其上
有大白牛 肥壯多力 形體姝好 以駕寶車
多諸儐從 而侍衛之 以是妙車 等賜諸子
諸子是時 歡喜踊躍 乘是寶車 遊於四方
嬉戲快樂 自在无礙 告舍利弗 我亦如是
衆聖中尊 世間之父 一切衆生 皆是吾子

BD04778號　妙法蓮華經卷二　（26–12）

上妙細疊　價直千億　鮮白淨潔　以覆其上
有大白牛　肥壯多力　形體姝好　以駕寶車
多諸儐從　而侍衛之　以是妙車　等賜諸子
諸子是時　歡喜踊躍　乘是寶車　遊於四方
嬉戲快樂　自在无礙　告舍利弗　我亦如是
衆聖中尊　世間之父　一切衆生　皆是吾子
深著世樂　无有慧心　三界无安　猶如火宅
衆苦充滿　甚可怖畏　常有生老　病死憂患
如是等火　熾然不息　如來已離　三界火宅
寂然閑居　安處林野　今此三界　皆是我有
其中衆生　悉是吾子　而今此處　多諸患難
唯我一人　能為救護　雖復教詔　而不信受
於諸欲染　貪著深故　是以方便　為說三乘
令諸衆生　知三界苦　開示演說　出世間道
是諸子等　若心決定　具足三明　及六神通
有得緣覺　不退菩薩　汝舍利弗　我為衆生
以此譬喻　說一佛乘　汝等若能　信受是語
一切皆當　得成佛道　是乘微妙　清淨第一
於諸世間　為无有上　佛所悅可　一切衆生
所應稱讚　供養禮拜　无量億千　諸力解脫
禪定智慧　及佛餘法　得如是乘　令諸子等
日夜劫數　常得遊戲　與諸菩薩　及聲聞衆
乘此寶乘　直至道場　以是因緣　十方諦求
更无餘乘　除佛方便　告舍利弗　汝諸人等
皆是吾子　我則是父　汝等累劫　衆苦所燒
我皆濟拔　令出三界　我雖先說　汝等滅度
但盡生死　而實不滅　今所應作　唯佛智慧
若有菩薩　於是衆中　能一心聽　諸佛實法
諸佛世尊　雖以方便　所化衆生　皆是菩薩

BD04778 號　妙法蓮華經卷二　（26–13）

乘此寶乘　直至道場　以是因緣　十方諦求
更无餘乘　除佛方便　告舍利弗　汝諸人等
皆是吾子　我則是父　汝等累劫　衆苦所燒
我皆濟拔　令出三界　我雖先說　汝等滅度
但盡生死　而實不滅　今所應作　唯佛智慧
若有菩薩　於是衆中　能一心聽　諸佛實法
諸佛世尊　雖以方便　所化衆生　皆是菩薩
若人小智　深著愛欲　為此等故　說於苦諦
衆生心喜　得未曾有　佛說苦諦　真實无異
若有衆生　不知苦本　深著苦因　不能暫捨
為是等故　方便說道　諸苦所因　貪欲為本
若滅貪欲　无所依止　滅盡諸苦　名第三諦
為滅諦故　脩行於道　離諸苦縛　名得解脫
是人於何　而得解脫　但離虛妄　名為解脫
其實未得　一切解脫　佛說是人　未實滅度
斯人未得　无上道故　我意不欲　令至滅度
我為法王　於法自在　安隱衆生　故現於世
汝舍利弗　我此法印　為欲利益　世間故說
在所遊方　勿妄宣傳　若有聞者　隨喜頂受
當知是人　阿鞞跋致　若有信受　此經法者
是人已曾　見過去佛　恭敬供養　亦聞是法
若人有能　信汝所說　則為見我　亦見於汝
及比丘僧　并諸菩薩　斯法華經　為深智說
淺識聞之　迷惑不解　一切聲聞　及辟支佛
於此經中　力所不及　汝舍利弗　尚於此經
以信得入　況餘聲聞　其餘聲聞　信佛語故
隨順此經　非己智分　又舍利弗　憍慢懈怠
計我見者　莫說此經　凡夫淺識　深著五欲
聞不能解　亦勿為說　若人不信　毀謗此經

BD04778 號　妙法蓮華經卷二　（26–14）

於此經中 力所不及 汝舍利弗 尚於此經
以信得入 況餘聲聞 其餘聲聞 信佛語故
隨順此經 非己智分 又舍利弗 憍慢懈怠
計我見者 莫說此經 凡夫淺識 深著五欲
聞不能解 亦勿為說 若人不信 毀謗此經
則斷一切 世間佛種 或復顰蹙 而懷疑惑
汝當聽說 此人罪報 若佛在世 若滅度後
其有誹謗 如斯經典 見有讀誦 書持經者
輕賤憎嫉 而懷結恨 此人罪報 汝今復聽
其人命終 入阿鼻獄 具足一劫 劫盡更生
如是展轉 至无數劫 從地獄出 當墮畜生
若狗野干 其形頓瘦 黧黮疥癩 人所觸嬈
又復為人 之所惡賤 常困飢渴 骨肉枯竭
生受楚毒 死被瓦石 斷佛種故 受斯罪報
若作駱駝 或生驢中 身常負重 加諸杖捶
但念水草 餘无所知 謗斯經故 獲罪如是
有作野干 來入聚落 身體疥癩 又无一目
為諸童子 之所打擲 受諸苦痛 或時致死
於是死已 更受蟒身 其形長大 五百由旬
聾騃无足 蜿轉腹行 為諸小虫 之所唼食
晝夜受苦 无有休息 謗斯經故 獲罪如是
若得為人 諸根闇鈍 矬陋攣躄 盲聾背傴
有所言說 人不信受 口氣常臭 鬼魅所著
貧窮下賤 為人所使 多病痟瘦 无所依怙
雖親附人 人不在意 若有所得 尋復忘失
若脩醫道 順方治病 更增他疾 或復致死
若自有病 无人救療 設服良藥 而復增劇
若他反逆 抄劫竊盜 如是等罪 橫羅其殃

BD04778號　妙法蓮華經卷二　（26–15）

貧窮下賤 為人所使 多病痟瘦 无所依怙
雖親附人 人不在意 若有所得 尋復忘失
若脩醫道 順方治病 更增他疾 或復致死
若自有病 无人救療 設服良藥 而復增劇
若他反逆 抄劫竊盜 如是等罪 橫羅其殃
如斯罪人 永不見佛 眾聖之王 說法教化
如斯罪人 常生難處 狂聾心亂 永不聞法
於无數劫 如恒河沙 生輒聾瘂 諸根不具
常處地獄 如遊園觀 在餘惡道 如己舍宅
駝驢猪狗 是其行處 謗斯經故 獲罪如是
若得為人 聾盲瘖瘂 貧窮諸衰 以自莊嚴
水腫乾痟 疥癩癰疽 如是等病 以為衣服
身常臭處 垢穢不淨 深著我見 增益瞋恚
婬欲熾盛 不擇禽獸 謗斯經故 獲罪如是
告舍利弗 謗斯經者 若說其罪 窮劫不盡
以是因緣 我故語汝 无智人中 莫說此經
若有利根 智慧明了 多聞強識 求佛道者
如是之人 乃可為說 若人曾見 億百千佛
殖諸善本 深心堅固 如是之人 乃可為說
若人精進 常脩慈心 不惜身命 乃可為說
若人恭敬 无有異心 離諸凡愚 獨處山澤
如是之人 乃可為說 又舍利弗 若見有人
捨惡知識 親近善友 如是之人 乃可為說
若見佛子 持戒清潔 如淨明珠 求大乘經
如是之人 乃可為說 若人无瞋 質直柔軟
常愍一切 恭敬諸佛 如是之人 乃可為說
復有佛子 於大眾中 以清淨心 種種因緣
譬喻言辭 說法无礙 如是之人 乃可為說
若有比丘 為一切智 四方求法 合掌頂受

BD04778號　妙法蓮華經卷二　（26–16）

若見佛子持戒清潔如淨明珠求大乘經
如是之人乃可為說若人无瞋質直柔軟
常愍一切恭敬諸佛如是之人乃可為說
復有佛子於大眾中以清淨心種種因緣
譬喻言辭說法无礙如是之人乃可為說
若有比丘為一切智四方求法合掌頂受
但樂受持大乘經典乃至不受餘經一偈
如是之人乃可為說如人至心求佛舍利
如是求經得已頂受其人不復志求餘經
亦未曾念外道典籍如是之人乃可為說
告舍利弗我說是相求佛道者窮劫不盡
如是等人則能信解汝當為說妙法華經
妙法蓮華經信解品第四
尒時慧命須菩提摩訶迦旃延摩訶迦葉
摩訶目揵連從佛所聞未曾有法世尊授舍
利弗阿耨多羅三藐三菩提記發希有心歡喜
踊躍即從座起整衣服偏袒右肩右膝著
地一心合掌曲躬恭敬瞻仰尊顏而白佛言我
等居僧之首年並朽邁自謂已得涅槃无所
堪任不復進求阿耨多羅三藐三菩提世尊
往昔說法既久我時在座身體疲懈但念空
无相无作於菩薩法遊戲神通淨佛國土成
就眾生心不憙樂所以者何世尊令我等出
於三界得涅槃證又今我等年已朽邁於佛
教化菩薩阿耨多羅三藐三菩提不生一念
好樂之心我等今於佛前聞授聲聞阿耨多
羅三藐三菩提記心甚歡喜得未曾有不謂
於今忽然得聞希有之法深自慶幸獲大善
利无量珍寶不求自得世尊我等今者樂說

BD04778號 妙法蓮華經卷二

(26–17)

教化菩薩阿耨多羅三藐三菩提不生一念
好樂之心我等今於佛前聞授聲聞阿耨多
羅三藐三菩提記心甚歡喜得未曾有不謂
於今忽然得聞希有之法深自慶幸獲大善
利无量珍寶不求自得世尊我等今者樂說
譬喻以明斯義譬若有人年既幼稚捨父逃
逝久住他國或十二十至五十歲年既長大
加復窮困馳騁四方以求衣食漸漸遊行遇
向本國其父先來求子不得中止一城其家
大富財寶无量金銀琉璃珊瑚虎珀頗梨珠
等其諸倉庫悉皆盈溢多有僮僕臣佐吏民
象馬車乘牛羊无數出入息利乃遍他國商
估賈客亦甚眾多時貧窮子遊諸聚落經
歷國邑遂到其父所止之城父每念子與子離
別五十餘年而未曾向人說如此事但自思
惟心懷悔恨自念老朽多有財物金銀珍寶
倉庫盈溢无有子息一旦終沒財物散失无
所委付是以慇懃每憶其子復作是念我若
得子委付財物坦然快樂无復憂慮世尊尒
時窮子傭賃展轉遇到父舍住立門側遙見
其父踞師子床寶几承足諸婆羅門剎利居
士皆恭敬圍繞以真珠瓔珞價直千万莊嚴
其身吏民僮僕手執白拂侍立左右覆以寶
帳垂諸華幡香水灑地散眾名華羅列寶
物出內取與有如是等種種嚴飾威德特尊
窮子見父有大力勢即懷恐怖悔來至此竊作
是念此或是王或是王等非我傭力得物之
處不如往至貧里肆力有地衣食易得若久
住此或見逼迫強使我作作是念已疾走而

BD04778號 妙法蓮華經卷二

(26–18)

其身吏民僮僕手執白拂侍立左右覆以寶
帳垂諸華幡香水灑地散眾名華羅列寶
物出內取與有如是等種種嚴飾威德特尊
窮子見父有大力勢即懷恐怖悔來至此竊作
是念此或是王或是王等非我傭力得物之
處不如往至貧里肆力有地衣食易得若久
住此或見逼迫強使我作作是念已疾走而
去時富長者於師子座見子便識心大歡喜
即作是念我財物庫藏今有所付我常思念
此子無由見之而忽自來甚適我願我雖年
朽猶故貪惜即遣傍人急追將還尒時使者
疾走往捉窮子驚愕稱怨大喚我不相犯何
為見捉使者執之愈急強牽將還于時窮
子自念無罪而被囚執此必定死轉更惶怖悶
絕躃地父遙見之而語使言不須此人勿強
將來以冷水灑面令得醒悟莫復與語所以
者何父知其子志意下劣自知豪貴為子所
難審知是子而以方便不語他人云是我子
使者語之我今放汝隨意所趣窮子歡喜得
未曾有從地而起往至貧里以求衣食尒時
長者將欲誘引其子而設方便密遣二人形
色憔悴無威德者汝可詣彼徐語窮子此有
作處倍與汝直窮子若許將來使作若言欲
何所作便可語之雇汝除糞我等二人亦共
汝作時二使人即求窮子既得之具陳上
事尒時窮子先取其價尋與除糞其父見子
愍而怪之又以他日於窗牖中遙見子身羸
瘦憔悴糞土塵坌污穢不淨即脫瓔珞細軟

BD04778號　妙法蓮華經卷二　（26–19）

作處倍與汝直窮子若許將來使作若言欲
何所作便可語之雇汝除糞我等二人亦共
汝作時二使人即求窮子既得之具陳上
事尒時窮子先取其價尋與除糞其父見子
愍而怪之又以他日於窗牖中遙見子身羸
瘦憔悴糞土塵坌污穢不淨即脫瓔珞細軟
上服嚴飾之具更著麤弊垢膩之衣塵土坌
身右手執持除糞之器狀有所畏語諸作人
汝等勤作勿得懈息以方便故得近其子後
復告言咄男子汝常此作勿復餘去當加汝
價諸有所須瓮器米麵鹽醋之屬莫自疑難
亦有老弊使人須者相給好自安意我如汝
父勿復憂慮所以者何我年老大而汝少壯
汝常作時無有欺怠瞋恨怨言都不見汝有
此諸惡如餘作人自今已後如所生子即時
長者更與作字名之為兒尒時窮子雖欣此
遇猶故自謂客作賤人由是之故於二十年
中常令除糞過是已後心相體信入出無難
然其所止猶在本處世尊尒時長者有疾自
知將死不久語窮子言我今多有金銀珍寶
倉庫盈溢其中多少所應取與汝悉知之我
心如是當體此意所以者何今我與汝便為
不異宜加用心無令漏失尒時窮子即受教
勅領知眾物金銀珍寶及諸庫藏而無悕取
一飡之意然其所止故在本處下劣之心亦
未能捨復經少時父知子意漸已通泰成就
大志自鄙先心臨欲終時而命其子并會親
族國王大臣剎利居士皆悉已集即自宣言
諸君當知此是我子我之所生於某城中捨

BD04778號　妙法蓮華經卷二　（26–20）

一飡之意然其所止故在本處下劣之心亦
未能捨復經少時父知子意漸已通泰成就
大志自鄙先心臨欲終時而命其子并會親
族國王大臣刹利居士皆悉已集即自宣言
諸君當知此是我子我之所生於某城中捨
吾逃走伶俜辛苦五十餘年其本字某我名
某甲昔在本城懷憂推覓忽於此間遇會得
之此實我子我實其父今我所有一切財物
皆是子有先所出内是子所知世尊是時窮
子聞父此言即大歡喜得未曾有而作是念
我本无心有所悕求今此寶藏自然而至世
尊大富長者則是如來我等皆似佛子如來
常說我等為子世尊我等以三苦故於生死中
受諸熱惱迷惑无知樂著小法今日世尊令
我等思惟蠲除諸法戲論之糞我等於中勤
加精進得至涅槃一日之價既得此已心大歡
喜自以為足而便自謂於佛法中勤精進
故所得弘多然世尊先知我等心著弊欲樂
於小法便見縱捨不為分別汝等當有如來
知見寶藏之分世尊以方便力說如來智慧
我等從佛得涅槃一日之價以為大得於此大
乘无有志求我等又因如來智慧為諸菩薩
開示演說而自於此无志願所以者何佛知
我等心樂小法以方便力隨我等說而我
等不知真是佛子今我等方知世尊於佛
智慧无所悋惜所以者何我等昔來真是佛
子而但樂小法若我等有樂大之心佛則為我
說大乘法此經中唯說一乘而昔於菩薩前



我等心樂小法以方便力隨我等說而我
等不知真是佛子今我等方知世尊於佛
智慧无所悋惜所以者何我等昔來真是佛
子而但樂小法若我等有樂大之心佛則為我
說大乘法此經中唯說一乘而昔於菩薩前
毀呰聲聞樂小法者然佛實以大乘教化是
故我等說本无心有所悕求今法王大寶自
然而至如佛子所應得者皆已得之尒時摩
訶迦葉欲重宣此義而說偈言

我等今日　聞佛音教　歡喜踊躍　得未曾有
佛說聲聞　當得作佛　无上寶聚　不求自得
譬如童子　幼稚无識　捨父逃逝　遠到他土
周流諸國　五十餘年　其父憂念　四方推求
求之既疲　頓止一城　造立舍宅　五欲自娛
其家巨富　多諸金銀　車璖馬瑙　真珠琉璃
象馬牛羊　輦輿車乘　田業僮僕　人民衆多
出入息利　乃遍他國　商估賈人　无處不有
千万億衆　圍繞恭敬　常為王者　之所愛念
群臣豪族　皆共宗重　以諸緣故　往來者衆
豪富如是　有大力勢　而年朽邁　益憂念子
夙夜惟念　死時將至　癡子捨我　五十餘年
庫藏諸物　當如之何　尒時窮子　求索衣食
從邑至邑　從國至國　或有所得　或无所得
飢餓羸瘦　體生瘡癬　漸次經歷　到父住城
傭賃展轉　遂至父舍　尒時長者　於其門內
施大寶帳　處師子座　眷屬圍繞　諸人侍衛
或有計算　金銀寶物　出內財產　注記券疏
窮子見父　豪貴尊嚴　謂是國王　若是王等
驚怖自怪　何故至此　覆自念言　我若久住

從邑至邑　從國至國　或有所得　或无所得
飢餓羸瘦　體生瘡癬　漸次經歷　到父住城
傭賃展轉　遂至父舍　尒時長者　於其門內
施大寶帳　處師子座　眷屬圍遶　諸人侍衛
或有計算　金銀寶物　出內財產　注記券疏
窮子見父　豪貴尊嚴　謂是國王　若是王等
驚怖自怪　何故至此　覆自念言　我若久住
或見逼迫　強驅使作　思惟是已　馳走而去
借問貧里　欲往傭作　長者是時　在師子座
遙見其子　嘿而識之　即勑使者　追捉將來
窮子驚喚　迷悶躄地　是人執我　必當見煞
何用衣食　使我至此　長者知子　愚癡狹劣
不信我言　不信是父　即以方便　更遣餘人
眇目座陋　无威德者　汝可語之　云當雇相
除諸糞穢　倍與汝價　窮子聞之　歡喜隨來
為除糞穢　淨諸房舍　長者於牖　常見其子
念子愚劣　樂為鄙事　於是長者　著弊垢衣
執除糞器　往到子所　方便附近　語令勤作
既益汝價　并塗足油　飲食充足　薦席厚暖
如是苦言　汝當勤作　又以軟語　若如我子
長者有智　漸令入出　經二十年　執作家事
示其金銀　真珠頗梨　諸物出入　皆使令知
猶處門外　止宿草菴　自念貧事　我无此物
父知子心　漸已曠大　欲與財物　即聚親族
國王大臣　剎利居士　於此大眾　說是我子
捨我他行　經五十歲　自見子來　已二十年
昔於其城　而失是子　周行求索　遂來至此
凡我所有　舍宅人民　悉以付之　恣其所用
子念昔貧　志意下劣　今於父所　大獲珍寶

BD04778號　妙法蓮華經卷二

（26–23）

父知子心　漸已曠大　欲與財物　即聚親族
國王大臣　剎利居士　於此大眾　說是我子
捨我他行　經五十歲　自見子來　已二十年
昔於其城　而失是子　周行求索　遂來至此
凡我所有　舍宅人民　悉以付之　恣其所用
子念昔貧　志意下劣　今於父所　大獲珍寶
并及舍宅　一切財物　甚大歡喜　得未曾有
佛亦如是　知我樂小　未曾說言　汝等作佛
而說我等　得諸无漏　成就小乘　聲聞弟子
佛勑我等　說最上道　修習此者　當得成佛
我承佛教　為大菩薩　以諸因緣　種種譬喻
若干言辭　說无上道　諸佛子等　從我聞法
日夜思惟　精勤修習　是時諸佛　即授其記
汝於來世　當得作佛　一切諸佛　祕藏之法
但為菩薩　演其實事　而不為我　說斯真要
如彼窮子　得近其父　雖知諸物　心不悕取
我等雖說　佛法寶藏　自无志願　亦復如是
我等內滅　自謂為足　唯了此事　更无餘事
我等若聞　淨佛國土　教化眾生　都无欣樂
所以者何　一切諸法　皆悉空寂　无生无滅
无大无小　无漏无為　如是思惟　不生喜樂
我等長夜　於佛智慧　无貪无著　无復志願
而自於法　謂是究竟　我等長夜　修習空法
得脫三界　苦惱之患　住最後身　有餘涅槃
佛所教化　得道不虛　則為已得　報佛之恩
我等雖為　諸佛子等　說菩薩法　以求佛道
而於是法　永无願樂　導師見捨　觀我心故
初不勸進　說有實利　如富長者　知子志劣
以方便力　柔伏其心　然後乃付　一切財寶

BD04778號　妙法蓮華經卷二

（26–24）

而自扵法　謂是究竟　我等長夜　脩習空法
得脫三界　苦惱之患　住冣後身　有餘涅槃
佛所教化　得道不虛　則為已得　報佛之恩
我等雖為　諸佛子等　說菩薩法　以求佛道
而扵是法　永无願樂　導師見捨　觀我心故
初不勸進　說有實利　如冨長者　知子志劣
以方便力　柔伏其心　然後乃付　一切財寶
佛亦如是　現希有事　知樂小者　以方便力
調伏其心　乃教大智　我等今日　得未曾有
非先所望　而今自得　如彼窮子　得无量寶
世尊我今　得道得果　扵无漏法　得清淨眼
我等長夜　持佛淨戒　始扵今日　得其果報
法王法中　久脩梵行　今得无漏　无上大果
我等今者　真是聲聞　以佛道聲　令一切聞
我等今者　真阿羅漢　扵諸世間　天人魔梵
普扵其中　應受供養　世尊大恩　以希有事
憐愍教化　利益我等　无量億劫　誰能報者
手足供給　頭頂礼敬　一切供養　皆不能報
若以頂戴　兩肩荷負　扵恒沙劫　盡心恭敬
又以美膳　无量寶衣　及諸卧具　種種湯藥
牛頭栴檀　及諸珎寶　以起塔廟　寶衣布地
如斯等事　以用供養　扵恒沙劫　亦不能報
諸佛希有　无量无邊　不可思議　大神通力
无漏无為　諸法之王　能為下劣　忍于斯事
取相凡夫　隨宜為說　諸佛扵法　得冣自在
知諸衆生　種種欲樂　及其志力　隨所堪任
以无量喻　而為說法　隨諸衆生　宿世善根
又知成熟　未成熟者　種種籌量　分別知已
扵一乘道　隨宜說三

BD04778號　妙法蓮華經卷二

（26–25）

法王法中　久脩梵行　今得无漏　无上大果
我等今者　真是聲聞　以佛道聲　令一切聞
我等今者　真阿羅漢　扵諸世間　天人魔梵
普扵其中　應受供養　世尊大恩　以希有事
憐愍教化　利益我等　无量億劫　誰能報者
手足供給　頭頂礼敬　一切供養　皆不能報
若以頂戴　兩肩荷負　扵恒沙劫　盡心恭敬
又以美膳　无量寶衣　及諸卧具　種種湯藥
牛頭栴檀　及諸珎寶　以起塔廟　寶衣布地
如斯等事　以用供養　扵恒沙劫　亦不能報
諸佛希有　无量无邊　不可思議　大神通力
无漏无為　諸法之王　能為下劣　忍于斯事
取相凡夫　隨宜為說　諸佛扵法　得冣自在
知諸衆生　種種欲樂　及其志力　隨所堪任
以无量喻　而為說法　隨諸衆生　宿世善根
又知成熟　未成熟者　種種籌量　分別知已
扵一乘道　隨宜說三

妙法蓮華經卷第二

BD04778號　妙法蓮華經卷二

（26–26）

復次須菩提若善男子善女人受持讀誦此
經若為人輕賤是人先世罪業應墮惡道以
今世人輕賤故先世罪業則為消滅當得阿耨
多羅三藐三菩提須菩提我念過去无量阿
僧祇劫於然燈佛前得值八百四千万億那
由他諸佛悉皆供養承事无空過者若復有
人於後末世能受持讀誦此經所得功德於
我所供養諸佛功德百分不及一千万億分
乃至筭數譬喻所不能及須菩提若善男子
善女人於後末世有受持讀誦此經所得功
德我若具說者或有人聞心則狂亂狐疑不
信須菩提當知是經義不可思議果報亦
不可思議
尒時須菩提白佛言世尊善男子善女人發
阿耨多羅三藐三菩提心云何應住云何降
伏其心佛告須菩提善男子善女人發阿耨
多羅三藐三菩提者當生如是心我應滅度
一切衆生滅度一切衆生已而无有一衆生
實滅度者何以故若菩薩有我相人相衆生

BD04779 號　金剛般若波羅蜜經　（8–1）

不可思議
尒時須菩提白佛言世尊善男子善女人發
阿耨多羅三藐三菩提心云何應住云何降
伏其心佛告須菩提善男子善女人發阿耨
多羅三藐三菩提者當生如是心我應滅度
一切衆生滅度一切衆生已而无有一衆生
實滅度者何以故若菩薩有我相人相衆生
相壽者相則非菩薩所以者何須菩提實无
有法發阿耨多羅三藐三菩提者
須菩提於意云何如来於然燈佛所有法得
阿耨多羅三藐三菩提不不也世尊如我解
佛所說義佛於然燈佛所无有法得阿耨多
羅三藐三菩提佛言如是如是須菩提實无
有法如来得阿耨多羅三藐三菩提須菩提
若有法如来得阿耨多羅三藐三菩提然燈
佛則不與我受記汝於来世當得作佛号釋
迦牟尼以實无有法得阿耨多羅三藐三菩
提是故然燈佛與我受記作是言汝於来世
當得作佛号釋迦牟尼何以故如来者即諸
法如義若有人言如来得阿耨多羅三藐三
菩提須菩提實无有法佛得阿耨多羅三藐
三菩提須菩提如来所得阿耨多羅三藐三
菩提於是中无實无虛是故如来說一切法
皆是佛法須菩提所言一切法者即非一切
法是故名一切法

BD04779 號　金剛般若波羅蜜經　（8–2）

法如義若有人言如来得阿耨多羅三藐三
菩提須菩提實无有法佛得阿耨多羅三藐
三菩提須菩提如来所得阿耨多羅三藐三
菩提於是中无實无虛是故如来說一切法
皆是佛法須菩提所言一切法者即非一切
法是故名一切法
須菩提譬如人身長大須菩提言世尊如来
說人身長大則為非大身是名大身
須菩提菩薩亦如是若作是言我當滅度无
量衆生則不名菩薩何以故須菩提實无有
法名為菩薩是故佛說一切法无我无人无
衆生无壽者須菩提若菩薩作是言我當莊
嚴佛土是不名菩薩何以故如来說莊嚴佛
土者即非莊嚴是名莊嚴須菩提若菩薩通
達无我法者如来說名真是菩薩
須菩提於意云何如来有肉眼不如是世尊
如来有肉眼須菩提於意云何如来有天眼
不如是世尊如来有天眼須菩提於意云何
如来有慧眼不如是世尊如来有慧眼須菩
提於意云何如来有法眼不如是世尊如来
有法眼須菩提於意云何如来有佛眼不如
是世尊如来有佛眼須菩提於意云何恒河
中所有沙佛說是沙不如是世尊如来說是
沙須菩提於意云何如一恒河中所有沙有
如是等恒河是諸恒河所有沙數佛世界如
是寧為多不甚多世尊佛告須菩提尒所國

BD04779 號　金剛般若波羅蜜經　（8–3）

是世尊如来有佛眼須菩提於意云何恒河
中所有沙佛說是沙不如是世尊如来說是
沙須菩提於意云何如一恒河中所有沙有
如是等恒河是諸恒河所有沙數佛世界如
是寧為多不甚多世尊佛告須菩提尒所國
土中所有衆生若干種心如来悉知何以故
如来說諸心皆為非心是名為心所以者何
須菩提過去心不可得現在心不可得未来
心不可得須菩提於意云何若有人滿三千
大千世界七寶以用布施是人以是因緣得福
多不如是世尊此人以是因緣得福甚多
須菩提若福德有實如来不說得福德多以
福德无故如来說得福德多
須菩提於意云何佛可以具足色身見不不
也世尊如来不應以具足色身見何以故如
来說具足色身即非具足色身是名具足色身
須菩提於意云何如来可以具足諸相見不
不也世尊如来不應以具足諸相見何以故
如来說諸相具足即非具足是名諸相具足
須菩提汝勿謂如来作是念我當有所說法
莫作是念何以故若人言如来有所說法即
為謗佛不能解我所說故須菩提說法者
无法可說是名說法
須菩提白佛言世尊佛得阿耨多羅三藐三
菩提為无所得耶如是如是須菩提我於阿
耨多羅三藐三菩提乃至无有少法可得是

BD04779 號　金剛般若波羅蜜經　（8–4）

為謗佛不能解我所說故須菩提說法者
无法可說是名說法
須菩提白佛言世尊佛得阿耨多羅三藐三
菩提為无所得耶如是如是須菩提我於阿
耨多羅三藐三菩提乃至无有少法可得是
名阿耨多羅三藐三菩提復次須菩提是法
平等无有高下是名阿耨多羅三藐三菩提
以无我无人无衆生无壽者脩一切善法則
得阿耨多羅三藐三菩提須菩提所言善法
者如來說非善法是名善法
須菩提若三千大千世界中所有諸須彌山
王如是等七寶聚有人持用布施若人以此般
若波羅蜜經乃至四句偈等受持讀誦為他
人說於前福德百分不及一百千万億分乃
至筭數譬喻所不能及
須菩提於意云何汝等勿謂如來作是念我
當度衆生須菩提莫作是念何以故實无有
衆生如來度者若有衆生如來度者如來則
有我人衆生壽者須菩提如來說有我者則
非有我而凡夫之人以為有我須菩提凡夫
者如來說則非凡夫
須菩提於意云何可以卅二相觀如來不須
菩提言如是如是以卅二相觀如來佛言須
菩提若以卅二相觀如來者轉輪聖王則是
如來須菩提白佛言世尊如我解佛所說義



者如來說則非凡夫
須菩提於意云何可以卅二相觀如來不須
菩提言如是如是以卅二相觀如來佛言須
菩提若以卅二相觀如來者轉輪聖王則是
如來須菩提白佛言世尊如我解佛所說義
不應以卅二相觀如來
尒時世尊而說偈言
若以色見我　以音聲求我　是人行邪道　不能見如來
須菩提汝若作是念如來不以具足相故得
阿耨多羅三藐三菩提須菩提莫作是念如
來不以具足相故得阿耨多羅三藐三菩提
須菩提汝若作是念發阿耨多羅三藐三菩
提者說諸法斷滅莫作是念何以故發阿耨
多羅三藐三菩提者於法不說斷滅相須菩
提若菩薩以滿恒河沙等世界七寶布施若
復有人知一切法无我得成於忍此菩薩勝
前菩薩所得功德須菩提以諸菩薩不受福
德故須菩提白佛言世尊云何菩薩不受福
德須菩提菩薩所作福德不應貪著是故說
不受福德
須菩提若有人言如來若來若去若坐若卧
是人不解我所說義何以故如來者无所從
來亦无去故名如來
須菩提若善男子善女人以三千大千世界
碎為微塵於意云何是微塵衆寧為多不甚

不受福德
須菩提若有人言如來若來若去若坐若卧
是人不解我所說義何以故如來者无所從
來亦无去故名如來
須菩提若善男子善女人以三千大千世界
碎為微塵於意云何是微塵衆寧為多不甚
多世尊何以故若是微塵衆實有者佛則不
說是微塵衆所以者何佛說微塵衆則非微
塵衆是名微塵衆世尊如來所說三千大千
世界則非世界是名世界何以故若世界實
有者則是一合相如來說一合相則非一合相
是名一合相須菩提一合相者則是不可說
但凡夫之人貪著其事須菩提若人言佛說
我見人見衆生見壽者見須菩提於意云何
是人解我所說義不世尊是人不解如來所
說義何以故世尊說我見人見衆生見壽者
見即非我見人見衆生見壽者見是名我見
人見衆生見壽者見須菩提發阿耨多羅三
藐三菩提心者於一切法應如是知如是見
如是信解不生法相須菩提所言法相者如
來說即非法相是名法相須菩提若有人以
滿无量阿僧祇世界七寶持用布施若有善
男子善女人發菩薩心者持於此經乃至四
句偈等受持讀誦為人演說其福勝彼云何
為人演說不取於相如如不動何以故
一切有為法　如夢幻泡影　如露亦如電　應作如是觀

BD04779 號　金剛般若波羅蜜經　（8–7）

人見衆生見壽者見須菩提發阿耨多羅三
藐三菩提心者於一切法應如是知如是見
如是信解不生法相須菩提所言法相者如
來說即非法相是名法相須菩提若有人以
滿无量阿僧祇世界七寶持用布施若有善
男子善女人發菩薩心者持於此經乃至四
句偈等受持讀誦為人演說其福勝彼云何
為人演說不取於相如如不動何以故
一切有為法　如夢幻泡影　如露亦如電　應作如是觀
佛說是經已長老須菩提及諸比丘比丘尼
優婆塞優婆夷一切世間天人阿脩羅聞
佛所說皆大歡喜信受奉行
佛說金剛般若波羅蜜經

BD04779 號　金剛般若波羅蜜經　（8–8）

佛
南无高盖佛
南无寶盖佛
南无旃檀勝佛
南无寶光明佛
南无淨功德佛
南无无畏佛
南无成就積佛

[illegible]
佛
[illegible]勝任王佛
南无勝王佛
南无斷疑佛
南无然燈佛
南无明称留佛
南无稱光明佛
南无雷盖佛
南无旃檀香佛
南无須弥聚佛
南无堅固王佛
南无清淨眼佛
南无遠離諸畏佛
南无寶勝佛

BD04780號　佛名經（十六卷本）卷四　（32–1）

[illegible]
南无旃檀勝佛
南无寶光明佛
南无淨功德佛
南无无畏佛
南无成就積佛
南无山王佛
南无无量行佛
南无羅網光明幢佛
南无東南方觀一切佛
南无善覺奮迅佛
南无无量光明華佛
南无初發心轉輪佛
南无千上光明佛
南无量跡步佛
南无无邊顏佛
南无不定願佛
南无轉諸難佛
南无成就一切念佛
南无有勝佛
南无西南方成就義如來爲上首
南无成就義發行佛
南无炎佛
南无无量發行佛
南无无邊修行佛
南无然燈光明住佛
[illegible]

[illegible]
南无須弥聚佛
南无堅固王佛
南无清淨眼佛
南无遠離諸畏佛
南无寶勝佛
南[illegible]
南无[illegible]佛
南无形鏡如來爲上首佛
南无羅網光明佛
南无寶堅固[illegible]
南无華積[illegible]
南无不動步[illegible]
南无量顏佛
南无无邊境界佛
南无轉胎佛
南无不行念佛
南无佛虛空佛
南无常發行佛
南无无相修行佛
南无普修行佛
南无普藏佛
[illegible]

BD04780號　佛名經（十六卷本）卷四　（32–2）

南无炎佛　南无常發行佛
南无无量發行佛　南无无相脩行佛
南无无邊脩行佛　南无普脩行佛
南无然燈光明住佛　南无普藏佛
南无善住佛　南无普山佛
南无无邊形佛　南无无邊精進佛
南无羅網光佛　南无蔔陁羅佛
南无光明輪佛　南无善見佛
南无不空說名佛　南无一切怖畏佛
南无无量功德王光明步佛
南无无邊華佛　南无无邊吼聲佛
南无樂精光明功德佛　南无不二輪佛
南无无量光明佛　南无華光佛
南无无量聲佛　南无高明佛
南无堅固自在王佛　南无日面佛
南无善眼佛　南无勝功德佛
從此以前二千五百佛十二部經一切賢聖
南无寶華佛　南无寶成就佛
南无月華佛　南无一切衆生脩行佛
南无轉一切世間佛　南无无量光明无形佛
南无无畏佛　南无一切樂念順行佛
南无西北方普香光明如來爲上首
南无發初香光明佛　南无香山佛
南无香爲佛　南无香勝佛
南无香身佛　南无香輪佛
南无无光明王佛　南无[illegible]頭摩王佛

BD04780號　佛名經（十六卷本）卷四　（32-3）

[illegible]
南无西北方普香光明如來爲上首
南无發初香光明佛　南无香山佛
南无香爲佛　南无香勝佛
南无香身佛　南无香輪佛
南无无光明王佛　南无妙波頭摩王佛
南无佛境界佛　南无无量境界佛
南无安樂佛　南无快勝佛
南无放光明華佛　南无華蓋行佛
南无華帳佛　南无金華佛
南无香華佛　南无高王佛
南无善道師佛　南无勝一切衆生佛
南无轉一切念佛　南无无量行華佛
南无无量香佛　南无普照放光明佛
南无普香光明佛　南无普放光明佛
南无放成就勝華佛　南无寶羅網像佛
南无妙光佛　南无一蓋國土佛
南无星宿王佛　南无合聚佛
南无不住王佛　南无香風佛
南无邊智境界佛　南无不空行佛
南无不空見佛　南无无障㝵眼佛
南无初發心佛　南无无量眼佛
南无然燈上佛　南无普光明佛
南无照光明佛　南无一切國佛土
一切衆生不斷樂說佛
南无阿樓那鬱王佛　南无无[illegible]鬱[illegible]王佛

BD04780號　佛名經（十六卷本）卷四　（32-4）

南无不空見佛　南无无障导明佛
南无初發心佛　南无无量眼佛
南无然燈上佛　南无普光明佛
南无照光明佛　南无一切圓佛上
一切衆生不斷樂說佛
南无阿樓那奮迅佛　南无无邊奮迅佛
南无東北方斷一切憂惱如来為上首
南无離憂佛　南无樂成就功德佛
南无无畏王佛　南无勝弥留佛
南无香山佛　南无拘隣佛
南无大體勝佛　南无寶蓮華勝佛
南无華成就佛　南无吼眼佛
南无勝衆佛　南无无邊光明佛
南无月勝光明佛　南无星宿王衆憧上佛
南无无邊光明佛　南无香高山佛
南无畏　佛　南无成就勝无畏佛
南无无邊光照佛　南无香弥留佛
南无離驚怖成就勝佛
南无无量功德月成就佛
南无一切功德莊嚴佛　南无不可勝憧佛
南无增上護光明佛　南无華勝王佛
南无无邊成就行佛　南无一切勝佛
南无虛空輪清淨王佛　南无无量吼聲佛
南无无量吼妙聲佛　南无寶勝功德佛
南无淨勝佛　南无无导香為佛
南无高光月佛　南[illegible]一[illegible]海[illegible]佛



南无无邊成就行佛　南无一切勝佛
南无虛空輪清淨王佛　南无无量吼聲佛
南无无量吼妙聲佛　南无寶勝功德佛
南无淨勝佛　南无无导香為佛
南无高光明佛　南无稱佛
南无稱親佛　南无堅固自在王佛
南无无量照佛　南无安隱王佛
南无普功德增上雲聲燈佛
南无大精佛　南无高精佛
南无功德王光明佛
從此以上二千六百佛十二部經一切賢聖
南无堅積聚佛　南无寶勝光明佛
南无真珠羅網光明佛　南无月佛
南无旃檀佛　南无月勝佛
南无梵佛　南无行淨佛
南无一切勝佛　南无難勝佛
南无寶住佛　南无无量聲佛
南无樹提佛　南无龍天佛
南无日天佛　南无師子佛
南无无垢明佛　南无世間天佛
南无勝積佛　南无人自在恭敬佛
南无華勝佛　南无發精進佛
南无大妙香光明勝佛　南无无垢香火勝佛
南无普見佛　南无不動佛
南无寶憧佛　南无无量明佛

南无勝積佛　南无人自在恭敬佛
南无華勝佛　南无發精進佛
南无大妙香光明勝佛　南无无垢香火勝佛
南无普見佛　南无不動佛
南无寶幢佛　南无无量明佛
南无妙寶聲佛　南无遍照佛
南无智光明王佛　南无摩尼光明勝佛
南无光明善勝慧佛　南无盧舍那佛
南无智慧自在佛　南无火聚日佛
南无火然燈佛　南无月光明佛
南无无障导智佛　南无華香佛
南无寶光明佛　南无募陁羅香善佛
南无拘隣智炎佛　南无火月香佛
南无華幢佛　南无无著智略佛
歸命如是等无量億眦褒羅佛
南无寶作佛　南无憂勝佛
南无寶作佛　南无人王佛
南无力勝佛　南无香勝佛
南无普滿華佛　南无无垢光明佛
南无樂說莊嚴思惟佛　南无无垢月幢佛
南无俱蘇摩光明作佛　南无火行佛
南无寶上佛　南无无畏觀佛
南无速離驚怖毛豎等喜稱佛
南无師子奮迅力佛　南无金光明威德王佛
若善男子善女人十日礼拜讀誦是諸佛
佛名速離一切諸難及滅一切罪

BD04780號　佛名經（十六卷本）卷四

（32–7）

南无俱蘇摩光明作佛　南无火行佛
南无寶上佛　南无无畏觀佛
南无速離驚怖毛豎等喜稱佛
南无師子奮迅力佛　南无金光明威德王佛
若善男子善女人十日礼拜讀誦是諸佛
佛名速離一切諸難及滅一切罪
南无善說增上名勝佛
南无普光明佛
南无過種種敵對奮迅佛
南无自在幢王佛
南无无量功德光明勝佛
南无无障导佛
南无寶波頭摩奮迅勝佛
南无寶華善住山自在王佛
若善男子善女人受持讀誦是諸佛名一
阿僧祇劫超越世間不入惡道
南无智燈佛　南无光明佛
南无難降伏佛　南无普照十方世界佛
南无大海佛　南无寶藏佛
南无銀幢佛　南无幢日王佛
南无威德自在王佛　南无覺王佛
南无十力自在佛　南无平等作佛
南无初發心思惟速離諸怖畏煩惱无导
妙勝佛
南无金剛足步佛　南无寶像光明王奮迅王佛

BD04780號　佛名經（十六卷本）卷四

（32–8）

南无[illegible]佛　南无[illegible]佛
南无十力自在佛　南无平等作佛
南无初發心思惟遠離諸怖畏煩惱无导
妙勝佛
南无金剛足步佛　南无寶像光明[illegible]
南无降伏諸魔疑奮迅佛
南无初發心不退輪成就勝佛
南无寶蓋上光明佛　南无教化菩薩佛
南无初發心斷一切疑煩惱佛
南无光明勝破闇三昧勝上王佛
南无樂說莊嚴雲聲歡喜佛
南无清淨香決定光明威德王佛
南无拘留孫佛　南无金聖佛
南无人王佛
從此以上二千七百佛十二部經一切賢聖
南无迦葉佛
南无弥勒佛　南无師子佛
南无然炬佛　南无聖佛
南无華幢佛　南无善星宿佛
南无大主佛　南无大辟佛
南无大力佛　南无星宿王佛
南无藥佛　南无稱幢佛
南无大光明佛　南无火聚佛
南无照佛　南无日藏佛
南无月矣佛　南无善明佛
南无无憂佛　南无一沙佛

BD04780號　佛名經（十六卷本）卷四

（32–9）

南无大光明佛　南无火聚佛
南无照佛　南无日藏佛
南无月矣佛　南无善明佛
南无无憂佛　南无一沙佛
南无明佛　南无住持鬚佛
南无功德明佛　南无見義佛
南无然燈佛　南无妙歌佛
南无藥佛　南无安隱佛
南无頂堅勝威德佛　南无難勝佛
南无功德幢佛　南无羅睺佛
南无勝衆佛　南无梵聲佛
南无堅固意佛　南无光明作佛
南无大高山佛　南无金剛仙佛
南无无畏佛　南无寶[illegible]摩眼力仙佛
南无華光明人羅佛　南无大威德佛
南无淨佛　南无无量命佛
南无龍德佛　南无堅步佛
南无不空見佛　南无精進德佛
南无力護佛　南无歡喜佛
南无勝佛　南无師子幢佛
南无勝法佛　南无歡喜王上首佛
南无愛作佛　南无功德智佛
南无香爲佛　南无善歡佛
南无雲聲佛　南无善思惟佛
南无善識佛　南无无垢佛

BD04780號　佛名經（十六卷本）卷四

（32–10）

南无愛作佛　南无功德智佛
南无香焰佛　南无善歡佛
南无雲聲佛　南无善思惟佛
南无善識佛　南无无垢佛
南无月佛　南无大稱佛
南无摩尼寶佛　南无勝佛
南无師子步佛　南无樹王佛
南无光明勝佛　南无稱智慧佛
南无善住佛　南无意佛
南无甘露慧佛　南无善見佛
南无智光明佛　南无堅行佛
南无吉佛　南无寶幢佛
南无波頭摩佛　南无那羅延佛
南无樂佛　南无智作佛
南无功德佛　南无供養佛
南无淨德佛　南无寶作佛
南无華天佛　南无善佛
南无法佛　南无自在佛
南无稱慧佛　南无意積佛
南无金剛幢佛　南无十方佛
次礼十二部尊經大藏法輪
南无須摩提長者經　南无阿育王太子法益
南无孚經　南无燈指經
南无度世護身經　南无菩薩戒經
從此以上二千八百佛十二部經一切賢聖

BD04780號　佛名經（十六卷本）卷四　（32–11）

次礼十二部尊經大藏法輪
南无須摩提長者經　南无阿育王太子法益
南无孚經　南无燈指經
南无度世護身經　南无菩薩戒經
從此以上二千八百佛十二部經一切賢聖
南无小泥洹經　南无法顯傳經
南无盧至長者經　南无讀賓頭盧經
南无佛臨般泥洹略說教戒經
南无羅吒和羅經　南无諫王經
南无郁伽長者所問經　南无須癩經
南无和休戒具經　南无四天王經
南无十方佛名經　南无淨飯王般涅槃經
南无摩尼羅檀經　南无出家功德經
南无演道俗經　南无小无量壽經
南无惟无三昧經　南无觀普賢行經
南无成具光明經　南无出生无量門持經
南无虛空藏神呪經
次礼十方諸大菩薩
南无无量明菩薩　南无勇力菩薩
南无寶藏菩薩　南无法光菩薩
南无藥樹菩薩　南无无盡意菩薩
南无濟度菩薩　南无安神菩薩
南无寶明菩薩　南无化道菩薩
南无月光菩薩　南无日藏菩薩
南无乾波羅菩薩　南无寶智菩薩

BD04780號　佛名經（十六卷本）卷四　（32–12）

南无藥樹菩薩　南无无盡意菩薩
南无濟度菩薩　南无安神菩薩
南无寶明菩薩　南无化道菩薩
南无月光菩薩　南无日藏菩薩
南无乾陂羅菩薩　南无寶智菩薩
南无達波羅菩薩　南无寶尊菩薩
南无善居羅菩薩　南无普德智光菩薩
南无普明師子菩薩　南无普勝寶光菩薩
南无普德海幢菩薩　南无普慧光照菩薩
南无普寶華幢菩薩　南无普勝濡音菩薩
南无普淨德焰菩薩　南无普相光明菩薩
南无大光海月菩薩　南无雲音海藏菩薩
南无德寶勝月菩薩　南无淨慧光焰自在菩薩
南无超越華光菩薩　南无无量智雷日光菩薩
歸命如是等无量无邊菩薩
次禮聲聞緣覺一切賢聖
南无備行不著辟支佛　南无難勝辟支佛
南无寶辟支佛　南无不可比辟支佛
南无歡喜辟支佛　南无喜辟支佛
南无隨喜辟支佛　南无十二婆羅隨辟支佛
南无十二同名婆羅辟支佛　南无火身辟支佛
南无同菩提辟支佛　南无摩訶男辟支佛
歸命如是等无量无邊辟支佛
禮三寶已次復懺悔
次復懺悔貪愛之罪經中說言但為貪欲
閉在地獄沒生死河莫之能出衆生爲是

BD04780號　佛名經（十六卷本）卷四　（32–13）

南无十二同名婆羅辟支佛　南无火身辟支佛
南无同菩提辟支佛　南无摩訶男辟支佛
歸命如是等无量无邊辟支佛
禮三寶已次復懺悔
次復懺悔貪愛之罪經中說言但為貪欲
閉在地獄沒生死河莫之能出衆生爲是
五欲因緣從昔以來流轉生死一一衆生一劫
之中所積身骨如王舍城毗富羅山所飲母
乳如四海水身所出血復過於此父母兄弟
六親眷屬命終哭泣所出目淚如四海水是
故說言有愛則生愛盡則滅故知生死貪愛
為本所以經言婬欲之罪能令衆生墮於地
獄餓鬼受苦若在畜生則受鴿雀鴛鴦等
身若生人中妻不貞良得不隨意眷屬婬欲
既有如此惡果是故弟子今日稽顙歸依
東方師音王佛　南方大雲藏佛
西方无量壽佛　北方紅蓮華光佛
東南方无垢琉璃佛　西南方勝調伏上佛
西北方散華喜得佛　東北方心同虛空佛
下方无垢稱王佛　上方淨智慧海佛
如是十方盡虛空界一切三寶
弟子自從无始以來至於今日或通人妻妾
奪他婦女侵陵貞潔汙比丘尼破他梵行逼
迫不道濁心邪視言語嘲調或復耻他門戶
汙賢善名或於男子五種人所起不淨行如
是等罪今悉懺悔

BD04780號　佛名經（十六卷本）卷四　（32–14）

如是十方盡虛空界一切三寶
弟子自從无始以來至於今日或通人妻妾
奪他婦女侵陵貞潔汙比丘尼破他梵行逼
迫不道濁心邪視言語嘲調或復耻他門戶
汙賢善名或於男子五種人所起不淨行如
是等罪今悉懺悔
又復无始以來至於今日或眼爲色惑愛染
玄黃紅綠朱紫珎玩寶飾或取男女長短
黑白姿態之相起非法想耳貪好聲宮商
絃管伎樂歌唱或取男女音聲語言啼咲
之相起非法想或鼻著名香薀蘭麝鬱
金蘇合起非法想或舌貪好味鮮美甘肥
衆生肉血資養四大更增苦本起非法想身
樂華綺錦綉縎縠一切細滑七珎嚴服起非
法想或意多亂想觸向非法有此六根造罪
尤甚如是等罪无量无邊今日至誠向十方
佛尊法聖衆皆悉懺悔
願弟子等承是懺悔婬欲等罪所生功德
願生生世世自然化生不由胞胎清淨皎潔相
好光嚴六情開朗聰利分明了達恩愛猶如
桎梏觀此六塵如幻如化於五欲境決定厭
離乃至夢中不起邪想內外因緣永不能動
願以懺悔眼根功德願令此眼徹見十方諸
佛菩薩清淨法身不以二相願以懺悔耳根
功德願令此耳常聞十方諸佛賢聖所說正

BD04780號　佛名經（十六卷本）卷四　（32–15）

桎梏觀此六塵如幻如化於五欲境決定厭
離乃至夢中不起邪想內外因緣永不能動
願以懺悔眼根功德願令此眼徹見十方諸
佛菩薩清淨法身不以二相願以懺悔耳根
功德願令此耳常聞十方諸佛賢聖所說正
法如教奉行願以懺悔鼻根功德願令此鼻
常聞香積入法位香捨離生死不淨臭穢
願以懺悔舌根功德願令此舌常食法喜禪
悅之食不貪衆生血肉之味願以懺悔身根
功德願令此身被如來衣著忍辱鎧卧无畏
床坐四禪座願以懺悔意根功德願令此
意成就十想洞達五明深觀二諦空平等
理從方便慧起十妙行入法流水念念增明
顯發如來大无生忍 禮拜一
南无奮迅佛　南无離闇佛
南无羅睺天佛　南无称留幢佛
南无衆上首佛　南无寶藏佛
南无上備佛　南无星宿佛
南无大覺佛　南无三界尊佛
南无功德礙佛　南无日月光明師子幢佛
南无毗羅波王佛　南无勝藏佛
南无示現有佛　南无光　佛
南无金山佛　南无師子德佛
南无不可勝幢佛　南无光明　佛

BD04780號　佛名經（十六卷本）卷四　（32–16）

南无毗羅波王佛　南无勝藏佛
南无示現有佛　南无光佛
南无金山佛　南无師子德佛
南无不可勝幢佛　南无光明佛
南无稱佛　南无堅精進佛
從此以上三千九百佛十二部經一切賢聖
南无无譬喻稱佛　南无離畏佛
南无應天佛　南无大然燈佛
南无多世間佛　南无妙香佛
南无住持功德佛　南无離闇佛
南无无比佛　南无自然佛
南无師子佛　南无善行佛
南无寶稱佛　南无離諸過佛
南无住持甘露佛　南无人月佛
南无日面佛　南无莊嚴佛
南无摩尼光佛　南无山積佛
南无高幢佛　南无法作佛
南无思惟義佛　南无深心佛
南无寶聚佛　南无衆上首佛
南无劫佛　南无奮迅佛
南无住智佛　南无分明佛
南无勝佛　南无不起佛
南无功德佛　南无師子吼佛
南无奮迅佛　南无人信佛
南无龍王佛　南无華山佛

BD04780號　佛名經（十六卷本）卷四　（32–17）

南无住智佛　南无分明佛
南无勝佛　南无不起佛
南无功德佛　南无師子吼佛
南无奮迅佛　南无人信佛
南无龍王佛　南无華山佛
南无龍喜佛　南无香自在佛
南无妙稱佛　南无天力佛
南无功德顯佛　南无龍功德佛
南无莊嚴眼佛　南无善行智佛
南无智勝佛　南无慧照佛
南无寶語佛　南无日光明佛
南无決定智佛　南无寶上色佛
南无普照佛　南无寶幢佛
南无離疑佛　南无師子奮迅步佛
南无善護佛　南无不空步佛
南无覺華幢佛　南无山自在王佛
南无大威德佛　南无示現惡佛
南无甘露稱佛　南无寶天佛
南无住義智佛　南无滿足智佛
南无不唊劣名佛　南无无憂佛
南无離垢佛　南无梵天佛
南无地自在王佛　南无華眼佛
南无差別見佛　南无法光明佛
南无具足見佛　南无信功德佛
南无三果尊佛　南无月葉佛

BD04780號　佛名經（十六卷本）卷四　（32–18）

南无離垢佛　南无梵天佛
南无地自在王佛　南无華眼佛
南无差别見佛　南无法光明佛
南无具足見佛　南无信功德佛
南无三界尊佛　南无月葉佛
南无寶光明佛　南无寶幢佛
南无妙稱佛　南无光明住佛
南无无量威德佛　南无廣佛
南无師子身佛　南无甘露慧佛
南无難勝佛　南无功德聚佛
南无月高佛　南无得大勢至佛
南无无量步佛　南无月畏佛
南无見一切義佛　南无勇猛佛
南无功德然燈佛　南无月佛
南无功德炎佛　南无廣智佛
從此以上三千佛十二部經一切賢聖
南无善寂滅佛　南无天佛
南无无垢佛　南无住持无量明佛
南无希勝佛　南无不虛藏佛
南无善住佛　南无意佛
南无上首佛　南无世間光明佛
南无多功德佛　南无无量威德佛
南无義慧佛　南无離塵佛
南无離瞋恨无慈佛　南无善稱佛
南无稱德佛　南无俱蘇摩德佛

BD04780號　佛名經（十六卷本）卷四　（32–19）

南无上首佛　南无世間光明佛
南无多功德佛　南无无量威德佛
南无義慧佛　南无離塵佛
南无離瞋恨无慈佛　南无善稱佛
南无稱德佛　南无俱蘇摩德佛
南无人德佛　南无精進仙佛
南无大德佛　南无寂慧佛
南无書爲佛　南无堅佛
南无安樂佛　南无不可勝佛
南无日月佛　南无雷佛
南无雷佛　南无大勝佛
南无讃智佛　南无日佛
南无成就義佛　南无寶積佛
南无降伏怨佛　南无華勝佛
南无應稱佛　南无智步佛
南无離憍佛　南无根華佛
南无无畏國土佛　南无高稱佛
南无示有佛　南无月佛
南无多功德佛　南无寶月佛
南无師子幢佛　南无樂思惟佛
南无不可思議奮迅佛　南无樂功德佛
南无應供稱佛　南无華相佛
南无无量樂說佛　南无摩尼金剛佛
南无无量壽佛　南无摩尼莊嚴佛
南无大自在功德佛　南无勝佛

BD04780號　佛名經（十六卷本）卷四　（32–20）

南无不可思[illegible]稱 南无樂功德佛
南无應供稱佛 南无華相佛
南无无量樂說佛 南无摩尼金剛佛
南无无量壽佛 南无摩尼莊嚴佛
南无大自在功德佛 南无勝佛
南无高山稱佛 南无百光明佛
南无歡喜佛 南无龍步佛
南无意成就佛 南无寶月佛
南无寂滅佛 南无然炬王佛
南无上首佛 南无歡喜自在佛
南无寶鬘佛 南无遠離畏佛
南无寶藏佛 南无月面佛
南无无垢稱佛 南无稱威德佛
南无愛天佛 南无羅睺天佛
南无善美佛 南无寶愛佛
南无寶聚佛 南无寶步佛
南无師子華佛 南无高脩佛
南无人自在佛 南无人慧佛
南无照世間佛 南无寶威德佛
南无功德佛 南无相佛
南无乘莊嚴佛 南无橋梁佛
南无香爲佛 南无无心慧佛
南无弥留幢佛 南无善香佛
南无堅鎧佛 南无勝威德佛
南无摩尼鎧佛 南无賢佛

BD04780號 佛名經（十六卷本）卷四 （32–21）

南无功德佛 南无相佛
南无乘莊嚴佛 南无橋梁佛
南无香爲佛 南无无心慧佛
南无弥留幢佛 南无善香佛
南无堅鎧佛 南无勝威德佛
南无摩尼鎧佛 南无賢佛
南无善香月佛 南无淨自在佛
從此以上三千一百佛十二部經一切賢聖
南无師子月佛 南无威德佛
南无善勝佛 南无不可勝輪佛
南无勝親佛 南无寶名佛
南无大行佛 南无高光明佛
南无功德山佛 南无大稱佛
南无法稱佛 南无施光明佛
南无電德佛 南无寶作佛
南无命佛 南无善美佛
南无善首佛 南无決定慧佛
南无離有佛 南无摩尼香佛
南无勝喜佛 南无師子光明佛
南无普照佛 南无稱勝佛
南无善智慧佛 南无摩尼月佛
南无高光佛 南无不可降伏行佛
南无火佛 南无摩尼輪佛
南无世尊佛 南无師子像佛
南无月佛 南无寶美佛
南无羅睺佛 南无[illegible]佛

BD04780號 佛名經（十六卷本）卷四 （32–22）

南无普照佛　南无稱勝佛
南无善智慧佛　南无摩尼月佛
南无高光佛　南无不可降伏行佛
南无火佛　南无摩尼輪佛
南无世尊佛　南无師子像佛
南无月佛　南无寶炎佛
南无羅睺佛　南无善護佛
南无希覺佛　南无同光明佛
南无寂靜去佛　南无安隱世間佛
南无无惱佛　南无十行佛
南无力喜佛　南无大體勝佛
南无至大體佛　南无得大勢佛
南无功德藏佛　南无寶行佛
南无无畏勝佛　南无樹提佛
南无大光明佛　南无田光佛
南无廣功德佛　南无寶功德佛
南无自在佛　南无摩香佛
南无作業佛　南无師子手佛
南无善化佛　南无寶高佛
南无海佛　南无住持佛
南无義智佛　南无善思惟慧佛
南无大衆輪佛　南无寶火佛
南无脩行義佛　南无世間月佛
南无華聲佛　南无淨幢佛
南无大衆上首佛　南无師子步佛
南[无]威德德佛　南无福德成就佛

BD04780號　佛名經（十六卷本）卷四　（32–23）

南无義智佛　南无善思惟慧佛
南无大衆輪佛　南无寶火佛
南无脩行義佛　南无世間月佛
南无華聲佛　南无淨幢佛
南无大衆上首佛　南无師子步佛
南无威德德佛　南无福德成就佛
南无大光明佛　南无寶稱佛
南无信衆佛　南无无邊稱佛
南无不空光明佛　南无聖天佛
南无金剛衆佛　南无善肩佛
南无幢佛　南无華旋佛
南无鎧慧佛　南无風行佛
南无善思惟佛　南无稱佛
南无快然佛　南无甘露聚佛
南无功德護佛　南无義去佛
南无无畏佛　南无慈佛
南无住分別佛　南无摩尼足佛
南无解脫威德佛　南无善報佛
南无善發等威德佛
從此以上三千二百佛十二部經一切賢聖
南无善天佛　南无智勝佛
南无智力德佛　南无寶聲佛
南无華高佛　南无師子慧佛
南无華德佛　南无智住佛
南无寶稱佛　南无功德藏佛
南无不可降伏佛　南无无畏自在佛

BD04780號　佛名經（十六卷本）卷四　（32–24）

南无善天佛　南无寶聲佛
南无智力德佛　南无師子慧佛
南无華高佛　南无智住佛
南无華德佛　南无功德藏佛
南无寶稱佛　南无寶稱佛
南无不可降伏佛　南无无畏自在佛
南无淨佛　南无諸天佛
南无可愛佛　南无寶天佛
南无寶藏佛　南无功德稱佛
南无智積佛　南无清白佛
南无遠行佛　南无天威德佛
南无淨聖佛　南无喜去佛
南无大憂威德佛　南无火聚佛
南无大勝佛　南无華佛
南无喜佛　南无善首佛
南无自在幢佛　南无大愛佛
南无善心佛　南无降伏世界佛
南无勇猛佛　南无成就佛
南无威德佛　南无喜思義境界佛
南无善辯佛　南无大寶佛
南无稱意佛　南无世間尊佛
南无功德光明佛　南无寶聲佛
南无金剛仙佛　南无成就佛
南无師子力佛　南无无垢眼佛
南无迦葉佛　南无清淨智佛
南[illegible]

BD04780號　佛名經（十六卷本）卷四

（32-25）

南无稱意佛　南无世間尊佛
南无功德光明佛　南无寶聲佛
南无金剛仙佛　南无成就佛
南无師子力佛　南无无垢眼佛
南无迦葉佛　南无清淨智佛
南无智步佛　南无高威德佛
南无大光明佛　南无日光明佛
南无无垢身佛　南无差別身佛
南无差別威德佛　南无不可比甘露稱佛
南无月光明電德佛　南无寂滅去佛
南无不動佛　南无多稱佛
南无功德法佛　南无歡喜不畏佛
南无莊嚴王佛　南无妙稱佛
南无多炎佛　南无華勝佛
南无寶莊嚴佛　南无善賢佛
南无寶妙佛　南无喜智慧佛
南无善賢德佛　南无梵幢佛
南无月蓋佛　南无羅網炎佛
南无廣光明佛　南无智稱佛
南无名相佛　南无功德光明佛
南无稱名聲佛　南无滿月佛
南无華光佛　南无善行佛
南无然燈王佛　南无電幢佛
南无光明王佛　南无星宿光佛
南无不可嫌名佛　南无波頭摩藏佛

BD04780號　佛名經（十六卷本）卷四

（32-26）

南无稱名聲佛　南无滿月佛
南无華光佛　南无善行佛
南无然燈王佛　南无電幢佛
南无光明王佛　南无星宿光佛
南无不可嫌名佛　南无波頭摩藏佛
南无弗沙快佛　南无眼佛
南无无獨義佛　南无高威德佛
南无華威德佛　南无奮迅佛
南无无障智佛　南无羅睺大佛
南无智聚佛　南无上首佛
從此以上三千三百佛十二部經一切賢聖
南无自在劫佛　南无華幢佛
南无羅睺佛　南无火燄佛
南无星宿王佛　南无明王佛
南无福德手佛　南无稱光佛
南无日光明佛　南无法藏佛
南无善智慧佛　南无功德自在劫佛
南无金剛仙佛　南无智慧積佛
南无善住佛　南无善至智慧佛
南无淨聲佛　南无龍吼聲佛
南无桐幢佛　南无智慧聚佛
南无无畏佛　南无淨上首佛
南无快眼佛　南无龍德佛
南无寶幢佛　南无黠慧佛
南无不怯弱聲佛　南无寶相佛



南无桐幢佛　南无智慧聚佛
南无无畏佛　南无淨上首佛
南无快眼佛　南无龍德佛
南无寶幢佛　南无黠慧佛
南无不怯弱聲佛　南无寶相佛
南无聲德佛　南无師子佛
南无種種說佛　南无智色佛
南无波頭摩聚佛　南无華佛
南无奮迅去佛　南无華積佛
次礼十二部尊經大藏法輪
南无十二遊經　南无法勇王經
南无十方實藏經　南无檀特羅經
南无如來藏經　南无迦葉赴涅槃經
南无小五濁經　南无福田經
南无樂瓔珞經　南无請觀世音呪經
南无摩訶摩耶經　南无无常法句經
南无樹提伽經　南无九色鹿經
南无觀頂經　南无行方便境界經
南无提謂五戒經　南无大方廣三經
南无度王經　南无大法鼓經
南无譬喻經　南无諸法无行經
南无太子瑞應經　南无鹿母經
南无惟定行經　南无法滅盡經
南无沙門分衛經　南无八師經
次礼十方諸大菩薩

南无廣[illegible]經　南无[illegible]經
南无譬喻經　南无諸法无行經
南无太子瑞應經　南无廠母經
南无惟寔行經　南无法滅盡經
南无沙門分衛經　南无八師經
次礼十方諸大菩薩
南无大力精進金剛菩薩
南无月德妙音菩薩　南无香炎光幢菩薩
南无光明尊德菩薩　南无海慧超越菩薩
南无无量師子吼菩薩　南无衆寶光幢菩薩
南无智日超慧菩薩　南无香象識功德智稱菩薩
南无方便寂靜妙華鬘菩薩
南无金光炎菩薩　南无法界普音菩薩
南无淨雲月幢菩薩　南无善超淨光菩薩
南无覺首菩薩　南无財首菩薩
南无寶首菩薩　南无德首菩薩
南无目首菩薩　南无進首菩薩
南无法首菩薩　南无智首菩薩
南无堅首菩薩　南无金剛藏菩薩
南无寶藏菩薩　南无蓮華藏菩薩
南无德藏菩薩　南无蓮華德藏菩薩
南无日藏菩薩　南无月藏菩薩
南无淨月藏菩薩
南无照一切世間莊嚴藏菩薩
南无智慧照明藏菩薩　南无妙德藏菩薩
南无栴檀德藏菩薩　南无華德藏菩薩

BD04780號　佛名經（十六卷本）卷四

（32–29）

南无栴檀德藏菩薩　南无蓮華德藏菩薩
南无日藏菩薩　南无月藏菩薩
南无淨月藏菩薩
南无照一切世間莊嚴藏菩薩
南无智慧照明藏菩薩　南无妙德藏菩薩
南无栴檀德藏菩薩　南无華德藏菩薩
南无憂鉢羅華德藏菩薩
從此以上三千四百佛十二部經一切賢聖
南无大德藏菩薩　南无福德藏菩薩
南无无㝵清淨智德藏菩薩
南无切德藏菩薩　南无那羅延德藏菩薩
歸命如是等十方无量无邊諸大菩薩
南无底羅辟支佛　南无憂波底羅辟支佛
南无和沙婆辟支佛　南无普沙他淨辟支佛
南无憂婆沙羅辟支佛　南无阿沙羅辟支佛
南无善香權辟支佛　南无波頭辟支佛
南无善賢辟支佛　南无賢德辟支佛
歸命如是等无量无邊辟支佛
礼三寶已次復懺悔
以共懺悔身三業竟今當次第懺悔口四惡
業經法說言口業之罪能令衆生墮於地
獄餓鬼受苦若在畜生則受鵂鶹鴝鵒鳥形
聞其聲者无不憎惡若生人中口氣常臭
所有生說人不信受眷屬不和常好闘諍
口業既有如是惡果是故弟子今日至誠
歸依佛

BD04780號　佛名經（十六卷本）卷四

（32–30）

業緣法説言口業之罪能令衆生墮於地
獄餓鬼受苦若在畜生則受鵂鶹鴝鵒鳥形
聞其聲者无不憎惡若生人中口氣常臭
所有生説人不信受眷屬不和常好鬬諍
口業既有如是惡果是故弟子今日至誠
歸依佛
南无東方須彌燈王佛　南无南方大功德佛
南无西方无量力佛　南无北方覺華生德佛
南无東南方一切覺華佛
南无西南方无量齋王佛
南无西北方蓮華生王佛
南无東北方滅一切憂佛
南无下方香光明王佛　南无上方電燈王幢佛
如是十方盡虛空界一切三寶
弟子自從无始以來至於今日忘言兩舌惡
口綺語傳空説有説有言空不見言見見言
不見不聞言聞聞言不聞不知言知知言不知
欺賢罔聖言行相乖自稱讃譽得過人法我
得此禪四无色定阿那波那十六行觀得須
陁洹至阿羅漢得辟支佛不退菩薩天來龍
來鬼來神來旋風土鬼皆至我所彼問我答顯
異惑衆要世名利如是等罪今悉懺悔又
復无始以來至於今日或讒言鬬亂交扇彼
此兩舌鬬構販卞口舌向彼説此向此道彼
離他眷屬壞人善友使抑害者爲蹤親



弟子自從无始以來至於今日忘言兩舌惡
口綺語傳空説有説有言空不見言見見言
不見不聞言聞聞言不聞不知言知知言不知
欺賢罔聖言行相乖自稱讃譽得過人法我
得此禪四无色定阿那波那十六行觀得須
陁洹至阿羅漢得辟支佛不退菩薩天來龍
來鬼來神來旋風土鬼皆至我所彼問我答顯
異惑衆要世名利如是等罪今悉懺悔又
復无始以來至於今日或讒言鬬亂交扇彼
此兩舌鬬構販卞口舌向彼説此向此道彼
離他眷屬壞人善友使抑害者爲蹤親
舊者成怨或綺語不實言不及義謗君
父平薄師長破壞忠良埋没勝己逼致二
國彼此扇往浮華虛巧發言常虛口是心非真途
非一對面譽數背則呵毀讀誦邪書傳邪惡
法或惡口罵詈言語麁獷或呼天扣地毒引
鬼神如是口業所生諸罪无量无邊今日
至向十方佛尊法聖衆皆悉懺悔

者猶相言瞎不見好相言瞎不識瞎
者曰

BD04780 號背　雜寫

(1–1)

世雄兩足尊　唯願演說法　以大慈悲力　度苦惱衆生
尒時大通智勝如来嘿然許之又諸比丘東南
方五百万億國土諸大梵王各自見宮殿光
明照曜昔所未有歡喜踊躍生希有心即
各相詣共議此事而彼衆中有一大梵天王
名曰大悲為諸梵衆而說偈言
是事何因緣　而現如此相　我等諸宮殿　光明昔未有
為大德天生　為佛出世間　未曾見此相　當共一心求
過千万億土　尋光共推之　多是佛出世　度脫苦衆生
尒時五百万億諸梵天王與宮殿俱各以衣裓
裓盛諸天華共詣西北方推尋是相見大通
智勝如来處于道場菩提樹下坐師子座諸
天龍王乾闥婆緊那羅摩睺羅伽人非人等
恭敬圍繞及見十六王子請佛轉法輪時諸
梵天王頭面礼佛繞百千帀即以天華而散
佛上所散之華如須弥山并以供養佛菩提
樹華供養已各以宮殿奉上彼佛而作是言
唯見哀愍饒益我等所獻宮殿願垂納處尒
時諸梵天王即於佛前一心同聲以偈頌曰

BD04781 號　妙法蓮華經卷三

(5–1)

智勝如来處于道場菩提樹下坐師子座諸
天龍王乾闥婆緊那羅摩睺羅伽人非人等
恭敬圍繞及見十六王子請佛轉法輪時諸
梵天王頭面礼佛繞百千帀即以天華而散
佛上所散之華如須弥山并以供養佛菩提
樹華供養已各以宮殿奉上彼佛而作是言
唯見哀愍饒益我等所獻宮殿願垂納處尒
時諸梵天王即於佛前一心同聲以偈頌曰
聖主天中王 迦陵頻伽聲 哀愍衆生者 我等今敬礼
世尊甚希有 久遠乃一現 一百八十劫 空過无有佛
三悪道充滿 諸天衆減少 今乃出於世 為衆生作眼
世間所歸趣 救護於一切 為衆生之父 哀愍饒益者
我等宿福慶 今得值世尊
尒時諸梵天王偈讃佛已各作是言唯願世尊
哀愍一切轉於法輪度脱衆生時諸梵天王一心
同聲而說偈言
大聖轉法輪 顯示諸法相 度苦惱衆生 令得大歡喜
衆生聞此法 得道若生天 諸悪道減少 忍善者增益
尒時大通智勝如来黙然許之又諸比丘南
方五百万億國土諸大梵王各自見宮殿光
明照曜昔所未有歡喜踊躍生希有心即各
相詣共議此事以何因緣我等宮殿有此光
曜而彼衆中有一大梵天王名曰妙法為諸
梵衆而說偈言
我等諸宮殿 光明甚威曜 此非无因緣 是相宜求之

BD04781號　妙法蓮華經卷三　（5–2）

明照曜昔所未有歡喜踊躍生希有心即各
相詣共議此事以何因緣我等宮殿有此光
曜而彼衆中有一大梵天王名曰妙法為諸
梵衆而說偈言
我等諸宮殿 光明甚威曜 此非无因緣 是相宜求之
過於百千劫 未曾見是相 為大德天生 為佛出世間
尒時五百万億諸梵天王與宮殿俱各以衣
祴盛諸天華共詣北方推尋是相見大通智
勝如来處于道場菩提樹下坐師子座諸天
龍王乾闥婆緊那羅摩睺羅伽人非人等恭
敬圍繞及見十六王子請佛轉法輪時諸梵天
王頭面礼佛繞百千帀即以天華而散佛
上所散之華如須弥山并以供養佛菩提樹
華供養已各以宮殿奉上彼佛而作是言唯
見哀愍饒益我等所獻宮殿願垂納處尒時
諸梵天王即於佛前一心同聲以偈頌曰
世尊甚難見 破諸煩惱者 過百三十劫 今乃得一見
諸飢渴衆生 以法雨充滿 昔所未曾覩 无量智慧者
如優曇波羅 今日乃值遇 我等諸宮殿 蒙光故嚴飾
世尊大慈愍 唯願垂納受
尒時諸梵天王偈讃佛已各作是言唯願世
尊轉於法輪令一切世間諸天魔梵沙門婆
羅門皆獲安隱而得度脱時諸梵天王一心同
聲以偈頌曰
唯願天人尊 轉无上法輪 擊于大法皷 而吹大法螺

BD04781號　妙法蓮華經卷三　（5–3）

尒時諸梵天王偈讚佛已各作是言唯願世
尊轉於法輪令一切世間諸天魔梵沙門婆
羅門皆獲安隱而得度脫時諸梵天王一心同
聲以偈頌曰
唯願天人尊　轉无上法輪　擊于大法鼓　而吹大法螺
普雨大法雨　度无量衆生　我等咸歸請　當演深遠音
尒時大通智勝如来黙然許之西南方乃至
下方亦復如是尒時上方五百万億國土諸
大梵王皆悉自覩所止宮殿光明威曜昔所
未有歡喜踊躍生希有心即各相詣共議
此事以何因緣我等宮殿有斯光明而彼衆中
有一大梵天王名曰尸棄為諸梵衆而說偈
言
今以何因緣　我等諸宮殿　威德光明曜　嚴飾未曾有
如是之妙相　昔所未聞見　為大德天生　為佛出世間
尒時五百万億諸梵天王與宮殿俱各以衣
裓盛諸天華共詣下方推尋是相見大通智
勝如来處于道場菩提樹下坐師子座諸天
龍王乾闥婆緊那羅摩睺羅伽人非人等恭
敬圍繞及見十六王子請佛轉法輪時諸梵
天王頭面礼佛繞百千帀即以天華而散佛
上所散之華如須弥山并以供養佛菩提樹
華供養已各以宮殿奉上彼佛而作是言唯見
哀愍饒益我等所獻宮殿願垂納處時諸梵天
王即於佛前一心同聲以偈頌曰
善哉見諸佛　久世之聖尊　能於三界獄　免出諸衆生

BD04781號　妙法蓮華經卷三　（5–4）

如是之妙相　昔所未聞見　為大德天生　為佛出世間
尒時五百万億諸梵天王與宮殿俱各以衣
裓盛諸天華共詣下方推尋是相見大通智
勝如来處于道場菩提樹下坐師子座諸天
龍王乾闥婆緊那羅摩睺羅伽人非人等恭
敬圍繞及見十六王子請佛轉法輪時諸梵
天王頭面礼佛繞百千帀即以天華而散佛
上所散之華如須弥山并以供養佛菩提樹
華供養已各以宮殿奉上彼佛而作是言唯見
哀愍饒益我等所獻宮殿願垂納處時諸梵天
王即於佛前一心同聲以偈頌曰
善哉見諸佛　久世之聖尊　能於三界獄　免出諸衆生
普智天人尊　哀愍群萌類　能開甘露門　廣度於一切
於昔无量劫　空過无有佛　世尊未出時　十方常暗瞑
三惡道增長　阿脩羅亦盛　諸天衆減少　死多墮惡道
不從佛聞法　常行不善事　色力及智慧　斯等皆減少
罪業因緣故　失樂及樂相　住於耶見法　不識善儀則
不蒙佛所化　常墮於惡道　佛為世間眼　久遠時乃出
哀愍諸衆生　故現於世間　超出成正覺　我等甚欣慶

BD04781號　妙法蓮華經卷三　（5–5）

# 著　録　凡　例

本目錄採用條目式著錄法。諸條目意義如下：

1.1　著錄編號。用漢語拼音首字“BD”表示，意為“北京圖書館藏敦煌遺書”，簡稱“北敦號”。文獻寫在背面者，標註為“背”。一件遺書上抄有多個文獻者，用數字 1、2、3 等標示小號。一號中包括幾件遺書，且遺書形態各自獨立者，用字母 A、B、C 等區別。

1.2　著錄分類號。本條記目錄暫不分類，該項空缺。

1.3　著錄文獻的名稱、卷本、卷次。

1.4　著錄千字文編號。

1.5　著錄縮微膠卷號。

2.1　著錄遺書的總體數據。包括長度、寬度、紙數、正面抄寫總行數與每行字數、背面抄寫總行數與每行字數。如該遺書首尾有殘破，則對殘破部分單獨度量，用加號加在總長度上。凡屬這種情況，長度用括弧標註。

2.2　著錄每紙數據。包括每紙長度及抄寫行數或界欄數。

2.3　著錄遺書的外觀。包括：(1) 裝幀形式。(2) 首尾存況。(3) 護首、軸、軸頭、天竿、縹帶，經名是書寫還是貼簽，有無經名號，扉頁、扉畫。(4) 卷面殘破情況及其位置。(5) 尾部情況。(6) 有無附加物（蟲繭、油污、線繩及其他）。(7) 有無裱補及其年代。(8) 界欄。(9) 修整。(10) 其他需要交待的問題。

2.4　著錄一件遺書抄寫多個文獻的情況。

3.1　著錄文獻首部文字與對照本核對的結果。

3.2　著錄文獻尾部文字與對照本核對的結果。

3.3　著錄錄文。

3.4　著錄對文獻的説明。

4.1　著錄文獻首題。

4.2　著錄文獻尾題。

5　著錄本文獻與對照本的不同之處。

6.1　著錄本遺書首部可與另一遺書綴接的編號。

6.2　著錄本遺書尾部可與另一遺書綴接的編號。

7.1　著錄題記、題名、勘記等。

7.2　著錄印章。

7.3　著錄雜寫。

7.4　著錄護首及扉頁的內容。

8　著錄年代。

9.1　著錄字體。如有武周新字、合體字、避諱字等，予以説明。

9.2　著錄卷面二次加工的情況。包括句讀、點標、科分、間隔號、行間加行、行間加字、硃筆、墨塗、倒乙、刪除、兑廢等。

10　著錄敦煌遺書發現後，近現代人所加內容，裝裱、題記、印章等。

11　備註。著錄揭裱互見、圖版本出處及其他需要説明的問題。

上述諸條，有則著錄，無則空缺。

為避文繁，上述著錄中出現的各種參考、對照文獻，暫且不列版本説明。全目結束時，將統一編制本條記目錄出現的各種參考書目。

本條記目錄為農曆年份標註其公曆紀年時，未進行歲頭年末之換算，請讀者使用時注意自行換算。

# 條 記 目 錄

## BD04698—BD04781

1.1 BD04698 號
1.3 妙法蓮華經卷二
1.4 劍 098
1.5 105:4757
2.1 825.4×26.7 厘米；17 紙；正面 456 行，背面 13 行，行 17 字。
2.2 01：49.3，29；02：49.7，28；03：49.7，28；
04：49.9，28；05：49.8，28；06：50.0，28；
07：48.0，27；08：50.2，28；09：49.9，28；
10：50.0，28；11：50.1，28；12：50.0，28；
13：49.8，28；14：49.8，28；15：49.9，28；
16：49.7，28；17：29.6，08。
2.3 卷軸裝。首殘尾全。卷面有水漬，第 1 至 6 紙上部有等距殘洞，第 11、12 紙接縫處中間開裂，16、17 紙地腳殘損，尾紙上有破裂，末端有殘洞、殘損。有烏絲欄。
2.4 本遺書包括 2 個文獻：(一)《妙法蓮華經》卷二，456 行，抄寫在正面，今編為 BD04698 號。(二)《翟信子等爲矜放舊年宿債狀及判詞》(擬)，13 行，抄寫在背面，今編為 BD04698 號背。
3.1 首殘→大正 262，9/12C15；
3.2 尾全→9/19A12。
4.2 妙法蓮華經卷第二(尾)。
8 8 世紀。唐寫本。
9.1 楷書。
11 圖版：《敦煌寶藏》，86/339A～350B。

1.1 BD04698 號背
1.3 翟信子等爲矜放舊年宿債狀及判詞(擬)
1.4 劍 098
1.5 105:4757
2.4 本遺書由 2 個文獻組成，本號為第 2 個，抄寫在背面，13 行。餘參見 BD04698 號之第 2 項、第 11 項。
3.3 錄文：

金銀匠翟信子、曹灰灰、吳神奴等二(三)人狀/
右信子等三人，去甲戌年緣無年糧/
種子，遂於都頭高康三面上商/
取麥三碩，到舊年秋翻作陸碩。/
其陸碩內填還得壹碩貳斗。亥/
年翻作玖碩陸斗。到丙子年秋填/
還得柒碩陸斗，更餘殘兩碩。今年阿/
阿(郎)起大慈悲，放其大赦，矜割舊年/
宿債。其他家乘(剩)兩碩，不肯矜放。今信子/
依理有屈，伏望 阿郎仁恩，特賜/
公憑，裁下處分。/

其翟信子等三人，若是宿債，/
其兩碩矜放。(押)
(錄文完)
4.1 金銀匠翟信子曹灰灰吳神奴等二(三)人狀(首)。
8 9～10 世紀。歸義軍時期寫本。
9.1 行書。

1.1 BD04699 號
1.3 大般若波羅蜜多經卷三四二
1.4 劍 099
1.5 084:2923
2.1 (9.6＋133.5)×25.8 厘米；3 紙；82 行，行 17 字。
2.2 01：9.6＋35.4，26；02：48.3，28；03：49.8，28。
2.3 卷軸裝。首全尾脱。卷首上下残缺，接縫處有開裂。卷面、卷背有鸟粪。有烏絲欄。已修整。
3.1 首 6 行上下殘→大正 220，6/754B2～10；
3.2 尾殘→6/755A27。
4.1 □…□經卷第三百卌二，/初分願喻品第五十六之二，三藏□...□/(首)。
8 9～10 世紀。歸義軍時期寫本。
9.1 楷書。

11　圖版：《敦煌寶藏》，75/486B ~ 488A。

1.1　BD04700 號
1.3　妙法蓮華經（八卷本）卷七
1.4　劍 100
1.5　105:5823
2.1　(562.8 +4) ×26 厘米；15 紙；341 行，行 17 字。
2.2　01：37.0，23；　02：37.7，22；　03：37.9，22；
04：38.0，22；　05：37.8，22；　06：37.8，23；
07：37.8，23；　08：37.8，23；　09：37.8，23；
10：37.8，23；　11：38.0，23；　12：38.2，23；
13：37.2，23；　14：38.0，23；　15：34 +4，23。
2.3　卷軸裝。首脫尾殘。卷首殘破；接縫處上部多有開裂，地腳多處殘損；第 15 紙中間有 1 處殘洞，下邊有破裂。卷尾背面多鳥糞。有烏絲欄。
3.1　首 3 行中下殘→大正 262，9/51C29 ~ 52A3；
3.2　尾 2 行下殘→9/56B6 ~ 7。
5　與《大正藏》本對照，分卷不同。本卷相當於《大正藏》本《妙法蓮華經》卷第六"如來神力品"至卷第七"妙音菩薩品"，屬於八卷本。本文獻"妙音菩薩品"之品次為廿三，亦較《大正藏》本差一品。
8　5 ~ 6 世紀。南北朝寫本。
9.1　楷書。
9.2　有行間校加字。有刮改。
11　圖版：《敦煌寶藏》，95/268B ~ 276A。

1.1　BD04701 號
1.3　大般若波羅蜜多經卷四六五
1.4　號 001
1.5　084:3171
2.1　(2.7 +59.8) ×25.6 厘米；2 紙；37 行，行 17 字。
2.2　01：2.7 +12.2，09；　02：47.6，28。
2.3　卷軸裝。首斷尾脫。卷首、尾下部殘缺，有破裂殘損。有烏絲欄。
3.1　首 2 行下殘→大正 220，7/349A21 ~ 23。
3.2　尾殘→7/349B29。
8　8 ~ 9 世紀。吐蕃統治時期寫本。
9.1　楷書。
11　圖版：《敦煌寶藏》，76/545B ~ 546A。

1.1　BD04702 號
1.3　金剛般若波羅蜜經
1.4　號 002
1.5　094:4192
2.1　249 ×26.5 厘米；5 紙；139 行，行 17 字。
2.2　01：49.8，28；　02：49.8，28；　03：49.8，27；
04：49.8，28；　05：49.8，28。
2.3　卷軸裝。首脫尾全。經黃打紙。卷面有黴爛，多等距殘洞。背有古代裱補。有烏絲欄。
3.1　首殘→大正 235，8/750C22。
3.2　尾全→8/752C3。
4.2　金剛般若波羅蜜經（尾）。
5　與《大正藏》本對照，本卷經文無冥司偈，參見《大正藏》，8/751C16 ~ 19。
8　7 ~ 8 世紀。唐寫本。
9.1　楷書。
11　圖版：《敦煌寶藏》，82/359A ~ 362A。

1.1　BD04703 號
1.3　大般若波羅蜜多經卷五八五
1.4　號 003
1.5　084:3389
2.1　65.5 ×25.7 厘米；2 紙；26 行，行 17 字。
2.2　01：22.5，護首；　02：43.0，26。
2.3　卷軸裝。首全尾脫。有護首，護首有芨芨草天竿並殘留縹帶殘根。第 2 紙前端有殘損。背有古代裱補。有烏絲欄。
3.1　首全→大正 220，7/1024B15。
3.2　尾殘→7/1024C15。
4.1　□…□羅蜜多經卷第五百八十五，/第十二淨戒波羅蜜多分之二，三藏法師玄狀（奘）奉詔譯/（首）。
7.4　護首有經名、卷次及所屬袟次"大般若波羅蜜多經卷第五百八十五，五十九"。上有經名號。
8　8 ~ 9 世紀。吐蕃統治時期寫本。
9.1　楷書。
11　圖版：《敦煌寶藏》，77/463A ~ B。

1.1　BD04704 號
1.3　無量壽宗要經
1.4　號 004
1.5　275:8027
2.1　(10 +166) ×31 厘米；4 紙；116 行，行 30 餘字。
2.2　01：10 +33，30；　02：45.5，31；　03：44.0，30；
04：43.5，25。
2.3　卷軸裝。首殘尾全。卷首殘破嚴重，脫落殘片一塊。卷尾有蟲繭。背有古代裱補。有烏絲欄。
3.1　首 7 行上下殘→大正 936，19/82A6 ~ 18。
3.2　尾全→19/84C29。
4.2　佛說無量壽宗要經（尾）。
8　8 ~ 9 世紀。吐蕃統治時期寫本。
9.1　行楷。
11　圖版：《敦煌寶藏》，108/552A ~ 554A。

1.1　BD04705 號
1.3　無量壽宗要經

1.4　號 005
1.5　275:7824
2.1　216×31 厘米；5 紙；139 行，行 30 餘字。
2.2　01：40.0，26；　02：44.0，29；　3：44.0，29；
04：44.0，29；　05：44.0，26。
2.3　卷軸裝。首尾均全。接縫處有開裂。有烏絲欄。
3.1　首全→大正 936，19/82A3。
3.2　尾全→19/84C29。
4.1　大乘無量壽經（首）。
4.2　佛說無量壽宗要經（尾）。
7.1　第 5 紙末有題名"索慎言"。
8　8～9 世紀。吐蕃統治時期寫本。
9.1　楷書。
11　圖版：《敦煌寶藏》，108/47B～50A。

1.1　BD04706 號
1.3　大般若波羅蜜多經卷一八三
1.4　號 006
1.5　084:2453
2.1　46.5×27.2 厘米；1 紙；26 行，行 17 字。
2.3　卷軸裝。首全尾脫。有烏絲欄。
3.1　首全→大正 220，5/984A15。
3.2、尾殘→5/984B14。
4.1　大般若波羅蜜多經卷第一百八十三，/初分難信解品第三十四之二，三藏法師玄奘奉詔譯/（首）。
8　8～9 世紀。吐蕃統治時期寫本。
9.1　楷書。
11　圖版：《敦煌寶藏》，73/356A。

1.1　BD04707 號
1.3　大般若波羅蜜多經卷二四九
1.4　號 007
1.5　084:2652
2.1　（2.1＋376.2）×26 厘米；8 紙；213 行，行 17 字。
2.2　01：2.1＋45.6，28；　02：47.3，28；　03：47.3，28；
04：47.0，28；　05：47.2，28；　06：47.2，28；
07：47.1，28；　08：47.5，17。
2.3　卷軸裝。首斷尾全。尾有原軸，兩端塗棗紅色漆。第 1 紙有殘洞、上邊殘缺，接縫處有開裂。有烏絲欄。
3.1　首行下殘→大正 220，6/258C24～25。
3.2　尾全→6/261B4。
4.2　大般若波羅蜜多經卷第二百卌九（尾）。
8　7～8 世紀。唐寫本。
9.1　楷書。
11　圖版：《敦煌寶藏》，74/350A～354B。

1.1　BD04708 號
1.3　諸星母陀羅尼經
1.4　號 008
1.5　253:7537
2.1　167.4×24.9 厘米；4 紙；97 行，行 16～18 字。
2.2　01：44.6，27；　02：44.5，28；　03：44.9，28；
04：33.4，14。
2.3　卷軸裝。首尾均全。卷首有殘損，第 2、3 紙接縫處脫開，卷上部有水漬。有烏絲欄。
3.1　首全→大正 1302，21/420A3。
3.2　尾全→21/421A14。
4.1　諸星母陀羅尼經，沙門□□□甘州修□…□（首）。
4.2　諸星母陀羅尼經一卷（尾）。
5　尾有音義。
7.1　卷尾上部有題名"翟文習"。
8　9 世紀。歸義軍時期寫本。
9.1　楷書。
11　圖版：《敦煌寶藏》，106/616B～618B。

1.1　BD04709 號
1.3　大佛頂如來密因修證了義諸菩薩萬行首楞嚴經卷一〇
1.4　號 009
1.5　237:7426
2.1　（13.4＋263.9）×27.2 厘米；6 紙；167 行，行 17 字。
2.2　01：13.4＋32.9，27；　02：46.3，28；　03：46.3，28；
04：46.2，28；　05：46.1，28；　06：46.1，28。
2.3　卷軸裝。首全尾脫。卷首右下殘缺，卷面有油污、水漬，接縫處下方有開裂。有烏絲欄。
3.1　首 7 行下殘→大正 945，19/151B19～C4。
3.2　尾殘→19/153B18。
4.1　大佛頂如來密因修證了義□…□，/一名□…□/塲經□…□/（首）。
8　9～10 世紀。歸義軍時期寫本。
9.1　楷書。
11　圖版：《敦煌寶藏》，106/220A～223B。

1.1　BD04710 號
1.3　大般若波羅蜜多經卷五五五
1.4　號 010
1.5　084:3341
2.1　（3＋135.6）×26.2 厘米；4 紙；88 行，行 17 字。
2.2　01：3＋28.1，19；　02：43.7，28；　03：43.8，28；
04：20.0，13。
2.3　卷軸裝。首尾均殘。有烏絲欄。
3.1　首行下殘→大正 220，7/862C9～10。
3.2　尾行上下殘→7/863C10。
6.1　首→BD04746 號。
6.2　尾→BD04579 號。

8　8～9 世紀。吐蕃統治時期寫本。
9.1　楷書。硬筆書寫。
11　圖版：《敦煌寶藏》，77/308B～310A。

1.1　BD04711 號
1.3　佛名經（十六卷本）卷一〇
1.4　號 011
1.5　063:0708
2.1　284.3×31.8 厘米；6 紙；123 行，行字不等。
2.2　01：48.5，21；　02：48.5，21；　03：48.5，21；
　　04：48.5，21；　05：48.5，21；　06：41.8，18。
2.3　卷軸裝。首脱尾斷。有烏絲欄。
3.1　首殘→《七寺古逸經典研究叢書》，3/517 頁第 455 行。
3.2　尾殘→《七寺古逸經典研究叢書》，3/528 頁第 602 行。
8　8～9 世紀。吐蕃統治時期寫本。
9.1　楷書。
11　圖版：《敦煌寶藏》，61/435B～438B。

1.1　BD04712 號
1.3　金剛般若波羅蜜經
1.4　號 012
1.5　094:3879
2.1　（75＋430.9）×25 厘米；11 紙；正面 280 行，行 17 字；背面 3 行，殘片。
2.2　01：50.0，28；　02：25＋25，28；　03：50.4，28；
　　04：50.0，28；　05：50.0，28；　06：50.0，28；
　　07：49.5，28；　08：50.0，28；　09：50.3，28；
　　10：50.2，27；　11：05.5，01。
2.3　卷軸裝。首脱尾殘。經黄打紙。第 1 紙有殘片，已綴接；前 3 紙下部殘缺；卷中上邊有殘損；接縫處有開裂。背有古代裱補。有烏絲欄。已修整。
2.4　本遺書包括 2 個文獻：（一）《金剛般若波羅蜜經》，280 行，抄寫在正面，今編為 BD04712 號。（二）《文選（三十卷本）》卷九，抄寫在背面裱補紙上，今編為 BD04712 號背。
3.1　首 42 行下殘→大正 235，8/749A18～C5。
3.2　尾全→8/752C3。
4.2　金剛般若波羅蜜經（尾）。
5　與《大正藏》本對照，本卷經文無冥司偈，參見《大正藏》，8/751C16～19。
8　7～8 世紀。唐寫本。
9.1　楷書。
11　圖版：《敦煌寶藏》，81/42A～48B。

1.1　BD04712 號背
1.3　文選（三十卷本）卷九
1.4　號 012
1.5　094:3879
2.4　本遺書由 2 個文獻組成，本號為第 2 個，3 行，抄寫在裱補紙上，下部被其他裱補紙遮壓，尚可見部分文字。餘參見 BD04712 號之第 2 項、第 11 項。
3.1　首殘→《敦煌賦彙》，第 115 頁第 8 行。
3.2　尾殘→《敦煌賦彙》，第 115 頁第 10 行。
3.4　説明：
　　本文獻所抄為成子安《嘯賦》，僅剩 3 行 12 字：
　　複續飛廉□…□/
　　穹蒼清飆□…□/
　　溷濁變陰□…□/
8　6 世紀。南北朝寫本。
9.1　隸楷。

1.1　BD04713 號
1.3　七階佛名經
1.4　號 013
1.5　305:8319
2.1　（3＋121.4）×28.3 厘米；4 紙；55 行，行 19～21 字。
2.2　01：03.0，02；　02：40.5，18；　03：40.5，18；
　　04：40.4，17。
2.3　卷軸裝。首殘尾脱。卷面有水漬。
3.4　説明：
　　本文獻首 2 行上下殘，尾殘。本經未爲我國歷代大藏經收録，敦煌遺書中存有多種異本，各本差距較大。有關解説請參閲《敦煌學大辭典》第 742 頁《七階佛名經》辭條。
　　本文獻中部有經題“七階佛名一卷”，前後所抄均為《七階佛名經》經文，形態較有特點。其經題應原屬尾題，其後又在尾題後抄寫《七階佛名經》其他經文。
4.2　七階佛名一卷（尾）。
8　9～10 世紀。歸義軍時期寫本。
9.1　楷書。
11　圖版：《敦煌寶藏》，109/642B～644A。

1.1　BD04714 號
1.3　父母恩重經
1.4　號 014
1.5　276:8202
2.1　（4.5＋127）×24 厘米；3 紙；65 行，行 17 字。
2.2　01：4.5＋41.5，28；　02：48.0，28；　03：37.5，09。
2.3　卷軸裝。首尾均全。卷首有殘缺，尾有蟲繭。背有古代裱補。有烏絲欄。
3.1　首 2 行中殘→大正 2887，85/1403B21。
3.2　尾全→85/1404A23。
4.1　佛説父母恩重經（首）。
4.2　佛説父母恩重經一卷（尾）。
7.1　卷尾雜寫下有題記“淨土寺沙彌保勝誦過”。
7.2　卷尾有 2 處深硃色陽文，2.3×2.2 厘米；似圖案印，也可

能是尾軸脱落所留污痕，詳情待考。
7.3　卷尾有雜寫“佛面猶如淨滿月，亦如千日”。與題記乃一人所書。
8　7~8世紀。唐寫本。
9.1　楷書。
11　圖版：《敦煌寶藏》，109/224A~225B。

1.1　BD04715號
1.3　佛名經（十六卷本）卷一四
1.4　號015
1.5　063:0787
2.1　(67.5+2)×31.8厘米；2紙；40行，行字不等。
2.2　01：47.0，27；　02：20.5+2，13。
2.3　卷軸裝。首脱尾殘。有烏絲欄。卷面多水漬。
3.1　首殘→《七寺古逸經典研究叢書》，3/696頁第134行。
3.2　尾1行上殘→《七寺古逸經典研究叢書》，3/699頁第172行。
8　9~10世紀。歸義軍時期寫本。
9.1　楷書。
11　圖版：《敦煌寶藏》，62/307。

1.1　BD04716號
1.3　金剛般若波羅蜜經（真諦本）
1.4　號016
1.5　096:4436
2.1　42×25.5厘米；1紙；21行，行17字。
2.3　卷軸裝。首脱尾全。經黄打紙。卷尾有破裂。有烏絲欄。
3.1　首殘→大正237，8/766B6。
3.2　尾全→8/766B28。
4.2　金剛般若波羅蜜經（尾）。
8　7世紀。唐寫本。
9.1　楷書。
9.2　有武周新字“人”、“天”、“正”，使用周遍。
11　圖版：《敦煌寶藏》，83/226B。

1.1　BD04717號
1.3　佛名經（十六卷本）卷一四
1.4　號017
1.5　063:0667
2.1　(38.5+1.8)×32厘米；2紙；23行，行字不等。
2.2　01：09.0，05；　02：29.5+1.8，18。
2.3　卷軸裝。首尾均殘。有烏絲欄。
3.1　首殘→《七寺古逸經典研究叢書》，3/720頁第453行。
3.2　尾1行上中殘→《七寺古逸經典研究叢書》，3/722頁第475行。
8　7~8世紀。唐寫本。
9.1　楷書。
11　圖版：《敦煌寶藏》，61/88B~88B。

1.1　BD04718號
1.3　大方等大集經卷一
1.4　號018
1.5　018:0218
2.1　(11+576.5+3)×25.5厘米；13紙；320行，行17字。
2.2　01：07.0，03；　02：4+47.5，28；　03：52.0，28；
04：52.0，29；　05：52.0，29；　06：52.0，28；
07：52.0，28；　08：52.0，28；　09：52.0，28；
10：52.0，28；　11：52.0，28；　12：52.0，28；
13：9+3，07。
2.3　卷軸裝。首尾均殘。通卷上邊有等距殘缺，第2紙下部有破裂，尾2紙下邊有等距殘缺。背有古代裱補。有烏絲欄。已修整。
3.1　首5行上殘→大正397，13/2B22~26。
3.2　尾行殘→13/6A27。
8　6世紀。南北朝寫本。
9.1　楷書。
11　圖版：《敦煌寶藏》，57/226B~234B。

1.1　BD04719號
1.3　藥師琉璃光如來本願功德經
1.4　號019
1.5　030:0269
2.1　(7+517.3)×27.1厘米；11紙；282行，行17字。
2.2　01：7+5.5，05；　02：51.0，28；　03：51.0，28；
04：51.0，28；　05：51.0，28；　06：51.0，28；
07：51.0，28；　08：51.5，28；　09：51.3，28；
10：51.5，28；　11：51.5，25。
2.3　卷軸裝。首殘尾全。第2、3紙有等距離殘洞，卷後部有破裂殘損，卷尾多黴斑。有烏絲欄。已修整。
3.1　首2行上中殘→大正450，14/405A8~9。
3.2　尾全→14/408B25。
4.2　藥師琉璃光如來本願功德經（尾）。
8　7~8世紀。唐寫本。
9.1　楷書。
11　圖版：《敦煌寶藏》，57/538B~545B。

1.1　BD04720號
1.3　金剛般若波羅蜜經
1.4　號020
1.5　094:4394
2.1　62.4×25.4厘米；2紙；28行，行17字。
2.2　01：50.6，28；　02：11.8，素紙。
2.3　卷軸裝。首脱尾全。經黄打紙。尾有餘空。有烏絲欄。
3.1　首殘→大正235，8/752B3。

3.2 尾缺→8/752C1。
5 與《大正藏》本相比，經文差一句未抄完。
8 7～8世紀。唐寫本。
9.1 楷書。
11 圖版:《敦煌寶藏》，83/98B～99A。

1.1 BD04721號
1.3 佛名經（十六卷本）卷一四
1.4 號021
1.5 063:0802
2.1 （3.5＋53＋1）×32厘米；2紙；33行，行19字。
2.2 01：3.5＋35，22；  02：18＋1，11。
2.3 卷軸裝。首尾均殘。有烏絲欄。
3.1 首2行上中殘→《七寺古逸經典研究叢書》，3/736頁第657～658行。
3.2 尾1行上中殘→《七寺古逸經典研究叢書》，3/739頁第694～695行。
6.1 首→BD04486號。
6.2 尾→BD04771號。
8 9～10世紀。歸義軍時期寫本。
9.1 楷書。
11 圖版:《敦煌寶藏》，62/347B～348A。

1.1 BD04722號
1.3 金光明最勝王經卷六
1.4 號022
1.5 083:1759
2.1 94.6×25.5厘米；2紙；56行，行17字。
2.2 01：45.9，27；  02：48.7，29；
2.3 卷軸裝。首全尾脱。有烏絲欄。
3.1 首全→大正665，16/427B16。
3.2 尾殘→16/428A19。
4.1 金光明最勝王經四天王護國品第十二，六，三藏法師義淨奉詔譯（首）。
8 8～9世紀。吐蕃統治時期寫本。
9.1 楷書。
11 圖版:《敦煌寶藏》，69/616A～617A。

1.1 BD04723號
1.3 金剛般若波羅蜜經
1.4 號023
1.5 094:4135
2.1 （2＋65.5）×26.5厘米；2紙；39行，行17字。
2.2 01：2＋27.5，17；  02：38.0，22。
2.3 卷軸裝。首尾均殘。經黄打紙。有烏絲欄。
3.1 首1行上殘→大正235，8/750B29。
3.2 尾殘→8/751A10。
8 7～8世紀。唐寫本。
9.1 楷書。
11 圖版:《敦煌寶藏》，82/206B～207A。

1.1 BD04724號
1.3 大寶積經廢稿綴卷（擬）
1.4 號024
1.5 006:0099
2.1 （4＋267.3）×25.8厘米；10紙；133行，行17字。
2.2 01：04.0，02；  02：47.7，26；  03：32.5，10；
04：20.8，07；  05：24.5，12；  06：23.0，12；
07：46.8，25；  08：13.0，04；  09：24.5，15；
10：34.5，20。
2.3 卷軸裝。首殘尾斷。有烏絲欄。第2、3、4、5、7、8紙尾均有空行未抄。末紙染黄。
3.4 説明：

本遺書由錯抄的《大寶積經》廢卷、殘卷綴接而成，共10紙。敦煌遺書中，這種將廢稿綴接的卷子甚多，一般是備作抄寫其他文獻。本號包括10個廢稿，依次爲：

(一)《大寶積經》卷八三，2行：
大正310，11/480C19～C21。
(二)《大寶積經》卷二八，26行：
大正310，11/154B6～C8。
(三)《大寶積經》卷二，10行：
大正310，11/11B16～B24。
(四)《大寶積經》卷一〇，7行：
大正310，11/53C5～C12。
(五)《大寶積經》卷二七，12行：
大正310，11/150B10～B22。
(六)《大寶積經》卷二二，12行：
大正310，11/120B19～C5。

有首題：大寶積經被甲莊嚴會第七之二，卷廿二，大唐三藏菩提流志奉詔譯。

(七)《大寶積經》卷五，25行：
大正310，11/29B2～B26。
(八)《大寶積經》卷四，4行：
大正310，11/20B2～B8。

有首題：大寶積經無邊莊嚴會第二之一，大唐三藏菩提流志奉詔譯，四，/無上陀羅尼品第一之一/。

與大正藏對照，末行“無量”下漏抄“無數”二字。

(九)《大寶積經》卷二，15行：
大正310，11/11B1～B16。
(十)《大寶積經》卷四八，20行：
大正310，11/286A3～A22。

這10張廢稿中，第3紙與第9紙可以綴接。

7.3 第2紙中部有“南無”二字。第3紙尾2行雜寫“正法念處經卷第九”“法尚應舍，何況非法。”第2紙背、第5紙背均有

"畫法律"三字。
8　8世紀。唐寫本。
9.1　楷書。
9.2　第6紙有兩個"兌"字。
11　圖版:《敦煌寶藏》,56/434B~438B。

1.1　BD04725號
1.3　大般若波羅蜜多經卷二五二
1.4　號025
1.5　084:2665
2.1　(15+53.5)×25厘米;2紙;40行,行17字。
2.2　01:15+5.5,12;　02:48.0,28。
2.3　卷軸裝。首殘尾脫。首紙右下殘缺,有殘洞及破裂,第2紙有破裂。有烏絲欄。已修整。
3.1　首9行下殘→大正220,6/273B18~26。
3.2　尾殘→6/273C28。
8　8~9世紀。吐蕃統治時期寫本。
9.1　楷書。
11　圖版:《敦煌寶藏》,74/396B~397A。

1.1　BD04726號
1.3　究竟大悲經(三卷本)卷三
1.4　號026
1.5　283:8235
2.1　(16+737.3+4)×25.5厘米;19紙;480行,行17字。
2.2　01:16+26,26;　02:42.0,26;　03:42.0,26;
04:42.0,26;　05:42.0,26;　06:42.0,26;
07:40.5,26;　08:42.0,27;　09:42.0,27;
10:44.0,28;　11:39.0,25;　12:42.0,27;
13:43.8,28;　14:40.0,26;　15:42.0,27;
16:42.0,27;　17:42.0,27;　18:42.0,27;
19:04.0,02。
2.3　卷軸裝。首尾均殘。經黃打紙,研光上蠟。卷首殘破嚴重,第3紙下邊缺損,第7、8紙接縫處下部開裂。有烏絲欄。
3.1　首10行中上殘→大正2880,85/1368B26~C2。
3.2　尾2行上下殘→85/1374A12~13。
5　與《大正藏》本對照,本件分卷不同。該經共有三卷本、四卷本、八卷本三種。《大正藏》所收為四卷本,本號屬於三卷本。《大正藏》本卷二、卷三的首部均殘缺,此件首4行及第九品的首17行均可補《大正藏》本所缺。
8　7~8世紀。唐寫本。
9.1　楷書。
11　圖版:《敦煌寶藏》,109/364B~374B。

1.1　BD04727號
1.3　金剛般若波羅蜜經
1.4　號027
1.5　094:4115
2.1　(2.7+43.5)×25.5厘米;1紙;28行,行17字。
2.3　卷軸裝。首尾均脫。卷面有横裂。有烏絲欄。
3.1　首1行中殘→大正235,8/750B23~24。
3.2　尾殘→8/750C23。
8　7~8世紀。唐寫本。
9.1　楷書。
11　圖版:《敦煌寶藏》,82/159B。

1.1　BD04728號
1.3　金剛般若波羅蜜經(菩提留支十二分本)
1.4　號028
1.5　095:4430
2.1　(12+660.7)×25.6厘米;15紙;376行,行17字。
2.2　01:12+9.1,12;　02:48.5,28;　03:49.4,28;
04:49.0,28;　05:49.3,28;　06:49.0,28;
07:49.4,28;　08:49.1,28;　09:49.1,28;
10:49.0,28;　11:49.1,28;　12:49.0,28;
13:49.0,28;　14:48.7,28;　15:14.0,拖尾。
2.3　卷軸裝。首殘尾全。經黃打紙。首紙前8行碎損嚴重。有烏絲欄。
3.1　首7行下殘→大正236,8/752C25~753A2。
3.2　尾全→8/757A12。
5　與《大正藏》本對照,本卷經文分爲十二分。
8　7~8世紀。唐寫本。
9.1　楷書。
11　圖版:《敦煌寶藏》,83/187B~196A。

1.1　BD04729號
1.3　妙法蓮華經卷五
1.4　號029
1.5　105:5539
2.1　(18.5+196.6)×26厘米;5紙;133行,行17字。
2.2　01:18.5+16,21;　02:45.0,28;　03:45.3,28;
04:45.3,28;　05:45.0,28。
2.3　卷軸裝。首殘尾脫。經黃打紙。卷首上部殘缺,卷面有水漬。有烏絲欄。
3.1　首11行上殘→大正262,9/37B17~C1。
3.2　尾殘→9/39B4。
8　7~8世紀。唐寫本。
9.1　楷書。
11　圖版:《敦煌寶藏》,92/652B~655A。

1.1　BD04730號
1.3　妙法蓮華經(十卷本)卷八
1.4　號030
1.5　105:5745

2.1 （13.5+357）×26.5 厘米；10 紙；214 行，行 17 字。
2.2 01：13.5+17.5，20； 02：38.2，24； 03：38.2，24；
04：38.2，24； 05：38.5，24； 06：38.5，24；
07：38.7，24； 08：38.7，24； 09：34.5，22；
10：36.0，04。
2.3 卷軸裝。首殘尾全。第 1 紙有 2 處殘洞；第 2 紙上邊有殘損，下部有殘洞；第 7 紙下部有殘洞；第 7、8 紙接縫處有開裂。卷面有水漬。
3.1 首 9 行上下殘→大正 262，9/48A13～B1。
3.2 尾全→9/51C7。
4.2 妙法蓮花經卷第八（尾）。
5 與《大正藏》對照本，分卷、品次均不同，屬於十卷本。
8 5～6 世紀。南北朝寫本。
9.1 楷書。
9.2 有重文號。有倒乙。
11 圖版：《敦煌寶藏》，94/587B～592A。

1.1 BD04731 號 A
1.3 妙法蓮華經卷二
1.4 號 031
1.5 105:4896
2.1 （119.8+4）×25.8 厘米；3 紙；69 行，行 17 字。
2.2 01：50.4，28； 02：49.7，28； 03：19.7+4，13。
2.3 卷軸裝。首尾均殘。經黄打紙。第 1、2 紙接縫處有細麻綫綴連，第 2、3 紙接縫處上開裂，卷面有水漬變色。卷背有古代裱補。有烏絲欄。
3.1 首殘→大正 262，9/13A8。
3.2 尾 2 行下殘→9/13C23～24。
8 7～8 世紀。唐寫本。
9.1 楷書。
11 圖版：《敦煌寶藏》，87/178B～180A。

1.1 BD04731 號 B
1.3 妙法蓮華經卷二
1.4 號 031
1.5 105:4897
2.1 （11+74）×25.9 厘米；2 紙；48 行，行 16 字（偈）。
2.2 01：11+25，20； 02：49.0，28。
2.3 卷軸裝。首殘尾脱。經黄打紙。首紙上邊有殘損，第 2 紙接縫處有開裂，尾紙末端脱斷處有細麻繩穿連。卷面有水漬變色。有烏絲欄。已修整。
3.1 首 6 行下中殘→大正 262，9/14A26～B5。
3.2 尾殘→9/15A3。
8 7～8 世紀。唐寫本。
9.1 楷書。
11 圖版：《敦煌寶藏》，87/180B～181B。

1.1 BD04732 號
1.3 摩訶般若波羅蜜經卷四
1.4 號 032
1.5 088:3428
2.1 120×27.6 厘米；4 紙；73 行，行 17 字。
2.2 01：08.5，05； 02：46.6，28； 03：46.6，28；
04：18.3+1.2，12。
2.3 卷軸裝。首尾均殘。第 2 紙上邊有撕損，第 3 紙下有殘損，尾紙有 2 個殘洞。有烏絲欄。
3.1 首殘→大正 223，8/242B15。
3.2 尾行上殘→8/243B5～6。
8 7～8 世紀。唐寫本。
9.1 楷書。
11 圖版：《敦煌寶藏》，77/586A～587B。

1.1 BD04733 號
1.3 無量壽宗要經
1.4 號 033
1.5 275:8028
2.1 88.5×31 厘米；2 紙；55 行，行 30 餘字。
2.2 01：44.5，29； 02：44.0，26。
2.3 卷軸裝。首脱尾全。第 1、2 紙接縫處下部開裂。有烏絲欄。
3.1 首殘→大正 936，19/83B20。
3.2 尾全→19/84C29。
4.2 佛説無量壽宗要經一卷（尾）。
8 8～9 世紀。吐蕃統治時期寫本。
9.1 行楷。
11 圖版：《敦煌寶藏》，108/554B～555B。

1.1 BD04734 號
1.3 金剛般若波羅蜜經
1.4 號 034
1.5 094:3907
2.1 （4+430.6）×27.7 厘米；12 紙；241 行，行 17 字。
2.2 01：4+2.2，02； 02：48.5，28； 03：49.0，28；
04：48.7，28； 05：49.0，28； 06：49.0，28；
07：48.8，28； 08：48.7，28； 09：18.7，11；
10：27.5，16； 11：28.5，16； 12：12.0，拖尾。
2.3 卷軸裝。首殘尾全。有燕尾。有烏絲欄。
3.1 首 1 行上殘→大正 235，8/749C14。
3.2 尾全→8/752C3。
4.2 金剛般若波羅蜜經（尾）。
5 與《大正藏》本對照，本卷經文無冥司偈，參見《大正藏》，8/751C16～19。
8 7～8 世紀。唐寫本。
9.1 楷書。

11　圖版:《敦煌寶藏》, 81/146B～152A。

1.1　BD04735 號
1.3　大般若波羅蜜多經卷三五七
1.4　號 035
1.5　084:2981
2.1　324.7×24.9 厘米; 7 紙; 192 行, 行 17 字。
2.2　01: 46.5, 28;　02: 46.5, 28;　03: 46.3, 28;
04: 46.3, 28;　05: 46.3, 28;　06: 46.6, 28;
07: 46.2, 24。
2.3　卷軸裝。首殘尾全。第 6、7 紙接縫處下開裂。有烏絲欄。
3.1　首殘→大正 220, 6/839C22。
3.2　尾全→6/842A14。
4.2　大般若波羅蜜多經卷第三百五十七 (尾)。
6.1　首→BD04572 號。
8　8～9 世紀。吐蕃統治時期寫本。
9.1　楷書。
11　圖版:《敦煌寶藏》, 76/16A～19B。

1.1　BD04736 號
1.3　金剛般若波羅蜜經
1.4　號 036
1.5　094:3570
2.1　(19+177.9+12)×27.5 厘米; 6 紙; 116 行, 行 17 字。
2.2　01: 04.0, 護首;　02: 15+31.5, 26;　03: 48.5, 28;
04: 48.9, 28;　05: 49.0, 28;　06: 12.0, 06。
2.3　卷軸裝。首全尾殘。有護首, 已殘破。卷首右上殘缺。有烏絲欄。已修整。
3.1　首 8 行上殘→大正 235, 8/748C17～26。
3.2　尾 6 行上下殘→8/750A21～27。
4.1　□...□蜜經 (首)。
7.3　下邊有雜寫 3 字。
8　9～10 世紀。歸義軍時期寫本。
9.1　楷書。
9.2　有行間校加字。有刮改。
11　圖版:《敦煌寶藏》, 78/587B～590A。

1.1　BD04737 號
1.3　金剛般若波羅蜜經
1.4　號 037
1.5　094:4386
2.1　(1.9+65.3)×25.5 厘米; 3 紙; 35 行, 行 17 字。
2.2　01: 1.9+33.5, 19;　02: 02.8, 01;　03: 29.0, 15。
2.3　卷軸裝。首殘尾全。卷面有水漬。有烏絲欄。
3.1　首殘→大正 235, 8/752A24。
3.2　尾全→8/752C3。
4.2　金剛般若波羅蜜經 (尾)。
8　7～8 世紀。唐寫本。
9.1　楷書。
11　圖版:《敦煌寶藏》, 83/90B～91A。

1.1　BD04738 號
1.3　金光明最勝王經卷二
1.4　號 038
1.5　083:1560
2.1　129.2×25.5 厘米; 3 紙; 78 行, 行 20 字 (偈頌)。
2.2　01: 43.7, 26;　02: 42.5, 26;　03: 43.0, 26。
2.3　卷軸裝。首斷尾脱。有烏絲欄。
3.1　首殘→大正 665, 16/411B28。
3.2　尾殘→16/412C27。
8　8～9 世紀。吐蕃統治時期寫本。
9.1　楷書。
11　圖版:《敦煌寶藏》, 68/389B～391A。

1.1　BD04739 號
1.3　金剛般若波羅蜜經
1.4　號 039
1.5　094:4086
2.1　(17+329.8)×26.2 厘米; 8 紙; 180 行, 行 17 字。
2.2　01: 17+6, 13;　02: 50.0, 28;　03: 50.0, 28;
04: 50.5, 28;　05: 50.2, 28;　06: 48.6, 27;
07: 50.5, 27;　08: 24.0, 01。
2.3　卷軸裝。首殘尾全。各紙均有破裂, 尾紙有多個殘洞。尾有原軸, 兩端塗棕色漆。背有古代裱補。有烏絲欄。已修整。
3.1　首 9 行上中殘→大正 235, 8/750B9～17。
3.2　尾全→8/752C3。
4.2　金剛般若波羅蜜多經 (尾)。
5　與《大正藏》本對照, 本卷經文無冥司偈, 參見《大正藏》, 8/751C16～19。
8　9～10 世紀。歸義軍時期寫本。
9.1　楷書。
11　圖版:《敦煌寶藏》, 82/76B～80B。

1.1　BD04740 號
1.3　大乘百法明門論開宗義記
1.4　號 040
1.5　205:7227
2.1　(11.5+358.5)×26.5 厘米; 8 紙; 256 行, 行 20 餘字。
2.2　01: 11.5+35, 33;　02: 46.0, 33;　03: 46.0, 32;
04: 46.5, 32;　05: 46.0, 32;　06: 46.0, 32;
07: 46.5, 32;　08: 46.5, 30。
2.3　卷軸裝。首脱尾全。第 1 紙上邊有等距離殘缺。有烏絲欄。
3.1　首 8 行上殘→大正 2810, 85/1055B5～15。
3.2　尾缺→85/1059A29。

8　8～9 世紀。吐蕃統治時期寫本。
9.1　行楷。
9.2　有墨筆塗抹。有行間校加字。
11　圖版：《敦煌寶藏》，104/633B～638A。

1.1　BD04741 號
1.3　妙法蓮華經（八卷本）卷六
1.4　號 041
1.5　105:5773
2.1　157.6×26.5 厘米；5 紙；81 行，行 17 字。
2.2　01：43.0，24；　02：43.0，24；　03：43.0，24；
04：14.0，08；　05：14.6，01。
2.3　卷軸裝。首脱尾全。第 5 紙與前 4 紙紙質不同，紙厚而色淡白。有烏絲欄。
3.1　首殘→大正 262，9/49A18。
3.2　尾全→9/50B22。
4.2　妙法蓮華經卷第六（尾）。
5　與《大正藏》本對照，分卷不同，相當於法師功德品第十九。屬於八卷本。
8　7～8 世紀。唐寫本。
9.1　楷書。
11　圖版：《敦煌寶藏》，94/660A～662A。

1.1　BD04742 號
1.3　金光明最勝王經卷四
1.4　號 042
1.5　083:1648
2.1　(652.1＋1.5)×26.5 厘米；17 紙；361 行，行 17 字。
2.2　01：18.0，護首；　02：41.0，24；　03：42.5，24；
04：42.5，24；　05：42.3，24；　06：42.3，24；
07：42.8，24；　08：42.8，24；　09：42.2，24；
10：42.9，24；　11：42.8，24；　12：42.5，24；
13：42.0，24；　14：42.0，24；　15：42.0，24；
16：41.5，24；　17：01.5，01。
2.3　卷軸裝。首全尾殘。有護首，已殘碎。尾部殘破嚴重。有烏絲欄。
3.1　首全→大正 665，16/417C19。
3.2　尾行上殘→16/422B13～14。
4.1　金光明最勝王經最淨地陀羅尼品第六，四，三藏法師義淨奉詔譯（首）。
7.4　護首有經名“□光明最勝王經卷第四”。
8　8～9 世紀。吐蕃統治時期寫本。
9.1　楷書。
9.2　有校改，有行間校加字。
11　圖版：《敦煌寶藏》，69/81B～89B。

1.1　BD04743 號
1.3　大般涅槃經（後分）卷四一
1.4　號 043
1.5　118:6599
2.1　(5.5＋548)×26.2 厘米；13 紙；329 行，行 17 字。
2.2　01：5.5＋30.5，23；　02：45.5，28；　03：44.0，27；
04：45.5，28；　05：45.5，28；　06：45.5，28；
07：45.5，28；　08：45.5，28；　09：45.5，28；
10：45.5，28；　11：45.5，28；　12：44.0，25；
13：20.0，02。
2.3　卷軸裝。首殘尾全。經黄打紙。首紙上部殘缺並有殘洞，第 7、8 紙接縫上部開裂。有烏絲欄。
3.1　首 4 行上殘→大正 377，12/903A3～6。
3.2　尾全→12/906C10。
4.2　大般涅槃經卷第卌一（尾）。
5　與《大正藏》本對照，分卷不同。經文相當於《大般涅槃經》（後分）卷上“憍陳如品餘”。
8　7～8 世紀。唐寫本。
9.1　楷書。
9.2　有刮改。
11　圖版：《敦煌寶藏》，100/463A～470B。

1.1　BD04744 號
1.3　無量壽宗要經
1.4　號 044
1.5　275:7825
2.1　171.5×32 厘米；3 紙；124 行，行 30 餘字。
2.2　01：43.0，34；　02：45.5，29；　03：83.0，61。
2.3　卷軸裝。首尾均全。第 1 紙上邊有破裂。有烏絲欄。
3.1　首全→大正 936，19/82A3。
3.2　尾全→19/84C29。
4.1　大乘無量壽經（首）。
4.2　佛説無量壽宗要經（尾）。
7.1　卷尾有題名“劉再榮”。
8　8～9 世紀。吐蕃統治時期寫本。
9.1　楷書。
11　圖版：《敦煌寶藏》，108/50B～52B。

1.1　BD04745 號
1.3　妙法蓮華經卷一
1.4　號 045
1.5　105:6167
2.1　(9.5＋172.5)×25 厘米；4 紙；101 行，行 17 字。
2.2　01：9.5＋21，17；　02：50.5，28；　03：50.5，28；
04：50.5，28。
2.3　卷軸裝。首殘尾脱。經黄打紙。首紙殘破嚴重，通卷下邊有等距離殘缺，尾紙上邊有破裂，卷面有水漬。有烏絲欄。
3.1　首 5 行中下殘→大正 262，9/1C29～2A5。

3.2　尾殘→9/3B7。
8　7~8 世紀。唐寫本。
9.1　楷書。
11　圖版：《敦煌寶藏》，97/167A~169B。

1.1　BD04746 號
1.3　大般若波羅蜜多經卷五五五
1.4　號 046
1.5　084:3340
2.1　(99.9+3.6)×26.2 厘米；3 紙；66 行，行 17 字。
2.2　01：43.8，28；　02：43.6，28；　03：12.5+3.6，10。
2.3　卷軸裝。首尾均殘。有烏絲欄。
3.1　首行上下殘→大正 220，7/862A3。
3.2　尾 2 行上殘→7/862C8~10。
6.1　首→BD04443 號。
6.2　尾→BD04710 號。
8　8~9 世紀。吐蕃統治時期寫本。
9.1　楷書。硬筆書寫。
9.2　有刮改。
11　圖版：《敦煌寶藏》，77/307A~308A。

1.1　BD04747 號
1.3　大般若波羅蜜多經卷五四〇
1.4　號 047
1.5　084:3312
2.1　727.6×27.2 厘米；16 紙；446 行，行 17 字。
2.2　01：44.9，26；　02：46.1，28；　03：45.3，28；
04：45.3，28；　05：45.6，28；　06：45.2，29；
07：45.2，28；　08：45.5，28；　09：45.2，28；
10：45.2，28；　11：45.1，28；　12：45.7，28；
13：45.9，28；　14：45.8，28；　15：45.8，28；
16：45.8，28。
2.3　卷軸裝。首全尾脱。背有古代裱補。有烏絲欄。
3.1　首全→大正 220，7/774A2。
3.2　尾殘→7/779A13。
4.1　大般若波羅蜜多經卷第五百卌，/第四分供養窣堵波品第三之二，三藏法師玄奘奉詔譯/（首）。
8　8~9 世紀。吐蕃統治時期寫本。
9.1　楷書。硬筆書寫。
11　圖版：《敦煌寶藏》，77/202B~211B。

1.1　BD04748 號
1.3　金剛般若波羅蜜經
1.4　號 048
1.5　094:4169
2.1　(4+144.2)×26 厘米；4 紙；87 行，行 17 字。
2.2　01：4+43.7，28；　02：47.5，28；　03：47.5，28；
04：05.5，03。
2.3　卷軸裝。首脱尾殘。經黄打紙，砑光上蠟。第 2、3 紙接縫處下方有開裂，有烏絲欄。
3.1　首 2 行下殘→大正 235，8/750C17~19。
3.2　尾殘→8/751C26。
5　與《大正藏》本對照，本卷經文無冥司偈，參見《大正藏》，8/751C16~19。
8　7~8 世紀。唐寫本。
9.1　楷書。
11　圖版：《敦煌寶藏》，82/300A~301B。

1.1　BD04749 號
1.3　妙法蓮華經卷一
1.4　號 049
1.5　105:4667
2.1　(2.9+281.7)×28 厘米；6 紙；165 行，行 15~17 字。
2.2　01：2.9+39.4，25；　02：48.6，28；　03：48.6，28；
04：48.5，28；　05：48.3，28；　06：48.3，28。
2.3　卷軸裝。首殘尾脱。第 1 紙有多處破裂、殘洞，尾紙末端有 1 殘洞，卷面污穢，接縫處多有開裂。有烏絲欄。
3.1　首 2 行上下殘→大正 262，9/6C8~10。
3.2　尾殘→9/9C8。
8　8~9 世紀。吐蕃統治時期寫本。
9.1　楷書。
11　圖版：《敦煌寶藏》，85/219B~223A。

1.1　BD04750 號
1.3　大般涅槃經（北本）卷一三
1.4　號 050
1.5　115:6373
2.1　(1+110.5+1.5)×25.5 厘米；4 紙；70 行，行 17 字。
2.2　01：1+5，04；　02：45.5，28；　03：45.5，28；
04：14.5+1.5，10。
2.3　卷軸裝。首尾均殘。第 2 紙有殘洞，第 3 紙下部有破裂。有烏絲欄。
3.1　首行下殘→大正 374，12/444A5~6。
3.2　尾行上殘→12/444C17~19。
6.1　首→BD04527 號。
6.2　尾→BD04439 號。
8　8~9 世紀。吐蕃統治時期寫本。
9.1　楷書。
9.2　有行間校加字。
11　圖版：《敦煌寶藏》，98/428B~430A。

1.1　BD04751 號
1.3　大乘密嚴經（地婆訶羅本）卷中
1.4　號 051

1.5　040:0381
2.1　(5+86.2+1)×26.5 厘米；4 紙；60 行，行 17 字。
2.2　01：5+7.8，08；　02：24.0，15；　03：44.5，28；
　04：9.9+1，09。
2.3　卷軸裝。首尾均殘。卷面有水漬、污穢。有烏絲欄。
3.1　首 3 行下殘→大正 681，16/731A25～B1。
3.2　尾行上下殘→16/732A27～28。
5　與《大正藏》本對照，分段略有不同。
6.2　尾→BD04612 號。
8　8～9 世紀。吐蕃統治時期寫本。
9.1　楷書。
11　圖版：《敦煌寶藏》，58/468A～469A。

1.1　BD04752 號 1
1.3　阿彌陀經
1.4　號 052
1.5　014:0120
2.1　(22.5+198)×26 厘米；6 紙；122 行，行約 17 字。
2.2　01：11.0，護首；　02：11.5+36.5，28；
　03：48.5，29；　04：48.5，29；
　05：48.5，29；　06：16.0，07。
2.3　卷軸裝。首尾均全。有護首，護首有經名。卷首下部有殘缺破裂，上有 1 個殘洞。已修整。
2.4　本遺書包括 2 個文獻：（一）《阿彌陀經》，113 行，今編為 BD04752 號 1。（二）《阿彌陀佛說咒》，9 行，今編為 BD04752 號 2。
3.1　首全→大正 366，12/346B25。
3.2　尾全→12/348A28。
4.1　佛說阿彌陀經（首）。
5　尾有缺文“作禮而去”。
7.4　護首有經名“佛說阿彌陀經”。
8　8 世紀。唐寫本。
9.1　楷書。
11　圖版：《敦煌寶藏》，56/577A～580A。

1.1　BD04752 號 2
1.3　阿彌陀佛說咒
1.4　號 052
1.5　014:0120
2.4　本遺書由 2 個文獻組成，本號為第 2 個，9 行。餘參見 BD04752 號 1 之第 2 項、第 11 項。
3.1　首全→大正 369，12/352A23。
3.2　尾全→12/352B3。
4.1　阿彌陀佛說咒曰（首）。
5　與《大正藏》本對照，末多說明一句：“咒中諸口傍字，皆依本音轉舌言之。無口者依字讀。”
8　8 世紀。唐寫本。
9.1　楷書。

1.1　BD04753 號
1.3　七階佛名經
1.4　號 053
1.5　305:8320
2.1　(1.5+182.8)×26.3 厘米；6 紙；103 行，行 18 字。
2.2　01：1.5+6.5，04；　02：49.5，26；　03：45.0，26；
　04：46.0，28；　05：32.0，18；　06：03.8，01。
2.3　卷軸裝。首尾均殘。卷面多土污。尾紙文未抄完。背有近代裱補。除第 3 紙有烏絲欄外，其餘為折疊欄。
3.4　說明：
　本文獻首 1 行下殘，尾缺。本經未爲我國歷代大藏經收錄，敦煌遺書中存有多種異本，各本差距較大。有關解說請參閱《敦煌學大辭典》第 742 頁《七階佛名經》辭條。
7.3　有 4 個雜寫“難”字。
8　8～9 世紀。吐蕃統治時期寫本。
9.1　楷書。
9.2　有行間校加字。有刪除號。有倒乙。
11　圖版：《敦煌寶藏》，109/644B～646B。

1.1　BD04754 號
1.3　大般若波羅蜜多經卷五二
1.4　號 054
1.5　084:2150
2.1　(50+1.7)×26 厘米；2 紙；30 行，行 17 字。
2.2　01：48.0，28；　02：2+1.7，02。
2.3　卷軸裝。首脫尾殘。有烏絲欄。
3.1　首殘→大正 220，5/296C15。
3.2　尾行上殘→5/297A15～16。
6.1　首→BD04513 號。
6.2　尾→BD04760 號。
8　8 世紀。唐寫本。
9.1　楷書。
11　圖版：《敦煌寶藏》，72/116。

1.1　BD04755 號
1.3　金剛般若波羅蜜經
1.4　號 055
1.5　094:3694
2.1　(2.7+504.4)×26.5 厘米；11 紙；279 行，行 17 字。
2.2　01：2.7+38.1，23；　02：46.7，26；　03：47.0，26；
　04：46.5，26；　05：46.6，26；　06：47.0，26；
　07：46.7，26；　08：47.2，26；　09：45.5，26；
　10：46.6，26；　11：46.5，22。
2.3　卷軸裝。首殘尾全。第 1 紙有橫裂，第 9、10 紙間接縫開裂，卷尾有等距離蟲蛀殘洞。有燕尾。背有古代裱補。有烏絲

欄。
3.1　首2行上下殘→大正235，8/749A19～22。
3.2　尾全→8/752C3。
4.2　金剛般若波羅蜜經（尾）。
5　與《大正藏》本對照，本卷經文無冥司偈，參見《大正藏》，8/751C16～19。
8　7～8世紀。唐寫本。
9.1　楷書。
11　圖版：《敦煌寶藏》，79/552B～559A。

1.1　BD04756號
1.3　妙法蓮華經卷四
1.4　號056
1.5　105:5319
2.1　(1.5+398.6)×27.5厘米；8紙；正面231行，行17字；背面79行，藏文。
2.2　01：1.5+48.2，29；　02：50.0，29；　03：50.0，29；
　　04：50.2，29；　05：50.0，29；　06：50.0，29；
　　07：50.2，29；　08：50.0，28。
2.3　卷軸裝。首尾均脱。有烏絲欄。
2.4　本遺書包括2個文獻：（一）《妙法蓮華經》卷四，231行，抄寫在正面，今編為BD04756號。（二）《藏文占卜書》（擬），79行，抄寫在背面，今編為BD04756號背。
3.1　首1行上殘→大正262，9/30A19。
3.2　尾殘→9/33B15。
8　8世紀。唐寫本。
9.1　楷書。
11　圖版：《敦煌寶藏》，90/636B～643B。

1.1　BD04756號背
1.3　藏文占卜書（擬）
1.4　號056
1.5　105:5319
2.4　本遺書由2個文獻組成，本號為第2個，79行。餘參見BD04756號之第2項、第11項。
3.3　錄文：

本文獻首全尾殘。抄在兩紙上，首紙45行，第二紙34行。或為占卜書。錄文如下：

vbrog – sog – shod – thos – dang – khram – thabs – la，vbrog – thul – tsag – la – shod – legs – khram – thad – kal – kha – yas – lem – ste – gtshab thul – phyed – la – shod – phye – shod – khram – gyen – anol – kha – yas – len – Lhu – bzhiL – shod – rdurun – gu – khram – gtsu – ba bzhig – gdnm – La – shod – rdevu – Karu – khram – tseg – mgo – bzhis – sprdu – btab – ste – gcnb – Lnga – gdum – La – shod – man – cad – dgu – gdnm – yan – cad shod – shing – bu – gru – bzhi – la – dng – gdum – bsnagtsavi – sh – du – bra – Khrimnal – du – gdum – bcig – grangs – mav – spc – du – btab – la – gtsng – bca – gdum – La – shod – shing – bu – leb – Leb – po – La – snagtsav – Khor – du – bri – Khram – ni – tseg – gangyas – Lngams – Lnga mgo – sprodu – btab – la – gtsug – bcu – gcig – gdum – La – shod – shing – bra – gru – bzhi – La – bcushod – mi – snagtsa – khror – grang – du – bri rtsani – shad – gu – bra – khrims – bi – bcu – Khram La – dbusn – tsegsu – bfab – La – Khayas – blang – na – rtsin – ya – rol – Lam – rol – du – tsheg – yon – por – mgo – sprodu – btab – ste – gtsnb vtshal – zhing – gi – shod – thabs – dang – khram – thab – La zhing – dor – cig – la – shod – Leg – pa – khrm – thad – ka – dor – phyed – shod – phyed – shod – khrm – gyen – bzhi. khyu – rlag – dang – vdravo vod – La – vdebspal vgodo – vtshal – La – shod – Leg – pa khram – thadkal – bcigs – skus – la – nanavi – vod – La – vdebso. bseb – du – phyen – shod – phye – shod – khram – gyenbzxhor – btab – la – btsigs – gis – bsku. dgra – yan – cad – gum – mo – vtshal – shod – rdevu – mgu. khram – nanavi – vog – du – thur – bzho. sgo – vog – du – gum – na – shod – rdevu – dkaru – khrm – thur – bzhol – khayas – len chibs – rgod – dam – kyul – bseb – mdo – ba – La – shod – rdevu – dkar – ru. khram – dkal – khayas – len bseb – khyul – la – shod – leg – pa – khram – thadak. bseb – nos – lashod – phye – shod – khym – gren – bzhom – dob – bi – kha Lan – bLa – snon – ma – phodang – vdri – vo. yo – ma – man – cad – mo – bran – yan – cad – na – nar – vdebspavdra – ste. shod – Leg – pa – khram – thad – ka pho – brar – La – shod – rdevu – dkar – ru. khram – thad – ka – La – kha – yas – Len chabs – bu – vbrang – La – shod – yos – rkang – khrm – gyen – bzho. sbrum – La – shod – vom – vbru – khram – gren – bzhol – gtsug – rlag – pa – dang – gum – pa – dang. god – pa – La – stsogs – pa – pho – dang – vdrvo. ……

8　8～9世紀。吐蕃統治時期寫本。
9.1　楷書。

1.1　BD04757號
1.3　觀世音經
1.4　號057
1.5　111:6243
2.1　(6.5+130.6)×26厘米；4紙；82行，行17字。
2.2　01：6.5+15，13；　02：46.6，28；　03：46.0，28；
　　04：23.0，13。
2.3　卷軸裝。首殘尾全。卷面殘裂嚴重。有古代裱補，有烏絲欄。
3.1　首殘→大正262，9/57A14。
3.2　尾全→9/58B7。
4.2　觀世音經（尾）。
8　8世紀。唐寫本。
9.1　楷書。
11　圖版：《敦煌寶藏》，97/452B～454B。

1.1　BD04758號
1.3　維摩詰所說經卷上

1.4 號058
1.5 070:0964
2.1 （253＋1.5）×25 厘米；6 紙；正面 145 行，行 17 字；背面 1 行，殘片。
2.2 01：41.0，23； 02：49.0，28； 03：49.0，28；
04：49.0，28； 05：49.0，28； 06：16＋1.5，10。
2.3 卷軸裝。首斷尾殘。卷首殘破嚴重，卷面有水漬，接縫處有開裂。背有古代裱補。有烏絲欄。
2.4 本遺書包括 2 個文獻：（一）《維摩詰所說經》卷上，145 行，抄寫在正面，今編為 BD04758 號。（二）《社司轉帖》，1 行，抄寫在背面裱補紙上，今編為 BD04758 號背。
3.1 首殘→大正 475，14/539A9。
3.2 尾行中殘→14/540C20。
6.2 尾→BD04641 號。
8 8～9 世紀。吐蕃統治時期寫本。
9.1 楷書。
11 圖版：《敦煌寶藏》，64/178A～181B。

1.1 BD04758 號背
1.3 社司轉帖
1.4 號058
1.5 070:0964
2.4 本遺書由 2 個文獻組成，本號為第 2 個，1 行。餘參見 BD04758 號之第 2 項、第 11 項。
3.3 錄文；
□…□兩㪷其限四月一日卯時於主（？）□…□/
（錄文完）
3.4 說明：
本件為抄寫在 BD04758 號背面裱補紙上文字，原紙為社司轉帖。
8 8～9 世紀。吐蕃統治時期寫本。
9.1 楷書。

1.1 BD04759 號
1.3 金光明最勝王經卷一
1.4 號059
1.5 083:1442
2.1 （8.8＋243.4＋5）×25.5 厘米；6 紙；148 行，行 17 字。
2.2 01：8.8＋38.5，27； 02：48.5，28； 03：48.3，28；
04：48.3，28； 05：48.3，28； 06：11.5＋5，09。
2.3 卷軸裝。首尾均殘。有烏絲欄。
3.1 首 4 行上殘→大正 665，16/403A5～9。
3.2 尾 3 行上下殘→16/405A9～11。
8 8 世紀。唐寫本。
9.1 楷書。
11 圖版：《敦煌寶藏》，67/593B～596B。

1.1 BD04760 號
1.3 大般若波羅蜜多經卷五二
1.4 號060
1.5 084:2151
2.1 （1.9＋44）×26 厘米；1 紙；27 行，行 17 字。
2.3 卷軸裝。首尾均殘。有烏絲欄。
3.1 首行下殘→大正 220，5/297A15～16。
3.2 尾殘→5/297B12。
6.1 首→BD04754 號。
6.2 尾→BD04436 號。
8 8 世紀。唐寫本。
9.1 楷書。
11 圖版：《敦煌寶藏》，72/117。

1.1 BD04761 號
1.3 佛名經（十六卷本）卷一四
1.4 號061
1.5 063:0798
2.1 （5.5＋51－3.5）×32 厘米；3 紙；34 行，行字不等。
2.2 01：5.5＋4，05； 02：47.0，27； 03：03.5，02。
2.3 卷軸裝。首尾均殘。有烏絲欄。
3.1 首 3 行中下殘→《七寺古逸經典研究叢書》，3/727 頁第 539 行～541 行。
3.2 尾 2 行上中殘→《七寺古逸經典研究叢書》，3/729 頁第 569～570 行。
8 9～10 世紀。歸義軍時期寫本。
9.1 楷書。
11 圖版：《敦煌寶藏》，62/344。

1.1 BD04762 號
1.3 大般若波羅蜜多經卷四二五
1.4 號062
1.5 084:3107
2.1 91×27.4 厘米；2 紙；56 行，行 17 字。
2.2 01：45.8，28； 02：45.2，28。
2.3 卷軸裝。首尾均脫。上邊有殘損，第 2 紙下有 1 處破裂。有烏絲欄。
3.1 首殘→大正 220，7/135B21。
3.2 尾殘→7/136A19。
6.1 首→BD04511 號。
8 8 世紀。唐寫本。
9.1 楷書。
11 圖版：《敦煌寶藏》，76/402A～403A。

1.1 BD04763 號
1.3 咒魅經
1.4 號063

1.5 290:8268
2.1 (1.5+154.4)×24.9 厘米；4 紙；83 行，行 17 字。
2.2 01：1.5+20，12；　02：49.0，28；　03：49.5，28；
04：35.9，15。
2.3 卷軸裝。首殘尾全。經黄打紙。有燕尾。有烏絲欄。已修整。
3.1 首行上下殘→大正 2882，85/1383C21。
3.2 尾全→85/1384B26。
4.2 佛說咒魅經（尾）。
5 與《大正藏》本對照，文字差别很大，並有闕文，相當於《大正藏》85/1383C24～1384A1。
8 7～8 世紀。唐寫本。
9.1 楷書。
11 圖版：《敦煌寶藏》，109/455B～457B。
從該件上揭下古代裱補紙 11 塊，暫編爲 BD16285 號（1 塊），BD16286 號（2 塊），BD16287 號（8 塊，無字）。

1.1 BD04764 號
1.3 佛經咒語（擬）
1.4 號 064
1.5 238:7437
2.1 (6.2+41.5+1.5)×27.5 厘米；2 紙；22 行，行字不等。
2.2 01：06.2，02；　02：41.5+1.5，20。
2.3 卷軸裝。首尾殘。全卷有殘洞、殘損及破裂。有烏絲欄。
3.4 說明：
本文獻首 2 行上下殘，尾行上殘。所抄為佛教咒語。詳情待考。
8 8～9 世紀。吐蕃統治時期寫本。
9.1 楷書。
9.2 有行間校加字及行間校加行。
11 圖版：《敦煌寶藏》，106/255A～B。

1.1 BD04765 號
1.3 大方便佛報恩經卷三
1.4 號 065
1.5 052:0451
2.1 (8.6+439)×27.2 厘米；11 紙；295 行，行 17 字。
2.2 01：8.6+10，12；　02：43.3，30；　03：43.3，29；
04：42.8，30；　05：43.0，29；　06：42.7，29；
07：43.0，29；　08：42.8，30；　09：43.0，29；
10：42.6，28；　11：42.5，20。
2.3 卷軸裝。首殘尾脱。卷上邊有一字痕。尾有餘空。有烏絲欄。
3.1 首 5 行上中殘→大正 156，3/136C6～9。
3.2 尾缺→3/140B9。
8 8～9 世紀。吐蕃統治時期寫本。
9.1 楷書。
11 圖版：《敦煌寶藏》，59/214A～220A。

1.1 BD04766 號
1.3 妙法蓮華經玄讚卷一
1.4 號 066
1.5 108:6201
2.1 (9.2+142.1+11)×28.3 厘米；4 紙；119 行，行 20 餘字。
2.2 01：9.2+32，31；　02：41.6，30；　03：41.5，30；
04：27+11，28。
2.3 卷軸裝。首尾均殘。第 1、2 紙有破裂及殘損。上下為刻劃欄。
3.1 首 7 行上殘→大正 1723，34/656A19～B1。
3.2 尾 8 行上下殘→34/658B3～13。
5 與《大正藏》本對照，文字略有不同。有闕文：34/656B9 "攝"～10，有略文。
8 9～10 世紀。歸義軍時期寫本。
9.1 行楷。有合體字"菩薩"、"涅槃"。
9.2 有重文號。
11 圖版：《敦煌寶藏》，97/288A～290A。

1.1 BD04767 號
1.3 大般若波羅蜜多經卷三五九
1.4 號 067
1.5 084:2987
2.1 (2.8+62.6)×25.3 厘米；2 紙；42 行，行 17 字。
2.2 01：2.8+19.1，14；　02：43.5，28。
2.3 卷軸裝。首殘尾脱。卷面有水漬，卷背有鳥糞。有烏絲欄。
3.1 首 2 行上殘→大正 220，6/849A19～20。
3.2 尾殘→6/849C2。
6.1 首→BD03660 號。
6.2 尾→BD07748 號。
8 8～9 世紀。吐蕃統治時期寫本。
9.1 楷書。
11 圖版：《敦煌寶藏》，76/34A～B。

1.1 BD04768 號
1.3 妙法蓮華經卷七
1.4 號 068
1.5 105:5955
2.1 (215+7.5)×24.5 厘米；5 紙；128 行，行 17 字。
2.2 01：27.0，16；　02：49.0，28；　03：49.0，28；
04：49.0，28；　05：41+7.5，28。
2.3 卷軸裝。首尾均殘。有護首。首、尾紙有破裂，卷面有水漬。背有古代裱補。有烏絲欄。
3.1 首殘→大正 262，9/56C2。
3.2 尾 4 行下殘→9/58B13～17。

3.4　説明：

本文獻為《妙法蓮華經》卷七，首殘。另接護首。文獻第一行“妙法蓮華經觀世音菩薩普門品第廿五”為原卷品題，並非首題。

8　9～10世紀。歸義軍時期寫本。

9.1　楷書。

9.2　有行間校加字。有刮改。

11　圖版：《敦煌寶藏》，96/199A～202A。

1.1　BD04769號

1.3　大般若波羅蜜多經卷九二

1.4　號069

1.5　084:2260

2.1　44.5×26厘米；1紙；28行，行17字。

2.3　卷軸裝。首尾均脱。卷端下邊破損嚴重，脱落1殘片，已綴接。有烏絲欄。已修整。

3.1　首殘→大正220，5/514C19。

3.2　尾殘→5/515A18。

7.1　上邊有勘記“後重”、“也已”、“□了”三行，卷尾上邊有“此”字。

8　7～8世紀。唐寫本。

9.1　楷書。

9.2　卷首2行標注為“後重”的部分有墨筆勾畫。

11　圖版：《敦煌寶藏》，72/471。

1.1　BD04770號

1.3　佛名經（十六卷本）卷一四

1.4　號070

1.5　063:0793

2.1　(66.5+2)×32厘米；2紙；39行，行13字。

2.2　01：30.5，17；　02：36+2，22。

2.3　卷軸裝。首尾均殘。有烏絲欄。

3.1　首殘→《七寺古逸經典研究叢書》，3/717頁第414行。

3.2　尾1行下殘→《七寺古逸經典研究叢書》，3/720頁第452行。

8　9～10世紀。歸義軍時期寫本。

9.1　楷書。

11　圖版：《敦煌寶藏》，62/329。

1.1　BD04771號

1.3　佛名經（十六卷本）卷一四

1.4　號071

1.5　063:0803

2.1　(1+111)×32厘米；3紙；52行，行22字。

2.2　01：1+28，17；　02：47.0，27；　03：36.0，08。

2.3　卷軸裝。首殘尾全。第1、2紙接縫上部開裂。有烏絲欄。

3.1　首1行下殘→《七寺古逸經典研究叢書》，3/739頁第694～695行。

3.2　尾全→《七寺古逸經典研究叢書》，3/743頁第747行。

4.2　佛名經卷第十四（尾）。

5　與《大正藏》本對照，尾題前多《罪業報應教化地獄經》15行。

6.1　首→BD04721號。

8　9～10世紀。歸義軍時期寫本。

9.1　楷書。

11　圖版：《敦煌寶藏》，62/348B～349B。

1.1　BD04772號

1.3　妙法蓮華經卷七

1.4　號072

1.5　105:6118

2.1　194×26厘米；4紙；112行，行17字。

2.2　01：48.5，28；　02：48.5，28；　03：48.5，28；
04：48.5，28。

2.3　卷軸裝。首尾均脱。有烏絲欄。

3.1　首殘→大正262，9/60A19。

3.2　尾殘→9/61B24。

8　9～10世紀。歸義軍時期寫本。

9.1　楷書。

9.2　有刮改。

11　圖版：《敦煌寶藏》，97/56B～59A。

1.1　BD04773號

1.3　佛名經（十六卷本）卷一二

1.4　號073

1.5　063:0734

2.1　(12.5+986.5)×26厘米；21紙；566行，行17字。

2.2　01：12.5+7，11；　02：49.0，28；　03：49.0，28；
04：49.0，28；　05：49.0，28；　06：49.0，28；
07：49.0，28；　08：49.0，28；　09：49.0，28；
10：49.0，28；　11：49.0，28；　12：49.0，28；
13：49.0，28；　14：49.0，28；　15：49.0，28；
16：49.0，28；　17：49.0，28；　18：49.0，28；
19：49.0，28；　20：49.0，28；　21：48.5，23。

2.3　卷軸裝。首殘尾全。經黄打紙，砑光上蠟。首紙有殘缺、破裂，接縫處多有開裂，第12紙有殘洞，尾端殘破。卷面有墨污。有烏絲欄。

3.1　首7行上中殘→《七寺古逸經典研究叢書》，3/589頁第46～52行。

3.2　尾全→《七寺古逸經典研究叢書》，3/635頁第648行。

4.2　佛名經卷第十二（尾）。

5　與七寺本對照，中間部分抄有《馬頭羅刹經》。

8　7～8世紀。唐寫本。

9.1　楷書。

9.2 有行間加行、行間校加字。
11 圖版：《敦煌寶藏》，61/640A～654A。

1.1 BD04774 號
1.3 無量壽宗要經
1.4 號 074
1.5 275:8165
2.1 （3＋37.5）×31 厘米；1 紙；27 行，行 30 餘字。
2.3 卷軸裝。首殘尾脫。卷面有水漬。有烏絲欄。
3.1 首 2 行中上殘→大正 936，19/83C22～23。
3.2 尾殘→19/84B28。
8 8～9 世紀。吐蕃統治時期寫本。
9.1 行楷。
11 圖版：《敦煌寶藏》，109/169B。

1.1 BD04775 號
1.3 妙法蓮華經卷六
1.4 號 075
1.5 105:5724
2.1 （11＋869.9）×24.5 厘米；20 紙；523 行，行 17 字。
2.2 01：11＋5.7，08； 02：47.3，28； 03：47.0，28；
04：47.6，28； 05：47.7，28； 06：47.7，28；
07：47.7，28； 08：47.7，28； 09：47.2，28；
10：47.4，28； 11：47.2，28； 12：47.2，28；
13：47.1，28； 14：47.2，28； 15：45.2，28；
16：45.0，28； 17：45.2，28； 18：45.1，28；
19：45.1，28； 20：22.6，11。
2.3 卷軸裝。首殘尾全。經黄打紙。接縫處有開裂，第 2 紙中部有殘洞。有烏絲欄。
3.1 首 5 行上殘→大正 262，9/47B28～C5。
3.2 尾全→9/55A9。
4.2 妙法蓮華經卷第六（尾）。
8 7～8 世紀。唐寫本。
9.1 楷書。
11 圖版：《敦煌寶藏》，94/389A～401A。

1.1 BD04776 號
1.3 金光明最勝王經卷三
1.4 號 076
1.5 083:1590
2.1 （19＋529.3）×25.5 厘米；13 紙；334 行，行 17 字。
2.2 01：19＋25.6，26； 02：45.0，28； 03：45.0，28；
04：45.0，28； 05：44.5，28； 06：44.8，28；
07：44.9，28； 08：44.9，28； 09：44.8，28；
10：44.5，28； 11：44.5，28； 12：44.5，27；
13：11.3，01。
2.3 卷軸裝。首殘尾全。卷首右上殘缺。有燕尾。有烏絲欄。
3.1 首 10 行上殘→大正 665，16/413C9～21。
3.2 尾全→16/417C16。
4.1 □…□滅業障品第五，卷三，三藏法師義淨奉制譯（首）。
4.2 金光明經卷第三（尾）。
5 尾附音義。
8 8～9 世紀。吐蕃統治時期寫本。
9.1 楷書。
11 圖版：《敦煌寶藏》，68/477B～484B。

1.1 BD04777 號
1.3 諸星母陀羅尼咒
1.4 號 077
1.5 253:7557
2.1 44.5×32 厘米；1 紙；17 行，行 21～24 字。
2.3 卷軸裝。首尾均全。背有鳥糞。
3.4 説明：
本文獻首尾均全。從《諸星母陀羅尼經》中摘出別行。未為歷代大藏經所收。
4.1 星母陀羅尼咒（首）。
8 9 世紀。歸義軍時期寫本。
9.1 行楷。
9.2 有重文號。
11 圖版：《敦煌寶藏》，106/655A。

1.1 BD04778 號
1.3 妙法蓮華經卷二
1.4 號 078
1.5 105:4724
2.1 906.9×25.6 厘米；21 紙；569 行，行 17～18 字。
2.2 01：44.5，28； 02：44.3，28； 03：44.4，28；
04：44.5，28； 05：44.5，28； 06：44.6，28；
07：44.3，28； 08：44.3，28； 09：44.4，28；
10：44.1，28； 11：44.5，28； 12：43.9，28；
13：44.1，28； 14：36.4，23； 15：44.0，28；
16：43.9，28； 17：44.2，28； 18：44.1，28；
19：43.8，28； 20：43.6，28； 21：30.5，14。
2.3 卷軸裝。首脫尾全。卷面有水漬，有多處破裂，第 19、20 紙接縫處下方開裂。有燕尾。有烏絲欄。
3.1 首殘→大正 262，9/11A7。
3.2 尾全→9/19A12。
4.2 妙法蓮華經卷第二（尾）。
8 7～8 世紀。唐寫本。
9.1 楷書。
11 圖版：《敦煌寶藏》，85/603A～615A。

1.1 BD04779 號
1.3 金剛般若波羅蜜經

1.4　號079
1.5　094:4203
2.1　(2+261.5)×25.5厘米；6紙；143行，行17字。
2.2　01：2+40，24；　02：49.5，28；　03：49.0，28；
　　04：49.5，28；　05：49.5，28；　06：24.0，07。
2.3　卷軸裝。首殘尾全。經黄打紙，砑光上蠟。尾紙與前紙不同。有燕尾。卷首背多鳥糞。有烏絲欄。
3.1　首1行殘→大正235，8/750C23。
3.2　尾全→8/752C3。
4.2　佛說金剛般若波羅蜜經（尾）。
5　與《大正藏》本對照，本卷經文無冥司偈，參見《大正藏》，8/751C16~19。
8　7~8世紀。唐寫本。
9.1　楷書。
11　圖版：《敦煌寶藏》，82/390A~393A。

1.1　BD04780號
1.3　佛名經（十六卷本）卷四
1.4　號080
1.5　063:0632
2.1　(14+1098.5)×25.8厘米；23紙；623行，行17字。
2.2　01：14.0，07；　02：49.5，28；　03：49.5，28；
　　04：50.0，28；　05：50.0，28；　06：50.0，28；
　　07：50.0，28；　08：50.0，28；　09：50.0，28；
　　10：50.0，28；　11：50.0，28；　12：50.0，28；
　　13：50.0，28；　14：50.0，28；　15：50.0，28；
　　16：50.2，28；　17：50.0，28；　18：50.0，28；
　　19：50.0，28；　20：50.0，28；　21：50.0，28；
　　22：50.0，28；　23：49.3，28。
2.3　卷軸裝。首殘尾脱。經黄打紙。首紙上中部殘缺，第2紙有破裂及3個殘洞，第3紙下部殘損，接縫處多有開裂。有烏絲欄。已修整。
3.1　首7行上中殘→《七寺古逸經典研究叢書》，3/167頁第20~26行。
3.2　尾殘→《七寺古逸經典研究叢書》，3/214頁第636行。
7.3　第17紙背有雜寫2行。
8　9~10世紀。歸義軍時期寫本。
9.1　楷書。
11　圖版：《敦煌寶藏》，60/527A~542B。

1.1　BD04781號
1.3　妙法蓮華經卷三
1.4　號081
1.5　105:5156
2.1　150.1×27.3厘米；3紙；84行，行17字。
2.2　01：50.3，28；　02：49.4，28；　03：50.4，28。
2.3　卷軸裝。首脱尾殘。卷面多水漬，上下多有破裂殘損。有烏絲欄。
3.1　首殘→大正262，9/23B20。
3.2　尾殘→9/24C17。
8　9~10世紀。歸義軍時期寫本。
9.1　楷書。
11　圖版：《敦煌寶藏》，89/248B~250B。

# 新舊編號對照表

## 一、千字文號與北敦號、縮微膠卷號對照表

| 千字文號 | 北敦號 | 縮微膠卷號 |
|---|---|---|
| 劍 098 | BD04698 號 | 105: 4757 |
| 劍 098 | BD04698 號背 | 105: 4757 |
| 劍 099 | BD04699 號 | 084: 2923 |
| 劍 100 | BD04700 號 | 105: 5823 |
| 號 001 | BD04701 號 | 084: 3171 |
| 號 002 | BD04702 號 | 094: 4192 |
| 號 003 | BD04703 號 | 084: 3389 |
| 號 004 | BD04704 號 | 275: 8027 |
| 號 005 | BD04705 號 | 275: 7824 |
| 號 006 | BD04706 號 | 084: 2453 |
| 號 007 | BD04707 號 | 084: 2652 |
| 號 008 | BD04708 號 | 253: 7537 |
| 號 009 | BD04709 號 | 237: 7426 |
| 號 010 | BD04710 號 | 084: 3341 |
| 號 011 | BD04711 號 | 063: 0708 |
| 號 012 | BD04712 號 | 094: 3879 |
| 號 012 | BD04712 號背 | 094: 3879 |
| 號 013 | BD04713 號 | 305: 8319 |
| 號 014 | BD04714 號 | 276: 8202 |
| 號 015 | BD04715 號 | 063: 0787 |
| 號 016 | BD04716 號 | 096: 4436 |
| 號 017 | BD04717 號 | 063: 0667 |
| 號 018 | BD04718 號 | 018: 0218 |
| 號 019 | BD04719 號 | 030: 0269 |
| 號 020 | BD04720 號 | 094: 4394 |
| 號 021 | BD04721 號 | 063: 0802 |
| 號 022 | BD04722 號 | 083: 1759 |
| 號 023 | BD04723 號 | 094: 4135 |
| 號 024 | BD04724 號 | 006: 0099 |
| 號 025 | BD04725 號 | 084: 2665 |
| 號 026 | BD04726 號 | 283: 8235 |
| 號 027 | BD04727 號 | 094: 4115 |
| 號 028 | BD04728 號 | 095: 4430 |
| 號 029 | BD04729 號 | 105: 5539 |
| 號 030 | BD04730 號 | 105: 5745 |
| 號 031 | BD04731 號 A | 105: 4896 |
| 號 031 | BD04731 號 B | 105: 4897 |
| 號 032 | BD04732 號 | 088: 3428 |
| 號 033 | BD04733 號 | 275: 8028 |
| 號 034 | BD04734 號 | 094: 3907 |
| 號 035 | BD04735 號 | 084: 2981 |
| 號 036 | BD04736 號 | 094: 3570 |
| 號 037 | BD04737 號 | 094: 4386 |
| 號 038 | BD04738 號 | 083: 1560 |
| 號 039 | BD04739 號 | 094: 4086 |
| 號 040 | BD04740 號 | 205: 7227 |
| 號 041 | BD04741 號 | 105: 5773 |
| 號 042 | BD04742 號 | 083: 1648 |
| 號 043 | BD04743 號 | 118: 6599 |
| 號 044 | BD04744 號 | 275: 7825 |
| 號 045 | BD04745 號 | 105: 6167 |
| 號 046 | BD04746 號 | 084: 3340 |
| 號 047 | BD04747 號 | 084: 3312 |
| 號 048 | BD04748 號 | 094: 4169 |
| 號 049 | BD04749 號 | 105: 4667 |
| 號 050 | BD04750 號 | 115: 6373 |
| 號 051 | BD04751 號 | 040: 0381 |
| 號 052 | BD04752 號 1 | 014: 0120 |
| 號 052 | BD04752 號 2 | 014: 0120 |
| 號 053 | BD04753 號 | 305: 8320 |
| 號 054 | BD04754 號 | 084: 2150 |
| 號 055 | BD04755 號 | 094: 3694 |
| 號 056 | BD04756 號 | 105: 5319 |
| 號 056 | BD04756 號背 | 105: 5319 |
| 號 057 | BD04757 號 | 111: 6243 |
| 號 058 | BD04758 號 | 070: 0964 |
| 號 058 | BD04758 號背 | 070: 0964 |
| 號 059 | BD04759 號 | 083: 1442 |

| | | | | | |
|---|---|---|---|---|---|
| 號 060 | BD04760 號 | 084：2151 | 號 071 | BD04771 號 | 063：0803 |
| 號 061 | BD04761 號 | 063：0798 | 號 072 | BD04772 號 | 105：6118 |
| 號 062 | BD04762 號 | 084：3107 | 號 073 | BD04773 號 | 063：0734 |
| 號 063 | BD04763 號 | 290：8268 | 號 074 | BD04774 號 | 275：8165 |
| 號 064 | BD04764 號 | 238：7437 | 號 075 | BD04775 號 | 105：5724 |
| 號 065 | BD04765 號 | 052：0451 | 號 076 | BD04776 號 | 083：1590 |
| 號 066 | BD04766 號 | 108：6201 | 號 077 | BD04777 號 | 253：7557 |
| 號 067 | BD04767 號 | 084：2987 | 號 078 | BD04778 號 | 105：4724 |
| 號 068 | BD04768 號 | 105：5955 | 號 079 | BD04779 號 | 094：4203 |
| 號 069 | BD04769 號 | 084：2260 | 號 080 | BD04780 號 | 063：0632 |
| 號 070 | BD04770 號 | 063：0793 | 號 081 | BD04781 號 | 105：5156 |

## 二、縮微膠卷號與北敦號、千字文號對照表

| 縮微膠卷號 | 北敦號 | 千字文號 | 縮微膠卷號 | 北敦號 | 千字文號 |
|---|---|---|---|---|---|
| 006：0099 | BD04724 號 | 號 024 | 084：2981 | BD04735 號 | 號 035 |
| 014：0120 | BD04752 號 1 | 號 052 | 084：2987 | BD04767 號 | 號 067 |
| 014：0120 | BD04752 號 2 | 號 052 | 084：3107 | BD04762 號 | 號 062 |
| 018：0218 | BD04718 號 | 號 018 | 084：3171 | BD04701 號 | 號 001 |
| 030：0269 | BD04719 號 | 號 019 | 084：3312 | BD04747 號 | 號 047 |
| 040：0381 | BD04751 號 | 號 051 | 084：3340 | BD04746 號 | 號 046 |
| 052：0451 | BD04765 號 | 號 065 | 084：3341 | BD04710 號 | 號 010 |
| 063：0632 | BD04780 號 | 號 080 | 084：3389 | BD04703 號 | 號 003 |
| 063：0667 | BD04717 號 | 號 017 | 088：3428 | BD04732 號 | 號 032 |
| 063：0708 | BD04711 號 | 號 011 | 094：3570 | BD04736 號 | 號 036 |
| 063：0734 | BD04773 號 | 號 073 | 094：3694 | BD04755 號 | 號 055 |
| 063：0787 | BD04715 號 | 號 015 | 094：3879 | BD04712 號 | 號 012 |
| 063：0793 | BD04770 號 | 號 070 | 094：3879 | BD04712 號背 | 號 012 |
| 063：0798 | BD04761 號 | 號 061 | 094：3907 | BD04734 號 | 號 034 |
| 063：0802 | BD04721 號 | 號 021 | 094：4086 | BD04739 號 | 號 039 |
| 063：0803 | BD04771 號 | 號 071 | 094：4115 | BD04727 號 | 號 027 |
| 070：0964 | BD04758 號 | 號 058 | 094：4135 | BD04723 號 | 號 023 |
| 070：0964 | BD04758 號背 | 號 058 | 094：4169 | BD04748 號 | 號 048 |
| 083：1442 | BD04759 號 | 號 059 | 094：4192 | BD04702 號 | 號 002 |
| 083：1560 | BD04738 號 | 號 038 | 094：4203 | BD04779 號 | 號 079 |
| 083：1590 | BD04776 號 | 號 076 | 094：4386 | BD04737 號 | 號 037 |
| 083：1648 | BD04742 號 | 號 042 | 094：4394 | BD04720 號 | 號 020 |
| 083：1759 | BD04722 號 | 號 022 | 095：4430 | BD04728 號 | 號 028 |
| 084：2150 | BD04754 號 | 號 054 | 096：4436 | BD04716 號 | 號 016 |
| 084：2151 | BD04760 號 | 號 060 | 105：4667 | BD04749 號 | 號 049 |
| 084：2260 | BD04769 號 | 號 069 | 105：4724 | BD04778 號 | 號 078 |
| 084：2453 | BD04706 號 | 號 006 | 105：4757 | BD04698 號 | 劍 098 |
| 084：2652 | BD04707 號 | 號 007 | 105：4757 | BD04698 號背 | 劍 098 |
| 084：2665 | BD04725 號 | 號 025 | 105：4896 | BD04731 號 A | 號 031 |
| 084：2923 | BD04699 號 | 劍 099 | 105：4897 | BD04731 號 B | 號 031 |

| | | | | | |
|---|---|---|---|---|---|
| 105：5156 | BD04781 號 | 號 081 | 205：7227 | BD04740 號 | 號 040 |
| 105：5319 | BD04756 號 | 號 056 | 237：7426 | BD04709 號 | 號 009 |
| 105：5319 | BD04756 號背 | 號 056 | 238：7437 | BD04764 號 | 號 064 |
| 105：5539 | BD04729 號 | 號 029 | 253：7537 | BD04708 號 | 號 008 |
| 105：5724 | BD04775 號 | 號 075 | 253：7557 | BD04777 號 | 號 077 |
| 105：5745 | BD04730 號 | 號 030 | 275：7824 | BD04705 號 | 號 005 |
| 105：5773 | BD04741 號 | 號 041 | 275：7825 | BD04744 號 | 號 044 |
| 105：5823 | BD04700 號 | 劍 100 | 275：8027 | BD04704 號 | 號 004 |
| 105：5955 | BD04768 號 | 號 068 | 275：8028 | BD04733 號 | 號 033 |
| 105：6118 | BD04772 號 | 號 072 | 275：8165 | BD04774 號 | 號 074 |
| 105：6167 | BD04745 號 | 號 045 | 276：8202 | BD04714 號 | 號 014 |
| 108：6201 | BD04766 號 | 號 066 | 283：8235 | BD04726 號 | 號 026 |
| 111：6243 | BD04757 號 | 號 057 | 290：8268 | BD04763 號 | 號 063 |
| 115：6373 | BD04750 號 | 號 050 | 305：8319 | BD04713 號 | 號 013 |
| 118：6599 | BD04743 號 | 號 043 | 305：8320 | BD04753 號 | 號 053 |